Sexualidade, Reprodução e Saúde

Sexualidade, Reprodução e Saúde

MARIA LUIZA HEILBORN,
ESTELA MARIA AQUINO,
REGINA MARIA BARBOSA,
FRANCISCO INÁCIO BASTOS,
ELZA BERQUÓ,
FABÍOLA ROHDEN
organizadores

ISBN — 978-85-225-0723-8

Copyright © 2009 Maria Luiza Heilborn, Estela Maria Aquino, Regina Maria Barbosa, Fabíola Rohden, Elza Berquó e Francisco Inácio Bastos

SÉRIE ANÁLISES SOCIAIS CONTEMPORÂNEAS
Organização: Myriam Lins de Barros, Clarice Peixoto e Maria Luiza Heilborn

Direitos desta edição reservados à EDITORA FGV
Rua Jornalista Orlando Dantas, 37
22231-010 — Rio de Janeiro, RJ — Brasil
Tels.: 08000-21-7777 — 21-2559-4427
Fax: 21-2559-4430
e-mail: editora@fgv.br — pedidoseditora@fgv.br
web site: www.fgv.br/editora

Impresso no Brasil | Printed in Brazil

Todos os direitos reservados. A reprodução não autorizada desta publicação, no todo ou em parte, constitui violação do copyright (Lei nº 9.610/98).

Os conceitos emitidos neste livro são de inteira responsabilidade dos autores.

Este livro foi editado segundo as normas do Acordo Ortográfico da Língua Portuguesa, aprovado pelo Decreto Legislativo nº 54, de 18 de abril de 1995, e promulgado pelo Decreto nº 6.583, de 29 de setembro de 2008.

1ª edição — 2009

Preparação de Originais: Cláudia Gama
Editoração Eletrônica: Magô Design
Revisão: Aleidis de Beltran e Catalina Arica
Capa: Adriana Moreno

Ficha catalográfica elaborada pela
Biblioteca Mario Henrique Simonsen / FGV

Sexualidade, reprodução e saúde / Organizadores: Maria Luiza Heilborn... [et al.]. — Rio de Janeiro : Editora FGV, 2009.
    534 p. : il. — (Análises sociais contemporâneas, v. 2)

    Inclui bibliografia.

    1. Sexo — Aspectos sociais. 2. Mulheres — Saúde e higiene. I. Heilborn, Maria Luiza. II. Fundação Getulio Vargas. III. Série.

CDD – 301.417

Sumário

Apresentação

As múltiplas facetas da pesquisa em sexualidade, gênero, reprodução e saúde 9
Maria Luiza Heilborn, Estela Maria Aquino, Regina Maria Barbosa, Francisco Inácio Bastos, Elza Berquó e Fabíola Rohden

Parte I

Investigação sobre gênero, sexualidade e saúde

1. Gênero, sexualidade e saúde em perspectiva: notas para discussão 23
Fabíola Rohden

2. Desafios e vicissitudes da pesquisa social em sexualidade 33
Maria Luiza Heilborn, Fabíola Cordeiro e Rachel Aisengart Menezes

3. Gênero e ciência no Brasil: contribuições para pensar a ação política na busca da equidade 57
Estela Maria Aquino

Parte II

Reprodução, contracepção e conjugalidade

4. Sorodiscordância para o HIV e decisão de ter filhos: entre risco e estigma social 75
Neide Kurokawa e Silva e Márcia Thereza Couto

5. Da dádiva divina ao direito de decidir: a emergência de uma norma contraceptiva na Colômbia 97
Manuel Rodriguez, Claudia Rivera Amarillo, Andrès Góngora e Marco Julián Martinez

6. Jovens baianos: conjugalidades, separações e relações familiares 123
Acácia Dias e Clarice Peixoto

7. Paternidade na trajetória juvenil: uma contribuição ao debate sobre "gravidez na adolescência" 145
Cristiane S. Cabral

8. Muitos pesos e muitas medidas: uma análise sobre masculinidade(s), decisões sexuais e reprodutivas 175
Paula Sandrine Machado

Parte III
Saúde, sexualidade e mediações institucionais

9. Tecnologias reprodutivas: razão pública e normatização 205
Fabiane Simioni

10. Estratégias de comunicação preventiva na MTV Brasil: reconstruindo significados para a aids 235
João Francisco de Lemos

11. Imperativos da natureza: sexualidade, gênero e hormônios na produção de Elsimar Coutinho 261
Daniela Manica

12. Profissionais de saúde e aborto seletivo em um hospital público em Santa Catarina 285
Rozeli Porto

13. O cuidado infantil em um bairro popular de Salvador: perspectivas de profissionais 311
Vânia Bustamante

14. Corpo e gênero na educação sexual: análise de uma escola carioca 337
Helena Altmann

15. "Mandar a coisa ruim embora": gênero e saúde em uma epidemia de diarreia infantil na etnia maxakali 363
Rachel de Las Casas

16. O agente comunitário de saúde e as relações de gênero nos seringais do município de Xapuri, Acre 395
Mauro Rocha e Silva e Valéria Rodrigues da Silva

Parte IV
Gênero, ciclo de vida e sexualidade

17. Aproximando ou separando a cor: a combinação racial da união determina a prevenção? 419
Júnia Quiroga

18. "Homem não paga": diversidade sexual, interação erótica e proteção entre frequentadores de uma boate no Rio de Janeiro 445
Leandro Oliveira

19. "Cidade pequena, inferno grande": fofoca e controle social da sexualidade entre adolescentes da cidade de Trelew (Argentina) 467
Daniel Jones

20. "Casar e dar-se ao respeito": conjugalidade entre homossexuais masculinos em Cuiabá 489
Moisés Lopes

21. A sina de ser forte: corpo, sexualidade e saúde entre lutadores de jiu-jítsu no Rio de Janeiro 509
Fatima Cecchetto

Apresentação

As múltiplas facetas da pesquisa em sexualidade, gênero, reprodução e saúde

Maria Luiza Heilborn, Estela Maria Aquino,
Regina Maria Barbosa, Francisco Inácio Bastos,
Elza Berquó, Fabíola Rohden

O campo de estudos de gênero, sexualidade e saúde reprodutiva conheceu, nas duas últimas décadas, um expressivo incremento da produção científica. As análises ganharam em profundidade e diversificação de abordagens. Certamente esse cenário deve-se, de um lado, à consolidação crescente dos programas de pós-graduação no Brasil e, de outro, às transformações significativas nas condições de saúde na sociedade brasileira. Destaca-se, no que tange a esta última questão, a progressiva, sistemática e, inclusive, homogênea queda da fecundidade das mulheres brasileiras, registrada recentemente pelos resultados da Pesquisa Nacional da Democracia Social (PNDS) 2006 (Wong, 2008).

Se a redução da fecundidade afastou as projeções pessimistas do que era cunhado como possível explosão demográfica no país, ela não se fez acompanhar de indicadores que traduzam o efetivo respeito aos direitos reprodutivos. Apesar do relativo freio da intensidade da esterilização da população feminina em fase reprodutiva, observa-se que práticas danosas à saúde feminina continuam rotineiras no país, tais como a episiotomia e a indicação "liberalizada" da cesariana. A episiotomia foi realizada em 70% dos partos normais declarados, de acordo com dados da PNDS (Lago e Lima, 2008:154-155). Essa prática, tida como facilitadora da intervenção médica de auxílio ao parto normal, é reveladora da maneira como a reprodução é priorizada em relação ao exercício da sexualidade pós-parição. Esse é um dos exemplos que demonstram por que o campo de estudos das inter-relações entre gênero, sexualidade e reprodução é de importância capital para o exame da saúde no país (Diniz e Chacham, 2004).

O segundo fenômeno de grande magnitude na área da saúde relacionado à sexualidade foi a epidemia de HIV/aids, que contou, no país, com uma bem-sucedida aliança entre os esforços de políticas públicas e a ação da sociedade civil, através das organizações não governamentais, para driblar a propagação de uma epidemia que se imaginava de consequências catastróficas. Contudo, constata-se, no início do século XXI, que a aids segue em expansão no planeta, com marcadas assimetrias regionais e populacionais (Bastos, 2006:83). As profundas fissuras da sociedade brasileira têm dado lugar a epidemias de cunho local ou, até, regional, ainda que, no conjunto, verifique-se, *grosso modo*, uma estabilização do quadro. O HIV, como qualquer outro agente infeccioso, não tem qualquer opção preferencial por pobres, mas se beneficia das linhas de fragilidade das redes sociais nas quais é introduzido (Bastos, 2006:87).

A crescente legitimação da articulação entre essas temáticas se fez também pela criação de diversas iniciativas de formação e treinamento dos quadros de pesquisa. De um lado, já registramos a formação *stricto sensu* da pós-graduação, com diversos núcleos geradores de pesquisa, responsáveis pela produção de dissertações de mestrado e teses de doutoramento sobre a temática e, de outro, cursos de formação mais curtos, com a finalidade de promover a capacitação de diferentes atores no campo da saúde (Aquino et al., 2003:198). Entre estes, destaca-se o Programa Interinstitucional de Treinamento em Metodologia de Pesquisa em Gênero, Sexualidade e Saúde Reprodutiva. Criado em 1996, pela parceria entre a Fundação Ford e o Instituto de Medicina Social da Uerj, o Nepo/Unicamp, o Instituto de Saúde Coletiva/UFBA, a Escola Nacional de Saúde Pública/Fiocruz, o Instituto da Saúde da Secretaria de Estado da Saúde de São Paulo, o programa já realizou 12 versões de seu curso, com o total de 244 alunos, dos quais 97 foram contemplados com bolsa de pesquisa.

Os cursos são disponibilizados a profissionais que investigam e/ou atuam em serviços e ONGs nas áreas de sexualidade, saúde reprodutiva e gênero. A clientela possui uma formação diversificada: psicologia, comunicação, direito, ciências sociais, medicina, enfermagem, serviço social, nutrição, entre outras. De abrangência nacional, os cursos são realizados em três centros: no Instituto de Saúde Coletiva/UFBA, em Salvador, que recebe pesquisadores das regiões Nordeste e Norte; no Instituto de Medicina Social/Uerj (em conjunto com a Fiocruz), no Rio de Janeiro, e no Nepo/Unicamp (em conjunto com o Instituto de Saúde), em Campinas, ambos responsáveis pelas regiões Sudeste e Centro-Oeste e Sul do país. Cabe destacar que, nas últimas duas edições do programa, contamos com a participação de seis alunos oriundos de diferentes países da América Latina (um da Argentina, dois do Peru, dois da Colômbia e um do México), além de um de Cabo Verde e um de Moçambique.

Essa iniciativa objetivou fortalecer as estruturas institucionais já existentes, além de estimular o diálogo entre as experiências dos centros de ensino e pesquisa, sobretudo no que concerne à descentralização geográfica dos quadros. Dada esta proposta de treinamento dirigida à capacitação metodológica de jovens investigadores, a realização de cursos regionalizados foi a forma adotada para proporcionar a expansão da problemática em questão. Os cursos foram realizados durante três semanas de formação intensiva, seguindo-se a seleção de um certo número de projetos para o desenvolvimento de pesquisa, no período de um ano. A elaboração e o desenrolar do projeto são acompanhados por dois *workshops* em duas etapas, justamente por considerarmos fundamental promover a associação entre aprendizado teórico e empiria, mediante supervisão e interlocução com pesquisadores mais experientes.

O formato regionalizado constitui uma escolha que, nestes 12 anos de existência, demonstrou ser o modo mais adequado de resposta às variadas demandas, com suas especificidades. Já a perspectiva interdisciplinar, capaz de conjugar tanto a metodologia qualitativa quanto a metodologia quantitativa de investigação, baseia-se no pressuposto de que não se trata de estratégias opostas, mas de distintos enfoques, passíveis de articulação no processo de construção do conhecimento científico. Dessa maneira, ao oferecer ensino e treinamento, a partir de fundamentação conceitual e metodológica proveniente de diversas disciplinas, o programa imprime a marca da interlocução interdisciplinar.

Este livro reúne textos de pesquisadores e bolsistas que participaram das oitava, nona, décima e décima primeira edições do Programa Interinstitucional de Treinamento em Metodologia de Pesquisa em Gênero, Sexualidade e Saúde Reprodutiva, destinado à formação de novos investigadores nesse campo. Esta obra é precedida por duas outras publicações (Barbosa et al., 2002; Aquino et al., 2003), que reuniram trabalhos de edições prévias do programa.

Os textos aqui apresentados espelham a proposta interdisciplinar de exame sobre as conexões entre sexualidade, reprodução e saúde, todas elas permeadas pela forma como as relações societárias são estruturadas pelo gênero. O leitor poderá constatar a riqueza e o rendimento dessas perspectivas, que reúnem análises sobre gênero, geração, raça/etnia, classe social, nível de escolaridade, diversas categorias profissionais e diferentes modos de intervenção ou de atuação social. As pesquisas abrangem distintos aspectos concernentes à sexualidade, reprodução e saúde, em diferentes estratos e espaços sociais, bem como grupos etários variados. Investigações foram empreendidas em todas as regiões do Brasil – Norte, Centro-Oeste, Nordeste, Sudeste e Sul –, além da Argentina e Colômbia. Agrupamos os textos em quatro partes, ainda que sejam possíveis outras disposições, em função do rico entrelaçamento entre as temáticas abordadas, como: investigação sobre gênero, sexualidade e saúde; reprodução, contracepção e conjugalidade; saúde, sexualidade e mediações institucionais; e, por fim, gênero, ciclo de vida e sexualidade.

A primeira parte apresenta reflexões acerca de determinados aspectos implicados nos estudos de gênero, sexualidade e saúde. A partir da experiência na equipe de coordenação do programa no Instituto de Medicina Social/Uerj e da participação em congressos de saúde coletiva e de ciências sociais – em grupos dedicados a estas áreas de investigação –, Fabíola Rohden aborda a aproximação entre os campos de estudos de gênero, sexualidade e saúde, questionando os modos pelos quais estas três áreas têm sido vinculadas na produção de pesquisas interdisciplinares. Em "Gênero, sexualidade e saúde em perspectiva: notas para discussão", a autora parte da seguinte e instigadora pergunta: trata-se apenas de justaposição entre os temas ou propriamente de uma articulação? No segundo texto, "Desafios e vicissitudes da pesquisa social em sexualidade", Maria Luiza Heilborn, Fabíola Cordeiro e Rachel Aisengart Menezes analisam as características da investigação em torno desta esfera da vida, evidenciando as dificuldades e vicissitudes enfrentadas por pesquisadores. As autoras apontam a necessidade de uma perspectiva de desentranhamento desse objeto. Não se trata apenas de adotar uma postura reflexiva em face do estatuto autonomizado da sexualidade na sociedade ocidental contemporânea, como também de evitar a produção de novos significados para os nativos, no contexto da interação pesquisador-entrevistado. No terceiro texto desta primeira parte, "Gênero e ciência no Brasil: contribuições para pensar a ação política na busca de equidade", Estela Maria Aquino apresenta a trajetória das relações entre gênero e ciência, sublinhando a condição da mulher como investigadora, no campo da pesquisa em saúde no Brasil. A perspectiva da equidade de gênero norteia a identificação das prioridades de ação e a apresentação de propostas estratégicas para ampliar a inclusão mais efetiva das mulheres na academia.

A segunda parte – Reprodução, contracepção e conjugalidade – reúne distintas investigações sobre os referidos temas, apresentando as múltiplas articulações entre eles, em diferentes contextos. "Sorodiscordância para o HIV e decisão de ter filhos: entre risco e estigma social", de Neide Emy Kurokawa e Silva e Márcia Thereza Couto, aborda o desejo de ter filhos em uniões conjugais sorodiscordantes para o HIV, a partir de pesquisa empreendida com casais, em serviços de saúde especializados em DST/aids do município de São Paulo. A condição sorológica e a decisão reprodutiva se inserem em um campo de negociações, no qual determinados valores racionais e morais, que podem se opor, tensionam a escolha dos casais, entre o risco de transmissão ao parceiro soronegativo ou ao bebê, e o estigma social de ser portador do vírus ou, ainda, do vínculo com sujeito soropositivo.

O texto seguinte – "Da dádiva divina ao direito de decidir: a emergência de uma norma contraceptiva na Colômbia" – apresenta as mudanças de comportamento no que concerne à sexualidade, reprodução e contracepção, em três gerações de famílias colombianas. A partir de entrevistas com duas famílias, Manuel Rodriguez, Claudia Rivera, Andrés Góngora e Marco Martinez evidenciam a emergência de uma norma contraceptiva em seu país: o adiamento da reprodução e o uso regular da contracepção. Como o próprio título do texto explicita, há expressivas diferenças entre as gerações, analisadas a partir das reações dos sujeitos investigados, no que tange aos valores que regem a tomada de decisões contraceptivas e reprodutivas.

A seguir, três textos se dedicam à reflexão acerca da sexualidade, decisões contraceptivas e gravidez em jovens de camadas populares, de três cidades: Salvador, Rio de Janeiro e Porto Alegre. Em "Jovens baianos: conjugalidades, separações e relações familiares", Acácia Batista Dias e Clarice Ehlers Peixoto abordam a conjugalidade na juventude a partir da parentalidade, em adolescentes residentes em Salvador. As autoras examinam os relacionamentos entre os jovens pais/mães e suas famílias de origem, assim como as mudanças que ocorreram após o evento da gravidez e nascimento do (a) filho (a). No contexto investigado, as relações familiares são marcadas pela busca juvenil em asseverar sua autonomia, e a nova condição de parentalidade tende a potencializar esse processo. Em "Paternidade na trajetória juvenil: uma contribuição ao debate sobre 'gravidez na adolescência'", Cristiane S. Cabral se dedica ao mesmo tema, da perspectiva da experiência de rapazes de uma comunidade favelada da cidade do Rio de Janeiro. A autora discute em que medida a paternidade juvenil se constitui como uma das possíveis formas de transição para a vida adulta, na trajetória dos investigados. Explicita ainda as lógicas subjacentes à gestão da vida contraceptiva e seus desdobramentos, em caso de gravidez das parceiras, que funciona como poderosa confirmação da masculinidade dos sujeitos. Paula Sandrine Machado, autora de "Muitos pesos e muitas medidas: uma análise sobre masculinidade(s), decisões sexuais e reprodutivas", apresenta investigação realizada com homens moradores de uma favela da periferia da cidade de Porto Alegre, sobre a escolha de métodos de prevenção, seja para evitar gravidez e/ou DSTs. Para tal, Machado analisa os valores acionados no processo de tomada de decisões, e conclui que eles estão intimamente articulados ao percurso em direção a se tornar homem, à família como valor, às avaliações classificatórias e hierarquizantes atribuídas às parceiras e às representações corporais construídas pelos sujeitos investigados.

A terceira parte – Saúde, sexualidade e mediações institucionais – é composta por textos que se debruçam sobre as estratégias de agências, instituições e seus profissionais na modelação de concepções sobre saúde e sexualidade, gênero, família e pessoa. Em "Tecnologias reprodutivas: razão pública e normatização", Fabiane Simioni analisa os projetos de lei em tramitação no Congresso Nacional brasileiro, concernentes ao uso das novas tecnologias reprodutivas. Os modelos de família apresentados pela legislação constituem objeto de exame, a partir do qual a autora aponta problemas morais e jurídicos na normatização das tecnologias de reprodução medicamente assistidas. Enquanto não há consenso em torno da normatização do acesso às tecnologias de reprodução humana, o mercado e as diferentes formas pelas quais os indivíduos buscam essas tecnologias permanecem mais ou menos "livres". Dessa forma, quando o Estado não assume sua função, como última instância reguladora das relações sociais, verifica-se a chamada "mão invisível" gerenciando o crescente mercado da reprodução humana medicamente assistida no contexto brasileiro. Por fim, Simioni indaga se haveria uma resposta única para justificar um determinado modelo legislativo para tratar das tecnologias reprodutivas no Brasil. Como resposta, indica o atendimento à premissa da não violação ao princípio da dignidade da pessoa humana, além dos demais princípios norteadores do tema, como da proteção à família, do direito ao acesso universal à saúde e a promoção do bem, como objetivo fundamental de um estado democrático de direito.

O texto seguinte, "Estratégias de comunicação preventiva na MTV Brasil: reconstruindo significados para a aids", de João Francisco de Lemos, é dedicado ao exame de dois vídeos de prevenção ao HIV/aids, voltados para o público jovem, produzidos pela emissora MTV Brasil. O autor evidencia as mudanças nas representações da aids na mídia, de acordo com a trajetória da epidemia no país. Para Lemos, esses vídeos incorporam algumas pautas contemporâneas do movimento social da aids, como a transformação dos estigmas veiculados pelos meios de comunicação. As vinhetas examinadas afastam os aspectos trágicos ou fatalistas, que antes já acompanharam as narrativas dessa doença. Desse modo, colaboram para a construção da imagem positiva do sujeito portador de HIV. Além disso, para o autor, esses vídeos formulam *scripts* para a juventude em contexto de socialização para o risco, condição de uma norma sexual preventiva em curso. A produção bibliográfica de um controverso médico e pesquisador baiano, professor da Faculdade de Medicina da Universidade Federal da Bahia, defensor da supressão medicamentosa da menstruação em mulheres férteis, é o objeto da análise de Daniela Manica, em "Imperativos da natureza: sexualidade, gênero e hormônios na produção de Elsimar Coutinho". Partindo do pressuposto de que o discurso desse profissional permite apreender os valores atuantes tanto na produção científica quanto na fabricação de hormônios pela indústria farmacêutica, a autora discute as concepções em jogo de corpo, natureza, sexualidade e gênero, contribuindo ao debate sobre natureza/cultura.

O aparato médico também é abordado por Rozeli Maria Porto em "Profissionais de saúde e aborto seletivo em um hospital público em Santa

Catarina". Ela analisa a assistência a mulheres com demanda de abortamento legal, em serviço de referência nesta modalidade de atendimento, em Santa Catarina. Investigação etnográfica e realização de entrevistas com profissionais de saúde da referida instituição se combinam para elucidar as representações em curso sobre o aborto legal, em caso de gestação de feto com anencefalia.

A atenção e o cuidado infantil prestados por profissionais de saúde de um bairro popular de Salvador são enfocados por Vânia Bustamante. O argumento central do texto consiste em que as precárias condições da assistência residem em razões estruturais – as desigualdades de renda, gênero e raça – e relacionais, que englobam as famílias, os profissionais não residentes no bairro e os cuidadores oriundos da região. "O cuidado infantil em um bairro popular de Salvador: perspectivas de profissionais" demonstra a desvalorização do cuidado entre os agentes dedicados a essa atividade, inclusive entre aqueles inseridos no Programa Saúde da Família. Evidencia ainda a existência, entre os profissionais, de um modelo de família idealizado, que colide com a realidade na qual eles atuam.

A instância pedagógica constitui o objeto de exame de "Corpo e gênero na educação sexual: análise de uma escola carioca", de Helena Altmann. A partir de pesquisa realizada em um colégio municipal de ensino fundamental na Zona Sul da cidade do Rio de Janeiro, a autora reflete sobre as diferenças entre as representações de corpo, sexualidade e gênero, em aulas de ciências, além do tratamento desses temas em oficinas de educação sexual, presididas na mesma escola.

Rachel de Las Casas, autora de "'Mandar a coisa ruim embora': gênero e saúde em uma epidemia de diarreia infantil na etnia Maxakali", descreve o episódio, ocorrido em 2004. A análise elucida as formas de enfrentamento da situação, tanto pelos indígenas quanto pelos profissionais de saúde, que acionam lógicas de intervenção diferenciadas para sanar o problema. A autora assinala a interdependência entre fatores culturais, de saúde e de atribuições de gênero para a resolução do evento. "O agente comunitário de saúde e as relações de gênero nos seringais do município de Xapuri, Acre", de Mauro César Rocha da Silva e Valéria Rodrigues da Silva, também apresenta o modo de inserção e gestão de profissionais que atuam na área da saúde. Os autores enfatizam a importância das relações de gênero na atenção à saúde, sobretudo relativa às mulheres que trabalham nessa região. Para eles, o papel do agente comunitário de saúde foi fundamental para atender as demandas do cuidado em saúde, principalmente por promover prevenção e educação em torno de saúde e doença nos seringais, proporcionando, também, mudança em tabus culturais.

Por fim, a quarta e última parte – Gênero, ciclo de vida e sexualidade – é composta por cinco textos. A partir da tendência de pauperização e heterossexualização da epidemia do HIV/aids, Júnia Quiroga Cunha analisa a vulnerabilidade para o risco ao HIV em homens e mulheres que mantêm relacionamentos inter-raciais, em uma comunidade favelada de Belo Horizonte, Minas Gerais. "Aproximando ou separando a cor: a combinação racial da união determina a prevenção?" foi elaborado a partir de entrevistas com indivíduos de ambos os sexos que mantinham, à ocasião, relacionamento estável de coabitação, situação na qual a negociação em torno da prevenção de DST/aids apresenta dificuldades. Para a autora, a composição racial da união não se constitui como componente essencial para compreensão do processo decisório em torno da prevenção, enquanto o eixo de gênero revelou ser mais promissor. A autora conclui que, embora a maioria dos entrevistados esteja razoavelmente informada sobre transmissão e prevenção do HIV, a coexistência de informações certas e erradas indica a necessidade de investimento em divulgação de informações sobre HIV/aids, sobretudo entre as mulheres. Se, no universo pesquisado em Porto Alegre por Paula Sandrine Machado e em Belo Horizonte por Júnia Quiroga, os homens seriam os responsáveis pelo uso do preservativo, uma vez que mulher "direita" não deve portar camisinha, a análise de Leandro Oliveira evidencia um panorama diverso, a partir de seu estudo etnográfico em uma boate no subúrbio da cidade do Rio de Janeiro, frequentada por travestis, *cross-dressers* e seus parceiros. Em "'Homem não paga': diversidade sexual, interação erótica e proteção entre frequentadores de uma boate no Rio de Janeiro", são apresentados os distintos posicionamentos a partir da qualificação segundo a performance de gênero: o ingresso no estabelecimento é cobrado somente dos clientes avaliados como "femininos". O texto explicita e analisa os nexos estabelecidos entre performance de gênero e responsabilidade pelo porte e utilização do preservativo, condição assumida pelos *cross-dressers* e travestis.

O texto seguinte, "'Cidade pequena, inferno grande': fofoca e controle social da sexualidade entre adolescentes da cidade de Trelew (Argentina)", traz a pesquisa com jovens entre 15 e 19 anos, de escolas públicas da referida cidade. Daniel Jones evidencia a existência de papéis de gênero que são poderosos operadores de controle social. É esperado que a mulher seja recatada e resista aos avanços do parceiro, e este deve demonstrar sua masculinidade e virilidade por meio de táticas de conquista. Configura-se um modelo generificado de gestão da sexualidade, similar ao encontrado entre jovens brasileiros. A avaliação moral também é abordada por Moisés Lopes em "'Casar e darse ao respeito': conjugalidade entre homossexuais masculinos em Cuiabá". Entrevistas com 10 homens envolvidos em uniões homossexuais explicitam suas concepções sobre conjugalidade, parceria civil e, em especial, a construção de uma imagem de respeitabilidade pública do casal, condição necessária para sobreviver ao controle social, em uma cidade na qual os valores acerca da orientação sexual podem resultar em estigmatização.

Finalmente, "A sina de ser forte: corpo, sexualidade e saúde entre lutadores de jiu-jítsu no Rio de Janeiro", de Fatima Cecchetto, analisa as configurações da masculinidade entre os lutadores e os usos do corpo em suas relações afetivo-sexuais. Aborda as representações sobre corpo, saúde e sexualidade entre os sujeitos investigados, sobretudo a partir de notícias na mídia, que associam a prática do jiu-jítsu a comportamento violento, agressões a mulheres e homossexuais. Nas academias de luta, a construção da masculinidade se dá mediante um trabalho corporal intenso, a partir de uma instrumentalização por meio de um conjunto de saberes estratégicos, tidos como significativos de determinado estilo de vida, inspirado na filosofia de uma arte marcial, orientada para o controle da violência. Fora da academia, há um tenso exercício do autocontrole da violência física, condição que demanda autodomínio das emoções dos sujeitos investigados. Para a autora, os princípios reguladores dos comportamentos masculinos no contexto da academia, mais que contraditórios, são interdependentes.

A multiplicidade de análises possíveis em torno do imbricamento entre os distintos temas atinentes ao corpo, à saúde, sexualidade e reprodução é explicitada pela apresentação dos textos. Seu agrupamento possibilita evidenciar diferentes eixos de articulação, entre tantas variáveis sociais que se demonstram relevantes no estudo da saúde.

Referências bibliográficas

AQUINO, Estela Maria; BARBOSA, Regina Maria; HEILBORN, Maria Luiza; BERQUÓ, Elza. Gênero, sexualidade e saúde reprodutiva: a constituição de um novo campo na saúde coletiva. *Cadernos de Saúde Pública*, Rio de Janeiro, v. 19, p. 198-199, 2003. Suplemento 2.

BARBOSA, Regina Maria; AQUINO, Estela Maria; HEILBORN, Maria Luiza; BERQUÓ, Elza. *Interfaces*: gênero, sexualidade e saúde reprodutiva. Campinas: Unicamp, 2002.

BASTOS, Francisco Inácio. *Aids na terceira década*. Rio de Janeiro: Fiocruz, 2006.

DINIZ, Simone; CHACHAM, A. "The cut above" and "the cut below": the abuse of Caesareans and episiotomy in São Paulo, Brazil. *Reproductive Health Matters*, v. 12, n. 23, p. 100-110, 2004.

LAGO, Tania Di Giacomo; LIMA, Liliam Pereira de. Gestação, parto e puerpério. In: *Pesquisa Nacional de Demografia e Saúde da Criança e da Mulher*. Brasília: Ministério da Saúde, 2008, p. 143-157.

WONG, Laura Lídia Rodriguez Espinoza. Fecundidade e aspectos reprodutivos. In: *Pesquisa Nacional de Demografia e Saúde da Criança e da Mulher*. Brasília: Ministério da Saúde, 2008, p. 113-126.

Parte I
Investigação sobre gênero, sexualidade e saúde

1. Gênero, sexualidade e saúde em perspectiva: notas para discussão

Fabíola Rohden*

Este texto propõe uma discussão a respeito da natureza da aproximação entre os campos de estudos de gênero, sexualidade e saúde. Antes de tudo, é preciso esclarecer que o caminho escolhido não é o do clássico panorama de descrição dos estudos produzidos, certamente uma contribuição sempre necessária. Opto por um percurso talvez mais espinhoso e provocativo que implica questionar o modo como o gênero, a sexualidade e a saúde têm sido articulados. Na verdade, a questão de fundo concerne ao fato de se estar tratando propriamente de uma articulação ou de apenas justaposições temáticas.

Esta reflexão é motivada pelo acompanhamento, nos últimos 10 anos, da produção, do debate acadêmico e da sociedade civil em torno da relação entre essas áreas. A experiência na equipe de coordenação do Programa Interinstitucional de Metodologia de Pesquisa em Gênero, Sexualidade e Saúde Reprodutiva e no Instituto de Medicina Social da Universidade do Estado do Rio de Janeiro (Uerj), além da participação em congressos de saúde coletiva e de ciências sociais, nos grupos afetos a essas áreas, têm inspirado o desejo de uma interlocução capaz de problematizar as perspectivas em cena. Para além de todas as tensões que uma interação interdisciplinar acarreta, presentes também nesse caso, sugiro que uma reflexão crítica se faça sempre necessária.

I

Se tomarmos como exemplo, para efeito ilustrativo, os trabalhos apresentados nos últimos congressos de saúde coletiva, será possível

---

* Professora adjunta do Instituto de Medicina Social, pesquisadora associada do Centro Latino-Americano em Sexualidade e Direitos Humanos, coordenadora adjunta do Programa Interinstitucional em Metodologia de Pesquisa em Gênero, Sexualidade e Saúde Reprodutiva.

constatar que, nessa grande e diversa área da saúde, gênero e sexualidade foram temas de inúmeras apresentações. Na maior parte dos casos, as salas alocadas para as discussões afins estiveram lotadas, contando com um público bastante variado em termos de inserção profissional. Era notável que, ao lado dos pesquisadores com tradição acadêmica, se alinhava um número importante de profissionais de saúde, preocupados em refletir sobre sua própria prática cotidiana. Isso revela um interesse crescente, impulsionado não apenas pelas universidades, mas também pelas ONGs e por certos órgãos governamentais que têm chamado a atenção para a importância de se considerar a dimensão das relações de gênero e da sexualidade. Evidentemente, o desenho desse panorama está diretamente relacionado ao impacto do ideário feminista nos mais diversos setores da sociedade, nas últimas décadas.

O crescimento do interesse na chamada "questão de gênero" parece então evidente. No entanto, quando consideramos o conteúdo dos trabalhos e mesmo das intervenções da plateia, começa a se descortinar uma relevante distinção que se traduz, de um lado, na apresentação do gênero como categoria, que implica a adoção de uma determinada perspectiva teórico-metodológica e, de outro, na utilização de gênero como descritor temático. No primeiro caso, em termos bastante amplos ou até pensando em "tipos ideais", estamos diante da absorção da densa e problemática discussão em torno da construção social das características e funções atribuídas a homens e mulheres ou aos dois sexos tidos como biologicamente distintos. É bom lembrar que, mais recentemente, a própria noção de sexo passa por um processo de desconstrução cada vez mais aprofundado. Além disso, aqui também está presente a noção de relacionalidade implicada no gênero, que impõe a ideia de se pensar sempre cada gênero em relação ao outro (Vance, 1995; Weeks, 1999; Laqueur, 2001). Já no segundo caso, trata-se da referência ao gênero ainda como uma espécie de substituto do termo mulher. Nesse sentido, ele apenas serve para descrever o grupo ou objeto de estudo em questão, não sendo consideradas as dimensões básicas da construção social e da relacionalidade implicadas em qualquer reflexão que tome gênero como perspectiva analítica.

Embora essa distinção e, especialmente, a mera substituição do termo mulher pela palavra gênero já tenham sido muito discutidas, parece que no campo híbrido que envolve a reflexão sobre saúde ainda é preciso explicitá-las. É claro que se pode produzir investigações relevantes que pretendam apenas recortar o grupo estudado em função do sexo (com a ressalva de que, se tomamos o sexo como construção, isso também ficaria comprometido), sem pretender incorporar o debate em torno do gênero. O problema maior parece estar nos estudos que adotam o gênero nominalmente, mas não incorporam os pressupostos em jogo no debate teórico-metodológico. Tal postura pode provocar, principalmente entre os sujeitos que não têm acompanhado a trajetória dos debates, uma impressão de que os trabalhos envolvendo gênero tratam somente de temas relativos às mulheres, por exemplo. Perde-se, portanto, uma grande chance de aprofundamento de questões analíticas e de revisão de certos impasses políticos. A dimensão das relações de gênero, ao lado de classe social e raça/etnia, integra um tripé fundamental e imprescindível para o entendimento dos fenômenos sociais de modo geral e, em particular, daqueles que envolvem o domínio da saúde. Ao mesmo tempo, em um certo plano, as questões de gênero e sexualidade parecem ganhar maior legitimidade. Hoje em dia, torna-se difícil argumentar publicamente contra a inclusão dessas temáticas nos programas de cursos ou seminários, por exemplo.

Considero necessário mapear melhor esse quadro e suas raízes para que a discussão possa prosseguir. Em virtude de uma frutífera permeabilidade entre as questões da agenda política e a produção intelectual, desde a década de 1970 se constituiu no Brasil um grande empreendimento envolvendo acadêmicas e militantes feministas, que procurava dar conta de entender as relações estabelecidas entre homens e mulheres, considerando sobretudo a faceta da desigualdade. Em termos da sociedade civil, pode-se reconhecer um grande avanço associativo do movimento de mulheres – que vai dar origem a várias ONGs importantes e atualmente consideradas tradicionais – ao lado de conquistas fundamentais, no que se refere à legislação e à saúde, por exemplo. Ao mesmo tempo, principalmente a partir da década de 1980, surgem diversos núcleos de estudos ligados às universidades, que vão responder à demanda das pesquisadoras interessadas em promover o fortalecimento da produção e da interlocução acadêmica relativas ao gênero. Vários desses núcleos encontram-se hoje em uma posição já bastante consolidada, inclusive tendo gerado linhas de pesquisa e de formação na pós-graduação, além de periódicos conceituados (Heilborn e Sorj, 1999).

Encontramos um acirrado e produtivo debate teórico fundamentando boa parte dessas iniciativas. Apesar das diferenças entre as várias correntes de pensamento, pode-se considerar a existência de um ponto central na trajetória das discussões. Trata-se da afirmação do caráter social do gênero e da negação de qualquer determinismo biológico. Além disso, outro elemento que se destaca é a própria valorização da dimensão das relações de gênero, e também mais especificamente da sexualidade, como merecedoras de atenção por parte dos estudiosos. A ideia principal é que uma compreensão profunda de determinados fenômenos sociais somente é acessível se essas dimensões forem consideradas. Talvez seja preciso lembrar que nem sempre esses domínios foram tidos como objetos de estudo legítimos.

Outro aspecto importante se refere ao fato de que os estudos sobre gênero e sexualidade ganharam relevância em função de um contexto social específico. Para citar apenas o exemplo mais óbvio, a epidemia de aids obrigou o desenvolvimento de novas investigações no campo da sexualidade, em busca de uma compreensão mais refinada dos processos sociais em questão. Estamos aqui no plano do que se poderia chamar de contextos emergenciais que impulsionam novas áreas de estudo ou fortalecem de maneira definitiva as já existentes.

Contudo, há também outra dimensão contextual a ser lembrada, que envolve o longo processo de transformação da cultura ocidental moderna em direção ao individualismo. Os múltiplos processos que culminaram na criação do indivíduo singular, autônomo e autocentrado, que conhecemos hoje como modelo de modernidade, tiveram impacto na trajetória de valorização do gênero e da sexualidade, como dimensões centrais da pessoa. O culto ao corpo, a preocupação com o aspecto psíquico, com as relações familiares, com a educação das crianças, em síntese, com a vida íntima, tornaram essas dimensões objetos privilegiados de escrutínio, como bem demonstraram Foucault (1988) e, depois dele, tantos outros autores.

Observamos então um processo de autonomização do gênero e da sexualidade no mundo ocidental moderno, como se eles passassem a constituir dimensões particulares do sujeito e, portanto, passíveis de se tornarem novos focos de estudo. A trajetória de criação de algumas especialidades médicas, como a psiquiatria e a ginecologia, por exemplo, reflete, de forma bastante evidente, esse novo interesse científico na sexualidade e na diferença estabelecida entre os sexos. É curioso, porém, que grande parte do interesse científico se concentre na delimitação das "doenças" ou mesmo das "perversões". Essas pistas podem ser úteis para o entendimento de certas dificuldades ainda presentes em conceber a relevância dos estudos de gênero e sexualidade. Temos um processo de autonomização e fragmentação do indivíduo, com a valorização de certos aspectos, considerados preeminentes para a própria conformação de sua identidade individual. Ao mesmo tempo, alguns aspectos tornam-se alvos de desconfiança, como é o caso da sexualidade (Rohden, 2001).

Talvez tudo isso contribua para que se conforme uma situação na qual gênero e sexualidade tenham grande visibilidade, ao mesmo tempo que são vistos como assuntos específicos, que só interessam a determinados estudiosos ou que importam apenas para a compreensão de questões particulares. Voltamos, então, ao ponto exemplificado no sucesso de divulgação do conceito de gênero sem, contudo, por vezes, a incorporação da riqueza de suas possibilidades analíticas.

Até agora, me detive em refletir sobre o campo mais específico do gênero e sexualidade. Contudo, embora seja visível uma certa singularidade, gostaria de sugerir que boa parte do quadro descrito encontra semelhanças com outros campos das ciências sociais. A comparação com uma situação mais geral pode ser bastante frutífera.

II

Em primeiro lugar, cabe chamar a atenção para certa proliferação, nos últimos anos, de "especialidades" definidas, por exemplo, pelos termos "antropologia/sociologia do corpo", "antropologia/sociologia da saúde", "antropologia/sociologia da medicina", "antropologia/sociologia da sexualidade", "antropologia/sociologia do esporte" etc.[1] Esses títu-

---

[1] Embora ciente das diferenças entre a antropologia e a sociologia, não me atenho a tratá-las separadamente, pois, no caso dos temas em questão, é possível, pelo menos temporariamente, notar abordagens muito próximas.

los indicam a necessidade de apresentação dos estudos realizados em um campo mais delimitado, visando também a conformação de novas redes entre pesquisadores de temas afins. O problema que surge – por exemplo, no momento de enquadramento de um trabalho ou grupo de pesquisa nos eixos de um congresso ou nas áreas de uma agência financiadora – é saber em qual categoria deve ser inscrito. Embora o caso citado possa parecer banal, uma interessante questão teórica se apresenta por trás dessa indefinição.

Todos esses termos, como corpo, saúde, medicina, sexualidade, esporte, implicam temas relacionados à corporeidade. Evidentemente, as noções de antropologia e sociologia remetem à dimensão social desses objetos. Esses termos também refletem a autonomização de certos domínios da vida social no mundo moderno ocidental. É apenas nesse contexto cultural que essas categorias têm sentido, expressando um modo singular de conceber certos fenômenos. Como sabemos, pelo menos desde Mauss (1974), as representações e as práticas, envolvendo a corporeidade, variam enormemente. Como bem têm demonstrado certos autores, como Le Breton (1997, 1998), a noção de corpo separado do eu individual, que se expressa tão magistralmente na ideia de "possuir um corpo", é fruto de determinados desenvolvimentos ocorridos no Ocidente moderno.

A questão em jogo aqui é, em primeiro lugar, perceber a relatividade dessas categorias. Para além, o mais importante é reconhecer a diferença entre temas ou objetos e perspectivas teórico-metodológicas. De um lado, corpo, saúde e medicina, por exemplo, podem ser descritos como objetos de investigação. No quadro mais geral de construção desses "fenômenos" culturais específicos, é possível delimitar o estudo das percepções corporais em um grupo, das representações e práticas de saúde em outro, ou mesmo a conformação histórica de certa especialidade médica. Nesse caso, estamos no plano das definições temáticas que remetem ao recorte dos objetos. De outro lado, trata-se do enquadramento teórico, inclusive da perspectiva disciplinar que define o tipo de estudo em questão. Nesse caso, não há, necessariamente, uma ótica particular inerente a cada bloco temático.

Contudo, considero que, particularmente no que se refere a uma antropologia/sociologia do corpo, emerge uma reflexão mais geral. O ponto forte dessa reflexão é a consideração da corporeidade como via de acesso fundamental para a análise socioantropológica. O que se pensa, o que se diz sobre o corpo e as infinitas formas de lidar com ele, de intervir sobre ele constituem núcleos centrais da operação simbólica que permite ao ser humano organizar o mundo natural e dar sentido ao que está a sua volta. Antropólogos como Héritier (1998) têm insistido na importância do reconhecimento dessas propriedades relativas ao corpo. Portanto, nesse caso, o corpo não é meramente um objeto de estudo, mas um domínio de significado por meio do qual se pode alcançar um entendimento de determinações mais profundas e mais gerais de cada cultura.

Assim, adotar a perspectiva de uma antropologia/sociologia do corpo, nesse sentido forte, significa ir ao encontro de uma análise que perceba o corpo como foco de representações sociais as mais variadas, e não meramente aquelas restritas ao objeto "corpo". A essa altura, parece evidente que nos aproximamos de outra área importante de reflexão, a chamada antropologia/sociologia da pessoa, que implica uma análise também bastante geral acerca das representações em torno do "eu". Particularmente a respeito do mundo ocidental moderno, inúmeros estudos se concentraram na configuração da ideologia individualista, mostrando como o indivíduo, enquanto valor central, é uma excentricidade da nossa cultura (Dumont, 1997). Ao que parece, as ideias de corpo e a de indivíduo, que conhecemos, são criações interdependentes, exclusivas de um modelo dominante no Ocidente.

Sugiro que as reflexões em torno de corpo e de pessoa incorporem esse potencial teórico mais abrangente e representem, se tomadas nesse sentido, a adoção de uma perspectiva analítica. Embora isso pareça mais evidente quando se trata de uma antropologia/sociologia da pessoa, no caso do corpo, uma discussão mais aprofundada ainda se faz necessária. Essa perspectiva analítica, ainda que por vezes não muito explícita, tem funcionado como uma base sobre a qual diversas investigações têm sido realizadas, tomando como objeto temas como corpo, sexualidade, saúde, medicina etc. De fato, entendo que a forma mais produtiva de estudar tais objetos requeira buscar o estabelecimento de conexões mais gerais com as representações sociais mais amplas, levando em conta o fato de que o corpo talvez seja a mais rica manifestação do simbólico.

A antropologia/sociologia do corpo é uma reflexão de estatuto mais geral que se aproximaria do que representa a antropologia da pessoa. Trata-se, em primeiro lugar, de uma perspectiva teórico-metodológica (o corpo como via de acesso à compreensão da sociedade) mais do que um campo temático restrito, podendo englobar sexualidade, saúde, práticas de cuidado, medicina, esporte etc. Juntamente com a discussão em torno da noção de pessoa, fornece uma base reflexiva a partir da qual outros subcampos se organizam, como sexualidade e saúde, por exemplo. Trata-se do debate sobre diferentes concepções de pessoa e da relação com a corporeidade, considerando a enorme variação possível entre culturas diferentes e, também, em uma mesma cultura.

A discussão anterior remete a um último comentário que diz respeito à forma segundo algumas vezes a contribuição das ciências sociais é percebida no campo mais amplo da saúde. Parece funcionar como um acréscimo mais ou menos importante, mas não imprescindível. A noção de "social" é utilizada como um adjetivo a ser incluído nos projetos de investigação, para um caráter mais interdisciplinar. Às vezes, convoca-se um representante da área das ciências sociais para que produza uma investigação paralela. Contudo, o cruzamento de perspectivas nem sempre é fácil.

Talvez seja nossa tarefa, enquanto cientistas sociais ou pesquisadores comprometidos com essa perspectiva, ainda neste momento, esclarecer que a consideração do caráter social dos fenômenos tem resultados muito impactantes, especialmente no caso da saúde. Além disso, cabe apontar que a contribuição das ciências sociais não se resume apenas em evidenciar a maneira como os eventos relativos à corporeidade são socialmente construídos, embora esta ótica constitua um desafio imenso. O que, inclusive, está em jogo é ter no corpo, nas dimensões do gênero e da sexualidade, vias de acesso privilegiadas para compreensão da própria sociedade.

III

Para concluir, é necessário retornar brevemente ao campo de discussão sobre gênero e sexualidade. Suponho que haja uma semelhança entre uma determinada percepção sobre o corpo, o gênero e a sexualidade, que simplesmente toma estas categorias na forma de descritores temáticos. Nesse tipo de representações, gênero, sexualidade e corpo parecem definir apenas áreas de interesses específicos. Os resultados das pesquisas se reduziriam a apresentar contribuições circunscritas a problemas bastante limitados. Os estudos de gênero poderiam dar visibilidade e inteligibilidade à opressão das mulheres e as investigações, envolvendo o corpo, se restringiriam à compreensão de determinadas práticas corporais, por exemplo. Esse entendimento seria muito empobrecido, em relação às pretensões explicativas dos autores, que têm produzido um rico arcabouço de debates e resultados analíticos inovadores.

Conforme sugestão já exposta, uma antropologia/sociologia das relações de gênero e uma antropologia/sociologia do corpo acarretam a adoção de determinadas perspectivas teórico-metodológicas. Ou, ao menos, requerem um comprometimento com certas polêmicas que buscam estabelecer as bases de uma reflexão mais consistente e abrangente sobre os processos sociais. Tanto gênero quanto sexualidade e corpo não são simplesmente temáticas restritas aos pesquisadores interessados em situações específicas. Representam o compromisso com o desafio de focalizar novas possibilidades analíticas, que têm se mostrado intensamente produtivas.

Referências bibliográficas

BRETON, David Le. *La sociologie du corps*. [1. ed. 1992]. Paris: Presses Universitaires de France, 1997.

_____. *Anthropologie du corps et modernité*. [1. ed. 1990]. Paris: Presses Universitaires de France, 1998.

DUMONT, Louis. *Homo hierarchicus*. São Paulo: Edusp, 1997.

FOUCAULT, Michel. *História da sexualidade*. Rio de Janeiro: Graal, 1988. (v. 1, A vontade de saber).

HEILBORN, Maria Luiza; SORJ, Bila. Estudos de gênero no Brasil. In: MICELI, S. (Org.). *O que ler na ciência social brasileira II*. São Paulo: Sumaré/Anpocs; Brasília: Capes, 1999, p. 183-221.

HÉRITIER, Françoise. L'anthropologie symbolique du corps: pour un autre structuralisme. In: *Anales de la Academia Nacional de Ciencias de Buenos Aires*. Buenos Aires, 1998.

LAQUEUR, Thomas. *Inventando o sexo*: corpo e gênero dos gregos a Freud. [1. ed. 1990]. Rio de Janeiro: Relume-Dumará, 2001.

MAUSS, Marcel. *Sociologia e antropologia*. São Paulo: Edusp, 1974.

ROHDEN, Fabíola. *Uma ciência da diferença*: sexo e gênero na medicina da mulher. Rio de Janeiro: Fiocruz, 2001.

VANCE, Carole S. A antropologia redescobre a sexualidade: um comentário teórico. *Physis*, v. 5, n. 1, 1995.

WEEKS, Jeffrey. O corpo e a sexualidade. In: LOURO, G. L. (Org.). *O corpo educado*: pedagogias da sexualidade. Belo Horizonte: Autêntica, 1999, p. 36-82.

2. Desafios e vicissitudes da pesquisa social em sexualidade

Maria Luiza Heilborn[*]
Fabíola Cordeiro[**]
Rachel Aisengart Menezes[***]

Este texto debate questões concernentes à investigação social da sexualidade, no que tange à interação entre a produção de conhecimento e o impacto dessa reflexão para a moldagem de novas inflexões sobre tal dimensão da vida social. Como Foucault (1973) já assinalou em *História da sexualidade*, a invenção da sexualidade se origina de diversos dispositivos de controle social, mas também da produção do saber científico.

Buscamos iluminar a discussão sobre a sexualidade como objeto de investigação das ciências humanas, enfocando uma parte subestimada da ação da pesquisa científica: as formas de sua atuação como promotora de uma acentuada valorização do sexual. Tal fenômeno também foi assinalado por Gagnon (1975), quando afirma que as descobertas sobre sexualidade, a partir dos grandes inquéritos sobre comportamento sexual de Kinsey e de Masters e Johnson, transmudaram-se em cultura popular, mediante a vulgarização dos saberes científicos e sua intensa circulação nos meios de comunicação de massa (Gagnon, 2006:68). O sucesso de público alcançado por essas e outras obras teve implicações variadas e, inclusive, poderíamos admitir que ajudou a produzir a emergência de uma nova mentalidade sobre o tema. Atualmente uma nova concepção envolve a sexualidade: sua cunhagem em termos de direitos sexuais.

---

[*] Professora adjunta do Instituto de Medicina Social/Uerj, coordenadora do Programa Interinstitucional de Treinamento em Metodologia de Pesquisa em Gênero, Sexualidade e Saúde Reprodutiva e coordenadora do Centro Latino-Americano em Sexualidade e Direitos Humanos/IMS/Uerj.
[**] Mestre em saúde coletiva (IMS/Uerj) e pesquisadora do Programa em Gênero, Sexualidade e Saúde do IMS/Uerj.
[***] Doutora em saúde coletiva (IMS/Uerj) e pesquisadora associada do Centro Latino-Americano em Sexualidade e Direitos Humanos/IMS/Uerj.

Adotamos a estratégia de demonstrar essa pedagogia oculta que a investigação sobre sexualidade pode ter, a partir da análise das condições de produção de dados, tomando o caso empírico de uma investigação sobre o exercício da sexualidade e a reprodução, na trajetória social de jovens brasileiros. O foco recai sobre alguns aspectos da interação entre investigadores e pesquisados, em situações de entrevista em profundidade. São abordadas diferentes dimensões do que foi designado "mito da invisibilidade do cientista social", atribuído genericamente ao encontro entre duas ou mais subjetividades. Trata-se, antes de tudo, "de incorporar as condições de produção da pesquisa como parte do processo de construção do conhecimento" (Velho, 1987:9). Assim, questões como a negociação dos sentidos atribuídos às perguntas propostas e às experiências narradas pelos sujeitos, as dificuldades na condução do diálogo e as tentativas de "desentranhamento" da sexualidade nas falas dos entrevistados constituem objeto de reflexão.

O material empírico examinado ilustra os desafios que o estudo da sexualidade coloca aos pesquisadores. Apresentamos algumas situações que ocorreram a partir da abordagem de certos temas do roteiro, dedicados às trajetórias afetivo-sexuais, à moralidade e ao repertório sexual dos sujeitos. As questões propostas visavam apreender o processo de aprendizado da sexualidade, as crenças e representações dos jovens sobre o tema, as práticas sexuais mais frequentes, as apreciadas e indesejadas, além das possíveis experiências de conflito na negociação sexual. A discussão é orientada pela premissa de que os problemas técnicos enfrentados por pesquisas sociais evidenciam tanto as peculiaridades do grupo social estudado e do contexto sociocultural em que ele se insere, quanto as especificidades do método utilizado na investigação (Becker, 1994:176).

Sexualidade como objeto de investigação

Uma das preocupações fundamentais no estudo da sexualidade pelas ciências sociais é evitar adotar tal categoria como inquestionável ou autoevidente. Muito já se escreveu sobre o processo de construção dessa representação, e nos referimos aqui a autores com variadas perspectivas, que se dedicaram à contextualização histórica da emergência desta categoria, como Foucault (1973), Gagnon (2006), Vance (1999) e Duarte (2004), entre tantos outros. Todos são unânimes em sustentar a preeminência da invenção da sexualidade, no âmbito da grande transformação histórica representada pela modernidade. *Grosso modo*, esta instituiu-se tanto a partir da racionalização ou do desencantamento do mundo quanto da autonomização das esferas da vida social e individualização.

Assim, a associação entre modernidade e sexualidade deve ser entendida como um longo, complexo e multidimensional processo empreendido em torno do modo de significar e praticar conjunções carnais (práticas sexuais) e sua portentosa "explosão discursiva", como já assinalava Foucault (1973:39), bem como em decorrência das transformações produzidas em múltiplas searas da vida social. A expressão usual utilizada em muitos artigos de orientação socioantropológica para nomear esse fenômeno é *autonomização da sexualidade*. A ideia de autonomia assinala como a sexualidade ganhou relevo, em face de um amplo conjunto de domínios que, até então, a englobavam. O caso exemplar dessa modificação consiste na interseção entre exercício sexual e reprodução, em particular na questão atinente às mulheres sem uso sistemático e eficaz de contracepção. Assim, só na segunda metade do século XX, com a fabricação maciça dos contraceptivos orais e, por vezes, nos países ditos centrais, com legislações que favoreceram a interrupção voluntária da gravidez, tal movimento de autonomização passou a ser efetivado com mais clareza. Contudo, essa conexão não era – e não é – a única.

Denominar a produção moderna e contemporânea da sexualidade como um fenômeno de autonomização tem recebido críticas. O antropólogo Luiz Fernando Dias Duarte propõe que o termo "desentranhamento" seria a expressão mais adequada para cingir o fenômeno da produção moderna da sexualidade. Ele assinala, com razão, que o termo autonomização retém uma alusão liberalizante sutil, presente na ideia da "libertação de um ente que se mantinha encarcerado na totalidade anterior: a sexualidade em relação à moralidade; o orgasmo em relação aos múltiplos prazeres eróticos; a homossexualidade em relação ao erotismo difuso entre iguais etc." (Duarte, 2004:45). Assim, o termo *desentranhamento* aponta o que uma certa tradição sociológica denomina "a grande transformação": a produção de domínios da vida social, que passam a adquirir significado próprio, alcançando designações específicas, ao mesmo tempo que permanecem, como não poderia deixar de ser, entrelaçados com outras dimensões da vida social.[1]

Pode-se sugerir que essa preposição latente de entidade a ser liberada advenha daquilo que Vance (1999) denominou tendência hegemônica nos estudos culturalistas sobre sexualidade – o construcionismo leve. Segundo a autora, trata-se do "modelo de influência cultural", cuja definição de cultura é vista como capaz de enfatizar ou desestimular a expressão de atos sexuais, atitudes e determinadas relações. Permanece sempre a ideia de um substrato natural, que seria modificado pela ação cultural. A biologia do sexo criada pelos cientistas do século XIX colocou o impulso sexual e a diferenciação entre os sexos na esfera da natureza, e não mais da moralidade (Weeks, 1999:67).

As primeiras investigações em torno do exercício da sexualidade – as etnografias clássicas que descrevem práticas sexuais em sociedades ditas primitivas, desde o início do século XX – abordaram essa questão da mesma perspectiva dirigida às relações de parentesco, às formas de expressão religiosa ou à estrutura política, entre tantos outros aspectos da vida social, em busca de compreensão acerca das modalidades de organização de cada cultura ou grupo social. Certas abordagens antropológicas salientam de que forma as concepções sobre pessoa nomeiam as experiências humanas de modo peculiar e distinto do que hoje em dia supomos ser a maneira adequada, por ser considerada mais próxima às definições científicas do real. A ótica então conferida à sexualidade – enquanto objeto de estudo – não privilegiava o tema como campo de pesquisa autônomo, uma vez que estava inserido no conjunto de normas que regulavam a reprodução biológica e social de cada grupamento social investigado.

Norbert Elias (1994), ao estudar as transformações históricas referentes ao processo civilizador, assinala mudanças de práticas e menta-

---

[1] Desentranhamento é a tradução em português do termo *disembeddedness*, proposto por Karl Polanyi (1944) para analisar a separação entre política e economia, que deu origem à criação do mercado. A disjunção entre essas duas esferas produziu a ideia de um mercado autorregulado, condição de implantação do capitalismo. Uma análise convergente em relação à novidade da sociedade moderna está presente no livro *O individualismo*, de Louis Dumont, no qual é analisada a implantação da categoria de indivíduo em diversas esferas.

lidades que afetaram o exercício da sexualidade, por intermédio do surgimento de regras a respeito da separação dos corpos e espaços. Formas de relacionamento sexual entre os indivíduos foram reestruturadas, em razão do valor atribuído à privacidade dos atos sexuais, que não mais podiam ser realizados na frente de terceiros ou de crianças. Elias associa esse processo de instituição e controle da vida privada a uma reorganização das relações de poder entre Estado e súditos, que conduziu à pacificação das relações sociais, mediante o controle da violência. Tal movimento conduziu a um avanço nos patamares de sensibilidade, de modo a instituir novas demarcações em torno do domínio da intimidade, com alterações atinentes à esfera do privado e, consequentemente, novas modalidades de pessoa. Comportamentos, práticas e sensações associados à sexualidade, aceitos em certos períodos históricos, adquiriram caráter distinto. Nos termos de Duarte (1999:24), configura-se um dispositivo de sensibilidade, articulado ao da sexualidade, no qual se destacam três aspectos: a perfectibilidade, ou capacidade de aperfeiçoamento, vinculada às ideias de progresso e desenvolvimento; a experiência, à qual passa a ser concedido valor preeminente; e o fisicalismo, decorrente da separação radical entre corpo e espírito.

A sexualidade adquiriu o estatuto de dimensão privada dos sujeitos, representante de algo íntimo. Ela se tornou central no que se define como bem-estar psíquico e, contemporaneamente, reveste-se do significado de consistir em esfera que demanda proteção de direitos especiais – os chamados direitos sexuais. Desse modo, define-se progressivamente como uma dimensão crucial da pessoa. A sexualidade, como expressão de trocas eróticas entre sujeitos de sexos diferentes (ou do mesmo sexo) foi desalojada do entendimento da elaboração cultural das condutas de homens e mulheres, e despejada de uma significação trans-histórica e/ou transcultural. Na construção da pessoa na cultura ocidental moderna, fenômenos distintos e diversificados foram responsáveis pela produção de determinado sentido e papel da sexualidade, que deve ser compreendido em um horizonte maior de significação.

O olhar antropológico, ao se deter sobre a sociedade ocidental contemporânea, se defronta com uma configuração específica em torno da sexualidade, uma vez que a esta esfera é atribuído um valor central no estatuto de pessoa moderna. A perspectiva aqui adotada privilegia uma abordagem da atividade sexual como um domínio equivalente a tantos outros: carece de socialização, de internalização de representações, de introdução a determinadas práticas, de negociação de significados sobre atitudes do que venha a se constituir como erótico ou sexual em determinado contexto (Gagnon e Simon, 1973). A cultura é a grande responsável pela transformação de corpos sexuados em corpos socializados, inseridos em redes de significados definidas por categorizações de gênero, etárias, étnico-raciais, de orientação sexual, entre outras. Tais classificações orientam a escolha de parceiros, ainda que por vezes permaneçam inconscientes para os sujeitos envolvidos. Os valores modelam, orientam e esculpem os desejos e as trajetórias afetivo-sexuais. Tal como assinala Duarte (1999:23), emitir uma opinião ou narrar uma experiência sobre sexualidade articula-se com um cenário social, no qual certas capacidades socialmente adquiridas refletem "discursividade", "problematização" e "reflexividade", frequentemente derivadas da condição de escolaridade e do capital cultural. Ao lado disso, é necessário compreender o exercício da sexualidade em articulação com estratégias matrimoniais e de integração numa rede social. A sensibilidade do pesquisador em relação a este imbricamento multifacetado com outra ordem de valores é de extrema relevância, no sentido de não impor uma lógica cognitiva estranha ao sujeito investigado.

O sexo é um canal de comunicação, um meio de troca, inserido em uma visão de mundo, na qual estão igualmente presentes concepções sobre amor romântico, intimidade, corpo e os sentimentos a ele relacionados, como gosto e desagrado, sendo estes também culturalmente fabricados. Acrescente-se que a análise da sexualidade jamais é possível sem sua íntima articulação com o conceito de gênero.

O olhar antropológico caracteriza-se por tomar de maneira mais ou menos radical a afirmativa de que os temas a serem investigados somente fazem sentido a partir da teia de significados e relações sociais que os sustentam, em determinado contexto. Assim, tomando um exemplo direto, o que é sexo para um grupo não o é necessariamente para o outro, e os nexos estabelecidos entre esta dimensão e as demais da vida social também variam. Se esta é uma aposta antropológica mais ou menos consensual, também é verdade que, para efeito de construção de um dado objeto ou perspectiva, há que se fixar um ponto arbitrário, onde paramos de inquirir e desconstruir nossas pressuposições, para que a investigação possa prosseguir.

Sobre as condições de produção de dados

A pesquisa social empírica, quando bem-sucedida, contribui não somente ao avanço acerca do entendimento dos fenômenos que ela se propõe a investigar, como também ao questionamento dos pressupostos teóricos e procedimentos metodológicos que orientam tanto a área de investigação quanto o campo disciplinar no qual se insere. As contingências e os imprevistos do trabalho de campo, as angústias e tensões vivenciadas pelos pesquisadores, além das dificuldades em obter as informações desejadas constituem dados relevantes para a análise. Eles permitem pôr em prática o "*feedback* entre pesquisa e teoria" (Peirano, 1992:4), imprescindível à produção de conhecimentos científicos, sobretudo nas ciências sociais, onde grande parte dos estudos adota técnicas de pesquisa artesanais, como a entrevista e a observação participante.

Artesanal não significa o que, a muitos olhos, poderia parecer um menor grau de desenvolvimento de procedimentos estruturados de investigação. Implica assumir que a legitimidade e o status científico das ciências humanas não dependem da adequação a metodologia própria das chamadas ciências da natureza, pois está em curso um processo de produção do conhecimento que admite incertezas e redefinições. Diante das peculiaridades do grupo social estudado e do contexto sociocultural em que ele se insere, cada pesquisador deve ponderar as possibilidades de abordá-lo, por meio da elaboração de métodos sistemáticos, flexíveis o bastante para dar conta dos desafios e imponderáveis do trabalho de campo (Becker, 1994).

A pesquisa social supõe um exercício reflexivo contínuo, abrangendo todas as etapas do processo de investigação. Tal condição se manifesta tanto nas estratégias criadas pelos pesquisadores e na incorporação de preocupações inicialmente não presentes, quanto pelo olhar crítico dos cientistas sociais sobre a qualidade e a emergência de novas possibilidades, a partir dos dados e dos dilemas enfrentados em campo. No que tange aos estudos sobre sexualidade, sua "natureza" como objeto de pesquisa e sua recente legitimação como área de investigação autônoma das ciências humanas tornam esse exercício teórico-analítico de relativização ainda mais desafiador. A sexualidade, como outros temas considerados delicados para serem inquiridos e investigados – como doença, morte ou uso de drogas –, possui tanto características comuns a outros objetos sociológicos como certas especificidades.

O desentranhamento da sexualidade coloca para o pesquisador o problema "da não univocidade dos sentidos atribuídos ao sexual" (Heilborn e Brandão, 1999:8) e a necessidade de delimitá-los de modo a tornar possível sua investigação. Tendo em vista as peculiaridades da sexualidade como objeto de investigação socioantropológica, buscamos discutir algumas questões, a partir do caso empírico das entrevistas produzidas em um amplo estudo sobre sexualidade e reprodução entre jovens brasileiros. A etapa qualitativa da pesquisa "Gravidez na adolescência: estudo multicêntrico sobre jovens, sexualidade e reprodução no Brasil" ("Gravad"),[2] por ter contado com elevado número de pesquisadores e contemplado grande espectro de questões relativas à sexualidade, oferece uma rica variedade de situações com que, frequentemente, sociólogos e antropólogos se deparam em campo. Analisamos aqui alguns casos exemplares, apontando como as dificuldades enfrentadas por esses pesquisadores e os modos como eles se posicionaram diante de tais vicissitudes podem contribuir para reflexões sobre metodologia de pesquisa em sexualidade.

A partir de um olhar construcionista acerca do sexual e da perspectiva de que atitudes e práticas sexuais são fatos sociais e, portanto, passíveis de serem investigadas e analisadas como tais (Gagnon e Simon, 1973; Levinson, 2008), a pesquisa "Gravad" investigou o exercício da sexualidade e os eventos reprodutivos nas trajetórias sociais de jovens (moças e rapazes com idades entre 18 e 24 anos) residentes em três capitais brasileiras (Porto Alegre, Rio de Janeiro e Salvador). Na etapa qualitativa (1999/2000) do estudo[3]

---

[2] O projeto "Gravidez na adolescência: estudo multicêntrico sobre jovens, sexualidade e reprodução no Brasil" (pesquisa "Gravad") foi elaborado originalmente por Maria Luiza Heilborn (IMS/Uerj), Michel Bozon (Ined, Paris), Estela Aquino (Musa/UFBA), Daniela Knauth (Nupacs/UFRGS) e Ondina Fachel Leal (Nupacs/UFRGS). A pesquisa foi realizada por três centros de pesquisa, com apoio da Fundação Ford: Programa em Gênero, Sexualidade e Saúde, do IMS/Uerj; Programa de Estudos em Gênero e Saúde, do ISC/UFBA; e Núcleo de Pesquisa em Antropologia do Corpo e da Saúde, da UFRGS.
[3] A pesquisa também contou com uma etapa quantitativa (2001/02), na qual foi realizado inquérito populacional com 4.634 jovens, nas três cidades. Os principais resultados dessa etapa constam em Heilborn e colaboradores, 2002 e 2006.

foram efetuadas 123 entrevistas semiestruturadas, segundo determinação de cotas por sexo (20 homens e 20 mulheres em cada cidade), inserção social (13 informantes de classe popular e sete de camadas médias, para cada sexo) e vivência de maternidade/paternidade (oito rapazes e oito moças de segmentos populares com experiência reprodutiva; nos estratos médios, quatro informantes por sexo). Pensado como uma etapa preliminar ao inquérito domiciliar e, ao mesmo tempo, como uma pesquisa específica, o sistema de construção de cotas visou obter um número expressivo de trajetórias de rapazes e moças com experiência reprodutiva, o que possibilitou acesso a uma grande diversidade de situações, até então pouco abordadas pela literatura sobre o tema. Já as cotas por sexo e segmento social buscaram reproduzir a realidade sociodemográfica da população jovem no Brasil.

A equipe bastante variada de pesquisadores das três cidades foi composta por 32 estudantes de programas de pós-graduação, com formação em ciências sociais. A maior parte era constituída por jovens, tratando-se de escolha deliberada, pois diversas investigações sobre sexualidade assinalam que, para o bom desenrolar da entrevista, a diferença geracional é mais significativa do que a de gênero. Todos frequentaram treinamento teórico-metodológico e de familiarização com os procedimentos a serem adotados em campo. Contudo, como se supunha de antemão, isso não garantiu um resultado homogêneo das entrevistas. A qualidade dos dados variou consideravelmente, segundo as condições em que cada entrevista foi realizada e o grau de desenvoltura de pesquisadores e/ou de entrevistados, diante do extenso roteiro proposto. As perguntas se referiam a situações íntimas, muitas vezes nunca compartilhadas ou tidas como objeto de reflexão para os informantes. Acrescente-se que algumas entrevistas foram efetuadas em condições adversas, que acarretaram perda eventual de pequenos trechos, em virtude da má qualidade da gravação.

O roteiro continha 12 módulos, que abordavam as características sociodemográficas dos entrevistados e temas como: socialização para a sexualidade, iniciação sexual, relacionamentos afetivos, práticas e repertório sexual, valores morais concernentes à sexualidade, eventos reprodutivos, doenças sexualmente transmissíveis e HIV/aids, entre outros. O grupo de pesquisadores envolvidos na elaboração do roteiro[4] considerava que a estrutura proposta – com um conjunto de perguntas sobre a família, a trajetória escolar e laboral dos entrevistados, precedendo as relativas à sexualidade, que suscitava a rememoração de fatos subsequentes – conduziria os informantes a produzirem uma história mais ou menos articulada sobre suas trajetórias afetivo-sexuais, auxiliando-os a refletirem sobre o tema. Optou-se por incorporar às perguntas, sempre que possível, as categorias nativas utilizadas para se referir às experiências que se pretendia acessar, de modo a facilitar o entendimento entre pesquisadores e entrevistados. Algumas questões foram elaboradas de maneira a permitir que os sujeitos as interpretassem livremente, visando obter não apenas respostas ao que fora indagado, como também seu significado para os informantes. Cabe pontuar que essa forma forneceu subsídios para a elaboração, na etapa posterior, de um questionário culturalmente adequado à população que se pretendia investigar.

Como já discutido, uma das características da era moderna é que "elementos culturais que eram basicamente isolados do sexual no passado puderam esclarecer e ser esclarecidos por sua nova presença" (Gagnon, 2006:71). A sexualidade se converteu em matéria pública, tornando-se objeto das artes e das ciências, base para reivindicações políticas e lócus privilegiado de construção das subjetividades – cerne da verdade sobre si. A articulação entre sexualidade e interioridade, e a centralidade adquirida pelo prazer nessa configuração, teve como um de seus desdobramentos a alocação da sexualidade no domínio da intimidade (Duarte, 2004). Se há uma incitação a falar do sexo, amplamente presente em nossas manifestações culturais – como nos produtos da indústria do entretenimento –, figura também a ideia de que esta é a dimensão mais íntima dos sujeitos, algo a ser preservado e cuja exposição deve obedecer a determinadas normas culturais (Heilborn, 2003).

---

[4] Equipe de entrevistadores de Porto Alegre: Alessandro Garcia, Andréa Leal, Andreia Camargo, Ceres Victora, Cristiano Gregis, Daniela Knauth, Fabiano Garrido, Janie Pacheco, Julio César Hoenissch, Leonardo B. Velho, Luciano Coccaro, Luciano Soares, Mariana Fernandes, Nara Dubois, Renata Menasche, Valéria Rosário. Equipe do Rio de Janeiro: Andréia Barreto; Antônio Carlos Rafael Barbosa, Cristiane S. Cabral, Elaine Reis Brandão, Fátima Cecchetto, Leandro de Oliveira, Nilton Silva dos Santos, Rozicléa Estevão do Nascimento, Sabrina Pereira Paiva, Simone Monteiro, Simone Ouvinha Peres, Terezinha de Jesus Nascimento Martins Costa. Equipe de Salvador: Acácia Batista Dias, Ana Carla Souto Rocha, Ana Paula dos Reis, Iêda Maria Barbosa Ribeiro Franco, Lícia Maria Ribeiro Soares Neto, Meigle Rafael Alves e Paulo Ribeiro Soares Neto.

Trabalhar com temas relativos ao domínio da intimidade implica lidar com tensões e inibições, que também são pessoais, "uma vez que a qualidade dos materiais é severamente constrangida pela legitimidade de seu fluxo público em condições específicas (interação intercultural, intergêneros, interclasses, interetária etc.)" (Duarte, 2004:69). Faz-se presente o receio de que perguntas sobre trajetórias e experiências afetivo-sexuais sejam percebidas como invasivas pelos sujeitos, de modo a acarretar retraimento, o que compromete o diálogo do qual depende o sucesso da pesquisa.

Na pesquisa "Gravad", uma dificuldade enfrentada pelos pesquisadores em campo foi o desconforto – o próprio e dos entrevistados – e a inibição dos informantes (de ambos os sexos e classes sociais), diante de perguntas sobre iniciação e práticas sexuais, como ilustram os trechos a seguir:

> EGO: Eu comecei a namorar com ele no meu aniversário de 15 anos. Aí foi assim, acho que foi depois de um mês, que a gente começou.
> ENT: Até lá era beijinho...
> EGO: É, essas coisas assim.
> ENT: Que é essas coisas assim?
> EGO: Aiiiii. [Risos.]
> ENT: Ai, eu tenho que perguntar, né? Eu sei que é esquisito! [Risos.]
> EGO: Essas coisas são essas coisas, né?
> ENT: O que mais? Amasso?
> EGO: Arreto, é ...
> (Moça, 18 anos, ensino médio incompleto, classe média, Porto Alegre.)

> ENT: Teve alguma coisa que você não gostasse ou coisas que você hoje lembre e que você, assim: "poxa, isso eu quero voltar a fazer, namorar desse jeito, assim"?
> EGO: Não, isso daí não passou pela minha cabeça, nenhum arrependimento assim, não.
> ENT: Tudo tranquilo, né? Quais são as coisas que você mais gosta de fazer assim?
> EGO: [Riso mais prolongado.] Olha, aí fica meio complicado [risos],

> *pula essa* [o entrevistado pede para não responder à pergunta].
> (Rapaz, 21 anos, ensino superior incompleto, classe média, Salvador.)

O tema da orientação sexual muitas vezes provocou constrangimento nos informantes. A maior parte dos rapazes e moças entrevistados se autodeclarou heterossexual. Ainda que, com frequência, afirmassem conhecer pessoas que exercem práticas homoeróticas e/ou são identificadas como homossexuais, não raro os jovens ficaram envergonhados e, até, ofendidos com as perguntas "você já sentiu atração por alguém do mesmo sexo?" e "você já transou com uma pessoa do mesmo sexo?".

> *ENT: E você já se sentiu atraída por pessoa do mesmo sexo? Já teve vontade de namorar com alguém do mesmo sexo?*
> *EGO: Não.*
> *ENT: E qual a sua opinião em relação a essas pessoas que têm vontade e têm relacionamento com pessoas do mesmo sexo? Que é que você pensa disso?*
> *EGO: Que o homem prefere ficar com a mulher. Não o homem com homem e mulher com mulher.*
> *ENT: E por que você acha que existe? Já pensou sobre isso? Por que você acha que homens gostam de transar com homens e mulheres com mulheres? Se você pudesse dar uma opinião sobre isso?*
> *EGO:* [Não responde. É perceptível que a entrevistada apresenta dificuldades em lidar com a questão.]
> *ENT: Você tem algum conhecido? Algum vizinho, algum amigo?*
> *EGO: Não, não tenho nenhuma opinião.*
> (Moça, 23 anos, ensino médio incompleto, segmento popular, Salvador.)

Diante do desconforto em responder às mesmas perguntas, a entrevistadora afirma para a informante (22 anos, ensino superior incompleto, Porto Alegre) que

> *estas perguntas eu até disse lá* [à coordenadora regional da pesquisa] *que elas estão muito assim, sabe, as pessoas são*

meio pegas de surpresa, tem gente que fica chateada. Mas hoje isto não é um bicho de sete cabeças.

É preciso salientar que este tipo de diálogo, no qual o entrevistador se desculpa pela intromissão ou insistência sobre um assunto delicado, constitui fato recorrentemente notado em diversas pesquisas, em particular naquelas em que a condução das perguntas não é de autoria do próprio investigador (Gobo, 2006). Os trechos de entrevistas citados, realizadas com moças de cidades diferentes – Salvador e Porto Alegre –, de mesma faixa etária, mas com inserção social muito distinta, ilustram bem essa questão.

O desconforto provocado, com a abordagem de temática delicada, fez com que, em alguns casos, os pesquisadores optassem por não indagar se o informante já havia tido relações sexuais com pessoas do mesmo sexo, temendo provocar rejeição, de maneira a comprometer o bom andamento da entrevista. Este dado revela que, para esses jovens, o questionamento acerca da possibilidade de terem sentido atração e se engajado em relações sexuais com pessoas do mesmo sexo pode ser vivenciado como suspeita ofensiva, uma vez que, ao longo da entrevista, os sujeitos projetam uma imagem de si, considerada suficiente, para que seus interlocutores não cogitem de tal possibilidade. Cabe acrescentar que este tipo de situação evidencia as circunstâncias de produção de um número considerável de entrevistas, por uma equipe de pesquisadores com distintos graus de habilidade na condução do diálogo. Essas contingências derivam das restrições do cronograma, da viabilidade e do financiamento do estudo.

É cada vez mais usual que cientistas sociais não tenham a oportunidade de conviver com seus nativos, empreendendo longos períodos de observação participante, quando é possível a produção de vínculos pessoais. Tais circunstâncias acarretam maiores chances de acesso a experiências que somente seriam reveladas após o estabelecimento de um relacionamento com empatia, descontração, confiança e cumplicidade entre investigador e seus informantes. Em pesquisas nas quais há um único ou poucos encontros, uma dose extra de tensão é conferida à entrevista, pois o pesquisador sabe que, em caso de eventuais dificuldades na comunicação ou conflitos não intencionais, não terá oportunidade de recuperar a confiança do informante.

Contudo, é possível afirmar que, em estudos sobre sexualidade, essa interação pontual com os sujeitos investigados, que a princípio poderia ser concebida como situação desvantajosa, pode se converter em vantagem para os pesquisadores. A vinculação entre sexualidade e intimidade não implica necessariamente maior reserva dos indivíduos em compartilhar informações, opiniões, percepções e sentimentos acerca de suas vivências e práticas sexuais, em comparação a outros aspectos de suas vidas. Saber que se estará com o entrevistador uma única vez, sem encontrá-lo novamente após narrar sua vida sexual, pode permitir que os sujeitos sintam-se à vontade em descrever experiências e desejos que não revelariam aos que integram seu círculo de sociabilidade. Portanto, a realização de uma única entrevista em profundidade pode consistir em estratégia mais eficaz que outras abordagens metodológicas, na medida em que o não prolongamento da interação proporciona certa segurança, facilitando o relato de experiências íntimas e a enunciação de segredos nunca antes compartilhados. Assim, é preciso estar atento às condições de produção do discurso, de modo a avaliar diferenças entre as entrevistas e em quais registros determinadas declarações foram emitidas.

Cabe ressaltar que a realização de pesquisas que contemplam de forma detalhada questões íntimas, como a "Gravad", somente é possível em certos contextos, como no Brasil. Nesse país, como referido por Parker (1991), investigar a sexualidade não se configura tão difícil ou problemático quanto em outras sociedades. Diversas características da cultura nacional (Bozon e Heilborn, 2001) contribuem para a existência de normas menos restritivas à exposição do domínio da intimidade. Como exemplo, a não rigidez das fronteiras entre os corpos, que torna possível relações menos formalizadas, com certo contato corporal entre indivíduos que não possuem vínculos mais consolidados. Em jornais, programas televisivos, novelas, revistas de grande circulação, conversas informais em bares, escolas e até no ambiente de trabalho, o sexo é constantemente posto em discurso. Em outros contextos socioculturais – como a França, por exemplo –, não há tal permissividade, no que tange à exposição pública de práticas e preferências sexuais pelos sujeitos, nem de modo tão minucioso quanto explicitado por muitos participantes da pesquisa "Gravad", sobretudo os rapazes.

Um dos casos mais ilustrativos foi o de um rapaz (de 19 anos, segmento popular, ensino fundamental, Porto Alegre), que descrevia de modo extremamente detalhado a técnica utilizada em suas relações sexuais – "botar a mulher de perna em cima da cama assim" –, utilizando-se recorrentemente de termos chulos para descrever o ato. O modo como esse jovem construiu sua narrativa ao longo da entrevista conduziu a certo enfrentamento ritualizado entre ele e o entrevistador, expressando um estilo de masculinidade. Em algumas entrevistas como esta, quando informantes e pesquisadores eram do sexo masculino, os relatos assumiam tom exibicionista. Podemos sugerir que a dinâmica desse tipo de interação deriva do fato de que, na cultura brasileira, a masculinidade também se atualiza por meio da expressão pública de façanhas sexuais, obedecendo à lógica do "contar vantagem" (exibir-se diante de outros homens). Assim, alguns rapazes entrevistados, conforme o desenrolar do diálogo, passaram a responder às perguntas com detalhes minuciosos, enfatizando sua experiência, potência sexual, conquistas e domínio da técnica sexual. Houve casos em que o constrangimento provocado nos pesquisadores, por essas narrativas, serviu de estímulo para que as falas se tornassem mais explícitas. Em contraste com essa situação, houve entrevistas nas quais se apresentou uma cumplicidade de gênero, o que é ilustrado a seguir:

> ENT: *Hum, hum, sei. Alguma vez você foi obrigado a ter relação sexual contra sua vontade?*
> EGO: *Eu já, já! Aqui mesmo nesse lugar* [em seu local de moradia]. *Já tive relação com uma menina para não sair, sabe... como, como veado. (...) não queria, só que as meninas ficaram... perguntando se eu era veado, eu peguei tive que ir pra não levar a fama, né?*
> ENT: *Eu sei.*
> (Rapaz, 18 anos, ensino fundamental completo, classe popular, Salvador.)

Ao afirmar "eu sei", o entrevistador revela que compreende por que o informante cedeu à insistência e se engajou em uma relação sexual contra vontade. Embora o exemplo se refira a segmento social distinto daquele do entrevistado, como homem, o entrevistador sabe que a masculinidade também se atualiza pelo exercício da heterossexualidade. Portanto, negar-se ao sexo implica tornar-se vulnerável ao questionamento da própria sexualidade, colocando em risco sua honra. A cumplicidade de gênero não se restringiu a situações nas quais ambos – entrevistador e informante – eram homens, mas também ocorreu em interações entre moças, o que é ilustrado pelo seguinte trecho:

> ENT: *Ele já levanta com vontade de namorar?*
> EGO: *É, e às vezes a mulher às vezes acha que não, eu, não falo a mulher em geral, eu falo eu. Às vezes fica meio fria assim, meio, não, meio fria não – não tou a fim agora, sabe, o homem não, eu acho que pra homem é toda hora, ele nunca cansa.*
> ENT: *[Risos.] De vez em quando tem que dar uns nãos, não é?*
> EGO: *Ah, claro, também pra não enjoar, não é? Já pensou se for toda hora? Enjoa.*
> ENT: *Cansa, né? Gasta a beleza. [Risos.]*
> EGO: *Com certeza. Tem que saber fazer as coisas certas.*
> (...)
> EGO: *Eu sou assim, eu gosto muito de sexo e meu parceiro, pra mim, tem que gostar também.*
> ENT: *Claro.*
> EGO: *Sabe, porque aí tudo se combina.*
> ENT: *Lógico...*
> (Moça, 20 anos, ensino médio completo, classe média, Salvador.)

Parte das entrevistas do banco "Gravad" também corresponde a interações entre gêneros. O material demonstra que a diferença de gênero não gerou maior resistência nos informantes às perguntas sobre sexualidade, inclusive algumas das entrevistas mais bem-sucedidas foram conduzidas por pesquisadores de gênero distinto do de seus informantes. Já no que concerne à diferença de capital cultural, nem sempre os entrevistadores foram capazes de apresentar as perguntas aos informantes sem transmitir suas próprias representações e valores pessoais, de maneira a prover possíveis interpretações ao que fora indagado, o que é ilustrado a seguir:

> ENT: *Dá pra viver sem sexo?*
> EGO: *Dá. Dá pra viver sem sexo.*
> ENT: *Dá pra viver sem sexo?*
> EGO: *Dá.*

> ENT: Um homem consegue? Você conseguiria?
> EGO: Ah, eu não, tia, eu fico maluco!
> ENT: Então pra quem que dá pra viver sem sexo?
> EGO: Como assim pra quem que dá?
> ENT: Você falou que dá pra viver sem sexo, pra quem? Quem consegue viver sem sexo?
> EGO: Não, sexo tem o seu momento, nem tudo também não é sexo, mas também ficar assim muito tempo também, não dá, não.
> (Rapaz, 21 anos, ensino fundamental incompleto, classe popular, Rio de Janeiro.)

Nesse trecho, a entrevistadora, provavelmente surpresa com a resposta, questiona insistentemente a afirmação do informante. É possível que ele tenha reformulado sua resposta, por ter se sentido confrontado pela eventual expectativa da pesquisadora, acerca da importância do sexo na vida de um homem brasileiro de classe popular. Assim, ele teria buscado adequar-se a uma representação hegemônica de masculinidade, em seu contexto de pertencimento social.

A entrevista é uma interação social, uma forma de comunicação entre sujeitos que buscam contato (Cardoso, 2004). O discurso produzido é intersubjetivo, constitui-se pela forma como é conduzido o diálogo, em meio ao contexto e sob determinadas circunstâncias. Tal processo envolve o empenho de entrevistadores e entrevistados por se expressarem utilizando a "mesma língua", o que, em pesquisas sobre sexualidade, se mescla com o "desentranhamento" do sexual nas falas dos sujeitos. O trecho que se segue ilustra esse tipo de situação, quando o pesquisador se engaja em sucessivas tentativas de traduzir a pergunta inicial, tendo em vista o entendimento do informante:

> ENT: Alguma vez alguém já te forçou a ter relação sexual?
> EGO: Não.
> ENT: Você não tava a fim e se sentiu forçado?
> EGO: Já.
> ENT: E você reagiu?
> EGO: Eu brochei. A gente transou a primeira, e ela ficou insistindo, ela tentou de novo, aí não consegui mesmo! Não conseguia. E a situação pra mim foi a seguinte, eu fiquei, é.. essa pessoa tem um carinho danado comigo, aquela coisa toda, e eu pensei que ela

poderia pensar que eu não gostava, que não sentia tesão por ela. E aí bateu essa paranoia na cabeça. Mas não tive... Depois fui até sincero. Eu não tinha cabeça mesmo. Ela até entendeu legal.
ENT: Mas essa, de certa forma, você conhecia ela. Já teve alguma experiência com alguém que você não conhecia, que forçou a barra com você?
EGO: Não, não, não.
ENT: Lhe violentou?
EGO: Não, não.
ENT: Ou quando você era criança, adolescente?
EGO: Não, não.
(Rapaz, 24 anos, segundo grau incompleto, segmento médio, Salvador.)

A entrevista é um encontro entre visões de mundo, entre os pressupostos teóricos do pesquisador e a perspectiva de seus informantes (Peirano, 1992). A interação entre eles envolve um movimento de estranhamento e aproximação, no qual são negociados os significados atribuídos às práticas e aos comportamentos investigados. As perguntas estão sujeitas a variadas interpretações e têm seu sentido constantemente negociado ao longo da interação, o que é determinante para o modo como os informantes irão refletir sobre as questões e formulá-las em discurso. Em pesquisas como a "Gravad", na qual a produção dos dados é coletada por uma equipe de pesquisadores, dado o grande volume de entrevistas a serem efetuadas em curto período de tempo, essa dinâmica se complexifica, na medida em que as questões apresentadas são de "segunda mão". Trata-se, portanto, da possibilidade de interpretação pelos pesquisadores de campo, às indagações originais do roteiro, a partir de diálogo travado previamente com os formuladores do estudo.

As distintas interpretações dos entrevistadores às perguntas que buscavam acessar experiências envolvendo sexo forçado ou por constrangimento[5] evidenciam como o sentido original de algumas questões se transformaram no processo de negociação dos significados.

---

[5] Sobre as narrativas de sexo forçado ou por constrangimento dos jovens entrevistados na etapa qualitativa da pesquisa "Gravad", ver Cordeiro, 2008. As perguntas sobre o tema foram: "alguma vez na vida, você foi constrangida(o)/obrigada(o) a ter uma relação sexual contra a vontade?" e "já houve alguma situação na qual você 'forçou a barra' para transar com alguém?". Cabe aqui referir que "forçar a barra" é o termo nativo utilizado mais frequentemente para se referir a este tipo de experiências.

ENT: *Já aconteceu, com você, alguma situação de forçar uma coisa que você não tava a fim?*
EGO: *Não fisicamente, mas em conversa, eu tenho pavor a uma pessoa ficar insistindo; se eu decido que é não, é não e eu não quero. E aquele trabalho chato de convencimento do outro: "Ah! Faz, eu quero, você vai me negar isso?" Eu acho isso um saco! Acho que isso fere a individualidade do outro.*
ENT: *Isso você considera uma agressão?*
EGO: *É uma agressão.*
(...)
ENT: *Mas nunca rolou nenhuma violência física, uma desqualificação, uma coisa que você considera, assim, como violência.*
EGO: *Não... como assim uma desqualificação?*
ENT: *Bem... tem uma violência, vamos dizer, assim, aos extremos, uma violência que é física e uma violência que, vamos dizer, que tá no plano mais simbólico, de ficar descaracterizando o outro, de ficar...*
EGO: *Ah, sim! Rolou aquela coisa, né, de ficar falando que eu estava gorda... eu acho que isso é uma desqualificação. Eu acho que, quando você está mantendo... um relacionamento sexual, as coisas são muito frágeis, você tem que saber bem o limite do que você pode falar, do que você não pode falar, nem que seja de brincadeira. E às vezes, por exemplo, você está no maior clima, e o cara... eu vou falar do clássico, o cara vira pro lado e apaga, você querendo conversar. Algumas pessoas levam isso na brincadeira e outras encaram como uma desqualificação (...).*
(Moça, 22 anos, ensino superior completo, segmento médio, Rio de Janeiro.)

É importante destacar que essas ressignificações, longe de tornarem os dados menos relevantes, contribuíram ao entendimento do que os sujeitos em interação concebem como violência na esfera sexual (Cordeiro, 2008). Cabe acrescentar que, em uma entrevista, os dados não concernem apenas à fala dos informantes: uma multiplicidade de pequenas informações é transmitida, como a *hexis* corporal, as reações aos distintos assuntos abordados, as pausas no relato, os sorrisos e outras expressões, que revelam nuances que passam a integrar o conjunto do material de análise. Somente quando privados desse aporte é possível avaliar o quanto essa percepção no momento do encontro – mais ou menos impressionista – é valiosa. Essa experiência fenomenológica, que resgata o tema da imersão (ainda que muito parcial) no mundo do informante, aparece esmaecida, até o surgimento de uma circunstância que evidencia a impossibilidade de tê-la, e passamos a trabalhar com entrevistas conduzidas por terceiros.

O material produzido em tal condição não deve ser menosprezado, desde que a narrativa do pesquisador permita a recuperação dos significados em jogo na emissão da fala. Embora na antropologia esse fato seja recorrentemente apresentado como limitação ou problema metodológico, as investigações sociológicas há muito têm adotado essa estratégia de investigação. É crescente o número de cientistas sociais, inclusive antropólogos, que recorrem ao trabalho de assistentes de pesquisa ou se associam a outros investigadores, para realizar a pesquisa de campo. Tal condição não se restringe aos que empreendem estudos de grande porte em diferentes localidades, e se estende aos que estão inseridos em observações participantes realizadas por terceiros. Todavia, essa questão tende a não ser exposta e/ou discutida na apresentação dos resultados de investigações.

As questões passíveis de denominação como a "cozinha" da pesquisa tendem a ser minimizadas, em prol de uma linearidade dos resultados. Por vezes, contradições entre os discursos dos entrevistados são obliteradas, para conferir legitimidade e uma suposta maior consistência à análise empreendida. Os deslizamentos do significado inicial de uma pergunta proposta em um roteiro estruturado, como o que foi utilizado na pesquisa que serve de exemplo neste texto, devem ser resgatados para a demonstração de que as vicissitudes do exercício da sexualidade não são de compreensão linear e, inclusive, o tema da coerção não se reduz a gradações de comportamentos cuja intensidade envolve uma univocidade de sentidos, como certas pesquisas internacionais parecem pressupor (Heise et al., 1994; Catar et al., 1996; Waldner et al., 1999, entre outros).

Referências bibliográficas

BECKER, Howard. *Métodos de pesquisa em ciências sociais*. São Paulo: Hucitec, 1994.

BOZON, Michel; HEILBORN, Maria Luiza. As carícias e as palavras: iniciação sexual no Rio de Janeiro e em Paris. *Novos Estudos Cebrap*, v. 59, 2001.

CARDOSO, Ruth (Org.). *A aventura antropológica*: teoria e pesquisa. [1. ed. 1984]. Rio de Janeiro: Paz e Terra, 2004.

CATAR, L.; HICKS, M.; SLANE, S. Women's reaction to hypothetical male sexual touch as a function of initiator attractiveness and level of coercion. *Sex Roles: A Journal of Research*, USA, v. 34, 1996.

CORDEIRO, Fabíola. *Negociando significados*: coerção sexual em narrativas de jovens brasileiros. 2008. 128 p. Dissertação (Mestrado) – IMS, Universidade do Estado do Rio de Janeiro, Rio de Janeiro, 2008.

DUARTE, Luis Fernando Dias. O império dos sentidos: sensibilidade, sensualidade e sexualidade na cultura ocidental moderna. In: HEILBORN, M. L. (Org.). *Sexualidade*: o olhar das ciências sociais. Rio de Janeiro: Jorge Zahar, 1999, p. 21-30.

_____. A sexualidade nas ciências sociais: leitura crítica das convenções. In: PISCITELLI, A.; GREGORI, M. F.; CARRARA, S. L. *Sexualidade e saberes*: convenções e fronteiras. Rio de Janeiro: Garamond, 2004.

DUMONT, Luis. *O individualismo*: uma perspectiva antropológica da ideologia moderna. Rio de Janeiro: Rocco, 1985.

ELIAS, Norbert. *O processo civilizador*. Rio de Janeiro: Jorge Zahar, 1993. (v. 2, Formação do Estado e civilização).

_____. *O processo civilizador*. Rio de Janeiro: Jorge Zahar, 1994. (v. 1, Uma história dos costumes).

FOUCAULT, Michel. *A história da sexualidade*. Rio de Janeiro: Graal, 1973. (v. 1, A vontade do saber).

GAGNON, John. Sex research and social change. *Archives of Sexual Behavior*, v. 4, p. 112-141, 1975.

_____. *Uma interpretação do desejo*. Rio de Janeiro: Garamond, 2006.

_____; SIMON, William. *Sexual conduct*: the social sources of human sexuality. Chicago: Aldine, 1973.

GOBO, Giampietro. Set them free: improving data quality by broadening the interviewer's tasks. *International Journal of Social Research Methodology*, v. 9, n. 4, p. 279-301, 2006.

HEILBORN, Maria Luiza. Fronteiras simbólicas: gênero, corpo e sexualidade. *Cadernos Cepia*, v. 5, p. 73-92, 2003.

_____; AQUINO, Estela Maria de; BOZON, Michel; KNAUTH, Daniela. *O aprendizado da sexualidade*: reprodução e trajetórias sociais de jovens brasileiros. Rio de Janeiro: Garamond/Fiocruz, 2006.

_____; BRANDÃO, Elaine. Introdução: Ciências sociais e sexualidade. In: HEILBORN, M. L. (Org.). *Sexualidade*: o olhar das ciências sociais. Rio de Janeiro: Zahar, 1999, p. 7-17.

_____ et al. Aproximações socioantropológicas sobre a gravidez na adolescência. *Horizonte Antropológico*, v. 8, n. 17, 2002.

HEISE, Lori. Gender-based abuse: the global epidemic. *Cadernos de Saúde Pública*, v. 10, 1994. Suplemento 1.

_____; MOORE, Kristen; TOUBIA, Nahib. *Sexual coercion and reproductive health, a focus on research*. New York: Populational Council, 1995. Disponível em: <www.popcouncil.org/pdfs/scoer.pdf>. Acesso em: 8 set. 2008.

LEVINSON, Shaman. La place et l'éxperience des enquêteurs dans un enquête sensible. In: BAJOS, N.; BOZON, M. (Org.). *Enquête sur la sexualité en France*: pratique, genre et santé. Paris: La Découverte, 2008, p. 97-113.

PARKER, Richard. *Corpos, prazeres e paixões*: cultura sexual no Brasil contemporâneo. São Paulo: Best-Seller, 1991.

PEIRANO, Marisa. *A favor da etnografia*. Brasília, 1992 (Série Antropologia, v. 130). Disponível em: <www.unb.br/ics/dan/Serie130empdf.pdf>.

POLANYI, Karl. *The great transformation*: the political and economic origins of four times. London: Beacon, 1944.

VANCE, Carole. A antropologia redescobre a sexualidade: um comentário teórico. *Physis*, v. 1, p. 7-32, 1999.

VELHO, Gilberto. Observando o familiar. In: _____. *Individualismo e cultura*: notas para uma antropologia da sociedade contemporânea. Rio de Janeiro: Jorge Zahar, 1987.

WALDNER, Lisa; VANDEN-GOAD, Linda; SIKKA, Anjoo. Sexual coercion in India: an exploratory analysis using demographic variables. *Archives of Sexual Behavior*, USA, v. 28, 1999.

WEEKS, Jeffrey. O corpo e a sexualidade. In: LOURO, G. L. *O corpo educado*: pedagogias da sexualidade. Belo Horizonte: Autêntica, 1999.

3. Gênero e ciência no Brasil: contribuições para pensar a ação política na busca de equidade[*]

Estela Maria Aquino[**]

Durante muito tempo as mulheres estiveram "ausentes" do mundo da ciência. Isso não significa afirmar que sua participação inexistisse na produção do conhecimento científico. O feminismo se empenhou, especialmente na década de 1970, em resgatar casos exemplares de cientistas, desde a Grécia antiga até o século XX (Schienbinger, 2001).[1]

O resgate de suas realizações foi necessário para contrapor a noção de não competência para fazer ciência, ideia embasada em teorias biomédicas sobre diferenças anatômicas ou fisiológicas em relação aos homens, que limitariam o potencial intelectual das mulheres e as conformariam exclusiva ou prioritariamente para a maternidade (Birke, 1992; Noordenbos, 2002; Löwy, 2000). Sua vida e obra têm sido utilizadas por feministas para estimular as jovens a ingressar em carreiras científicas.

---

[*] Trabalho apresentado ao Encontro Nacional de Núcleos e Grupos de Pesquisa Pensando Gênero e Ciências, promovido pela Secretaria Especial de Políticas para as Mulheres, Ministério da Ciência e Tecnologia, Ministério da Educação, Fundo de Desenvolvimento das Nações Unidas para a Mulher (Unifem), em Brasília, de 29 a 31 de março de 2006.

[**] Médica e doutora em epidemiologia; professora associada do Instituto de Saúde Coletiva da Universidade Federal da Bahia, onde coordena o Musa – Programa Integrado em Gênero e Saúde; coordenadora nas regiões Norte e Nordeste do Programa Interinstitucional de Treinamento em Metodologia de Pesquisa em Gênero, Sexualidade e Saúde Reprodutiva.

[1] Talvez um dos mais citados seja o de Marie Curie, que recebeu por duas vezes o prêmio Nobel – uma vez em Física (em 1903) e outra em Química (em 1911) – por suas pesquisas sobre radioatividade. Apesar deste reconhecimento a seu talento e sua contribuição para o desenvolvimento científico, ela nunca foi aceita como membro da Academia Francesa de Ciências (Noordenbos, 2002). Outro exemplo mencionado, especialmente na área de saúde, é Florence Nightingale. Mais conhecida como fundadora das bases da enfermagem moderna, ela era estatística matemática e foi a primeira mulher eleita para a Sociedade Britânica de Estatística. No Brasil, um nome sempre lembrado é o de Bertha Lutz (Schumaher e Brazil, 2000:106), bióloga, docente e pesquisadora do Museu Nacional no Rio de Janeiro por 46 anos, além de ativa militante feminista.

Entretanto, como chama a atenção Lopes (2003), recuperar as trajetórias de mulheres como "exceções à regra" que "venceram barreiras" de sua época apenas reproduz a tradição historiográfica dos grandes vultos e fatos, ocultando as condições sociais e culturais nas quais essas pesquisadoras estavam inseridas. Um caminho promissor de análise tem buscado explicar os mecanismos pelos quais foi reservado às mulheres esse não lugar na ciência, seja pelas barreiras concretas à escolarização feminina, seja pela invisibilidade do trabalho daquelas que as superaram.

A constituição da ciência moderna envolveu progressivamente um alto grau de formalização, com a fundação de instituições e o estabelecimento de normas que afastaram as mulheres (Schienbinger, 2001). Em suas origens, nos primórdios da revolução científica, mulheres da aristocracia europeia envolveram-se em atividades científicas, seja na inspeção de astros, com uso de telescópios em observatórios familiares, seja analisando plantas, insetos e outros animais com microscópios, juntamente com seus maridos, irmãos ou pais (Noordenbos, 2002). As mulheres também detinham um grande conhecimento sobre uso de plantas e ervas medicinais, tratamento de doentes, além de serem as responsáveis pelo acompanhamento de partos e nascimentos (Pitanguy, 1989; Brenes, 1991; Tosi, 1998).

Com o desenvolvimento do capitalismo, a separação entre privado e público refletiu-se no modo de organização da produção científica e tecnológica e de profissionalização dos cientistas em sistemas formais de ensino (Schienbinger, 2001; Noordenbos, 2002). Em muitos países da Europa, mas também no Brasil, até o final do século XIX, as mulheres eram impedidas de frequentar escolas e universidades, sendo instadas a assumir o cuidado da casa e dos filhos (Tosi, 1998). A ciência se estruturou, então, em bases quase exclusivamente masculinas, com um enorme desperdício de potencial humano e a produção de conhecimentos profundamente marcada por um viés androcêntrico.

Desse modo, abordar o tema de gênero e ciência no Brasil contemporâneo envolve, ao menos, três dimensões. A primeira diz respeito ao ingresso e ao grau de participação das mulheres nos vários campos disciplinares. Mapear o quadro atual no Brasil e monitorar tendências históricas exige acesso a diferentes bases de dados estatísticos, dispersas em inúmeras instituições e agências de fomento, frequentemente não desagregados por sexo. A segunda dimensão refere-se às transformações culturais no meio científico, nas relações de gênero nos espaços de produção e divulgação do conhecimento, o que demanda a realização de estudos socioantropológicos, ainda escassos no país. A terceira envolve o próprio conteúdo do conhecimento produzido, requerendo análises complexas de caráter epistemológico, histórico e sociológico.

Minha intenção inicial neste texto era abordar questões relativas a essas três dimensões, com base na revisão da literatura sobre o tema e mediante consulta aos dados oficiais disponíveis, conferindo ênfase ao campo da pesquisa em saúde. Todavia, a despeito do esforço de algumas pesquisadoras concentradas em poucos núcleos acadêmicos,[2] a pesquisa sobre gênero e ciência no país ainda é insuficiente para compreender e monitorar as complexas transformações que vêm ocorrendo nas últimas décadas, particularmente ao se enfocarem áreas específicas do conhecimento. Também é necessário registrar que as instituições e agências brasileiras ainda resistem a permitir o acesso à imensa quantidade de informações sobre ciência e tecnologia no país, em uma perspectiva de gênero. Os poucos trabalhos existentes exigiram, na maioria das vezes, tabulações especiais, pois as informações necessárias à análise das desigualdades de gênero na organização e produção científica no Brasil não se encontram disponíveis.

Assim, mais do que um diagnóstico sistemático da situação, apresento reflexões que se apoiam na literatura e também em minha prática profissional e política no âmbito da saúde coletiva, área de constituição recente, que integra as ciências da saúde. Ao esboçar um breve panorama da situação das mulheres nas ciências e, sempre que possível, acerca da pesquisa em saúde no Brasil, busco identificar prioridades de ação e estratégias na perspectiva da equidade de gênero.

Participação das mulheres na pesquisa e na atividade profissional em saúde no Brasil

Historicamente, o setor saúde estruturou-se com base em uma rígida divisão sexual do trabalho. No pré-capitalismo, o cuidado de doentes, feri-

---

[2] Assumem papel de destaque na divulgação de textos sobre o tema no Brasil as revistas *Estudos Feministas* (UFSC) e *Cadernos Pagu* (Unicamp), ambas disponíveis em <www.scielo.br>.

dos, velhos e crianças esteve a cargo das mulheres da família. Com a constituição do hospital moderno, manteve-se essa característica, culminando na separação entre a arte de curar, exercida pelos médicos (homens), e os demais cuidados diretos ao paciente, efetuados por profissionais de enfermagem (mulheres), sob orientação dos primeiros (Ehrenreich e English, 1973).

No Brasil, até 1970, a participação feminina no trabalho em saúde era restrita, ainda que algumas categorias profissionais – como a enfermagem – fossem tradicionalmente ocupadas por mulheres. A partir dessa década, houve um aumento da participação, de 41,41% para 62,87%. Em 1980, as mulheres alcançaram a absoluta maioria no setor saúde (Médici et al., 1987; Machado, 1989). A "feminização" da saúde se deu, fundamentalmente, graças a profissionais de nível superior, cuja proporção de mulheres passou de 17,96% em 1970 para 35,24% em 1980 (Machado, 1989). Além de explicações comuns à inserção na população economicamente ativa como um todo, nesse caso destaca-se o maior ingresso de mulheres jovens nas universidades, em especial em cursos de tradição masculina, como medicina e odontologia (Médici et al., 1987; Machado, 1989).

Os médicos constituem a maior parte da força de trabalho em saúde de nível superior – 61,2% em 2007 (Datasus, 2009). Nos anos 1990, quase metade de seu contingente com menos de 30 anos já era constituída por mulheres, enquanto este percentual era de apenas 1% na década de 1940 (Machado, 1997).[3] Relativamente aos homens, as médicas apresentam maior inserção no setor público (75,1% delas contra 67% deles), trabalhando um pouco menos em consultórios ou estabelecimentos privados. Entre as explicações para tais diferenças, situam-se o fato de que nas instituições públicas o acesso se dá por concurso, com menor possibilidade de discriminação de gênero, e a garantia de direitos trabalhistas, como licença-maternidade, salários iguais para a mesma função e estabilidade no emprego (Santos, 2004; Melo et al., 2004). Outra característica da inserção feminina na medicina é a segregação em poucas especialidades: entre 64, apenas cinco – pediatria, ginecologia, clínica geral, cardiologia e dermatologia – concentram mais de 60% das médicas (Machado, 1997; Silva, 1998).

---

[3] O crescimento foi mais acentuado nos centros urbanos e na região Nordeste, onde a proporção atinge 41,1% da força de trabalho médica. Expressando um fenômeno geracional, as mulheres correspondem a cerca de 50% dos profissionais médicos com menos de 30 anos.

Mas é na enfermagem – segunda maior categoria de nível superior, com 11,4% em 2007 (Datasus, 2009) – que isso se expressa de modo mais marcante: ainda hoje a quase totalidade das profissionais é de mulheres. A profissão de enfermagem esteve sempre marcada por conteúdos fortemente ideológicos, permeada pelo discurso religioso, no qual eram enfatizados o devotamento, o idealismo, o altruísmo e o desprendimento material (Lopes, 1988). As especificidades de gênero tendiam a ser naturalizadas e, até recentemente, ao menos nos países ocidentais, a enfermagem era tida como ocupação "feminina", decorrente da aptidão "inata" das mulheres para cuidar dos outros, o que supostamente faltaria aos homens (Wainerman e Geldstein, 1991). O crescimento de estudos de gênero sobre o trabalho em enfermagem tem contribuído para desnaturalizar o fenômeno e ampliar a consciência crítica das profissionais a este respeito.

Além dessa segregação horizontal, que delimita espaços ocupacionais com base no gênero[4], constata-se uma segregação vertical, que dificulta a progressão das mulheres nas carreiras profissionais. O fato de a maioria dos cargos mais elevados na hierarquia profissional, em instituições prestadoras de serviços de saúde e em entidades de classe, ser ainda ocupada por homens ilustra esta forma de segregação[5]. Quando há ocupação de posições de maior destaque pelas mulheres, isto ocorre mais tardiamente, em comparação aos homens. Estudo realizado em Porto Alegre (Santos, 2004) evidenciou diferenças acentuadas nas atividades científicas: as mulheres médicas tendem a participar menos de eventos e de publicações científicas, principalmente à medida que aumenta o número de filhos.

Gênero e cultura na ciência

A participação das mulheres em atividades científicas, entre as quais as da saúde, exige uma longa formação, cujo requisito mínimo é o nível superior de escolaridade. Assim, seu ingresso em carreiras modernas na

---

[4] As mulheres tendem a contar com espectro de opções de inserção ocupacional bem mais restrito do que os homens, além de ter menos controle sobre o conteúdo e sobre o processo de trabalho, mesmo em ocupações em que elas são predominantes numericamente.
[5] Isso ocorre inclusive na enfermagem: os poucos homens existentes frequentemente ocupam cargos de chefia, direção de entidades estudantis e profissionais.

ciência só pôde ocorrer a partir do acesso ao ensino formal e, particularmente, a cursos superiores.[6]

A progressiva escolarização das mulheres brasileiras, que se intensificou na segunda metade do século XX e, principalmente, por influência do feminismo na década de 1970, tem representado um fenômeno social marcante. As mulheres apresentam melhores indicadores que os homens em praticamente todos os níveis educacionais, com trajetórias mais longas e mais regulares, ainda que as diferenças não sejam tão expressivas quanto frequentemente se apregoa (Rosemberg, 2001). Também é preciso registrar que os conteúdos e as práticas de ensino não se têm modificado substancialmente, sendo a luta contra o sexismo, o racismo e a homofobia na escola ainda um desafio.

No ensino superior, em 2001, as mulheres já eram maioria entre os alunos matriculados (56,3%) e concluintes (62,4%) (Leta, 2003), frequentando cursos cujo corpo discente era, até então, exclusivamente masculino[7]. O prolongamento dos estudos tem ampliado as oportunidades de trabalho e contribuído atualmente para o acentuado ingresso das mulheres em áreas que eram ocupadas somente por homens. Em 2002, a taxa de ocupação daquelas com nível superior de ensino (15 anos ou mais) era de 83%, sendo quase o dobro daquela observada na população feminina em geral (Fundação Carlos Chagas, 2004). Dados de 1999 mostravam que elas eram 61,6% dos empregados no setor público e 40,8% dos docentes nas universidades (Melo et al., 2004).

A incorporação crescente das mulheres em atividades científicas pode ser confirmada desde 1997 entre pesquisadores e líderes de grupos de pesquisa, cadastrados na Base Lattes do CNPq: nestes dois subgrupos, a proporção de mulheres, em 2002, era respectivamente de 45,7% e 40,7% (Leta, 2003). Elas estão mais concentradas em algumas áreas, tais como

---

[6] Como ilustração, embora a primeira faculdade de medicina do país tenha sido criada em 1808 na Bahia, a primeira mulher a ser aceita como aluna foi Rita Lobato Velho Lopes, graduada em 1887, quase 80 anos após sua fundação. Até então, o ensino graduado era permitido somente aos homens, ainda que seja registrada a atuação de mulheres como Maria Augusta Estrela, formada nos Estados Unidos em 1881 e considerada a primeira médica do país (Schumaher, 2000).

[7] Nas ciências da saúde, já em 1997, elas correspondiam a 67,6% dos concluintes (Bruschini e Lombardi, 2001) e isto se reproduz nas carreiras científicas da saúde, incluindo a saúde coletiva.

ciências da saúde (54,7%) e biológicas (51,9%), além das ciências humanas (60%), onde também está sendo desenvolvida a pesquisa em saúde[8].

Também é possível constatar o aumento da inserção feminina nas ciências brasileiras pela análise da distribuição de bolsas de pesquisa pelo CNPq. Em 2002, elas eram maioria entre os que receberam bolsas de iniciação científica e de mestrado (respectivamente 55,1% e 52,9%); e quase metade das bolsas de doutorado (48,4%) e de recém-doutor (49,7%) foram concedidas a elas (Leta, 2003). Porém, enquanto as bolsas no país têm distribuição equilibrada, quando se trata de bolsas para o exterior, são majoritariamente utilizadas por homens (63,5% em doutorado e 78,2% em pós-doutorado). Além disso, a grande maioria das bolsas de produtividade em pesquisa (67,8%) é destinada a eles, o que se acentua em um nítido gradiente, à medida que aumenta o nível hierárquico (Melo e Lastres, 2004).

Ao examinar esta discrepância, imediatamente se coloca a questão sobre os fatores capazes de explicá-la. Seria um fenômeno de coorte, com as mulheres mais jovens ainda com menor acesso à formação em nível de doutorado e com menor acúmulo acadêmico para concorrer às bolsas de produtividade? Seria de fato menor a produtividade dessas pesquisadoras em relação aos homens, ou existiriam mecanismos discriminatórios que as excluiriam mais?

Na literatura internacional, é comum ser apontado que, relativamente aos homens, as mulheres apresentam menor produtividade científica. Entretanto, nos únicos estudos nacionais localizados sobre essa questão entre pesquisadores de diferentes áreas, esse dado não se confirmou entre as cientistas brasileiras, que publicam tanto quanto os homens, igualmente liderando grupos de pesquisa (Velho e León, 1998; Leta e Lewison, 2003). De fato, os estudos sobre esse tema são escassos no Brasil, mas evidenciam dificuldades para elas na progressão em carreiras científicas, com menor acesso a cargos acadêmicos e a recursos

---

[8] A pesquisa em saúde tem sido entendida tradicionalmente como a soma de atividades de pesquisa biomédica, clínica e de saúde pública, o que corresponde basicamente a duas grandes áreas: as ciências da saúde e as ciências biológicas (Guimarães et al., 2001). Contudo, quando investigado o termo "saúde" na base de dados corrente do Diretório de Grupos de Pesquisa do CNPq (http://dgp.cnpq.br/buscaoperacional/), constata-se que, entre os 1.326 grupos que o incluem, 61,3% pertencem de fato às ciências da saúde, mas apenas 4,6% às ciências biológicas. Por outro lado, 17,4% estão nas ciências humanas e os restantes 11% dispersos nas demais grandes áreas.

para pesquisa, além de salários mais baixos (Velho e León, 1998; Leta e Lewison, 2003; Santos, 2004). Isso reproduz nacionalmente o que ocorre em países europeus (Dewandre, 2002).

Explicar essas diferenças não é tarefa fácil, principalmente quando se dispõe de tão poucas investigações nacionais sobre o tema. A reflexão internacional indica que esse fenômeno, embora variando entre países e contextos, assume certa regularidade: as mulheres estão em permanente desvantagem (Rees, 2002). Um primeiro conjunto de fatores para explicá-lo envolve a socialização de gênero, que conforma as escolhas profissionais e delimita os horizontes de possibilidade de homens e mulheres, atendendo a diferentes expectativas sociais e familiares (Silva, 1998). Além de um espectro mais limitado de escolhas, as mulheres enfrentam dificuldades adicionais no ambiente acadêmico altamente competitivo, onde a agressividade masculina é interpretada positivamente como assertividade e a assertividade feminina é tida como autoritarismo. É frequente serem atribuídos valores negativos às mulheres que ocupam posições de destaque na hierarquia acadêmica, ou no mínimo ser delas exigida uma performance mais impecável em comparação com os homens na mesma condição. Como resultado, elas tenderiam a procurar áreas menos competitivas, onde haja mais mulheres, reproduzindo-se a segregação horizontal e vertical.

Um segundo conjunto de fatores resulta da difícil conciliação entre carreira e família. A entrada das mulheres no mercado de trabalho, necessariamente, não as tem desobrigado do cuidado da casa e dos filhos, uma vez que se mantém a tradicional divisão sexual do trabalho doméstico. Por esta razão, grande parte delas opta por jornadas parciais, flexibilização de horários e até por interrupções frequentes na vida profissional. Quando a escolha é por uma carreira acadêmica, muitas vezes o projeto de casamento e maternidade é adiado ou definitivamente abandonado.

O feminismo liberal centrou sua luta na extensão dos direitos do "homem" às mulheres e com isso tendeu a ignorar ou mesmo negar as diferenças de gênero: "apenas as mulheres têm bebês, mas espera-se que o parto ocorra exclusivamente nos fins de semana e feriados, para não perturbar o ritmo de trabalho cotidiano" (Schienbinger, 2001:23). No Brasil, no percurso acadêmico, a licença-maternidade é um direito reconhecido legalmente mas, quando concedida durante o mestrado ou doutorado, não se desconta este período do tempo de titulação da aluna, o que tem impacto nos indicadores dos programas e resulta em mecanismos de pressão variados sobre as mulheres.

A interrupção temporária da carreira para o cuidado de filhos pequenos significa uma desaceleração das atividades e, em geral, o retorno se dá com dificuldades. No Brasil, país com tradição escravista, com grandes desigualdades sociais, ocorre um fenômeno descrito por Costa (2002) como "maternidade transferida", pelo qual a administração da casa é delegada pelas mulheres de maior poder aquisitivo (geralmente brancas) a outras mais pobres (negras), atualizando desigualdades seculares no acesso a direitos sociais. De qualquer maneira, quando os filhos chegam, as mulheres em carreiras científicas são obrigadas a fazer escolhas difíceis, como adiamento da ocupação de cargos e menor disponibilidade para viagens. No meio acadêmico, a circulação aumenta o prestígio e amplia contatos. Obviamente, isso se torna mais dificultado quando se trata de viagens de médio e longo prazos para o exterior, o que foi confirmado entre pesquisadoras da Universidade Estadual de Campinas (Unicamp) (Velho e León, 1998) e fica evidente na menor utilização, pelas mulheres, de bolsas com esta finalidade (Leta e Lewison, 2003; Melo et al., 2004). Essas oportunidades perdidas têm impacto no estabelecimento de parcerias e intercâmbios, além da internacionalização da produção científica. Quando os filhos crescem, os pais já envelheceram. Inicia-se então um novo ciclo de cuidados intergeracionais, mais uma vez dependente das mulheres.

Mesmo quando o casamento ocorre entre pares acadêmicos – o que, diga-se de passagem, não é pouco frequente e poderia significar maior solidariedade mútua ante as exigências profissionais –, muitas vezes instaura-se a competição entre os cônjuges para acomodar viagens, prazos acadêmicos e trabalho em horários domésticos.

Constata-se que a dupla jornada torna o tempo das mulheres cientistas mais escasso e fragmentado. Ressalte-se a relevância e centralidade do tempo na vida acadêmica: para elaborar projetos e obter financiamentos; para produzir e escrever artigos, formatá-los e submetê-los, atender a exigências, receber críticas, enfrentá-las e rebatê-las, enfrentar recusas e reiniciar o ciclo, buscando novas alternativas. Adicionalmente, a socialização das mulheres para docilidade e submissão introjeta barreiras subjetivas que podem dificultar o enfrentamento de obstáculos, como recusa de editores e de pareceristas *ad hoc*.

Tudo isso ocorre sem que a comunidade científica admita reconhecer as diferenças de gênero nas práticas de pesquisa. Se, além de tudo, a participação das mulheres resulta em mudanças no modo de produzir conhecimento, eleger novos temas e questões, rever teorias e conceitos, incorporar novos meios de investigar os problemas, redobram-se as dificuldades. Afinal, a luta cotidiana pela legitimação de novos campos e abordagens demanda muito tempo e energia criativa. Tal condição se relaciona a um terceiro conjunto de fatores, que dizem respeito ao modo como a ciência foi estruturada, baseada em valores androcêntricos, que dificultam a "sobrevivência" das mulheres e contribuem ao retardo na progressão.

O sistema de julgamento *ad hoc* baseia-se no princípio do anonimato e da neutralidade. Mas isto não pode ser aplicado, por exemplo, à avaliação de projetos de pesquisa e demandas por bolsas nas agências de fomento, quando apenas quem avalia tem preservado o anonimato. O tema tem sido debatido na literatura internacional (Wennerås e Wold, 1997), motivando inclusive o fim do anonimato em alguns sistemas de avaliação, mas não tem suscitado igual interesse no Brasil. Até em circunstâncias como avaliação de artigos submetidos à publicação, quando se preserva o anonimato de ambas as partes, cabe perguntar: esta conduta evitaria o sexismo? As comunidades científicas especializadas geralmente são pequenas e várias informações incluídas nos artigos, tais como local de realização, referências mais citadas, entre outras, fornecem pistas a respeito de sua procedência. Além disso, temas e questões de interesse das mulheres podem ser menosprezados ou incompreendidos, com evidente prejuízo para quem os formula. Porém, ainda mais passíveis de preconceito são os mecanismos de seleção de integrantes de comitês, palestrantes de congressos e membros de bancas, nos quais um alto grau de subjetividade está envolvido e, certamente, concepções de gênero exercem influência.

Áreas menos prestigiadas na hierarquia acadêmica tendem a atrair mais mulheres, mas são os representantes destes campos que precisam disputar espaços institucionais com outros de maior prestígio, redobrando-se os argumentos para adoção de critérios que discriminam as mulheres. Um exemplo contundente deste tipo de seleção materializa-se na Academia Brasileira de Ciências e em praticamente todas as academias do mundo ocidental (Noordenbos, 2002), onde as mulheres ainda são absoluta minoria e, geralmente, seu ingresso representa o coroamento de uma longa carreira de dedicação à ciência. Os homens, que constituem maioria, lá ingressam em idades mais jovens, principalmente em áreas da ciência "dura", sendo o título de acadêmico um elemento de prestígio a mais para alavancar suas já bem-sucedidas carreiras. Por este panorama, a simples incorporação das mulheres à ciência normal,[9] sem que ocorram mudanças culturais profundas, não apenas no âmbito acadêmico, mas em toda vida social, as coloca em posição de grande desvantagem (Schienbinder, 2001).

Equidade de gênero em ciência e tecnologia: prioridades de ação e estratégias políticas

A adoção transversal da perspectiva de gênero como política de governo, que vem sendo implementada no Brasil pela Secretaria Especial de Políticas para as Mulheres,[10] pode contribuir para modificar esse quadro, com benefícios inegáveis para as mulheres, ao permitir que realizem plenamente seu potencial humano. Contudo, as vantagens não seriam exclusivas delas. O longo processo de formação de cientistas tem início muito antes da entrada formal no mundo acadêmico. Portanto, a adoção de políticas educacionais que contribuam para reverter o quadro atual de desigualdades não deve restringir-se a este âmbito, nem tampouco ser dirigido apenas ao universo feminino.

É preciso influir nos currículos escolares, nas estratégias pedagógicas e no material didático, de forma a romper o ciclo de reprodução da dominação simbólica de gênero que repercute nas escolhas profissionais. As estratégias não podem se limitar ao estímulo de meninas ao in-

---

[9] Conceito de Thomas Kuhn (1987), que se refere ao período de desenvolvimento da atividade científica com base em determinado paradigma, o qual reflete concepção de mundo compartilhada pela comunidade científica. O paradigma fornece as ferramentas para a solução de problemas e o que não se enquadra dentro dele é considerado "anomalia".

[10] A este respeito, consultar o Plano Nacional de Políticas para as Mulheres (Brasil, 2004). Disponível em: <http://200.130.7.5/spmu/docs/Plano%20Nacional%20Politicas%20Mulheres.pdf>.

gresso nas carreiras científicas. Essa consigna do feminismo liberal, que gerou inúmeras iniciativas de ação afirmativa, teve bons resultados, mas insuficientes. É necessário incluir meninos, meninas e seus professores, tendo em vista mudanças nas concepções e práticas. As transformações no sistema educacional devem por certo se intensificar na formação graduada e pós-graduada, sem se restringir apenas à revisão curricular. É preciso um amplo diagnóstico, capaz de orientar a elaboração de metas e de estratégias de ação, monitoradas permanentemente por sistemas de informação adequados. Não se trata exclusivamente da criação de novas bases de dados, mas da revisão crítica de lacunas, com produção de indicadores fundados em objetivos claros e definidos. Não é possível que, na entrada do século XXI, as agências e instituições sigam apresentando seus dados sobre benefícios concedidos, grupos de pesquisa e pesquisadores sem discriminação por sexo. Este é apenas o ponto de partida, o mínimo desejado. A situação das mulheres negras, com sua dupla invisibilidade, deve ser também revelada, especialmente com o advento das cotas nas universidades. Os sistemas de informação existentes devem ser compatibilizados e uniformizados, no sentido de permitir acesso rápido e oportuno às bases de dados.

Um conjunto de problemas merece especial atenção e refere-se a garantias básicas de apoio à maternidade, tais como creches nos locais de trabalho e estudo, além da já mencionada necessidade de exclusão do período dispendido em licenças-maternidade no tempo de titulação de mestrado e doutorado, sem prejuízo do pagamento de bolsas. O apoio à retomada da carreira após o nascimento de filhos e a supressão de mecanismos que constranjam as mulheres com base na função reprodutiva devem ser prioridades para assegurar os direitos reprodutivos[11] na vida acadêmica.

Um aspecto relevante diz respeito ao financiamento de pesquisa, mediante mecanismos de indução que contemplem as três dimensões apontadas no início deste texto: a participação das mulheres nas ci-

---

[11] Na Conferência Internacional sobre População e Desenvolvimento (Cairo, 1994) e na IV Conferência Mundial sobre a Mulher (Beijing, 1995), foi estabelecido que os direitos reprodutivos têm por base "o reconhecimento do direito fundamental de todos os casais e indivíduos a decidir livre e responsavelmente o número de filhos e o intervalo entre eles, e a dispor da informação e dos meios para tal e o direito de alcançar o nível mais elevado de saúde sexual e reprodutiva. Inclui também tomar decisões referentes à reprodução sem sofrer discriminação, coações nem violência" (Themis, 1997:74).

ências; a abordagem da articulação entre os temas gênero e cultura no âmbito científico; a investigação acerca dos nexos entre gênero e o conteúdo da ciência. Devem ser previstas formas de apoio aos núcleos, às redes, às publicações e eventos especializados, além do estímulo à criação e manutenção de grupos de trabalho e comissões nas sociedades científicas. Entretanto, a questão crucial a ser enfrentada concerne à representação paritária das mulheres em comitês das agências de fomento e nas instâncias decisórias das instituições. Este debate não é fácil, mas podemos aprender com as mulheres da União Europeia, que estipularam a meta de que todos os comitês contenham pelo menos 40% de representantes de cada sexo (Rees, 2002). Este critério de representação deverá ser estendido aos eventos científicos apoiados por essas agências. Não se trata de violar o princípio do mérito científico, mas de fazê-lo prevalecer, sem influência de mecanismos discriminatórios que comprometam a excelência da ciência, por meio da exclusão da capacidade intelectual e criativa das mulheres.

Referências bibliográficas

BIRKE, Lynda. In pursuit of difference: scientific studies of women and men. In: KIRKUP, Gill; KELLER, Laurie Smith (Eds.). *Inventing women*: science, technology and gender. Cambridge, UK: Polity Press, 1992, p. 81-102.

BRASIL. Presidência da República. Secretaria Especial de Políticas para as Mulheres. *Plano Nacional de Políticas para as Mulheres*. Brasília, 2004.

BRENES, Anayansi Correa. História da parturição no Brasil, século XIX. *Cadernos de Saúde Pública*, v. 7, n. 2, p. 135-149, jun. 1991.

BRUSCHINI, Cristina; LOMBARDI, Maria Rosa. Trabalhadoras brasileiras dos anos 90: mais numerosas, mais velhas e mais instruídas. *Informe Ped Mulher*, n. 1, p. 95-106, mar. 2001.

COSTA, Suely Gomes. Proteção social, maternidade transferida e lutas pela saúde reprodutiva. *Revista Estudos Feministas*, v. 10, n. 2, p. 301-323, jul. 2002.

DATASUS. Informações de saúde. Notas técnicas. Disponível em: <http://tabnet.datasus.gov.br/cgi/tabcgi.exe?cnes/cnv/proc02br.def>. Acesso em: 22 mar. 2009.

DEWANDRE, Nicole. Women in science: European strategies for promoting women in science. *Science*, v. 11, n. 295, p. 278-279, jan. 2002.

EHRENREICH, Barbara; ENGLISH, Deirdre. *Witches, midwives and nurses*. New York: The Feminist Press, 1973.

FUNDAÇÃO CARLOS CHAGAS. *Mulheres brasileiras, educação e trabalho*. Disponível em:<www.fcc.org.br/mulher/series_historicas/mbet.html>. Acesso em: 26 out. 2004. (Séries históricas).

GUIMARÃES, Reinaldo; LOURENÇO, Ricardo; COSAC, Silvana. A pesquisa em epidemiologia no Brasil. *Revista de Saúde Pública*, v. 35, n. 4, p. 321-340, 2001.

KUHN, Thomas S. *A estrutura das revoluções científicas*. São Paulo: Perspectiva, 1987. (Série Debates Ciência).

LETA, Jacqueline. As mulheres na ciência brasileira: crescimento, contrastes e um perfil de sucesso. *Estudos Avançados*, v. 17, n. 49, p. 1-14, 2003.

_____; LEWISON, Grant. The contribution of women in Brazilian science: a case study in astronomy, immunology and oceanography. *Scientometrics*, v. 57, n. 3, p. 339-353, 2003.

LOPES, Maria Margaret. Gênero e ciências no país: exceções à regra? *Com Ciência – Reportagens – Mulheres na Ciência*: Revista eletrônica. Disponível em: <www.comciencia.br/reportagens/mulheres/13.shtml>. Acesso em: 19 abr. 2006.

LOPES, Marta Júlia Marques. O trabalho da enfermeira: nem público, nem privado, feminino, doméstico e desvalorizado. *Revista Brasileira de Enfermagem*, v. 41, n. 3/4, p. 211-217, 1988.

LÖWY, Ilana. Universalidade da ciência e conhecimentos "situados". *Cadernos Pagu*, n. 15, p. 15-38, 2000.

MACHADO, Maria Helena. A mão-de-obra feminina no setor saúde no Brasil. In: LABRA, Maria Eliana (Org.). *Mulher, saúde e sociedade no Brasil*. Petrópolis: Vozes/Abrasco, 1989, p. 119-134. (Coleção Saúde e Realidade Brasileira).

_____. As médicas no Brasil. In: *Os médicos no Brasil*: um retrato da realidade. 2. ed. Rio de Janeiro: Fiocruz, 1997, p. 147-161.

MÉDICI, André César; MACHADO, Maria Helena; NOGUEIRA, Roberto Passos; GIRARDI, Sábato N. *Aspectos conceituais e metodológicos dos levanta-*

mentos estatísticos sobre força de trabalho em saúde no Brasil: aspectos estruturais e conjunturais. Relatório de Pesquisa ENSP-Fiocruz/Nescon-UFMG/OPS, 1987, cap. 3, p. 102-171.

MELO, Hildete Pereira de; LASTRES, Helena Maria Martins. *Ciência e tecnologia numa perspectiva de gênero*: o caso do CNPq. 2004. Disponível em: <www.cbpf.br/~mulher/hildete2.pdf>. Acesso em: 25 mar. 2006.

_____; _____; MARQUES, Teresa Cristina de Novaes. Gênero no sistema de ciência, tecnologia e inovação do Brasil. *Revista Gênero*, v. 4, n. 2, p. 75-96, 2004.

NOORDENBOS, Greta. Women in academies of sciences: from exclusion to exception. *Women's Studies International Forum*, v. 25, n. 1, p.127-137, 2002.

PITANGUY, Jacqueline. Medicina e bruxaria: algumas considerações sobre o saber feminino. In: LABRA, Maria Eliana (Org.). *Mulher, saúde e sociedade no Brasil*. Petrópolis: Vozes/Abrasco, 1989, p. 39-43. (Coleção Saúde e Realidade Brasileira).

REES, Teresa. *National policies on women and science in Europe*: a report about women and science in 30 countries. European Comission, The Helsinki Group on Women and Science, 2002. Disponível em: <ftp://ftp.cordis.lu/pub/improving/docs/women_national_policies_full_report.pdf>. Acesso em: 17 abr. 2006.

ROSEMBERG, Fulvia. Educação formal, mulher e gênero no Brasil contemporâneo. *Estudos Feministas*, v. 9, n. 2, p. 515-540, 2001.

SANTOS, Tânia Steren dos. Carreira profissional e gênero: a trajetória de homens e mulheres na medicina. *Revista FEE*, v. 4, p. 73-88, 2004. Disponível em: <http://nominimo.ibest.com.br/notitia/reading/exemplum/reading/pdf/tania_steren_dos_santos.pdf>. Acesso em: 25 mar. 2006.

SCHIENBINGER, Londa. *O feminismo mudou a ciência?* Bauru: Edusc, 2001.

SCHUMAHER, Shuma; BRAZIL, Érico Vital (Org.). *Dicionário das mulheres do Brasil*: de 1500 até a atualidade. Rio de Janeiro: Jorge Zahar Editor, 2000.

SILVA, Dayse de Paula Marques da. *Relações de gênero no campo profissional da medicina*. 1998. Tese (Doutorado em Sociologia) – Instituto de Filosofia e Ciências Sociais, Universidade Federal do Rio de Janeiro, Rio de Janeiro, 1998.

THEMIS. *Direitos sexuais e reprodutivos*: instrumentos internacionais de proteção. Porto Alegre: Themis, Assessoria Jurídica e Estudos de Gênero, 1997.

TOSI, Lucia. Mulher e ciência: a revolução científica, a caça às bruxas e a ciência. *Cadernos Pagu*, n. 10, p. 369-397, 1998.

VELHO, Léa; LEÓN, Elena. A construção social da produção científica por mulheres. *Cadernos Pagu*, n. 10, p. 309-344, 1998.

WAINERMAN, Catalina H.; GELDSTEIN, Rosa N. Género y vocación entre auxiliares de enfermería. *Medicina y Sociedad*, v. 14, n. 1, p. 23-29, 1991.

WENNERÅS, Christine; WOLD, Agnes. Nepotism and sexism in peer-review. *Nature*, n. 387, p. 341-343, may 22, 1997.

Parte II
Reprodução, contracepção e conjugalidade

4. Sorodiscordância para o HIV e decisão de ter filhos: entre risco e estigma social

Neide Emy Kurokawa e Silva[*]
Márcia Thereza Couto[**]

Neste texto,[1] tratamos a sorodiscordância para o HIV como uma condição capaz de implicar tensões e desigualdades nas relações conjugais. Investigamos como casais heterossexuais sorodiscordantes administram essa diferença e quais os significados associados às decisões reprodutivas, mais especificamente no que se refere a ter filhos.

A biomedicina, a partir do conceito de risco, preocupa-se com a união sorodiscordante para o HIV quanto à geração de filhos, na medida em que pode resultar na transmissão do vírus ao parceiro não infectado e ao bebê, constituindo-se no chamado "duplo risco". A literatura sobre o tema aborda desde técnicas de lavagem de esperma em homens infectados pelo HIV – como os estudos pioneiros de Semprini e outros (1992), na Itália, e de Faúndes e colaboradores (2001), no Brasil – até estudos que focalizam o binômio risco-prevenção (Reis e Gir, 2005; Amorim e Szapiro, 2006).

Além da questão do risco, a união conjugal entre pares distintos, seja por critérios de raça/cor, nacionalidade ou status sorológico para o HIV, pode evidenciar o estigma em torno daquele que apresenta uma *marca* simbolicamente desvalorizada pela sociedade (Knauth, 2002; Maksud et al., 2002). Mesmo considerando que o estigma seja manipulado de modo

---

[*] Mestre em saúde pública, doutoranda em saúde coletiva pela Faculdade de Saúde Pública e de Medicina da Universidade de São Paulo (USP), psicóloga no Serviço Ambulatorial Especializado em DST/Aids Santana, do município de São Paulo.
[**] Mestre em antropologia, doutora em sociologia pela Universidade Federal de Pernambuco (UFPE), pós-doutora em saúde coletiva pela Universidade de São Paulo (USP), docente do Departamento Saúde, Educação, Sociedade, da Universidade Federal de São Paulo, *campus* Santos.
[1] A pesquisa foi realizada com recursos do Programa Interinstitucional de Metodologia em Pesquisa em Gênero, Sexualidade e Saúde Reprodutiva, com apoio da Fundação Ford.

diferenciado "fora" e "dentro" da conjugalidade, o membro estigmatizado pode ser posicionado em situação de desvantagem em relação ao par.

A sorodiscordância e a decisão de ter filhos inserem-se num campo de valores e de negociações, entre o risco de transmissão ao parceiro soronegativo ou ao bebê e o estigma social de ser portador do vírus ou, ainda, ser parceiro de um soropositivo. A conjugalidade e a família constituem marcos estruturantes desses valores e atuam como relevantes pontos de referência para os membros do casal. Buscamos compreender as tensões que se apresentam nos casais sorodiscordantes e como eles lidam com o propósito de ter filhos, a partir de entrevistas com a clientela de serviços de saúde especializados no tratamento de DST e HIV/aids na cidade de São Paulo. A investigação fundamenta-se sobretudo na literatura antropológica que analisa as relações cotidianas e conjugais-familiares entre camadas populares. Ao abordar a conjugalidade e a família, diversos autores – Heilborn (2004) e Scott (1990), sobre o primeiro tema; e Fonseca (1995), Sarti (1996) e Machado (2001), sobre o segundo – apontam a conformação de fronteiras simbolicamente demarcadas e reconhecem a cultura das camadas populares como portadora de uma racionalidade própria. Buscam, portanto, discernir seus traços mais característicos e sua lógica.

Dumont (1992) apresenta um estudo sobre a problemática da relação indivíduo e sociedade, com base em investigação acerca das castas na Índia. Este autor analisa comparativamente as diferenças fundamentais das sociedades, distinguindo as sociedades tradicionais, a partir do modelo da sociedade indiana, das modernas. O fundamento das diferenças ancora-se no holismo (característico das culturas tradicionais) e no individualismo (nas culturas modernas). Como aponta Pinheiro (2001), holismo e individualismo constituem dois conjuntos de representações sociais, duas configurações de ideias e valores, que caracterizam uma dada sociedade. Enfim, são duas ideologias.

Apoiados nessa perspectiva, estudiosos das famílias brasileiras apontam diferenças entre as lógicas que presidem a moral dos grupos sociais. Num polo, estaria a subordinação do todo às partes, o modo individualista, identificado com as camadas médias urbanas; no outro, a precedência do todo às partes, o modelo hierárquico, como atributo das camadas populares urbanas (Heilborn, 2004; Machado, 2001). A ideia central concerne à força e ao valor atribuídos à parentela estendida entre grupos populares urbanos. Nesse contexto, a família é um princípio instituinte de uma determinada moral. Nesse sentido, para as classes populares, "pobres e trabalhadoras", o valor da família é fundamental na formação de uma moralidade, estabelecida por um conjunto de regras de reciprocidade, obrigações e dádiva. Já as camadas médias seriam depositárias de valores mais individualistas e, portanto, mais refratárias à família como valor englobante. Entretanto, como bem coloca Machado (2001), na interpretação dos achados empíricos devemos trabalhar com a possibilidade de coexistência de um código relacional, ancorado nas noções de honra, reciprocidade e hierarquia, com um modelo individualista, centrado nas noções de autonomia e projeto.

Essas matrizes funcionam, portanto, como *tipos ideais*, nos termos formulados por Weber (1974). Embora os pares tradição *versus* modernidade, hierarquia *versus* igualitarismo, solidariedade do grupo *versus* autonomia do sujeito funcionem como modelos, cuja aplicação à interpretação do empírico requer um exercício de vigilância e crítica, interessou-nos focalizar as camadas populares ou classes trabalhadoras urbanas, segmento majoritário nos serviços municipais de saúde especializados em DST/aids, onde foram contatados os informantes da pesquisa. Nesses grupos, a precedência do todo (família) sobre as partes (indivíduos) se efetiva a partir da referência a um código moral e hierárquico, sob o qual seus membros fundamentam as relações em família – expressas entre homem/mulher e pais/filhos –, de modo a organizar, interpretar e dar sentido a seu lugar no mundo (Heilborn, 2004; Scott, 1990; Fonseca, 1995; Sarti 1996). Em paralelo, são perpassados por valores do individualismo, que colocam em xeque o valor atribuído à família, como princípio social balizador (Machado, 2001).

Procedimentos metodológicos

Os resultados apresentados neste texto integram uma pesquisa mais ampla, desenvolvida durante o 8º Curso de Metodologia de Pesquisa em Gênero, Sexualidade e Saúde Reprodutiva, em 2001, no Instituto de Medicina Social, da Universidade do Estado do Rio de Janeiro.

Para compreender como os arranjos conjugais modelam as decisões reprodutivas, no contexto da sorodiscordância para o HIV, optamos pela pesquisa qualitativa, com entrevistas individuais semiestruturadas a membros de casais sorodiscordantes.

Após aprovação pelo Comitê de Ética em Pesquisa da Secretaria Municipal de Saúde de São Paulo, o projeto foi apresentado às gerências e equipes de dois serviços que se dispuseram a sediar o campo. A identificação dos casais e a intermediação inicial com a pesquisadora foram efetuadas por profissionais dos serviços de saúde, com os seguintes critérios: membro soropositivo para o HIV em acompanhamento nos serviços de saúde especializados em DST/aids do município de São Paulo, união heterossexual e situação sorológica revelada ao parceiro.

O contato inicial se deu com o informante soropositivo que, então, consultou o(a) parceiro(a) sobre o interesse e disponibilidade em participar da pesquisa. Uma vez aceita a participação, as entrevistas foram agendadas e realizadas no próprio serviço de saúde ou na residência dos informantes, conforme escolha dos casais, precedida da leitura, explicação e assinatura do termo de consentimento livre e informado. As pessoas foram entrevistadas individualmente, em um total de 12 (seis casais), que não tinham filhos em comum. O quadro descreve sucintamente o perfil dos entrevistados.

Perfil dos entrevistados*

Casal	Status HIV	Idade	Profissão	Escolaridade	Nº filhos/ Status sorológico	Revelação antes da união	Moram juntos/ Tempo de união
Mara Almir	HIV+ HIV –	35 30	Do lar Analista imp./exp.	Superior Superior	Nenhum Nenhum	Não	Sim 6 anos
Filó Marcos	HIV+ HIV –	22 35	Op. telemarketing Microempresário	Médio Superior	1 (HIV –) Nenhum	Não	Sim 1 ano
Ivone Joel	HIV+ HIV –	30 28	Costureira Manobrista	Fund. incomp. Fund. incomp.	1 (HIV –) Nenhum	Sim	Sim 2 anos
Alex Kátia	HIV+ HIV –	44 30	Supervisor de vendas Artesã	Médio incomp. Fund. incomp.	Nenhum Nenhum	Sim	Sim 7 anos
Donato Diva	HIV+ HIV –	37 33	Taxista Do lar	Fundamental Fundamental	1 (HIV –) 3 (HIV –)	Não	Não 3 anos
Rita Artur	HIV+ HIV –	34 48	Assist. marketing Rep. comercial	Superior Superior incomp.	Nenhum 1 (HIV –)	Não	Não 2 anos

* Os nomes são fictícios.

Além da gravação das entrevistas, cujo conteúdo foi posteriormente transcrito, lançamos mão de um caderno de campo, no qual foram registradas situações observadas que chamaram a atenção, tanto referentes ao momento da entrevista quanto ao período que as antecedeu.

Interpretamos o material coletado da perspectiva da análise de conteúdo, o que permitiu apreender as representações veiculadas nos discursos (Blanchet e Gotman, 1992).

Além da singularidade de cada entrevista, configuramos as falas dos casais como uma unidade, não para confrontá-las, mas para ampliar a compreensão das dinâmicas conjugais, especialmente no que tange às negociações em torno das decisões reprodutivas. Elencamos quatro categorias de análise, referentes: ao (à) parceiro (a); a si mesmo (a); à relação conjugal; à vida reprodutiva/filhos.

Os riscos

Estudos como de Amorim e Szapiro (2006) destacam o medo de transmissão do HIV nos casais sorodiscordantes. No entanto, o risco de infectar o parceiro e de ser infectado não se apresentou, nas entrevistas, como preocupação central dos depoentes. O uso de preservativo não foi referido como prática corrente, seja por se acharem invulneráveis, seja por negarem a possibilidade de infecção. Os depoimentos são ilustrativos:

> *Eu sou uma pessoa muito realista. Acho que, se tiver que acontecer, vai acontecer. Nada acontece quando Deus não quer! Mas nos dois anos que eu estou com ela a gente já teve momentos de não pôr preservativo... Eu também fico preocupado. Mas medo assim de, sabe, "ah, não vou tocar nela porque posso pegar", não!* (Joel)

Filó, soropositiva, relata a posição do parceiro quanto ao risco de transmissão, qualificada como "um mal", questão a ser retomada adiante.

> *Eu falei para ele: eu não gostaria que isso [transmissão do HIV] acontecesse porque fizeram um mal para mim, mas esse mal não quero fazer para ninguém, principalmente para a*

> *pessoa que a gente ama... Mas ele falou que, se isso acontecer, que eu jamais me sentisse culpada porque ele também está consciente.* (Filó)

No que tange à transmissão vertical do HIV, endossando outros estudos, como de Paiva e colaboradores (2002a, 2002b), conduzimos uma pesquisa qualitativa (Silva, 2006) que também apontou que esse risco, embora considerado por pessoas que vivem com HIV, não condiciona suas decisões reprodutivas. Elas são modeladas por valores que extrapolam a noção de risco epidemiológico, restrito à probabilidade de infecção do bebê durante a gestação, no momento do parto ou na amamentação.

Mara não ignora o discurso médico sobre o risco da transmissão vertical do HIV, mas esboça a possibilidade de contrapô-lo:

> *Eu perguntei para minha médica qual seria a probabilidade de essa criança nascer infectada e ela me falou, me avisou: "É bom não ter!" Então fiquei preocupada com isso. Eu gostaria muito de ter, mesmo com esse recado dela. Gostaria muito de ter porque é o que está fazendo falta hoje no meu relacionamento.*

No mesmo sentido de opor a medicina aos anseios e expectativas do casal, Almir desabafa:

> *Os cientistas da medicina deveriam refletir mais a respeito de estar tirando esse direito de um casal [ter filhos]. É claro que envolve uma série de medidas, de preservação da criança, mas eu acho superimportante dar seguimento na nossa vida. Ter que se privar de algumas coisas, como um casal banido da sociedade, acho que nós temos o nosso direito.*

Os depoimentos selecionados reafirmam não haver uma precedência, na formulação das decisões reprodutivas, das consequências e significados da transmissão vertical sobre o sentido de escolher não ter filhos e não constituir família, como talvez desejasse a lógica biomédica. Ressalta-se o valor social da maternidade e da paternidade no contexto das classes populares (Fonseca, 1995; Sarti, 1996). Nesse sentido, observamos, a um só tempo, a preeminência dos valores centrais da família como princípio social balizador, e o reconhecimento e incorporação do discurso biomédico, assentado na ideia da prevenção, conforme "pregado" pelos profissionais de saúde. A despeito desta última observação, regida pela lógica do risco, na escolha dos sujeitos investigados a maternidade/paternidade prevalece como referência fundamental para a concretização da família. Já em camadas médias urbanas, a reprodução e a paternidade/maternidade integram um projeto pessoal.

O *risco de transmissão do vírus*, do qual os casais estão cientes, coexiste com o *risco social*, conforme aponta Douglas (1996), realçando a hierarquização e ressignificação desta noção pelas pessoas, segundo valores próprios e aqueles presentes em contextos sociais mais amplos. Como declarou Almir, entre o risco de transmissão do vírus e o de *ser banido da sociedade*, por não ter filhos, há uma hierarquia indicativa de distintas atuações do estigma no contexto da sorodiscordância para o HIV.

Lidando com o estigma

Em seu estudo clássico, Goffman (1988:13) se refere ao termo estigma como atributo profundamente depreciativo, que deve ser considerado em termos relacionais, já que "um atributo que estigmatiza alguém pode confirmar a normalidade de outrem, portanto, ele não é, em si mesmo, nem honroso nem desonroso". O estigma, ainda segundo este autor, explicaria a inferioridade do estigmatizado e o perigo que representa, podendo incidir na *marca* outras diferenças indesejáveis.

Assim é que, mais que portador de um vírus, a pessoa soropositiva é identificada como pertencente a "grupos de risco", num perverso deslocamento de um conceito epidemiológico para uma linguagem estigmatizante. O termo *aidético* sintetiza claramente essa perspectiva (Ayres et al., 1999). Além do vírus, o portador é identificado com outros grupos sociais marginalizados, como profissionais do sexo, usuários de drogas e homossexuais. Assim, é considerado um banido social e, exclusivamente, por sua culpa.

Knauth (1999), ao estudar mulheres portadoras de HIV de classes populares, destaca a ameaça representada por essa situação sorológica, ante a possibilidade de serem identificadas com os "grupos de risco". Para se contrapor a essa situação, essas mulheres acionariam estratégias, como a demarcação da diferença em relação a esses grupos, o silêncio em torno da doença, e a garantia do status social pelo resgate da condição de filha, esposa e/ou mãe, ameaçada pela aids.

Em um esforço para se distinguir dos "grupos de risco", ao afirmar o papel de esposa e, portanto, "legitimando a contaminação" (Knauth, 1999), Ivone se refere ao parceiro anterior, de quem contraiu o vírus:

> *Eu era uma mulher honesta. Fazia tudo direitinho, trabalhava, chegava em casa, fazia a janta. Cuidava da casa, cuidava do moleque. Na hora que precisava de uma mulher, tinha para tudo. Então achava que não tinha essa necessidade dele ter me traído. Mas é uma doença que não vem escrito na testa. Se ele imaginasse que eu ia pegar, eu acho que ele não tinha feito isso comigo. Eu não culpo ele, isso acontece.*

Vale retomar um trecho da entrevista, no qual Ivone qualifica a transmissão do vírus como "um mal" feito a ela. Se encadearmos suas duas falas e nos ativermos aos atributos de gênero, nos moldes tradicionais, o conformismo diante da situação seria, de certa forma, esperado: mesmo cumprindo seu papel de esposa, foi traída pelo marido, que transmitiu o vírus. Embora se trate de uma situação desconfortável, Ivone perdoa o marido. Heilborn e Gouveia (1999) também demonstram esse posicionamento, quando relações extraconjugais masculinas são naturalizadas, em grupos populares.

O estigma de ser um soropositivo pode justificar a preocupação das famílias dos membros soronegativos com a união sorodiscordante, o que pode ser ilustrado por relatos como os que se seguem.

> *Meu padrasto falou que eu ia me arrepender muito, que eu ia pegar essa doença. Minha família foi muito contra, quando ficou sabendo.* (Kátia)

> *Se eu contar isso para o meu pai, ele vai querer matar o outro [o parceiro].* (Diva)

> *Minha irmã acha que eu não deveria ficar com ele. Ela falou: "Por que você não sai disso? Isso não é para você. Você tão nova, tem tanta possibilidade na vida, por que você está aí? Se você ficar doente, quem é que vai cuidar dos seus filhos? Porque você sabe que eu não tenho condições. Minha mãe não cuidou nem da gente! Quem é que vai cuidar dos seus filhos?"* (Diva)

Kátia e Diva não mantinham um relacionamento estreito ou harmônico com os familiares, e a rejeição de suas uniões com pessoas soropositivas pelas famílias pode significar mais do que uma suposta preocupação com a possibilidade de infecção e adoecimento. O estigma do HIV e sua extensão ao grupo familiar é denominado por Goffman (1988:39) como difusão do estigma, exemplificado em "a mulher fiel do paciente mental, a filha do ex-presidiário, o pai do aleijado, a família do carrasco". Nesta condição, os familiares são obrigados a compartilhar uma parte do descrédito do estigmatizado. Assim, Diva e Kátia passam a ser a "mulher do aidético" e exteriorizam esta marca fora dos domínios da conjugalidade, para a família consanguínea.

Parker e Aggleton (2001) destacam a família como importante fonte de estigma e discriminação. Entretanto, vale ressaltar que o fato de ser soropositivo não significa incorporar a construção social vigente em torno da doença e do portador, relativa ao perigo e à impureza, condenando ou temendo a união sorodiscordante. Nesta perspectiva, Maksud e colaboradores (2002) coletaram depoimentos de pessoas soropositivas, relatando que, se fossem soronegativas, teriam dúvidas se estabeleceriam parcerias com portadores do vírus, à semelhança do relato de Ivone:

> *A mãe dele não aceitava, falava que ele era novo, sadio, tinha condições de arrumar uma pessoa igual a ele. Se ele ficasse com ela lá na casa dela, ela daria carro, só para ele não vir morar comigo. Numa parte, eu acho que ela está certa. Acho que eu reagiria da mesma maneira. Pô, seu filho, saber que ele é sadio, tem um futuro pela frente. Se envolver com uma pessoa que, cedo ou tarde, não vai mais estar aí. Não concordaria meu filho se ajuntar e casar com uma pessoa doente também não!*

A união sorodiscordante, marcada pelo estigma em torno da aids, adquire especificidades, tanto em função das tensões sociais mais amplas quanto daquelas provocadas pelo grupo familiar, fazendo com que, em algumas situações, os casais decidam transformar a sorologia positiva em objeto de foro íntimo. Este tipo de recurso sugere contextos que problematizam o código relacional característico das camadas populares, no qual a família é um valor fundante, o que indica a penetração de traços do modelo individualista, como privacidade e intimidade. Assim, ao evitar a publicização do status sorológico, o estigma poderia ser manipulado e, de certa forma, barraria a deterioração das identidades (Goffman, 1988) do portador e do casal, que seriam preservadas perante a sociedade. Tal hipótese foi construída a partir de falas como as que se seguem.

> *Ele prometeu para mim: "Eu não vou contar para ninguém". Tanto que ninguém da minha família sabe, a família dele também não sabe. Ninguém sabe da doença porque ele não se sentiu à vontade de contar, justamente pelo preconceito.* (Mara)

> *Ninguém precisa ficar sabendo este tipo de coisa! Quem convive com ela sou eu. Mesmo porque, pela falta de informação ou talvez até ignorância dos outros, as pessoas não compreendam, então é preferível não saber, para evitar maiores transtornos. As pessoas são imprevisíveis, viu? Não posso calcular este tipo de reação das pessoas, que poderiam estar agindo positivamente como negativamente. Então, acho que ninguém tem que saber, quem vive com ela sou eu!* (Almir)

A partir desses relatos e do fato de que a maioria das mulheres soropositivas entrevistadas manifestou o desejo de ter filhos, consideramos essa demanda como uma maneira de fazer face ao estigma social do casal sem filhos. A expectativa do parceiro também constitui um fator relevante, o que será abordado a seguir.

Os significados da maternidade e da paternidade

A maternidade atende a uma expectativa social mais ampla em relação à mulher, além de ser uma forma de enfrentamento do estigma do portador do HIV. Já a paternidade parece carrear um significado especial na dinâmica das relações conjugais, o que pode ser indicado pela recorrência, nas falas, da premência de *dar um filho ao parceiro*.

Embora Mara expresse seu desejo – e do marido – de ter filhos, sua fala sugere uma ênfase nas expectativas do marido.

> *A única coisa que faz falta para ele é um filho. A gente vai fazer alguma compra, ele põe pacote de fralda no carrinho do supermercado, eu fico tirando. Alguns lugares que a gente vai, tem coisinhas de criança, ele traz. Traz brinquedinho. Então, quer dizer, é um sonho dele e também é um sonho que eu tenho, é um sonho meu, né? É um sonho, no caso, do meu esposo. No meu caso, é uma questão, é como se eu não tivesse nada. Porque, se eu não tenho filho, não tenho nada. Não sou uma pessoa completa porque não tenho um filho. É isso! [Silêncio e choro.]* (Mara)

Filó, que tinha um filho e havia sido laqueada antes do atual relacionamento, cogita procurar meios para reverter a cirurgia e engravidar, dando pistas acerca da distinção entre a paternagem – como cuidado dos filhos – e paternidade, expressão de virilidade e de masculinidade:

> *Ele adora criança. Ele fala que quer uma união. Sei lá, uma união com um filho. Porque ele ama criança. Ele sente necessidade disso. E eu quero muito dar um filho para ele! Eu quero! É importante ao nosso relacionamento, na relação entre marido e mulher. Entre um homem e uma mulher, com certeza, o filho é muito importante. Eu já tenho a minha semente plantada, digamos assim. Eu já tenho o meu filho, que é a minha sementezinha! Para mim, tudo bem! Mas ele, ele é quem quer o filho e ele faz questão disso porque desde que a gente goste de criança, todo mundo quer isso. Quer a sua sementezinha. Quer o seu filho. Isso é muito importante para qualquer pessoa.*

Neste relato, a dimensão do desejo de ter filhos não se alinha a uma perspectiva individualista, associada a um projeto, orientado pelo livre-arbítrio. Ao contrário, nas entrevistas, o desejo está claramente articulado à conjugalidade que, por sua vez, é englobada em uma esfera social mais ampla: o grupo familiar. Pode-se afirmar uma identidade conjugal que, sem a presença de filhos, remeteria o casal à condição de *banido da sociedade*, como citado por Almir.

É importante lembrar que estamos tratando de homens adultos, em relações conjugais consideradas estáveis. Esse pano de fundo informa significados específicos da paternidade para esses homens, não mais na "zoeira" adolescente, mas no registro da "responsabilidade", associada a uma certa concepção de homem, como assinalado por Paiva (2000) e Arilha (1998).

Esta última autora assinala diferenças entre homens e mulheres relativas aos processos reprodutivos: "mulheres desejam o filho, homens desejam a família" (Arilha, 1998:60). Estaria em pauta a afirmação da masculinidade, concebida a partir das ideias de responsabilidade, respeitabilidade e maturidade, implicando um rompimento com a família ascendente e assunção de um novo núcleo familiar, a ser mantido.

Cientes da abrangência dos estudos sobre maternidade e paternidade, e da articulação entre o significado destas e das decisões reprodutivas, interessa-nos destacar os distintos significados da atividade reprodutiva: para as mulheres, investimento na relação; para os homens, afirmação de valores, como masculinidade e virilidade. Evidencia-se, portanto, uma diferenciação entre os gêneros.

Dinâmica conjugal: negociação e complementaridade

A partir das entrevistas, pode-se afirmar que a soropositividade, a maternidade e a paternidade emergiram como operadores de valor nas dinâmicas conjugais sorodiscordantes, marcadas pelas distinções de gênero no contexto das camadas populares. A soropositividade implicaria uma "desvantagem" do membro infectado em relação ao parceiro soronegativo, também subordinada à lógica assimétrica de gênero. Tal desvantagem teria como fonte principal o estigma e, secundariamente, o risco de transmissão do vírus.

A maternidade e a paternidade, ao contrário, foram qualificadas positivamente, ressaltando a ênfase das mulheres soropositivas em "dar um filho ao parceiro". Trata-se de uma expectativa que se diferencia do chamado "golpe da barriga", estratégia com o intuito de apenas garantir um vínculo conjugal, "obrigando" o homem a se casar e a "assumir" suas responsabilidades. Nas situações aqui apresentadas, "dar um filho" visaria consolidar a união, a partir da satisfação da expectativa do parceiro, referido a um modelo de família com filhos para concretizar o relacionamento.

Se, como postulado inicialmente, a sorodiscordância implicaria desigualdade, via desvalorização da pessoa soropositiva, podemos retomar o questionamento inicial quanto à gestão dessa diferença na dinâmica conjugal e, em especial, o papel das decisões reprodutivas, relativas à maternidade e paternidade.

A ideia de conjugalidade associa-se a uma gestão da relação entre pares; o fato de assumirem a matriz hierárquica como referência permite pressupor peculiaridades nos acordos e conflitos na relação. Cabe agora compreender como se dá essa gestão.

Barbosa (1999:84) resgata a ideia de negociação, a partir da qual "as mulheres utilizam a existência de um diferencial ordenador da sexualidade masculina e feminina para negociar determinadas necessidades e desejos". A autora chama a atenção para o fato de que a negociação pressupõe uma troca que envolve objetos desejados, cuja equivalência de valores é acordada entre os participantes.

No decorrer da análise das entrevistas, embora a gestão da conjugalidade pareça incluir valores compensados, mais que negociados, observam-se relações de troca, que permitem viabilizar e/ou manter a união. Kátia elucida essa percepção, a partir do impacto da revelação da soropositividade do parceiro:

> *Acho que uns dois meses depois que a gente se conheceu, ele contou. Eu não fiquei com medo, porque a gente já tinha transado, mas usando camisinha. E pensei: "Seja o que Deus quiser! Bola para frente!" Eu gostava dele. Eu não vou deixar ele porque ele é doente de HIV! Eu gostei dele ser sensível, porque eu tinha um defeito na perna e ele não olhou isso. Quando a gente tem um defeito assim, a gente fala: "Ai, será que essa pessoa vai ligar ou não para o defeito da gente?" E ele, não. Eu também estava muito jogada na vida. Aí, foi uma troca, a tampa da panela!*

Este relato indica que o risco de transmissão do vírus não é valorizado, e a gestão fica por conta de "Deus" e da "camisinha". Essa atitude é congruente com o postulado por Douglas (1996), sobre o transtorno que seria a vida, se nos ativéssemos a todos os riscos aos quais estamos expostos cotidianamente, como atravessar a rua ou conduzir um veículo. No depoimento de Kátia, é interessante notar as relações de troca, conformadas já no início do relacionamento. Há uma troca de estigmas, mais do que a secundarização do risco.

A história de Joel com a parceira soropositiva também ilustra essa lógica no interior da relação, na qual a manipulação do estigma é evidenciada, em articulação com as demarcações de gênero.

> *A gente já chegou a discutir feio, por causa de relação [sexual]. Ela não sente vontade. Eu falei: "Isso não é normal!" O que está acontecendo? Ou não gosta ou tem outro! E eu sou homem! Assumi a maior responsabilidade, não estou jogando na tua cara, nada! Assumi porque quis, sou maior de idade, mas assumi a maior responsabilidade por você, pelo problema que você tem. Não é te culpando, mas você tem um problema que é difícil a pessoa querer segurar esse rojão que eu segurei. Olha, vou falar uma coisa pra você. Se é no meu caso, se eu tivesse o seu problema e eu tivesse um filho ou uma filha e eu achasse uma pessoa que me desse o valor que eu dou para você, eu seria eternamente grato a essa pessoa!*

Joel, ciente do estigma da aids, parece "apostar" na relação, com a esperança de construí-la em moldes distintos dos relacionamentos anteriores:

> *Tem gente na rua do bairro que sabe, não, desconfia que ela tem [HIV]. Por boatos e tudo. Ando na rua abraçado com ela. Tem o preconceito. (...)*

> *Quando fui morar com ela, eu estava ciente. Ela não me enganou. Se tivesse me enganado, tudo bem. Eu fui morar com ela, pela pessoa que ela é. Uma pessoa trabalhadeira, não cobra nada, sabe? Eu já sabia do problema que ela tem [HIV]. Eu estava precisando de uma pessoa como ela! Porque*

eu tive outros relacionamentos. Mas eu só quebrei a cara. Eu sofri muito na mão de mulher. Eu tive relacionamento aí que a mulher dizia: "Eu te amo, sou louca por você!" Até tentou se matar por mim. Quando acabou o dinheiro, acabou carro, acabou tudo: "Ah, tchau!"

Essas falas sugerem trocas simbólicas qualificadas como "compensação", no âmbito das relações conjugais sorodiscordantes, que se somam à preocupação das mulheres em propiciar a paternidade aos companheiros.

Da compensação à dádiva

Uma interpretação possível para as compensações e trocas operadas nas dinâmicas conjugais sorodiscordantes poderia conduzir a uma análise referida a seu caráter estritamente instrumental, condicionado pela lógica assimétrica de gênero, conformada a partir do pertencimento a uma determinada classe social. Outra possibilidade, entretanto, à qual nos filiamos, sugere que as trocas simbólicas observadas nessas relações conjugais prescindem de garantias, e têm como intuito principal a manutenção do vínculo, conduzindo-nos a pensá-las no registro do dom ou dádiva.

De acordo com Marcel Mauss (1988), que pioneiramente analisou o tema, o dom é entendido como a *tríplice obrigação de dar, receber e retribuir*, e constitui um "fenômeno social total". Ao contrário do que a expressão possa sugerir, essa tríplice obrigação não se ancora em uma dimensão utilitária, mas é, sobretudo, simbólica. Segundo Caillé (2002:143), "o dom é o símbolo por excelência, aquilo que dá vida ao conjunto da atividade simbólica". Vale salientar que não queremos explorar o dom, como o faz Caillé (2002), como o terceiro paradigma da dialética entre individualismo e holismo. Nestas considerações, pretendemos reter apenas alguns pontos abordados por este autor a partir da obra de Mauss, que permitem iluminar a compreensão sobre as dinâmicas conjugais em questão. O recurso a essa referência nos leva a formular os achados até aqui apresentados, sinteticamente, nos termos que se seguem.

- A desigualdade de status sorológico, como fonte de diferença na relação, poderia gerar rivalidade e/ou hostilidade. Entretanto, a questão não seria sua erradicação, mas sua transcendência.

- Embora essas dinâmicas conjugais se desenrolem no contexto das classes populares, identificadas com o ideário holista, elas não se submeteriam *incondicionalmente* a esse ideário.
- A união sorodiscordante não obedeceria exclusivamente a interesses instrumentais ou obrigações, mas também não seria movida unicamente por altruísmo ou desinteresse.
- Os princípios da equivalência e equilíbrio encontram-se subjacentes à reciprocidade, ao dom e contradom. Assim, no jogo das contradádivas sociais, homens e mulheres buscam a manutenção da relação e da família, movidos por uma lógica na qual o todo tem preeminência sobre as partes.

A relação conjugal sorodiscordante, ainda que sob o espectro do estigma associado ao HIV, se afirma inicialmente de modo incondicional, pois em caso contrário a união não ocorreria. Qualquer aliança implica riscos. Uma das partes tem a iniciativa de assumir, sem garantia da compensação: "Não há meio-termo. Neste ou naquele momento é mister ou desconfiar ou confiar totalmente no outro, dando um passo à frente" (Mauss, apud Caillé, 2002).

No caso do relacionamento conjugal sorodiscordante, sabe-se ou intui-se acerca do estigma, mas não se pode prever se a convivência "valeria a pena". Somente no curso do relacionamento os termos da aliança vão se evidenciando, e cada membro do casal pode se apropriar (ou não) dos benefícios da relação. Nos termos dessa aliança poderiam estar incluídos os filhos, pelo exercício da maternidade e da paternidade.

Sob o registro do dom, a conjugalidade se submeteria a todos seus componentes – a obrigação, o interesse instrumental, a espontaneidade e o prazer –, de modo interdependente, unindo seus membros numa mesma cadeia de obrigações, desafios e benefícios. Nas palavras de Caillé: "O dom não deve ser pensando sem o interesse ou fora dele, mas contra o interesse instrumental. Ele é o movimento que, para os fins da aliança e/ou da criação, subordina os interesses instrumentais aos interesses não instrumentais. Às paixões" (Caillé, 2002:145).

Considerações finais

A partir do estranhamento que o desejo de ter filhos em uniões sorodiscordantes para o HIV possa provocar, especialmente do ponto de vista médico, as considerações aqui desenvolvidas abordaram as implicações dessa situação, no que concerne tanto ao risco, no sentido da biomedicina, quanto ao estigma que se apresenta. Soropositividade para o HIV, maternidade e paternidade deixaram de ser meros eventos biológicos e foram tomados como valores simbólicos capazes de regular relações conjugais, no contexto da sorodiscordância.

A pesquisa por nós empreendida evidenciou a presença de duas modalidades de estigma relacionadas ao casal sorodiscordante: de um lado, o da soropositividade e, de outro, o do casal sem filhos. Em uniões sorodiscordantes, o risco de transmissão – para o feto e/ou para o parceiro – estaria subsumido ao desejo de ter filhos. Tal posicionamento pode conduzir a uma possível articulação entre a lógica relacional (holista) e a individualizante, característica de camadas médias. A escolha pelo segredo acerca da condição soropositiva e pela manutenção de um relacionamento criticado pela família extensa constituem atitudes referidas a esse ideário.

As entrevistas demonstraram a afirmação da relação conjugal a partir de um processo de negociação, caracterizado por um circuito de trocas de dom e contradom, no qual o estigma da soropositividade é objeto de relativização.

O planejamento familiar, a geração de filhos, não se revelou atrelada às prescrições de profissionais de saúde. O "êxito técnico" (Ayres, 2004), expresso como controle da transmissão do HIV, não seria o horizonte privilegiado dos casais em relações sorodiscordantes. Parece oportuno, portanto, um investimento que possa propiciar o diálogo entre as práticas assistenciais e as demandas mais amplas dos casais sorodiscordantes para o HIV. Tal diálogo ultrapassa o caráter prescritivo, que costuma permear o atendimento em serviços de saúde.

As dinâmicas conjugais analisadas se desenrolam no contexto das camadas populares urbanas, majoritárias nos serviços de saúde públicos, para quem há uma preeminência da família, no que tange aos valores morais. Observou-se, entretanto, que os casais não se submetem incondicionalmente ao código moral dominante em suas famílias. Os casais investigados atuam referidos às noções de projeto e autonomia, em especial no que concerne à sexualidade e reprodução.

Os membros do casal sorodiscordante, ao mesmo tempo que não se mantêm submetidos exclusivamente a interesses instrumentais ou a obrigações, buscam conservar a relação com o parceiro e com a família, segundo a perspectiva da preeminência do todo sobre as partes. Mesmo considerando que o estigma seja manipulado de modo diferenciado, o parceiro estigmatizado pode ser posicionado em situação de desvantagem. Entretanto, no que diz respeito ao relacionamento sexual, o medo de transmissão do HIV, o risco de infectar o parceiro e o uso do preservativo não foram referidos nas entrevistas.

O fato de as mulheres soropositivas entrevistadas manifestarem o desejo de ter filhos foi tomado tanto como um modo de fazer face ao estigma social do casal que não tem filhos, quanto de atender à expectativa do parceiro. A paternidade possui especial sentido nas relações conjugais: afirmação da masculinidade associada à responsabilidade, maturidade, respeitabilidade, atributos vinculados à possibilidade de independência referente à família de origem, e acesso a um novo estatuto.

Obrigação, espontaneidade, prazer, interesse instrumental são componentes da conjugalidade, e a eles seus membros se submeteriam sob o registro do dom, com o objetivo de manter a união, uma cadeia de responsabilidade, desafios e benefícios.

Referências bibliográficas

AMORIM, C. M.; SZAPIRO, A. M. Analisando a problemática do risco em casais que vivem em situação de sorodiscordância. *Revista Ciência e Saúde Coletiva*, v. 13, n. 6, nov./dez. 2008. Disponível em: www.cienciaesaudecoletiva.com.br. Acesso em: 26 fev. 2007.

ARILHA, M. Homens: entre a "zoeira" e a "responsabilidade". In: _____; UNBEHAUM, S. G.; MEDRADO, B. (Orgs.). *Homens e masculinidades*: outras palavras. São Paulo: Ecos/Ed. 34, 1998.

AYRES, J. R. C. M. Cuidado e reconstrução das práticas de saúde. *Interface Comum Saúde Educação*, v. 8, n. 14, p. 73-92, 2004.

_____; FRANÇA-JÚNIOR, I. CALAZANS, G. J. et al. Vulnerabilidade e prevenção em tempos de aids. In: BARBOSA, R. M; PARKER, R. (Orgs.). *Sexualidades pelo avesso*: direitos, identidades e poder. São Paulo: Ed. 34; Rio de Janeiro: IMS/Uerj, 1999.

BARBOSA, R. M. Negociação sexual ou sexo negociado? Poder, gênero e sexualidade em tempo de aids. In: _____; PARKER, R. (Orgs.). *Sexualidades pelo avesso*: direitos, identidades e poder. São Paulo: Ed. 34; Rio de Janeiro: IMS/Uerj, 1999.

BLANCHET, A.; GOTMAN, A. *L'enquet et sés methods*: l'entretetien. Paris: Nathan Université, 1992. Texto traduzido para uso didático por Greice Menezes, com revisão técnica de Maria Luiza Heilborn e Michel Bozon.

CAILLÉ, A. *Antropologia do dom*: o terceiro paradigma. Petrópolis: Vozes, 2002.

DOUGLAS, M. *La aceptabilidad del riesgo según las ciências sociales*. Barcelona: Paidós Ibérica; Buenos Aires: Paidós, 1996.

DUMONT, L. *Homo hierarchicus*. Brasília: Universidade de Brasília, 2002.

FAÚNDES, D. FAZANO, F.; AMARAL, E.; PETTA, C. A.; FAÚNDES, A.; NEVES, P.; LUZIO, M. A. A. Gravidez em casal HIV sorodiscordante através de purificação do sêmen e técnica de ICSI. *Reprodução e Climatério*, v. 16, n. 2, p. 137-139, 2001.

FONSECA, C. *Caminhos da adoção*. São Paulo: Cortez, 1995.

GOFFMAN, I. *Estigma*: notas sobre a manipulação da identidade deteriorada. Rio de Janeiro: Guanabara, 1988.

HEILBORN, M. L. *Dois é par*: gênero e identidade sexual em contexto igualitário. Rio de Janeiro: Garamond, 2004.

_____; GOUVEIA, P. F. "Marido é tudo igual": mulheres populares e sexualidade no contexto da aids. In: BARBOSA, R. M.; PARKER, R. (Orgs.). *Sexualidades pelo avesso*: direitos, identidades e poder. São Paulo: Ed. 34; Rio de Janeiro: IMS/Uerj, 1999.

KNAUTH, D. R. Subjetividade feminina e soropositividade. In: BARBOSA, R. M.; PARKER, R. (Orgs.). *Sexualidades pelo avesso*: direitos, identidades e poder. São Paulo: Ed. 34; Rio de Janeiro: IMS/Uerj, 1999.

_____. A "sorodiscordância": questões conceituais e projetos em andamento. Comentários. In: MAKSUD, I.; PARKER, R.; TERTO JR., V. *Anais do Seminário Sexualidadade e Aids*: a questão da sorodiscordância e os serviços de saúde. Rio de Janeiro: Associação Brasileira Interdisciplinar de Aids, 2002, p. 37-41.

MACHADO, L. Z. Família e individualismo: tendências contemporâneas no Brasil. *Interface Comunicação, Saúde, Educação*, v. 4, n. 8, p. 11-26, 2001.

MAKSUD, I.; PARKER, R.; TERTO JR., V. Casais sorodiscordantes: vida conjugal com HIV/aids. *Boletim Abia*, jul./set. 2001.

_____; _____; _____. *Anais do Seminário Sexualidadade e Aids*: a questão da sorodiscordância e os serviços de saúde. Rio de Janeiro: Associação Brasileira Interdisciplinar de Aids, 2002.

MAUSS, M. *Ensaio sobre a dádiva*. Lisboa: Ed. 70, 1988.

PAIVA, V. *Fazendo arte com a camisinha*: sexualidades jovens em tempos de aids. São Paulo: Summus Editorial, 2000.

_____; LATORE, M. R.; GRAVATO, N.; LACERDA, R. Enhancing care initiative – ECI: sexualidade de mulheres vivendo com HIV/aids em São Paulo. *Cadernos de Saúde Pública*, v. 18, n. 6, p. 1609-1620, 2002.

_____; LIMA, T. N.; SANTOS, N.; VENTURA-FELIPE, E. et al. Sem direito de amar? A vontade de ter filhos entre homens (e mulheres) vivendo com HIV. *Psicologia USP*, v. 13, n. 2, p. 105-133, 2002.

PARKER, R.; AGGLETON, P. *Estigma, discriminação e aids*. Rio de Janeiro: Associação Brasileira Interdisciplinar de Aids, 2001. (Coleção Abia. Série Cidadania e Direitos).

PINHEIRO, C. V. Indivíduo e sociedade: um estudo sobre a perspectiva hierárquica de Louis Dumont. *Revista Mal-Estar e Subjetividade*, v. 1, n. 1, p. 94-105, set. 2001.

POLEJACK, L. *Convivendo com a diferença*: dinâmica relacional de casais sorodiscordantes para HIV/aids. 2001. Dissertação (Mestrado) – Departamento de Psicologia, Universidade de Brasília, Brasília, 2001.

REIS, R. K.; GIR, E. Dificuldades enfrentadas pelos parceiros sorodiscordantes ao HIV na manutenção do sexo seguro. *Revista Latino-Americana. Enfermagem*, Ribeirão Preto, v. 13, n. 1, p. 32-37, 2005.

SARTI, C. A. *A família como espelho*. Campinas: Autores Associados, 1996.

SEMPRINI, A.; LEVI-SETTI, P. et al. Insemination of HIV-negative women with processed semen of HIV-positive partners. *Lancet*, v. 340, p. 1317-1319, 1992.

SCOTT, R. P. O homem na matrifocalidade: gênero, percepção e experiências do domínio doméstico. *Cadernos de Pesquisa*, v. 73, p. 38-47, 1990.

SILVA, N. E. K.; AYRES, J. R. C. M. Aids e gravidez: os sentidos do risco e o desafio do cuidado. *Revista Saúde Pública*, v. 40, n. 3, p. 474-481, 2006.

WEBER, M. *Economia y sociedade*. México: Fondo de Cultura de México, 1974.

5. Da dádiva divina ao direito de decidir: a emergência de uma norma contraceptiva na Colômbia

Manuel Rodríguez[*]
Claudia Rivera[**]
Marco Martínez[***]
Andrés Góngora[****]

Este texto[1] analisa, do ponto de vista antropológico, as mudanças e continuidades em torno da contracepção, observadas em três gerações de duas famílias colombianas, no que se refere ao processo de negociação entre os valores religiosos, os direitos e a medicalização da sexualidade. Chama a atenção para a emergência de uma norma contraceptiva na Colômbia, na segunda metade do século XX, época do surgimento de novas tecnologias reprodutivas. Ele está dividido em quatro partes: a primeira refere-se às ferramentas teóricas e metodológicas empregadas no processo de investigação. A segunda descreve as famílias entrevistadas e as gerações que as compõem. A partir desses dados, propomos uma análise antropológica que possibilita a percepção das mudanças e continuidades contidas na negociação entre os diversos valores referidos. Por fim, apresenta conclusões, produto do estudo etnográfico efetuado.

---

[*] Antropólogo, Universidad Nacional de Colombia.
[**] Antropóloga, Universidad Nacional de Colombia.
[***] Antropólogo, pesquisador do Centro de Estudios Sociales (CES), Universidad Nacional de Colombia.
[****] Antropólogo, pesquisador do Centro de Estudios Sociales (CES), Universidad Nacional de Colombia.
[1] Agradecemos ao Centro Latino-Americano em Sexualidade e Direitos Humanos (Clam) e ao Programa Regionalizado de Metodologia de Pesquisa em Gênero, Sexualidade e Saúde Reprodutiva, do Instituto de Medicina Social da Universidade do Estado do Rio de Janeiro, pelo apoio e financiamento a esta investigação; ao Grupo de Estudos em Gênero, Sexualidade e Saúde na América Latina (Gessam) e ao Grupo Interdisciplinar de Estudos de Gênero da Universidad Nacional de Colombia, pelo suporte e comentários. Agradecemos especialmente a Magdalena León, que acompanhou a pesquisa e enriqueceu-a com suas críticas e sugestões; finalmente, às famílias Rojas Vargas e Beltrán Parra, que tornaram possível este estudo, com sua colaboração.

Etnografia e antropologia da sexualidade

De acordo com Geertz (2003), fazer etnografia consiste em desentranhar estruturas de significação, a partir das quais produzimos, percebemos e interpretamos o mundo. Em decorrência, o trabalho do etnógrafo é dirigido a compreender as interpretações das pessoas sobre o que fazem, pensam e sentem. Nossa investigação inscreve-se na antropologia da sexualidade que, conforme Heilborn e Brandão (1999:7), preocupa-se com a "descrição detalhada de valores e práticas de grupos sociais delimitados" e, assim, aproxima-se das redes de significado que perpassam as práticas contraceptivas individuais. Não se trata de examinar, portanto, o comportamento sexual da população, "objeto de interesse da sociologia da sexualidade", ainda de acordo com estas autoras.

Sem deixar de lado a poética da representação, isto é, a forma como o significado é construído (Hall, 1997), nossa pesquisa se estende à política desta construção, examinando as consequências, na vida dos sujeitos, desses valores e redes de sentido. Embora se apresentem representações socialmente compartilhadas sobre as práticas contraceptivas, a experiência individual é constitutiva dos valores e da ocupação das pessoas. Nesse caso, a dimensão política pode ser apreendida mediante o exame do posicionamento dos sujeitos em seu relato sobre uma norma contraceptiva. Falar sobre as práticas evidencia os nexos entre elas, práticas, e seus significados, devido ao fato de que a linguagem, além de indicar algo, cria. Em outras palavras, é performativa (Guber, 2001).

Prática e norma contraceptiva

Em concordância com Bajos e Ferrand (2002), consideramos que a prática contraceptiva responde a decisões e a lógicas complexas interconectadas. Para apreendê-las, é preciso rastrear as práticas e representações sociais, levando-se em conta a oferta contraceptiva. Estas autoras definem prática contraceptiva como "o recurso e a gestão de um método de contracepção [que] se situa na intercessão de várias normas" (Bajos e Ferrand, 2002:35). Para elas, "a passagem de uma maternidade súbita a uma maternidade voluntária e totalmente controlada corresponde à produção de uma norma contraceptiva". A partir dessa perspectiva, entendemos norma contraceptiva como o conjunto de regulações sobre os corpos e as práticas sexuais, que se articulam em torno da prescrição e eleição de um método.

Processo de investigação

Para a delimitação do objeto desta pesquisa, empregamos o conceito de *geração*, seguindo as acepções sociocognitiva e genealógica, propostas

Figura 1
Municípios de origem dos entrevistados

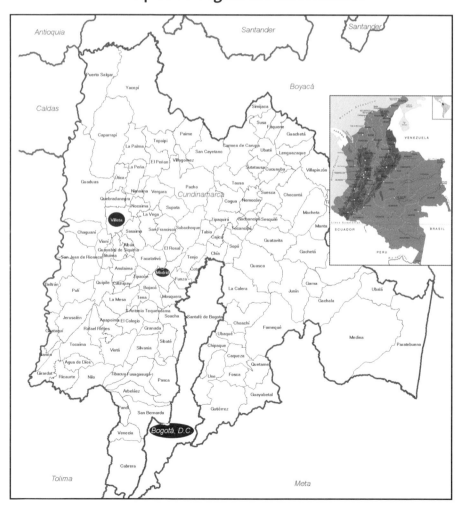

por Attias-Donfut (1991). A primeira concerne a pessoas com idades similares, percebidas como uma unidade por compartilharem experiências históricas. Desse modo, possuem uma visão particular de mundo. A acepção genealógica indica relações de parentesco que designam um grupamento de indivíduos com idades heterogêneas e com o mesmo grau de filiação.

No processo de seleção dos sujeitos a serem entrevistados, aplicamos um questionário a estudantes da Faculdade de Ciências Humanas da Universidade Nacional da Colômbia, em busca de famílias que migraram para Bogotá entre 1950 e 1970. Nesse período houve grandes deslocamentos para a capital, que implicaram uma mudança nas formas de pensar acerca das práticas reprodutivas e, consequentemente, de atuação. Além disso, começaram a ser oferecidos métodos de planejamento familiar para controle do crescimento da população.

FIGURA 2
Diagrama de gerações e famílias

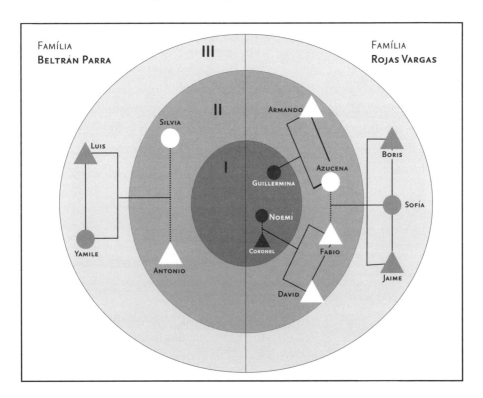

Foram escolhidas duas famílias – Beltrán Parra e Rojas Vargas – com as quais realizamos 12 entrevistas em profundidade, além de várias conversas informais. Nesses encontros, indagamos sobre a história da família, as práticas e os significados de procriação e contracepção, as relações de gênero, a percepção sobre as gerações e os contextos de procedência e chegada dos que migraram.

O posicionamento dos sujeitos foi obtido a partir de marcos narrativos que, para Jimeno (2004), constituem elementos estruturantes dos relatos individuais, por meio dos quais os sujeitos categorizam esquemas socioculturais que outorgam sentido à experiência vital. As histórias das famílias Beltrán Parra e Rojas Vargas evidenciam a trajetória de vida dos depoentes, sua posição diante da contracepção e a contextualização de suas experiências.

Família Beltrán Parra

Silvia Parra é uma dona de casa de 50 anos, nascida em Madrid, município próximo de Bogotá, no centro do país. Ela menciona que sua família materna, também originária de Madrid, era muito influente no povoado, enquanto a paterna não ocupava posição de prestígio. Ao falar de sua criação, Silvia referiu: "venho de um lar cristão, com meu pai e minha mãe [presentes], formamos o que chamamos de lar, nunca houve uma separação dos casais". Declarou ter sido educada em seu povoado natal, em dois colégios católicos, femininos, pertencentes a ordens religiosas distintas. Valoriza a formação que recebeu de uma dessas instituições, pois ali lhe foram transmitidos os princípios cristãos que a orientam até hoje:

> *Fui educada nessa cultura das freiras, nessa humildade; ensinavam-nos a ser pobres, sacrificadas, ensinavam-nos a bordar, a criar um lar como imagino que haja muitos lares colombianos, com seu pai e sua mãe, ensinavam-nos a religião católica e não renunciei a estes princípios.*

Ao terminar a educação escolar, Silvia conheceu Antonio, seu marido há mais de 25 anos. Ele estudou em um colégio masculino em Madrid e, após oito anos de namoro, casaram-se e tiveram dois filhos: Luís, com 25 anos por ocasião da entrevista, e Yamile, com 19, nascidos no mesmo município. Luís foi um menino muito esperado por seus pais, pois desejavam ter filhos. Após o primeiro parto, Silvia decidiu utilizar um método de planejamento familiar, por razões econômicas: "Você acredita que, com quatro filhos, em nosso país, é possível mandá-los para o colégio? Equivale a 400 mil pesos,[2] isso não é fácil". Inicialmente, usou pílula anticoncepcional, mas abandonou-a devido às náuseas. Escolheu então o DIU:

> Este então era o único, nunca me ocorreu passar por controle médico; é que para algumas mulheres é muito incômodo, algo tão íntimo como essas partes, isto não combina comigo, menos ainda com minha mentalidade, com minha forma de educação.

Silvia utilizou esse método por seis anos até que, "na época de Yamile, eu estava planejando com o DIU então, corri e caí sentada e fiquei grávida". Quando indagamos a respeito de como conheceu esses métodos, ela disse:

> No governo de Carlos Lleras [1966-70] houve uma mudança radical, brusca, a mudança foi forte e pum! Começaram os métodos de planejamento, pelo rádio, pela televisão, por todo lado, já era popular.[3]

Para Silvia, foi uma transformação profunda e intempestiva. Não havia mais segredo sobre a sexualidade e contracepção. Para ela, essa percepção se associa à própria experiência, pois esses temas eram silenciados e qualificados de pecaminosos, em sua formação cristã.

Luís, filho mais velho de Silvia, é um jovem cuja vida gira em torno de sua profissão: é médico. Fez os estudos básicos no mesmo colégio que seu pai, em Madrid. Ao finalizá-los, mudou-se com sua família para Bogotá, cidade que já conhecia, em visitas a familiares. Para ele, essa mudança acarretou vantagens e desvantagens. Por um lado, havia maior acesso a serviços públicos, em comparação com Madrid, além das ofertas cultural,

---

[2] US$ 200.
[3] No país, a primeira instituição que prestou serviços de planificação familiar foi a Asociación Pro Bienestar de la Familia Colombiana (Profamilia), fundada em 1965. Em 1969, o governo do presidente Lleras incluiu a planificação nos programas de saúde materno-infantil (Dáguer e Riccardi, 2005).

comercial, trabalhista, educacional e de entretenimento. A nova cidade implicou modificação em suas relações familiares e pessoais:

> *A vida no povoado, para um jovem, é muito bacana [boa]. Lá as relações são conduzidas de forma diferente. Por um lado, em um povoado há mais empatia, enquanto aqui, em Bogotá, cada um vive a sua história. Por outro, lá a vida é mais tranquila.*

Ao terminar os estudos, Luís optou por prestar o serviço militar, por considerá-lo um desafio e uma oportunidade. Para ele, tal decisão foi possível por sentir que, como homem, dispunha de mais liberdade de escolha. Ao concluir, iniciou a formação em medicina, carreira desejada, pois "se sente uma satisfação maior quando se tem as armas para ajudar alguém, estabelecer um diálogo racional para combater uma doença". Como estudante, conheceu aquela que seria sua namorada por sete anos e com quem utilizou "anticoncepcionais orais um tempo e depois, por questões econômicas, um método por um período mais longo, o DIU". Entretanto, esse recurso apresentava alguns inconvenientes, pois

> *o dispositivo intrauterino, com suas coisas, nos obrigava a fazer uma ecografia a cada oito ou nove meses para ver o dispositivo, porque ela era nulípara e era mais complicado. Dizíamos isso aos ginecologistas, que nos deram de presente as ecografias, e eles as examinavam para verificar se tudo estava bem.*

Luís estagiou no município de Quipile, a sudeste de Cundinamarca, onde conheceu Pilar, uma dentista que, como ele, ali estava para obter o diploma profissional. Decidiram utilizar a pílula, porque "ela se dá muito bem com os anticoncepcionais orais". Para ele, o uso de métodos anticoncepcionais está profundamente vinculado ao desenvolvimento do país:

> *Acredito que seja importante mudar essa concepção de que as pessoas devam coibir a sexualidade, porque o fato de haver meninas com 22 anos que já tiveram quatro, cinco crianças é um problema social terrível. Eu tento inculcar nas pessoas que modifiquem isso, mas elas acabam achando que as insultei.*

Além disso, Luis considera que os filhos de uma gravidez não planejada estariam em desvantagem:

> *Essas crianças não vão ter a mesma perspectiva de uma que foi desejada, mas que apareceu e agora vai me trazer problemas. Não é errado, o processo de conceber alguém é o mais lindo, mas, quando se faz irresponsavelmente, é algo precioso que foi desperdiçado.*

Yamile, a irmã caçula de Luís, é estudante de antropologia. Para ela, a mudança de Madrid para Bogotá representou a possibilidade de realizar-se como mulher, estudar para construir uma carreira e manter o controle da própria vida:

> *Foi o melhor que nos aconteceu. Acredito que, se não tivesse sido assim, eu já estaria cheia de filhos, por aí, trabalhando em sabe-se lá o quê. Essa foi a melhor decisão porque, como dizia Oscar Lewis, essa mentalidade de pobreza, de conseguir marido, ter filhos e não usar anticoncepcionais, conseguir trabalho e não estudar...*

Yamile é uma moça que fala abertamente sobre sua sexualidade e trajetória contraceptiva. Afirma sempre sentir confiança em dialogar sobre esses assuntos com a mãe e ter recebido aulas de educação sexual no colégio. Entretanto, quando era menina e fazia perguntas ao pai ou ao irmão, eles lhe davam informação errônea ou fugiam do tema:

> *Lembro-me de uma vez, quando tinha seis ou sete anos. Eu via as propagandas de absorventes e, quando meu pai e irmão se sentaram, perguntei:*
> *– Para que é isso? É para mulheres? Por quê?*
> *Meu irmão e meu pai ficaram constrangidos.*
> *– É para quando as mulheres urinam.*
> *Eu insisti:*
> *– Como assim? Alguém se urina?*
> *– Sim, para quando as mulheres urinam.*
> *Depois, minha mãe me explicou tudo isso.*

Ao indagar ao pai como usar camisinha, ocorreu uma reação similar.

> *Perguntei, relatou Yamile:*
> *— A gente come as camisinhas?*
> *— Não*
> *— E então, onde são colocadas?*
> *E meu pai:*
> *— Ai!*
> *E eu:*
> *— É para comer? Porque ouvi dizer que se comem.*
> *— Não, isso não se come.*
>
> *No colégio, por fim, me contaram.*

Devido a um problema hormonal, Yamile utilizou pílula anticoncepcional desde os 15 anos. Sem dúvida, esse recurso foi empregado com finalidade contraceptiva, com um parceiro: "desde que tinha esse namorado, há dois anos e meio, havia começado a tomar pílula, injeção e preservativos".

Ela começou com injeção hormonal e depois trocou de método.

> *Eu me desestabilizei no período em que deixei de usá-las; fui ao Profamilia e me disseram que era melhor que usasse pílulas, porque previnem o câncer de seio e são mais fáceis de usar, embora eu não goste muito porque esqueço. Por outro lado, a injeção é uma vez ao mês, mas [a pílula] é muito mais barata.*

Ao discorrer a respeito da escolha do método anticoncepcional, ela afirmou que "a mulher tem mais direito, porque é seu corpo e ela que serão afetados; quase sempre sou eu que tomo as decisões". Yamile declarou planejar ter filhos quando estiver preparada, isto é, quando conseguir estabilidade profissional e concluir um mestrado. No que tange à educação dos filhos, deseja falar com eles, "francamente", de sexualidade e planejamento: "Pois obviamente, se tiver uma filha e um filho, desde pequenos quero ensinar-lhes todas essas coisas e dar mais liberdade a eles". Ela considera a educação católica importante por transmitir um conjunto de valores com os quais concorda: "Não é que eu acredite muito na religião católica, mas quero que [meus filhos] tenham algo para se apegar; eu os batizaria e eles fariam a primeira comunhão, embora eu não esteja de acordo".

A partir dessa descrição da família Beltrán Parra, é possível afirmar que, para Silvia – mãe de Yamile –, houve uma negociação, em torno da escolha e do uso de anticoncepcionais, entre os valores cristãos, as possibilidades econômicas e as experiências com os métodos. Luís empreendeu uma leitura da prática contraceptiva, da sexualidade e procriação, da ótica do saber médico, em que o desenvolvimento da nação é o mais importante. Finalmente, para Yamile, o controle da contracepção está vinculado aos direitos e à liberdade para decidir sobre seu corpo. Para esses irmãos, não há conflito entre regulação contraceptiva e a formação cristã, substancial em termos de valores, apesar de não ser definitiva em sua visão da sexualidade.

Família Rojas Vargas

Dona Guillermina Vargas, de 81 de anos, é oriunda de Villeta, município do departamento de Cundinamarca. Foi criada em uma família católica, filiada ao Partido Conservador. Sua infância foi marcada pela precariedade econômica, própria do meio rural, durante o período de violência bipartidarista de meados do século XX, após o assassinato do líder liberal Jorge Eliécer Gaitán:

> Nessa época houve violência, se matava por política. Não tínhamos nada em casa e pedimos ajuda a um vizinho, poderoso na política, em Villeta. Ele nos deu sal, porque não tínhamos nem para fazer uma changua.[4] [Risada.]

Guillermina quase não falou sobre o pai, já morto, mas discorreu sobre seu padrasto, mãe e irmã mais nova. Nesse povoado, ficou grávida duas vezes, de homens que não se responsabilizaram por seus filhos. À época, não havia métodos anticoncepcionais modernos:

> Entrevistador:
> – Em Villeta, você conhecia coisas usadas por mulheres para evitar filhos?

---
[4] Sopa tradicional, elaborada à base de leite, água, sal, coentro, pão e ovo.

Guillermina:
— *Naquela época não havia nada disso, graças a Deus. Quando vim para Bogotá, me dediquei a meus filhos e à minha mãe.*

As difíceis condições de vida fizeram com que Guillermina buscasse um futuro melhor. Em 1957, migrou com seus filhos, Armando e Azucena, para a cidade de Bogotá, então com 900 mil habitantes (Dane, 2006). Ela morou inicialmente na casa do primo, Parmenio, em uma área popular. Após alguns meses, mudou-se em decorrência de problemas de convivência. Por uma década, Guillermina efetuou deslocamentos por bairros humildes, até que, em 1969, conseguiu trabalho em um restaurante, o que lhe possibilitou construir sua casa, precária, nas colinas bogotanas.

A cidade proporcionou a ela anonimato político, oportunidades econômicas, educação para os filhos e menor discriminação por ser mãe solteira. Já com residência própria, Guillermina concentrou-se na educação de sua filha, pois, aos sete anos, Armando sofreu um acidente, que o deixou em estado de coma por um mês. A partir de então, passou a apresentar dificuldades de aprendizagem.

Atualmente, Armando tem 57 anos e não se refere, de forma significativa, às circunstâncias da mudança para Bogotá. Suas recordações mais antigas se reportam ao bairro Quindío, uma das primeiras invasões legalizadas da cidade. A maioria dos habitantes do setor era constituída por camponeses, que adotaram uma arquitetura rural para as moradias. A água era coletada de uma passagem entre as montanhas e, após seu uso, o esgoto era jogado em um canal de irrigação.

Armando e a mãe mudaram-se para o bairro de Altamira, na montanha onde ele conheceu Eva, sua futura esposa. O casal contraiu núpcias quando ela tinha 15 anos e ele, 20. Segundo Armando, o fato de ambos serem jovens foi causa de problemas conjugais, somados a seu comportamento agressivo, pelo vício da bebida. Tempos depois, ele conseguiu trabalho na polícia. À ocasião, Eva esperava Brayan, o primeiro filho. Ao se indagar de Armando se haviam programado essa gravidez, ele declarou que desejaram ter logo o primogênito. Um ano depois, nasceu Omar. Armando referiu que, em 1970, os métodos de planejamento familiar já eram conhecidos mas, devido às crenças religiosas de sua mãe, o casal não planejou:

> Havia os norplant, os preservativos, as operações e todas essas coisas. Mas eu quase nunca dava nada para ela, porque minha mãe sempre foi muito católica e não deixava. Vim a saber quando já era adulto. Uma vez, com uma amiga, consultei um livro, A mulher descobre seu corpo, é um livrinho. No dia em que li, vi tudo explicado: planejar, doenças venéreas, gonorréias, o que é sexualidade, tudo.

O casamento de Armando e Eva acabou quando ele, em uma bebedeira, atirou em um homem, usando a própria arma. Esse fato o conduziu à prisão e à separação da esposa que, de acordo com seu relato, lhe foi infiel com um cadete. Posteriormente, ela levou seus filhos para outra cidade.

Armando e Azucena foram criados pela avó, pois sua mãe se ausentava para trabalhar. Para alguns familiares, a doença do rapaz fez com que as esperanças se centrassem em Azucena, que ingressou em uma escola comercial, para ser secretária. As habilidades ali adquiridas possibilitaram que colaborasse com a manutenção da casa, embora nunca tenha deixado de realizar tarefas domésticas, o que seu irmão desconhecia:

> Minha mãe sempre teve essa coisa de que o mais importante é o homem. Meu irmão sempre foi um desocupado, gosta de um trago. Ele sempre arrumava brigas e eu o repreendia. Uma vez ele ia bater em um primo com um tijolo, eu tirei dele. Então, minha mãe me disse: melhor ir embora daqui, porque todos os problemas são por sua causa.

O machismo e a incompreensão da mãe justificam o rápido abandono da casa por Azucena. Aos 23 anos, ela tomou a decisão de partir, para viver com o namorado, Fabio Rojas. Aos 25 anos, teve o primogênito, Boris. No pós-parto – acreditando que, por amamentar não poderia conceber –, gerou o segundo, Jaime. Para evitar outro "acidente", Azucena e Fabio tomaram a decisão de usar um método contraceptivo: "Eu nunca confiei no DIU, porque a gente escutava que ele saía nas cabecinhas dos bebês... me dei bem com as pílulas".

Com dois filhos, o casal se mudou para a residência da mãe de Fabio, Noemí, com quem Azucena teve constantes atritos. Passados oito anos, ficou novamente grávida, da filha caçula, Sofía, dessa vez pela ineficácia das pílulas: "foi pela falha do método ou porque as pílulas estavam vencidas". Fabio havia prometido a Azucena que a ajudaria a concluir os estudos de educação superior quando ele terminasse sua formação, mas não foi assim. Ao se graduar, passou a ganhar mais, a relação não ia bem e a promessa foi esquecida. Ofereceram-lhe trabalho na Espanha, onde ele se radicou e conheceu outras mulheres, entre elas, a segunda esposa.

A história da família Rojas se distingue da trajetória dos Vargas, já que a primeira possuía melhores condições socioeconômicas. Ambas tiveram educação católica. Noemí, que professa a fé católica, e seu marido, coronel do exército, 25 anos mais velho do que ela, são originários do município de La Uvita, no departamento de Boyacá.

Noemí provinha de uma família que possuía terras, gado e empregados. Em contraste com Guillermina, para ela o campo é sinônimo de calma. Não passou por grandes dificuldades econômicas e, inclusive, pôde parir seus filhos assistida por parteiras, privilégio de mulheres "de boa família". Aquelas que sabiam sobre sexualidade eram classificadas como *sabidas*, termo utilizado em referência ao perigoso conhecimento que possuíam. Apesar de a Igreja desqualificar essas mulheres, permitia que prestassem assistência nos partos. Por essa razão, Noemí afirma que, durante a juventude, não buscou conhecimentos técnicos sobre contracepção. Foram suas filhas que lhe transmitiram estas informações.

No povoado, conheceu o coronel Octavio Rojas, seu futuro marido. Dois motivos conduziram essa família à capital: a perseguição política, pois seu marido foi um militar do conflito bipartidarista; e o desejo de proporcionar melhor educação aos filhos. Noemí teve sete filhos, quatro em La Uvita e três em Bogotá. Noemí e o marido migraram, no final da década de 1970, para o bairro Santafé, outrora habitado por classes médias bogotanas e imigrantes europeus. A arquitetura moderna das moradias impedia a manutenção de animais e o cultivo de vegetais. Por essa razão, optaram pelo bairro Carvajal, à época na periferia urbana. Construíram uma casa semelhante à do campo, que o coronel encheu de animais e hortaliças. De acordo com Noemí, esse contexto mais natural era um ambiente propício para educar os filhos, por matizar a artificialidade da cidade.

Distintamente da família Vargas, os filhos dos Rojas tiveram acesso à educação superior: Fabio estudou engenharia química e uma irmã é socióloga. David, outro filho, tem 55 anos e mora na casa de sua mãe. Ele narrou como conversava com os amigos sobre sexo e masturbação – temas que eram tabus, já que havia então grande controle da Igreja Católica. Segundo David, quando tinha 15 anos (1965), os discursos sobre contracepção, que circulavam, eram principalmente religiosos e biológicos, focados no pecado e na anatomia humana. Quanto aos métodos de planejamento familiar, os mais conhecidos eram a tabela baseada no ciclo menstrual, o DIU e a pílula. A camisinha não era adotada como contracepção: "Não se falava tanto de planejamento, mas de evitar doenças venéreas, então usava-se a camisinha para evitar essas doenças".

David alude a uma epidemia de sífilis que, na década de 1970, conduziu a medidas oficiais para detê-la. O primeiro filho foi planejado com a esposa. Ao casar, optaram pela tabela. David abordou também as conversas precoces sobre sexo e planejamento. Seu discurso sobre sexualidade apoia-se no risco e não no prazer, e foi o mesmo que transmitiu à filha. Para ele, a influência dos meios de comunicação "deteriorou" a sociedade; os jovens atualmente são "hiperativos" e inquietos, em função da proliferação de discursos e da mercantilização do sexo.

Na narrativa de David, percebe-se uma mudança referente à terceira geração dessa família: os filhos de Azucena e Fabio. Sofia, a caçula, de 19 anos, estudante de antropologia, foi educada em um colégio feminino de freiras. Seu relato contrasta com o posicionamento de gerações anteriores: afasta-se do catolicismo, possui conhecimentos sobre sexualidade e métodos contraceptivos, provenientes de distintas fontes, e menciona os direitos sexuais e reprodutivos. Seu pai insistiu em matriculá-la em colégio de freiras, pois, apesar da restrita crença no catolicismo, considera que a educação transmitida pela Igreja é de alto nível acadêmico. A mãe e as avós de Sofia estavam satisfeitas com a instituição escolhida, pois ali eram rezadas missas periodicamente e havia controle disciplinar sobre as alunas. Até a adolescência, a jovem acreditou fervorosamente na religião católica, influenciada pela avó paterna, com quem conviveu na infância. Aos 12 anos, Sofia passou a duvidar da religião, pois não concordava com certas atitudes das freiras, especialmente no que concerne à vigilância – inclusive fora da instituição –, à censura aos namoros e às inquietações em torno da sexualidade.

> *Nós dissemos que queríamos um bate-papo sobre sexualidade, mas um verdadeiro bate-papo, não com uma freira... Então chegou uma psicóloga para conversar conosco, mas veio com a freira de religião, e foi a coisa mais aborrecida, e aí alguém perguntou alguma coisa e a chamaram no aconselhamento porque tinha perguntado, disseram a ela que tinha problemas.*

No colégio, as informações sobre sexualidade se restringiram às noções biológicas e anatômicas da reprodução. Sofia já possuía esses conhecimentos desde a infância, através de desenhos animados e de material pedagógico de educação sexual. Seu pai foi o primeiro a lhe falar sobre o prazer proporcionado pelas relações sexuais: "Meu pai me falou sobre isso, disse-me que aprendesse a ter prazer com essas coisas, que, se eu quisesse, ele diria à sua mulher para me acompanhar, para tomar a injeção". Isso influenciou fortemente Sofia, que se declara a favor da difusão dos métodos anticoncepcionais, do uso da camisinha e do aborto: "Meus irmãos e eu vemos o sexo como algo a ser desfrutado, para ser vivido, que não tem nada a ver com ter filhos".

Seu irmão Jaime é uma de suas principais fontes de informação, pois é estudante de medicina, com amplos conhecimentos acerca de saúde sexual e reprodutiva: "Isso é bom, falei muito com ele sobre a injeção, que é muito eficiente; ele fala comigo sobre qualquer coisa que eu queira saber. Também falou da pílula. Qualquer coisa que aconteça comigo, falo com ele".

Esse conhecimento, somado à formação em ciências humanas, permitiu uma comparação entre suas vivências e as de outras mulheres de sua família, no que diz respeito ao prazer, ao amor, ao planejamento familiar e à autonomia feminina:

> *Minha avó, Noemí, nunca fala de amor; meu avô a acordava às quatro horas da madrugada para que ela fosse preparar a comida dos trabalhadores. Agora a gente pode escolher querer estar com alguém e dizer que quer estar com muitas pessoas,*

ou que vai ou não ter filhos. Parece que estas coisas mudaram, as pessoas têm mais informação.

Ao mencionar a possibilidade de escolher o parceiro, o direito de decidir o número de filhos, Sofia aborda um aspecto não levado em conta pelas gerações precedentes: a política da sexualidade. Jaime adota o mesmo discurso, de uma perspectiva medicalizada, associada à sua formação profissional. Para esse jovem:

> *O contato sexual deve atender a três critérios, como disseram em psiquiatria: quando você está com alguém deve haver intimidade, e intimidade implica respeito; que ambos estejam de acordo; que ambos desfrutem, que é a parte erótica; e o papel reprodutivo, que é biológico.*

A definição das condições descritas por Jaime enquadra-se na constituição de uma norma sexual que classifica as condutas. Dessa maneira, os comportamentos que daí se desviam lhe permitem diferenciar grupos de pessoas, por suas práticas sexuais. Quando aborda o HIV e as DSTs, Jaime afasta-se da ideia de grupos de risco, já que considera que qualquer pessoa é vulnerável. No entanto, conclui que certas práticas sexuais, como a prostituição e a homossexualidade, não se enquadram nos critérios psiquiátricos de normalidade.

O relato de Jaime evidencia determinados fatores que influenciam a eleição dos métodos, como custos e duração da relação de casal. Ele optou pela camisinha inicialmente, com a única namorada, e a seguir pela injeção hormonal, após uma situação de angústia, desencadeada pela suspeita de gravidez não desejada.

> *Com minha namorada, começamos normal [usando camisinha], porque não pensei que isso [o namoro] fosse durar tanto tempo. Quando o relacionamento se formalizou, dissemos: "vamos utilizar outro método". Eu ainda não tinha recebido treinamento, mas a gente sabe onde procurar, e escolhemos a injeção, porque é um método econômico e é a cada três meses, muito seguro, mais cômodo que uma pílula diária e que o norplant, que é mais caro e necessita de um procedimento.*

A forma como o jovem pensa a anticoncepção tem distintas influências: as aulas de educação sexual ministradas no colégio, a informação veiculada por seus pais, a internet e a formação médica. A fala de Jaime deixa entrever a incorporação do discurso dos direitos reprodutivos, particularmente o direito de a mulher decidir sobre seu corpo e interromper, eventualmente, uma gestação inesperada.

> *Parece-me que essas coisas se sabem no momento, mas eu diria, hipoteticamente, que sim, teria em mente um aborto, sabendo que essa decisão é tomada por ela, pois não será em mim que será feita uma raspagem do útero, não sou eu quem vai sangrar, quem vai ficar fodido* [traumatizado].

A partir do conceito de geração sociocognitiva, quando comparados os relatos de Jaime e de Sofia, é possível apontar elementos comuns, vinculados à determinada história, e certos referenciais socioculturais compartilhados. Entretanto, esta noção não possibilita o entendimento das diferenças entre a perspectiva medicalizada e a antropológica da sexualidade, que perpassam as trajetórias de vida. Nesse processo, a subjetividade é de extrema relevância, pois possibilita relativizar a suposta homogeneidade das gerações sociocognitivas.

Emergência da norma contraceptiva

Os relatos de Noemí e de Guillermina ressaltam o profundo controle sobre a sexualidade, exercido pela Igreja Católica, através da confissão. Na primeira metade do século XX, os métodos para o controle da natalidade e a transmissão de conhecimentos sobre o tema eram proibidos. O castigo por essas práticas era a excomunhão, pois opor-se à concepção implicava contradizer o mandato divino. Embora nessa época houvesse serviços de saúde na área rural, a assistência não era tão medicalizada como na cidade. De fato, entre 1940 e 1960, eram poucas as regiões da Colômbia com atendimento ginecológico e obstétrico, pois os cuidados da mulher e de seu filho eram delegados às parteiras (Dueñas, 1996). O processo de medicalização ocorreu em meados do século XX e foi centrado na saúde materno-infantil. A partir de então, a regulação sobre o corpo das mulheres passou a ser exercida pelos médicos. Essa transição pode ser notada no relato de Noemí, que avalia positivamente os conselhos dos médicos sobre a saúde materno-infantil, embora tenha preferido seguir o regime das parteiras.

À época não havia norma contraceptiva, uma vez que a maternidade era súbita e repentina. A Igreja Católica intervinha sobre a sexualidade, terreno em que os médicos passaram a interferir. Entre 1948 e 1964, a Colômbia atravessou um de seus períodos mais críticos, desencadeado pela violência bipartidarista, que acarretou um deslocamento maciço da população para as cidades. À ocasião, Guillermina migrou para Bogotá em busca de segurança, enquanto Noemí migrou por melhores possibilidades educacionais para os filhos. A Colômbia passou de rural a urbana nos anos 1960, quando houve rápido aumento de seus índices demográficos, em consequência das migrações internas e do crescimento endógeno dos centros urbanos (Flores e González, 1983). Bogotá passou a contar com 1.697.000 habitantes em 1964, quando em 1951 o total era de 750 mil (Dane, 2006). Essas cifras eram preocupantes, na ótica das políticas de desenvolvimento nascentes, agenciadas pela Cepal e outros organismos internacionais.

Nesse período foi criada a pílula anticoncepcional, tanto em decorrência dos avanços científicos quanto da luta dos movimentos feministas pela separação entre sexualidade e reprodução. Esse panorama gerou reações em defesa da vida, de setores católicos e conservadores. Diante da perda do controle da sexualidade, o Vaticano publicou a encíclica *Humanae vitae*, que aprova a tabela, para planejamento do número e do momento dos nascimentos, condenando o "controle artificial" (Paulo VI, 1968). Na Colômbia, não houve uso maciço da pílula na década de 1970, em virtude dos altos custos, dos efeitos colaterais e da oposição da instituição eclesiástica. A maternidade súbita, encarada como "dom divino", não era mais desejável e passou a ser contraditória ao novo modelo de reprodução planificada, representada pelas políticas de planejamento familiar.

A *norma contraceptiva* emergiu a partir dessa tensão, pois a regulação sobre os corpos das mulheres passou a pertencer ao domínio da saúde pública, com a finalidade de melhoria dos índices de desenvolvimento econômico e social e de redução da mortalidade materno-infantil, de abortos e das taxas de fecundidade. Como pressuposto, a solução desses problemas resultaria em aumento da receita e melhor situação econômica.

No caso das famílias Rojas Vargas e Beltrán Parra, esse cenário se exprime no planejamento do número de filhos, de acordo com as possibilidades de mantê-los. Silvia e Azucena usaram métodos anticoncepcionais, tanto por razões econômicas quanto por questões de saúde. De acordo com seus depoimentos, o controle reprodutivo convém para melhorar as condições de vida da família. Suas falas coincidem com os discursos sobre saúde reprodutiva, veiculados inicialmente por organizações não governamentais e posteriormente pelo Estado. Ambas aludiram à forte oposição religiosa, que impediu uma alteração social mais rápida. Paulatinamente, os homens passaram a participar do planejamento familiar, seja como provedores, cuidadores da esposa ou como responsáveis pela procriação. A participação masculina na contracepção foi circunscrita pela limitada oferta de métodos dirigidos, quase exclusivamente, às mulheres, além da ideia de perda da virilidade, associada à vasectomia. Em consequência dessa visão, a esterilização dos homens somente recebeu relativa aceitação até os anos 1980 (Viveros, 1999). Segundo David, a camisinha era usada como profilaxia e não como contraceptivo.

A norma contraceptiva articulou distintos discursos. As esferas da educação e da saúde consolidaram-se como privilegiadas para abordar a sexualidade, como testemunharam os entrevistados. Nos colégios, a educação sexual era transmitida em aulas de biologia e, mais adiante, em cursos de comportamento e saúde. O currículo era formulado a partir da anatomia, com enfoque que naturalizava as condutas e compreendia a maternidade como missão feminina. A família burguesa tornou-se o modelo ideal da sociedade. Essa pedagogia não contemplou o prazer no exercício da sexualidade, uma vez que ratificou a função reprodutiva das práticas promulgadas pelo catolicismo.

No período, foram acrescentados outros agentes de intervenção, que contemplavam a saúde sexual dos homens, a saúde reprodutiva das mulheres e o planejamento familiar. A norma contraceptiva era agenciada pelo aparato médico e pelo Estado. O corpo biológico passou a desempenhar papel central, sobressaindo sobre o corpo terreno. As gestações planejadas foram as desejadas, em função do estabelecimento de um número adequado de filhos, que deveriam receber ótima qualidade de vida. Assim, as pessoas tornaram-se responsáveis pela reprodução. Com essa norma, surgiram calendários e moratórias sociais para reprodução. Foi criada uma idade adequada para engravidar, associada à tendência de se estipular a idade para casar e para a transformação dos papéis de gênero. Finalmente, emergiu uma consciência nova sobre o corpo e seus cuidados. Por um lado, foi preciso entender o próprio corpo (anatomia e fisiologia), seus ritmos (reprodutivos e de infertilidade), e os riscos gerados por certas práticas sexuais (enfermidades venéreas). Por outro, os pais deveriam garantir os meios para o desenvolvimento adequado dos filhos, de modo a conformar um corpo produtivo e funcional para o progresso social.

A norma hoje

Na década de 1970, as organizações feministas colombianas promoveram o reconhecimento dos direitos das mulheres e a formulação de políticas em prol de sua inclusão social e econômica (Páez et al., 1989). No decorrer do tempo, elas se pronunciaram sobre o conflito armado, o desenvolvimento econômico do país, a distribuição da terra e as desigualdades sociais.

Em 1988, essas organizações associaram-se às organizações indígenas, estudantis, ex-guerrilheiras e cristãs, em virtude da crise institucional colombiana, caracterizada pela agudização do conflito armado, do narcotráfico e da aniquilação sistemática da esquerda política. Tal convergência resultou na redação de uma nova constituição política, em 1991 (Vargas, 1992), que organizou a sociedade em função da cidadania – elemento ordenador da vida da nação –, diferenciando-se daquela de 1886, que considerava a religião católica o eixo central, relativo à ordem social e unidade nacional. De uma sociedade homogênea, passou-se ao reconhecimento da diversidade cultural, da liberdade individual e da igualdade perante a lei.

Essa elaboração propiciou, em 1993, o Projeto Nacional de Educação Sexual e, no ano seguinte, a Lei Geral de Educação, para "desenvolver uma sã sexualidade, capaz de promover o autoconhecimento e a autoestima, a construção da identidade sexual segundo o respeito pela equidade dos sexos, a afetividade (...) e preparar-se para uma vida familiar harmônica e responsável" (Lei n.º 115, 1994).

A disciplina obrigatória de educação sexual nos colégios, produto da referida lei, revela o cruzamento entre discursos psicológicos, biológicos, sexológicos e jurídicos, dirigidos ao indivíduo, para sustentar uma organização social fundamentada na família.

As conferências internacionais sobre população e desenvolvimento, no Cairo (1994), e sobre a mulher, em Beijing (1995), elaboraram diretrizes para melhorar as condições de saúde e garantir os direitos sexuais e reprodutivos nos países em desenvolvimento. Em 2003, a Colômbia promulgou a Política Nacional de Saúde Sexual e Reprodutiva, que pretende incrementar o uso adequado, pelos homens, de métodos anticoncepcionais, ampliar a oferta contraceptiva, detectar precocemente o câncer de colo de útero e combater as violências intrafamiliar e sexual, entre outras metas.

Os depoimentos de Sofia, Yamile, Jaime e Luís situam-se no referido período. Suas fontes de informação sobre sexualidade foram suas famílias e as aulas de educação sexual. A transmissão de conhecimentos para as moças de colégios católicos foi censurada por diretoras, que se centravam nos cuidados com a gravidez e no modelo cristão de família. Sofia e Yamile afastaram-se do catolicismo, relativizando seu posicionamento normativo, em prol de uma concepção histórica e cultural da sexualidade. Suas falas revelam consciência dos direitos das mulheres, no que concerne à autonomia, à desnaturalização da maternidade, à escolha dos parceiros e pares e de projetos de vida.

Para Luís e Jaime, a sexualidade normal caracteriza-se pelo respeito, erotismo, prazer e conta com um componente biológico associado à reprodução. A partir de distintas elaborações, eles afirmam o direito: Luís enquadra a sexualidade no discurso da qualidade de vida e como solução do que entende por problemas sociais. Jaime ressalta a autonomia feminina, relativamente às decisões sobre o próprio corpo.

No momento atual, a norma contraceptiva incorpora premissas dos direitos e da saúde sexual e reprodutiva, agenciados pela política pública nacional. A sexualidade passa a integrar a cidadania. Em consequência, o sujeito de intervenção é o indivíduo autônomo, responsável e fragmentado corporal e socialmente. A psicologia e a sexologia definem os parâmetros normais da sexualidade, considerando suas dimensões emocional, afetiva e erótica. Essas perspectivas são implementadas pelo Estado e por organizações não governamentais, através da educação e das campanhas de saúde. A norma reconhece as diferenças sociais e culturais da sexualidade que, de uma perspectiva normativa, são qualificadas como *falsas* ou *verdadeiras*, tomando como base os saberes ocidentais. A partir desse pressuposto, há investimento e crença em estratégias de intervenção em direção à mudança cultural das concepções e das práticas sexuais consideradas errôneas.

Considerações finais

Neste texto, abordamos a emergência de uma norma contraceptiva, em duas famílias bogotanas. Assinalamos que há 50 anos ela não existia: a maternidade não era planejada e não havia regulação acerca da prescrição e eleição de um método contraceptivo. Contudo, dispositivos de controle sobre a sexualidade e em torno dos corpos das mulheres eram acionados pela Igreja Católica e pela família.

Na década de 1960, a maternidade planejada foi considerada indispensável ao progresso do país, o que passou a se dar mediante intervenção na família, entendida como núcleo da sociedade. A norma contraceptiva emerge em meio a uma explosão demográfica na Colômbia, às lutas feministas, às epidemias de enfermidades venéreas e ao surgimento de tecnologias anticoncepcionais. Esse panorama acarretou dilemas para Azucena e Silvia que, apesar da formação católica, utilizaram métodos de planejamento familiar, em função da situação econômica em que se encontravam.

Na atualidade, a norma contraceptiva é direcionada ao indivíduo e aos projetos singulares de vida. Decorre deste dado que à programação da gravidez acrescentou-se o adiamento da idade reprodutiva e a configuração de uma família em função da realização pessoal, da responsabilidade e da autonomia. Assim, os métodos de contracepção cada vez mais são individualizados, com maior oferta, além da recomendação da combinação entre os distintos recursos. Os homens passam a participar ativamente das decisões reprodutivas e, em decorrência das DSTs, a assumir a responsabilidade pelo uso da camisinha. Para os jovens entrevistados, os valores católicos deixaram de ser um fator determinante na eleição e uso de métodos contraceptivos. Ao mesmo tempo que se apartou a sexualidade da reprodução, através dessa norma, consolidou-se o processo de medicalização dos corpos das mulheres.

As condições econômicas e sociais, a educação universitária e o gênero, entre outros aspectos das trajetórias vitais, constituem elementos determinantes dos marcos de enunciação, a partir dos quais estes sujeitos investigados enunciaram seus discursos. Desse modo, uma dada geração sociocognitiva compartilha os mesmos referenciais, apesar de a perspectiva subjetiva gerar visões e posicionamentos diferentes.

Neste estudo, ampliamos a definição de prática contraceptiva de Bajos e Ferrand (2002), para contemplar a experiência pessoal, uma vez que se trata de uma prática que se transforma ao longo da vida. A decisão por usar ou não um determinado método apoia-se nas vivências, nas reações do organismo, no custo, nas diferenças culturais e de gênero, e no fato de a pessoa estar ou não inserida em relação conjugal estável.

Esta investigação de caráter exploratório demonstra a necessidade do desenvolvimento de estudos sobre contracepção e reprodução, em perspectiva diacrônica e comparativa, que considerem as experiências dos sujeitos e os significados culturais, na abordagem das transformações sociais. Pesquisas como essas permitem construir novas óticas teóricas e metodológicas, capazes de contribuir à compreensão acadêmica, ao projeto e à implementação de políticas públicas no âmbito da saúde sexual e reprodutiva, na ótica de gênero.

Referências bibliográficas

ATTIAS-DONFUT, Claudine. *Génerations et ages de la vie*. Paris: Presses Universitaires de France, 1991.

BAJOS, Natalie; FERRAND, Michèle. *De la contraception á l'avortement*: sociologie des grossesses non prévues. Paris: Inserm, 2002.

CONGRESO DE LA REPÚBLICA DE COLOMBIA. Ley n.º 115, de 8 de febrero de 1994. Por la cual se expide la ley general de educación.

DÁGER, Carlos; RICCARDI, Marcelo. *Al derecho y al revés*: la revolución de los derechos sexuales y reproductivos en Colombia. Bogotá: Profamilia, 2005.

DUEÑAS, Guiomar. Pócimas de ruda y cocimientos de mastranto: infanticidio y aborto en la colonia. *En Otras Palabras*, Bogotá. Universidad Nacional de Colombia, n. 1, jul./dic. 1996.

FLOREZ, Luis Bernardo; MUÑOZ, César González. *Industria, regiones y urbanización en Colombia*. Bogotá: Oveja Negra, Fines, 1983.

GEERTZ, Clifford. *La interpretación de las culturas*. [1. ed. 1973]. Barcelona: Gedisa, 2003, p. 19-40.

GUBER, Rosana. *La etnografía: método, campo y reflexividad*. Bogotá: Grupo Norma, 2001.

HALL, Stuart. *Representation:* cultural representations and signifying practices. London: Sage/Open University, 1997.

HEILBORN, Maria Luiza; BRANDÃO, Elaine Reis. Introdução: Ciências sociais e sexualidade. In: _____ (Org.). *Sexualidade*: o olhar das ciências sociais. Rio de Janeiro: Jorge Zahar, 1999.

JIMENO, Myriam. *Crimen pasional*: contribución a una antropología de las emociones. Bogotá: Universidad Nacional de Colombia, 2004.

LINS DE BARROS, Myriam Moraes. Pesquisando fotografias e lembranças: os guardiões da memória. In: GOLDMAN, Sara Nigri; PAZ, Serafim Fortes (Orgs.). *Cabelos de néon*. Niterói: Talento Brasileiro, 2001.

PÁEZ, H.; OCAMPO, M.; VILLARREAL, Norma. *Protagonismo de mujer*: organización y liderazgo femenino en Bogotá. Bogotá: Prodemocracia/Fundación Friedrich Naumann, 1989.

VARGAS, Diego. *La Constitución de 1991 y el ideario liberal*. Bogotá: Universidad Nacional de Colombia, 1992.

VIVEROS, Mara. Orden corporal y esterilización masculina. In: _____; ARIZA, Gloria Garay (Orgs.). *Cuerpos, diferencias y desigualdades*. Bogotá: Centro de Estudios Sociales, Universidad Nacional de Colombia, 1999.

Referências eletrônicas

PAULO VI. *Carta Encíclica Humanae Vitae*. De Sua Santidade o Papa Paulo VI sobre a regulação da natalidade. 1968. Disponível em: <www.vatican.va>.

DANE – DEPARTAMENTO ADMINISTRATIVO NACIONAL DE ESTATÍSTICA. 2006. Censo General 2005: resultados Bogotá y municipios metropolitanos. Bogotá, República de Colombia, 2006. Disponível em: <www.dane.gov.co/files/censo2005/bogota_mun/>.

Entrevistas

(Realizadas entre agosto e dezembro de 1995)

Entrevista #1 Antonio. Meio magnético.

Entrevista #2 Noemí. Registrada em papel.

Entrevista #3 Yamile. Meio magnético.

Entrevista grupal #4 Guillermina e Armando. Meio magnético.

Entrevista #5 Guillermina. Registrada em papel.

Entrevista #6 Yamile. Meio magnético.

Entrevista #7 Armando. Meio magnético.

Entrevista #8 Sofía. Meio magnético.

Entrevista #9 Fabio. Meio magnético.

Entrevista #10 David. Meio magnético.

Entrevista #11 Silvia. Meio magnético.

Entrevista #12 Azucena. Meio magnético.

6. Jovens baianos: conjugalidades, separações e relações familiares[*]

Acácia Batista Dias[**]
Clarice Ehlers Peixoto[***]

A compreensão da juventude como categoria analítica remete a olhares acerca da diversidade que a circunscreve, reconhecendo não se tratar da definição de uma determinada faixa etária, mas de um processo, uma passagem à vida adulta que tem, igualmente, suas marcas de gênero e classe social. Bourdieu (1983) já assinalava que é importante estudar a juventude em sua heterogeneidade, uma vez que o conceito abriga universos sociais distintos, sem inviabilizar a construção de interesses coletivos de geração. As especificidades da origem social, perspectivas e aspirações são flutuantes, flexíveis e diversificadas, quando referidas ao acesso à vida adulta, compondo a complexidade do debate e revelando a existência de várias formas de transição (Pais, 1993), principalmente no que tange à inserção no mundo do trabalho, à parentalidade e à conjugalidade. Considerando que o sentido de passagem não destitui as experiências que caracterizam os grupos sociais em tempos históricos específicos, o cenário atual aponta a vigência de um prolongamento da juventude, com maior investimento nos estudos e postergação da saída da casa dos pais. Em estudo sobre

---

[*] Este texto apresenta alguns aspectos da juventude baiana, analisados na tese de doutorado de Acácia Dias (Dias, 2005), defendida no PPCIS-Uerj, sob orientação de Clarice E. Peixoto e coorientação de Maria Luiza Heilborn (IMS-Uerj). Nossos imensos agradecimentos a Maria Luiza Heilborn, por suas críticas e sugestões. A pesquisa foi desenvolvida no âmbito do Programa Interinstitucional de Metodologia em Pesquisa em Gênero, Sexualidade e Saúde Reprodutiva, com apoio da Fundação Ford.

[**] Mestre em sociologia pela Universidade Federal da Bahia (UFBA), doutora em ciências sociais pela Universidade do Estado do Rio de Janeiro (Uerj), professora adjunta da Universidade Estadual de Feira de Santana (UEFS).

[***] Mestre em antropologia social pelo Museu Nacional (PPGAS) da Universidade Federal do Rio de Janeiro (UFRJ), doutora em antropologia social e visual pela École des Hautes Études en Sciences Sociales (EHESS), Paris, professora adjunta do Departamento de Ciências Sociais da Universidade do Estado do Rio de Janeiro (Uerj).

processos de autonomização dos jovens cariocas de camadas médias e populares, Peixoto e colaboradores (2009) observaram que a maioria dos jovens que vivia com os pais, independentemente do pertencimento social, gênero e idade, ainda estudava. E

> esta é, talvez, a razão da permanência – seus projetos de qualificação profissional são valorizados pelos pais. Isto não significa que eles não evoquem o desejo de independência com a saída definitiva da casa dos pais. Enquanto isso não acontece, esses jovens estudantes recebem múltiplos apoios materiais e afetivos dos pais. Afora moradia e alimentação, os pais custeiam o transporte, despesas escolares e pequenos lazeres.

Apoios materiais e afetivos são fundamentais e implicam uma estada mais longa na casa paterna ou materna para a realização do projeto individual (profissional). Assim, dizem Peixoto e colaboradores (2009).

> para muitos jovens de baixa renda, o curso universitário nem sempre é a opção imediata para a qualificação profissional; eles procuram inicialmente uma formação intermediária, de nível médio ou técnico (formal ou informal), mais curta e com possibilidades de rápida inserção no mercado de trabalho.

Analisar a juventude e as relações familiares a partir da experiência de parentalidade requer entender situações de independência e/ou dependência financeira, de solidariedade intergeracional e, também, atentar para a reorganização familiar que abriga formas diferenciadas de coexistência e coabitação entre gerações, que expressam valores e comportamentos diversos. A compreensão da família como grupo social contempla a discussão de redes e relações sociais que se estabelecem, pautadas em práticas de solidariedade, reciprocidade e conflitos.

A união conjugal entre jovens é considerada pelo prisma de que a vida a dois inscreve-se em um projeto de autonomia juvenil e representa um dos eixos de passagem para o mundo adulto. Assim, interessava analisar as questões destacadas pelos jovens no tocante ao sentimento em relação ao parceiro, ao desejo de coabitação e os (des)compassos da convivência conjugal. A família configura-se como agente mediador em variados níveis, reafirmando a condição de que as relações familiares se apresentam como suporte imprescindível para os jovens rumo à vida adulta. Ao apontarem as mudanças sofridas em suas vidas e a forma de convivência familiar, os jovens revelam recorrer frequentemente à família de origem, principalmente em situações de dificuldade financeira e de conflitos com os pares. São, assim, diferentes formas de intervenção e de posicionamento sobre as escolhas individuais.

Neste texto, a análise da dinâmica social entre família e juventude está centrada na experiência de jovens pais e mães que vivenciaram a gravidez na adolescência que resultou no nascimento do filho.

Caminhos metodológicos

Foram entrevistados jovens de ambos os sexos, com idades entre 18 e 24 anos, pertencentes a diferentes camadas sociais, residentes na cidade de Salvador e que tiveram filhos antes dos 20 anos. Esses dados fazem parte do material qualitativo da Pesquisa "Gravad".[1] Nessa etapa da investigação, adotou-se um critério de cotas que privilegiou os jovens nessa faixa etária, com especificações de gênero, camada social e experiência ou não de paternidade/maternidade na adolescência. A proposta foi investigar a trajetória biográfica dos sujeitos, buscando captar a multiplicidade de cenários possíveis da vida pessoal e familiar, bem como da vida sexual com parceiro, suas práticas contraceptivas e formas de intervenção de um eventual episódio reprodutivo.[2] Em Salvador foram realizadas 41 entrevistas semiestruturadas, das quais 20 representam jovens com experiência de maternidade (10) e de paternidade (10) na adolescência, que compõem o grupo aqui analisado. Em cada grupo de rapazes e moças, sete pertenciam às camadas populares e três às camadas médias.

À época da pesquisa, a maioria dos jovens residia com seus pais ou outros familiares: sete moças (cinco de camadas populares) e dois rapazes (ambos de camadas médias) viviam conjugalmente com parceiro(a)

---

[1] Os resultados e metodologia do projeto "Gravidez na adolescência: estudo multicêntrico sobre jovens, sexualidade e reprodução no Brasil" foram publicados em Heilborn e outros, 2006.
[2] Os aspectos metodológicos da Pesquisa "Gravad", bem como os aspectos éticos, estão publicados em Aquino e colaboradores, 2006.

(e filho). Somente três moças e um rapaz[3] saíram da casa dos pais para viver com seus pares em moradias independentes, localizadas próximas à casa de parentes.

Sentimentos, escolhas e compromissos

A juventude contemporânea tende a postergar o casamento, o nascimento do primeiro filho, e há um certo privilegiamento da união livre, consensual (Torres, 1996). Observamos que os jovens pais/mães entrevistados associavam a parentalidade à constituição de uma nova família.[4] Muitos consideram ser este o caminho mais adequado, mas nem sempre conseguem trilhá-lo. A decisão de formalizar a união conjugal é sempre percebida como atributo da autonomia do jovem par, mesmo que ela dependa de suporte material e emocional de suas famílias para se constituir como casal. Por isso, o espaço destinado ao novo casal é revestido de relevância simbólica, criando um "sentimento de família" (Ariès, 1981), ainda que restrito a um quarto na casa dos pais (Cabral, 2002).

Para esses jovens, a família se constitui a partir da reunião do casal e do filho gerado. Quando essa configuração não se estabelece, o filho é agregado à família da mãe ou do pai, adquirindo o estatuto de novo membro.

O modelo de família nuclear figura como uma ideia definida no imaginário social e sua consolidação tende a ser socialmente esperada. A literatura contemporânea sobre casamento e/ou uniões conjugais refere-se às relações amorosas como impulsionadoras ou responsáveis por esse processo. Assim, os jovens se unem conjugalmente tendo em vista a perspectiva de acolhimento da criança por suas famílias, objetivando, entre outras, uma das modalidades da modernidade: "o ideal de juntos por amor" (Bozon, 2004:48). Dessa forma, a união conjugal juvenil está associada ao desejo e ao sentimento afetivo-sexual nutridos pelo parceiro, pressionada pelo advento da gravidez. Situação semelhante foi apontada por Pais (1993), em pesquisa com jovens por-

---

[3] Duas pertencentes às camadas populares e o rapaz à camada média.
[4] Os dados quantitativos da Pesquisa "Gravad" revelam que, do total dos jovens entrevistados no Brasil, aproximadamente 68% das mulheres e 56,2% dos homens assim o declararam (Knauth et al., 2006).

tugueses, ao constatar que as hierarquias sentimentais e eróticas são privilegiadas na decisão de casamento.

Na contemporaneidade, a formação do casal endossa a escolha por amor, desejo, paixão, acompanhada da relação de confiança que se estabelece entre os pares (Giddens, 2002; Singly, 2000). A literatura sociológica sobre individualização assinala que as relações entre os sujeitos, especialmente no campo da afetividade, são marcadas por negociações intensas e sistemáticas, orientadas por uma busca de autonomia que, expressa de forma plural, evidencia as diferenças subjetivas inscritas no tipo de inserção e posição sociais dos indivíduos. Ainda que marcada por especificidades, a escolha do par é regida pelo sentido do "amor paixão" (Luhmann, 1991). É importante assinalar que a opção por viver conjugalmente está vinculada ao sentimento amoroso pelo parceiro e é decidida, fundamentalmente, pelo nascimento da criança e a necessidade ou vontade de participar desses primeiros momentos. É bem verdade que a condição de parentalidade e o sentimento de família estão mais associados ao feminino, ainda que se apresente uma valorização de maior participação masculina no cuidado dos filhos.

São jovens, e suas relações afetivo-sexuais, muitas vezes efêmeras, são marcadas por incertezas, desvalorizando a intensidade do relacionamento. Expressam a (possível) ausência de um projeto "para sempre", mas a responsabilidade do compromisso assumido com a parentalidade e/ou coabitação os remete a outro estatuto social: tornam-se pais e mães de família. Isto basta para sentirem-se adultos.[5] Béjin (1987) afirma que na conjugalidade juvenil não predomina a ideia de que o relacionamento é definitivo, sua duração está submetida a uma renegociação cotidiana entre os parceiros. Os jovens casais, ao decidirem pela coabitação, firmam um compromisso, ainda que atestem que a união se formaliza em razão da gravidez, mesmo afirmando que o "casamento" integra o projeto de vida futura. No entanto, são vários os casos em que há forte pressão da família da grávida para que o reconhecimento da paternidade contemple também a união conjugal. Os jovens, contudo, afirmam que essa é uma decisão que lhes compete.

---

[5] Alguns entrevistados, sobretudo os rapazes, expressam formas de inserção na vida adulta, especialmente via trabalho, o que implica rendimentos próprios e possibilidade de contribuir no orçamento doméstico. O cuidado com um outro indivíduo, completamente dependente, aguça o sentido de responsabilidade, como se não fosse mais permitido retornar à adolescência.

A percepção e demonstração do sentimento pelo parceiro são reveladas discretamente e aludem a uma associação entre amor e carinho. Ao discorrerem sobre esse enredo, iniciado com a constatação da gravidez e seus desdobramentos, eles mencionam a relevância da parceria amorosa: as alegrias e descobertas e, igualmente, as frustrações, decepções e saudades. Alguns discursos[6] apontam a importância do carinho e da atenção do outro na construção de si: "José faz coisas que minha mãe nunca fez por mim. Amor mesmo, ele me dá carinho. Nunca tive carinho de mãe nem de pai" (Clara, 20 anos, dona de casa, camada popular, mora com o parceiro na casa do irmão). Tendo vivido outras experiências amorosas, Clara aposta que agora encontrou a pessoa certa. O relacionamento é baseado na expectativa de suprir carências materiais e afetivas presentes desde a infância. Primeiro, porque José está providenciando um lugar para morarem, sonho antigo de Clara; segundo, porque ele é "muito carinhoso", no que se distingue do parceiro anterior, que "nem um carinho o miserável sabia dar". Dessa forma, a expressão do sentimento amoroso em relação à atual parceria é construída em contraposição aos relacionamentos anteriores.

Para se referirem ao sentimento que nutrem pelos parceiros, eles usam os termos "estar apaixonados" e "gostar"; "amor" é o termo empregado, em geral, para expressar o que sentem pelos filhos e pelos familiares mais próximos. Nos discursos repetem-se expressões como: "meu amor materno", "amo meu filho", "ele é minha vida", "ela me mostrou amor e carinho" e "dar amor". Esse sentimento conota eternidade, é indissolúvel. Um amor de tal monta pressupõe gratuidade e incondicionalidade (Singly, 2000).

Mas o amor é principalmente desejo e sexo, elementos fundamentais do relacionamento amoroso, e responsáveis por sua reprodução e continuidade (Bozon, 2004). Esse desígnio é ainda mais intenso na juventude, posto que as atividades sexuais são mais frequentes, o que pode ser alterado com o nascimento dos filhos, como ressalta esse autor. No entanto, seja para os rapazes ou para as moças, há que se "fazer um amor gostoso", visto que a vida do casal precisa de "muito amor e carinho, sem isso não dá certo" (Kátia, 19 anos, estudante, camada popular, mora com parceiro na casa da mãe).

---

[6] Usamos nomes fictícios.

Experiência de conjugalidade e relações familiares

A família contemporânea ocupa lugar privilegiado na reprodução biológica e social e, sobretudo, na construção da identidade individualizada (Singly, 2000). A conjugalidade assume o estatuto de domínio autônomo da família (Heilborn, 2004), na qual a parentalidade adiciona sentido existencial para o indivíduo (Torres, 2001). Desse modo, a decisão dos jovens de coabitar é permeada por sentimentos e significados diversos. O nascimento do filho torna-se emblemático para a construção da nova família, e esta estrutura respalda o acolhimento da criança (Palma e Quilodrán, 1997). As condições de parentalidade e conjugalidade aguçam o sentido de responsabilidade e promovem o redimensionamento do novo contexto em que se inseriram. Estar e morar juntos cria para os jovens uma interação cotidiana (Torres, 2001), ainda que precedida da convivência do namoro. Posicionarem-se como cônjuges pressupõe "encarar a esfera privada como um mundo onde há escolha e autonomia para 'moldar' a realidade à nossa maneira, o que tende a traduzir-se em altas expectativas em relação ao casamento" (Torres, 2001:91).

O cotidiano da vida do jovem casal revela-se um aprendizado dinâmico e potencialmente sujeito à "metamorfose dos sentimentos" (Kaufmann, 2001). As posturas ante os conflitos, as negociações e decisões esboçam questões de âmbito individual, ainda que se recorra à família como domínio legitimado de aconselhamento e amparo (Brandão, 2003). Quando se trata do relacionamento do casal, a família é requerida para aclarar sentimentos e escolhas, especialmente no tocante às circunstâncias que envolvem indecisão e angústia. A experiência de vida dos pais e, em alguns casos, de irmãos mais velhos é valorizada, o que não necessariamente significa acatar as sugestões.

Na sociedade contemporânea, a valorização da autonomia dos indivíduos endossa a premissa de que "a relação a dois é um assunto puramente privado, que diz respeito apenas aos envolvidos" (Prost, 1992: 92). Os comportamentos juvenis, muitas vezes, são emblemáticos dessa tendência, mas a vida do casal adolescente com filho não consegue manter distanciamento e independência dos posicionamentos, atenções e sugestões familiares, principalmente quando há coabitação entre gerações. Os entrevistados não relatam um cotidiano da vida afetivo-sexual compartilhado com os pais, pois fazem questão de demarcar que a condição de casal constitui uma esfera autônoma de suas vidas. Afirmam que a coabitação com parceiros é regida por negociações e renegociações próprias do casal, embora tenham ciência das expectativas familiares sobre seus comportamentos e atitudes. Não decepcioná-los seria mais uma das tensões vividas em um período de tantas novidades e descobertas, o que revela uma sutil forma de controle parental.

No campo de possibilidades das relações entre casais, situações de conflito emergem e, às vezes, atingem o limite da violência, com a ocorrência de agressões físicas. Alguns sujeitos relatam experiências vividas, especialmente no decorrer da gravidez e/ou após o nascimento do filho. Nos episódios narrados, prevalece a vitimização da mulher, própria do campo da violência doméstica. Nessas circunstâncias, é frequente a intervenção de uma ou mais pessoas da família, intermediando ou propondo uma solução para o problema.

Contudo, a dependência afetiva e as relações de poder inscritas nas interações de gênero, muitas vezes, se sobrepõem às demais instâncias da solidariedade familiar. As (re)negociações na relação afetiva-sexual são impregnadas de simbolismos e significados expressos pela situação de gênero e classe social e, sobretudo, pela "necessidade" de assegurar a manutenção do novo grupo familiar.

Elder, por exemplo, ao falar sobre os significados da vida de casado, corrobora a perspectiva de que "o casamento precisa de algum sacrifício e de algum empenho" (Torres, 2001:61).

> *As responsabilidades aumentam, mas os anseios não diminuem. Então, a vida de casado não é mais a sua vida sozinha, não é a vida de namorado. Você tem aquele grupo, tem um compromisso, tem responsabilidade com sua filha, com sua mulher, com sua família. Com a preservação da família, com o ambiente que você vive. Eu preciso considerar que tenho uma família para tudo que vou fazer, porque já não tenho mais apenas meus anseios; tenho anseios de uma família* (21 anos, camada média, estudante de medicina).

Ele expressa os dilemas presentes na vida conjugal, nos quais o indivíduo oscila entre o "eu" e o "nós". A família contemporânea constrói a individualidade no espaço das relações, reafirmando o caráter relacional do indivíduo. Para Singly (2007:180), "o processo de individualização próprio à modernidade ocidental não suprime, assim, o social; ele está associado à transformação das formas sociais que são julgadas mais compatíveis com as exigências desse processo".

Os discursos juvenis, ao se referirem à ideia de família, tendem a reforçar a perspectiva na qual "a família apresenta-se, assim, como espaço onde se confrontam e se mesclam valores que privilegiam o indivíduo e aqueles que acentuam a importância do grupo social" (Barros, 2004:20). Portanto, não é por acaso que, ao associarem a união conjugal à constituição de uma nova família, eles definem as (suas) funções parentais como prioritárias. O estatuto muda, e a ênfase é expressa no eu e no nós. Quando refletem sobre a trajetória da adolescência à experiência de paternidade/maternidade, avaliam que poderiam ter investido primeiramente no "eu-individualizado", na conquista de independência e maior autonomia e, só depois, na constituição da família – sempre mencionada como um desejo.

A "mudança de planos" com o nascimento da criança e as novas relações entre pais e filhos estão envoltas em um "espírito de família", que funciona como *habitus* de reafirmação institucional que "visa produzir, por uma espécie de criação continuada, as afeições obrigatórias e as obrigações afetivas do sentimento familiar (amor conjugal, amor paterno, amor materno, amor fraterno etc." (Bourdieu 1996:129). A gravidez impõe mais do que um compromisso para o casal, uma responsabilidade, visto que "se não tivesse filho, era melhor porque a gente estava namorando. No dia que não desse certo, cada um ia para seu lado, não teria com o que se preocupar" (Léa, 18 anos, dona de casa, camada popular, mora com parceiro). A presença da criança redimensiona a situação pois, afinal, enfrentar uma separação implica que "sempre quem vai sofrer as consequências é ela [sua filha], por ter que ficar separada do pai ou da mãe". O valor atribuído à família é reafirmado nas orientações dadas pela mãe de Léa, quando ela se preparava para ir morar com o parceiro:

> *Ela me mandou tomar juízo, que agora era diferente, agora eu não estava mais com namorado. Agora eu estava tendo responsabilidade, porque um marido a gente tem que respeitar, não é como um namorado. Um namorado, no caso, você está*

com ele, mas se você não o quiser mais, você não tem nenhum compromisso com ele, você pode namorar outro. Marido não, marido você tem que respeitar (Léa).

Os estudos sobre as relações familiares nas camadas populares são categóricos ao apontar o fato de que casamento/união com filho implica responsabilidade e acentua o significado da moralidade e da honra (Duarte, 1986; Heilborn, 1997). Tornar-se pai/mãe significa assumir dependentes, cumprir obrigações, mesmo que matizadas em graus variados. Alguns jovens, geralmente os homens, recusam o vínculo conjugal, ainda que reconheçam a paternidade da criança; outros aguardam um momento financeiramente mais propício para viver conjugalmente e "constituir família"; outros se rendem à coabitação conjugal em morada própria ou na casa de uma das famílias, continuando dependentes material e/ou afetivamente de seus pais. Há que se considerar que a parentalidade demarca profundamente o reconhecimento de autonomia em relação aos pais, fenômeno percebido cada vez mais precocemente entre crianças e adolescentes.

O dinamismo social, no qual se incluem as relações familiares, marca a coexistência de mudanças e permanências, evidenciando que "o vínculo conjugal (mesmo temporário) constitui a base recorrente para a construção da esfera privada da vida social" (Durham, 1983:42). Observamos que existe a vontade de casar nos moldes tradicionais, quer por desejo próprio, quer por anseio ou pressão dos pais. Ainda que sejam expressivas, as mudanças no tipo de relacionamento não anunciam necessariamente uma passagem direta ao casamento, dadas as pequenas etapas das relações do casal; muitas já configuravam uma convivência afetivo-sexual. No entanto, é o casamento que confere uma "publicidade a um ato de compromisso" (Segalen, 2002:58).

Dilma (18 anos, estudante, camada popular) vive com Dílson na casa da sogra, e revela que sua mãe deseja muito que ela formalize a união. A jovem afirma que quer se casar, mas tem dúvidas se esse é também o desejo do parceiro. Quando aborda o assunto, ele responde: "quero casar só depois que fizer a casa da gente", o que suscita desconfiança em Dilma.

O ritual da "igreja e o vestido de noiva" ainda tem ressonância entre os jovens, principalmente entre as mulheres. Noel[7] tinha 14 anos quando nasceu seu primeiro filho e já estava separado da namorada. O conflito

---

[7] Camada popular, 24 anos, possui uma pequena fábrica artesanal de pizza.

provocado pelo evento da gravidez resultou na ausência de convivência com o filho, dada a proibição de contato imposta pelo avô materno. Essa experiência foi fundamental na decisão de Noel de casar com a atual companheira, logo que soube de sua gravidez. Providenciou as formalidades para o casamento e, ao noticiar para as famílias a novidade da gestação, comunicou também a data do casamento: "Quando soltei a bomba, já estava com a documentação na mão para casar". Considera que dessa vez agiu corretamente, ainda que precocemente: "Igreja, cartório, tudo para se enforcar. Não me arrependo, mas claro que na época eu era muito novo para ter assumido essa responsabilidade, mas estou segurando até hoje". A atitude masculina de assunção e formação de família muitas vezes "envolve simultaneamente a demanda de construção de sentidos biográficos e de respostas à ordem social" (Palma e Quilodrán, 1997:170).

Entre aqueles que passaram a coabitar com parceiro, alguns se separaram depois do nascimento do filho. Os discursos não refletem uma banalização da separação, mas é perceptível uma naturalidade da situação. A ideia da separação já era prevista e embutida no projeto de "viver junto". Ariès (1987:161) ressalta a temporalidade da coabitação juvenil na contemporaneidade, destacando que os jovens não são adeptos de um compromisso duradouro, posto que "a permanência não é moderna". Assim, para o autor, vivemos em uma sociedade que "privilegia o instante e a ruptura" (Ariès, 1987:162). Nessa perspectiva, Luhmann (1991) acrescenta que o mundo moderno não consegue prever a estabilidade do casamento ou de outros relacionamentos íntimos. Atualmente, uniões, separações e recasamentos integram a dinâmica das relações afetivo-sexuais, com maior regularidade, da mesma maneira como são reconfiguradas a partir do nascimento do filho.

Os relatos dos jovens baianos evidenciam uma tendência à união do casal com a descoberta da gravidez e/ou nascimento do filho. Entre os 20 jovens entrevistados, 12 declararam que passaram a viver conjugalmente por conta da experiência de maternidade/paternidade na adolescência.[8] Conjugalidade que para alguns durou pouco, independentemente do per-

---
[8] Dois jovens apresentam situações peculiares: Suzi (23 anos, camada média, estudante de psicologia) já estava casada quando engravidou e Noel (24 anos, camada popular, autônomo) que, apesar de casado com outra mulher e ter uma filha de quatro anos, foi entrevistado por conta de sua primeira experiência de paternidade aos 14 anos, que não resultou em coabitação com a mãe da criança.

tencimento social: tanto Adão e Joana (camadas médias) quanto Clara, Fábio e Carlos (camadas populares) se separaram com pouco tempo de vida em comum. À ocasião da entrevista, Clara (20 anos, camada popular) já havia constituído nova união conjugal e estava grávida do quarto filho. Mas Clara é quase uma exceção, pois, das 10 mulheres entrevistadas, seis ainda permaneciam vivendo conjugalmente com os pais de seus primeiros filhos. Estes são, em geral, três anos mais velhos que elas, à exceção de Dilma, cujo parceiro é mais novo.

Entre os jovens pais, apenas Elder e Pedro (camadas médias) permanecem vivendo com as mães de seus filhos. João e Francisco (camadas populares) mantêm o relacionamento afetivo-sexual sem viver conjugalmente, ainda que esbocem o desejo de casar. Os poucos casos de vínculo conjugal entre os rapazes entrevistados não surpreendem se considerarmos que eles são mais novos do que os parceiros das jovens mães entrevistadas. A maior estabilidade conjugal das moças provavelmente deriva de uma melhor inserção social de seus companheiros, mais velhos. Vale ressaltar que a gravidez *entre* adolescentes foi mais frequentemente descrita pelos rapazes cujas parceiras eram quase sempre mais novas ou tinham a mesma idade. Apenas duas jovens mães (camadas populares) não relataram casos de união conjugal, pois no momento do nascimento dos filhos já haviam rompido com seus parceiros.

Afetos, conflitos e amizade em família

A atenção, responsabilidade e cuidado com o filho permanecem após a separação do casal. Para os rapazes, é importante continuar a cumprir as funções parentais, mesmo que vislumbrem novos relacionamentos. Já as mulheres afirmam que têm mais restrições para se engajar em outra relação amorosa, pois "não tenho liberdade total de sair sem ele [filho]. Eu tenho que sair com ele nas minhas folgas" (Marlene, 23 anos, empregada doméstica, mora com os pais). Assim, quando surge um rapaz interessado, Marlene logo revela a existência do filho. Joana,[9] após separar-se do pai de seu filho, diz que "estava procurando muito um companheiro, uma pessoa

---

[9] Camada média, 20 anos, não exerce atividade remunerada, cursa o pré-vestibular e mora com os pais.

que me entendesse, que entendesse que eu tenho filho". Alguns jovens afirmam que, mesmo após a ruptura do relacionamento, ainda se sentem envolvidos afetuosamente com o(a) pai/mãe do seu filho. No entanto, o amor por si só não é suficiente para manter a vida conjugal. Outras descobertas, anseios e recomeços balizam essa decisão, como o exemplo de Adão, que se separou da parceira e mudou para Salvador, mas continua a namorá-la. O compromisso tomou agora outra dimensão:

> *Eu não me sinto casado, não me comporto como um homem casado, a verdade é essa. Eu me comporto na parte da responsabilidade com minha filha, como pai. Hoje em dia o nosso relacionamento está muito melhor do que quando morávamos juntos. Não sei se foi pela falta, pela distância. Isso contribui, com toda certeza. Também, muita coisa que nós fazíamos era besteira. Poderia ter feito de outra forma* (24 anos, camada média, trabalha na área de informática).

Os relatos femininos indicam uma desilusão com o ex-parceiro, justificada pela mudança de comportamento, sobretudo após o nascimento da criança, já que a convivência marca descobertas de si e do outro na relação a dois. Nos momentos de conflito conjugal, o casal busca separadamente com quem dialogar, alguém de confiança a quem possa revelar suas aflições conjugais e pessoais. Algumas jovens privilegiam a família como principal interlocutora, particularmente a mãe. É interessante notar como certos depoimentos femininos revelam a mudança da conselheira privilegiada, já que as amigas foram substituídas pela mãe, sobretudo em conversas sobre vida amorosa, fato também observado por Peixoto e outros (2009), ao analisar trajetórias de jovens cariocas. Entretanto, os (as) jovens também se queixam de suas mães, especialmente nas questões relativas ao exercício da sexualidade, quando "falta diálogo sobre esses assuntos". Como ressalta Talita (21 anos, camada popular, estudante): "Mãinha pode conversar com outras pessoas, mas comigo não. Dentro de casa não fala nada". Nos depoimentos, "esses assuntos" aparecem em certas circunstâncias, não constituindo conversa de caráter mais íntimo, capaz de instituir uma relação de confiança que permita esclarecimento e posicionamento deles(as) e de seus pais. O risco de gravidez é o principal tema impulsionador de diálogo na família sobre o exercício da sexualidade. Mas, como salienta Brandão (2003), o assunto sexo é abordado nas conversas em família de forma indireta, pouco clara e com reticências.

Vale lembrar que a conversa íntima entre pais e filhos é também uma possibilidade de controle familiar. A representação da mãe, para além dos estereótipos presentes no imaginário social, reúne elementos de mito (cautela com conselhos, avisos e pressentimentos maternos) e de sabedoria. É uma relação de confiança porque se acredita que ela deseja sempre e irrestritamente o bem de seus filhos.

Nos discursos dos jovens pais e mães de Salvador, duas situações são destacadas na relação entre amizade e família.

A primeira é caracterizada pela fase inicial da adolescência, na qual o grupo de pares (amigos e colegas) assume o "diálogo aberto", a possibilidade de expor dúvidas, afetos, desejos, planos etc. Já as conversas em família são marcadas pela discussão de assuntos diversos sem, contudo, abordar as questões da intimidade e da sexualidade; a segunda tem como marco o advento da parentalidade juvenil. Na percepção dos pais desses jovens (os avós da criança), seus filhos adquirem maturidade e outro estatuto social – de pais/mães.

Dessa forma, tornar-se pai/mãe com ou sem vínculo conjugal é percebido como uma passagem à vida adulta e, portanto, um reconhecimento social. Para alguns jovens entrevistados as relações familiares se modificam substancialmente, criando instâncias de maior proximidade com seus pais, ainda que a autoridade dos mais velhos permaneça. Os jovens pais indicam a importância da amizade entre os familiares e ressaltam que pretendem investir na relação com seus filhos a fim de que se tornem, também, seus amigos. Eles acreditam no sucesso desse investimento tanto pela percepção das mudanças nos comportamentos familiares, com a possibilidade de maior interação afetiva entre os indivíduos – particularmente entre os homens –, quanto pela menor diferença de idade entre eles e seus filhos. Para Elder (21 anos, camada média), "é mais fácil estabelecer um relacionamento de amizade com seu filho quando se é mais novo do que quando você é mais velho". Hoje a juventude expressa a possibilidade de maior abertura para conversas em famílias, marca de seu tempo em relação às gerações anteriores.

Como dito, os estudos sobre família contemporânea têm assinalado a construção de óticas plurais que dialogam com as categorias de gênero, classe social, raça/etnia e geração. Um dos exemplos correntemente apontados é o exercício da paternidade e a visibilidade do pai, que se torna também um protagonista na vida familiar, tanto no cuidado com os filhos quanto na participação nas tarefas domésticas.[10]

Na dinâmica das relações familiares, a constituição das identidades, pautadas na lógica da "representação da imagem de si e do outro nas relações sociais" (Peixoto, 2000:48), tem na parentalidade um fator de formação. A construção da identidade feminina, no âmbito doméstico, se alicerça a partir de atributos de gênero, destacados na condição de mulher/mãe. Segundo Barros (1987), com o nascimento do neto, as relações mãe-filha se afinam e se inserem em uma perspectiva ampliada da relação entre mulheres. Essa sintonia é bastante ressaltada nos relatos dos jovens entrevistados na Bahia. Talita, por exemplo, passou parte de sua vida morando com a madrinha, que assumiu a responsabilidade de sua educação e, com isso, tinha controle sobre ela. Depois do nascimento de seu filho, Talita começou a discordar da forma de gerenciamento da madrinha sobre sua vida e de seu filho. Decidiu retornar para a casa materna. Ela relata os aspectos positivos no relacionamento com a mãe, construídos a partir de sua experiência de maternidade. Dois momentos foram determinantes: o primeiro, quando resolveu procurar o pai da criança para informá-lo do nascimento do filho; o segundo, quando engravidou do segundo filho e decidiu abortar – em ambos, contou com a presença materna. Para ela, essa relação de cumplicidade com a mãe não existia antes de ter se tornado mãe e a mãe, avó.

Joana também afirma que sua gravidez promoveu uma aproximação da mãe, o que possibilitou conversas sobre assuntos mais íntimos, inclusive sobre seu relacionamento com o pai da criança. Agora, "amiga para mim é minha mãe, é a pessoa com quem converso. Ela sabe completamente tudo que acontece na minha vida". A jovem pontua que o apoio dos pais e, particularmente, os conselhos maternos foram fundamentais para respaldá-la na decisão de se separar do pai da criança.

> *Foi na época que eu caí na real, eu conversava muito com minha mãe, e ela dizia: "Olhe filha, isso não dá para você, não*

---

[10] Ver Medrado e Lyra (1999), Cabral, (2002), Bustamante, (2005), entre outros.

> é porque vocês têm um filho que você tem que continuar com ele, sofrendo. Vamos pensar, vamos raciocinar direito e ver se isso é bom para você. Se você não está se desgastando. Você tem que ser você, tem que se amar e se valorizar". Era uma época que eu não tinha isso, uma valorização de mim, aí me separei dele... (Joana, 20 anos, camada média).

Os rapazes se referem pouco e rapidamente às suas relações familiares. Brandão (2003) destaca que as questões referentes aos conflitos familiares e afetivos são narradas por eles não apenas com brevidade mas, também, com certo distanciamento. A condição parental reforça a identidade masculina, porém não aciona maior intimidade com o pai, sobretudo para debater questões afetivas. Ainda que se anuncie uma "qualidade do relacionamento, com ênfase sobre a intimidade que substitui a relação de autoridade dos pais" (Giddens, 1993:111), é perceptível que sua implementação se dá em níveis variados. Possivelmente os jovens pais, ao propor maior cumplicidade com seus filhos, já experimentem no âmbito familiar relacionamentos mais próximos do ideal democrático.

De todo modo, o que observamos nos relatos dos jovens baianos não é muito diferente do que outros perceberam ao estudar a família contemporânea ocidental: o apoio afetivo (conversas e aconselhamento, e até elaboração das tarefas domésticas que seriam de seu encargo) é oferecido pelas mulheres, principalmente pelas mães (Segalen, 1996; Peixoto et al. 2009). Dessa forma, o comportamento familiar reafirma o domínio feminino no tocante às funções de atenção e cuidado com os membros da família, seguindo a norma social ainda predominante. Mas é importante para os jovens que seus pais reconheçam o processo de crescimento pessoal iniciado com a gravidez e ampliado com a gestão de suas funções paternas. Vale ressaltar que os irmãos também integram essa rede de relações, apoiando no período da gravidez e ajudando no preparo do enxoval do bebê, e depois nos cuidados cotidianos com os sobrinhos. A criança parece atuar como catalisadora das relações familiares, promovendo proximidade e solidariedade entre seus membros, sem que isso signifique, contudo, ausência de conflitos.

Considerações finais

A família contemporânea se define, como assinala Singly (2007:174), pelo crescimento do direito dos indivíduos e "por um aumento da demanda de fluidez na formação de laços eletivos ou contratuais, de relaxamento dos estatutos". Nesse sentido, os jovens entrevistados positivam a existência dos filhos, embora considerem que não era o momento ideal. Da mesma maneira que valorizam suas escolhas, consideradas expressões de uma autonomia em construção, e destacam a relevância da decisão de levar a gravidez a termo, da opção pela união conjugal e, depois, da separação ou, ainda, da vontade de não viver conjugalmente (atitude observada apenas entre os rapazes), mesmo com uma pressão familiar, bem mais expressiva nas camadas populares. Ao se sentirem capazes de decidir, os jovens potencializam a crença na possibilidade de cumprir (bem) suas funções parentais. Entretanto, reconhecem que a implementação de suas escolhas está atrelada e depende efetivamente do apoio material e afetivo da família. Em geral, as famílias que apresentam melhor condição financeira ajudam mais (materialmente) seus jovens do que aquelas menos favorecidas. Independentemente da diversidade de situações de gestão e provimento entre os entrevistados e seus filhos, o suporte familiar se dá de forma constante e variada. Como aponta Peixoto (2004:74), "a solidariedade familiar é assim importante e diversificada na sociedade brasileira, onde os apoios se efetuam em função da situação social dos doadores e recebedores".

No universo dos jovens baianos, observamos que a grande maioria dos pais/avós ajuda seus filhos, tanto financeiramente quanto no cuidado dos netos, tarefa aliás desempenhada mais pelas avós (Peixoto, 2000). No entanto, esse dado não deveria ultrapassar os limites da autonomia de decisão dos jovens pais sobre a forma de orientação educacional de seus filhos, o que, geralmente, consiste em elemento de conflito entre gerações.

Observamos neste contexto que as relações familiares são marcadas pela busca juvenil em asseverar sua autonomia, e a nova condição de parentalidade tende a potencializar esse processo. A compreensão das percepções dos indivíduos sobre as relações sociais e os significados atribuídos ao imediatamente vivido requer atenção e relativização da heterogeneidade (sexo, escolaridade, inserção profissional, classe social etc.) que compõe esse grupo social, buscando identificar a posição dos sujeitos, as reflexões sobre a imagem socialmente construída sobre eles(as) e os sentidos atribuídos às suas ações. A família se constitui como um dos cenários de construção de identidade social dos indivíduos, cuja dinâmica das relações entre seus membros promove (re)significações permanentes. Na contemporaneidade, esse processo é mediado por uma individualização, cada vez mais precoce no cotidiano da vida privada.

Referências bibliográficas

AQUINO, Estela et al. Aspectos metodológicos, operacionais e éticos da Pesquisa Gravad. In: HEILBORN, M. L. et al. *O aprendizado da sexualidade*: reprodução e trajetórias sociais de jovens brasileiros. Rio de Janeiro: Garamond/Fiocruz, 2006, p. 98-136.

ARIÈS, Philippe. *História social da criança e da família*. Rio de Janeiro: Guanabara, 1981.

_____. O amor no casamento. In: _____; BÉJIN, A. (Orgs.). *Sexualidades ocidentais*. São Paulo: Brasiliense, 1987, p.153-162.

BARROS, Myriam M. L. *Autoridade & afeto*: avós, filhos e netos na família brasileira. Rio de Janeiro: Jorge Zahar, 1987.

_____. Velhice na contemporaneidade. In: PEIXOTO, C. E. (Org.). *Família e envelhecimento*. Rio de Janeiro: FGV, 2004, p. 13-23.

BÉJIN, André. O casamento extraconjugal dos dias de hoje. In: ARIÈS, P.; BÉJIN, A. (Orgs.). *Sexualidades ocidentais*. São Paulo: Brasiliense, 1987, p. 183-193.

BOURDIEU, Pierre. A juventude é apenas uma palavra. In: _____. *Questões de sociologia*. Rio de Janeiro: Marco Zero, 1983, p. 112-121.

_____. *Razões práticas*: sobre a teoria da ação. Campinas, SP: Papirus, 1996.

BOZON, Michel. *Sociologia da sexualidade*. Rio de Janeiro: FGV, 2004.

BRANDÃO, Elaine R. *Individualização e vínculo familiar em camadas médias*: um olhar através da gravidez na adolescência. 2003. Tese (Doutorado) –

IMS, Universidade Estadual do Rio de Janeiro, Rio de Janeiro, 2003.

BUSTAMANTE, Vânia. *Família, paternidade e saúde*: um estudo etnográfico sobre a participação paterna no cuidado da saúde de crianças pequenas em um bairro popular. 2005. Dissertação (Mestrado em Saúde Coletiva) – ISC, Universidade Federal da Bahia, 2005.

CABRAL, Cristiane S. *Vicissitudes da gravidez na adolescência entre jovens das camadas populares do Rio de Janeiro*. 2002. Dissertação (Mestrado em Saúde Coletiva) – IMS, Universidade Estadual do Rio de Janeiro, Rio de Janeiro, 2002.

DIAS, Acácia B. *Parentalidade juvenil e relações familiares em Salvador (BA)*. 2005. Tese (Doutorado) – Programa de Pós-Graduação em Ciências Sociais, Universidade Estadual do Rio de Janeiro, Rio de Janeiro, 2005.

DUARTE, Luis F. D. *Da vida nervosa nas classes trabalhadoras urbanas*. Rio de Janeiro: Jorge Zahar; Brasília: CNPq, 1986.

DURHAM, Eunice R. Família e reprodução humana. In: FRANCHETTO, Bruna et al. *Perspectivas antropológicas da mulher 3*. Rio de Janeiro: Zahar, 1983, p. 13-44.

GIDDENS, Anthony. A transformação da intimidade: sexualidade, amor e erotismo nas sociedades modernas. São Paulo: Editora Unesp, 1993.

_____. *Modernidade e identidade*. Rio de Janeiro: Jorge Zahar, 2002.

HEILBORN, Maria Luiza. O traçado da vida: gênero e idade em dois bairros populares do Rio de Janeiro. In: MADEIRA, Felícia R. *Quem mandou nascer mulher?* Estudos sobre crianças e adolescentes pobres no Brasil. Rio de Janeiro: Record/Rosa dos Tempos, 1997, p. 291-342.

_____. Família e sexualidade: novas configurações. In: _____ (Org.). *Família e sexualidade*. Rio de Janeiro: FGV, 2004, p. 9-14.

_____ et al. *O aprendizado da sexualidade*: reprodução e trajetórias sociais de jovens brasileiros. Rio de Janeiro: Garamond/Fiocruz, 2006, p. 98-136.

KAUFMANN, Jean-Claude. Construção dos hábitos conjugais e sexualidade. *Interseções, Revista de Estudos Interdisciplinares*, Rio de Janeiro: Uerj, Nape, ano 3, n. 2, p. 121-132, jul./dez. 2001.

KNAUTH, Daniela et al. As trajetórias afetivo-sexuais: encontros, uniões e separação.'In: HEILBORN, M. L. et al. *O aprendizado da sexualidade*: reprodução e trajetórias sociais de jovens brasileiros. Rio de Janeiro: Garamond/ Fiocruz, 2006, p. 269-309.

LUHMANN, Niklas. *O amor como paixão*: para a codificação da intimidade. Lisboa: Difel; Rio de Janeiro: Bertrand do Brasil, 1991.

MEDRADO, Benedito; LYRA, Jorge. A adolescência "desprevenida" e a paternidade na adolescência: uma abordagem geracional e de gênero. *Cadernos Juventude, Saúde e Desenvolvimento*. Brasília: Ministério da Saúde, Secretária de Políticas de Saúde, 1999, p. 230-248.

PAIS, José M. *Culturas juvenis*. Lisboa: Imprensa Nacional/Casa da Moeda, 1993.

PALMA, Irma; QUILODRÁN, Cecília. Opções masculinas: jovens diante da gravidez. In: COSTA, Albertina (Org.). *Direitos tardios*: saúde, sexualidade e reprodução na América Latina. São Paulo: Prodir/FCC; Rio de Janeiro: Ed. 34, 1997, p. 141-171.

PEIXOTO, Clarice. Avós e netos na França e no Brasil: a individualização das transmissões afetivas e materiais. In: _____ et al. (Orgs.). *Família e individualização*. Rio de Janeiro: FGV, 2000.

_____. Aposentadoria: retorno ao trabalho e solidariedade familiar. In: _____ (Org.). *Família e envelhecimento*. Rio de Janeiro: FGV, 2004, p. 57-84.

_____ et al. Trajectoires de jeunes de Rio de Janeiro: diversités et enjeux sociaux. In: AMADOU, M.; KLISSOU, P.; TABUTIN, D. *Villes du Sud*: dynamiques, diversités et enjeux démographiques et sociaux. Paris: Contemporaines/AUF, 2009.

PROST, Antoine. Fronteiras e espaços do privado. In: _____; VINCENT, G. *História da vida privada*: da primeira guerra aos nossos dias. São Paulo: Companhia das Letras, 1992, p. 13-153.

SEGALEN, Martine. *Sociologia da família*. Lisboa: Terramar, 1996.

_____. *Ritos e rituais contemporâneos*. Rio de Janeiro: FGV, 2002.

SINGLY, François de. *Le soi, le couple et la famille*. Paris: Natan, 2000.

_____. *Sociologia da família contemporânea*. Rio de Janeiro: FGV, 2007.

TORRES, Anália C. Casar? Por que não? Perspectivas de jovens portugueses sobre o casamento e a família. In: CONGRESSO INTERNACIONAL GROWING UP BETWEEN CENTRE AND PERIPHERY, 1996, Lisboa. *Actas...* Lisboa, maio 1996, p. 201-221.

_____. *Sociologia do casamento*. Portugal: Celta, 2001.

7. Paternidade na trajetória juvenil: uma contribuição ao debate sobre "gravidez na adolescência"

Cristiane S. Cabral[*]

Este texto[1] busca trazer elementos para a discussão sobre sexualidade e reprodução juvenil, a partir da perspectiva masculina. Discute-se em que medida a paternidade juvenil se constitui como uma das formas possíveis de transição para a vida adulta na trajetória de jovens pobres. Aborda ainda as lógicas subjacentes à gestão da vida contraceptiva, e seus desdobramentos em caso de gravidez. Essas reflexões são oriundas de uma pesquisa etnográfica, realizada com moradores de uma comunidade favelada no Rio de Janeiro, com idades entre 18 e 24 anos, que tiveram filho(s) antes dos 20 anos completos.

Ao abordar a gravidez na adolescência (GA)[2] sob o ponto de vista masculino, este texto visa contribuir para o debate contemporâneo acerca deste fenômeno. Tradicionalmente, os estudos sobre reprodução e contracepção limitavam-se à população feminina. Entretanto, analisar questões relacionadas à sexualidade e reprodução, contemplando não apenas mulheres, mas também homens, possibilita deslindar um universo multifacetado em uma diversidade de situações. Tal perspectiva implica discutir os constrangimentos culturais imbricados no manejo contraceptivo de moças e rapazes.

Cabe explicitar o conceito de juventude com o qual se dialoga neste estudo. Diferentemente das correntes que o concebem como categoria

---

[*] Mestre e doutoranda em saúde coletiva pelo Instituto de Medicina Social (IMS) da Universidade do Estado do Rio de Janeiro (Uerj).
[1] Este texto deriva-se da dissertação de mestrado da autora (Cabral, 2002). A pesquisa contou com apoio financeiro da Fundação Ford, por intermédio do Programa Interinstitucional de Treinamento em Metodologia de Pesquisa em Gênero, Sexualidade e Saúde Reprodutiva.
[2] Passo a me referir à gravidez na adolescência como GA.

etária, adota-se a concepção de adolescência e juventude como processo, o que permite argumentar em favor de distintos modos de transição para a vida adulta. Trabalhos recentes enfatizam o processo social dessa passagem, caracterizada, *grosso modo*, por quatro marcos: o término dos estudos, o início da vida profissional, a saída da casa dos pais e o início da vida conjugal (Galland, 1997). Ressalta-se que esses eventos são vividos de modos distintos e configuram diversas formas possíveis de passagem à vida adulta, tendo em vista o acentuado contexto de desigualdades sociais e regionais presentes em nosso país.

Portanto, juventude, entendida como uma categoria socialmente construída, é passível de abrigar não apenas similaridades como também diferenças sociais entre os jovens. Nesta perspectiva, supõe-se uma divisão arbitrária entre as idades, que acaba por classificar e imprimir uma ordenação no mundo social, mediante a construção de categorias como infância, juventude, vida adulta e velhice – que não correspondem a grupos sociais homogêneos (Ariès, 1981). Assim, o enfoque adotado é congruente com a ênfase no caráter heterogêneo e diversificado da juventude, uma vez que esta guarda especificidades em termos de gênero, classe e etnia (Bourdieu, 1983; Pais, 1993; Casal, 1999).

Transição demográfica brasileira e juvenilização da reprodução

Juventude e reprodução constituem temas que estão na ordem do dia no Brasil, em função dos recentes e acalorados debates sobre "gravidez precoce" ou "gravidez na adolescência". Definida pela OMS (WHO, 2001) como aquela que ocorre entre os 10 e os 20 anos incompletos, a gravidez na adolescência tem sido construída como "problema social" ou de saúde pública. Os qualificativos "precoce" e "indesejada" sempre acompanham a caracterização do fenômeno, frequentemente retratado como um desvio ou transtorno para a vida do(a) jovem. A produção bibliográfica sobre o tema ressalta os "riscos biopsicossociais", tanto para a mãe quanto para sua prole, e advoga que os esforços das políticas públicas deveriam voltar-se para estratégias direcionadas a "prevenir" ou "coibir" a gravidez "precoce" (Santos Júnior, 1999).

As inquietações em torno do fenômeno da GA na sociedade brasileira podem ser remetidas, entre outros fatores, à transição demográfica. Nas últimas décadas, a população tem passado por rápidas transformações em termos de estrutura etária, a partir da queda da fecundidade e do aumento da esperança de vida ao nascer. Observa-se desaceleração no ritmo de crescimento da população jovem desde 1970, paralelamente ao incremento nas taxas de crescimento da população mais velha (Baeninger, 1999).

Assiste-se, nos últimos 40 anos, a uma forte transformação demográfica na área da reprodução, em que decaem, de forma acentuada, os níveis de fecundidade da mulher brasileira, inicialmente nos estados do Centro-Sul do Brasil e, 20 anos depois, nas áreas menos desenvolvidas social e economicamente, como os estados do Norte e Nordeste (Simões, 2006). A taxa de fecundidade total (TFT) para o Brasil, segundo o censo demográfico de 1970, era de 5,76 filhos por mulher, alcançando a taxa de 2,38 em 2000. Há fortes diferenças regionais, tomando-se como exemplo estes dois marcos temporais: no Sudeste, a TFT estava um pouco abaixo da média nacional, correspondendo a 4,56 filhos por mulher, passando para 2,1 em 2000; no Nordeste, os valores correspondem a 7,53 e a 2,68, respectivamente.[3] O declínio nas taxas de fecundidade total para as regiões está fortemente relacionado ao processo de urbanização do país, a mudanças culturais que interferem na regulação da fecundidade, e também à difusão e uso de métodos contraceptivos, entre eles a esterilização (Berquó, 1993, 1999; Martine, 1989). Contudo, importa observar tais tendências de queda, uma vez que elas se diferenciam radicalmente segundo a faixa etária e o tempo de estudo da mulher (Simões, 2006).

Tradicionalmente, as mais altas taxas de fecundidade (taxa de fecundidade específica por idade) apresentavam-se em mulheres de 25 a 29 anos ou 30 a 34 anos, constituindo-se assim no que comumente se denomina um padrão tardio de fecundidade. A partir dos anos 1980, observa-se um crescimento relativo nas taxas de fecundidade do grupo composto por mulheres de 15 a 19 anos, cujos índices ganham peso quando comparados ao concomitante decréscimo nas taxas dos demais grupos etários (Camarano, 1998; Berquó e Cavenaghi, 2005). Esse deslocamento seria responsá-

---

[3] Os recentes dados da PNDS 2006 mostram que o Brasil já apresenta TFT com patamares abaixo do nível de reposição populacional, com 1,8 filho por mulher (MS, 2008). As diferenças regionais da TFT também diminuíram ainda mais: Norte (2,3), Nordeste (1,8), Sudeste (1,7), Sul (1,7), Centro-Oeste (2).

vel pelo delineamento de um padrão tipicamente jovem na estrutura da fecundidade por grupos de idade no Brasil, diferentemente do perfil de fecundidade em países desenvolvidos. Ainda que o incremento na taxa de fecundidade de mulheres de 15 a 19 anos não seja estatisticamente significativo, além de não ser "nada mais do que o efeito das profundas reduções da participação da fecundidade das mulheres mais velhas na fecundidade total" (Simões, 2006:93), essa tendência é frequentemente utilizada para compor a imagem de uma epidemia de GA, que estaria assolando, sobretudo, os setores mais pobres da população. Esse é o tom predominante do debate público em torno do fenômeno, associado, de modo recorrente, às questões da pobreza e da violência urbana no país (Oliveira, 2005; Vieira, 2005; "Bomba-relógio", 2005; Heilborn, Brandão e Cabral, 2007).

Universo pesquisado

Esta investigação baseia-se em entrevistas individuais e na observação de contextos de sociabilidade com jovens que foram pais antes dos 20 anos completos, moradores de uma comunidade favelada da cidade do Rio de Janeiro (Brasil). Foram realizadas 15 entrevistas com rapazes (com idade entre 18 e 24 anos), e com mães de jovens pais (14), tendo em vista a suposição de que as consequências de uma GA extrapolam os limites individuais dos atores/genitores, em direção à sua rede de relações.

A adoção do critério etário da OMS para entrevistá-los viabiliza a comparabilidade com os demais trabalhos sobre GA. Além disso, o deslocamento de sua faixa de idade para além dos limites "oficiais" da adolescência é uma estratégia metodológica que permite a construção retrospectiva das trajetórias biográficas, bem como a avaliação de determinados acontecimentos e suas consequências para as trajetórias de vida.

O trabalho de campo foi efetuado com a utilização de "redes sociais ou de amizade" (Pais, 1999), fundamental para a constituição de um *network*. Embora moradores de uma mesma localidade, os informantes apresentam semelhanças e diferenças em suas biografias individuais e histórias familiares. Entre os 15 rapazes participantes deste estudo, o número de casos de GA corresponde a 23, à exceção dos casos de aborto (alguns têm o segundo ou até o terceiro filho antes dos 20 anos completos). As idades com que têm o primeiro filho variam entre os 15 e 19 anos; as parceiras são um pouco mais jovens que eles, na maioria dos casos, e as respectivas idades em que tiveram o primeiro filho variam de 12 a 19 anos. As histórias contemplam gravidez planejada, indesejada, tentativas de aborto, radical oposição ao aborto, arranjos conjugais diversos, uniões exitosas, separações, distintos graus de apoio familiar, reconhecimento social da paternidade, rejeição do vínculo paterno, assunção apenas da criança e não da parceira, paternidade como estímulo ao ingresso no mundo da criminalidade ou como "antídoto à anomia" (Vilar e Gaspar, 1999).

A pluralidade de situações, encontrada nesse universo etnográfico, é indicativa da necessária relativização a ser feita, em relação aos principais argumentos da literatura hegemônica sobre GA. Essa produção, oriunda em grande medida da área da saúde, retrata o fenômeno através de concepções homogeneizadoras, que enfatizam os aspectos negativos que a GA acarretaria para a vida dos sujeitos, ignorando as diferenças de gênero e de classe presentes. Contudo, apesar dessa heterogeneidade, observa-se que, em vários casos, há reconhecimento da paternidade. Dada a natureza do objeto e a opção metodológica, o modo de escolha de informantes se deu pela existência de uma criança. Assim, deve-se considerar que a estratégia metodológica adotada tenha permitido um maior acesso aos casos de paternidade assumida, em relação às situações conflituosas de gravidez – paternidade não assumida, aborto, ou GAs que não chegaram ao conhecimento do jovem. A análise do material empírico exprime uma homogeneidade, quando considerada sob o ponto de vista da literatura sobre família em camadas populares ou, ainda, em relação à literatura sobre masculinidades, sinalizando um certo modelo de trajetória masculina em camadas populares.

Trajetórias de estudo e de trabalho: homogenesias e singularidades

Faz-se necessário traçar algumas linhas sobre a família de origem dos informantes, para que suas biografias/trajetórias possam ganhar contornos mais nítidos. Os pais dos jovens entrevistados possuem baixo grau de escolaridade: nenhum alcança o ensino secundário e poucos conseguem completar o ensino fundamental (frequentemente, este nível de escolarização se dá já na vida adulta, em cursos noturnos do tipo "supletivo", e simultaneamente à escolarização dos filhos). Alguns "nunca foram à escola" e são totalmente analfabetos. Essa fraca escolarização repercute diretamente no tipo de inserção laboral, também bastante precária: alguns estão desempregados. Embora uma parte dos pais esteja inserida no mercado formal de trabalho, a grande maioria desenvolve atividades características do mercado informal. Diante de situações de desemprego, recorrem a pequenos biscates, geralmente no bairro de moradia. As mães, majoritariamente, não possuem profissão, tampouco exercem atividade remunerada; são identificadas como "do lar" pelos informantes. Algumas desenvolvem atividades temporárias, pequenos biscates, como "lavar roupa para fora" ou diarista, com o intuito de auxiliar o provedor principal da casa, segundo seus depoimentos (Salem, 1981; Duarte, 1986; Sarti, 1996).

À semelhança das trajetórias dos pais, os jovens possuem escolaridade e inserção profissional precárias: apenas dois continuam estudando. Os demais estão fora do sistema escolar, tendo rompido com uma das principais expectativas neles depositadas no período de adolescência e juventude, como fase de preparação para a vida adulta. Os rapazes "saem da escola" entre os 14 e 18 anos, quando ainda cursam o ensino fundamental (quinta à oitava série). A busca por trabalho constitui uma justificativa recorrente para a interrupção dos estudos (sete casos). A impossibilidade de prosseguir estudando em função da gravidez da parceira foi citada por quatro informantes. O argumento da incompatibilidade e/ou desinteresse pelos estudos também é citado por três entrevistados; todos referem a repetência escolar, por mais de uma vez.

No tocante às atividades por eles desenvolvidas, apresentam-se as que caracteristicamente compõem o mercado informal de trabalho. Eles citam os biscates, sobretudo, nas funções de ajudante de pedreiro, rebaixador de gesso, pintor de parede etc. De fato, esse tipo de inserção, informal e temporária, representa o nível máximo até então alcançado por muitos. Poucos conseguiram "trabalho fixo", com algum tipo de contrato ou o tão almejado "emprego de carteira assinada". O desemprego é uma realidade para quase metade dos entrevistados.

As dificuldades em relação à escola contribuem para que uma "orientação instrumental" (Pais, 1998), em face do trabalho, ganhe maior peso. Depreende-se dos depoimentos uma certa busca por autonomia financeira em relação aos pais e, em decorrência, possibilidade de acesso ao consumo de bens materiais. O trabalho aparece como universo moral relevante na trajetória do jovem de camada popular, além de ser um importante elemento na construção da identidade masculina. Há um projeto de autonomização e de expectativa de consumo, possibilitado pela atividade laboral, o que implica saída da escola, sem haver necessariamente um evento de gravidez. Este é um dos argumentos caros à literatura hegemônica sobre GA, que aponta, como forte efeito deletério na trajetória juvenil, a interrupção dos estudos por causa de evento(s) de gravidez. Contudo, pode-se afirmar que o envolvimento dos jovens do sexo masculino de camadas populares com a ocorrência de um episódio de gravidez acirra as dificuldades e/ou desinteresse já existentes em relação à escola, o que dificulta sobremaneira, ou até inviabiliza, tentativas de retorno e/ou conclusão da escolaridade.

Um padrão reprodutivo tradicional

Outra hipótese presente na literatura sobre GA diz respeito à repetição de padrões reprodutivos entre gerações. Assim, os progenitores dos adolescentes teriam sido, do mesmo modo, "pais adolescentes". Procedo então ao exame das famílias de origem.

A estrutura de boa parte dos arranjos das famílias de origem desses jovens está organizada em torno do modelo de família nuclear, padrão ainda dominante na sociedade brasileira. As unidades domésticas são compostas principalmente por pais e filhos; a média é de três filhos por casal, oscilando desde o arranjo com um até oito filhos. No que concerne ao modelo conjugal, há também famílias recompostas, resultantes de separações e de novas uniões. Todavia, os arranjos domésticos resultantes da dissolução do casamento anterior tendem à formação de outro núcleo, com o "novo casal" e filhos das uniões, anterior e atual. Apesar da aparente predominância do formato nuclear, os depoimentos deixam entrever a importância de outros membros, o que sugere uma formação de família ampliada ou estendida (quando há coabitação com parentes ou agregados). É marcante a presença da figura da avó, geralmente materna, na trajetória de alguns entrevistados.

O cenário é caracterizado pela configuração matrilocal, fato bastante documentado na literatura sobre famílias de camadas populares (Woortmann, 1982; Neves, 1985; Scott, 1990; Fonseca, 2000). Essa organização e a presença explícita de avós salientam o grau de cooperação entre parentes nesse universo social. O fato de ter mãe, pai e filhos, morando numa mesma casa, não exclui a possibilidade de arranjos matrifocais, estruturando o cotidiano destas famílias (Neves, 1985).

Há, ainda que em menor número, o arranjo monoparental, quando somente a mãe ou o pai permanece na companhia dos filhos, fenômeno crescente tanto nos estratos socioeconômicos mais desfavorecidos quanto nos setores médios da população, em que "uniões conjugais desfeitas ou interrompidas alteram o padrão de vida das mulheres e de seus filhos" (Berquó, 1998:432). Em sua maioria, os arranjos monoparentais representam famílias chefiadas por mulheres e, frequentemente, há correlação entre este tipo de arranjo e o descrito como "família matrifocal", "formada por mães e filhos nas quais a presença de um cônjuge-pai tende a ser temporária ou instável" (Durham, 1983:30).

No âmbito da demografia, o aumento no número de arranjos monoparentais tem sido justificado pela instabilidade dos vínculos conjugais. Tais núcleos são formados por mulheres cada vez mais jovens, majoritariamente, separadas ou divorciadas – Berquó contrapõe este dado, correspondente ao ano de 1995, ao de 1970, quando o conjunto era majoritariamente constituído por viúvas. Esta autora afirma: "casar, ter filhos e se separar cada vez mais leva menos tempo" (Berquó, 1998:431). O aumento dos arranjos monoparentais também é atribuído ao crescimento do número de mães solteiras. Trata-se de um dado de especial importância, visto que a literatura sobre famílias em camadas populares tem reiteradamente identificado que as chefiadas por mulheres são arranjos em risco social, em situação de pobreza. Mais ainda, há quem também correlacione a GA como importante fator para esse tipo de composição.

No que tange à conjugalidade dos pais dos entrevistados, há uma tendência comum: na maioria dos casos, parecem ter relacionamentos estáveis, a partir do ponto de vista do tempo de coabitação (de 20 a 30 anos). Esse fato, a princípio, contrasta com a trajetória engendrada por muitos informantes que já iniciaram e concluíram relacionamentos conjugais. Contudo, há, ao menos em cinco casos, relatos sobre irmãos, filhos de seus pais (pai por oposição à mãe), que os rapazes sabem existir, mas não conhecem ou com quem têm pouco contato. Eles têm conhecimento de irmãos, filhos de seus pais com outras mulheres, provenientes de relacionamentos fora do casamento. Assim, se por um lado a análise da trajetória conjugal, apenas iniciada por esses jovens, pode denotar uma certa ruptura com o padrão constituído por suas mães, por outro lado, pode indicar uma repetição da história conjugal (e reprodutiva) engendrada por seus pais. O momento atual dos trajetos de vida dos jovens corresponderia a um período de experimentação ou de vinculação efêmera, anterior a um futuro relacionamento, mais "estável".

Para explorar a hipótese da GA como possível signo de repetição da história reprodutiva da família de origem, abordo as respectivas trajetórias, a partir do critério "idade na primeira gravidez", tanto do rapaz quanto de seus pais. Em que pese à falta de informação sobre alguns progenitores,[4] há uma proporção de mães (nove em 15 casos) que tiveram seu primeiro filho provavelmente antes dos 20 anos,[5] e três homens que foram pais também antes dos 20. Comparativamente, os jovens – quase na totalidade – têm em sua trajetória uma gravidez em idade anterior à da mãe ao ter o primeiro filho (oito) ou, ainda, na mesma idade (três); apenas dois tiveram seu primeiro filho em uma idade posterior à de sua mãe. Esse mesmo fato ocorre em relação ao progenitor do sexo masculino, com o número de 10 rapazes que foram pais em idade anterior à de seus genitores.

Nos relatos nativos, não há referência a "ser novo" para ter filho e o termo "gravidez na adolescência" não é utilizado, pois casar e ter filhos numa certa idade era o socialmente esperado. Em um estudo do início da década de 1980, Neves (1985) afirma: "A idade socialmente padronizada para que os jovens constituam novas unidades familiares é delimitada entre 15 a 18 anos para as moças e 19 a 22 anos para os rapazes" (Neves, 1985:205), estando o "casamento definido pela perda da virgindade, pela maternidade e paternidade e pela possibilidade de coabitação". "Casar"

---

[4] Alguns entrevistados não sabiam relatar as idades nem outras características de seus pais. Não é rara, na literatura, a referência a este tipo de questão, em que os jovens têm poucas informações sobre as trajetórias de seus pais e, menos ainda, sobre as de seus avós – constatação também presente em Pais (1993).
[5] Devo lembrar que, para efeitos de classificação e comparação, uma gestação até a idade de 20 anos incompletos é, atualmente, definida como GA. Certamente, essa gestação não era considerada uma "GA" na geração dos pais desses rapazes.

resultava em "ter filhos"; "engravidar" tinha como consequência "coabitar", ou até "casar". Dessa forma, era socialmente esperado para a geração precedente casar e/ou ter filhos por volta dos 20 anos de idade. A diferença hoje é a dimensão valorativa e a qualificação como problema social, que recai sobre a dita "reprodução precoce", pois os desfechos/desdobramentos desse evento não parecem ser muito distintos para a geração atual.

Uma comparação entre as idades dos jovens e de suas parceiras na primeira gravidez pode ser profícua, como se vê no quadro.

Comparação entre as idades dos rapazes e de suas respectivas parceiras no momento da primeira gravidez

Idades / Identificação	Alex	Beto	Cláudio	David	Elton	Flávio	Gilson	Herbert	Ivan	João	Leandro	Marcelinho	Nelson	Oscar	Paulão
Idade do rapaz na 1ª gravidez	18	17	17	17	15	17	15	18	18	15/16	19	15	18	19	16
Idade da parceira nesta gravidez	15	12	19	18	19	16	15	15	15	18	15	15	17	15	16

* Nomes fictícios, para manter o anonimato dos informantes.

As idades das parceiras não correspondem, necessariamente, à primeira gravidez, embora seja o caso da maioria. Há algumas histórias anteriores de aborto. Todas as gestações retratadas no quadro foram levadas a termo e representam o *primeiro filho nascido vivo* de cada uma das mulheres. Essas idades correspondem à gravidez, cuja resultante foi o *primeiro filho nascido vivo* de cada um dos rapazes – o que significa que não há como ter certeza se essa é, de fato, a idade correspondente à primeira gravidez em que o rapaz está envolvido, na medida em que se excetuam casos de aborto e as possíveis gravidezes, sem conhecimento do jovem. O quadro permite ainda que se observe a proximidade etária entre eles e suas parceiras. Elas são, na maioria, mais novas que eles. Todavia, há um dado peculiar nessa geração, comparativamente com a de seus pais: há quatro casos em que a parceira é mais velha do que o rapaz, situação totalmente ausente na geração anterior.

A hipótese, presente na literatura sobre GA, acerca da possível influência da idade com que os pais tiveram o primeiro filho vir a sobrepor-se à maior ou menor propensão de seus filhos se tornarem pais adolescentes é rechaçada por alguns autores. Luker (1996), por exemplo, considera que outros fatores devem ser fortemente ponderados, tais como fracasso escolar e pobreza. Esta autora argumenta que a reprodução ocorre um pouco mais "precocemente" nas camadas populares – configurando-se no então identificado *padrão reprodutivo tradicional* –, em contraposição a um certo *padrão reprodutivo contemporâneo*, que ocorre majoritariamente em grupos de outros estratos sociais. O fenômeno mais recente, em mulheres de classes médias e altas, que postergam a maternidade para depois dos 35 anos, constitui um bom exemplo.

Saliento ainda o fato de que muitos rapazes entrevistados têm irmãos, que também já são pais ou mães "adolescentes". Todavia, esse dado apenas serve para corroborar o argumento de que a reprodução se dá de forma mais "precoce" nesse meio, configurando-se no então identificado *padrão reprodutivo tradicional* – percebido por muitos dos envolvidos como algo quase "natural", e não como "desvio" de rumo na vida ou "aberração".

Há que se levar ainda em conta a longa carreira reprodutiva dessas mães, uma espécie de fenômeno inverso da GA: vários rapazes têm irmãos muito mais novos, com diferenças etárias que variam entre 25 e três anos, ou 26 e quatro anos, entre outras possibilidades. Um entrevistado afirma explicitamente que a última gravidez de sua mãe foi em função de descuido no uso de anticoncepcional.[6] Para além da falha no método anticonceptivo, a gravidez seguida do nascimento desses filhos "raspas-de-tacho" pode indicar a presença de certos valores em jogo, como a radical oposição ao aborto – muito citada nos discursos dos rapazes e das mães –, e as dificuldades no manejo da contracepção em distintas gerações, tanto para homens quanto para mulheres.

Homens, contracepção e classificação das mulheres

A ideia de processo e de passagem à vida adulta não implica a adoção de uma perspectiva adultocêntrica. O foco incide sobre um conjunto

---

[6] Em sua casa havia a situação de ter sua mãe e sua parceira grávidas, e tendo seus bebês praticamente na mesma época.

de pequenas e sucessivas experiências de primeira vez que modulam a socialização do jovem, como o primeiro namoro, a primeira relação sexual, o primeiro trabalho, a primeira gravidez e/ou filho (Heilborn et al., 2006). Embora o processo de socialização à sexualidade seja pouco estudado, sobretudo do ponto de vista masculino, é necessário reconhecer que ele é acompanhado por uma socialização contraceptiva. Todavia, questões de gênero atuam sinergicamente nesse cenário, uma vez que a responsabilidade e a preocupação com a contracepção reiteradamente são atribuídas às mulheres (ao menos nos últimos 40 anos, com o advento do anticoncepcional oral). Assim, as consequências dos atos sexuais, no que tange ao controle da reprodução, integram um cenário cultural, no qual tais questões seriam, inerentemente, assunto das mulheres (Arilha, 1998), e os homens estariam excluídos (Garcia, 1998).

Ressalto, contudo, que a dimensão da contracepção levanta questões que ultrapassam a problemática sobre acesso e uso de métodos contraceptivos, o que certamente não é exclusivo dos jovens. O contexto da relação em que se está engajado, o tipo de parceria, a possibilidade de negociação no âmbito dos relacionamentos afetivo-sexuais, consistem em elementos centrais para a compreensão do comportamento contraceptivo e reprodutivo.

Nesse universo etnográfico, há uma diversidade de situações: a gravidez pode ocorrer no âmbito da vida conjugal, consolidando a união. Todavia, a ocorrência mais significativa de casos é em meio a namoros, sendo fundamental para o destino da gravidez o tipo de relacionamento: nos estáveis, o reconhecimento do vínculo paterno é menos problemático ou conflituoso, ao passo que nos eventuais emergem dúvidas relativas à paternidade.

A classificação do relacionamento articula-se estreitamente com a categorização das parceiras: um operador lógico, extremamente forte, distingue as mulheres "da casa" e "da rua". Portanto, a "qualificação" da parceria é central para o entendimento da ordem simbólica que funda os cuidados de proteção pessoal, tanto para prevenção de DSTs quanto dos "riscos" de uma gravidez.[7]

---

[7] A classificação moral do universo de parceiras entre mulheres "da rua" e "da casa" também pode ser ilustrada com questões que dizem respeito ao uso do preservativo masculino. Esta separação funciona como operador lógico na distinção e seleção das parceiras entre os informantes. Este depoimento é exemplar: "[Já usou alguma vez a camisinha?] Já, essas *mulher da rua* aí eu uso, mas a mulher de casa, minha *mulher de casa* não, é ruim, hein!".

Há uma ordem cronológica entre os acontecimentos: o comportamento contraceptivo é sempre posterior ao início do relacionamento sexual com a parceira. Em nenhum caso houve utilização de qualquer método contraceptivo no primeiro intercurso sexual do casal; apenas posteriormente os rapazes procuram saber ("perguntam") se a moça "está tomando remédio" e, em caso negativo, há uma tendência a providenciá-lo ou aconselhar a consulta com um médico. O uso correto da pílula não integra as preocupações do rapaz. Em outras circunstâncias, nenhuma medida contraceptiva é adotada, a despeito das consecutivas relações sexuais. Perfilam-se casos em que se declara ser atribuição exclusiva feminina a responsabilidade da vida reprodutiva, além dos que (sempre) alegam a imprevisibilidade das relações sexuais, justificando o não uso de qualquer método.

É possível indagar, nesse contexto, em que medida a expectativa de que os jovens tenham um projeto contraceptivo coerente com suas ações suponha um alto grau de racionalização das relações, ou ainda, sua previsibilidade (Luker, 1996). Salienta-se a adoção de medidas anticonceptivas posteriormente ao início da relação afetivo-sexual. A maior parte das parceiras (10 casos) era virgem ao iniciar o relacionamento com os rapazes, e o tempo entre a iniciação sexual e a gravidez é variável. Pode-se questionar se o fato de elas serem virgens representaria uma certa garantia, no imaginário dos homens, dessas mulheres não serem "pipa voada" ou "moça rodada" e, portanto, "minas de fé". Esse modelo, que contrapõe a "mulher da casa" à "mulher da rua", é tido como um dos ordenadores das relações de gênero, e foi largamente estudado na sociedade brasileira (DaMatta, 1985). Desse modo, os atributos de gênero desempenham um relevante papel no tipo de comportamento adotado (Salem, 2004). Além disso, a literatura tem assinalado que a sexualidade masculina, ao menos na cultura sexual brasileira, é frequentemente representada como incontrolável e, consequentemente, ser homem significa ter menos controle sobre os impulsos sexuais. Como contraponto, o maior controle feminino, seja na contenção dos avanços dos homens ou no suposto domínio da vida contraceptiva.

Nuances dos eventos de gravidez e contracepção

Os contextos e os significados de cada gravidez para a trajetória dos rapazes permitem o delineamento de algumas tendências e evidenciam uma heterogeneidade de situações, se contrapostas ao que é comumente veiculado pela literatura sobre GA. Falar em gravidez "desejada" na adolescência significa, em muitos casos, um expressivo avanço em relação à boa parte da literatura, que utiliza como argumento os danos indeléveis causados aos jovens (às jovens, mais precisamente) em decorrência de uma gravidez e/ou parentalidade, quase sempre qualificada de "precoce" ou "indesejada".

Contudo, a categoria "desejada" não deixa de ser problemática. Na maior parte das situações de pesquisa, os informantes falam a partir da perspectiva do nascimento da criança e, portanto, é difícil enunciar que a criança não foi desejada. Além disso, uma gravidez indesejada pode se transformar em um bebê desejado. Luker (1996:154), por exemplo, contesta as categorias "(não) desejada", "(não) planejada" e pondera que o "desejar" deve ser incluído em um contexto de possíveis escolhas dos adolescentes que, a seu ver, "freqüentemente são muito limitadas". Vilar e Gaspar (1999) optam pela expressão "gravidez (in)desejada". Afirmam que uma gravidez nem sempre é *indesejada*, podendo ser *planejada conjugalmente*; além disso, ela também pode ocorrer *por acidente*, sem planejamento; por fim, argumentam que a gravidez pode *tornar-se desejada* mediante um "processo de assimilação", sendo *aceita* tanto pelos jovens quanto por seus círculos sociais.

O "processo de assimilação da gravidez" guarda algumas características (Vilar e Gaspar, 1999:61). A situação mais comum entre adolescentes é a gravidez ser levada a termo, embora não planejada. O pai do bebê tende a aceitar o filho, assim como os pais do adolescente[8] se inclinam a receber o neto nas trocas afetivas. Os amigos dos jovens valorizam o nascimento do bebê e há, de modo geral, uma valorização da infância e das relações filiais. A "desestruturação" temporária provocada pela gestação, no curso da trajetória do jovem, é reparada pela assimilação do episódio nos âmbitos da escola, do trabalho e da família, viabilizando seu enquadramento no "curso normal das coisas" (Vilar e Gaspar, 1999:73). Alguns autores (Vilar e Gaspar, 1999; Le Van, 1998) consideram também que uma GA pode servir de "ancoragem social", possibilita o estabelecimento de vínculos (seja com parceiro, amigos ou familiares) e se torna um "projeto de vida" em meio a

---

[8] Para ser mais específica, estes autores se referem aos pais da adolescente, na medida em que o material versa amplamente sobre o universo feminino (Vilar e Gaspar, 1999).

uma fase "desestruturada". Desse modo, argumentam que a maternidade (e a paternidade) na adolescência pode criar formas de redefinição social para o(a) jovem, ao reorientar o sentido de sua vida.

Observam-se, no conjunto das entrevistas, casos em que, *grosso modo*: a gravidez é deliberadamente "planejada" pelo casal; a gravidez acontece por "acidente" – quando os relatos deixam entrever um conhecimento parco e precário, tanto sobre o ciclo reprodutivo quanto acerca dos métodos contraceptivos, concorrendo para um uso inconsistente; a possibilidade da gravidez está presente, mas o risco, embora (pres)sentido, não é plenamente verbalizado, indicando um "acordo tácito" entre o casal. Tais categorias não são classificações *êmicas*, mas *éticas*, e realizadas a partir da retrospectiva biográfica efetuada pelos informantes.

Não se pode perder de vista que os eventos são, a todo momento, re-visitados e re-significados. No limite, pode-se depreender certa "função" ou posição que o nascimento de uma criança vem desempenhar na trajetória do jovem. A partir do material empírico aqui apresentado, conclui-se que a gravidez, mesmo não prevista, é, na maior parte das vezes, assimilada pelo jovem e por sua rede social (familiares, grupo de pares etc.) e levada a termo. Dessa forma, a gravidez e, sobretudo, a assunção da paternidade podem infletir de tal modo a trajetória biográfica, a ponto de se constituírem em "ponto de ancoragem para bloqueio de deriva social" (Le Van, 1998; Vilar e Gaspar, 1999). Todavia, o mesmo evento pode contribuir para o ingresso do jovem no mundo da criminalidade.

Em suma, não se pretende aqui uma classificação exaustiva de todos os casos de gravidez, presentes no material empírico; trata-se de ilustrar como os enredos são variados e se afastam da imagem homogeneizadora com que frequentemente a GA é tratada.

Gravidez "planejada"

Na avaliação de alguns episódios de gravidez, os jovens afirmam um claro planejamento para engravidar e o desejo expresso de ter um filho. Nesses casos há uma radical oposição ao aborto. Percebe-se também a variação de graus de apoio familiar e, em algumas situações, nota-se uma clara reorientação do projeto de vida, em função do nascimento do filho.

Um informante (Alex, 19 anos) coabitava com a parceira há dois anos. Ela deixou de utilizar o contraceptivo oral porque ambos desejavam um filho. Ele narra as ocasiões nas quais a parceira achou que estivesse grávida, mas consistiram em "gravidez psicológica", e o casal continuou tentando engravidar. Em seu relato, os papéis familiares são claramente divididos, cabendo a ele ser o "marido-pai-provedor".

Este caso não pode receber o qualificativo de gravidez "precoce", tampouco "indesejada", considerando-se apenas as respectivas idades dos atores (15 e 18 anos). O cenário no qual a história se desenrola evidencia que essa gravidez desempenha a função de ponto de ancoragem, ante a deriva social (Le Van, 1998; Vilar e Gaspar, 1999). Ex-interno de uma instituição para menores infratores, o rapaz é categórico ao afirmar que seu filho veio dar uma guinada em sua vida: "[Ele é] o motivo de eu estar aí, de eu largar tudo, senão estaria morto agora, arrumava muita confusão, só pensava em fazer besteira!" Declara ter sido "um garoto violento" e, numa brincadeira com um amigo, a arma disparou e o rapaz morreu. Tal incidente foi classificado como roleta-russa e Alex foi preso. Ele considera que o filho o fez reencontrar a "razão de viver".

Outro jovem entrevistado também relata que a gravidez de seu primeiro filho foi deliberadamente planejada por ele e pela parceira. Quando resolveram ter o filho, já namoravam há quatro anos. Não houve tensão com a descoberta da gravidez. Afirma que a mãe de sua namorada sempre soube de tudo que ocorria entre eles: "Tudo que aconteceu entre a gente, a mãe dela soube, não tem como esconder. Então, não foi surpresa pra ninguém da família dela, não". O fluxo dos acontecimentos foi muito diferente em relação à sua própria família. Sua mãe revela, na entrevista, que ficou sabendo da gravidez por terceiros, e por volta do sexto mês de gestação. Em sua opinião, seu filho escondeu o fato por ter certeza de que ela o chamaria de "irresponsável". Embora tenha mudado pouco com o nascimento da criança, ela assinala que o rapaz agora faz menos "besteira".[9] O reconhecimento de mudanças em função do nascimento da criança é reafirmado pelo rapaz: "Eu penso agora que eu tenho um filho, tenho que botar a cabeça no lugar e criar juízo."

As inflexões nas trajetórias biográficas dos jovens são mais sutis e subjetivas do que simplesmente a alternância entre escola e trabalho. Es-

---

[9] As "besteiras" ou "coisas mais erradas" referem-se aos roubos de moto efetuados pelo filho.

ses dois episódios expressam outra dimensão: o significado do filho para a vida do rapaz. Ambos são casos nos quais a paternidade, além de ter sido planejada ou desejada, representa uma "ancoragem social", segundo Vilar e Gaspar (1999) ou, ainda, um "antídoto à anomia". Em nenhum dos casos houve qualquer menção ao aborto.

A gravidez da qual David (22 anos) é protagonista foi caracterizada como "rápida", oriunda de "forte paixão" por "uma menina que se fazia de difícil", recém-chegada à comunidade. Apesar de difícil de conquistar,[10] não tardou para que começassem a namorar. Começaram a ter relações, mas "as cinco caixas de camisinha", que havia comprado, duraram apenas duas semanas.[11] Assim aboliu-se o preservativo e a parceira engravidou. Afirma que ambos queriam a gravidez e não cederam à pressão de sua mãe para que fizessem o aborto:

> *Aí, eu tive vontade de ter o neném porque todos os meus colegas tinham, sabe, na época. (...) Então, eu era o único que não era pai. (...) Mas eu queria ter um filho porque achava que ter um filho, ter alguém, se um dia, vamos supor, eu me separar da mãe, fico com o neném. Ter alguém comigo. Porque na época eu me sentia muito sozinho. Por mais que eu tivesse muitas namoradas, eu me sentia sozinho. Então, eu preferi ter o neném.*

Não há como ignorar uma alteração no curso de sua vida, promovida pelo evento da paternidade, não obstante não enunciada explicitamente. David trabalhava para o chefe do tráfico local, limpando armas em troca de dinheiro e drogas. Os ganhos eram então destinados a comprar "roupas de marca" e "cordões de ouro". Passou a trabalhar em uma videolocadora, recebendo um salário mínimo por mês. Não disponho de dados para precisar quando o rapaz deixa de trabalhar para o tráfico; entretanto, é nítida a inflexão nessa trajetória, relacionada ao nascimento da filha. Evidentemente, não é possível afirmar que essas mudanças sejam duradouras, mas há um nexo entre esses eventos e, no

---

[10] Ele se considera um "menino muito safado, piranho, galinha mesmo", ao afirmar que já tinha saído com quase todas as mulheres da comunidade (David, 22 anos).
[11] "Eu, como era muito olho grande em negócio de sexo, todo dia queria e todo dia fazia. Então, num dia era quatro vezes. No mínimo tinha que fazer três vezes numa, num período de vinte e quatro horas. Três vezes num dia" (David, 22 anos).

momento da entrevista, funcionavam como estruturadoras de sentido para o informante.

Há ainda outro episódio em que o projeto de ter um filho e a interrupção voluntária do uso de métodos contraceptivos se apresentam. Contudo, os contornos dessa história remetem a um processo de construção de identidade social. Elton (19 anos, primeiro filho aos 15) namorava a parceira há quase um ano, quando propôs ter um filho. Se, de um ponto de vista etnocêntrico, uma segunda gravidez poderia representar uma piora da situação de vida desse jovem pobre, na sua ótica "foi mais tranquila", pois "foi decisão minha certa, já que eu quis mesmo para poder. Eu tive o prazer de ter o filho, esse filho meu, gostei muito". A narrativa revela uma fraca reação das famílias. A parceira chega a avisar aos pais que "estava pensando" em engravidar, quando recebeu a resposta "é contigo mesmo"; o rapaz afirma que os pais da moça apenas a alertaram para o fato de que ele já tinha um filho com outra. Em relação à própria família, Elton declara que não teve "problema algum, ninguém falou mais nada, foi uma coisa normal". Entretanto, a comunicação do fato foi tardia, "foi tipo uma surpresa. Quando eles viram, ela já estava com maior barrigão".

Não são poucas as vezes em que os rapazes se reportam a outros casos de amigos e/ou parentes que também tiveram seus filhos num patamar de idade bem próximo aos seus. Uma irmã mais nova da parceira de Elton, por exemplo, também estava grávida na mesma época; ambas tiveram seus filhos e permaneciam morando na casa de seus pais, com suas respectivas proles.

Esse informante afirma que a parceira gostou de ter sido mãe, pois "passou a cuidar do próprio filho", e não apenas de seus irmãos menores.[12] Quanto às repercussões para Elton, considera que desde pequeno era "um cara mais sério" e não costumava ficar brincando com

---

[12] Uma pesquisa qualitativa com moças que foram mães antes dos 15 anos (Costa, 2002) discute a existência de um certo elo de propiciamento entre maternidade precoce e contextos de forte precarização social: as entrevistadas afirmavam que o nascimento de uma criança não alterava muito suas rotinas, tendo em vista que desde pequenas já desempenhavam papéis alocados a mulheres adultas, muito antes de serem, de fato, mães. O cotidiano estava bastante marcado pelas tarefas de cuidar de crianças menores, para que a mãe pudesse trabalhar, bem como por atividades domésticas. Esse cenário propicia uma certa socialização familiar e de gênero, na qual ser mãe e/ou dona de casa é elemento central da identidade feminina.

garotos de sua idade, mas com rapazes mais velhos, "queria ser adulto". Do grupo de amigos, ele foi o primeiro a ser pai, e complementa:

> *para mim, o homem tem que ter filho sim, senão ele não é homem. Para mim, eu tenho um filho e posso ter mais filhos, mostrar, para provar para as outras pessoas que posso ter um filho. Um homem tem que ter um filho senão ele não apresenta o que ele é definitivamente: "Eu sou um homem, vou provar para todo mundo que sou homem". Aí, é ter um filho e ser feliz.*

Os quatro casos apresentados têm, como desfecho, a paternidade assumida e o reconhecimento do vínculo com a parceira, seja com coabitação prévia ou posterior à gravidez ou, ainda, por uma "conjugalidade não coabitante" (Segalen, 1999).

Gravidez "acidental"

Outros episódios guardam características semelhantes em relação à chamada gravidez "indesejada", retratada pela literatura de GA. Como elementos comuns, há uma imprevisibilidade do episódio de gestação e uma postura peculiar relativamente aos métodos contraceptivos: ou os rapazes se julgam plenamente seguros, ou deixam totalmente nas mãos das mulheres a responsabilidade sobre a questão.

Nos casos de Beto e João (segunda gravidez), a preocupação com o cuidado contraceptivo não se fazia presente. Beto considera que são as mulheres que precisam ter "mais consciência" e "se prevenir", pois os "homens quase não pensam nessas horas". Quanto a João, alega que se sentia seguro, ou melhor, nem havia se preocupado com isso, pois, sendo a parceira mais velha, ela "certamente" saberia o que fazer "para não pegar filho". Essa gestação ocorreu com uma parceira nove anos mais velha, que já tinha duas filhas. Como achava estar "amarrada", tanto ela quanto ele não faziam uso de qualquer método contraceptivo.

Nos casos de Elton (primeira gravidez) e de Oscar, há algum nível de inquietação com a contracepção, mas eles possuem "certezas" sobre conhecimentos que, de fato, são precários. O primeiro afirma que a possibilidade de gravidez surgiu "na continuidade das relações"; o casal passou a usar a camisinha quando, "no caso, estava perto de vir a menstruação dela, faltando uns três dias, aí um médico falou que pode correr o risco da gente transar e pegar gravidez, que está perto do não sei o quê menstrual". Já o outro rapaz, ao mesmo tempo que afirma que não se preocupava com possibilidade de gravidez, porque a "parceira era mais aventura", tinha total confiança em "seu" método: o coito interrompido.

As reações diante da notícia apresentam similaridades. Beto utiliza expressões como "foi inesperado", "foi acidente" e "história triste", para descrever o episódio em que esteve envolvido. Elton também diz que "não esperava de acontecer aquilo, não foi uma coisa que praticamente eu queria", e atribui a gravidez a uma "troca de remédios" (ele se refere à época do escândalo das pílulas anticoncepcionais de farinha). Oscar declara que o "susto foi grande" e que "Deus castigou", pois jamais havia pensado em ter filho (esse rapaz, há mais de dois anos, coabitava com outra parceira, que nunca engravidara). João é categórico, ao afirmar que o "erro" foi da parceira:

> Foi erro dela, porque ela tem duas filhas, então era amarrada, depois de sete anos, aquele nó desamarra, ela não sabia, aí engravidou. Essas coisas, aí logo no meu período, foi completar os sete anos!

Apesar dos "sustos" e das notícias "inesperadas", a opção foi prosseguir com as gestações, após embates em torno do aborto, em alguns casos, possibilidade a que os rapazes afirmam se opor.

Em concordância com o argumento de que toda gravidez guarda algum sentido (Le Van, 1998), e que pode sofrer um processo de assimilação quando não planejada, os desfechos dessas histórias tornam-se mais congruentes. Por diferentes caminhos, a criança vai sendo incorporada nas redes de trocas desses jovens e as famílias constituem um elemento fundamental, com seus distintos graus de apoio, para que os jovens "assumam" a paternidade. Essa assunção também é heterogênea, podendo, ou não, elidir a parceira. Contudo, o esforço do "assumir" ilumina características dos processos de construção de identidade masculina (Cabral, 2002).[13]

---

[13] A narrativa de João é exemplar do orgulho masculino da conquista e do engravidamento da parceira: "Ela era uma mulher mais velha, ela é um mulherão, então saí com ela, engravidei ela, então as garotas notam: o cara deve ser muito bom para fulana, engravidou dele, as colegas dela também davam muito em cima de mim, mas como eu gostava dela, aquele assédio ali passava em branco". Essa gravidez, apesar de inesperada, contribui para uma afirmação de masculinidade

Gravidez "tácita"

Adoto aqui o termo "tácito" para denotar uma espécie de acordo implícito, não verbalizado entre o casal, que sabe que, ao manter relações sexuais, uma gravidez é passível de ocorrer. A noção de que há um risco subjacente a um comportamento contraceptivo não congruente se apresenta, mas este conhecimento se situa num plano não claramente racionalizado. Essa discussão pode originar dois níveis de argumentação, a princípio, complementares. Por um lado, ao ser tratada como um acontecimento da transição juvenil (Heilborn et al., 2002), essa dimensão de risco fica incorporada ao fenômeno da GA. O mesmo ocorre na perspectiva da capacidade do jovem para projetar as ações e suas consequências no futuro (Luker, 1996). Por outro lado, as gravidezes acabam, de algum modo, sendo "assimiladas" e imprimindo inflexões nas trajetórias dos jovens.

No que tange ao "fraco planejamento", podem ser classificados como casos de "gravidez tácita" os que envolvem seis rapazes ainda não mencionados. As reações à "inusitada" notícia da gestação são díspares. Oscilam desde "não esperava" até "foi aquela euforia" ser pai. Dois rapazes aventam a hipótese da gravidez como estratégia de união.

Cláudio afirma que a primeira gravidez aconteceu após um ano e dois meses de namoro. Diz que a parceira "se perdeu" com ele e, a partir de então, ele passou a comprar remédio para ela. Segundo o rapaz, a parceira se esquecera de "tomar o remédio", mas em sua versão: "Ela já queria ficar comigo logo, aí a barriga foi até um lance mais rápido que ela chegou, mais rápido de vir morar comigo. Depois que ficou de barriga, e de lá para cá até hoje, ela está sempre comigo". A gravidez de seu segundo filho com a mesma parceira também não foi planejada, mas "já era de se esperar", pois mantinham relações sexuais sem adotar qualquer método contraceptivo.

Já Nelson afirma ter sido "pego de surpresa". Namoravam há mais de um ano e a parceira usava pílula. Declara que ela decidiu parar de tomar o remédio, de repente, sem comunicar-lhe de imediato; somente um mês depois, ela contou o fato, sob a justificativa de que "queria engravidar". Nelson

no tocante à virilidade do rapaz. Sobressai, desse modo, a "conquista de um mulherão" perante o grupo de pares, coroada com o fato de tê-la engravidado. Em outras palavras, a explicitação pública de sua sexualidade, via engravidamento da parceira, confere valor à sua masculinidade.

não adotou nenhum outro método porque, em sua opinião, "já era, já tinha passado o tempo e não adiantava mais". Para ele, a parceira quis engravidar porque "via as colegas tendo filhos", e também porque "queria prendê-lo".

Num tom dramático, Paulão relata os casos de gravidez nos quais é protagonista. Afirma que a primeira gestação da parceira coincide com a primeira relação sexual da mesma, e que "foi azar", "foi um desespero". Seu primeiro pensamento foi "tirar a criança", mas desistiu da ideia e resolveu "experimentar ser pai" (a parceira era contra o aborto). Paulão refere que sua mãe reclamou muito ao saber da gravidez e que "foi um esporro só". Entretanto, sua reação foi pior ao saber da segunda gravidez. Apesar de dizer que foi "menos trágica" que a primeira, o casal opta pelo aborto; houve tentativas com chás, sem sucesso: "se tivesse conseguido, seria só um [filho]".

Reações ambíguas estão presentes nos outros casos de gravidez. Ivan, por exemplo, afirma que a gravidez "foi e não foi planejada", pois "a gente já sabia que ia acontecer, que sem tomar o remédio...". Ele comprava o anticoncepcional para a parceira (filha única) e escondia em sua casa. Declara que ela começou a passar mal por causa do remédio e, com medo de que sua mãe descobrisse, deixou de tomá-lo; aboliram a pílula, mas não adotaram outro método contraceptivo. A gravidez ocorreu "depois de uns três meses que não deu mais, aí tivemos que contar para mãe dela".

Apesar de a gravidez ter acontecido logo no início do namoro, Flávio diz não ter ficado "assustado" com o fato: "Quando a minha filha veio, não foi nada programado. Não vou falar que foi um acidente, mas não foi programado". O uso de preservativo era intermitente. Apesar de declarar que não esperava que "isso pudesse acontecer", Flávio se apressa em referir que "sempre quis ter um filho, enquanto novo", para "pegar responsabilidade", traduzida pelo início da vida laboral, associada à constituição do núcleo conjugal.

Se, por um lado, o episódio de gravidez, que envolve Flávio, deixa entrever um movimento de "assumir responsabilidades" e "dar o exemplo para a filha", o curso da trajetória de Gilson é oposto. Ele ainda estudava e morava com a mãe quando se deu a primeira gravidez. Filho de pais separados, Gilson afirma que sua mãe "não falou nada" e "aceitou bem" a criança; e seu pai, embora não tenha "gostado" do fato de ele ter engravidado a moça, ainda contribuiu para o batizado da neta. No entanto, ao que tudo indica, ele retrocedeu em relação ao apoio financeiro para o filho. Não tardou a surgir uma segunda gravidez e, ao ser indagado sobre a possibilidade de nova gravidez após recomeçarem a ter relações sexuais, Gilson responde: "ela ganhou de repente". O intervalo entre as gestações é muito breve[14] e o rapaz não se estende muito sobre contracepção, tampouco demonstra interesse sobre o possível método em uso pela parceira. Afirma que nunca havia pensado em ter os três filhos, mas "aconteceu". Após o primeiro episódio de gravidez, o rapaz sai da escola em busca de trabalho; mas o sustento de sua família é fornecido por sua mãe, sua sogra e pelos roubos que faz: "Eu sei que tenho responsabilidade com meus filhos, é ruim de eu deixar meu filho ficar chorando para ficar pedindo leite, essas coisas, deixo não, corro atrás, eu que não vou ficar parado".

Assunção da paternidade

Diversos desfechos são possíveis a partir dos episódios de "gravidez na adolescência". Há uma pluralidade de situações, e nem todos os pais adolescentes são "irresponsáveis". Os graus de apoio familiar variam, assim como os modos de assunção da paternidade, desde o fortalecimento do vínculo com a parceira e coabitação até a incorporação exclusiva da criança.

Nas entrevistas, destaca-se a participação das famílias de origem, não somente no sentido da acolhida domiciliar do casal (ou da jovem mãe), mas sobretudo no que tange ao suporte material da criança. Os valores recebidos pelos rapazes com seus trabalhos/biscates são, a princípio, insuficientes para o sustento de uma criança. Esse panorama indica mais a "assunção moral da paternidade" do que efetivamente sua condição material, uma vez que o suporte financeiro da criança provém das famílias de origem.

Episódios de gravidez subsequentes ao início da vida sexualmente ativa da moça indicam a permanência de atributos tradicionais, no que concerne aos papéis e às relações de gênero. O "assumir a paternidade" pode ser interpretado como um reparo ou contradádiva ao defloramento da moça. Há também casos de gestação num calendário próximo ao início da vida sexual

---

[14] No momento da entrevista, as respectivas idades de seus filhos são: três anos, um ano e três semanas.

do rapaz. Ambas as situações podem ser contextualizadas, segundo uma cultura sexual e de gênero que impele/incita o homem ao não controle sobre seus impulsos sexuais, e atribui às mulheres uma certa responsabilização sobre as questões contraceptivas (Cabral, 2003). Esse cenário propicia o desconhecimento dos homens acerca dos métodos contraceptivos e, sobretudo, há que se considerar a hipótese da gravidez como relevante meio de publicização do início da vida sexualmente ativa do rapaz. Acrescente-se que o "assumir", categoria sintética para o "responsabilizar-se pelo que fez", condensa o comportamento valorizado pelo jovem, por seus familiares e pelo grupo de pares, além de ser signo de uma vida adulta e viril.

Os efeitos positivos do nascimento de uma criança, expressos nos relatos como maturidade e responsabilização, são enfatizados pelos informantes. A categoria "responsabilidade" é encompassadora da nova posição a ser assumida perante a vida: precisam abrir mão da "brincadeira", da "molecagem" e dos excessos, para passar a outro status, que implica seriedade, obrigações, vínculos e dependência. Há também um plano discursivo no qual são claramente reconhecidas as perdas que a paternidade implica. Assinalam-se as alterações no âmbito da sociabilidade, pois os imperativos de "dar o exemplo" e "ter que trabalhar"[15] sinalizam uma certa redução do tempo livre para "zoação" e para convívio com os pares, frequentemente subsumidos na expressão "perda de liberdade".

Os jovens afirmam que a paternidade significa amadurecimento e responsabilidade. Desse modo, se o processo de transição para a vida adulta é definido em termos da incorporação progressiva de atributos caracterizados pela autonomia residencial/conjugal e profissional/financeira, o nascimento e a assunção de um filho parecem incrementar esse processo. Ainda que a autonomia financeira e material seja relativa, na prática, os discursos dos rapazes estão eivados de uma obrigação moral que impele o homem a assumir e a exercer a função de provedor. "Ter responsabilidade", consequência direta da paternidade, implica incorporação de novos papéis. Em outras palavras, a assunção da paternidade efetua a transição de uma condição à outra: para alguns, representa a consolidação do processo de passagem à vida adulta; para outros, acirra essa transição. Mais ainda, se o engravida-

---

[15] Nesse universo se apresenta um imperativo moral que incita o homem à busca pelo trabalho (Duarte, 1986).

mento atua como um importante papel para a construção da identidade masculina, na medida em que representa a publicização de sua potência e virilidade, é a assunção da paternidade que proporciona ao jovem a consolidação da imagem do homem "maduro", "responsável", "adulto".

Ressalta-se o fato de que o padrão encontrado entre esses jovens não é, em vários sentidos, destoante ao da geração de seus pais. Pode-se afirmar que a redefinição das expectativas em torno da juventude, no que tange ao processo de escolarização, à entrada no mercado de trabalho e à idade adequada para ter filhos, determina um papel central na configuração de "precocidade" (da paternidade) em relação à trajetória social do jovem (Ariès, 1981).

Em suma, ao conceber a juventude enquanto processo biográfico, no qual são adquiridos progressivamente os predicados característicos da vida adulta (autonomia material e residencial), torna-se possível indagar em que medida um episódio de "gravidez na adolescência" acirra essa transição, no contexto das camadas populares. Os percursos de vida aqui analisados, pelo prisma da paternidade juvenil em camadas populares, são, a um só tempo, exemplos de uma forma tradicional de transição em que há uma passagem curta ou condensada para o estatuto adulto, e de um certo modelo de trajetória masculina nesses grupos sociais.

Referências bibliográficas

ARIÈS, Philippe. *História social da criança e da família*. Rio de Janeiro: Guanabara, 1981.

ARILHA, Margareth. Homens: entre a "zoeira" e a "responsabilidade". In: _____; RIDENTI, S. G. U.; MEDRADO, B. (Orgs.). *Homens e masculinidades*: outras palavras. São Paulo: Ecos\Ed. 34, 1998.

BAENINGER, Rosana. 1999. Demografia da população jovem. In: SCHOR, N. et al. (Orgs.). *Cadernos juventude, saúde e desenvolvimento*. Brasília: Ministério da Saúde, Secretaria de Políticas de Saúde, 1999. v. 1.

BERQUÓ, Elza. Brasil, um caso exemplar – a anticoncepção e partos cirúrgicos – à espera de uma ação exemplar. *Revista Estudos Feministas*, v. 1, p. 367-381, 1993. Suplemento 2.

_____. Arranjos familiares no Brasil: uma visão demográfica. In: *História da vida privada no Brasil*. São Paulo: Companhia das Letras, 1998. (v. 4, Contrastes da intimidade contemporânea).

_____. Ainda a questão da esterilização feminina no Brasil. In: GIFFIN, K. et al. (Org.). *Questões da saúde reprodutiva*. Rio de Janeiro: Fiocruz, 1999, p. 113-126.

_____; CAVENAGHI, Suzana. *Increasing adolescent and youth fertility in Brazil*: a new trend or a one-time event? Trabalho apresentado ao Annual Meeting of the Population Association of America, Philadelphia, Penn., Mar. 30 to Apr. 2, 2005. Session n. 151, Adolescent Fertility in Developing Countries. ms.

BOMBA-RELÓGIO. *O Globo*, Rio de Janeiro, 11 maio 2005. Primeiro Caderno, Opinião, p. 6.

BOURDIEU, Pierre. A "juventude" é apenas uma palavra. In: _____. *Questões de sociologia*. Rio de Janeiro: Marco Zero, 1983.

BRASIL. Ministério da Saúde. *PNDS 2006*: Pesquisa Nacional de Demografia e Saúde da Criança e da Mulher – Relatório. Brasília, 2008. Disponível em: <http://bvsms.saude.gov.br/bvs/pnds/img/relatorio_final_pnds2006.pdf>. Acesso em: 8 set. 2008.

CABRAL, C. S. *Vicissitudes da gravidez na adolescência entre jovens das camadas populares do Rio de Janeiro*. 2002. Dissertação (Mestrado em Saúde Coletiva) – Rio de Janeiro, Instituto de Medicina Social, Universidade do Estado do Rio de Janeiro, Rio de Janeiro, 2002.

_____. Contracepção e gravidez na adolescência na perspectiva de jovens pais de uma comunidade favelada do Rio de Janeiro. *Cadernos de Saúde Pública*, v. 19, p. 283-292, 2003. Suplemento 2.

CAMARANO, A. A. Fecundidade e anticoncepção da população jovem. In: *Jovens acontecendo na trilha das políticas públicas*. Brasília: CNPD, 1998, v. 1, p. 109-133.

CASAL, Joaquim. Modos emergentes de transición a la vida adulta en el umbral del siglo XXI: aproximación sucesiva, precariedad y desestructuración. In: PAIS, J. M; CHISHOLM, L. (Coords.). *Jovens em mudança*. Actas do Congresso Internacional Growing up Between Centre and Periphery. Lisboa: Instituto de Ciências Sociais da Universidade de Lisboa, 1999.

COSTA, T. J. N. M. A maternidade em menores de 15 anos em Juiz de Fora (MG): uma abordagem socioantropológica. *Praia Vermelha. Estudos de Política e Teoria Social*, Rio de Janeiro, Programa de Pós-Graduação em Serviço Social/UFRJ, n. 7, 2º semestre, p. 154-183, 2002.

DAMATTA, Roberto. *A casa e a rua*. São Paulo: Brasiliense, 1985.

DUARTE, L. F. D. *Da vida nervosa nas classes trabalhadoras urbanas*. Rio de Janeiro: Zahar, 1986.

DURHAM, Eunice. Família e reprodução humana. In: FRANCHETTO, Bruna et al. *Perspectivas antropológicas da mulher 3*. Rio de Janeiro: Zahar, 1983.

FONSECA, Cláudia. *Família, fofoca e honra*: etnografia de relações de gênero e violência em grupos populares. Porto Alegre: Ed. Universidade/UFRGS, 2000.

GALLAND, Olivier. *Sociologie de la jeunesse*. Paris: Armand Colin, 1997.

GARCIA, S. M. Conhecer os homens a partir do gênero e para além do gênero. In: ARILHA, M.; RIDENTI, S. G. U.; MEDRADO, B. (Org.). *Homens e masculinidades*: outras palavras. São Paulo: Ecos/Ed. 34, 1998.

HEILBORN, M. L.; AQUINO, E. M. L.; BOZON, M.; KNAUTH, D. R. (Orgs.). *O aprendizado da sexualidade*: reprodução e trajetórias sociais de jovens brasileiros. Rio de Janeiro: Garamond/Editora Fiocruz, 2006.

_____; BRANDÃO, E.; CABRAL, C. S. Teenage pregnancy and moral panic in Brazil. *Culture, Health and Sexuality*, v. 9, n. 4, p. 403-414, july 2007.

_____ et al. Aproximações socioantropológicas sobre gravidez na adolescência. *Horizontes Antropológicos*, Rio de Janeiro, ano 7, n. 17, 2002.

LE VAN, Charlotte. *Les grossesses à l'adolescence*: normes sociales, réalités vécues. Paris: L'Harmattan, 1998.

LUKER, Kristin. *Dubious conceptions*: the politics of teenage pregnancy. Cambridge: Harvard University Press, 1996.

MARTINE, George. O mito da explosão demográfica. *Ciência Hoje*, v. 9, n. 51, 1989.

NEVES, Delma Pessanha. Nesse terreno galo não canta: estudo do caráter matrifocal de unidades familiares de baixa renda. *In: Anuário antropológico 83*. Fortaleza: Universidade Federal do Ceará; Rio de Janeiro: Tempo Brasileiro, 1985.

OLIVEIRA, Juarez de C. *Perfil socioeconômico da maternidade nos extremos do período reprodutivo*. Brasília: IBGE, Diretoria de Pesquisas (DPE), Coordenação de População e Indicadores Sociais (Copis), 2005. ms.

PAIS, J. M. *Culturas juvenis*. Lisboa: Imprensa Nacional/Casa da Moeda, 1993.

_____ (Coord.). *Gerações e valores na sociedade portuguesa contemporânea*. Lisboa: Instituto de Ciências Sociais da Universidade de Lisboa, 1998.

_____. Introdução. In: _____ (Org.). *Traços e riscos de vida*: uma abordagem qualitativa dos modos de vida juvenis. Porto: Ambar, 1999.

SALEM, Tania. Mulheres faveladas: "com a venda nos olhos". In: FRANCHETTO, Bruna et al. *Perspectivas antropológicas da mulher 1*. Rio de Janeiro: Zahar, 1981.

_____. "Homem... já viu, né?": representações sobre sexualidade e gênero entre homens de classe popular. In: HEILBORN, M. L. (Org.). *Família e sexualidade*. Rio de Janeiro: FGV, 2004.

SANTOS JÚNIOR, J. D. dos. Fatores etiológicos relacionados à gravidez na adolescência: vulnerabilidade à maternidade. In: SCHOR, N. et al. (Orgs.). *Cadernos juventude, saúde e desenvolvimento*. Brasília: Ministério da Saúde, Secretaria de Políticas de Saúde, 1999, v. 1.

SARTI, Cynthia. *A família como espelho*. São Paulo: Editores Associados, 1996.

SCOTT, Parry. O homem na matrifocalidade: gênero, percepção e experiências do domínio doméstico. *Cadernos de Pesquisa*, São Paulo, Fundação Carlos Chagas, n. 73, 1990.

SEGALEN, Martine. *Sociologia da família*. Lisboa: Terramar, 1999.

SIMÕES, C. C. S. *A transição da fecundidade no Brasil*: análise de seus determinantes e novas questões demográficas. São Paulo: Albeit Factory Ed., 2006.

VIEIRA, Andréa G. A assustadora multiplicação dos carentes. *O Globo*, Rio de Janeiro, 3 abr. 2005. Primeiro Caderno, Opinião, p. 7.

VILAR, Duarte; GASPAR, A. M. Traços redondos: a gravidez em mães adolescentes. In: PAIS, J. M. (Org.). *Traços e riscos de vida*: uma abordagem qualitativa dos modos de vida juvenis. Porto: Ambar, 1999.

WHO – World Health Organization. *Sexual relations among young people in developing countries*: evidence from WHO case studies. Geneva, 2001.

WOORTMAN, Klaas. Casa e família operária. *In: Anuário antropológico 80*. Fortaleza: Universidade Federal do Ceará; Rio de Janeiro: Tempo Brasileiro, 1982.

8. Muitos pesos e muitas medidas: uma análise sobre masculinidade(s), decisões sexuais e reprodutivas[*]

Paula Sandrine Machado[**]

Muitas produções acadêmicas sobre reprodução são marcadas pela ausência do masculino. Conforme apontado por Leal e Boff (1996), quando surgiram os estudos sobre homens, realçando a identidade de gênero, a ênfase foi dada à sexualidade, como se este tema estivesse "evidentemente" mais relacionado a eles que a reprodução, por exemplo. As políticas de saúde pública preveem programas em saúde reprodutiva que também corroboram essa visão, na medida em que dão destaque à saúde materno-infantil como pauta para suas ações.[1]

Este texto está inserido no conjunto de produções preocupadas em considerar o elemento relacional de gênero, incluindo a perspectiva masculina na discussão em torno da reprodução. Objetiva desvendar as representações e práticas sociais de homens moradores de uma vila (favela) da periferia da cidade de Porto Alegre, Rio Grande do Sul, no que concerne às decisões por métodos de prevenção, seja para evitar gravidez e/ou doenças sexualmente transmissíveis (DSTs). Para tanto, analiso determinados valores e concepções acionados nessas decisões, que estão intimamente articulados ao processo de se tornar homem, à família como valor, às avaliações classificatórias e hierarquizantes atribuídas às parceiras e às representações corporais.

---

[*] A pesquisa foi realizada com recursos do Programa Interinstitucional de Treinamento em Metodologia de Pesquisa em Gênero, Sexualidade e Saúde Reprodutiva, promovido pelo Programa Interinstitucional em Metodologia de Pesquisa em Gênero, Sexualidade e Saúde/IMS/Uerj, com apoio da Fundação Ford. Meus agradecimentos a Fabíola Rohden, Sérgio Carrara e Fernando Seffner pelas importantes observações. Agradeço especialmente a Daniela Knauth, minha orientadora, pelas infindáveis contribuições e valiosas sugestões.
[**] Mestre e doutora em antropologia social pela Universidade Federal do Rio Grande do Sul (UFRGS).
[1] A respeito da discussão sobre o lugar dos homens no discurso da saúde pública, ver o interessante debate na *Revista Ciência & Saúde Coletiva* (v. 10, n.1, 2005).

Minha análise se apoia na perspectiva construtivista do gênero, de modo que parto do pressuposto de que as diferenças de comportamentos e sentimentos não se instauram a partir de uma diferença reconhecida no substrato anatomofisiológico. Aponta-se, assim, para a existência de construções culturais e diferenciações sociais que marcam os corpos.[2] Considero, ainda, que o segmento social – popular – a que pertencem os homens que fizeram parte da pesquisa constitui um relevante fator na construção de determinados valores que permeiam suas vidas e decisões (Duarte, 1986; Víctora, 1991; Sarti, 1996; Fonseca, 2000).

Trata-se de uma pesquisa na qual foi utilizado o método etnográfico. Além de entrevistas informais e observação participante em espaços de sociabilidade masculinos – especialmente o Bar do Zé e o Clube Campeão[3] –, foram realizadas entrevistas gravadas com 10 homens,[4] entre 20 e 30 anos, com práticas preferencialmente heterossexuais, moradores de uma vila da periferia da cidade.[5] À ocasião da entrevista, cinco deles residiam com as companheiras, três namoravam e dois não tinham companheiras ou namoradas. Em termos de ocupação, quatro estavam inseridos em trabalhos regulares (como zelador, por exemplo) e cinco não possuíam atividade regular (por exemplo, vocalista de banda de pagode). Apenas um definiu sua condição como desemprego. Em relação à escolaridade, quatro possuíam ensino fundamental incompleto, três haviam completado o nível fundamental e três o ensino médio.

Os homens foram selecionados mediante a entrada em duas redes de relações que, conforme a definição êmica – ou seja, aquela empregada pelos informantes –, correspondem aos *malandros ou pagodeiros* e aos *traba-*

---

[2] Sobre o debate construtivismo/essencialismo nos estudos em sexualidade, ver Gagnon e Parker (1995) e Terto Jr. (1999), entre outros.

[3] O Bar do Zé era mais frequentado por homens na faixa de 40 anos, mas também por mais jovens, que iam beber e jogar sinuca. O bar funcionava, ainda, como minimercado. O Clube Campeão é uma entidade esportiva, onde eram organizadas atividades recreativas, como futebol e carteado. Trata-se de um lugar de sociabilidade exclusivamente masculina.

[4] Nomes atribuídos aos entrevistados: Pedro, Alexandre, Rodrigo, Cacá, Volnei, Marcos, Magro, Paulão, Anderson e Diego.

[5] O projeto da pesquisa foi avaliado e aprovado por um comitê de ética em pesquisa e todos os entrevistados assinaram um termo de consentimento livre e esclarecido, autorizando a utilização dos dados com a devida garantia de confidencialidade das informações concedidas. Assim, todos os nomes (ou apelidos) de pessoas e estabelecimentos foram alterados.

lhadores.[6] Um grupo se define sistematicamente em oposição ao outro: *os trabalhadores dão duro* enquanto *os malandros não trabalham, vivem da noite, só curtem*. Entretanto, essas classificações são fluidas e relacionais, o que pode ser evidenciado pela primeira indicação que recebi de informante da rede dos ditos *trabalhadores*: quando o encontrei, ele não estava "trabalhando", o que sinaliza a existência de outros fatores, além de possuir uma atividade remunerada, capazes de definir um homem como trabalhador ou não. Talvez por esta razão não seja possível, a partir dos dados obtidos, apontar diferenças entre os *malandros* e os *trabalhadores*, no que se refere às representações e práticas acionadas no momento de decidir por um método de prevenção. É possível ainda supor que, no que tange a esta questão, o gênero seja um elemento mais determinante.

Muitos pesos e muitas medidas

Diversos estudos, desenvolvidos especialmente nos anos 1980 e 1990, preocupados em refletir sobre aspectos relacionais de gênero na esfera da saúde, indicam a contracepção como questão relegada às mulheres (Víctora, 1991; Giffin, 1994; Villa, 1997; Arilha, 1998). Diferentemente do que sugere essa produção, os dados de minha pesquisa demonstram que os homens estão – e muito – preocupados com esse tema. Para eles, não se trata de um problema exclusivamente feminino. Há, inclusive, um temor associado aos métodos considerados *de mulheres* que, como será mais explorado, incluem o anticoncepcional oral[7] ou injetável e o DIU. Nesse sentido, a observação e as entrevistas revelam que a sexualidade e a reprodução não aparecem como categorias dissociadas. Essa questão é sempre problematizada pelos homens a partir de duas dimensões: contraceptiva e preventiva (em relação às DSTs).

---

[6] A partir dos primeiros informantes de cada rede, foi utilizada a técnica de bola-de-neve para definir as próximas pessoas a serem entrevistadas. É necessário salientar que esse processo de construção das redes foi difícil e enfrentou alguns obstáculos. Proponho uma análise mais sistematizada sobre questões metodológicas relacionadas a essa pesquisa, entre as quais o fato de ser uma "mulher estudando homens e suas vidas afetivo-sexuais", em Machado (2007).

[7] A partir de agora, utilizarei também o termo "pílula" para me referir ao anticoncepcional oral, por ser uma expressão habitualmente usada, tanto pelas pessoas na vila em que realizei o trabalho, como pelos profissionais de saúde.

Uma série de avaliações e ajustes são realizados para decidir o que será utilizado, com quem, em que contexto, momento da vida e com que propósito. As decisões reprodutivas e a escolha do uso de métodos – ora como contraceptivos, ora como preventivos para DSTs – são, portanto, situacionais e variam de acordo com elementos como a classificação das parceiras, o local onde são conhecidas, o vínculo estabelecido com elas, além do contexto em que ocorrem as relações e os valores envolvidos no momento da decisão.

Os métodos mais conhecidos pelos entrevistados são o preservativo masculino e o anticoncepcional oral. De forma geral, todos acreditam que a camisinha é a melhor estratégia com as mulheres *da rua* ou com *gurias fáceis*. Nesses casos, seu uso é muito associado ao medo de *pegar doença*. Já nos relacionamentos considerados duradouros, mais *estáveis* e *confiáveis*, a utilização do preservativo é referida como intermitente ou ausente. Apenas um informante declara ter sempre usado camisinha com as namoradas, exceto na primeira transa, quando elas ainda eram *virgens*.

As trajetórias afetivo-sexuais dos entrevistados são variáveis, tanto no que concerne ao número de parceiras, à idade e às características da primeira relação sexual quanto ao envolvimento afetivo com diferentes mulheres. No que tange às escolhas por método com as parceiras atuais, há um vasto repertório utilizado, de forma mais ou menos regular, combinados ou não: coito interrompido, tabelinha, anticoncepcional oral, anticoncepcional injetável e camisinha.

A definição do método utilizado nas relações atuais ou o que se declara ter usado em outros relacionamentos não pode ser tomada, entretanto, como estanque e não significa que, uma vez tomada uma decisão, mantenha-se a mesma opção, independentemente das variações em um relacionamento. Rupturas e tensões desestabilizam algumas lógicas de escolha empregadas. As brigas dos casais, nesse sentido, são particularmente interessantes para pensar como os métodos de proteção podem ser acionados para demarcar uma determinada situação. O uso da camisinha com uma namorada ou esposa, por exemplo, pode ser uma forma de explicitar dúvidas acerca da fidelidade masculina ou feminina.[8]

---

[8] Cabe apontar que admitir dúvidas sobre a exclusividade da parceria não foi algo explicitado tão claramente pelos homens, nem nas entrevistas nem durante as observações.

De forma geral, a decisão por um método aparece, para os homens entrevistados, como a elaboração de uma estratégia individual, acionada a partir de determinados valores, associados tanto ao processo de se tornar homem quanto ao valor família, no que diz respeito a um nível mais amplo de tomada de decisão. No contexto mais próximo, esses valores remetem ao plano relacional com a parceira ou, ainda, às representações corporais. Assim, embora essas decisões ocorram em uma relação a dois, elas não implicam uma negociação entre os indivíduos envolvidos e os métodos, categorizados como *de homens* e *de mulheres*, guardam entre si uma relativa autonomia. Ao assinalar que a decisão não pressupõe que os pares negociem, refiro-me ao termo negociação como utilizado no senso comum (incluindo as campanhas de prevenção): a possibilidade de estabelecer, concretamente, um diálogo ou comunicação verbal, de dividir responsabilidades ou, conforme a linguagem êmica, a necessidade de *conversar*.

Se vigora a ideia de que os métodos se distinguem entre *de mulher* (anticoncepcional oral ou injetável e DIU) e *de homem* (preservativo masculino e coito interrompido),[9] há uma concepção de que a mulher possui as suas estratégias e o homem as dele, não havendo necessariamente interferência entre elas. A *conversa* não faz sentido na opção de uso de um método *de homem*, pois essa decisão é considerada pelos homens como sua competência exclusiva. O único entrevistado que referia ter, de fato, muito diálogo e reciprocidade com a parceira afirmava que o método contraceptivo utilizado era a tabelinha, considerada pouco eficaz do ponto de vista médico. Trata-se, contudo, de um caso singular, na medida em que esse homem se distinguia dos demais, por conceber a relação com as mulheres de forma mais igualitária, contexto no qual a *conversa* é valorizada. Nessa situação específica, o diálogo propiciava intimidade e conhecimento mútuo entre o casal, o que, na opinião desse entrevistado, era requisito fundamental para adoção da tabela:

---

[9] Alguns estudos fazem referência à vasectomia como opção anticonceptiva, como em Giffin (1994), Viveros (1998), Carvalho e colaboradores (2001), entre outros. A questão da esterilização masculina, entretanto, não foi problematizada por meus informantes e houve apenas a referência de Magro, que chegou a pensar em fazer o procedimento, em função do número elevado de filhos que julgava ter.

> *Depois a gente aprendeu a tabelinha e a gente sabia. Mas quando atrasava, guria... bah [expressão de quem fica assustado]! Dava um aperto quando atrasava. Ela sempre atrasava dois, três dias. Pra tu ter uma base, eu sabia o dia, eu sabia o dia que ela ia ficar menstruada, assim, que eu mesmo já comprava a coisa [absorvente interno] dela. Já levava pra ela escondido no colégio e dava pra ela. Eu mesmo... (...) Com uma pessoa que tu tem uma certa convivência, se tu tem confiança nela, aí não precisa [a camisinha]. É só vocês fazerem a tabela e deu* (Alexandre, 26 anos).

Os métodos *de mulher* são vistos geralmente pelos rapazes com desconfiança. Villa (1997), ao analisar o discurso de homens de setores urbanos pobres de Buenos Aires, aponta como a pílula é percebida como um método que delega todo poder às mulheres e provoca desconfiança de possíveis infidelidades, como se estimulasse a autonomia sexual feminina. No caso dos entrevistados, o uso da pílula é referido como capaz de suscitar dúvidas, especialmente no que tange às intenções das parceiras. No cálculo das relações de gênero e de poder, a adoção dessa estratégia contraceptiva contém sempre o risco de ser "enganado" pela mulher. Pelas mesmas razões, o DIU também não é bem aceito nesse universo empírico.

A pílula pode, ainda, ser considerada muito "forte" para mulheres jovens e *virgens*. Os entrevistados supõem que ela possa provocar mudanças significativas nos corpos das meninas. Por outro lado, no caso de ser a primeira relação sexual da mulher, o *tirar a virgindade* é visto como algo muito valorizado, e que não deve ser realizado com a proteção da camisinha.

Vale ressaltar que, se não há uma negociação de fato entre o homem e a mulher, isto não significa que o estabelecimento de uma estratégia preventiva (seja para evitar doenças, seja contraceptiva) não seja um processo extremamente complexo. A decisão supõe uma espécie de sensibilidade ou um esquema de avaliação, socialmente significativo, que indique qual recurso a ser usado em determinada situação. A falta de *conversa* sobre a escolha do método pelos parceiros sexuais não deve ser interpretada, portanto, como ausência de preocupação. Há um incremento da *conversa* sobre "outros assuntos", os quais estabelecem os muitos pesos e medidas, que se configuram como fundamentais na tomada de decisão.

Gurias de família e gurias sem-vergonha

Ainda que não *conversem* com as parceiras no momento da escolha por um método, essas decisões são tomadas pelos homens a partir de diversos fatores ou categorias associadas a elas. Os discursos dos entrevistados e as observações revelam que há um código de classificação e uma consequente hierarquização das mulheres, que determinam várias questões, entre as quais a possibilidade de estabelecer um vínculo afetivo duradouro e as estratégias de anticoncepção ou prevenção às DSTs a serem empregadas. A categorização depende do contexto da relação, dos comportamentos esperados e da idade da parceira, entre outros aspectos.

O contraste básico – embora não seja o único – que se observa no material analisado é entre as *gurias de família*, classificação genérica para as mulheres ditas de respeito, e as *gurias que não são de família ou sem-vergonha*.[10] As categorias utilizadas para classificar as mulheres fundamentam-se em um argumento moral hierarquizante, no qual o respeito e a vergonha destacam-se como valores definidores (Duarte, 1986). Os homens devem ser capazes de apreender essas diferenças, pela observação dos gestos, falas, espaços frequentados e redes de sociabilidade dessas mulheres. A falha nessa discriminação pode significar tensões envolvendo sua masculinidade. A infidelidade feminina e o *corno* masculino são exemplos de "consequências graves", fruto de um equívoco do homem em reconhecer uma parceira *confiável*. Por outro lado, a capacidade de compreender esse jogo é tida como fator de proteção às DSTs e às estratégias femininas de *amarrar* ou *enganar* o parceiro.

As *gurias de família* são descritas como "comportadas": *sentam de pernas cruzadas*, não usam gíria, não *se oferecem*. São protegidas pelo valor família, fundamental entre camadas populares, como a própria forma de que o grupo se vale para denominá-las sugere.[11] O controle familiar é visto pelos entrevistados como decisivo para que elas se comportem "adequada-

---

[10] Outras oposições homólogas também são empregadas: fechada x atirada/vagabunda, difícil x fácil, donzela x vileira, limpa x bichada, de casa x da rua.
[11] Trabalhos como de Duarte (1986), Fonseca (1995, 2000) e Sarti (1996) demonstram o papel da família nos grupos populares, como preeminente em relação aos indivíduos e capaz de lhes atribuir uma identidade social. O valor família marca uma adesão a um determinado código de obrigações morais.

mente". Ainda, segundo os informantes, elas não estão sempre *em rodinha de homens* nem buscam declaradamente aproximação corporal com eles. Na concepção dos entrevistados, não fica bem uma mulher estar entre homens, exceto quando acompanhada por seu namorado ou marido, o que se estendia a mim, na condição de pesquisadora. Assim, não foram raras as vezes em que fui questionada sobre o que fazia em um boteco, como se estivesse em um lugar onde não deveria permanecer. A esposa do dono do bar comportava-se de acordo com esse princípio. Ela sempre aparecia ao me ver e tentava conversar sobre assuntos que, talvez, considerasse mais "femininos": crianças, filhos, família, entre outros.

Apesar da aparente homogeneidade na definição das *gurias de família*, os homens apontavam diferenças entre elas, que eram divididas em pelo menos dois "tipos": as que elaboram estratégias de *amarração* do parceiro e as que *não sabem das coisas*. As primeiras, ainda que fossem definidas como *quietinhas* e de *família*, eram consideradas ameaçadoras, pois podiam esconder suas "verdadeiras intenções": que, segundo os entrevistados, consistiam, fundamentalmente, em engravidar para *arrumar* namorado ou constituir aliança. Já as que *não sabem das coisas* seriam "ingênuas", as que não *sabem do perigo* e, nesse sentido, podiam ser *descuidadas*. Com elas, é preciso se proteger porque podem engravidar "sem querer" e/ou porque recai sobre elas o peso da família. Como salientou um dos entrevistados: "Eu faço e amanhã o pai dela está na porta da minha casa."

Já as *gurias sem-vergonha* não seriam confiáveis no que se refere às DSTs. Havia sempre uma dúvida de que elas poderiam *passar doenças* porque *transam com todo mundo*, são *fáceis*. Esse fato poderia justificar uma recusa do homem em estabelecer uma relação sexual caso não tivesse preservativo no momento. Além de *andarem* ou *dormirem* com todo mundo, as *gurias sem-vergonha* eram associadas a outros comportamentos considerados reprováveis pelos informantes: usam drogas, estão sempre em *rodinha de homem*, *chegam e beijam o cara, arrastam ele para rua*, não cumprem os tratos, *não prestam*, entre outras referências. Paradoxalmente, apesar do medo que despertavam em relação às DSTs, também eram tidas como meninas mais *espertas* e, por isso, carregavam camisinha "no bolso". Ao avaliarem a atitude de jovens em relação à prevenção ao HIV/aids, Víctora, Knauth e Rieth (1998) evidenciam que o uso e porte da camisinha integram o planejamento das saídas masculinas, e que, quando as meninas carregam preservativo "no bolso", podem não ser bem classificadas, concepção presente no relato de Alexandre (26 anos):

> *As [gurias] que não são de família já sabem. Parece que já, lá sei eu. Elas são mais antenadas. Não sei se elas são mais curiosas. Porque elas já sabem de tudo, de método. Isso aí tem guria muito esperta.* [É? E como é que é? Como é que são essas gurias?] *São gurias muito espertas, que já andam com camisinha no bolso, essas aí. De andar no bolso, sabe? Já sabem que têm que andar com aquilo ali. Porque pode ser que gostou de algum, vai, um dia, curte. Elas estão sempre renovando o relacionamento delas. Quando uma prova com um, uma prova com outro. Elas mesmo já brincam. Então, elas mesmo já levam, ali, a segurança delas, que é a camisinha.* [E normalmente são elas que tomam a iniciativa?] *Sim.* [Para usar a camisinha?] *Sim, sim. São elas. Elas são as primeiras a se proteger. Por quê? Porque elas sabem do perigo, né. Elas sabem o que pode acontecer. Agora as gurias de família não sabem do perigo. Os pais não falam, não conversam. Tem pais que não conversam. E o resultado está lá. A minha irmã não falou nada pra minha sobrinha. A minha sobrinha tem 13 anos e teve uma filha.*

Para os informantes, não é esperado que as meninas se comportem desse modo, nessa fase da vida. Pode-se afirmar que socialmente, e considerando o cálculo das relações de gênero, os homens consideram mais adequado que elas sejam ingênuas. A esperteza as posiciona em um patamar diferenciado, quando comparadas às outras meninas e, em certo sentido, as equipara aos homens. Assim, elas invertem a posição de dominação masculina, ao menos no que concerne à postura ativa em relação à proteção contra doenças. Já a gravidez decorrente da ingenuidade ou como estratégia de "amarração" não retira das meninas a imagem de recato e de *guria de família*, segundo os entrevistados.

No reconhecimento de uma *guria de família* ou *sem-vergonha*, é frequentemente acionada a lógica do conhecido x desconhecido. Os homens se valiam da classificação moral das parceiras entre *mulheres de dentro* e *de fora* [da vila], o que indica que a identificação dessas mulheres está associada aos espaços sociais nos quais os homens circulam. Os bares do centro da cidade ou o que denominavam de *som* (boates noturnas), por exemplo, eram constantemente referidos e denotavam a construção de um modo de sociabilidade que acontecia fora da vila. Os frequentadores desses espaços buscavam um tipo específico de mulher. As *mulheres de som* usualmente não eram avaliadas como *mulheres de respeito*, exceto se estivessem *deslocadas*, como se frequentassem o local por acaso ou engano. Assim, ainda que definissem a vila como lugar complicado para namorar, devido à constante vigilância e controle social pela fofoca,[12] todos os entrevistados namoraram mulheres de dentro da vila e a maioria constituiu união estável nesse contexto, tendo sido a escola considerada o espaço privilegiado para se conhecer alguém *de respeito*.

Além dessas classificações, há uma diferenciação que é estabelecida entre as *gurias* e as *mulheres*. Estas últimas são valorizadas, por serem mais experientes e maduras. Elas "sabem o que estão fazendo", planejam a vida e, por isso, não irão *sacanear* o homem. Note-se que a avaliação da mulher madura se distingue da efetuada em torno da *guria esperta*. Da *mulher* espera-se que saiba o que deseja e o que faz. Para o homem, a *mulher madura* poderia ser considerada mais perigosa, porque transa ou por já ter transado com outros homens, mas não é isso que se passa. A maturidade confere um estatuto de confiabilidade no que tange à proteção contra DSTs e à contracepção. De certa forma, elas retiram do homem a responsabilidade reprodutiva e preventiva.

Todas são perigosas

Viu-se que os homens estão sempre considerando, no "cálculo do risco", duas dimensões – a contracepção e a prevenção de DSTs –, embora seus comportamentos não sejam sempre guiados pela racionalidade.[13] Se, por um lado, eles buscam se prevenir em relação a uma possível gestação

---

[12] Sobre a fofoca como mecanismo de controle social e arma poderosa das mulheres na manipulação da reputação masculina, ver Fonseca (2000).
[13] Béjin e Pollak (1977), em trabalho sobre a racionalização da sexualidade, demonstram como, na prática, existem desvios aos cálculos racionais em termos de comportamento sexual. Cabe apontar, portanto, que, embora fatores como as relações de gênero e as expectativas em torno da masculinidade sejam "pesados" no momento da decisão, demais elementos, como tesão, desejo, afeto, entre outros, interferem a todo momento nos comportamentos e escolhas dos indivíduos.

ou do risco de serem *amarrados* por uma mulher, por outro se preocupam em evitar a contaminação por doenças.

Há, como apontado, um sistema de valores para classificar as mulheres, que fundamenta a avaliação do risco representado por cada parceira. O julgamento ganha contornos muito sutis e nem sempre caminha na direção supostamente esperada. Por vezes, os homens se percebem em situações complexas na medida em que, em última análise, todas as mulheres são vistas como perigosas. Se a mulher é "confiável" no que tange às DSTs, ela pode ser um perigo por querer *amarrar* o homem com uma gravidez. A contracepção ou a proteção dependem, portanto, de múltiplos fatores, e mesmo as informações dos profissionais de saúde são interpretadas diversamente, segundo contextos e parceiras específicos.

Conforme referido, apenas um entrevistado afirmou a necessidade de diálogo com a parceira em torno da decisão do método a ser utilizado. Ele é o único a declarar que a relação de confiança é uma via de mão dupla, que exige reciprocidade. Esse informante também se diferenciava dos demais no que concerne a uma maior proximidade do discurso médico, ainda que ora acionasse esse modelo, ora um sistema de avaliação análogo ao de outros entrevistados, para justificar suas escolhas.

Para a maioria dos entrevistados, a camisinha era considerada um método eficaz, mas não indicado nas situações em que a mulher é *de confiança*. Ao abordar essa categoria, geralmente eles se referiam à expectativa de exclusividade sexual. Na *rua*, portanto, contexto onde não se espera encontrar mulheres "confiáveis" quanto a esse aspecto, o preservativo masculino não apenas é assumido como método de escolha, como é tido como a proteção mais segura.

Há uma crítica dos homens acerca do critério de identificação da mulher "confiável" pela beleza ou aparência, o que pode ser entendido como uma certa aproximação em relação ao discurso médico. Entretanto, na prática, eles elencam estratégias para reconhecer o *perigo*. Determinados sinais são indicativos, na distinção das mulheres *perigosas* no que tange às DSTs, como emagrecer rapidamente, ser *atirada* e ter vários parceiros. A todo momento, a narrativa em torno do reconhecimento contrasta com aquela relativa à incerteza, o que pode ser ilustrado pela fala de Rodrigo:

> *Inventa de pegar aids, do jeito que esse troço aí anda se espalhando. Agora o cara tem que se cuidar. Às vezes tu vê uma beleza ali. Uma mulher com tudo direitinho, mas é cheia de doença* (Rodrigo, 30 anos).

O fato de a maioria dos entrevistados declarar ter tirado a virgindade das namoradas aponta para outro fator que se sobrepõe à lógica da incerteza. A virgindade da parceira, considerada certificado de inviolabilidade e exclusividade sexual, representa um sinal livre para a opção por não usar a camisinha. Considerando os perigos a que se veem sujeitos, a mulher de quem se tira a virgindade não representaria um risco para os homens no que se refere às DSTs e, se essa condição não impede a gravidez, pelo menos é tida como "garantia da paternidade", caso ocorra.[14]

Cabe ressaltar que, para os entrevistados, é como se a doença fosse inerente à mulher. Para eles, seria possível determinar se ela é "doente" por meio de seus atributos – *suja*, *mal-arrumada* e *atirada*, por exemplo. Há um cálculo em torno de qual mulher pode transmitir doenças. A percepção do risco não se altera em função das características dos (outros) homens com os quais uma mulher se envolve. Nesse sentido, os informantes que se relacionavam com mulheres casadas não declaravam utilizar proteção nas relações sexuais, pela existência de outro homem, possível contaminador. A avaliação recaía sobre os atributos da mulher.

No contexto da rua, era claro para os homens, pelo menos no nível do discurso, ser necessário usar camisinha, o que passaria por uma decisão individual, que só dependeria deles. Contudo, quando havia desconfiança relativa a ser envolvido em alguma "estratégia de engravidamento" – "ardilosamente" planejada ou não –, a questão tornava-se mais complexa. Nesse caso, a tomada de decisão não incluía apenas a mulher, mas também suas famílias e vizinhança, entre outros personagens sociais. De acordo com os entrevistados, eram, então, necessários inúmeros ajustes e uma certa maleabilidade para que o uso do método fosse possível sem que a mulher se sentisse atacada moralmente.

As *gurias de família* não são garantia de tranquilidade para os homens, diversamente do que se poderia supor. Ao contrário, parece que

---

[14] A respeito da virgindade feminina e masculina e sua relação com a ausência de uso da camisinha, ver Machado (2003).

justamente elas geravam as maiores inquietações, pois os homens sentiam dificuldade em esclarecer as intenções em jogo. Na relação com as *gurias de família* havia um temor de que elas quisessem *amarrá-los*, ou fossem muito ingênuas. Então, como eles poderiam justificar o uso de camisinha para prevenção se a parceira afirmava utilizar a pílula e se havia um pacto de confiança em relação à fidelidade? Nesse caso, acabariam tendo que explicitar "outra desconfiança". Caso não o fizessem e insistissem na necessidade de utilizar a camisinha, poderia surgir o risco de serem mal interpretados pelas *gurias de família*. Elas poderiam julgar estar sendo confundidas com outro *tipo* de mulher, como apontou um entrevistado:

> *Daí ela [uma das parceiras]: "Não, não-sei-o-quê, assim, assim, assim". Aí, na época existia até um preconceito com as gurias. Porque elas diziam: "Ah, eu não sou esse tipo de mulher que tu tá pensando", sabe? "Não, mas não é isso aí." De repente, então, tu tinha que explicar. Para muitas, para algumas, tu sabe, que tu tinha que chegar e dizer: "Não, mas não é por aí". [Quando pedia para usar camisinha?] É, sabe? Elas começavam assim: "Ah, eu não sou esse tipo de mulher, eu não ando com todo mundo". Eu disse "Olha, não é por aí". Daí tinha que mais ou menos conversar para não passar uma má impressão. [Com a Luciana aconteceu isso?] É, aconteceu dela chegar e me dizer assim: "Ah, por que que tu vai usar?" "Porque é para ser usado". E ela: "É, mas eu não sou esse tipo de guria, não-sei-o-quê, que sai dando para todo mundo"* (Magro, 28 anos).

A camisinha e o coito interrompido eram referidos frequentemente como alternativas para o início dos relacionamentos. Pode-se pensar que exatamente nessa etapa ainda (ou mais fortemente) pode haver dúvidas acerca das intenções das parceiras. Os dois métodos também foram descritos como meio de evitar que algo saísse errado nessa fase do relacionamento, quando não se devia colocar em risco a confiança que a família, especialmente o pai da moça, depositava no rapaz.

Método de barreira ou a barreira como método

Alguns estudos apontam que podem ser identificadas, no contexto de segmentos populares, representações que remetem a sistemas corporais formados por fluidos e órgãos que se comunicam (Duarte, 1986; Víctora, 1999; Leal, 2001). Víctora e Knauth (2001), a partir da análise de material gráfico e verbal acerca das representações corporais construídas por mulheres de vilas de Porto Alegre, indicam como muitas utilizam a imagem de um corpo que "abre e fecha". Leal (2001) também apresenta descrições que remetem a essa mesma lógica, segundo a qual o corpo é percebido como um sistema dinâmico, o que poderia facilitar o desenvolvimento de doenças, determinar a força ou fraqueza na geração de filhos, entre outras condições. Ainda de acordo com Víctora e Knauth (2001), a imagem corporal e o modo pelo qual são definidas e compreendidas a sexualidade e a reprodução estão inevitavelmente inseridos em relações de gênero. Nesse sentido, o que os dados de minha pesquisa revelam sobre as representações dos homens acerca de seus próprios corpos e do corpo feminino propicia uma compreensão de determinadas escolhas relativas, sobretudo, ao método utilizado para evitar a gravidez.

Na vila em que foi realizada a investigação, as mulheres eram avaliadas como fortes ou fracas em relação à sua capacidade reprodutiva e o mesmo ocorria com os homens. Nesse contexto, a fraqueza feminina era frequentemente associada à redução da fertilidade. Já a força masculina estava vinculada, segundo as narrativas dos informantes, à potência do esperma, uma medida do poder de fertilidade. Falava-se, por exemplo, que um homem com um *superespermatozoide* dificilmente conseguiria evitar que sua parceira engravidasse, apesar do uso de método contraceptivo.

A eficácia dos métodos de prevenção da gravidez era usualmente avaliada no contexto de uma batalha entre a "força do espermatozóide" e a "força da barreira física" erigida pelo método. Expressões como *barrar o esperma*, *matar os espermatozoides*, *trancar* e *segurar* eram constantemente acionadas para explicar o funcionamento dos recursos contraceptivos, e para justificar sua alta ou baixa eficácia. Aqui, novamente a divisão entre *método de mulher* e *de homem* mostra-se significativa, e remete a noções mais gerais vinculadas à feminilidade e masculinidade nesse grupo.

Os *métodos de mulher* eram descritos pelos homens como mais frágeis e *fracos* – quando comparados aos *de homens* – e não confiáveis. Havia uma ideia de que o DIU, por exemplo, não era capaz de *segurar* filho ou doença. Ao anticoncepcional oral eram atribuídas ainda maiores ressalvas, como ilustrou a fala de um entrevistado: é *enganador*. Se, por um lado, teme-se que a mulher possa *enganar* o homem, ocultando o fato de não utilizar o anticoncepcional, por outro há dúvidas quanto à sua eficácia.

Na medida em que a funcionalidade do método era avaliada pela capacidade de constituir uma barreira capaz de impedir a fecundação, a pílula apresentava muitos inconvenientes. O tamanho do comprimido e sua consistência despertavam dúvidas a respeito de sua potência para *barrar o esperma*, o que também foi encontrado por Víctora (1996). Em contrapartida, o esperma, como sugerem algumas representações ligadas à masculinidade, devia ser forte e incansável na conquista do alvo. De acordo com um entrevistado:

> *Como é que eu vou acreditar numa pastilhazinha desse tamanho, com um baita dum homem no meu corpo ou de qualquer outro, vai fazer tanto efeito. Camisinha, não: camisinha está ali. Dali não sai, não muda nada, tu olha depois ali. E deu* (Volnei, 22 anos).

A partir da mesma lógica, o coito interrompido é referido como meio de amenizar a força do esperma. Anderson (22 anos), ao abordar as situações em que utilizou esse método como auxiliar na contracepção, relatou que:

> *Pensava que, se aquela ejaculação fosse muito forte, sabe, de repente que aí que ocasionava a gravidez. Mas dizem que já não adianta* [utilizar o coito interrompido] *porque tem uma secreção de uma coisa que sai que também pode engravidar.*

A visibilidade da ação do método também é um fator relevante na escolha. Nesse sentido, o DIU e a pílula representam um risco, já que não há segurança no que concerne à sua existência. Agem no interior do corpo e, o que é um agravante para os homens, dentro do corpo da mulher. Víctora (1991), a partir de depoimentos femininos sobre o DIU, demonstra que a invisibilidade também provoca medo entre as mulheres, mas de outra perspectiva. Nesse caso, elas temem que o DIU se perca dentro do corpo, o que é coerente com uma representação de que os órgãos (e, consequentemente, tudo o que entra no corpo) se movimentam livremente.

Já os *métodos de homem* possuem a vantagem de deixar à prova seu efeito. Com a camisinha, *está ali*, o que também ocorre com o coito interrompido. Além disso, a partir de uma lógica física, mecânica, de comparação de forças e tamanhos, a camisinha também era associada à ideia de força e resistência. Havia quase um consenso acerca do desconforto causado pelo preservativo masculino – *é uma borracha que aperta* – e que as representações ligadas a esse método se contrapunham ao valor atribuído à "naturalidade" da relação sexual. No entanto, trata-se de um recurso em que os homens depositavam muito crédito. Apenas a inexperiência (*não saber colocar direito*) ou um *espermatozóide muito forte* seriam capazes de prejudicar a eficácia da camisinha.

Finalmente, cabe mencionar a abstinência sexual, especialmente no período menstrual, como estratégia contraceptiva. Os dados dessa pesquisa apontam que a menstruação é vista como balizador para definição do período fértil, conforme já demonstrado por outros estudos (Víctora, 1991; Leal, 2001). Para os entrevistados, a definição de que esse é um período fértil ou não dependia da avaliação feita acerca da ação do sangue sobre o esperma. Seguindo o raciocínio da ideia de barreira, o sangue podia ser considerado *bloqueador do esperma* e, assim, não haveria perigo de uma gravidez. Por outro lado, se o período menstrual era considerado um momento de *limpeza*, no qual a mulher estava *botando os podres pra fora*, ela estaria aberta (Víctora e Knauth, 2001) e, portanto, não haveria resistência à ação do esperma.

As relações sexuais nesse período eram evitadas mais pelo temor de contaminação do que pelo risco de gravidez. Nessa fase, a camisinha podia ser utilizada especialmente como medida "higiênica", ainda que se apresentasse a ideia de que o melhor seria se valer de táticas de evitação.[15] O único entrevistado que afirmou não se importar em manter relações sexuais com a mulher menstruada alegou não se *preocupar com o sangue dela*, mas com o seu *tesão*. Nesse caso, a ausência da camisinha é marca-

---

[15] "Higiênico" é utilizado, aqui, no sentido de evitar uma contaminação pela sujeira associada ao sangue menstrual. Assim, o uso da camisinha seria um meio de "manter-se limpo".

da por uma postura de desafio, que reforça determinadas características valorizadas em um homem viril: não ter medo (de uma possível poluição pelo sangue feminino, por exemplo) e estar sempre disponível para o sexo.

Ser e tornar-se homem

Bajos e Marquet (2000), ao demonstrarem como diferentes níveis e contextos sociais participam na construção dos sentidos atribuídos ao risco, bem como influenciam as condutas individuais, fornecem uma via analítica para o estudo dos relacionamentos. Em sua pesquisa sobre risco para o HIV, os autores propõem, a partir do trabalho de Van Campenhoudt e colaboradores (1997, citados por Bajos e Marquet, 2000), quatro níveis de análise que permitem situar as decisões e práticas dos sujeitos: contexto institucional e macrossocial (inclui as relações de gênero e o processo de socialização); contexto social das relações próximas; interações entre os parceiros; e nível intrapessoal. Ainda que essa divisão seja teórica, conforme sugerem os próprios autores, é operativa para pensar que os discursos de homens e mulheres sobre comportamento sexual e preventivo encontram-se em conformidade com um sistema de classificação e de valores mais amplos, que informam sobre aspectos mais específicos. Ela fornece, assim, um suporte analítico para considerar que a construção social da masculinidade, no grupo pesquisado, influencia as decisões por um determinado método de prevenção/anticoncepção, embora nos outros níveis outros fatores também possam intervir.

Procuro analisar de que forma a avaliação da adequabilidade de um método como contraceptivo ou de prevenção às DSTs remete às expectativas sociais produzidas em torno das diferentes possibilidades do masculino, o que indica a existência de determinadas diferenciações e hierarquias morais no grupo em questão. Considero, ainda, que a noção de fase de vida, inserida na construção da masculinidade, propicia uma melhor compreensão acerca do processo de decisão dos homens. Duarte (1986), ao investigar classes trabalhadoras urbanas, elege, como fio analítico para o reconhecimento da preeminência hierárquica entre "mais velhos" e "mais novos", o prisma de "classe de idade". Opto por utilizar a expressão "fase de vida", a fim de ressaltar a discussão em torno de alguns marcadores sociais e morais, envolvidos no processo do tornar-se homem e na construção das hierarquias correspondentes a essa produção.

A oposição fundamental, de acordo com a definição êmica, ocorre entre *guris* e *homens*. Ela é bastante marcante e revela a existência de um processo de aquisição de valores que é considerado evolutivo. Ainda que, na prática, uma série de descontinuidades se apresente, é como se o indivíduo do sexo masculino fosse agregando, com a *experiência de vida*, elementos que o tornam *homem* ou *mais homem*.

O homem jovem, segundo Alexandre, é *bem avançado*,[16] evidenciando outra oposição, paralela à anterior, entre a *afobação* ou *empolgação* e o estabelecimento de uma relação durável, correspondente ao comportamento esperado, respectivamente, de um *guri novo* X um *homem maduro*. Ainda que algumas falas sugerissem haver uma demarcação pela idade cronológica, percebia-se que, para um homem, a avaliação como *gurizão* poderia manter-se indefinidamente até que ele assumisse determinadas demandas sociais. Há, dessa forma, uma espécie de combinação de valores, que não necessariamente ocorre do mesmo modo para todos os homens, que faz com que eles sejam classificados como *guris* ou *homens*. Em alguns casos, trata-se de sustentar uma casa; em outros, a assunção da paternidade, a constituição de aliança, a inserção no mercado de trabalho, ou até a esperteza.[17]

De fato, não havia elementos estanques que garantissem o status de *homem*: podia-se ter respeito, mas não ser *homem*, assim como era possível ser *malandro* e não mais *guri*. O padrão esperado para um *homem* é que ele *pense sobre* a *vida*. A capacidade adquirida de avaliar as situações e de controlar o comportamento parecia ser mais determinante da passagem para a maturidade do que, mais especificamente, ter um trabalho, constituir aliança ou ser pai. Todos esses fatores podiam indicar que o homem já possuía condições para tanto. No entanto, não eram suficientes em si mesmos.

---

[16] Os termos *avançado*, *afobado* ou *empolgado* fazem referência, do ponto de vista êmico, ao fato de o homem não conseguir segurar seus "impulsos" ou investidas sexuais. Um rapaz pode ser *afobado* ou *avançado*, por exemplo, quando faz tentativas de estabelecer relações sexuais com uma moça antes de um tempo considerado "recomendável". Ele pode se *empolgar* no sentido de não controlar uma ejaculação, por exemplo, ou estar na fase da *empolgação*, análoga à fase de *zoeira*, quando há uma entrega aos prazeres e divertimentos.

[17] Duarte (1986) aponta que, para homens de classes trabalhadoras urbanas, a admissão no serviço militar, além da entrada no processo de trabalho "regular" e das negociações matrimoniais, constitui um momento importante de transição para a vida adulta. Entretanto, em minha pesquisa não foram feitas referências ao serviço militar.

Se o homem "jovem" seria bem *avançado*, a maturidade ensinaria a pensar mais sobre os atos, e a não agir tão impulsivamente. Os homens aprenderiam, com a *experiência*, que os atos têm consequências, com as quais seria preciso arcar para manter a respeitabilidade. O equivalente dessa ideia no nível das relações íntimas era que os *guris* já iam *baixando as calças*, enquanto um homem maduro *pensa* antes de tomar uma decisão. Assim, haveria uma associação entre o valor da responsabilidade e a adoção de métodos para evitar gravidez e se proteger de DSTs.

Conforme demonstrado por Víctora e Knauth (1999), em artigo sobre a vulnerabilidade masculina ao HIV/aids, considera-se "natural" ao masculino, em qualquer fase da vida, que a sexualidade se expresse de forma desenfreada e incontrolável. Também é visto como "natural" que o homem tenha muitas parceiras. No entanto, integra o imaginário sobre masculinidade que o "tornar-se homem" implique o crescente controle dessa "natureza". Um *homem maduro* pode ser reconhecido por sua capacidade de dominar seus próprios desejos, instintos e impulsos naturais. Contudo, não há uma linearidade e, ainda que a maturidade represente o progressivo controle da "natureza", trata-se de uma batalha sempre árdua. Mesmo do homem *maduro*, é esperado que tenha "recaídas" e que se deixe levar pela *empolgação*.

Para "tornar-se um homem", é preciso passar pela fase de *afobação* e *empolgação*. Quando se é *guri*, não há exigência social de que o homem saiba dominar o próprio corpo nem de que planeje o futuro. Seguindo esse raciocínio, pode-se afirmar que a preocupação com uma possível gravidez ou contaminação de DSTs (ou a própria ideia de prevenção) não se encaixa com as representações sobre o ser homem nessa fase da vida. Se um homem for muito "controlado" quando deveria se entregar à *zoeira*, provavelmente será avaliado negativamente e ficará suscetível a brincadeiras que coloquem em dúvida sua masculinidade. Sua imagem ficaria comprometida, na medida em que, para um *guri*, ser homem, ou, hierarquicamente falando, "mais homem", significa entregar-se à *empolgação*.

Essa mesma *empolgação* faz com que alguns comportamentos, mais adiante classificados como *arriscados*, encontrem uma justificativa legítima nessa fase. Ela propicia que os homens acabem cometendo *erros, se passem*, façam *bobagem*,[18] o que passa a ser interpretado dessa forma em outro momento da vida, quando se espera que ele tenha abandonado a vida de *zoeira*. A ausência do uso da camisinha seria uma dessas *bobagens* praticadas na juventude. Além disso, a camisinha é tida como impeditivo à possibilidade de exercer *por inteiro,* ou da forma mais apropriada, uma "tarefa" masculina. Portanto, torna-se um método de difícil escolha para os inexperientes, já que, pela falta de prática, correm outros riscos, como ficar nervosos e ter o desempenho prejudicado, para citar alguns exemplos.

O coito interrompido, outro método percebido como *de homem*, em oposição aos métodos *de mulher*, articula-se à oposição *empolgação* x controle corporal, análoga àquela entre imaturidade e maturidade e que está relacionada ao processo de tornar-se homem. O coito interrompido aparece, nesse contexto, como expressão máxima do controle masculino no que tange ao comportamento sexual e reprodutivo, representando, literalmente, o domínio sobre a natureza. A fala de um informante é ilustrativa: "o homem sabe se segurar, entendeu?" Ao mesmo tempo, é uma técnica que se situa no limite entre a empolgação e o controle corporal, pois não funciona quando o homem *se empolga*.

O coito interrompido pode ser caracterizado como uma tentativa de marcar a preeminência masculina nas relações sexuais (Bourdieu, 1999), por sua associação com a ideia de controle e por depender basicamente dessa capacidade. Por vezes, era utilizado em situações nas quais o intento era garantir um domínio nas relações de gênero ou não deixar dúvidas sobre tal posição. Nesse sentido, era frequentemente definido como método de escolha no caso de relação com mulheres mais velhas ou no início de relacionamentos. É um método para *homens* e, ao contrário do que se poderia supor, não é algo que deva ser utilizado pelos *guris*, visto que eles se encontram dominados pela *empolgação*. Além disso, caso algo saísse errado, e a relação sexual culminasse em fecundação, o *homem* deveria ser responsável por esse desfecho. Note-se ainda que, nesse caso, fica descartada a possibilidade de ele ter sido enganado pela mulher, sobre a qual recai certa desconfiança quando é usada a pílula, por exemplo. Todos esses elementos indicam, além

---

[18] A palavra bobagem está relacionada a dois sentidos, do ponto de vista êmico. *Falar bobagem* é muito referido quando se remete a espaços de sociabilidade masculina, como no bar. *Fazer bobagem* está relacionado a determinadas atitudes "inconsequentes", próprias de guris.

disso, que *se passar* é algo esperado na luta travada pelo homem contra sua "natureza" e é aceitável que ele seja vencido por si mesmo. No entanto, sobre um homem que já não é um *guri*, incide uma exigência moral de que seja capaz de arcar com as consequências de seus atos.

Outra questão apontada em relação à fase de vida refere-se à escolha das parceiras. A vida de *zoeira* está associada à ideia de que não se escolhe muito as mulheres. A maturidade faz com que o homem, ao mesmo tempo que se torna mais exigente (avaliando melhor as situações e "mulheres de risco", de acordo com as classificações êmicas), preocupe-se mais em estabelecer estratégias preventivas às DSTs. Cabe salientar que o discurso dos entrevistados remete às expectativas sociais em termos de masculinidade, o que não necessariamente corresponde às práticas adotadas.

Em concordância com Bajos e Marquet (2000), pode-se salientar que, se no nível das representações pode-se presumir algo, isso não significa que no plano das relações cotidianas outras exigências não se imponham, forçando os indivíduos a se comportar de formas inesperadas. Existem múltiplas determinações e contingências, em diferentes níveis. Assim, na prática, há determinadas estratégias que podem ganhar visibilidade e que, se não correspondem ao esperado no nível do contexto social mais amplo, podem ser acionadas no plano das relações cotidianas.

Para os entrevistados, a paternidade é um marcador que assume um papel decisivo no processo de tornar-se homem. Alguns estudos sobre camadas populares abordaram essa questão, evidenciando como o valor de ter um filho se associa às representações de *assumir, ter obrigação* e *manter o respeito* (Duarte, 1986; Víctora, 1991; Sarti, 1996; Fonseca, 2000). Ter um filho, no contexto estudado, era prova de fertilidade e, no plano relacional, fundamentalmente mostrava a capacidade de sustentar uma família. A preocupação com a fertilidade merece destaque, na medida em que atravessava fortemente o discurso dos entrevistados, como uma dúvida que só podia ser solucionada a partir do momento em que se *faz um filho*. Nas concepções corporais masculinas acerca da "potência" de engravidar uma mulher, os homens podem ser *fracos* ou *fortes*, o que é uma medida do poder de seu esperma – o qual, analogamente, pode ser avaliado como mais *fraco* ou mais *forte*. Isso indica que nem todo homem possui um esperma suficientemente *forte* ou fértil. Assim, apesar de a infertilidade, de modo geral, ser atribuída às mulheres, os entrevistados também consideravam que um homem pudesse ter *problemas*.

Dos 10 entrevistados, apenas quatro não haviam tido a experiência de ter engravidado uma mulher, entre os quais um referiu ter *problemas* (orgânicos) para ter filhos. Ainda que a paternidade tenha desencadeado uma série de mudanças na vida dos homens, não há sinal de arrependimento. O sentimento de ser pai aparece em conformidade com uma identidade masculina e havia descrições do "desejo" de ser pai como constituinte de uma natureza masculina.[19] Assim, tanto a paternidade – como categoria moral – quanto o desejo de ser pai aparecem como contexto para a decisão de uso ou não de métodos contraceptivos e/ou preventivos, em que circunstâncias e com qual mulher.

Basicamente, a formação de uma família e o caráter moralizador da paternidade têm consequências na concepção dos homens acerca do comportamento contraceptivo e preventivo, ao menos no nível do discurso ou do que é esperado. A ideia de que as *puladas de cerca* deviam ser mais pensadas era recorrente, assim como a de que a seleção das parceiras devia ser mais rigorosa, já que feria a dignidade de um homem *levar doença* para a mulher e o filho. Como demonstrado por Silva (2002), havia uma percepção de "perigo real" nas relações extraconjugais. Ainda, nessa fase da vida é esperado que os homens "se controlem", e a *empolgação* já não seria mais vista como algo adequado.

A paternidade não constituía exatamente um "risco". Era referida como desejada, almejada, e não tinha necessariamente relação com um impulso em direção a uma mulher, em particular. Assim, em uniões consideradas mais estáveis, era frequente que os entrevistados apostassem em não utilizar a camisinha, ou mesmo em adotar métodos tidos como não "tão" garantidos, como o coito interrompido, pois *se tiver que acontecer...*, ou seja,

---

[19] O desejo de ter filhos é remetido ao universo feminino de forma recorrente. Conforme aponta Rich (1999), há um ponto de vista biológico essencialista que considera que os homens teriam uma orientação sexual inata que só os impulsionaria em direção às mulheres, enquanto elas seriam encaminhadas a duas direções: no plano sexual, aos homens; no reprodutivo, aos filhos. Já a pesquisa revela este sentimento crucial para os homens de que, se, por um lado, a paternidade é uma atribuição social, por outro ela é vivida como fazendo parte de sua natureza.

não era preciso evitar. O desejo de ser pai era considerado uma justificativa legítima para não usar o preservativo masculino, ou até para extraviar os anticoncepcionais da parceira, como relatado por um entrevistado.

Considerações finais

A partir da análise empreendida, é possível discutir algumas questões, entre as quais a que se refere à prevenção: de quê? Em relação a quem? Esta pesquisa sobre os homens de uma vila da periferia de Porto Alegre evidencia que a prevenção assume formas distintas, dependendo da lógica acionada pelo indivíduo, inserido em um determinado contexto. As decisões são, portanto, fundamentalmente situacionais e contextuais, na medida em que certos valores estão em jogo, como a masculinidade, o valor família, as avaliações classificatórias e hierarquizantes atribuídas às parceiras ou, ainda, as representações corporais. Além disso, a decisão toma como eixo fundamental a divisão entre *métodos de mulher* e *métodos de homem*, o que demonstra a relevância dos referenciais de gênero nessa esfera.

De acordo com Parker (2000), ao longo da história da epidemia de HIV/aids, as abordagens da prevenção sofreram inúmeras modificações, tendo tanto sido influenciadas pela pesquisa científica quanto exercido influência sobre esta. Nesse sentido, esta pesquisa pode problematizar aspectos relacionados às campanhas realizadas em torno da contracepção e prevenção de DSTs. O estudo ressalta a presença de referenciais gerais (concernentes às representações de masculinidade, feminilidade e corpo) que informam sobre um contexto específico, no caso, o das decisões sexuais e reprodutivas. Diversas campanhas exploram o modelo individualista, responsável, de tomada de decisão (Paiva, 2000; Parker, 2000). Entretanto, observa-se que, para os homens que participaram dessa pesquisa, o comportamento contraceptivo ou preventivo não passa por uma concepção do risco como algo individual, ainda que a prevenção seja assumida como uma estratégia individual – o homem sente que utilizar *métodos de homem* é uma decisão que só depende dele, e não de uma *conversa* com a parceira. Por outro lado, a decisão, embora não constitua objeto de diálogo, é sempre relacional, ou seja, tomada em face de um contexto específico, em que estão em jogo as relações com as mulheres e com outros homens.

A *conversa*, dessa forma, não é garantia de adoção de métodos mais eficazes do ponto de vista médico. Outros fatores são considerados importantes no cálculo do "risco" representado por uma mulher ou por um método e fornecem o pano de fundo para a tomada de decisões. Quando utilizam a família, a paternidade, a fase de vida, os julgamentos sobre as mulheres e acerca de outros homens e a compreensão do funcionamento corporal como contexto para suas escolhas, é a uma lógica de classificação do mundo que esses homens estão se referindo. Lógica essa que contém aspectos de ordem valorativa, entre os quais sobressai o gênero. É preciso ressaltar, contudo, que se os referenciais de gênero, de representações do corpo, ou os valores mais amplos ligados à masculinidade estão claramente imbricados nas escolhas dos indivíduos, não se pode esquecer que, no nível das relações cotidianas, outras questões se apresentam. As paixões, o *tesão*, a afetividade, entre outros fatores, interferem nos comportamentos, e não podem ser desconsiderados.

Tais questões apontam a complexidade do tema e as inúmeras variáveis a serem equacionadas quando se trata de conceber políticas públicas eficazes de prevenção, a partir de estratégias culturalmente adequadas. Sem dúvida, trata-se de um grande desafio, que deve ser enfrentado, para que seja possível aproximar as propostas de ação do público a ser atingido.

Referências bibliográficas

ARILHA, Margareth. Homens: entre a "zoeira" e a "responsabilidade". In: _____; RIDENTI, S. G. U.; MEDRADO, B. (Orgs.). *Homens e masculinidades*: outras palavras. São Paulo: Ecos/Ed. 34, 1998, p. 51-77.

BAJOS, Nathalie; MARQUET, Jacques. Research on HIV sexual risk: social relations-based approach in a cross-cultural perspective. *Social Science & Medicine*, v. 50, p. 1533-1546, 2000.

BÉJIN, André; POLLAK, Michaël. La rationalisation de la sexualité. *Cahiers Internationaux de Sociologie*, v. 62, n. 24, 1977.

BOURDIEU, Pierre. *A dominação masculina*. Rio de Janeiro: Bertrand Brasil, 1999.

CARVALHO, Marta L. O.; PIROTTA, Kátia C. M.; SHOR, Néia. Participação masculina na contracepção pela ótica feminina. *Revista de Saúde Pública*, São Paulo, v. 35, n. 2, p. 23-31, 2001.

DUARTE, Luiz Fernando Dias. *Da vida nervosa nas classes trabalhadoras urbanas*. Rio de Janeiro: Graal, 1986.

FONSECA, Claudia. *Os caminhos da adoção*. São Paulo: Cortez, 1995.

_____. *Família, fofoca e honra*: etnografia de relações de gênero e violência em grupos populares. Porto Alegre: Editora da Universidade/UFRGS, 2000.

GAGNON, John; PARKER, Richard. *Conceiving sexuality*. New York: Routledge, 1995.

GIFFIN, Karen. Esfera de reprodução em uma visão masculina: considerações sobre a articulação da produção e da reprodução, de classe e de gênero. *Physis*, Rio de Janeiro, v. 4, n. 1, p. 23-40, 1994.

LEAL, Ondina Fachel. Sangue, fertilidade e práticas contraceptivas. In: _____ (Org.). *Corpo e significado*: ensaios de antropologia social. Porto Alegre: Editora da Universidade/UFRGS, 2001, p. 13-35.

_____; BOFF, Adriane de Mello. Insultos, queixas, sedução e sexualidade: fragmentos de identidade masculina em uma perspectiva relacional. In: PARKER, R.; BARBOSA, M. R. *Sexualidades brasileiras*. Rio de Janeiro: Relume-Dumará/Abia/IMS-Uerj, 1996, p. 119-135.

MACHADO, Paula Sandrine. *Muitos pesos e muitas medidas*: um estudo antropológico sobre as representações masculinas na esfera das decisões sexuais e reprodutivas. 2003. Dissertação (Mestrado em Antropologia Social) – Instituto de Filosofia e Ciências Humanas, Universidade Federal do Rio Grande do Sul, Porto Alegre, 2003.

_____. Entre homens: espaços de gênero em uma pesquisa antropológica sobre masculinidade e decisões sexuais e reprodutivas. In: BONETTI, A.;

FLEISCHER, S. (Orgs.). *Entre saias justas e jogos de cintura*. Florianópolis: Editora Mulheres; Santa Cruz do Sul: Edunisc, 2007, p. 155-184.

PAIVA, Vera. *Fazendo arte com a camisinha*: sexualidades jovens em tempos de aids. São Paulo: Summus Editorial, 2000.

PARKER, Richard. Teorias de intervenção e prevenção ao HIV/aids. In: _____. *Na contramão da aids*. Rio de Janeiro: Ed. 34/Abia, 2000, p. 88-96.

RICH, Adrienne. La heterosexualidad obligatoria y la existencia lesbiana. In: NAVARRO, Marysa; STIMPSON, Catharine R. *Sexualidad, género y roles sexuales*. Buenos Aires: Fondo de Cultura Económica de Argentina, 1999, p. 159-211.

SARTI, Cynthia Andersen. *A família como espelho*: um estudo sobre a moral dos pobres. Campinas: Autores Associados, 1996.

SILVA, Cristiane Gonçalves Meireles da. O significado da fidelidade e as estratégias para prevenção da aids entre homens casados. *Revista de Saúde Pública*, v. 36, p. 40-49, 2002. Suplemento 4.

TERTO JR., V. Essencialismo e construtivismo social: limites e possibilidades para o estudo da homossexualidade. *Scientia Sexualis*, Rio de Janeiro, ano 5, n. 2, p. 23-42, 1999.

VÍCTORA, Ceres Gomes. *Mulher, sexualidade e reprodução*: representações do corpo em uma vila de classes populares em Porto Alegre. 1991. Dissertação (Mestrado em Antropologia Social) – Instituto de Filosofia e Ciências Humanas, Universidade Federal do Rio Grande do Sul, Porto Alegre, 1991.

_____. Images of the body: lay and biomedical views of the body and the reproductive system in Britain and Brazil. 1996. Tese (Doutorado em Antropologia) – Brunel University, Uxbridge, 1996.

_____. A "mãe do corpo" dentro do corpo da mãe. *Corpus*, 1999. (Cadernos do Nupacs).

_____; KNAUTH, Daniela. Trajetória e vulnerabilidade masculina. *Antropolítica*, Niterói, n. 6, p. 23-38, 1. sem. 1999.

_____; _____. Images of the body and the reproductive system among men and women living in shantytowns in Porto Alegre, Brazil. *Reproductive Health Matters*, v. 9, n. 18, p. 22-33, nov. 2001.

_____; _____; RIETH, Flávia. "Está sempre aparecendo na TV": avaliação do impacto dois anos após a intervenção. In: BÉRIA, J. (Org.). *Ficar, transar...*: a sexualidade do adolescente em tempos de aids. Porto Alegre: Tomo Editorial, 1998.

VILLA, Alejandro Marcos. Significados da reprodução na construção da identidade masculina em setores populares urbanos. In: COSTA, Albertina de Oliveira. *Direitos tardios*: saúde, sexualidade e reprodução na América Latina. São Paulo: Ed. 34, 1997.

VIVEROS, Mara. Orden corporal y esterilización masculina. *Horizontes Antropológicos*, Porto Alegre, n. 9, ano 4, p. 145-170, out. 1998.

Parte III
Saúde, sexualidade e mediações institucionais

9. Tecnologias reprodutivas: razão pública e normatização

Fabiane Simioni[*]

Este texto trata do processo de regulamentação e normatização jurídica das tecnologias reprodutivas no Brasil e seu confronto com a pluralidade de organizações familiares presentes na sociedade brasileira. A partir da análise dos projetos de lei que tramitam no Congresso Nacional, observam-se alguns problemas morais e jurídicos, que justificam um estudo sobre as implicações desta modalidade de intervenção político-jurídica no campo da reprodução humana. As tecnologias de reprodução medicamente assistidas introduzem uma variável na relação entre ato sexual e procriação, que tem suscitado diferentes controvérsias.

A metodologia de pesquisa empregada priorizou uma revisão bibliográfica interdisciplinar dos seguintes marcos conceituais: família ou arranjos familiares, reprodução medicamente assistida e razão pública (John Rawls).[1] Um segundo passo para a consecução deste trabalho consistiu em investigação jurisprudencial.[2] É necessário explicitar os critérios aqui utilizados. A primeira fase da coleta jurisprudencial selecionou e investigou 33 categorias de busca, relacionadas ao tema das tecnologias reprodutivas nos sítios do Tribunal de Justiça do Rio Grande do Sul, do Tribunal Regional Federal da 4ª Região, do Superior Tribunal de Justiça

---

[*] Mestre em direito pela Pontifícia Universidade Católica do Rio Grande do Sul (PUC-RS), pesquisadora da Associação Direito, Bioética e Solidariedade (Adibis). Este trabalho contou com apoio financeiro e técnico, respectivamente, da Fundação Carlos Chagas e Mac'Arthur Foundation, através do Programa Gênero, Raça, Ação e Liderança, e do Programa de Metodologia de Pesquisa em Gênero, Sexualidade e Saúde Reprodutiva, pelo Núcleo de Estudos de População da Unicamp.

[1] As reflexões da filosofia política de John Rawls contribuíram ao entendimento da sustentabilidade jurídica para a monoparentalidade voluntária, por meio de tecnologias reprodutivas.

[2] A pesquisa jurisprudencial foi efetuada segundo a mesma metodologia desenvolvida pelos pesquisadores do Projeto "Direitos sexuais e reprodutivos: marcos jurídico e normativo" do Fundo das Nações Unidas para a População (FNUAP). O resultado do trabalho está publicado em Ventura, 2003.

(STJ) e do Supremo Tribunal Federal (STF).[3] O levantamento dessas categorias foi realizado a partir de dois elementos: o conjunto de palavras e expressões, e o conjunto de sistemas de busca dos sítios. A partir desse material, procedeu-se a uma análise dos acórdãos, o que permitiu revelar alguns dados interessantes.

Seja pela forma como as ementas são selecionadas e disponibilizadas pelos tribunais, seja pelas categorias de busca eleitas, há que se relativizar os resultados, pois decorrem de escolhas efetuadas pela pesquisadora e pelo próprio objeto da investigação – o discurso jurídico, expressão de um fenômeno dinâmico, permeado por marcas subjetivas. Por outro lado, os critérios para eleição dos termos de busca levaram em consideração a relevância de apreender o discurso jurídico acerca dos conceitos de família e sujeito de direitos, para acesso às tecnologias reprodutivas. Desse modo, há possibilidade de críticas quanto à definição/eleição das categorias de busca. Observa-se, ainda, que o Poder Judiciário brasileiro não incorporou a necessidade de construir instrumentos comuns que venham a facilitar o acesso à informação que, em última análise, constitui um elemento básico para o acesso à Justiça. Nesse sentido, os dados coletados não devem ser considerados representativos da totalidade do fenômeno jurídico. Ao contrário, há que se ter certa cautela, uma vez que não representam a realidade objetiva dos casos julgados em primeira e segunda instâncias do sistema judiciário brasileiro. Todavia, é possível afirmar que os dados disponibilizados constroem uma determinada representação da realidade da experiência jurídica.

Tecnologias reprodutivas no Brasil: biomedicina e direito

A tentativa de descrever os cenários nos quais se inscrevem as práticas e implicações sobre tecnologias reprodutivas, no campo do direito, é uma tarefa árdua e, ao mesmo tempo, instigante. Em outras palavras,

---

[3] A saber: adoção; biodireito; bioética; casamento; concubinato; consentimento informado; controle de natalidade; criança, neonato; discriminação sexual; esterilização; família monoparental; fecundidade; fertilidade; feto, embrião, nascituro; filiação; gravidez, gestação; guarda (dos filhos); homossexualidade; infertilidade; licença-maternidade; licença-paternidade; natalidade; orientação sexual; parto, puerpério, cesariana; paternidade – investigação de paternidade, reconhecimento de paternidade; planejamento familiar; saúde reprodutiva; saúde sexual; sexualidade; sociedade conjugal, contrato conjugal; SUS – PAISM, saúde da mulher; tecnologia reprodutiva – reprodução assistida, inseminação artificial, barriga de aluguel, clonagem, bebê de proveta; união de fato – união estável.

não é possível tratar de família, reprodução e razão pública sem recorrer à contribuição de disciplinas afins, sob pena de se realizar um trabalho excessivamente dogmático e pouco conectado com o mundo dos fatos.

Preliminarmente, há que se delimitar conceitualmente o objeto de estudo. As técnicas de reprodução assistida, conforme terminologia adotada pelo Conselho Federal de Medicina, compõem um conjunto de procedimentos em torno da reprodução humana, no qual o aparato biomédico interfere, de alguma maneira, em células germinativas e pré-embriões (Silva, 2002:52).[4] Do ponto de vista desta análise, dois processos interessam prioritariamente: a construção da normatividade, sobretudo nos debates para elaboração e aprovação de legislação para regulamentar as práticas médicas em reprodução assistida, além das moralidades subjacentes às decisões judiciais acerca da representação de família. Esses dois processos estão interligados, eis que se pretende que a normatividade legislativa venha embasada em critérios e paradigmas concretizados pelos sujeitos em seu agir humano compartilhado, especificamente no que concerne aos diferentes estilos de convivência familiar. Dessa forma, se o contexto explicativo à constituição de normas para a reprodução assistida se dá no âmbito da discussão sobre relações familiares, torna-se indispensável resgatar as tendências discursivas, notadamente na jurisprudência, a fim de se compreender melhor a vigência da representatividade dos estilos familiares significativos para esse campo específico e suas repercussões.

A reprodução realizada como condição de possibilidade da espécie humana encontra-se submetida a um intenso processo de intervenção, controle, medicalização e tecnologização, que se concretiza basicamente no corpo feminino, por suas características biofisiológicas. Nesse contexto, observa-se a vigência de elementos simbólicos e axiológicos, presentes na construção do próprio conhecimento e na concretização das práticas, quer no campo da biomedicina, quer no direito.

O fato de a infertilidade estar conectada ao corpo feminino opera diferenças no modo pelo qual homens e mulheres recorrem a serviços de

---

[4] A expressão "reprodução assistida" é utilizada no meio médico e na mídia em geral. Por outro lado, a expressão "novas tecnologias reprodutivas" é referida particularmente por estudiosos com interesse na área de gênero, que destacam o aspecto técnico de intervenção nas pessoas (cf. Luna, 2001:389). Neste texto, são empregadas as duas expressões para se referir ao conjunto de técnicas e procedimentos, desenvolvidos no campo da biomedicina, que auxiliam nas práticas de reprodução humana.

saúde, a fim de remediar esse "problema". Essa forma diferenciada de busca por auxílio médico reflete a existência de uma lógica específica, presente na configuração simbólica da demanda por filhos. Tal demanda revela, portanto, características distintivas das identidades, bem como a ausência de filhos expõe publicamente características físico-morais de mulheres e homens. As identidades de mulheres e homens estão relacionadas aos valores e às posições do feminino e do masculino no contexto social. Desse modo, a demanda por filhos não se dá da mesma forma em todos os contextos – de classe, raça e gênero. Nas classes populares, por exemplo, o constrangimento a que se veem submetidos mulheres e homens, pela ausência de filhos, enseja um comprometimento de ordem moral que atinge as identidades masculina e feminina.[5]

As tentativas de reprodução artificial, mutação e/ou manipulação genéticas não são propriamente novas. A primeira experiência em inseminação artificial em mamíferos data do século XIV. Na primeira metade do século XX, os estudos sobre as células e o desenvolvimento da genética contribuem para a complexificação e especificação dos processos reprodutivos e genéticos. Em 1953, nos Estados Unidos, é realizada a primeira fecundação por inseminação artificial, com esperma congelado. Com a possibilidade de congelamento de células germinativas, desenvolvem-se instituições específicas para o cuidado desse tipo de material genético, como os bancos de sêmen e, mais recentemente, bancos de óvulos e de embriões.[6]

---

[5] Em uma entrevista realizada por Vargas, a entrevistada fala de sua "vergonha" em não ter filhos: "E vou ser até sincera. Às vezes, eu fico até com vergonha. Porque, às vezes, eu fico pensando assim: será que – um exemplo, uma suposição – a pessoa... como minha cunhada. Teve três filhos, tem até um bebê agora com três meses. Aí, ela deixa muito o bebê comigo. Eu fico pensando: será que se eu falar o meu problema, ela vai duvidar? Vai ficar depois, assim, qualquer coisa vai querer jogar na minha cara que eu não tenho filho e que eu sou uma pessoa até, assim, recalcada?" (Vargas, 2002:326).

[6] Na França, existem bancos de sêmen desde 1973 (Centre d'Étude et de Conservation du Sperme – Cecos). No Brasil, o primeiro banco de sêmen foi instalado no Hospital Albert Einstein, em 1993. Nos referidos bancos de armazenamento, os gametas são congelados e os pré-embriões são criopreservados até que concretizem seus fins ou, no caso de embriões excedentes, sejam doados, utilizados em pesquisa ou eliminados. Pelo fato de não haver normatização a respeito do destino desses embriões, cada clínica opera segundo seus critérios organizacionais, a despeito de a Resolução nº 1.358/92 do Conselho Federal de Medicina proibir o descarte de pré-embriões excedentes, conforme item V, nº 2, que trata da criopreservação de gametas ou pré-embriões, *in verbis*: "o número total de pré-embriões produzidos em laboratório será comunicado aos pacientes, para que se decida quantos pré-embriões serão transferidos a fresco, devendo o excedente ser criopreservado, não podendo ser descartado ou destruído".

Do ponto de vista normativo, o único ato em vigor que se propõe a regulamentar os procedimentos de reprodução medicamente assistida é a Resolução n.º 1.358/92 do Conselho Federal de Medicina. Trata-se de uma norma pouco conhecida fora da classe médica e que elenca alguns princípios básicos, inspirados em legislações estrangeiras. Essa resolução tem como critério de acessibilidade a indicação terapêutica do uso das técnicas de reprodução medicamente assistida. Em nenhum momento essa Resolução do Conselho Federal de Medicina menciona impedimentos ao emprego das técnicas em indivíduos solteiros.[7]

Afirma-se como pressuposto que não é razoável nem racional pensar em um único padrão de constituição familiar, mas em uma pluralidade de organizações familiares, reconhecidas em documento normativo de hierarquia máxima. Não há espaço para distinções ou hierarquizações aprioristicas entre as várias modalidades de família, uma vez que cumprem com sua função teleológica. Nesse sentido, os núcleos monoparentais, constituídos mediante o recurso das tecnologias reprodutivas não deveriam, de antemão, sofrer qualquer impedimento, sobretudo legal, à sua formação. Observa-se que os argumentos utilizados para a restrição do acesso às práticas de reprodução assistida, de maneira geral, apontam uma dimensão de concretização de desejos egoístas, para satisfação de interesses meramente individuais ou de um casal. Pensar diferentemente deste lugar-comum é questionar até que ponto a reprodução, como uma necessidade humana, poderia ser reflexo de um dever, e não de um direito.

Debates no Legislativo: entre o razoável e o racional

Com as tecnologias reprodutivas intervindo diretamente no delineamento das presunções de maternidade e paternidade, alguns países optaram por legislações com diferentes graus de restrições e permissões. Leite (1995) e Brauner (2003) traçam um panorama das regulamentações sobre reprodução assistida em alguns países. Nos Estados Unidos, em função

---

[7] Assim resolve o Conselho Federal de Medicina quanto aos usuários das técnicas de reprodução assistida: "1 – Toda mulher capaz, nos termos da lei, que tenha solicitado e cuja indicação não se afaste dos limites desta Resolução, pode ser receptora das técnicas de reprodução assistida, desde que tenha concordado de maneira livre e consciente em documento de consentimento informado. 2 – Estando casada ou em união estável, será necessária a aprovação do cônjuge ou do companheiro, após processo semelhante de consentimento informado".

da tradição federativa, cada estado possui suas regras específicas. Dessa forma, tem se tornado comum a invocação do *right of privacy*, como fundamento para reconhecer as práticas em reprodução assistida como exercício do direito de gerar, perante a Suprema Corte norte-americana (Leite, 1995:270).

A lei alemã de proteção dos embriões, de 13 de dezembro de 1990, não adota o critério de indicação terapêutica como requisito ao uso de reprodução assistida. Além disso, prevê punição, com pena privativa de liberdade de até três anos ou sanção pecuniária, para os casos de realização de quaisquer procedimentos de reprodução medicamente assistida sem consentimento da mulher ou do homem (Brauner, 2003:97).[8]

Na Espanha, a Lei n° 35, de 22 de novembro de 1988, prevê que as técnicas de reprodução assistida são indicadas nos casos de esterilidade humana, a fim de facilitar a procriação, quando outros métodos terapêuticos tenham sido descartados, por ineficácia ou inadequação. Outro critério adotado diz respeito à prevenção e tratamento de enfermidades de origem genética ou hereditária. Para tanto, o acesso é permitido à mulher solteira, bastando seu consentimento esclarecido. Se casada, há necessidade de o marido também expressar sua concordância (Leite, 1995:99).[9]

A Lei francesa n° 94-654, de 29 de julho de 1994, relativa à doação e utilização de elementos e produtos do corpo humano, à assistência médica para procriação e para diagnóstico pré-natal, tem como critério de indicação de técnicas de reprodução assistida os casos de infertilidade de caráter patológico, medicamente diagnosticados.[10] A exemplo da lei espanhola, outra indicação refere-se aos casos em que se pode ou quando é necessário evitar a transmissão ao feto de uma enfermidade particularmente grave. Quanto aos usuários, devem estar casados ou viver em união estável, pelo período mínimo de dois anos.

---

[8] De acordo com Andorno (1996:199), a lei alemã de proteção ao embrião, que regulamenta indiretamente a procriação artificial, assegura, em primeiro lugar, o respeito à vida humana e as condições futuras da vida social e, *seulement après*, reconhece a legítima liberdade da ciência e da técnica.
[9] Segundo Andorno (1996:214), a exposição de motivos da lei espanhola deixa transparecer um discurso que garante o *laissez-faire* científico, em detrimento do respeito à vida humana quando, por exemplo, afirma que "a ciência deve agir sem entraves".
[10] O art. 2.141-2 do Código de Saúde Pública francês é explícito: "A assistência médica à procriação tem por finalidade remediar uma infertilidade cuja característica patológica foi medicamente diagnosticada".

Quanto às propostas de projetos de lei que tramitam no Congresso Nacional brasileiro, observam-se diferentes modalidades de restrição às práticas de reprodução medicamente assistida. De maneira geral, podemos destacar que os projetos de lei não abordam a regulamentação relativa às clínicas particulares que oferecem seus serviços, inclusive na internet. Quase todas as propostas tendem a tratar os aspectos técnico-operacionais, como, por exemplo, a quantidade de embriões que devem ser implantados, a criopreservação de embriões, a permissão ou não de pesquisa em células germinativas, entre outros. Tais questões revelam uma preocupação ética em torno do tratamento dispensado aos embriões, pré-embriões, células totipotentes e germinativas. De outra forma, as vidas das pacientes/usuárias aparecem substancialmente relegadas a segundo plano, como é possível perceber no quadro, com os projetos de lei que tramitam, seja na Câmara dos Deputados, seja no Senado Federal.

Projetos de lei em tramitação no Congresso Nacional

Projeto de Lei nº 3.638/93, do deputado Luiz Moreira Atualmente está sob o nº 54/2002	Informa, no seu Título II, sobre as usuárias da técnica de RA.* O art. 8º assim prevê: "Toda a mulher, capaz nos termos da lei, que tenha solicitado e cuja indicação não se afaste dos limites desta lei, pode ser receptora das técnicas de RA, desde que tenha concordado de maneira livre e consciente em documento de consentimento informado". Prevê, ainda, que são proibidos a redução embrionária, o comércio de gametas e pré-embriões e também a doação temporária de útero (gestação substituta). Regulamenta a criopreservação de gametas e pré-embriões e os procedimentos relativos a estes. O projeto tem a intenção de transformar a Resolução nº 1.358/92, do Conselho Federal de Medicina, em lei. Após a incorporação de várias emendas, propõe que, na hipótese de a mulher ser casada ou estar em união estável, é necessário o consentimento do cônjuge ou companheiro, sendo que o casal deve decidir, em conjunto, quanto ao destino dos embriões. Proíbe o descarte de embriões e a redução seletiva. Preserva o sigilo dos envolvidos no processo de RA e estabelece que o doador só produza uma gestação para cada um milhão de habitantes, por causa da endogamia. Nessa última redação, diferentemente do projeto inicial, permite doação temporária do útero em mulheres com parentesco até segundo grau.

continua

Projeto de Lei n⁰ 2.855/97, do deputado Confúcio Moura	Afirma, no seu art. 4°, que toda mulher capaz, independentemente de seu estado civil, poderá ser usuária das técnicas de RA, desde que tenha solicitado e concordado livre e conscientemente em documento de consentimento informado. Não inclui como necessária a autorização do cônjuge ou companheiro e veda o uso de RA para fins de clonagem. Permite a criopreservação de embriões por um período de cinco anos, após os quais os embriões poderão ser descartados ou utilizados para fins científicos. Os embriões também poderão, conforme o projeto, ser utilizados para pesquisas e finalidades farmacêuticas, sob aprovação da Comissão Nacional de RA, criada pelo próprio projeto. Não permite redução seletiva de embriões, exceto se houver risco de vida para a gestante, mas permite a seleção para evitar transmissão de doenças. Também prevê o sigilo da operação e estabelece que um doador só poderá ter dois filhos em um mesmo estado. Em relação à gestação substituta, exige a aprovação da comissão, já citada, quando a mãe não for parente até quarto grau da doadora.
Projeto de Lei n⁰ 90/99, do senador Lúcio Alcântara	Prevê as hipóteses de indicação para utilização da RA, bem como elege a possível cliente/paciente das técnicas, conforme dispõe o art. 2°: "A utilização da RA só será permitida, na forma autorizada pelo poder público e conforme o disposto nesta lei, para auxiliar na resolução dos casos de infertilidade e para a prevenção e tratamento de doenças genéticas ou hereditárias, e desde que: (...) IV – a receptora seja uma mulher capaz, nos termos da lei, que tenha solicitado ou autorizado o tratamento de maneira livre e consciente, em documento de consentimento informado a ser elaborado conforme o disposto no art. 3°".

continua

Substitutivo ao Projeto de Lei nº 90/99, do senador Roberto Requião Atualmente estão apensados a este projeto os Projetos de Lei nº 2.855/97 e nº 120/2003	Pretende restringir a aplicação da RA, destinando-a apenas às mulheres casadas ou em união estável e exigindo o consentimento do cônjuge ou companheiro, conforme dispõe seu art. 2º: "A utilização da procriação medicamente assistida só será permitida, na forma autorizada nesta lei e em seus regulamentos, nos casos em que se verifica infertilidade e para a prevenção de doenças genéticas ligadas ao sexo, e desde que: (...) III – a receptora da técnica seja apta, física e psicologicamente, após avaliação que leve em conta sua idade cronológica e outros critérios estabelecidos em regulamento. §1º Somente os cônjuges ou o homem e a mulher em união estável poderão ser beneficiários das técnicas de procriação medicamente assistida. Proíbe, ainda, o congelamento de pré-embriões e criminaliza a redução embrionária. O substitutivo também permite a seleção terapêutica e inova ao propor que o filho conheça a identidade do pai após a maioridade. Estabelece que o doador deve ser "pai" de apenas um beneficiário. Permite, ainda, a doação temporária do útero entre mulheres com parentesco até o segundo grau.
Projeto de Lei nº 4.665/2001, do deputado Lamartine Posella	Pretende, conforme ementa, dispor sobre a autorização da fertilização humana *in vitro* para os casais comprovadamente incapazes de gerar filhos pelo processo natural de fertilização e dá outras providências. Atualmente está anexado ao Projeto de Lei nº 2.855/97.
Projeto de Lei nº 6.836/2002, do deputado Pompeo de Mattos	Inova ao vincular uma regulamentação sobre fertilização *in vitro* à criação de um serviço de atendimento e tratamento para endometriose.
Projeto de Lei nº 120/2003, do deputado Roberto Pessoa	Dispõe sobre a investigação de paternidade de pessoas nascidas de técnicas de RA, permitindo a estas saberem a identidade de seus pais ou mães biológicos.

continua

| Projeto de Lei n.º 1.135/2003, do deputado dr. Pinotti | Dispõe sobre a reprodução humana assistida, definindo normas para realização de inseminação artificial, fertilização *in vitro*, barriga de aluguel (gestação de substituição ou doação temporária do útero) e criopreservação de gametas e pré-embriões. |

* A abreviatura RA significa reprodução assistida.

O problema da regulamentação das práticas médicas em reprodução assistida diz respeito às condições de possibilidade e eficácia de um quadro jurídico-normativo que, no mínimo, não viole a dignidade humana e o direito ao livre desenvolvimento da personalidade, de modo a reconhecer as capacidades e atribuir poderes-deveres jurídicos aos indivíduos. Conforme Mota Pinto (1999), a construção desse quadro normativo deve ser a garantia jurídica de realização do direito ao livre desenvolvimento da personalidade. Dessa forma, não se pode compreender tal direito apenas como ausência de interferência na liberdade, mas como decorrência do próprio princípio da dignidade humana, eis que exige da atividade legislativa uma regulamentação protetiva desse desenvolvimento (Mota Pinto, 1999:159).

No caso específico da regulamentação das práticas médicas em reprodução, alguns articulistas ensaiam suas objeções, com o argumento de que a dinamicidade com que o desenvolvimento tecnocientífico opera nas questões de bioengenharia tornaria qualquer tentativa de construção de um quadro jurídico-normativo uma perda de tempo. Por outro lado, aqueles que veem como uma necessidade imperiosa e urgente a aprovação de uma legislação podem falhar ao modelar as concepções e estilos de vida, de modo a evitar aquilo que lhes pareceria diferente e bizarro, em comparação ao considerado correto, no universo das relações filiais já estabelecidas. Observa-se, a esta altura, uma estreita relação entre o direito ao livre desenvolvimento da personalidade – no caso brasileiro, depreendido da interpretação do princípio constitucional da dignidade humana – e o contexto explicativo dos projetos de leis que tratam da normatização das tecnologias reprodutivas.

Em concordância com a proposição de Mota Pinto (1999), que faz referência à exigência da atividade do legislador para proteção e garantia do direito ao desenvolvimento de personalidade, é possível que a indeterminação conceitual sobre o que é um "direito ao livre desenvolvimento da personalidade" não se constitua necessariamente em um dilema insolúvel. O referido quadro jurídico-normativo é passível de construção, desde que não vede outras possibilidades de constituição e exercício dos direitos de liberdades, albergados pelo princípio da dignidade humana. Assim, uma regulamentação para as tecnologias reprodutivas é possível e desejável, contanto que não inviabilize o exercício do direito ao livre desenvolvimento da personalidade e dos demais correlatos – tema a ser abordado mais adiante, em especial a correlação entre dignidade da pessoa humana, direitos de liberdade e direitos reprodutivos como marcos normativos para o acesso às práticas em reprodução assistida.

De alguma forma, os projetos de lei em tramitação no Congresso Nacional brasileiro tentam, uns em maior, outros em menor medida, encaminhar alguns desses questionamentos, correndo o risco de se tornarem obsoletos, antes de sua aprovação e sancionamento. Como se pode verificar, de modo geral, os projetos de lei negam a possibilidade de acesso às tecnologias reprodutivas, na hipótese de seu uso destinar-se a um projeto monoparental. Tal veto é fundado na exigibilidade de proteção à família, dada sua importância e relevo na sociedade brasileira. Portanto, resta confrontar os fundamentos sobre os quais se dá a exclusão da possibilidade de formação de organizações familiares monoparentais. Para tanto, recorre-se ao aporte rawlsiano, na medida em que este filósofo considera a família uma das instituições sociais mais importantes.[11] O diálogo com o referen-

---

[11] Além da família, o autor destaca a constituição política da sociedade, os acordos econômicos e sociais, a proteção legal da liberdade de pensamento e consciência, os mercados competitivos e a propriedade particular. Vale destacar uma importante alteração discursiva verificada no texto de Rawls. Em Uma teoria da Justiça (2000:24), Rawls adjetiva a família com a expressão *monogâmica*. Em suas outras obras, essa locução não mais é encontrada. Ocorre que monogamia é uma categoria de doutrinas abrangentes – notadamente religiosas –, portanto não faz parte da ideia de família como instituição social inserida em uma concepção política de justiça. Em *Uma teoria da Justiça*, Rawls apresenta uma doutrina moral e abrangente – que se aplica a todos os sujeitos e a todas as formas de vida. Entretanto, em *O liberalismo político*, obra destinada a revisar e explicitar alguns pontos da reflexão anterior, o autor modifica seu paradigma. A partir de então, ele não fala mais em uma doutrina moral, mas em uma concepção política de justiça. Em suas palavras: "em meu resumo dos objetivos de *Teoria*, a tradição do contrato social aparece como parte da filosofia moral e não se faz distinção alguma entre filosofia moral e política. Em *Teoria*, uma doutrina moral da justiça de alcance geral não se distingue de uma concepção estritamente política de justiça. (...) A ambiguidade de *Teoria* está eliminada agora, e a justiça como equidade é apresentada, desde o começo, como uma concepção política de justiça".

cial teórico deste autor tem como objetivo possibilitar uma justificação teleológica das famílias monoparentais, a partir das ideias de razão pública e de plano racional de vida.

Razão pública rawlsiana

A partir do construtivismo rawlsiano, os princípios de justiça, aplicados à estrutura básica da sociedade, são sustentados pela cultura política pública, ou pelas ideias e princípios fundamentais, compartilhados por uma sociedade democrática.[12] Essas ideias, princípios e valores políticos, compartilhados de igual maneira por todos os cidadãos, são denominados por Rawls de razão pública. Nesta perspectiva, ao Estado nega-se a realização de um juízo de valor sobre o modo pelo qual os indivíduos projetaram sua trajetória pessoal. Pressupõe-se, de outra forma, um determinado conceito de vida boa. Entretanto, não há como descrever essa categoria, pois cada sujeito tem a liberdade de construí-la à sua maneira, de acordo com sua concepção de bem. Ela deve, entretanto, conformar-se aos princípios de justiça, que gozam de legitimidade no senso comum pactuado.

A sociedade moderna se caracterizaria pela pluralidade de concepções de bem. Entretanto, como se verificou nos destaques aos projetos de leis anteriormente analisados, a diversidade de concepções familiares não foi preservada. Com base em uma representação hegemônica de constituição do bem comum, exaure-se a possibilidade de realização de um projeto familiar racional e razoável, apoiado em princípios compartilháveis de respeito à autonomia, à individualidade e à dignidade humana.

Observa-se, neste ponto, que o conjunto das ideias rawlsianas se articula com uma concepção do tipo ideal de indivíduo e cidadão. Em outras palavras, ao expressar uma característica específica dos cidadãos de sociedades bem-ordenadas, qual seja, a capacidade de engendrar e reformar o estado das coisas, Rawls infere que estes possuem um senso de discernimento que os faz reagir e reivindicar alterações, quando as estruturas e instituições não viabilizam ou oferecem suporte ao desenvolvimento e consecução dos objetivos racionais e razoáveis dos sujei-

---

[12] Em Rawls, as leis morais tomam dimensão política, na medida em que extrapolam as concepções individuais, pois fundam-se em juízos racionais.

tos. Dessa forma, a cidadania em Rawls é considerada, a partir do pressuposto de apropriação das condições de possibilidade para o exercício das capacidades e habilidades dos sujeitos, em prol da realização de um plano racional de vida. Tal princípio, portanto, é requisito primeiro para um sistema equitativo de cooperação, pois somente desse modo os sujeitos poderão compreender suas ações como influenciando e influenciadas por todos os membros da sociedade. Aquilo que um indivíduo projeta e realiza para si, consequentemente, e de outra forma não poderia ser, se reflete no outro. O outro também é parte integrante do sistema, e espera-se que nele se espelhe tal concepção.

Ideia de bem e plano racional de vida

Para Rawls (2002:444), o bem não é passível de definição. Ao contrário, ele informa sobre os procedimentos que um indivíduo deve racionalizar para uma avaliação/alcance do seu bem. O objetivo da teoria rawlsiana é fornecer um critério para a construção do bem individual, definido com referência ao plano racional a ser escolhido, com plena racionalidade deliberativa. Nesse sentido, o bem como racionalidade deixa a questão das escolhas/circunstâncias sob responsabilidade do sujeito e das contingências de sua situação.

Eis aqui outro limite observável à atividade legislativa, no que toca especificamente à normatização das tecnologias reprodutivas. O legislador brasileiro, ao circunscrever a elegibilidade para acesso às tecnologias conceptivas, pressupõe o bem de uns e nega a faculdade de construção de outros. Para aqueles que se enquadram nos limites apostos pelas propostas normativas, o bem – neste caso, a concretização de um projeto parental – é promovido e assegurado. Para quaisquer outros, a inadequação ao paradigma não confere legitimidade à concretização daquele mesmo bem.

Na definição do bem, assevera Rawls (2002:446), espera-se uma racionalização individual, apoiada em uma universalidade moral. Em outras palavras, significa que o ponto de vista varia de um caso para outro, e a definição do que é bom não contém uma fórmula geral definitiva. Rawls constrói sua teoria da justiça, a partir da ideia de que a definição do bem é individual. O sujeito, por meio da racionalidade deliberativa, irá estabelecer seu plano racional de vida e, assim, preencher o conteúdo daquilo que lhe é bom.

Para projetar o plano racional de vida, é necessário uma racionalidade deliberativa, como citado anteriormente. Para realizar tal projeto, pressupõe-se que o sujeito seja dotado de determinadas competências e habilidades. Entretanto, as circunstâncias nas quais compreendemos nossos desejos podem ser contraditórias e, portanto, a racionalidade deliberativa não responderá à necessidade de entendermos e avaliarmos as contingências que envolvem os interesses e desejos pessoais. Não se pode negar que os processos de constituição e desenvolvimento do sistema de desejos influem na tomada das decisões. Desse modo, nosso bem é determinado pelo plano racional de vida, que seria possível adotar, se o futuro fosse adequadamente previsto e imaginado. O critério do bem é hipotético, de uma maneira que lembra o critério da justiça. Quando surge a dúvida sobre se algo está de acordo com nosso bem, a resposta depende do quanto essa ação irá se adaptar ao plano escolhido. Portanto, a noção de bem pode ser adaptada, mediante um juízo deliberativo, de acordo com a possibilidade de incrementar ou desorganizar o plano racional eleito. Nesse sentido, cada ação ou escolha deve passar pela análise dos critérios de racionalidade deliberativa, uma vez que o conceito de bem não serve como critério; ele é hipotético, contingencial. O que é perene é o procedimento de análise das circunstâncias para saber se se enquadra no plano racional de vida ou não.

Diferentemente, portanto, da teoria rawlsiana, observa-se nos projetos de lei uma escolha política baseada em um determinado paradigma para o conceito de bem. Trata-se de uma opção política que fere, em primeiro plano, a razão pública como critério norteador para pensar a normatividade. Em segundo plano, fere a própria norma do art. 3º da Constituição Federal, que assegura a promoção do bem de todos, sem quaisquer discriminações, como um dos objetivos fundamentais de nosso país.

Representação de família no discurso jurídico

A partir da afirmação de que a família e a procriação são construtos sociais, passa-se a destacar seus elementos constituintes na jurisprudência brasileira. Com efeito, há indícios, na análise jurisprudencial realizada, que sinalizam uma prevalência da chamada "verdade afetiva" para o reconhecimento dos laços parentais, a partir do comportamento dos sujeitos envolvidos. Ainda que persista uma ideia tornada hegemônica da relevância da transmissão de um mesmo sangue, sobretudo o masculino, não se exclui a noção de pertencimento a um determinado grupo e sua respectiva inserção na linhagem através do reconhecimento público, pela atribuição do nome, pela vontade, pela palavra. Dessa maneira, pode-se afirmar que a demanda por gerar um filho é, sobretudo, um desejo eminentemente social de realização, projetado em uma descendência que conservará a memória e o *continuum* da própria espécie humana. A própria caracterização da família e o estabelecimento das relações parentais não se engessam, salvo melhor interpretação, nos casos analisados, nem ao dado cultural nem ao natural, uma vez que os dois constroem e fundam as bases da representação de família na sociedade brasileira.[13]

Em um acórdão do Superior Tribunal de Justiça, o ministro relator caracteriza a família, analisando uma situação na qual os filhos naturais de um casal reivindicam a anulação ou reforma do registro de seus irmãos havidos antes do casamento, registrados pelo pai como se todos fossem da mesma mãe. O comportamento da mulher, que assume e cria como seus os outros filhos de seu marido, é destacado como elemento fundante da relação filial estabelecida, e que se via sob ameaça após sua morte:

> *Ora, é verdade que d. Eunice sabia da existência dos registros e nunca tencionou anulá-los. A eventual submissão ao marido poderia tê-la impedido. Contudo, é verdade, também, que ela dedicou carinho e atenção aos réus, o que já escapa a qualquer imposição marital. Era iniciativa sua. Aliás, antes mesmo de contrair matrimônio, ela já sabia que seu futuro esposo tinha três filhos, conforme atestam as testemunhas. Portanto, assumiu o enlace e as crianças.*
>
> *De tal forma que d. Eunice casou-se com o sr. Eugênio Boel Júnior, assumindo os três filhos que ele já tinha. Para tanto, registrou-os (ou pelo menos permitiu que se registrasse) como seus e dispensou-lhes todos os cuidados inerentes ao amor materno.*

---

[13] Para outros detalhamentos desta análise, ver Simioni, 2004.

> *(...) Num momento histórico em que as famílias se dilaceram, as relações entre pais e filhos se deterioram e o capital, e não o amor, ocupa os altares da sociedade, é impossível não se sensibilizar com o comportamento de d. Eunice. Se ela assumiu as crianças – hoje adultos – e, principal, dedicou-lhes o amor materno, seu gesto tem que ser absorvido pelo julgador.* (Recurso Especial n. 119.346 – GO, Relator Ministro Barros Monteiro, DJ, 1 abr. 2003.)

Neste caso, destaca-se a preocupação em "proteger situações familiares reconhecidas e consolidadas" pelos laços afetivos, em detrimento dos laços sanguíneos. Por um lado, os laços de sangue, a "verdade biológica" atualizada pela possibilidade de acesso à identificação dos genes pelo exame de DNA; por outro, o emparelhamento das vontades de adultos e crianças para a formação de laços afetivos reconhecidos legalmente como elemento-chave para o estabelecimento da parentalidade afetiva.

Destarte, as práticas de reprodução medicamente assistidas interferem tanto no que é considerado natural para a constituição da "verdade biológica" – como nas hipóteses de maternidade por substituição ou inseminação heteróloga – como podem reforçar o aspecto intencional do parentesco, quando a parentalidade poderia ser planejada e programada para um determinado momento da vida dos sujeitos (Luna, 2002:233).

Observa-se na jurisprudência uma determinada representação social de família, que associa o parentesco ora com a chamada "verdade biológica", ora com a "afetiva". Se, por um lado, os laços de sangue seriam o fundamento real do parentesco, por outro, a moralidade compartilhada em relação às condutas encerraria a dimensão da "verdade afetiva", ressaltando o aspecto intencional para a constituição do parentesco.

Em outro acórdão, não há unanimidade argumentativa quanto às fronteiras a que se refere o anterior. O trecho a seguir trata de uma investigação de paternidade de um homem com aproximadamente 46 anos de idade, que fora adotado por um casal que o registrou e o criou como filho natural. A desembargadora relatora assim registra a demanda do investigante:

> *Indubitável que o vínculo de adoção estabelecido entre ele e seus pais registrais é hígido, jurídico e legal, representando o atual viés da família, a qual, independentemente de sua forma de constituição, nasce do afeto, mas mesmo assim não se pode subtrair do autor o direito de perquirir a sua paternidade biológica. Trata-se de direito personalíssimo, que diz com a própria imagem e identidade do ser humano e que se configura como direito fundamental.* (Apelação Cível n. 70003901113, 7 Câmara Cível do TJRS, DJ, 20 mar. 2002.)

São evidentes as referências quanto às verdades biológicas e afetivas. Ainda que se destaque, neste caso, que a verdade afetiva é fundante do "atual viés da família", não se poderia negar a necessidade de acesso à identificação e reconhecimento de um pai biológico – verdade genética, expressa como direito personalíssimo e fundamental, conforme assevera a magistrada.

No voto dissidente do mesmo acórdão, o desembargador refere três espécies de paternidade e se opõe à possibilidade de anulação do registro e da filiação, em nome da preponderância do vínculo socioafetivo:

> *Existem, pois, três instâncias admitidas para a definição da paternidade, que são: a verdade registral, a verdade socioafetiva e a verdade biológica. Tem sido dada hoje muita ênfase à questão da verdade biológica – e aí reside o suporte dado pelo autor desta lide –, mas, também, paradoxalmente, vem causando verdadeiro entusiasmo a valoração da paternidade socioafetiva, admitindo-se ambas para agasalhar de forma satisfatória a paternidade registral.*
>
> *(...) se o autor já tem paternidade definida no plano jurídico, descabe pedir a declaração de paternidade biológica, mormente quando dessa declaração não sobrevier qualquer efeito jurídico. A ação declaratória visa declarar a existência de uma relação jurídica e não a existência de um fato biológico, e não é possível que uma pessoa tenha dois pais reconhecidos pelo direito, um biológico e outro adotivo. O pai, no plano jurídico, é aquele que o registro público indica como tal.*

> (...) conquanto se valorize o vínculo biológico, como primeira instância determinante da paternidade, em vista da relação causal do nascimento, não se pode deixar de maneira extremamente flexível o exercício das ações onde sejam reclamados ou negados os vínculos de paternidade.
>
> (...) Como a paternidade, mais do que um fato meramente biológico, é um fato social, torna-se desproposital questionar o liame de consanguinidade quando presente um liame afetivo e social já consolidado no registro público. (Apelação Cível n. 70003901113, 7 Câmara Cível do TJRS, DJ, 20 mar. 2002.)

Neste voto, observa-se a preocupação em não absolutizar o vínculo biológico, em detrimento de uma situação fática há muito consolidada. Diferentemente da relatora deste caso, o voto discordante privilegia a verdade socioafetiva e não tenta contemporizar ou conciliar as duas espécies de vínculos filiais. Neste caso, não está em discussão o reconhecimento de um pai, uma vez que ele já existe. Assim, o que está em pauta são valores e escolhas morais sobre o que é representativo e legítimo esperar de pais e filhos.

No primeiro caso, d. Eunice cumpriu e desempenhou o papel que lhe era esperado: acolheu e cuidou dos filhos naturais de seu marido. A mãe biológica não figura naquele cenário, pois o lugar do pai estava assegurado e a mãe afetiva a substituíra com todos os méritos, conforme os elogios tecidos pelo desembargador relator.

No segundo, o pai biológico incitava o direito ao reconhecimento de sua relação de filiação com o investigante, ainda que não viesse a exercer sua função ou possuir qualquer vínculo jurídico. O laço de sangue exigia ser recuperado e demonstrado, publicizado e estabelecido, porque comporia a identidade do investigante.

Embora nos dois casos se apresentem as duas figuras parentais – respectivamente, mãe afetiva e pai biológico, mãe e pai adotivos –, observamos uma demanda por uma completude, uma necessidade de preenchimento de espaços não alocados, sejam da ordem do afeto, da consanguinidade ou do jurídico. É neste contexto de incompletude em que se inserem as famílias monoparentais, no sentido de que tais configurações familiares, originadas voluntariamente, são tidas como expressões de um exacerbado individualismo moderno. Tal crítica é ainda mais recorrente quando a monoparentalidade projetada se dá com auxílio das tecnologias reprodutivas.

Diante desse panorama, analisamos a possibilidade de cumprimento da função teleológica da família monoparental, constituída pelo recurso da tecnologia de reprodução medicamente assistida. A utilização dos recursos à reprodução assistida poderia, a um só tempo, reconciliar as verdades "biológica" e "socioafetiva"? A monoparentalidade projetada exerce as mesmas funções essenciais que outros arranjos familiares presentes em nossa sociedade?

Contrariamente à possibilidade de exercício da função teleológica da família através da monoparentalidade projetada, Leite (1995:353) afirma que o art. 226, §4º, da Constituição Federal apenas inseriu na esfera da proteção estatal a monoparentalidade circunstancial, mas que em momento algum a reconheceu com vistas à sua "proliferação". Nesse sentido, argumenta que:

> é evidente que uma mulher solteira inseminada não tem condições de garantir – por mais bem-intencionada que esteja – o padrão familiar (constituído de pai e mãe) que naturalmente ocorre numa comunidade familiar. (...) Portanto, diante do risco de ficar sem pai, melhor é vedar-se projetos de reprodução assistida a estas categorias individuais. (...) Em nome da liberdade de procriar procura-se justificar a privação voluntária da imagem do pai, o que é inadmissível se considerarmos, tão-somente, os aspectos psicológicos no desenvolvimento normal de uma criança (Leite, 1995:354).[14]

---

[14] Em outra obra (Leite, 1997:57), este autor expressa sua preocupação com a "questão das mães solteiras": "Se a mulher, ou melhor, se a nova condição feminina sempre pregou a igualdade de direitos e obrigações (o que, atualmente, é princípio largamente assegurado pela Constituição), se a transformação dos modelos familiares encontra na coabitação e na maternidade isolada suas mais contundentes expressões, (...) então o aspecto voluntário da decisão (ter um filho) não deve se limitar à mera concepção, mas, coerentemente, deve acompanhar os efeitos posteriores ao nascimento, fazendo com que o mesmo voluntarismo e desenvoltura, presentes na decisão unilateral, persistam na guarda e educação do filho desejado". Vale a pena destacar, em posição diametralmente oposta, o editorial de Lopes, da Sociedade Brasileira de Reprodu-

O legislador constituinte reconheceu a composição dos arranjos familiares, sejam eles nucleares, monoparentais ou reconstituídos. Neste caso, a realidade dos fatos imprimiu seu reconhecimento jurídico, diante da necessidade de proteção das relações filiais estabelecidas, bem como da sua aceitação compartilhada na sociedade. No caso das tecnologias reprodutivas, os elementos presentes para a formação de um núcleo familiar denotam a problematização das decisões individuais e seus resultados/reflexos para a quebra de uma "noção formular de verdade" ou da tradição – no sentido proposto por Giddens (1997:73).

É possível perceber que as restrições apresentadas nos projetos de lei estão calcadas na ideia de que caberia ao Estado realizar um juízo de valor quanto ao modo pelo qual os indivíduos realizarão sua vida boa. Desprezar-se-ia, assim, a possibilidade de os indivíduos observarem os princípios de justiça, que gozam de legitimidade no senso comum, para elaboração de seu projeto parental.

A tutela jurídica destinada ao grupo familiar originado do vínculo matrimonial já não é o único destinatário de reconhecimento. Acima da exigência do vínculo jurídico, há proteção à formação social que apresente as condições de estabilidade e responsabilidade social, necessárias ao desenvolvimento das potencialidades de cada um de seus membros e ao manejo da educação dos filhos. Portanto, verifica-se que tanto a doutrina quanto a jurisprudência apresentam pontos de convergência, entre os quais se destaca a atribuição de uma importância fundamental ao núcleo familiar, como referencial de formação para qualquer nação. Divergem, por certo, quanto aos formatos – a pluralidade, ao menos fática, não passa despercebida – e reconhecem, todavia, a família como instituição básica das sociedades contemporâneas.

ção Humana. Ele pergunta se o ato reprodutivo continua sendo uma exclusividade do casal ou uma realidade acessível à mulher. A fim de justificar sua posição de não restrição ao acesso aos mecanismos de procriação medicamente assistida, Lopes afirma que o guia sobre a doação de gametas da Sociedade Americana de Medicina Reprodutiva menciona que uma das indicações para inseminação com sêmen doado seria a mulher solteira. Ademais, traz o argumento de que a figura paterna pode ser concretizada pelo pai psicológico, que poderia ser o avô, o tio ou até mesmo um amigo da mãe. Por fim, completa: "Seguramente, crianças filhas de saudáveis mães solteiras podem crescer de modo mais harmônico do que em ambientes onde mães e pais civilmente constituídos vivem em regime de desafeto e truculência" (Lopes, 1997).

Família como instituição social básica

Levando em consideração que o sujeito tenha pleno conhecimento de que deseja ter um ou mais filhos e, ainda, de que não é possível pelos métodos convencionais, poderá, com base na racionalidade deliberativa, optar pela dissociação entre relação sexual, procriação e paternidade/maternidade? É possível desafiar de tal forma a naturalização do fenômeno da reprodução humana?

O legislador brasileiro, ao propor restrições ao acesso às tecnologias reprodutivas, equivoca-se, na leitura que fazemos de Rawls (2001), pois estabelece um determinado conceito de bem – notadamente em relação à ideia de família. Nesse sentido, legitima uma certa concepção de parentesco – consanguíneo – e de conjugalidade – heterossexual –, ao mesmo tempo que nega a possibilidade de os indivíduos projetarem racionalmente suas relações filiais. Rawls afirma que:

> *num regime democrático o interesse legítimo do governo é que a lei e as políticas públicas sustentem e regulamentem, de maneira ordenada, as instituições necessárias para reproduzir a sociedade política ao longo do tempo. Estas geralmente incluem a família (numa forma que seja justa), arranjos para criar e educar os filhos, e instituições de saúde pública. (...) Dado esse interesse, o governo pareceria não ter nenhum interesse na forma particular de vida familiar ou das relações entre os sexos, exceto na medida em que essa forma ou essas relações afetem de algum modo a reprodução ordenada da sociedade ao longo do tempo. Assim, apelos à monogamia como tal ou contra o casamento de indivíduos do mesmo sexo como sendo do interesse legítimo do governo pela família refletiriam doutrinas religiosas ou abrangentes. Consequentemente, esse interesse pareceria inadequadamente especificado* (Rawls, 2001:193).

Em nenhum momento o autor descreve uma forma específica para o desenho familiar: "nenhuma forma particular da família (monogâmica, heterossexual ou de outro tipo) é exigida por uma concepção política de família, contanto que a família seja ordenada de maneira que cumpra essas tarefas com eficácia e não contrarie outros valores políticos" (Rawls,

2001:207). Assim, é coerente afirmar que a maneira pela qual os indivíduos constituem seus arranjos familiares não deveria sofrer outras limitações que não aquelas dadas pelos próprios critérios e princípios de justiça. Em concordância com o que Rawls chama de "a função central da família", qual seja, providenciar de maneira razoável e eficaz a criação e o cuidado dos filhos, garantindo seu desenvolvimento moral e sua educação para a cultura mais ampla, não há que se perquirir sobre o estatuto organizacional de tal ou qual estrutura. Ao contrário, não se pode definir, *a priori*, o desenho familiar com vistas a um melhor aperfeiçoamento do tecido social.

Dessa forma, podemos afirmar que, na concepção rawlsiana, o bem de uma pessoa é determinado a partir de seu plano racional de vida. A instância final para ordenar as conflitantes reivindicações das pessoas não é a concepção individual de bem, mas a noção de justiça. Como consequência, os princípios de justiça possuem preferência em relação ao plano racional individual.

A promoção do acesso às tecnologias reprodutivas deveria orientar-se pela concepção de justiça, uma vez que esta é partilhada pela sociedade. Consequentemente, o bem individual, engendrado pelo plano racional de vida, não poderia se desviar daquilo que é justo. A concretização da liberdade dos sujeitos, assim, passaria pelo processo de mediação com as demais liberdades envolvidas. O legislador, portanto, tem por missão reproduzir os valores sociais partilhados pela sociedade que representa. O que se quer responder é como – entre muitos valores contraditórios e discordantes, sobre o que é uma "verdadeira" família, ou o que é correto e desejável para homens e mulheres, solteiros ou em situações de conjugalidade hetero ou homossexual – devem ser os valores contemplados pela lei?

Como não há um campo normativo explícito no qual possam ser respondidos os questionamentos ético-jurídicos com relação às tecnologias reprodutivas, a literatura sobre o tema tende a buscar e construir argumentos e proposições que possam responder à necessidade de subsumir os fatos do desenvolvimento tecnocientífico em reprodução humana a uma norma, seja moral ou legal. Nessa tentativa, inserem-se os chamados direitos reprodutivos, que, salvo melhor interpretação, estão aptos a indicar os contornos de um quadro jurídico-normativo para o acesso às tecnologias reprodutivas.

Tecnologias reprodutivas e direitos reprodutivos

Considerando que as práticas médicas em reprodução assistida estão inseridas em um contexto de acessibilidade à saúde sexual e reprodutiva para realização de um projeto parental, pode-se inferir que estão contempladas no campo dos direitos reprodutivos. Trata-se de direitos que exigem um duplo papel do Estado: eliminar a discriminação contra a mulher na área da saúde (paradigma repressivo/punitivo) e assegurar o acesso a serviços de saúde, incluindo o planejamento familiar (paradigma promocional) (Piovesan, 2002:71). Daí a complexidade da demarcação das fronteiras conceituais dos direitos reprodutivos, pois abarcam uma dimensão negativa ante os poderes do Estado aos particulares (não discriminação, autonomia e autodeterminação para o exercício da sexualidade e da reprodução), e uma dimensão positiva, no sentido de impor ao Estado que garanta acesso ao direito à saúde, por exemplo, mediante a implementação de políticas públicas.

A interpretação e efetivação dos direitos reprodutivos apontam para um campo de liberdade e autodeterminação individual, pois compreendem o livre exercício da sexualidade e da reprodução humana, sem discriminação, coerção e violência. Consagra-se, assim, ao homem e à mulher a deliberação para tomar decisões no campo da reprodução, como o discernimento livre e responsável acerca do número de filhos e intervalo entre os nascimentos. Trata-se do direito de autodeterminação, privacidade, intimidade, liberdade e autonomia individual, em que se exige a não interferência do Estado. De outra forma, o efetivo exercício dos direitos reprodutivos demanda políticas públicas que assegurem a saúde sexual e reprodutiva. Nessa perspectiva, é fundamental o direito ao acesso a informações, meios e recursos seguros e disponíveis e, ainda, ao progresso científico e à educação sexual. Portanto, tendo em vista essa dimensão, é essencial a interferência do Estado, a fim de que implemente políticas públicas garantidoras do direito à saúde sexual e reprodutiva (Piovesan, 2002:76).

Se os direitos humanos, em geral, e os reprodutivos, em especial, constituem garantia para a dignidade humana, podemos considerá-los integrantes do direito ao livre desenvolvimento da personalidade, haja vista que seu exercício tem por escopo a tutela da integridade e dignidade da pessoa humana. Na Constituição Federal brasileira, promulgada em 1988, não temos um direito subjetivo que remeta explicitamente a um direito ao livre desenvolvimento da personalidade. Depreendemos tal expressão pela interpretação acerca dos princípios constitucionais e gerais de direito. Não pode ser outro o sentido que se deve atribuir, por exemplo, aos princípios fundamentais da República Federativa do Brasil, conforme os arts. 1º e 3º, notadamente ao referirem que o Estado brasileiro tem como um de seus fundamentos a dignidade da pessoa humana, a construção de uma sociedade livre, justa e solidária e a promoção do bem de todos, sem preconceitos de origem, raça, sexo, cor, idade e quaisquer outras formas de discriminação. Além disso, no capítulo que trata dos direitos e deveres individuais e coletivos, o *caput* do art. 5º assegura a inviolabilidade do direito à vida, à liberdade e à igualdade nesta ordem.

A interpretação de Ludwig (2002) indica este mesmo sentido:

> *No Brasil, com a Constituição Federal de 1988, não existe previsão expressa ao direito de livre desenvolvimento da personalidade, diferentemente da Lei Fundamental alemã de 1949. Por aqui, trata-se de princípio implícito, cuja vigência é deduzida a partir do princípio da dignidade humana (art. 1º, III) como dos valores fundamentais expressos no* caput *do art. 5º (vida, liberdade, igualdade, segurança e propriedade).*

O autor entende que é a composição de todas essas normas constitucionais asseguradoras de direitos e garantias fundamentais, com fulcro comum na dignidade da pessoa humana, que torna possível compreender o direito ao livre desenvolvimento da personalidade, como princípio geral do direito brasileiro (Ludwig, 2002:265).

Da mesma forma que a Constituição portuguesa, a brasileira erigiu a dignidade da pessoa humana como valor no qual se baseia a República. Para Mota Pinto, o conceito de dignidade humana é valor fundamental, que confere sentido e unidade às disposições constitucionais e, em particular, às relativas aos direitos fundamentais. Dessa forma, impõe-se, segundo o autor, o reconhecimento e a previsão de instrumentos jurídicos, nomeadamente, direitos subjetivos, destinados à defesa das violações aos direitos de personalidade, além da necessidade de proteção desses direitos por parte do próprio Estado. Nessa perspectiva, caberia indagar sobre a eficácia da previsão de direitos subjetivos dos direitos reprodutivos, conforme sugere Mota Pinto, para a proteção dos direitos de personalidade.

Como citado, os direitos reprodutivos são construídos e deduzidos a partir da atividade interpretativa dos referidos instrumentos internacionais, bem como dos princípios e direitos fundamentais inscritos na Constituição Federal. Nesse sentido, verificamos que a Constituição e a Lei de Planejamento Familiar[15] asseguram, em um rol não exaustivo ou taxativo, os direitos subjetivos dos direitos reprodutivos, como, por exemplo, o direito de adotar decisões relativas à reprodução livre de discriminação, coerção ou violência; o direito de decidir livre e responsavelmente quantos e quando ter filhos; o direito de ter acesso a informações de métodos contraceptivos e serviços, incluindo-se o acesso a novas tecnologias. Como bem observou Brauner, o legislador atribuiu ao homem e à mulher a titularidade dos direitos reprodutivos. A tônica do texto é a autonomia do casal e dos sujeitos, para planejamento e efetivação de preservação da saúde sexual e reprodutiva, o que, em última instância, corresponde à garantia dos direitos reprodutivos (Brauner, 1999:210). Entretanto, tal garantia de proteção desses direitos pelos Estados está relacionada à própria concepção de Estado. Em outras palavras, depende da noção de Estado as pessoas serem tratadas como sujeitos de direitos ou como objetos.

Torna-se, portanto, mais íntima a ligação entre dignidade humana e livre desenvolvimento da personalidade. Para que um Estado seja incitado a construir mecanismos de proteção ou reconhecer o direito à proteção dessa dignidade no campo, por exemplo, da acessibilidade universal aos serviços de saúde – não só reprodutiva –, não é possível desvincular tal direito das condições de livre desenvolvimento da personalidade. Em outros termos, com o reconhecimento e a efetiva garantia da proteção da dignidade humana por parte de um Estado, estarão sendo proporcionadas, em maior ou menor medida, condições para que o direito ao livre desenvolvimento da personalidade não se torne cláusula programática no ordenamento jurídico; não será ardil para que o Estado corresponda às expectativas de uma convenção ou tratado internacional.

---

[15] A Lei n.º 9.263, de 12 de janeiro de 1996, estabelece políticas para a implementação de serviços de planejamento familiar e o acesso aos meios preventivos e educacionais para a regulação da fecundidade e prevenção de doenças sexualmente transmissíveis.

Considerações finais

A necessidade de delineamento do alcance dos princípios constitucionais sobre a dignidade da pessoa humana e o respeito pelo livre desenvolvimento da personalidade destacam-se como fundamentos da proteção às pessoas que intentam realizar um projeto de vida monoparental. A solução aos conflitos jurídicos surgidos a partir da manipulação das novas tecnologias deve ser buscada no quadro jurídico-normativo oferecido pela Constituição Federal.

No caso brasileiro, temos um texto constitucional que goza de supremacia na hierarquia axiológica, que informa as demais regras infraconstitucionais. Nesse sentido, os dilemas que não encontram escoamento pela via da legislação ordinária devem convergir para as linhas principiológicas traçadas por nossa Constituição.

Em relação aos envolvimentos éticos e riscos presentes na utilização das tecnologias de reprodução, há uma inquietação em torno da necessidade de uma legislação que organize critérios e responsabilidades pelos descaminhos que possam envolver a vida e os direitos dos sujeitos envolvidos.

No contexto da reprodução humana medicamente assistida, observamos posicionamentos conflitantes no que diz respeito à dignidade da mãe e do embrião. Contudo, parece-nos não haver um conflito de interesses propriamente dito entre uma mulher, determinada racionalmente a concretizar seu plano de vida de constituição de uma família, e a dignidade de seu filho concebido, que desfrutará das melhores condições possíveis para se desenvolver plenamente. Considerando que não haja violação da dignidade do embrião nessa hipótese específica, como é possível justificar a exclusão da mulher solteira da possibilidade de acesso à reprodução assistida no substitutivo ao Projeto de Lei nº 90/99, que parece ter maiores probabilidades de prosperar e tornar-se lei?

O legislador, ao que nos parece, tem por missão reproduzir os valores sociais compartilhados pela sociedade que representa. O que se quer responder é a partir de qual concepção de justiça deve ser pensada a legislação sobre o acesso às tecnologias reprodutivas. Apresentamos alguns argumentos que corroboram a ideia de conciliação entre o bem individual – compreendido como a realização do projeto de monoparentalidade – e uma concepção liberal de justiça partilhada pelas "sociedades bem-ordenadas".

Observamos nos projetos de leis que tramitam no Congresso Nacional que argumentos conservadores são apoiados em uma ideia de maioria: maioria da população brasileira compreende a formação da família em sua acepção clássica e tradicional – pai, mãe, filhos. Tal argumento, por si, não é sustentável, tendo em vista o mundo real, no qual se verifica a pluralidade de relações familiares. Perguntamos se os referidos projetos pretendem determinar o que é uma verdadeira família ou o que é bom e justo para mulheres solteiras ou em situação de conjugalidade homossexual. De acordo com nossa análise, ao que tudo indica, o legislador brasileiro tomou para si a função de determinar o modo pelo qual os indivíduos devem desenvolver seus projetos ou planos de vida.

Outrossim, não podemos olvidar que, enquanto não tivermos um consenso sobre a normatização do acesso às tecnologias de reprodução humana, o mercado e as diferentes formas pelas quais os indivíduos buscam essas tecnologias ficam mais ou menos "livres". Dessa forma, quando o Estado não assume sua função, como última instância reguladora das relações sociais, verificamos a chamada "mão invisível" gerenciando o crescente mercado da reprodução humana medicamente assistida no contexto brasileiro.

Nesse contexto, indaga-se se haveria uma resposta única e correta para justificar um determinado modelo legislativo para tratar das tecnologias reprodutivas no Brasil. Diante dos estudos realizados, postula-se que existem mecanismos capazes de alcançar a melhor justificação possível, a fim de garantir a racionalidade e plausibilidade sobre o tema, ante a comunidade jurídica e a sociedade em geral. A melhor justificação possível, para o caso em tela, deve atender à premissa da não violação ao princípio da dignidade da pessoa humana, prioritariamente, como também aos demais princípios norteadores do tema, como o da proteção à família, do direito ao acesso universal à saúde e o da promoção do bem como objetivo fundamental de um estado democrático de direito.

Referências bibliográficas

ANDORNO, R. *La distinction juridique entre les personnes et les choses*: à l'épreuve des procréations artificielles. Paris: LGDJ, 1996.

BRAUNER, M. C. C. Direitos sexuais e reprodutivos: uma abordagem a partir dos direitos humanos. *Anuário do Programa de Pós-Graduação em Direito da Unisinos*. 1999, p. 199-228.

_____. *Direito, sexualidade e reprodução humana*: conquistas médicas e o debate bioético. Rio de Janeiro: Renovar, 2003.

GIDDENS, A. A vida em uma sociedade pós-tradicional. In: BECK, U.; GIDDENS, A.; LASH, S. *Modernização reflexiva*: política, tradição e estética na ordem social moderna. São Paulo: Unesp, 1997, p. 73-133.

LEITE, E. de O. *As procriações artificiais e o direito*: aspectos médicos, religiosos, psicológicos, éticos e jurídicos. São Paulo: Revista dos Tribunais, 1995.

_____. *Famílias monoparentais*: a situação jurídica de pais e mães solteiros, de pais e mães separados e dos filhos na ruptura conjugal. São Paulo: Revista dos Tribunais, 1997.

LOPES, J. R. C. *O direito à reprodução*. Disponível em: <www.sbrh.med.br/boletins/bol03mar-abril/bl010301.htm>. Acesso em: 12 jun. 2003.

LUDWIG, M. de C. O direito ao livre desenvolvimento da personalidade na Alemanha e possibilidades de sua aplicação no direito privado brasileiro. In: MARTINS-COSTA, J. *A reconstrução do direito privado*. São Paulo: Revista dos Tribunais, 2002, p. 265-305.

LUNA, N. L. de A. Pessoa e parentesco nas novas tecnologias reprodutivas. *Revista Estudos Feministas*, Florianópolis, v. 9, n. 2, p. 389-413, 2001.

_____. Maternidade desnaturada: uma análise da barriga de aluguel e da doação de óvulos. *Cadernos Pagu*, Campinas, n. 19, p. 233-278, 2002.

MOTA PINTO, P. *O direito ao livre desenvolvimento da personalidade*. Portugal-Brasil, ano 2000. Coimbra: Coimbra Editora, 1999.

PIOVESAN, F. Os direitos reprodutivos como direitos humanos. In: BUGLIONE, S. (Org.). *Reprodução e sexualidade*: uma questão de justiça. Porto Alegre: Sergio Fabris Editor, 2002, p. 61-92.

RAWLS, John. *O liberalismo político*. São Paulo: Ática, 2000.

_____. *O direito dos povos*. São Paulo: Martins Fontes, 2001.

_____. *Uma teoria da Justiça*. 2. ed. São Paulo: Martins Fontes, 2002.

SILVA, R. P. e. *Introdução ao biodireito*: investigações político-jurídicas sobre o estatuto da concepção humana. São Paulo: LTr, 2002.

SIMIONI, F. *Tecnologias conceptivas*: a moral, a família e a reprodução no contexto jurídico. 2004. Dissertação (Mestrado em Direito) – Programa de Pós-Graduação em Direito, PUC-RS, Porto Alegre, 2004.

VARGAS, E. P. Gênero e infertilidade na ótica feminina. In: BARBOSA, R. et. al. (Orgs.). *Interfaces gênero, sexualidade e saúde reprodutiva*. Campinas: Unicamp, 2002, p. 309-347.

VENTURA, M. (Org.). *Direitos sexuais e direitos reprodutivos na perspectiva dos direitos humanos*. Rio de Janeiro: Advocaci, 2003.

10. Estratégias de comunicação preventiva na MTV Brasil: reconstruindo significados para a aids[*]

João Francisco de Lemos[**]

Neste texto analiso estratégias utilizadas em dois vídeos de prevenção à aids, produzidos pela emissora MTV Brasil, agência de mídia direcionada ao público jovem. Contextualizo esses vídeos na trajetória das experiências de comunicação em torno da aids, que evidenciam um processo de desestigmatização quanto aos aspectos publicizados na primeira década da epidemia. Considero que dois movimentos colaboraram para tal mudança: a ação transformadora da organização social dos portadores de HIV, baseada na agenda dos direitos humanos, e o impacto da terapia antirretroviral, impulso para formulação de novas representações em relação ao vírus. Esses dois adventos, que figuram no cenário contemporâneo da aids, estimularam a emergência de novas pautas discursivas, assimiladas pelos responsáveis por produzir sentidos públicos dessa doença nos meios de comunicação.

Tais processos em curso colaboraram para mudanças no entendimento inicial do HIV como símbolo de iminente fatalidade física e social, imaginário amplamente difundido na mídia, na década de 1980. Esses desenvolvimentos serão apontados como condições para a emergência de novas inteligibilidades nos discursos sobre aids nas intervenções nos meios de comunicação, especialmente as dirigidas para sensibilidades juvenis.

---

[*] O texto reúne as reflexões desenvolvidas em minha dissertação de mestrado, concluída no Programa de Pós-Graduação em Saúde Coletiva, área de concentração ciências humanas e saúde, do Instituto de Medicina Social (IMS) da Universidade do Estado do Rio de Janeiro (Uerj). Esta pesquisa contou com o apoio institucional do Programa Regionalizado em Metodologia de Pesquisa em Gênero, Sexualidade e Saúde Reprodutiva.
[**] Mestre em saúde coletiva pelo Instituto de Medicina Social da Universidade do Estado do Rio de Janeiro.

Esta pesquisa apresenta uma reflexão alternativa ao modelo de análise usualmente empregado no enfoque das campanhas de prevenção.[1] A abordagem da avaliação destaca-se neste contexto, priorizando uma inferência acerca da eficácia das estratégias utilizadas pelas agências emissoras. Sem descartar a importância deste tipo de estudo para orientar a produção de campanhas, meu interesse em face dos vídeos da MTV Brasil dirigiu-se para a análise dos conteúdos, empreendimento mais afinado com uma tematização das representações sociais produzidas na mídia.

O projeto de comunicação preventiva dessa emissora é relevante, devido à audiência que alcança junto a seu público. A MTV Brasil entrou no ar em 20 de outubro de 1990. Inicialmente transmitida apenas no Rio de Janeiro e São Paulo, em 2004 já atingia 265 municípios em todo o país, contabilizando aproximadamente 16 milhões de telespectadores, em sua grande maioria na faixa etária dos 15 aos 29 anos. Fenômeno de mídia em ascensão desde a estreia, a MTV registrou um crescimento da audiência em 112% no primeiro semestre do ano 2000. Filial da MTV Networks, sediada desde 1981 nos Estados Unidos, a versão brasileira foi aclamada como uma experiência inédita de televisão no país, introduzindo o consumo de videoclipes musicais no universo cultural dos jovens. A MTV Networks é hoje a maior rede de telecomunicação do mundo, contando com 140 emissoras representantes. Um projeto de integração global, a Viacom, distribui o canal com parcerias locais. No Brasil, o grupo da Editora Abril, em consórcio com diversos anunciantes, é responsável por sua administração comercial (Andi, 2004; Pedroso, 2005).

Assistindo à MTV na luta contra a aids

Os telespectadores da MTV Brasil que assistem com alguma assiduidade à programação do canal podem facilmente se recordar, em meio a videoclipes musicais e comerciais publicitários, dos vídeos institucionais de prevenção à aids que utilizam a mesma linguagem que caracteriza outras

---

[1] A inserção deste debate na agenda da saúde remete ao uso da mídia para divulgação de dados médicos e científicos, especialmente em campanhas de prevenção. Um diálogo é estabelecido entre a comunicação e a saúde, de modo a estruturar uma ação complementar destas duas áreas. Sobre o tema, ver Fausto Neto (1995) e Monteiro e Vargas (2006).

atrações deste veículo, calcada na velocidade e na descontração. Muitos são concluídos com o *slogan*: "A MTV na luta contra a aids e o preconceito". Esses vídeos de curta duração (em média, apenas 30 segundos) integram as campanhas identificadas internamente pela sigla SUP (serviço de utilidade pública) e são produzidos por jornalistas e editores, além da equipe de técnicos da emissora.

As vinhetas de prevenção da aids não constituem as únicas intervenções comunicativas "socialmente responsáveis" da MTV Brasil, mas são as que alcançaram maior repercussão e reconhecimento da audiência. Os vídeos chamam a atenção tanto pelos aspectos criativos e visuais quanto por sua frequência no canal. A MTV Brasil veicula campanhas de prevenção praticamente desde sua entrada no ar, em 1990. Ao longo do tempo, as vinhetas se sofisticaram, o tempo de circulação aumentou e houve maior engajamento e sistematização na produção. A duração desse projeto – 15 anos – incita uma análise sobre a formação de um *corpus* audiovisual que veicula informações sobre aids a uma significativa parcela de telespectadores jovens.[2]

A MTV Brasil produz representações de identidades juvenis que correspondem a um ideal de audiência perseguido pela emissora. Trata-se de uma faixa de telespectadores localizados, em sua maioria, nas classes A e B, de acordo com categorias mercadológicas do Ibope. A vinculação a esse perfil de público pressupõe um grupo social que goza de poder aquisitivo para consumir um universo de bens ofertados pelas propagandas, constituindo uma faixa de mercado constantemente explorada pelo investimento de anunciantes.

É preciso contextualizar as posturas, comportamentos e visões de mundo encenadas na tela da MTV a partir de um critério geracional. Os

---

[2] Desde o início dos anos 2000 a MTV Internacional também produz campanhas sobre aids transmitidas pelas emissoras filiadas. O projeto MTV Staying Alive é realizado em parceria com organizações de intervenção, como Bill and Melinda Gates Foundation, The Kaiser Family Foundation, Family Health International, entre outras. O site do projeto foi elaborado para acompanhar sua execução e fornecer informações sobre aspectos globais da epidemia e oportunidades interativas de participação voluntária. (ver <www.staying-alive.org>). A MTV Internacional já havia apoiado projetos envolvendo música e comunicação com arrecadação revertida para a causa da aids, como o Red + Hot que, desde 1989, produziu 14 discos com participações de músicos de diferentes partes do mundo. O dinheiro recebido pela venda dos CDs é encaminhado para ações promovidas pela instituição. (ver <www.redhot.org>).

discursos desse veículo referem-se a imaginários midiáticos voltados para jovens que cresceram a partir da década de 1990. Essa contextualização tem efeitos para entender as falas sobre a aids nas campanhas da emissora. As estratégias de comunicação arregimentadas pela MTV indicam os desafios de informar uma geração que experimentou uma educação inédita na história: uma socialização para o risco ao HIV, diante da descoberta da sexualidade. Os vídeos da MTV produziram representações da doença (e do risco ao HIV) afetadas pelas fortes demandas de ressignificação dessa epidemia no país, sobretudo no que concerne ao afastamento de seu aspecto letal. Tais demandas podem ser localizadas na trajetória de politização da aids. Remonto aqui a uma breve trajetória da aids no país, a fim de situar os discursos a respeito da identidade soropositiva e seus impactos nas estratégias de prevenção e nas representações da epidemia construídas pela mídia.

Ativismo e aids: a politização da soropositividade

Apesar do descaso das autoridades sanitárias quando do surgimento da aids, em pouco tempo essa epidemia passou a articular questões políticas mais amplas, com profundas implicações culturais (Paicheler, 1992; Parker, 2000; Bastos, 2002). Nos Estados Unidos, na segunda metade da década de 1980 apareceram as primeiras ações organizadas dos grupos atingidos, com maior força no movimento de homossexuais, dando início ao processo de construção de uma nova agenda de demandas em relação ao Estado. Naquele momento, buscava-se policiar a condução da epidemia pela saúde pública e também debater as reações da sociedade aos portadores e doentes.[3] Argumentava-se que o tratamento dispensado aos primeiros atingidos refletia a preexistência de estigmas e preconceitos historicamente enraizados contra a homossexualidade (Pollak, 1990).

No Brasil, o movimento de organização política de caráter associativista pela causa da aids ganhou força a partir da segunda metade da

---

[3] Um dos grupos pioneiros de ativismo na aids, o Act Up (Aids Coalition Unleash Power), surgido em Nova York em 1987, produziu um dos primeiros *slogans* de emergência (*silence = death*) que reivindicava informação quando era necessário construir as primeiras redes de conhecimento e comunicação sobre a aids e garantir a participação das comunidades atingidas neste processo. (ver Bastos, 2002).

década de 1980. Ventura (1999) destaca a coincidência entre o surgimento da epidemia e o contexto de redemocratização do país, quando se rediscutia um novo estado de direito. O debate público em torno das reformas na legislação estimulava a retomada dos parâmetros dos direitos humanos e sua utilização por parte do emergente movimento dos portadores, que propunha a releitura dos direitos ligados à saúde[4] (Ventura, 1999; Vianna e Lacerda, 2004).

> *A epidemia de HIV/aids rompeu vários modelos e ensejou uma nova abordagem. Sendo a primeira epidemia mundial na era moderna dos direitos humanos, os modelos tradicionais de prevenção e assistência até então desenvolvidos, baseados em medidas restritivas de direitos, que visam identificar os indivíduos infectados, isolá-los e paralisar a cadeia de transmissão através de um sistema jurídico-punitivo de exclusão, chocaram-se imediatamente com o modelo imprimido pelos direitos humanos, que opera na defesa de grupos e indivíduos fragilizados, buscando sua inclusão concreta na pólis* (Ventura, 1999:280).

O movimento social da aids, concentrado na ação das organizações não governamentais, passou a acompanhar a gestão da epidemia exercida pelo Estado, e foi determinante para os rumos dessa doença no país. No contexto das ONGs/aids, emerge um conjunto de discursos a respeito da identidade soropositiva, contra a expectativa – na década de 1980, ainda mais estabelecida – do soropositivo como pessoa excluída dos processos decisórios da epidemia. Alguns marcos são significativos quanto à evolução da questão da identidade soropositiva, estimulada pelo ativismo das organizações. Em 1989, no segundo encontro nacional das ONGs/aids, em Porto Alegre, é apresentada publicamente a Declaração dos Direitos Fundamentais das Pessoas Vivendo com HIV, idealizada pelo jornalista e ativista soropositivo Herbert Daniel, fundador do Grupo Pela Vidda.

---

[4] "A aids surge no Brasil no começo da década de 1980, em um momento de questionamento político intenso e, em particular, de críticas ao modelo de saúde então em vigor, bem como aos princípios que o norteavam. A necessidade de novas concepções e práticas de atendimento, menos compartimentadas e centralizadas, era defendida por diferentes segmentos do movimento social e por profissionais da saúde pública. Essa movimentação, conhecida como reforma sanitária, marcou as primeiras tentativas de combate à epidemia (...) e penetrou no processo de elaboração da nova Constituição Federal" (Vianna e Lacerda, 2004:105).

Para Terto Jr. (1997), duas concepções para a identidade soropositiva seriam subjacentes às ações do movimento organizado da aids no Brasil. Uma "concepção universalista" abrangeria todas as pessoas (incluindo as não portadoras de HIV e, portanto, soronegativas), uma vez que a epidemia afeta direta ou indiretamente toda a população, e somente uma compreensão coletiva da questão da aids poderia gerar uma reação social efetiva para reduzir seus efeitos negativos. Segundo o autor, a Declaração dos Direitos das Pessoas Vivendo com HIV sinalizava essa concepção, além da postura de seu idealizador Herbert Daniel, que, em sua militância, buscava acionar estratégias de conscientização contra a ideia de "morte civil", em prol de uma mobilização social ampla, incluindo os soronegativos.

O segundo modelo de identidade soropositiva que orientava as organizações – e de alguma forma explicava suas diferenças em termos de atuação no espectro diversificado das ONGs/aids no Brasil – é denominado por Terto Jr. (1997) de "concepção específica". Essa noção considerava soropositivos apenas aqueles indivíduos que sorologicamente fossem portadores do vírus HIV e, portanto, direcionava e maximizava as ações, construindo sua agenda não tanto para uma "maioria, mas para a minoria de pessoas já infectadas pelo vírus, destacando as experiências individuais intrínsecas ao status sorológico positivo e ao processo de vivência com a nova condição" (Terto Jr., 1997:82). Algumas ações coletivas seriam marcadas por essa concepção, além de sinalizarem a complexificação do processo de construção da identidade soropositiva no país. Por exemplo, a formação, em 1995, da Rede Nacional de Pessoas Vivendo com Aids (RNP), no Rio de Janeiro. Essa rede consistia na organização de um grupo de indivíduos sorologicamente positivos, reunidos em torno de questões específicas à sua condição e das possibilidades de agir a favor da promoção da qualidade de vida de pessoas vivendo com aids.

As diferentes classificações da soropositividade, que emergem pela atuação das ONGs/aids, são significativas, por um lado, das múltiplas ações e da complexidade implicada na construção de uma identidade que possa nomear uma extensa população, no caso, os portadores de HIV. Por outro lado, essas distintas concepções convergem quanto à compreensão de que o portador deve ultrapassar limitações para atuar na condução da epidemia, e que pode reverter sua condição fronteiriça, em muitos casos, com a própria morte, substituindo a postura de renúncia pela da ação.

Nesse sentido, a importância do movimento social da aids no contexto da epidemia deve-se não apenas ao fato de ter operado uma nova experiência de atuação política, baseada nos princípios dos direitos humanos, mas por promover a identidade social do portador de HIV. A experiência (subjetiva) da aids foi repensada no interior das associações, no tocante à capacidade de transformar o indivíduo. O resgate da cidadania aí engendrado teve por objetivo reverter o destino do portador de HIV/aids, decretado no diagnóstico.[5] Atuando contra a percepção de invisibilidade e discriminação, o movimento organizado agenciou novos sentidos, capazes de permitir aos portadores romper com o estigma que os incapacitava e os retirava da vida pública.

> *A partir da situação do indivíduo no mundo e na ênfase do que ele traz de mais marcante, seu estigma, seus sentimentos, seu diagnóstico, os grupos se mobilizam e, compartilhando esses fatores, coletivizam aquilo que estava restrito ao pessoal, um diagnóstico clínico, criando uma categoria ao redor da qual os indivíduos se reúnem e se projetam no social: não mais como doentes, mas como pessoas vivendo com situações particulares, porém vivas e cidadãs como as demais; pessoas diferentes, mas não pior ou melhor que os outros* (Terto Jr., 1999:112).

Em que medida discursos e representações dessa doença, divulgados na mídia, evidenciam as transformações, contextos e demandas que atravessaram a epidemia da aids? É possível detectar alguns impactos e mudanças no estatuto da aids, decorrentes dos avanços nos processos

---

[5] Pollak (1990) analisou os impactos da epidemia da aids entre homossexuais, em pesquisa na década de 1980. Comparando as reações desse grupo em relação às demais doenças sexualmente transmissíveis já comuns nessa população, percebeu que o grau de fatalidade da aids impossibilitava conter os sentimentos de evitação, conflito e angústia provocados pela descoberta da soropositividade, enquanto as outras DSTs estabeleciam uma conduta "desdramatizada", não reproduzida nos casos da infecção pelo HIV (Pollak, 1990). Ora, atualmente parece haver exatamente uma reversão dessa atitude. As condutas em relação à aids indicam uma "desdramatização". Ganha força, a partir de meados dos anos 1990, um contradiscurso acerca da questão da letalidade após a contração do HIV. É certo que ele foi impulsionado pelo movimento social, que lutou desde cedo por garantir a imagem pública da identidade soropositiva, por exemplo, abolindo a ênfase na personificação da morte nas campanhas de prevenção e representações veiculadas pela mídia. É o caso da suspensão da denominação "aidético" e a substituição por expressões como "portador de HIV" ou "pessoa soropositiva".

de politização da epidemia e na construção da identidade soropositiva. O estudo de Sontag (1988) sobre os sentidos atribuídos a essa doença demonstrou como, em seu surgimento na década de 1980, a aids catalisou tensões, aglutinando temas como sangue, sexo e promiscuidade. Ela foi então transformada em metáfora para a morte, a partir de uma produção de imaginários que percorriam preconceitos ancestrais contra homossexuais, evocando a relação entre sexualidade e religião e noções de prazer e castigo. Para a autora, os meios de comunicação foram, em grande parte, coautores de inúmeros equívocos e estigmas em torno da epidemia.

Mídia e produção de sentidos

Os meios de comunicação participam da formação das representações públicas, fornecendo materiais simbólicos através de imagens e textos. Jornais, revistas, televisão, cinema e hoje também a internet constituem uma "esfera mediatizada" (Sodré, 2002) onde circulam discursos provenientes da ciência e da medicina. Os veículos transmitem esses saberes, levantando o debate sobre o deslocamento das narrativas. O conhecimento produzido por especialistas médicos, por exemplo, é confrontado com a necessidade de entendimento do grande público, critério defendido e recomendado pelos jornalistas. Alguns dos espaços dessa "batalha comunicativa" são os cadernos de jornalismo científico, nos quais figuram as manchetes sobre novos vírus ou avanços tecnológicos no tratamento das doenças (Castiel, 1999; Lupton, 1999; Kucinski, 2000).

A aids e, sobretudo, a morte em decorrência dessa doença já foram narradas como uma experiência especialmente solitária, uma espécie de condenação. Os temas do "câncer *gay*", do "castigo" e a ideia de "peste" podem ser identificados no discurso dos jornais internacionais (Herzlich e Pierret, 1992; Treichler, 1999). O levantamento das pesquisas sobre a aids nos meios de comunicação no Brasil também indica uma concentração nos aspectos fatalistas, mediante a valorização da temática da morte ou dos dramas pessoais na mídia impressa, na primeira década da epidemia (Carrara e Moraes, 1987; Fausto Neto, 1991; Galvão, 1992; Buitoni, 1997; França, 2002; Bessa, 2002).

Na segunda metade da década de 1990 e início dos anos 2000, a cobertura da imprensa foi marcada pela ainda sensacionalista – porém menos negativa – expectativa de cura da aids (Spink et al., 2001; Galvão, 2002). Esse "gancho" justifica matérias sobre vacinas e medicamentos cada vez mais avançados e celebram a confiança na ciência e nos laboratórios para a erradicação do HIV. O predomínio de artigos sobre medicamentos reflete o percurso entre o mercado (as indústrias farmacêuticas) e o Estado (as políticas de distribuição), no qual o tema da aids encontra-se, hoje, em permanente negociação.

Quanto à televisão, os estudos sobre as campanhas confirmam os equívocos das primeiras experiências, mas indicam uma trajetória de suavização: os vídeos mudaram, e podemos identificar uma transformação dos argumentos, que passaram do medo até o convívio social com os portadores, acompanhando as alterações dos paradigmas epidemiológicos e as estratégias mais recentes da prevenção (Biancarelli, 1997; Nascimento, 1997; Polistchuck, 1999; Marinho, 2000; Cardoso, 2001; Santos, 2002; Gonçalves e Varandas, 2005; Porto, 2005).

No Brasil, as campanhas, em sua maioria, são produzidas pelo Ministério da Saúde e estão sob responsabilidade do Estado, sendo avaliadas como ferramentas estratégicas na formulação de políticas para informação, educação e cultura (Brasil, 1999). Outra abordagem pode ser explorada, levando-se em consideração a complexidade dos padrões menos tradicionais de intervenção comunicativa, como as vinhetas de prevenção produzidas pela MTV Brasil, que ultrapassam a função da prescrição programática, refletindo estilos de vida e comportamentos em relação à questão da aids e da sexualidade.

Guattari (1993) equipara os meios de comunicação e suas máquinas de "processualidade" aos demais "equipamentos coletivos de subjetivação", como instituições de base nas sociedades ocidentais. Nessa ótica, a mídia seria um dispositivo que opera "modelizações" de subjetividade, como "macroprocessadores", por meio da imputação de discursos, epistemes e relações de poder. Para esse autor, as máquinas e os sistemas de mídia passaram a converter e controlar as subjetividades através de mecanismos como a publicidade e a produção cinematográfica, gerando uma polifonia que pode subverter e produzir novas linguagens sociais e culturais. Canevacci (2001) propõe analisar as produções audiovisuais, atentando para os novos "alfabetos perceptivos", que correspondem às sensibilidades cognitivas emergentes a partir do mercado, como a abordagem publicitária. As vinhetas informativas da MTV despontam como formatos de comunicação, produzidos entre a experimentação artística e a propaganda, cúmplices de uma audiência jovem, identificada com velocidade e tecnologia (Kaplan, 1988; Sarlo, 1997).

Os conteúdos dessas campanhas serão analisados, tendo em vista uma interpretação de seus significados, evidenciando-se "os espaços sociais"[6] das imagens (Rial, 2005), a fim de revelar contextos, determinações culturais e sentidos que atravessam os elementos em cena. As vinhetas da MTV Brasil apresentam diversas situações comunicativas, nas quais jovens personagens dialogam sobre aids, dramatizam formas de conversar sobre esse assunto, ensinam ou protagonizam métodos de prevenção (em geral, uso do preservativo masculino) e transmitem percepções sobre sexo seguro e a relação com o risco. São corpos, animações gráficas, arte urbana, fotografias e efeitos acionados na tela, a favor de propostas para entender e incorporar as noções de risco e prevenção, imperativos que afetam as relações afetivas e sexuais desde o advento dessa doença. É possível afirmar que a aids propagada na tela da MTV não é a mesma dos jornais ou anúncios televisivos da década de 1980. É preciso estabelecer uma linha evolutiva que demarque a transformação nos modos de publicizar o risco e a prevenção. Se hoje é possível adotar uma postura descontraída, imersa no ritmo veloz das intensidades[7] para tratar desse assunto e, principalmente, se é possível afastar o tema da aids do apelo da morte, definitivamente não se trata de uma relação naturalizada.

---

[6] Peixoto (1998) discorre sobre o treinamento de um olhar voltado para a pesquisa do fenômeno visual que pretenda ler "antropologicamente" as imagens: "A análise das imagens coloca à prova a capacidade de reconhecer, na banalidade de alguns planos, as manifestações cristalizadas das relações sociais (...) Assim, ler imagens significa classificar seus significados, ler seu sentido" (Peixoto, 1998:222).

[7] Perlongher já denunciava, em 1987, a ausência do reconhecimento dessa qualidade da vida (a intensidade) por parte das instâncias médicas que formatavam um "dispositivo" da aids, que articulava moralidade e controle a uma "sexualidade perversa", associada à homossexualidade: "A vida não se mede apenas, como quer a instituição médica, em termos de prolongação da sobrevida (ou da agonia), mas também em intensidade de gozo. A dimensão do desejo não deveria ser negligenciada, se é que se trata de salvar a vida" (Perlongher, 1987:92).

Duas vinhetas da MTV de prevenção à aids

Apresento a seguir duas vinhetas produzidas e veiculadas pela MTV Brasil, que ilustram as estratégias desta emissora para comunicar a prevenção da aids à sua audiência. As vinhetas constituem intervenções comunicativas, de curtíssima duração, inseridas na grade de programação, seguindo as características do formato videoclipe, com edições e cortes rápidos, mas com efetiva capacidade de interpelar o público jovem telespectador. A primeira é ambientada em uma pista de *skate* em um grande centro urbano e a segunda é uma animação gráfica, que também representa uma cena do cotidiano na metrópole. As mensagens foram produzidas na segunda metade das décadas de 1990 e 2000, respectivamente, e exibidas frequentemente na emissora, cada uma ao longo de um ano.

Primeira vinheta

A primeira cena da sequência mostra os pés de um rapaz, deslizando habilmente sobre a tábua do *skate*, ao se movimentar na pista de concreto larga e circular. Ao fundo, uma paisagem com prédios altos e acinzentados, caracterizando uma grande cidade, como São Paulo ou outra do mesmo porte. Quatro moças e um rapaz estão sentados no chão, no centro da pista. Em grupo, formam uma "tribo urbana". O visual inclui mechas de cabelo pintadas de vermelho, camisas listradas de flanela, logomarcas de bandas de *rock*, tênis All Star, mochilas, calças coloridas, presilhas e anéis, que compõem um estilo casual e urbano, mistura de roupas esportivas e peças de brechó. No segundo *take*, a câmera está situada no meio do grupo. As meninas penteiam os cabelos e conversam com as faces próximas. O rapaz que circulava de *skate* reúne-se aos amigos que trocam risadas.

A câmera foca o centro do grupo, que permanece conversando e gesticulando, o que sugere intimidade, cumplicidade e descontração. Os amigos encostam-se uns nos outros e fazem brincadeiras entre si. Durante toda a vinheta, ouve-se uma trilha sonora composta por uma canção de *rock* ligada aos esportes radicais. A câmera, permanentemente em *close*, aponta a perspectiva de um personagem inserido na roda de amigos, e capta o contato entre os corpos, que se encostam e conversam enquanto passam o tempo, juntos. Na tela, o seguinte texto aparece em sequência composta por três *takes*: "Uma dessas pessoas é soropositiva. Você não precisa saber quem é. Isso não vai afetar a sua vida. Não deixe o preconceito afetar a vida dela".

Segunda vinheta

Esse vídeo apresenta a animação gráfica de uma avenida, atravessada pelo movimento de alguns personagens. A cena reconstitui o flagrante de uma paisagem urbana em "quadrinhos", utilizando apenas tons de azul, branco e cinza. O cenário pertence a uma cidade, pela presença de alguns elementos urbanos: a faixa de pedestres, o asfalto, a calçada, o poste e o sinal de trânsito. Personagens atravessam a rua em diferentes velocidades, caminham sozinhos, reproduzindo o aglomerado anônimo da metrópole, compondo o fluxo de pedestres. Tipos urbanos diversos atravessam a via pública: um adulto de terno e gravata; uma moça usando calça *jeans*, tênis, camiseta e rabo-de-cavalo; um *punk* de cabelo espetado para cima; um adolescente usando *piercing* e adereços corporais; e um rapaz de cabelo comprido, andando de *skate*.

A vinheta não apresenta outra ação além do trânsito dos personagens, registro do cotidiano agitado da cidade. Ouve-se um tema musical de fundo, com batidas eletrônicas, pausadas e secas. Uma voz masculina narra o seguinte texto: "O mundo tá cheio de gente interessante. E você, pessoa interessante que é, sempre acaba encontrando outras pessoas também interessantes por aí. Mas como saber o que esse alguém tão interessante fez para se proteger antes de te conhecer?" (Pausa.) "O mundo tá cheio de gente interessante. Proteja-se e aproveite." (Texto na tela:) "Proteja-se e aproveite. Use camisinha."

A PRODUÇÃO DO RISCO INVISÍVEL: ESTRATÉGIAS PARA REVERTER ESTIGMAS

A primeira vinheta aborda o tema da solidariedade ao portador do HIV, contribuindo para o argumento de que pessoas soropositivas conduzem suas vidas do mesmo modo que outras, sem qualquer restrição. A mensagem busca evidenciar que o preconceito contra esse indivíduo é injustificado, já que "isso não vai afetar a sua vida". A pessoa soropositiva referida pelo narrador não é identificada na tela. Pode ser qualquer integrante da cena. No vídeo, é um anônimo. Ao invés de exibir uma "diferença indesejável" (Goffman, 1988) como marca de um estigma, que o destacaria dos demais personagens, o integrante soropositivo foi retratado como não possuindo qualquer sinal que o singularizasse, podendo ser qualquer um dos jovens presentes na vinheta.

O *skate*, em torno do qual se aglomeram os participantes de uma mesma identidade compartilhada (uma "tribo urbana"), favorece, nesse caso, o entendimento de inclusão. O que os jovens possuem em comum são os sinais de adesão a uma microcoletividade estética de sociabilidade, uma agregação recreativa em torno de uma prática esportiva e musical. Essa pequena comunidade está fundada em princípios de aceitação e amizade recíprocas, e esse clima de intimidade e entrosamento é enfatizado no vídeo. A câmera aproximada da cena contribui para a atmosfera intimista do vídeo. Os jovens participantes não exibem a aparência de modelos comerciais, ao contrário do que ocorre em muitos anúncios publicitários dirigidos a esse público. A locação em uma pista de *skate* também evoca familiaridade com um espaço cotidiano da cidade. Tudo isso contribui para a produção televisiva de um "efeito de real" (Barthes, 1972), gerando a sensação de que a cena foi extraída de um documentário. Trata-se de um flagrante da vida dos jovens na cidade. Essa percepção "aproximada" reforça os sentimentos de identificação, familiaridade e realismo subjacentes.

O realismo documental, que mostra o convívio entre indivíduos com e sem HIV, legitima a mensagem, conferindo-lhe veracidade. Essa convivência já está acontecendo aos olhos do telespectador: a vinheta apenas registrou (como uma fotografia jornalística, ou como trecho de um *reality show*), transmitindo um exemplo capturado nas ruas. Jovens portando emblemas de estilos de vida urbanos, como o gosto pelo *rock* e esportes radicais, protagonizam a sequência, reforçando a percepção de que esse convívio, livre de preconceitos, é uma característica geracional, um fato corrente para (e entre) indivíduos que compartilham a experiência de serem jovens em tempos de aids.

Chama a atenção a "condição incógnita" do personagem soropositivo (que não é identificado, apenas mencionado no texto do vídeo). Seja quem for, está cercado de amigos, participando da mesma atividade. Esse recurso de invisibilidade sugere que o HIV pode habitar qualquer corpo, indistintamente. O soropostivo não está isolado ou sozinho. Amizade e cumplicidade são as principais percepções que transparecem na integração entre os jovens em cena.

A segunda vinheta também demonstra que não é possível identificar a condição sorológica de um indivíduo por sua aparência física. O retrato da cidade, com um ininterrupto trânsito de sujeitos, reflete o confronto com a diversidade, experiência primordial da vida na metrópole. Imagem e texto aludem ao aspecto positivo dessa interação. A cidade, assim narrada, está repleta de "pessoas interessantes", ofertando a possibilidade de múltiplos relacionamentos. O argumento da vinheta se contrapõe radicalmente à orientação de redução de parceiros como forma de prevenção. Pelo contrário, a mensagem reconhece a probabilidade de alta rotação dos encontros sexuais que a cidade proporciona.

O texto situa o telespectador na mesma corrente anônima que atravessa a avenida retratada: "O mundo tá cheio de gente interessante. E você, pessoa interessante que é, sempre acaba encontrando outras pessoas também interessantes por aí". O enunciador da mensagem dirige-se ao telespectador, identificando-o no mesmo tráfego de encontros na cena urbana. A audiência é solicitada a participar da mensagem, aproximando a situação na tela de sua própria condição.

A vinheta provoca uma expectativa quanto à sexualidade, ainda que não faça nenhuma menção a este termo, e não se apresente qualquer imagem associada a um conteúdo sexual no vídeo. A circulação dos personagens, entretanto, evidencia o latente contato que pode deflagrar a aproximação. O contato é uma oferta onipresente da experiência caótica na cidade. Os corpos em trânsito configuram um dispositivo que transforma o *rush* cotidiano em gatilho para o mercado sexual em curso. O que parece uma apologia à liberdade individual hedonista esbarra no impasse enfatizado pelo silêncio subsequente à pergunta que desata o enigma do roteiro, o próprio desafio da mensagem: "Mas como saber o que esse alguém tão interessante fez para se proteger antes de te conhecer?"

O silêncio imposto pela pausa na locução convida o espectador a um exercício autorreflexivo. Ele observará que a circulação de "pessoas interessantes" não cessa na avenida. A audiência conclui, por conta própria, não ser possível adivinhar o que o "alguém interessante fez para se proteger". É revelado aí o tema da vinheta, a representação para a condição da presença invisível do risco. O *slogan* final conclui o retrato contemporâneo, retomando a situação inicial: "O mundo tá cheio de gente interessante".

Em seguida, é apresentada a prescrição preventiva, *slogan* centrado no paradoxal diagnóstico do desejo no contexto contemporâneo, equilibrado entre prazer e risco: "Proteja-se e aproveite. Use camisinha".

As vinhetas de prevenção da MTV Brasil acionam estratégias de "despoluição" do imaginário social, que identificava o tema da aids como um problema moral restrito ao outro. Essas peças de comunicação constroem narrativas para a epidemia a partir da percepção do convívio para o risco, sinalizando-o como condição inscrita no cotidiano juvenil. Exibem também posturas de aceitação e não discriminação em relação ao portador de HIV/aids. Narram a presença de um vírus que não está restrito a nenhum perfil social particular, que não pode ser detectado por nenhuma marca nos corpos que circulam na cidade.

Essas campanhas dão continuidade, assim, à trajetória das instâncias propagadoras de falas públicas sobre aids, desde a década de 1990, que gradualmente efetuam uma reversão dos estigmas culturais dessa doença.[8] Ao associarem a aids a espaços e contextos familiares ao universo juvenil, buscam conscientizar a audiência para a proximidade do vírus, encenando sua invisibilidade e, de alguma forma, sua qualidade onipresente, elidindo mensagens e conteúdos grotescos ou assustadores, que já serviram antes de apelo para comunicar a doença.

O conceito de "grupos de risco", que vigorou durante os primeiros anos após o aparecimento da aids, contornava uma parcela específica da população como aquela fatalmente propensa a transmitir o HIV. Essa restrição associou, no imaginário social, alguns estilos de vida à propagação da aids. Usuários de drogas injetáveis, homossexuais e prostitutas transformaram-se, desse modo, nos "sujeitos" da epidemia. Esse recorte provocou o estabelecimento dos estigmas que perduraram por décadas, impondo, nos anos seguintes, o desafio de reverter essa compreensão diante do avanço da aids, inclusive entre os grupos que se percebiam imunes (Parker, 1994 e 2000; Bastos, 2002; Calvez, 2004).

A mudança de paradigma epidemiológico, mais expressiva a partir da década de 1990, encetou novo desafio: transmitir o entendimento de um risco fora dos "guetos". A mídia precisou comunicar mais do que uma

---

[8] Para um levantamento elucidativo das questões do estigma em relação ao HIV/aids, ver Parker e Aggleton, 2001.

prescrição normativa em termos de saúde. Nesse sentido, as campanhas sobre aids expressariam necessariamente uma nova condição para os relacionamentos entre os indivíduos. É nesse contexto que os vídeos de prevenção da MTV Brasil estão inseridos. O acervo de imagens dessa emissora foi produzido para informar gerações de jovens que vivenciaram a entrada na sexualidade quando a aids começava a ser divulgada como uma epidemia que atinge potencialmente toda a população. "O mundo tá cheio de gente interessante: proteja-se e aproveite", anuncia o *slogan* da vinheta da MTV. Essa fala catalisa as principais tensões em jogo, no desafio de comunicar a aids, no *set* de uma "primeira transa" no contexto contemporâneo. O trabalho da MTV em suas campanhas foi articular a associação entre sexualidade juvenil e risco, configurando uma nova normatividade sexual (Bozon, 2004), que emergiu a partir da epidemia da aids.

As estratégias da comunicação preventiva da MTV aqui analisadas afastam o imaginário sobre a epidemia dos símbolos de fatalidade e morte, que tanto caracterizaram os discursos midiáticos da aids em sua primeira década. Esse movimento também reflete o contexto de desenvolvimento da medicina hoje, quando os tratamentos antirretrovirais podem expandir a biografia das pessoas soropositivas. Persson (2004) afirma que a introdução da terapia com medicamentos foi compreendida como um ponto de revolução na história dessa doença. A "crise" da aids teria declarado seu fim para os que têm acesso aos novos fármacos e o HIV teria sofrido uma ressignificação como doença crônica, passível de administração. Segundo a autora, apesar de o discurso da aids, como doença "contornável", ter se iniciado com o AZT em 1989, esta percepção se consolidou quando a redução nas páginas de obituários se tornou significativa, no chamado *protease moment* em 1996, como consequência das "novas drogas" que compõem a terapia combinatória ou, como é conhecida nos Estados Unidos, a *Highly Active Antiretroviral Therapy* (HAART).[9]

---

[9] "*Stories abounded in affected communities and the media of HAART literally bringing people back from the brink of death, giving them a new lease on life. AIDS-related morbidity and mortality rates declined and there was a great sense of optimism initially about the new drugs ant their seeming capacity to restore health and enable reasonably normal lives for people with HIV*" (Persson, 2004:47). ["Muitas histórias sobre os medicamentos antirretrovirais chegaram às comunidades afetadas e à mídia, literalmente resgatando muitas pessoas à beira da morte, ao proporcionar uma nova esperança em suas vidas. A morbidade e as taxas de mortalidade relacionadas à aids declinaram e havia, inicialmente, um grande otimismo em relação às novas drogas e à sua aparente

Lupton (1999) analisou os estereótipos dos portadores de HIV nos jornais australianos, de 1994 a 1996. Entre os tipos correntes, a autora nota o surgimento do que classificou como *Aids Survivor*, que se refere aos indivíduos soropositivos, engajados em manter sua condição saudável, valendo-se de discursos sobre a revisão de valores e hábitos comportamentais, buscando transformar sua trajetória a partir de um modo de pensar otimista, que se refletiria em seu estado físico. Esse estereótipo gozaria da simpatia da opinião pública e dos próprios jornais, que denunciaram e marginalizaram um outro perfil, o *Aids Carrier*, referente àqueles que, depois de contaminados, pouco ou nenhum esforço teriam feito para mudar suas formas de agir e continuaram disseminando o HIV. Esses indivíduos seriam rechaçados por sua falta de autocontrole diante de uma orientação mais abrangente, que conforma a mentalidade contemporânea, fortemente ancorada na ideia de regulação de si (Lupton, 1999). Para a autora, com o advento dos novos fármacos, a mídia prioriza a divulgação de novos estereótipos em relação aos portadores de HIV associados à vida, em detrimento dos estereótipos associados à fatalidade.

Ao lado do impacto dos medicamentos na biografia dos portadores, que teriam garantido a possibilidade de expandir a vida das pessoas vivendo com aids, o já apresentado movimento político em torno dessa epidemia configurou, gradualmente, os termos de uma "identidade soropositiva". Esses marcos devem ser considerados vetores de mudança na produção das narrativas públicas da aids. Com as reivindicações pela visibilidade da identidade soropositiva, os meios de comunicação gradualmente passaram a rever os critérios que orientavam suas produções. Isso é mais evidente no caso das campanhas de prevenção, que tenderam a incluir temáticas como solidariedade ao portador do HIV e, mais recentemente, ocuparam-se em comunicar informações e mensagens especialmente produzidas aos portadores.

Comunicar a aids: avanços e impasses

O movimento social e político deflagrado em prol da agenda de demandas dos portadores de HIV e pessoas vivendo com aids vem influen-

---

capacidade de restaurar a saúde e garantir uma vida razoavelmente normal para pessoas com HIV" (tradução livre).]

ciando a produção de "sentidos de si", a partir da experiência da soropositividade, revertendo o lugar social concedido pela doença, em sua fatalidade. Entra em curso um processo de desligamento do aspecto de morte na significação pública da aids. Essa mudança pode ser verificada na produção das narrativas sobre a epidemia, veiculadas nos meios de comunicação, sobretudo nas campanhas de prevenção a partir da segunda metade da década de 1990 (Cardoso, 2001; Santos, 2002).

Denúncias como as de Herbert de Sousa (1994), a respeito dos efeitos negativos de filmes que adotavam posturas de extremo preconceito ao portador, foram relevantes na reavaliação dessas estratégias.[10] Pesquisas e avaliações no campo da aids teriam mostrado, tanto no Brasil quanto nas experiências internacionais, que a comunicação preventiva não deveria restringir-se aos apelos da fatalidade ou alarme. As ferramentas da propaganda e marketing foram largamente utilizadas na produção de filmes e materiais informativos, colaborando para explorar outros rumos na comunicação preventiva. Podemos apontar, em uma observação geral, que as campanhas seguem a trajetória das mudanças nos paradigmas de prevenção. O contexto contemporâneo da aids, entretanto, traz novas questões a serem solucionadas pelos departamentos de comunicação e ações de mídia ante a epidemia. Uma tendência recente é perceber diferenças entre estratégias de prevenção, voltadas para um público geral de "soronegativos" e uma audência específica, de "soropositivos".

Paiva (2002) já identificou a necessidade de superar pressupostos que orientam muitas ações de prevenção, estipuladas para atingir uma concepção genérica de "cidadãos HIV negativos", argumentando a favor da sofisticação das estratégias e propondo a "emancipação psicossocial" de todos os envolvidos nesse processo. Cada população apresenta demandas

---

[10] Sobre o tema, o seguinte trecho do ensaio "A cura da aids" promove uma crítica brilhante acerca dos equívocos na comunicação sobre essa epidemia daquela década: "Assim como todo brasileiro vejo televisão. Depois de um dia de trabalho intenso, cheguei em casa e liguei a TV para ver os noticiários, quando fui pego de surpresa. Aparecia na tela um jovem que dizia ter sido tuberculoso mas que estava curado. Respirei aliviado. Uma jovem dizia que tinha câncer e que se curou. Fiquei mais animado ainda com o progresso da medicina. Logo entra um jovem, olha para mim e diz: "Eu tenho aids e não tenho cura!"... Fiquei parado por um tempo, pensando, com a amarga sensação de que alguém me estava puxando para baixo, para a ideia de morte, para o fundo do poço. Custava a crer que fosse uma propaganda promovida pelo Ministério da Saúde, mas era" (Sousa, 1994:32).

específicas em face da aids. Essa constatação evoca o tema das diferentes concepções de identidade soropositiva existentes, e sobre como são taticamente dispostas na produção das estratégias de prevenção. A atualização dessa "trama das identidades" ganha contornos mais instigantes no campo da comunicação e da produção midiática sobre esse assunto.

Os impactos dos medicamentos na evidente expansão das biografias dos portadores e a reivindicação por "imagens" dos soropositivos que correspondam à sua atuação vital (e não mais o investimento em uma imagem fatalista) constituem critérios que não podem ser negligenciados ao se produzir comunicação sobre aids no contexto atual. Assim, a elaboração de estratégias de comunicação no contexto atual coloca em tensão, por um lado, a necessidade de aderir a uma faceta da epidemia e da soropositividade pós-medicamentos, o que pode gerar uma representação menos fatalista para a população soropositiva. Por outro lado, há a suspeita de que uma total ressignificação da aids possa se converter em uma banalização da gravidade da epidemia. O desafio será conciliar essas diferentes mensagens, de modo a não incorrer no perigo de minimizar a importância dos riscos. Parte da solução está na competência com que tais estratégias serão dirigidas e na sensibilidade para perceber as mudanças na evolução da representação social da aids.

Experiências mais recentes do Ministério da Saúde têm explorado o argumento do protagonismo das pessoas vivendo com HIV, estratégia já batizada como "prevenção posithiva", que certamente deve contribuir para o fortalecimento de estruturas culturais e subjetivas da crescente população soropositiva no país e no mundo.[11] Uma "prevenção posithiva", proposta ainda em formação no país, estaria interessada em incluir os indivíduos vivendo com HIV nas campanhas, além de abordar informações sobre demandas particulares que afetam essa população, tais como a sorodiscordância nos relacionamentos afetivos, administração dos medicamentos, lipodistrofia, entre outras.

---

[11] A campanha do dia mundial de luta contra a aids de 2006 adotou o *slogan* "A vida é mais forte do que a aids". O filme exibido na televisão apresentava o depoimento de pessoas que vivem com HIV, enfocando suas trajetórias e possibilidades. Detalhes sobre essa campanha estão disponíveis no site do Programa Nacional em DST/Aids, <www.aids.gov.br>. O conceito de prevenção positiva, ainda em debate no país, visa priorizar demandas de pessoas que vivem com HIV, inclusive prestar esclarecimentos específicos dessa população nas campanhas, estabelecendo metas de comunicação para esse público.

Permanece central o imperativo de ampliar a divulgação sobre aids de acordo com as múltiplas identidades (e representações específicas) que precisam ser informadas. Jovens demandam formas distintas de comunicação em relação ao público adulto, mas estes dois grupos estão profundamente fragmentados a partir das especificidades de classe, raça e gênero e seus eventuais deslocamentos e transformações. A luta por representações da aids na mídia, em parte, reflete hierarquias e sobreposições presentes fora das telas. O caso das campanhas da MTV pode servir de modelo de análise para a elaboração de outras experiências. Algum mérito deve ser reconhecido na produção da emissora, no que tange à possibilidade de encontrar sensibilidades comunicativas afins à audiência para falar abertamente sobre HIV/aids no universo semiótico de seus próprios telespectadores.

Neste texto, analisei as estratégias de comunicação preventiva da MTV Brasil a partir de duas vinhetas que expressam a ressignificação da temática da aids e do risco. Argumento que esses vídeos incorporam algumas pautas contemporâneas do movimento social da aids, que vêm lutando para transformar os estigmas que a caracterizavam nos meios de comunicação. As vinhetas afastam os aspectos trágicos, fatalistas ou grotescos que antes já acompanharam as narrativas dessa doença e colaboram para a construção da imagem positiva do sujeito portador de HIV. Esses vídeos também formulam *scripts* para a juventude em contexto de socialização para o risco, condição de uma norma sexual preventiva em curso. Essas imagens indicam relações contemporâneas entre a sociedade e o vírus HIV, tanto quanto nossas tentativas de construir essas relações. Neste desafio, revela-se o sentido do que Pélbart (2003) denominou a "contaminação positiva da aids". Em suas palavras, trata-se da capacidade de converter esse episódio "em uma rede de solidariedade afirmativa, de estimular o reencontro com o outro e de justificar nossa mobilização". E que deve continuar.

Referências bibliográficas

ANDI (Agência de Notícias do Direito da Infância). *Remoto controle*: linguagem, conteúdo e participação nos programas de televisão para adolescentes. Coordenação de Veet Vivarta. São Paulo: Cortez, 2004.

BARTHES, Roland. *O efeito de real*. Petrópolis: Vozes, 1972.

BASTOS, Cristiana. *Ciência, poder, ação*: as respostas à sida. Lisboa: Imprensa de Ciências Sociais, 2002.

BESSA, Marcelo Secron. *Os perigosos*: autobiografia e aids. Rio de Janeiro: Aeroplano, 2002.

BIANCARELLI, Aureliano. Doença em foco: as reportagens sobre aids publicadas pela *Folha de S. Paulo*. *Revista USP*, S. Paulo, n. 33, 1997. Dossiê Aids.

BOZON, Michel. *Sociologia da sexualidade*. Rio de Janeiro: FGV, 2004.

BRASIL. Ministério da Saúde. Coordenação Nacional de DST e Aids. *Sobre a epidemia da aids no Brasil*: distintas abordagens. Brasília, 1999.

BUITONI, Dulcilia Schroeder. Aids: falas e silêncios em revistas masculinas e femininas. *Revista USP*, São Paulo: Universidade de São Paulo, n. 33, p. 149-157, 1997.

CALVEZ, Marcel. *La prévention du sida*: les sciences sociales et la définition des risques. Rennes: Presses Universitaires de Rennes, 2004.

CANEVACCI, Massimo. *Antropologia da comunicação visual*. São Paulo: DP&A, 2001.

CARDOSO, Janine Miranda. *Comunicação, saúde e discurso preventivo*: reflexões a partir de uma leitura das campanhas nacionais de aids veiculadas pela TV (1987-1999). Dissertação (Mestrado) – Escola de Comunicação, Universidade Federal do Rio de Janeiro. Rio de Janeiro, 2001.

CARRARA, Sérgio; MORAES, Carla Aparecida. Um mal de folhetim? *Caderno do IMS*, Rio de Janeiro, Universidade do Estado do Rio de Janeiro, Instituto de Medicina Social, v. 1, n. 2, p. 79-94, 1987.

CASTIEL, Luis David. *A medida do possível...* Saúde, risco e tecnobiociências. Rio de Janeiro: Contracapa/Fiocruz, 1999.

FAUSTO NETO, Antonio. *Mortes em derrapagem*: os casos Corona e Cazuza no discurso da comunicação de massa. Rio de Janeiro: Rio Fundo, 1991.

_____. Percepções acerca dos campos da saúde e da comunicação. In: PITTA, Áurea M. da Rocha (Org.). *Saúde e comunicação*: visibilidades e silêncios. São Paulo: Hucitec, 1995, p. 37-64.

FRANÇA, Martha. *Repensando o modelo para a divulgação científica*: o caso da aids na imprensa brasileira (1981-2001). Dissertação (Mestrado em História da Ciência) – Pontifícia Universidade Católica de São Paulo, São Paulo, 2002.

GALVÃO, Jane. *Aids e imprensa*: um estudo de antropologia social. 1992. Dissertação (Mestrado em Antropologia Social) – PPGAS, Universidade Federal do Rio de Janeiro, Rio de Janeiro, 1992.

_____. Aids na mídia: da cura ao mercado. In: COMISSÃO DE CIDADANIA E REPRODUÇÃO. *Olhar sobre a mídia*. Belo Horizonte: Mazza Edições, 2002, p. 40-69.

GOFFMAN, Erving. *Estigma*: notas sobre a manipulação da identidade deteriorada. [1. ed. 1963]. Rio de Janeiro: LTC, 1988.

GONÇALVES, Helena; VARANDAS, Renata. O papel da mídia na prevenção do HIV/aids e a representação da mulher no contexto da epidemia. *Ciência e Saúde Coletiva*, v. 10, n. 1, p. 229-235, 2005.

GUATTARI, Félix. Da produção da subjetividade. In: *Imagem-máquina*: a era das tecnologias do virtual. Rio de Janeiro: Ed. 34, 1993, p. 177-191.

HERZLICH, Claudine; ADAM, Philippe. *Sociologia da doença e da medicina*. Bauru: Edusc, 2001.

_____; PIERRET, Janine. Uma doença no espaço público: a aids em seis jornais franceses. *Physis*: Revista de Saúde Coletiva, v. 2, n. 1, p. 7-35, 1992.

KAPLAN, E. Ann. Feminismo, Édipo, pós-modernismo: o caso da MTV. In: _____ (Org.). *O mal-estar no pós-modernismo*: teorias, práticas. Rio de Janeiro: Jorge Zahar Editor, 1988, p. 45-63.

KUCINSKI, Bernardo. Jornalismo, saúde e cidadania. *Interface, Comunicação, Saúde, Educação*, fev. 2000.

LUPTON, Deborah. Archetypes of infection: people with HIV/aids in the Australian press in the mid 1990s. *Sociology of Health & Illness*, v. 21, n. 1, p. 37-53, 1999.

MARINHO, Mônica Benfica. Entre o funcional e o lúdico: a camisinha nas campanhas de prevenção. *Interface, Comunicação, Saúde e Educação*, fev. 2000.

MONTEIRO, Simone; VARGAS, Eliane (Orgs.). *Educação, comunicação e tecnologia educacional*: interfaces com o campo da saúde. Rio de Janeiro: Fiocruz, 2006.

NASCIMENTO, Dilene R. A face visível da aids. *História, Ciências, Saúde: Manguinhos*, Rio de Janeiro, v. 1, n. 1, 1997.

PAICHELER, Geneviève. Society facing aids. In: POLLAK, Michel; PAICHELER, Geneviève; PIERRET, Janine (Orgs.). *Aids*: a problem for sociological research. London: Sage, 1992.

PAIVA, Vera. Sem mágicas e soluções: a prevenção e o cuidado em HIV/aids e o processo de emancipação psicossocial. *Interface, Comunicação, Saúde, Educação*, v. 6, n. 11, p. 25-38, 2002.

PARKER, Richard. *A construção da solidariedade*: aids, sexualidade e política no Brasil. Rio de Janeiro: Relume-Dumará/Abia/IMS-Uerj, 1994.

_____. *Na contramão da aids*: sexualidade, intervenção, política. Rio de Janeiro: Abia/Ed. 34, 2000.

_____; AGGLETON, Peter. *Estigma, discriminação e aids*. Rio de Janeiro: Abia, 2001. 45 p. (Coleção Abia. Cidadania e Direitos, 1).

PEDROSO, Maria Goretti. *Admirável mundo MTV Brasil*. São Paulo: Saraiva, 2005.

PEIXOTO, Clarice Ehlers. Caleidoscópio de imagens: o uso do vídeo e a sua contribuição à análise das relações sociais. In: FELDMAN-BIANCO, Bela LEITE, Mirian L; (Orgs.). *Desafios da imagem*: fotografia, iconografia e vídeo nas ciências sociais. São Paulo: Papirus, 1998.

PELBART, Peter Pál. *Vida capital*. São Paulo: Iluminuras, 2003.

PERLONGER, Néstor. *O que é aids?* São Paulo: Brasiliense, 1987.

PERSSON, Asha. Incorporating pharmakon: HIV, medicine, and body shape change. *Body & Society*, London: Sage, v. 10, n. 4, p. 45-67, 2004.

POLISTCHUCK, Ilana. *Campanhas de saúde pela televisão*: a campanha de aids da TV Globo. 1999. Dissertação (Mestrado) – ECO, Universidade Federal do Rio de Janeiro, Rio de Janeiro, 1999.

POLLAK, Michael. *Os homossexuais e a aids*: sociologia de uma epidemia. São Paulo: Estação Liberdade, 1990.

PORTO, Mauro Pereira. Lutando contra a aids entre meninas adolescentes: os efeitos da campanha de Carnaval de 2003 do Ministério da Saúde do Brasil. *Cadernos de Saúde Pública*, Rio de Janeiro, v. 21, n. 4, p. 1234-1243, 2005.

RIAL, Carmen Silvia. Mídia e sexualidades: breve panorama dos estudos de mídia. In: GROSSI, Miriam et al. *Movimentos sociais, educação e sexualidade*. Rio de Janeiro: Garamond, 2005, p. 107-136.

SANTOS, Luis Henrique Sacchi dos. *Biopolíticas de HIV/aids no Brasil*: uma análise dos anúncios televisivos das campanhas oficiais de prevenção: 1986-2000. Tese (Doutorado) – Faculdade de Educação, Universidade Federal do Rio Grande do Sul, Porto Alegre, 2002.

SARLO, Beatriz. *Cenas da vida pós-moderna*: intelectuais, arte e videocultura na Argentina. Rio de Janeiro: UFRJ, 1997.

SODRÉ, Muniz. *Antropológica do espelho*: uma teoria da comunicação linear e em rede. Petrópolis: Vozes, 2002.

SONTAG, Susan. *A aids e suas metáforas*. Rio de Janeiro: Companhia das Letras, 1988.

SOUSA, Herbert de. *A cura da aids*. Rio de Janeiro: Relume-Dumará, 1994.

SPINK, Mary Jane P.; MEDRADO, Benedito; MENEGON, Vera M.; LYRA, Jorge; LIMA, Helena. A construção da aids-notícia. *Cadernos de Saúde Pública*, Rio de Janeiro, v. 17, n. 4, p. 851-862, 2001.

TERTO JR., Veriano. *Homossexuais soropositivos ou soropositivos homossexuais*: impactos da aids na homossexualidade masculina. 1997. Tese (Doutorado em Saúde Coletiva) – Instituto de Medicina Social, Universidade do Estado do Rio de Janeiro, Rio de Janeiro, 1997.

_____. Soropositividade e políticas de identidade no Brasil. In: BARBOSA, Regina Maria; PARKER, Richard (Orgs.). *Sexualidades pelo avesso*: direitos, identidades e poder. Rio de Janeiro: IMS-Uerj; São Paulo: Ed. 34, 1999, p. 99-119.

TREICHLER, Paula A. *How to have theory in an epidemic*: cultural chronicles of aids. Durham and London: Duke University Press, 1999.

VENTURA, Mirian. Direitos humanos e aids: o cenário brasileiro. In: PARKER, Richard; GALVÃO, Jane; BESSA, Marcelo Secron (Orgs.). *Saúde, desenvolvimento, política*: respostas frente à aids no Brasil. Rio de Janeiro: Abia/Ed. 34, 1999, p. 263-338.

VIANNA, Adriana; LACERDA, Paula. *Direitos e políticas sexuais no Brasil*: o panorama atual. Rio de Janeiro: Cepesc/Centro Latino-Americano em Sexualidade e Direitos Humanos/Instituto de Medicina Social, 2004.

Endereços eletrônicos (acesso em: abr. 2006/abr. 2007)

<www.aids.gov.br>. Programa Nacional em DST/Aids.

<www.mtv.com>. MTV Estados Unidos.

<www.mtv.com.br>. MTV Brasil.

<www.redhot.org>. Projeto Red Hot.

<www.staying-alive.org>. Projeto Staying-Alive.

11. Imperativos da natureza: sexualidade, gênero e hormônios na produção de Elsimar Coutinho

Daniela Manica[*]

Neste texto, apresento e discuto parte da produção sobre sexualidade, gênero e hormônios publicada por Elsimar Coutinho, médico e pesquisador baiano.[1] Conhecido pela polêmica apologia da supressão da menstruação em mulheres férteis, o autor do livro *Menstruação, a sangria inútil* (Coutinho, 1996) se destaca no campo da reprodução humana por sua trajetória de investigação na área da contracepção hormonal. Como professor da Faculdade de Medicina da Universidade Federal da Bahia e pesquisador do Centro de Pesquisas e Assistência em Reprodução Humana (Ceparh), que criou e preside até hoje em Salvador, Coutinho esteve envolvido no desenvolvimento de contraceptivos injetáveis, dispositivos intrauterinos, implantes subcutâneos, pílulas e anéis vaginais, além da pílula masculina.[2]

Alguns artigos sobre sexualidade e contracepção publicados em jornais como *A Tarde*, de Salvador, foram selecionados e compilados em duas coletâneas, intituladas *O sexo do ciúme* (1998a) e *O descontrole da natalidade no Brasil* (1998b).[3] A partir do pressuposto de que seu discurso, pensado em conexão com sua atuação como médico e pesquisador, permite apreender

---

[*] Mestre e doutoranda em antropologia social pela Universidade Estadual de Campinas (Unicamp).
[1] Investigação realizada no âmbito do Programa Interinstitucional de Metodologia de Pesquisa em Gênero, Sexualidade e Saúde Reprodutiva, com apoio da Fundação Ford.
[2] Embora suas pesquisas, desenvolvidas desde a década de 1960, tenham resultado em um número expressivo de artigos científicos publicados em diversas revistas de prestígio da área, nacionais e internacionais, a trajetória de Elsimar Coutinho no campo da ginecologia não se fez sem embates e polêmicas. Além da conhecida discussão sobre a "inutilidade" da menstruação, Coutinho esteve envolvido em outras campanhas, como em defesa da adoção de um programa de controle da natalidade no Brasil para redução da pobreza, nas décadas de 1970 e 1980. Ele cita como seus principais adversários a Igreja Católica, a "esquerda" e o movimento feminista, pois todos se posicionaram contra o planejamento familiar. Em minha pesquisa de doutorado, atualmente em andamento, aprofundo este debate.
[3] O livro *O sexo do ciúme* foi publicado pela Editora Landscape em julho de 2007.

valores e perceber diversas questões sociais, culturais e políticas em jogo na produção científica e na produção de hormônios para a indústria farmacêutica, apresento neste texto determinadas concepções de Coutinho sobre sexualidade humana. Ressalto a oposição natureza/cultura e suas inflexões no que concerne ao gênero. Para tanto, trabalho principalmente com os artigos da coletânea *O sexo do ciúme* (Coutinho, 1998a), organizados sob o subtítulo "O sexo e seus problemas".

No artigo que deu nome ao livro, Coutinho justifica o ciúme e a agressividade do homem como resultantes de um mecanismo de defesa masculino para garantir a paternidade biológica. O autor aciona um dos argumentos centrais da sociobiologia como paradigma explicativo: o maior objetivo da vida e dos seres vivos é sua perpetuação pelos genes, transmitidos através da reprodução biológica para os descendentes. Para ele, o comportamento ciumento dos homens "nada tem de cultural e resulta, pura e simplesmente, de manifestações do instinto sexual, que governam o comportamento reprodutivo do macho de qualquer espécie animal" (Coutinho, 1998a:65).[4]

O hormônio masculino seria o recurso da natureza para motivar o macho a defender sua prole, depositada sob os incertos cuidados da fêmea, inerte e facilmente suscetível às investidas de qualquer outro "ubíquo sedutor".[5] A mulher poderia ficar mais tranquila, pois está assegurada da presença de seus genes na prole gerada em seu corpo. Seu ciúme teria outra origem: cultural, direcionada à manutenção da relação familiar monogâmica (Coutinho, 1998a:68).

Nesse primeiro artigo, percebe-se o uso da oposição entre natural e cultural, equacionada de forma a apresentar uma diferença sexual entre "homem" e "mulher". Coutinho considera-os seres biologicamente distintos e agrupados a partir dessa oposição que, por sua vez, fundamenta a construção da distinção entre as sexualidades masculina e feminina.[6] A sexualidade masculina seria inevitavelmente sujeita aos imperativos da na-

---

[4] Artigo de 27 de março de 1982.
[5] "Em vista desta irremediável incerteza quanto à paternidade, desenvolvem os machos instintivamente um comportamento social governado exclusivamente pela estratégia reprodutiva, que consiste em copular com o número maior possível de fêmeas, enquanto buscam afastar pelo terror ou pela força os outros machos do seu território" (Coutinho 1998a:66).
[6] Para Coutinho, gênero e sexualidade estão intrinsecamente relacionados, ou, no termo de Duarte (2004:54), entranhados.

tureza, o que justifica o fato de os homens não seguirem as regras sociais prescritas pelo casamento monogâmico, um advento cultural. De acordo com o autor, não há solução para a busca incessante do homem por mulheres ou para seu ciúme agressivo, que impede o usufruto por suas "mulheres" da mesma liberdade que eles possuem, a despeito do que poderiam defender as feministas.

Sexualidade e natureza, biologia e inevitabilidade

A ideia de uma determinação da natureza indica a inevitabilidade de certos comportamentos e situações. O recurso à "biologização" do comportamento sexual pode servir para a libertação dos julgamentos morais a eles atribuídos. Muitas vezes este recurso é orientado por esse propósito redentor. Ao criticar o uso de oposições dicotômicas entre natureza e cultura, e ressaltar o potencial político dos argumentos baseados na determinação biológica, Birke (1996) cita o estudo do neurocientista LeVay (1993) como exemplo. Ele comparou o tamanho de uma determinada parte do cérebro de homens hetero e homossexuais, procurando provar a inexistência de células responsáveis pela atração por mulheres no cérebro de homossexuais. Para Birke, a presença desse tipo de crença na comunidade *gay* dos Estados Unidos não é surpreendente, tendo em vista o fundamentalismo religioso e a homofobia. Do ponto de vista analítico, trata-se da perpetuação do mito de que gênero e sexualidade são biologicamente determinados ou, pelo contrário, produtos de um condicionamento social. Segundo esta autora, qualquer dos opostos da dicotomia natureza/cultura utilizado como determinante acarreta problemas fundamentais (Birke, 1996:102).

Ao definir a sexualidade masculina como biologicamente determinada, Coutinho aciona uma explicação para o comportamento agressivo e ciumento de homens. Argumento que poderia, no limite, ser utilizado para justificar estupros e/ou assassinatos.

O físico da mulher é apresentado como isca perfeita para impulsionar o homem ao ato sexual. Coutinho adiciona um "porém" à afirmação do poeta Vinicius de Moraes de que a beleza feminina é fundamental.[7] Para

---

[7] "As muito feias que me perdoem, mas beleza é fundamental", trecho introdutório do poema "Receita de mulher" (Moraes, 1998).

ele, os homens são atraídos pela beleza do corpo feminino, e não do rosto: "As feias podem portanto ficar tranquilas, porque a sua atratibilidade está assegurada pela forma do seu corpo e não pela beleza do seu rosto". Ele completa: "Creio que elas sabem disso e por isso mesmo se preocupam muito mais com a forma e tamanho dos seios e nádegas do que o tamanho do nariz ou a espessura dos lábios, sabem ou sentem que à mulher nua não se olha a cara" (Coutinho 1998a:70).[8]

A aproximação do "macho" teria como finalidade analisar o "objeto cuja forma dominou sua atenção e o arrastou até ali". O foco recai, principalmente, sobre a capacidade reprodutiva da mulher: "nádegas, coxas e seios, que refletem a capacidade de acomodar e alimentar um filho". As demais partes seriam apenas "outros elementos acessórios, os corantes e os temperos que valorizam e embelezam o prato", que, somente após a atração inicial, desencadeada por aquelas partes, passariam a ser consideradas. A expressão do rosto indicaria a receptividade ao macho, um sorriso aumentaria sua "atratibilidade" e representaria um "convite" para que ele se aproxime mais. Do mesmo modo, o som da voz, "independente do conteúdo", e os odores da mulher, "principalmente aqueles que têm origem nos transudatos vaginais, podem ser decisivos na determinação da direção que tomarão os atos subsequentes do hipnotizado" (Coutinho, 1998a:71).

O enfoque equivocado sobre a beleza do rosto feminino seria consequência das inúmeras maneiras produzidas pela civilização para controlar a reprodução. A face só teria assumido esse destaque porque o corpo é coberto no mundo civilizado. Nesse caso, para ele, "um rosto bonito é isca perigosa porque induz o observador a imaginar que o que se esconde é tão bonito quanto o rosto que está à vista" (Coutinho, 1998a:71).

Interessante notar, neste trecho, o perigo representado por um corpo não tão belo quanto o rosto poderia indicar. O risco apontado por Coutinho reside na sedução enganosa de uma mulher, cujo físico não seria "bom" ou "belo" do ponto de vista reprodutivo – inadequado para os propósitos para os quais foi, fundamentalmente, concebido: a provocação do desejo para reprodução, como garantia da maternidade biológica, fecundação, gestação, parto e amamentação. A beleza corporal ganha, portanto, um sentido

---

[8] Artigo "O corpo da mulher", não datado na edição do livro.

quase eugênico: garantia de perpetuação dos genes paternos. Os artifícios para mascarar uma eventual falha na capacidade de atração do corpo e para ressaltar a beleza da face são tratados como manipulação consciente da mulher, para enganar e atrair os desavisados, fenômeno consequente da civilização da sexualidade.

Para ele, haveria nesse caso uma conspiração da cultura contra os planos da natureza: ao ocultar o corpo da mulher ou controlar a irresistível reação masculina aos hormônios femininos exalados e à tentadora imagem de seu físico, a civilização estaria interferindo em um processo que, em estado natural, seria inevitável.[9]

Hormônios, encontros sexuais e missão reprodutiva

Os hormônios femininos são considerados um mecanismo da natureza para favorecer o encontro sexual e, portanto, a reprodução da espécie. Segundo Coutinho, o estrogênio seria responsável tanto pelo cio feminino quanto pela forma arredondada do corpo, a "consistência tenra da carne da mulher", a "sedosidade" da pele e a "abundância dos cabelos" (Coutinho, 1998a:74). O autor também se refere à influência desse hormônio no comportamento feminino, com o objetivo de tornar a mulher "receptiva" ao sexo (Coutinho, 1998a:74). Ao mesmo tempo que apresenta os benefícios do estrogênio, inclusive para a saúde da mulher, defende a necessidade de reposição hormonal para manter suas taxas após a menopausa, prescrita em seus consultórios e clínicas.

Em um artigo sobre este tema para a revista *Ciência Hoje*, Coutinho descreve a ação benéfica dos estrogênios para a saúde.[10] Estabelece um vínculo entre a capacidade reprodutiva e o objetivo da existência humana, enfatizando a atuação dos hormônios na "manutenção de nossas funções vitais nem sempre associadas ao sexo e à reprodução", como a mas-

---

[9] Conforme Coutinho, "o banho, o sabonete, o desodorante, o perfume, a roupa, a educação, a presença de terceiros, as regras da vida social, a etiqueta e sobretudo a lei, criada pelos homens para contrariar a natureza, são os instrumentos que encontrou a civilização para neutralizar o efeito dos hormônios femininos na sua ação estrogênica que, se não fosse assim neutralizada, provocaria no mínimo grande constrangimento às mulheres civilizadas naqueles dias" – artigo "O hormônio da mulher", publicado no jornal *A Tarde*, em 9 de março de 1995 (Coutinho, 1998a:73).

[10] O artigo de 14 de março de 1997 consta na coletânea sob o título "Os hormônios sexuais e a vida".

sa muscular e a firmeza dos ossos. Para o médico, com a menopausa, "as proteínas e o cálcio (...) fogem como se a firmeza e a própria estrutura do esqueleto e dos músculos que o movimentam já não fossem mais necessárias" (Coutinho, 1998a:78). De acordo com o paradigma sociobiológico adotado pelo autor, os hormônios integrariam o planejamento da natureza para perpetuação da espécie. O declínio da produção dos hormônios sexuais e, consequentemente, da capacidade reprodutiva configuraria o mecanismo produzido pela natureza para assegurar a possibilidade de gestação e amamentação da prole, tarefa designada exclusivamente às fêmeas. Para ele, esta seria a razão da menopausa em mulheres. Afinal de contas, "à natureza não interessa uma mãe que não possa criar o filho" (Coutinho, 1998a:101).[11]

As diferenças entre homens e mulheres reaparecem ancoradas na sociobiologia para explicar o ciclo de vida. A ideia de menopausa masculina seria um erro, tentativa infundada de estabelecer uma analogia entre duas realidades incomparáveis, do ponto de vista biológico: "homens" e "mulheres". A relação determinante entre fertilidade e vida faria com que as mulheres, com uma fase fértil demarcada, sofressem mais os efeitos da menopausa do que os homens que, segundo o autor, podem procriar até a mais avançada idade.

A ligação entre pai e filhos seria um fenômeno decorrente da vida em sociedade, que impele o primeiro a assumir responsabilidades. Um argumento ambíguo, se considerada a relevância atribuída à prole pelos machos, por ela ser depositária de seus genes e responsável por sua perpetuação no mundo. Ainda para Coutinho, a centralidade da prole para o homem seria justificada pela missão reprodutiva, apontada no primeiro artigo: "copular com o número maior possível de fêmeas" (Coutinho, 1998a:67).

A distribuição diferencial de responsabilidades sobre a prole estaria refletida no comportamento sexual – também distinto para homens e mulheres – e na saúde, de forma geral. Ao apontar algumas situações acerca dos efeitos nos homens do declínio ou ausência dos hormônios sexuais, Coutinho afirma que os homens estão sujeitos à andropausa, "porém,

---

[11] Artigo "Menopausa masculina", de 2 de março de 1995.

felizmente para eles, o fenômeno só se manifesta acidentalmente, o que livra a maioria dos varões dos efeitos devastadores que afligem suas companheiras na menopausa" (Coutinho, 1998a:102).

Na divisão do trabalho sexual, "planejada pela natureza", os homens seriam seres com um poder reprodutivo quase ilimitado, programados para fazer tantos filhos quanto possível. Ao abordar a grande diferença numérica de produção de gametas entre homens e mulheres, e discutir rapidamente a questão da consanguinidade, o autor atribui a um só homem o "potencial para repopular o planeta no caso de um cataclisma".[12] No entanto, essa missão depende do desejo intenso pelo sexo oposto, garantido pelos estímulos bioquímicos e visuais do corpo feminino. Após descrição minuciosa desse processo, Coutinho declara que todas as ações masculinas são "programadas" para "culminar com a ejaculação no interior do canal vaginal". Na ausência ou indisponibilidade de mulheres, o homem poderia recorrer a "substitutos, que podem até ser outros homens. Outras alternativas incluem o coito com fêmeas de outras espécies animais e a masturbação" (Coutinho, 1998a:91).

A sexualidade masculina é concebida como um programa a ser executado e o reprodutor um escravo da biologia, contra a qual não há o que fazer. A masturbação na infância reforça a relação com a natureza. Para Coutinho, trata-se de um mecanismo de aperfeiçoamento da capacidade reprodutora. A relação homossexual é entendida a partir desta lógica: o desejo de um homem por outro se resume à ausência de uma mulher que permita a concretização da necessidade biológica.

Para Fry (1982) e Bozon (2004), a relação homossexual masculina, no Brasil, pode ser compreendida como um sistema bipolar, com ativos e passivos, homens e mulheres, masculino e feminino. A partir deste modelo interpretativo, o homem com papel ativo não abdicaria da identidade masculina. Carrara e Simões (2007) problematizaram as formas como o tema da homossexualidade masculina foi tratado pela antropologia brasi-

---

[12] Artigo "Programado para fazer filho". Em suas palavras: "Para um homem que tenha relações com muitas mulheres, que se apresentem sempre para inseminação no período fértil, o número de filhos gerados em um ano poderia ultrapassar os 150. Se cada uma dessas mulheres tivesse um filho de dois em dois anos, no fim de 20 anos o reprodutor teria gerado 1.500 filhos, sem esforço extraordinário e com muito prazer" (Coutinho, 1998a:89).

leira, questionando particularmente as articulações entre o modelo "hierárquico" e a "identidade" sexual. Esses autores destacam as limitações da caracterização binária (ativo/passivo, homossexual/heterossexual) e, principalmente, sua interpretação como modelos representativos de uma identidade nacional ou de classe ou, ainda, a ideia de "identidade" como fixa e estanque.

A partir desse debate, é possível supor que, embora a concepção de Coutinho sobre a sexualidade masculina se baseie na dependência dos objetivos reprodutivos, uma interpretação presente em determinados estudos sobre sexualidade na sociedade brasileira, o discurso deste médico contém ambiguidades e contradições que escapam a tais modelos interpretativos.[13] Ao apresentar o homem como um animal irracional movido pela testosterona e por uma programação reprodutora arquitetada pela "natureza", este autor conclui que o orgasmo é "o alvo mais importante" da vida de um homem, o que o impele a praticar o sexo "mesmo quando não quer ou não pode fazer filho" (Coutinho, 1998a:92).

Os textos deste médico são pautados por uma hierarquização do gênero e da sexualidade. A sexualidade masculina é tida como biologicamente determinada, com uma natureza muito distinta da feminina. Em um artigo, Coutinho defende claramente a superioridade da sexualidade masculina, intensa, viril e natural. Ao abordar a ejaculação precoce, defende seus aspectos positivos, ressaltando a rapidez e eficiência reprodutiva, uma vez que o objetivo principal "é a deposição de sêmen no interior da vagina".[14] A rapidez protegeria o casal de um eventual ataque de predadores, pois o ato sexual contém um "momento de vulnerabilidade". A percepção do fenômeno como "incompetência" seria uma distorção em relação ao *timing* evoluído. A possível insatisfação sexual da mulher diante do de-

---

[13] Como pensar, por exemplo, o "segundo" ou "outro" homem do exemplo de Coutinho? Ou os desejos e práticas homoeróticas, de forma mais ampla? Estas questões são consideradas irrelevantes, a partir do paradigma sociobiológico, por Coutinho, entre outros autores, do campo médico e científico, afinados com esta perspectiva.

[14] Artigo "Ejaculação precoce". Em suas palavras: "A rigor, uma ejaculação só pode ser considerada precoce ou prematura se ocorrer antes da penetração. Desde que o objetivo da ejaculação é a deposição de sêmen no interior da vagina, a qualquer momento que ocorra ejaculação após a penetração está obviamente atendido aquele objetivo. Além disso, do ponto de vista da Natureza (e até do ponto de vista religioso), quanto mais rápido o homem se desincumbe desta tarefa, mais eficiente como reprodutor ele se revela" (Coutinho, 1998a:99).

sempenho do parceiro seria uma questão menor, em face da missão cumprida pelo homem. Os problemas gerados pela ejaculação precoce seriam, portanto, sexuais, e não reprodutivos (Coutinho, 1998a:100).

Em outro artigo, Coutinho se detém sobre o tema da "frigidez". Em contraste com a maneira como trata da ejaculação precoce, caracteriza a frigidez – ou "falta de desejo ou prazer no ato sexual" – como "uma condição tão frequente no sexo feminino que não deveria ser considerada doença" (Coutinho, 1998a:95).[15] Este é bom contraponto para analisar as distintas perspectivas do autor sobre as sexualidades masculina e feminina, além da hierarquização destes temas.

A diferença no desejo sexual ou no prazer feminino está relacionada à quantidade de testosterona, "geralmente chamado de hormônio masculino, porque é responsável pelas características sexuais secundárias e pela virilidade do homem" (Coutinho, 1998a:95). Nas mulheres, além de uma produção hormonal de testosterona em menor quantidade, comparativamente aos homens, uma boa parte é transformada em hormônios femininos. A solução para a frigidez seria bioquímica, um serviço também disponível no consultório de Coutinho, com o uso de implantes subcutâneos de testosterona, produzidos em seu laboratório farmacêutico, em Salvador (Coutinho, 1998a:96).

Este médico reconhece, no entanto, a possibilidade de "fatores não-endócrinos, como problemas vasculares ou circulatórios, neurológicos e psíquicos" influenciarem a frigidez. Para ele, o desconhecimento do próprio corpo seria decorrente da ausência de educação sexual (Coutinho, 1998a:96). Mais uma vez, ele enfatiza a intervenção da cultura sobre a sexualidade feminina. A educação sexual apresenta-se de forma diferenciada para mulheres mais ou menos favorecidas economicamente. A "de nível socioeconômico elevado", com mais condições de "conhecer o seu corpo, identificando e explorando inteligentemente as suas áreas eróge-

---

[15] Segundo Coutinho, o problema da frigidez acarreta alguns desdobramentos no relacionamento afetivo: "a mulher que tem diminuído ou abolido o desejo ou que apresenta dificuldade em alcançar o orgasmo é considerada doente ou, no mínimo, incompleta pelo parceiro, que tende a abandoná-la em busca de outra, que responda satisfatoriamente aos seus estímulos. Para evitar o desenlace, muitas mulheres simulam excitação e orgasmo para prender o parceiro e escondem sua frigidez por anos a fio, às vezes durante toda a vida" (artigo "Frigidez", publicado em out. 1990, na *Clivale Notícias*).

nas", levaria vantagem sobre as "mais pobres, que praticam sexo com consequências reprodutivas muito cedo e, ao engravidarem repetidamente, se distanciam, cada vez mais, de uma vida sexual gratificante" (Coutinho, 1998a:97). A consequência reprodutiva, inerente à sexualidade feminina, seria um fator articulado à conquista de uma vida sexual satisfatória. Esta condição dependeria de uma inserção social e cultural capaz de favorecer um aprendizado sobre a própria sexualidade, além da possibilidade de controlar os efeitos reprodutivos. Note-se aqui, além da ênfase no caráter cultural da sexualidade feminina, o argumento de Coutinho em defesa dos métodos contraceptivos.

A mulher, em desvantagem em relação ao homem, fica sujeita à necessidade de aprimoramento da educação sexual ou da competência do parceiro. Segundo o autor, os homens têm um comportamento sexual natural, instintivo e praticamente incontrolável, e deverão dispor de mais "habilidade" e "paciência", no que tange ao prazer das parceiras (Coutinho, 1998a:96).

Os hormônios também são classificados em uma linguagem do gênero, e se comportam distintamente no que se refere à sexualidade. Os femininos – estrogênio e progesterona – têm, respectivamente, a função de atração sexual e de manutenção do feto após a fecundação. Ao masculino, é atribuída a função sensorial do desejo e prazer. Desse modo, a diferença entre homens e mulheres estaria também refletida na produção desigual de hormônios sexuais, com encargos distintos: o estrogênio torna a mulher "suculenta, sociável, e praticamente irresistível a qualquer macho que se preze" (Coutinho, 1998a:82), enquanto a testosterona e outros androgênios agem para assegurar o desejo e a satisfação sexual, principalmente nos homens.

Do ponto de vista reprodutivo, a necessidade de prazer na relação sexual seria determinante para os homens. Já para as mulheres, não somente o prazer sexual é dispensável, como a dor e o desprazer no intercurso sexual apresentam-se "naturalizados". A observação das espécies animais justifica o processo de naturalização: os machos frequentemente tomam as fêmeas à força. Além dessa possibilidade, a relação sexual poderia ser objeto de um sistema de trocas de favores, que envolve "geralmente casa ou comida" (Coutinho, 1998a:81).[16]

---

[16] Artigo "O sexo, o prazer e a dor", publicado no jornal *A Tarde*, em 18 de agosto de 1991.

Apesar dessa perspectiva desigual acerca do desejo sexual, ele reconhece que, ainda que submetida à atuação masculina no que diz respeito ao sexo, a fêmea possui alguma participação: "sem ela não nasce o desejo nem ocorrem as alterações da anatomia do macho que permitem o intercurso sexual", ou tampouco acontece "o orgasmo (...) [e] a ejaculação fertilizadora" (Coutinho, 1998a:80).

O "orgasmo" no singular reflete o empenho deste médico em destacar o caráter natural da sexualidade masculina, em contraste com o tom mais reticente utilizado em referência à sexualidade feminina. Os homens sentem mais desejo e prazer porque são biologicamente programados para tal, ao contrário das mulheres. Toda manifestação comportamental masculina, no que concerne à sexualidade, é pautada pela missão reprodutora conferida pela natureza: a agressividade, o ciúme, a busca incessante por mulheres e por sexo são, assim, entendidos e justificados. A associação com a natureza confere aos comportamentos o caráter de inevitabilidade, de modo a não se configurar qualquer proposta de intervenção em torno da sexualidade masculina.

Natureza incontrolável da sexualidade masculina versus sexualidade feminina: fertilidade, maternidade, reprodução

A concepção da sexualidade masculina como incontrolável integra uma perspectiva adotada, sobretudo, nos meios médicos e científicos que carreia determinadas noções sobre gênero e sexualidade. A possibilidade de controle ou intervenção sobre a sexualidade masculina esteve em questão em vários contextos. Como exemplo, por ocasião do tratamento da sífilis no início do século XX no Brasil, conforme bem demonstrou Carrara (1996), ao buscar entender o modo de construção dessa "ameaça" como "problema venéreo". Esse autor pesquisou desde a constituição do campo da sifilografia, seus respectivos especialistas, os sifilógrafos, até os esforços e embates classificatórios em torno das questões relacionadas ao problema. Ele também abordou os processos de intervenção social aplicados com o objetivo de erradicar esse fenômeno, então entendido como doença. Uma das principais divergências no debate sobre as possíveis intervenções para resolver esse problema médico-social – como então configurado – consistiu na definição da sexualidade masculina como "necessidade primária", sobre a qual não seria possível intervir, ou como "impulso coibível". Após intensa polêmica, adotou-se uma solução que não implicou ação direta sobre a sexualidade masculina. A discussão deslocou-se para o tema da prostituição, configurada como problema médico-sanitário. Nesse contexto, a oposição entre tradição e modernidade foi central. Por um lado, "tradicionalmente" as marcas da sífilis funcionavam como símbolo de prestígio e orgulho para os homens. Por outro, a "modernidade" e a "civilização" seriam os meios necessários para evitar o desenvolvimento da doença, tanto do ponto de vista individual quanto nacional.

Ao demonstrar a relação entre a luta antivenérea dirigida à erradicação da sífilis, marcada pela política sanitarista vigente no país até os anos 1940, e os interesses que viabilizavam a intervenção do poder federal no país, Carrara fornece informações precisas sobre o processo histórico-social da constituição do próprio Estado brasileiro. Tratava-se também de implementar o Estado, por meio de intervenções médico-sanitárias direcionadas à sexualidade. Determinados conceitos, como raça, degeneração, profilaxia e higiene social, foram fundamentais na tentativa de estabelecer um comprometimento social com duas instituições centrais, a nação e a família.

O estudo de Carrara constitui um excelente contraponto para análise dos textos de Coutinho, pois permite uma analogia com a caracterização da sexualidade masculina como incontrolável. Como demonstra Carrara, à época houve dúvidas acerca da possibilidade de intervir sobre ela. Em Coutinho, esse "descontrole" é naturalizado. Salem (2004), em artigo recente sobre sexualidade masculina, ressalta como essa concepção está presente entre homens de classes populares.

Os textos até aqui apresentados não esgotam as investidas literárias de Coutinho, nem representam, de fato, sua obra mais conhecida, mas caracterizam uma abordagem bastante específica sobre sexualidade. A ancoragem biológica na concepção de "homem" contribui para a definição de sua sexualidade como "masculina". Como indicado no título de seu livro, trata-se de entender "o sexo do ciúme", ou uma sexualidade no singular, na ótica de apenas um sexo biológico. Embora aborde temas como corpo e hormônios, frigidez ou menopausa feminina, a narrativa é sempre construída a partir da ação da sexualidade do macho patriarca reprodutor. A mulher, também no singular, é apresentada apenas como portadora do corpo que provoca o desejo e, portanto, como receptora da ação reprodutora masculina. Ela aguarda, passiva, a investida que deverá resultar, de acordo com o plano da natureza, em uma criança, a ser cuidada, "naturalmente", pela mãe.

A sexualidade feminina é associada à sociedade e ao domínio da cultura, intimamente relacionadas ao modelo familiar monogâmico e à educação sexual. Esta última esfera não é tratada pelo autor, mais identificado com explicações biológicas. Entretanto, uma vez que as oposições entre natureza e cultura seriam mais instáveis que uma dicotomia fixa, em outros contextos a sexualidade feminina pode ser vinculada à natureza, principalmente quando aborda a maternidade ou a relação entre sexualidade feminina e reprodução biológica.

Rohden (2001), ao recuperar o processo de constituição das especialidades ginecologia e obstetrícia no Brasil do século XIX, demonstrou como as concepções relativas à reprodução biológica e à fertilidade fundamentaram a construção e sustentação de distinções de gênero. A oposição natureza/cultura, conforme demonstra a autora, foi acionada para operar tal distinção. A associação natural entre a mulher e a maternidade funcionava para justificar a demarcação de suas atividades sociais: a mulher era naturalmente designada para ser mãe e esposa. Embora em muitos discursos médicos, entre os analisados por Rohden, a natureza seja tomada como fundamental, no que tange às expectativas sociais relativas à mulher, algumas formas de abordagem da oposição natureza/cultura evidenciam tratar-se de embates em busca da atribuição de uma determinação (Rohden, 2001:12). No século XIX, as teses da Faculdade de Medicina do Rio de Janeiro investigadas por esta autora, que versavam sobre diferenças sexuais, sexualidade e reprodução, indicam um investimento na caracterização da diferença sexual baseada na biologia, o que oculta e, ao mesmo tempo, reifica determinadas relações de gênero.

A tensão configurada nas relações de poder entre homens e mulheres refletia-se, portanto, no uso da "tradução" científica dos desígnios da natureza para a mulher.[17] Essa tensão também se apresenta nos artigos

---

[17] A delimitação de poder sobre a sexualidade, particularmente sobre o desejo sexual feminino, motivava a classificação das perturbações e a prescrição de comportamentos, de acordo com a lógica reprodutiva. Os comportamentos sexuais femininos que não estivessem intrinsecamente relacionados à função natural reprodutiva da mulher eram entendidos como indevidos, e sua potencial manifestação clamava por um controle e vigilância constantes. Assim, como enfatiza

de Coutinho, embora com combinações distintas entre gênero, sexualidade, natureza e cultura. A associação entre natureza e inevitabilidade e, ao mesmo tempo, a instabilidade provocada pela cultura sobre a natureza constituem aspectos que se mantêm em seus textos.

O "construcionismo" – ou a ênfase nos processos de construção social – consistiu em estratégia para o "desentranhamento" da sexualidade da esfera da biologia, no âmbito das ciências humanas, em resposta às interpretações fisicalistas ou essencialistas da sexualidade (Duarte, 2004). Argumentos como os de Coutinho, que vinculam sexualidade e reprodução biológica de forma absolutamente determinista, são objeto de crítica, há algum tempo, de diversos estudos das ciências sociais, da psicanálise e psicologia, que enfatizam os aspectos simbólicos, sociais e políticos subjacentes às concepções – inclusive científicas – sobre corpo e sexualidade.

O estudo da antropóloga norte-americana Martin (2006) é central nessa produção crítica. Ela discute as representações da medicina sobre o corpo feminino, caracterizando a ciência como um sistema cultural que produz significados e metáforas sobre o corpo, no caso, o que se designa como "feminino" (Martin 2006).[18] De acordo com esta autora, o modelo que pauta a construção simbólica do corpo é o da sociedade industrial. Entradas e saídas são calculadas para avaliar o bom funcionamento do sistema. Há uma hierarquia interna que organiza a transmissão de mensagens e ordens entre os diversos órgãos do corpo, sendo o hipotálamo o "regente" de uma orquestra altamente treinada. O corpo feminino é considerado uma máquina, sendo sua principal atividade a reprodução biológica. Em outras palavras, a reprodução é, por excelência, a forma de produção esperada da mulher. Desse modo, tanto a menstruação quanto a menopausa são percebidas como falha na produção.

Do ponto de vista analítico, Martin abordou os processos culturais através dos quais o "corpo" e a "mulher" são definidos, além de suas articulações com o potencial reprodutivo. Ela problematizou as relações de

---

Rohden, não apenas se configurava uma relação entre natureza e maternidade, como também se discutia o potencial da civilização em desviar a mulher da condição natural de mãe e esposa. Os discursos da maioria dos médicos da época tratam basicamente de construir e relacionar a sexualidade feminina com os propósitos previstos pela natureza.

[18] Primeira publicação do livro em 1987. Foi reeditado em 1992, com nova introdução de Martin.

poder que perpassam o discurso científico e as intervenções médicas e, portanto, as relações de gênero explicitadas, ao se tratar de corpo e reprodução. Martin efetuou um importante deslocamento no modo de articulação entre sexualidade, reprodução e o discurso científico, ao ressaltar os contextos sociológicos – ideológicos, para a autora – e, portanto, políticos, nos quais são produzidos os discursos científicos sobre corpo e reprodução.

Os debates sobre métodos contraceptivos, principalmente após o surgimento da pílula anticoncepcional na década de 1960, também foram centrais no processo de dissociação entre sexualidade e reprodução. Apesar de atuar nessa esfera, com suas pesquisas científicas sobre contraceptivos, o discurso de Coutinho acerca da sexualidade enfatiza um "entranhamento" – que soa anacrônico – entre os dois termos. Para ele, a principal motivação da sexualidade é a reprodução biológica, fundada na "natureza". Não importa o debate em torno das perversões, dos desvios, das sexualidades não convencionais, não heterossexuais – temas recorrentes em diversos estudos sobre sexualidade. A "sexualidade masculina", assunto da preferência de Coutinho, é enfocada na ótica das determinações biológicas e reprodutivas.

A tentativa de estabelecer a sexualidade masculina como reflexo dos planos da natureza, o que significa defender um "entranhamento", é efetuada. As restrições morais, o ciúme e a sexualidade feminina inadaptada ou os artifícios das mulheres para esconder ou "maquiar" o corpo e enganar os homens são elementos não biológicos, obstáculos para concretização do "plano" da natureza. Em outros termos, a cultura, representada principalmente pelas mulheres, atrapalha a natureza sexual masculina. Com esse argumento, o autor apresenta a sexualidade masculina a partir dessas "dificuldades" produzidas pela cultura, tendendo a reproduzir as prescrições da natureza, independentemente das possíveis consequências morais, sociais ou políticas.

Coutinho se distancia de uma discussão mais aprofundada acerca da sexualidade feminina. Ao mesmo tempo, desenvolve, de forma desproporcional, argumentos sobre a masculina, apesar de sua atuação profissional, dirigida aos contraceptivos femininos. As justificativas se fundamentam na associação predileta do autor, entre as esferas da "natureza" e da biologia. Para Coutinho, assim como para os médicos brasileiros do século XIX, a cultura "perverteria" a natureza, no que se refere à sexualidade humana-

Produção farmacêutica de hormônios e os discursos sobre natureza

Nos artigos de Coutinho, as ambiguidades contidas nas equações entre gênero, sexualidade, natureza e cultura são evidenciadas na discussão acerca de fenômenos entendidos como ações ou intervenções da cultura sobre a natureza. Embora o autor prefira utilizar descrições míticas do estado de natureza, ou a tradução dos planos por ela "arquitetados", as intervenções médicas em torno da sexualidade e reprodução são questões latentes. A proposta de supressão da menstruação é de extrema relevância para analisar a concepção deste médico acerca das relações entre cultura, natureza, gênero e sexualidade. Ele apresenta a ausência de menstruação como o modelo natural por excelência, ao contrário das noções culturais correntes, que entendem os sangramentos mensais como próprios da natureza feminina. Uma vez que o estado "natural" da fêmea seria estar grávida ou amamentando, alguns contraceptivos por ele desenvolvidos, em sua carreira de pesquisador, são veiculados como meio de reproduzir ou mimetizar o projeto da natureza para o corpo feminino, dele retirando os efeitos reprodutivos.

Coutinho não enfatiza, conforme seus antecessores, a importância e a necessidade da maternidade biológica, mas afirma um modo de regulação da fertilidade que possibilite o desejado desentranhamento da sexualidade feminina relativamente à reprodução, além de um re-entranhamento da fertilidade na trajetória social, profissional ou afetiva da mulher. Nesse sentido, a relação entre os métodos contraceptivos e as novas tecnologias reprodutivas é fundamental. Ambos podem ser considerados partes complementares do "planejamento familiar", com o adiamento da maternidade para um período não entendido como "ideal" no que se refere à fertilidade, ampliando-se consideravelmente o campo para a reprodução assistida. Ao longo de sua trajetória, Coutinho percebeu e apostou na contracepção como desejo potencial da sociedade. Ele trabalhou para construir e desenvolver métodos para sua concretização em produtos comercializáveis e, principalmente, investiu em sua elaboração simbólica, mediante um sistema explicativo fundamentado na natureza como um mito de origem.

Coutinho articula a oposição natureza/cultura de modo a vender seus "produtos" – contraceptivos e implantes hormonais – como a melhor maneira de prevenção dos efeitos culturais da mudança nas relações entre fertilidade, reprodução e sexualidade. No entanto, paradoxalmente colabora para a própria produção desses efeitos. A tentativa de associação dos sangramentos mensais a doenças e infertilidade tornou-se um paradigma na ciência médica contemporânea. Em certa medida, a associação com laboratórios farmacêuticos é essencial para dar conta dessas "novas enfermidades", introduzidas pelo controle do processo reprodutivo.[19] Este médico defende que as tecnologias contraceptivas que suprimem a menstruação são criadas para melhor adaptar a mulher a seu contexto e existência social. Nesse sentido, são libertadoras e redentoras dos efeitos que a natureza reservava às mulheres que a contrariavam, ao evitar filhos. A maternidade é o destino ou plano elaborado pela "natureza". No entanto, as mulheres não se restringem apenas ao âmbito doméstico. A realização feminina nas duas esferas passa a ser relevante, de acordo com o desejo e planejamento individual.[20]

O discurso deste autor sobre sexualidade enfatiza o processo pelo qual os hormônios transportam as mensagens da natureza que, por sua vez, teria criado a reprodução biológica para manutenção da vida e transmissão dos genes aos descendentes. São, portanto, essas mensagens, carreadas pelos hormônios sexuais, que desencadeiam um comportamento sexual distinto, para homens e mulheres. Para ele, a sexualidade masculina é basicamente um reflexo dos propósitos da natureza, inevitável e incontrolável, para finalizar e assegurar a transmissão do precioso "código" da vida, o material genético. Em contraste, a feminina segue um roteiro mais passivo e menos "biologizado". Os hormônios masculinos, que provocam nos homens desejo e prazer, não desempenham o mesmo papel no corpo da mulher, pois interagem com os hormônios femininos, cujas principais finalidades dizem respeito à fertilização, implantação do feto, gestação, amamentação – enfim, para geração de descendência biológica. Prazer

---

[19] Não há uma relação causal muito clara. A construção da ideia da supressão da menstruação como benéfica é concomitante à divulgação dos contraceptivos que, ao mesmo tempo, a tornavam possível. Para as discussões sobre contraceptivos e a supressão da menstruação, e uma descrição etnográfica de congressos médicos de ginecologia e obstetrícia, ver Manica, 2003.
[20] É evidente que, embora seja esta a proposição, ou o valor relativamente compartilhado – inclusive potencializado por uma demanda dos próprios movimentos feministas –, sua realização se faz a partir de uma série complexa de condicionantes sociais, contextos políticos e econômicos. Raça/etnia, classe, gênero, sexualidades são variáveis que refletem a heterogeneidade das experiências e expectativas sociais (Kofes, 2001). Além disso, há que se considerar que, no caso de Coutinho, é fundamental a relação entre contracepção e controle populacional.

e desejo assumem, portanto, um papel secundário na fisiologia e, consequentemente, na sexualidade feminina.

Sexualidade, gênero e hormônios são articulados por Coutinho não apenas como forma de "entretenimento" para leitores de suas colunas no jornal. São temas apresentados do ponto de vista de um pesquisador, formado em medicina e farmácia, que dedicou sua trajetória profissional ao estudo da possibilidade de uso de hormônios em tratamento para problemas associados à sexualidade e reprodução. Ele aborda desde a contracepção até a terapêutica de doenças vinculadas à menstruação, além de casos de reposição hormonal masculina e feminina, e de alterações de desejo sexual de homens e mulheres. A decodificação e elaboração dos efeitos e potencialidades dos hormônios sexuais renderam a Coutinho o desenvolvimento de suas principais intervenções médicas, incorporadas ou não pela indústria farmacêutica. Embora sua especialização na área da reprodução humana permita a ele atuar simultaneamente como ginecologista, endocrinologista e andrologista, seus artigos informam diferentes configurações acerca da sexualidade masculina e feminina. A primeira é apresentada a partir de conexões com a "natureza", e as intervenções hormonais elaboradas pela indústria farmacêutica não exploram com a mesma intensidade a fertilidade masculina e a feminina. Se, para as mulheres, as intervenções envolveram, sobretudo, um controle da fertilidade – seja para inibi-la ou repô-la, conforme propõem as novas tecnologias reprodutivas –, para os homens o investimento dos laboratórios farmacêuticos enfocou sobretudo a potencialização da sexualidade ou, em outros termos, da ereção.[21]

Giami evidencia o quanto esta distinção entre sexualidade masculina, irreprimível, e feminina, sentimentalizada e complexa, surgida no final do século XIX e recorrente no século XX, ainda está presente no discurso médico e científico sobre sexualidade. Para este autor, nessa produção não

[21] Embora Coutinho seja, efetivamente, um dos poucos a desenvolver pesquisas sobre a contracepção hormonal masculina, procuro ressaltar a diferença entre as sexualidades masculina e feminina em seu texto, a partir de suas conexões com a "natureza", e explorar as consequências dessa diferença nas intervenções farmacêuticas disponíveis. Para uma boa análise sobre a inexistência da contracepção masculina, ver Oudshoorn (2003). Como indica Oudshoorn (1999:109), ao traçar as redes sociais que aglutinam, ao mesmo tempo, profissionais das áreas da medicina, ligados à indústria farmacêutica, e o amplo mercado consumidor, a manipulação dos hormônios femininos relacionados com a reprodução configurou não só uma grande ciência, como também um grande negócio.

há autonomia em relação às categorias do senso comum, ideologias e valores dominantes na sociedade. Essa desigualdade estaria refletida na forma de interpretação das sexualidades masculina e feminina, além das propostas de intervenções farmacêuticas sobre disfunções sexuais de homens e mulheres. Por um lado, surgiram tratamentos para disfunções eréteis e, por outro, a falta ou a diminuição do desejo sexual feminino tenderam a ser configuradas como "normais" (Giami, 2006).

Cabe, assim, articular os argumentos de Coutinho sobre as sexualidades masculina e feminina e seu conceito de "natureza", além das intervenções hormonais, principalmente contraceptivas, por ele desenvolvidas.

Gênero, biotecnologia e necessidade de novas mitologias

Laqueur (2001), em seu estudo sobre a construção de dois sexos, aponta o surgimento do corpo e do "biológico" como explicação para relações de gênero existentes, provenientes de embates sociais, políticos e culturais vigentes ao longo de um período histórico, desde a Grécia antiga até o século XX. O percurso parte do modelo elaborado pelos gregos de um sexo único, no qual as diferenças entre homens e mulheres eram relativas a "graus de perfeição", e não à natureza, até o modelo médico/biológico contemporâneo da diferença sexual (Laqueur, 2001).

Ao tratar da biologia da reprodução, esse autor ressalta a influência da teoria darwinista – principalmente a ideia da seleção natural – sobre os processos de diferenciação sexual. Embora enfatize o papel central do corpo na construção de narrativas científicas acerca de gênero e sexualidade – chamando a atenção para as dimensões culturais, sociais, políticas, econômicas e eróticas, inevitavelmente envolvidas nesses discursos –, Laqueur não cai na armadilha de considerar o corpo ou a diferença sexual biológica como substratos sobre os quais incide a cultura. Afirma uma posição distinta no campo das ciências humanas e sociais que, ao abordarem gênero e sexualidade, buscaram desnaturalizar esses discursos e, em alguns casos, construíram outra forma de determinismo, o social.[22]

---

[22] Duarte caracteriza esse "construcionismo" como um "modo desentranhado de falar do entranhamento" ou a tentativa de estabelecer um distanciamento das diversas "naturalizações" (Duarte, 2004:60).

As articulações possíveis entre sexo e gênero, natureza e cultura configuram um debate relevante e central da antropologia social e dos estudos de gênero. A discussão pode ser acompanhada, por exemplo, a partir da publicação do artigo de Ortner (1974), "Está a mulher para a natureza como o homem para a cultura?", e a reação crítica de Strathern (1980, 1992a, 1992b). A associação entre as mulheres e reprodução/ maternidade teria sido, segundo Ortner, uma espécie de "substrato" para a articulação do domínio da natureza com as consequentes relações de dominação e apropriação que refletem a dicotomia "natureza"/"cultura". Strathern critica o uso destes dois termos como conceitos analíticos. Essa autora refere como contraponto o caso Hagen, na Melanésia, no qual a oposição entre tais conceitos não se aplicaria, por operar uma outra concepção de "pessoa". Uma vez que não pretendo estender-me sobre o tema, limito-me a apontar que esse debate consolidou uma desconfiança em torno da oposição natureza/cultura e das explicações sobre gênero e sexualidade fundamentadas apenas na ênfase sobre os aspectos culturais ou sociais. Um questionamento epistemológico sobre as próprias concepções de humano, sociedade e cultura que fundamentam o olhar das ciências sociais foi então produzido.

Haraway (2000) discutiu a implicação do uso de determinadas metáforas e conceitos, seja por cientistas, seja pelos que adotam perspectivas críticas à ciência, como algumas feministas norte-americanas. Essa autora desenvolveu uma crítica às explicações fundadas nas ideias de natureza e cultura, argumentando em favor de uma confusão nos limites que separam homens de animais, organismos de máquinas, físico de não físico. Problematizando os "mitos de origem" da sociedade norte-americana, as explicações totalizantes e as respostas dadas por algumas feministas aos impactos da ciência e tecnologia, Haraway defendeu a necessidade de uma construção mitológica e política responsável – mais apropriada ao contexto pós-industrial, pós-orgânico –, sugerindo, como nova ontologia para o feminismo contemporâneo, o irônico mito do "ciborgue". Tanto Haraway quanto Strathern – ao complexificarem as relações entre natureza e cultura, como metáforas e/ou mitos que abordam a concepção de pessoa compartilhada pela sociedade ocidental contemporânea – assinalam a relevância de levar em conta as interações com as (bio)tecnologias que atravessaram fronteiras corporais e nacionais (Douglas, 1976), que têm sido, literalmente, (in) encorporadas.

Ao apontarem uma crise do "sujeito", a partir dos colapsos epistemológicos evidenciados pelos estudos feministas e acerca de questões raciais e pós-coloniais, essas autoras permitem um deslocamento analítico, fundamental na análise de objetos de pesquisa, tal como os artigos de Coutinho. Tais propostas analíticas acarretam uma reflexão acerca dos efeitos conceituais das tecnologias produzidas e empregadas pela medicina e pela indústria farmacêutica.

É possível analisar o discurso de Coutinho a partir de duas caracterizações. A primeira concerne à noção sociobiológica de que o principal objetivo da vida é a transmissão da informação genética à descendência – argumento que, no limite, conduziu o biólogo Richard Dawkins a defender a tese de que os genes seriam as principais unidades da vida, em busca de perpetuação (Dawkins, 1979). Para Haraway, este tipo de explicação se alinha com o sistema de poder vigente na contemporaneidade: um poder descentralizado, polimorfo, informacional. A segunda característica refere-se à excessiva ancoragem na concepção de natural ou natureza, considerada aqui um "anacronismo" na teoria de Coutinho, além de suas narrativas peculiares sobre as sexualidades masculina e feminina. De fato, segundo Haraway (2000:69), a dicotomia natureza/cultura serviu aos propósitos de um sistema de poder "ultrapassado", caracterizado por ela como "patriarcalismo capitalista branco". Entretanto, esse modelo não daria mais conta do novo contexto de relações, interações, fluxos e poderes sob os quais vivemos, assim como de outros dualismos.

Há uma espécie de vazio epistemológico no que diz respeito às tecnologias produzidas pela medicina contemporânea, como os hormônios. A saída encontrada por Coutinho tem sido contornar, de certa forma, discussões "ontológicas" sobre a interação entre os efeitos e produtos da medicina e da indústria farmacêutica. Seria como se, "depois da natureza", parafraseando Strathern (1992a), a humanidade alcançasse um estado cultural de coexistência com resquícios da natureza animal, que provoca constantes tensões, a serem controladas. Ao discorrer sobre as implicações desse processo de controle, necessariamente passa-se a utilizar uma linguagem distinta, mais "científica", pautada por categorias como riscos/benefícios.

As narrativas míticas e ontológicas de Coutinho pouco incorporam elementos desse processo de controle e suas potencialidades, consequências e abusos. Contraditoriamente, por vezes as tecnologias são apresentadas como meio de mimetizar os planos da natureza. Ao tratar a sexualidade do ponto de vista da "Natureza", muitas vezes com N maiúsculo, ele atribui à vida o mesmo sentido evocado pela sociobiologia: trata-se da realização de planos orquestrados por essa nova entidade, que parece substituir o Deus das religiões judaico-cristãs, indicando a necessidade de um lugar mítico de origem, ou de uma totalidade.

As contradições expressas nas oposições natureza/cultura, re-apresentadas por Coutinho como conceitos explicativos, evidenciam os limites desse repertório explicativo.[23] O descompasso entre sua reticência acerca da sexualidade e do corpo feminino e o volume de intervenções médico-farmacológicas potencializadas a partir de sua atuação como clínico e pesquisador revela os nexos entre a produção farmacêutica de hormônios e a construção de discursos sobre a natureza.

Referências bibliográficas

BIRKE, Lynda. Animals and biological determinism. In: JACKSON, Stevi; SCOTT, Sue. *Feminism and sexuality*. New York: Columbia University Press, 1996, p. 101-109.

BOZON, Michel. *Sociologia da sexualidade*. Rio de Janeiro: FGV, 2004.

CARRARA, Sérgio. *Tributo a Vênus*: a luta contra a sífilis, da passagem do século aos anos 40. Rio de Janeiro: Fiocruz, 1996.

_____; SIMÕES, Julio de Assis. Sexualidade, cultura e política: a trajetória da identidade homossexual masculina na antropologia brasileira. *Cadernos Pagu*, v. 28, p. 65-99, jan./jun. 2007.

COUTINHO, Elsimar. *Menstruação, a sangria inútil*. São Paulo: Gente, 1996.

_____. *O sexo do ciúme*. Salvador: Memorial das Letras, 1998a.

_____. *O descontrole da natalidade no Brasil*. Salvador: Memorial das Letras, 1998b.

DAWKINS, Richard. *O gene egoísta*. São Paulo: Edusp, 1979.

---

[23] Utilizo, aqui, o conceito de re-apresentação tal como discutido por De Coppet (1992).

DE COPPET, Daniel. Comparison, a universal for anthropology: from "representation" to the comparison of hierarchies of values. In: KUPER, Adam (Ed.). *Conceptualizing society*. London and New York: Routledge, 1992.

DOUGLAS, Mary. *Pureza e perigo*. São Paulo: Perspectiva, 1976.

DUARTE, Luiz Fernando Dias. A sexualidade nas ciências sociais: leitura crítica das convenções. In: PISCITELLI, Adriana; GREGORI, Maria Filomena; CARRARA, Sérgio (Orgs.). *Sexualidade e saberes*: convenções e fronteiras. Rio de Janeiro: Garamond, 2004.

FRY, Peter. *Para inglês ver*: identidade e política na cultura brasileira. Rio de Janeiro: Zahar, 1982.

GIAMI, Alain. *Permanência das representações do gênero em sexologia*: a inovação cientifica e médica comprometida pelos estereótipos de gênero. Trabalho apresentado ao 30º Encontro Anual da Anpocs, 24-28 out. 2006, no GT03 – Corpo, biotecnologia e saúde.

HARAWAY, Donna. Manifesto ciborgue: ciência, tecnologia e feminismo-socialista no final do século XX. In: SILVA, Tomaz Tadeu da. *Antropologia do ciborgue*: as vertigens do pós-humano. Belo Horizonte: Autêntica, 2000.

KOFES, Suely. *Mulher, mulheres*: identidade, diferença e desigualdade na relação entre patroas e empregadas domésticas. Campinas: Unicamp, 2001.

LAQUEUR, Thomas. *Inventando o sexo*: corpo e gênero dos gregos a Freud. [1. ed. 1992]. Rio de Janeiro: Relume-Dumará, 2001.

LeVAY, Simon. *The sexual brain*. Cambridge, Mass: MIT Press, 1993.

MANICA, Daniela Tonelli. *Supressão da menstruação*: ginecologistas e laboratórios farmacêuticos re-apresentando natureza e cultura. 2003. Dissertação (Mestrado em Antropologia Social) – IFCH, Universidade Estadual de Campinas, Campinas, 2003.

MARTIN, Emily. *A mulher no corpo*: uma análise cultural da reprodução. [1. ed. 1992]. Rio de Janeiro, Garamond, 2006.

MORAES, Vinicius de. Receita de mulher. In: _____. *Poesia completa e prosa*. Rio de Janeiro: Nova Aguilar, 1998.

ORTNER, Sherry. Está a mulher para a natureza como o homem para a cultura? In: ROSALDO, M. Z.; LAMPHERE, L. (Orgs.). *A mulher, a cultura e a sociedade*. Rio de Janeiro: Paz e Terra, 1974.

OUDSHOORN, Nelly. *Beyond the natural body*: an archeology of sex hormones. London and New York: Routledge, 1999.

_____. *The male pill*: a biography of a technology in the making. Durham: Duke University Press, 2003.

ROHDEN, Fabíola. *Uma ciência da diferença*: sexo e gênero na medicina da mulher. Rio de Janeiro: Fiocruz, 2001.

SALEM, Tânia. Homem... já viu, né? In: HEILBORN, Maria Luiza. *Família e sexualidade*. Rio de Janeiro: FGV, 2004.

STRATHERN, Marilyn. No nature, no culture: the Hagen Case. In: MacCORMACK, Carol; STRATHERN, Marilyn (Eds.). *Nature, culture and gender*. Cambridge: Cambridge University Press, 1980.

_____. *After nature*: English kinship in the late twentieth century. Cambridge: Cambridge University Press, 1992a.

_____. *Reproducing the future*: essays on anthropology, kinship and the new reproductive technologies. Manchester: Manchester University Press, 1992b.

12. Profissionais de saúde e aborto seletivo em um hospital público em Santa Catarina[*]

Rozeli Maria Porto[**]

A discussão sobre aborto desperta polêmica em diversos países e posiciona em campos opostos os defensores do direito à escolha por parte da mulher e aqueles que criminalizam diretamente esta ação. Tais divergências se circunscrevem não somente aos campos jurídicos ou da saúde pública, como também às esferas religiosa e moral.

No Brasil, levando-se em conta as normas que vigoram no Código Penal Brasileiro (CPB) de 1940, o art. 128 (incisos I e II) estabelece que o aborto pode ser realizado somente em duas situações: em caso de risco de morte da gestante ou em gravidez decorrente de estupro (com o consentimento da gestante ou, se incapaz, de representante legal da mulher). A década de 1990 foi marcada por demandas legislativas que acabaram por estabelecer a garantia de atendimento na rede pública de saúde para os casos de interrupção de gravidez, previstos no CPB. Essa viabilização foi decorrente da mobilização de diversos grupos feministas, junto a outras instituições – a exemplo da Federação Brasileira de Ginecologia e Obstetrícia (Febrasgo) (Santin, 2005). O Ministério da Saúde aprovou uma resolução, tendo em vista a implementação dessa assistência, ao criar duas normas técnicas complementares: a norma técnica "Prevenção e tratamento dos agravos resultantes da violência sexual contra mulheres e

---

[*] Esta pesquisa foi realizada com recursos do Programa Interinstitucional de Treinamento em Metodologia de Pesquisa em Gênero, Sexualidade e Saúde Reprodutiva, promovido pelo Programa de Estudos e Pesquisas em Gênero, Sexualidade e Saúde/IMS/Uerj, com apoio da Fundação Ford. Os dados e as reflexões dela oriundos estão sendo incorporados à minha tese de doutorado, em andamento.

[**] Mestre e doutoranda em antropologia social pela Universidade Federal de Santa Catarina (UFSC). Agradeço a orientação de Elaine Brandão e Estela Aquino, e também os comentários de Regina Barbosa, Maria Luiza Heilborn, Fabíola Rohden e Débora Diniz, além de minha orientadora Miriam Grossi e das colegas do NIGS, em especial Flavia Motta e Fernanda Cardozo.

adolescentes" (Brasil, 2005a) e a norma técnica "Atenção humanizada ao abortamento" (Brasil, 2005b).

Embora não haja no CPB qualquer inciso que autorize o abortamento em caso de anomalias fetais incompatíveis com a vida – quando o feto provavelmente não terá condições de sobreviver após o nascimento –, esta última norma técnica (2005b) ressalta que a "jurisprudência brasileira tem autorizado a interrupção de gravidez nos casos de malformação fetal com inviabilidade de vida extrauterina, com o consentimento da mulher" (Brasil, 2005b:13).

Vale destacar que, em 2004, o tema da interrupção da gestação por anencefalia foi central em discussões, com grande repercussão na mídia e em vários setores da sociedade. O ministro Marco Aurélio de Mello, do Supremo Tribunal Federal (STF), autorizou, em 1 de julho de 2004, a interrupção da gravidez de feto anencefálico – medida cassada três meses após a expedição, por pressão de setores conservadores da sociedade, como a Confederação Nacional de Bispos do Brasil. Tais demandas, referentes à legislação sobre o aborto, envolvem diversos sujeitos, entre os quais profissionais da saúde, diretamente ligados ao tema. Nos casos de anomalias graves, Faúndes (2003) argumenta que a anencefalia é uma das raras situações na qual a grande maioria dos médicos aceita a interrupção de gravidez, com uma estimativa de cerca de 70% de concordância. Esse autor observa que, em pesquisas recentes realizadas no Brasil com especialistas em ginecologia e obstetrícia, 77% dos 4.300 profissionais entrevistados demonstraram ser favoráveis ao abortamento em caso de anomalia grave.

Com o avanço da medicina fetal e genética, os exames para avaliação da gravidez e do feto – como a ultrassonografia – tornaram-se cada vez mais difundidos.[1] Com esse recurso, é possível acompanhar o desenvolvimento de um feto desde as primeiras semanas de gestação. Essa tecnologia permite verificar que se está diante de uma circunstância (anencefalia) que admite um diagnóstico com grande margem de segurança, no que concerne à inviabilidade de sobrevivência após o nascimento. Em 75% dos casos são natimortos, e os outros 25% sobrevivem por poucas horas ou, no máximo, poucos dias. Apesar dos

---

[1] A introdução das técnicas de diagnóstico pré-natal no Brasil ocorreu a partir do final da década de 1970.

avanços tecnológicos aplicados à medicina, até o momento não há qualquer tratamento para esse tipo de anomalia (Diniz e Ribeiro, 2004).

Desse modo, em virtude da mudança de valores e hábitos, do avanço da tecnologia e da crescente participação dos operadores da Justiça na questão do aborto – mais especificamente, os alvarás concedidos em casos de anencefalia[2] –, há uma dificuldade em rever os artigos elencados no CPB, por não corresponderem às aspirações da sociedade ou ao progresso científico. Retirar ou adicionar qualquer tipo de permissivo legal – seja referente às anomalias fetais incompatíveis com a vida ou a outras esferas, como a liberação geral do aborto – consiste em tarefa demorada, que requer paciência dos atores sociais envolvidos no processo.[3]

Nesse drama social[4] qualquer profissional da saúde sofre "angústia moral", por compartilhar com a gestante e sua família o sofrimento imposto por tal anomalia, assim como fica dividido entre as leis impostas pelo CPB e as liminares – aprovadas e cassadas – em torno da interrupção da gravidez de feto anencefálico. Por outro lado, o argumento da objeção de consciência[5] por alguns profissionais – sob alegação de preceitos morais ou religiosos – faz com que eles se recusem a prestar atendimento às mulheres e não efetuem o procedimento de abortamento.

A partir dessas considerações, a proposta deste texto é discutir as representações[6] dos profissionais de saúde acerca do aborto seletivo,[7] mais

---

[2] Desde 1991, quando o primeiro alvará brasileiro autorizou a realização de um abortamento por malformação grave – pronunciado na cidade de Rio Verde (MS) –, promotores públicos e juízes concederam cerca de 3 mil alvarás, em diversos estados brasileiros (Gollop, 2004).
[3] Vale destacar a instituição da comissão tripartite para rever a legislação do aborto (CPB), que encaminhou proposta de revisão, sob responsabilidade do Ministério da Saúde e da Secretaria Especial de Políticas para as Mulheres. Pela proposição, a gestante poderá interromper a gravidez em serviços públicos ou, se for associada a algum plano de saúde, em hospital conveniado. Esse projeto de lei aguarda votação (Luz, 2005).
[4] Ver Turner, 1974.
[5] O Ministério da Saúde decide não ser cabível alegação de objeção de consciência nos seguintes casos: "a) em caso de necessidade de abortamento por risco de vida para a mulher; b) em qualquer situação de abortamento juridicamente permitido, na ausência de outro(a) médico(a) que o faça e quando houver risco de a mulher sofrer danos ou agravos à saúde em razão da omissão do(a) médico(a); c) no atendimento de complicações derivadas de abortamento inseguro, por se tratar de casos de urgência".
[6] Utilizo o conceito de representações sociais de acordo com Herzlich, 1991.
[7] O aborto seletivo é também conhecido como aborto por malformação incompatível com a vida. Segundo Tessaro (2002:12), a malformação "é uma sequência na qual existe uma formação

especificamente no que diz respeito à anencefalia. Para tal, foi realizada uma pesquisa em um hospital de referência da rede pública de saúde, em Santa Catarina.[8] Entre outras questões, trata-se de analisar como esses profissionais percebem a polêmica que envolve posições legais "permissivas" e "não permissivas", e as emoções envolvidas em seu trabalho, além do debate em torno da doação de órgãos dos anencéfalos.

Trabalho de campo e metodologia

Esta pesquisa foi realizada de acordo com o método de observação participante (Magnani, 1996; Cardoso de Oliveira, 2000) em ambiente hospitalar, complementada por oito entrevistas semiestruturadas (Camargo, 1984), no período de julho a dezembro de 2005. Foram observadas as normas do Código de Ética da Associação Brasileira de Antropologia e as exigências da Resolução n.º 196/1996, que determina o consentimento informado dos profissionais entrevistados, que são aqui referidos por nomes fictícios.

As primeiras observações foram direcionadas à estrutura funcional da referida instituição, o que compreende o cotidiano do hospital. Nas primeiras incursões ao campo, foi possível conversar informalmente com alguns profissionais, o que facilitou a seleção dos interlocutores a serem entrevistados.

O hospital-maternidade: dinâmica e equipes

A maternidade do hospital investigado possuía, à época da pesquisa, uma equipe composta por 24 enfermeiras, duas psicólogas, oito assistentes sociais, quatro médicos especialistas em gravidez de alto risco, 27

---

precária de um tecido que inicia uma série de defeitos subseqüentes. Podem ser maiores, quando necessitam de intervenção cirúrgica, incluindo-se nessa divisão as compatíveis (fenda labial) e incompatíveis com a vida (anencefalia, agenesia renal bilateral), ou menores, quando não há necessidade de intervenção médica (hemangioma, clinodactilia)".

[8] Trata-se de um hospital de referência em Santa Catarina, para atendimento ao aborto legal, conforme resolução normativa do Ministério da Saúde, através das normas técnicas "Prevenção e tratamento dos agravos resultantes da violência sexual contra mulheres e adolescentes" (Brasil, 2005a) e "Atenção humanizada ao abortamento" (Brasil, 2005b).

ginecologistas e obstetras. No setor de tocoginecologia, são os médicos que atendem as pacientes e, em caso de gravidez de alto risco, as encaminham a especialistas. No andar superior, estão localizados o centro de obstetrícia, a triagem/setor ginecológico, alojamento conjunto, internação pediátrica e UTI neonatal.

Não há uma equipe especializada para atendimento às mulheres com demanda de abortamento, em gestação decorrente de estupro. De acordo com os informantes, o profissional que estiver no plantão deve realizar o procedimento de interrupção, "à exceção daqueles que se recusam a fazer qualquer tipo de aborto, principalmente por questões religiosas", alegando objeção de consciência.

As gestantes de fetos com malformação incompatível com a vida devem ser inicialmente atendidas pela assistente social. Esta profissional encaminha um documento assinado por três médicos, com o exame da paciente, confirmando o diagnóstico, para o Ministério Público ou o Judiciário, que abre um processo. Após resposta positiva, a interrupção é realizada. Em caso de aborto por estupro, o protocolo de atendimento às vitimas de violência sexual é aplicado, conforme a norma técnica do Ministério da Saúde correspondente.

Os profissionais entrevistados argumentaram que não foram realizadas interrupções de gravidez em 2005, seja por malformação fetal grave ou em decorrência de estupro. Entretanto, apesar dessa afirmação, algumas entrevistas revelaram o diagnóstico de casos de malformação grave nessa maternidade e, ao que tudo indica, os procedimentos não foram ali efetivados.

Estratégias para observação e profissionais selecionados para entrevista

Ao iniciar a pesquisa de campo, não possuía clareza sobre as fronteiras que poderia ou não ultrapassar. Ao mesmo tempo, era observadora e observada pelos profissionais do hospital-maternidade. Em conversas informais com alguns funcionários, para esclarecimento sobre a estrutura funcional da instituição, decidi iniciar as entrevistas como primeira estratégia de pesquisa, seguindo a recomendação de Cardoso de Oliveira (2000), que preconiza que a observação participante e a entrevista são complementares. Após marcar o encontro, chegava ao menos uma hora antes, o que demonstrou ser uma conduta eficiente, no que diz respeito à observação participante.

Os primeiros contatos foram ampliados, por meio das relações estabelecidas nesse hospital. Cada pessoa com quem conversava informalmente, como atendentes de enfermagem, enfermeiras e médicos(as), indicava outro colega. Dessa forma, consegui contatar 12 profissionais da saúde que, de algum modo, atuavam na assistência a casos com indicação de interrupção legal da gestação. No entanto, por um ou outro motivo, nem todos foram entrevistados. Dr. Paulo, chefe da tocoginecologia e responsável, à época, pela implementação do protocolo nesse hospital, indicou profissionais diretamente ligados à assistência de gravidez de alto risco, entre os quais quatro médicos. À ocasião, ele comentou estar mais envolvido com casos de estupro, e que os profissionais relacionados ao atendimento às mulheres envolvidas deveriam ser contatados. O diálogo com esse médico foi, de fato, uma entrevista informal.[9] Efetivamente foram marcadas 11 entrevistas (cinco médicos, duas enfermeiras e uma assistente social),[10] pois, antes de cada uma, conversava pessoalmente com eles e esclarecia os objetivos da pesquisa. As outras seriam realizadas com três médicos, que faltaram aos encontros ou se negaram a falar sobre o tema.[11]

Cabe mencionar a delicadeza das entrevistas, uma vez que o aborto constitui um tema extremamente complexo. Foi evidenciada a relevância dessa questão, intimamente articulada a implicações morais, religiosas, jurídicas, éticas e de saúde reprodutiva, o que exige cuidado na forma de abordagem. Algumas expressões de constrangimento e sofrimento – inclusive choro – se apresentaram, além de momentos de descontração. Em diversos depoimentos, o tom dominante foi estritamente profissional, enquanto em outros, a militância e a manifestação política sobressaíram-se. A entrevista pareceu ser um espaço de desabafo e – por que não – de terapia para os interlocutores, como observado por Giami e Veil (1997:44), em sua pesquisa sobre as representações de enfermeiras e assistentes sociais acerca da aids.

---

[9] Segundo dr. Paulo, entre os anos de 2000 e 2002 foram efetuados procedimentos de emergência, mas não de abortamentos. A partir de 2003, teriam sido iniciadas as interrupções de gravidez.
[10] Todos, à exceção de dr. Guilherme (38), têm mais de 40 anos e atuam há mais de 14 na profissão.
[11] Cabe destacar que a maioria dos profissionais que se negou a conceder entrevistas foi de mulheres, principalmente médicas ginecologistas/obstetras.

Cotidiano hospitalar e profissionais de saúde entrevistados

Para o conjunto dos entrevistados, no cotidiano hospitalar, o abortamento é uma constante, sob a forma de abortos espontâneos, também nomeados de involuntários ou "falsos partos". Ocorrem quando uma gravidez, que parecia em desenvolvimento normal, termina de modo involuntário, por algum acidente, em decorrência de anomalia ou de disfunção não prevista ou indesejada pela gestante (Leite, s.d.). Nesses casos, os médicos observam que algumas mulheres chegam ao hospital sem conhecimento da gestação. Embora isso não seja tão frequente – segundo os interlocutores –, há abortos provocados, ou seja, interrupção deliberada da gravidez pela extração de forma doméstica do feto da cavidade uterina (com inserção de agulhas de tricô, gravetos, ingestão de drogas e plantas), uso de substâncias químicas, como o misoprostol (conhecido pelo nome comercial Cytotec) ou cirúrgica (curetagem, sucção ou aspiração) (Leite, s.d.).

Segundo os profissionais, muitas vezes o aborto dito "espontâneo" é, de fato, "provocado". Uma vez que não é permitido por lei, muitas mulheres arriscam suas vidas ao provocar o abortamento, o que é evidenciado pelo alto índice de morte materna no país (Rede Feminista de Saúde, 2005). Algumas recorrem às maternidades para finalização do processo de abortamento iniciado, e não declaram tê-lo provocado. Esse dado produz um viés nas estatísticas, pela dificuldade de categorização nos registros hospitalares, que, por seu lado, também não se preocupam em dar visibilidade e reconhecimento a esse problema.

Algumas enfermeiras observam que, a partir do conhecimento das mulheres sobre a ação abortiva do misoprostol,[12] passou a ser quase impossível saber se o aborto teria sido ou não provocado. Antes desse medicamento, utilizavam-se outras técnicas. Essas profissionais declaram também que a má administração da dosagem dessa droga

---

[12] O misoprostol, substância análoga à prostaglandina, amplamente conhecido por seu nome comercial, Cytotec, é utilizado como prevenção de úlceras gástricas associadas à administração de anti-inflamatórios não esteróideos (Anes). Além disso, o misoprostol estimula as contrações uterinas, de modo que é usado, com frequência, por mulheres, com a finalidade de interrupção da gravidez. Ver Prefeitura do Município de São Paulo, 2005.

pode provocar diversos danos à saúde da mulher, como a perda do útero e até a morte.[13]

Nesse hospital-maternidade, há restrita demanda por abortos seletivos, por parte de mulheres grávidas de fetos com malformações fetais incompatíveis com a vida, e ainda mais raros são os resultantes de violência sexual (estupro), conforme informam os entrevistados. Nessa perspectiva, não há clareza sobre a classificação e registro do aborto seletivo, efetuado pelos profissionais de saúde. Embora a maioria declare seguir as regras jurídicas, um dos médicos afirmou proceder à interrupção da gravidez em casos de anencefalia sem se preocupar em solicitar autorização legal. Para ele, basta o consentimento da gestante. Assim como esse médico, outros profissionais podem efetuar o procedimento nessa situação, sem recorrer à Justiça. Assim, o abortamento seletivo seria categorizado como espontâneo.

Conforme mencionado, nesse hospital, em 2005, não foram realizadas interrupções de gravidez referentes a casos de malformação fetal ou em gestação decorrente de estupro. Os informantes destacam que, em 2004, houve duas ou três ocorrências de aborto seletivo e nos anos de 2003 e 2004 foram efetuados nove procedimentos, em casos de gestação decorrente de estupro. Não há exatidão nos registros acerca da quantidade de abortos seletivos, nem dados oficiais relativos aos anos anteriores. No entanto, destacam-se as declarações sobre casos de anomalias fetais incompatíveis com a vida, em comparação aos abortamentos realizados em gestações decorrentes de estupros. Esse dado pode ser explicado pela possibilidade de os profissionais possuírem maior lembrança da quantidade de diagnósticos, em detrimento da interrupção de gestações.

As informações fornecidas por dr. Paulo, médico que implementou a norma técnica de atendimento às vítimas de violência sexual nesse hospital, são mais exatas, talvez pelo fato de que ele atuasse diretamente nessas ocorrências, à época. As referências sobre o número de interrupções em 2005 não conferem com os relatos dos informantes: a maioria afirma ausência de casos nesse ano, e um obstetra argumentou que, embora raros, houve, no período, cerca de dois ou três, inclusive por anencefalia. Esse profissional

---

[13] Para efetivar o abortamento, é necessário o uso de quatro comprimidos. No entanto, por vezes a mulher não possui condições financeiras de comprar a dosagem completa, e utiliza subdosagem, que não é eficiente para interromper a gravidez.

ressaltou que "isso é pouco, uma vez que aqui é um hospital de referência, que atende pessoas de todo o estado". Dr. Guilherme também apontou ser esse diagnóstico muito comum: "pelo menos uma vez por mês aparece algum caso de anomalia incompatível com a vida". Uma assistente social observou que esse médico diagnosticou, em dezembro de 2005, um caso de malformação fetal incompatível com a vida, mas não o encaminhou para ela:

> *Nos casos que atendi durante este ano não surgiu nenhum de anomalia. Este ano, que eu saiba, não apareceu nenhum. Conversando com dr. Guilherme na semana passada, ele disse que atendeu um caso e que não encaminhou para mim, porque tem um esquema no jurídico que a advogada já sabe qual a juíza para encaminhar, uma pessoa sensível no que diz respeito a essa situação da mulher. Mas ele não encaminhou para o serviço social da maternidade, e essa pessoa procurou espontaneamente o sistema judiciário, não sei qual advogado, não sei qual juiz, mas me parece que não foi autorizado. E ele não encaminhou. Eu não sei se era uma pessoa que tinha uma situação econômica diferenciada e que julgou que poderia fazer isso por conta própria, eu não entrei em detalhes com ele* (Vânia, assistente social).

Outro caso foi relatado por dr. Nilton, sobre uma instituição na qual trabalhou anteriormente, apelidada de "hospital dos horrores". Ele descreveu alguns acontecimentos e técnicas criadas para informar ao casal sobre os possíveis problemas da gestação. Em meio à conversa, lembrou-se de que dias antes havia atendido a esposa de um colega (no hospital pesquisado), com 20 semanas de gestação, e o exame indicou um grave problema no sistema nervoso central do feto:

> *Porque lá era uma coisa inimaginável. Então o pessoal chamava aquele hospital de hospital dos horrores. Nestes casos tem que ser realista. Eu sempre falei a verdade, nunca menti para o casal, até aqui, nesta semana tive um caso desses, a esposa de um médico que o bebê tem uma malformação e fui muito realista com ela. Eu já tinha examinado esse bebê há um mês atrás e havia desconfiado do problema. Ela está ago-*

> ra com 20 semanas. Quando fiz o exame, ela estava de 16 ou 17 semanas e desconfiei do problema. Mas até 16 semanas eu não poderia dar aquele tipo de diagnóstico. Liguei para ela e disse que vi isso e isso, quero examiná-la de novo. E essa paciente já vinha de uma história complicada pessoal, e você dar uma notícia dessas. Então, quando eu começo a falar, eu faço de maneira objetiva.

As narrativas revelam não haver uma forma homogênea de comunicação com as mulheres atendidas ou de diálogo entre os próprios profissionais de saúde.

Apenas o aborto por estupro parece ter sido contabilizado, uma vez que há necessidade de uma pessoa diretamente responsável pela implementação da norma técnica e pelo acompanhamento dos casos. Especificamente, não há registros oficiais. Talvez as interrupções de gravidez com malformações graves, por alguma razão, tenham permanecido na invisibilidade. É possível que a mudança, após a reviravolta no STF, tenha motivado a contabilização, ainda que não oficial, a partir de 2004, ano da expedição da liminar pelo ministro Marco Aurélio de Mello. De qualquer modo, a partir das declarações dos profissionais entrevistados, conclui-se que, em 2005, não houve interrupções de gestação nesse hospital, apesar de alguns diagnósticos, conforme destacado nas narrativas. As interrupções, se realizadas, percorreram outro tipo de itinerário terapêutico (Langdon, s.d.:120),[14] o que indica a possibilidade de inclusão no cálculo das curetagens realizadas diariamente pelos profissionais, sem registro de malformações graves.

Anencefalia: entre resistência e autorização judicial

Todos os profissionais entrevistados declaram ser favoráveis à interrupção de gravidez por anencefalia ou por qualquer tipo de malformação grave. Todavia, manifestam suas opiniões de distintas maneiras. Alguns possuem uma postura mais política e engajada, demonstrando uma preocupa-

---

[14] Muitos casais, após um primeiro diagnóstico, procuram outros especialistas, na esperança de um erro médico ou para confirmação do diagnóstico.

ção mais efetiva com o que nomeiam de "direitos humanos e das mulheres". Outros, embora citem timidamente essa referência, são mais discretos, e buscam protocolar seus procedimentos conforme a lei. Há, ainda, os que esperam uma ação da "natureza", o que significa um aborto espontâneo, sem interferência médica.

Certos discursos centram-se na defesa do abortamento como direito reprodutivo, enquanto outros utilizam esta referência para se eximirem da responsabilidade de realizar o aborto, seja por questões de foro jurídico-punitivo, seja por argumentos morais/religiosos, como observado por Soares (2003), em caso de abortamento em gestação decorrente de estupro. Os médicos que "torcem para que a natureza atue" parecem se opor ao aborto. Embora favoráveis à interrupção no caso de anencefalia, não realizam tal procedimento, o que acarreta, nos termos de alguns interlocutores, um jogo de "empurra-empurra". Assim, muitas vezes as gestantes são encaminhadas a outros colegas, que deverão executar o procedimento. Nas palavras de uma funcionária:

> *Existe muita resistência. Já aconteceu de termos, em um dia, três médicas que estavam de plantão. As três médicas disseram que não iriam fazer porque sua crença pessoal não admitia a realização do aborto. Teve que passar para o outro dia, para outros profissionais que pudessem realizar os procedimentos.*

Este fato se repete, segundo os médicos, "porque ninguém gosta de fazer aborto". Particularmente no hospital de referência investigado, as profissionais do sexo feminino parecem não ficar à vontade em realizar esse procedimento. Cabe lembrar que foram também as obstetras (três) que se negaram a conceder entrevista. Embora reconheçam o direito da mulher de interromper a gestação, questões religiosas ou morais interferem direta ou indiretamente em seu exercício profissional. Este dado se confirma em uma pesquisa – entre as poucas existentes – sobre o tema. Faúndes e colaboradores (2003) destacam que a religião e a moralidade certamente representam princípios impeditivos da prática do abortamento, em estudo que buscou traduzir o grau de conhecimento de obstetras e de ginecologistas sobre as questões relativas ao aborto previsto em lei, e quais as razões que impedem a realização deste procedimento.

Outros profissionais não referem dificuldades em efetuar a interrupção da gestação, e a consideram integrante da rotina da maternidade. Entretanto, a efetivação depende do profissional de plantão. Em entrevistas, admitem haver exceções, daqueles contrários ao aborto ou, ainda, dos que evitam realizá-lo, por pressupostos morais/religiosos.

No que diz respeito à vivência dos profissionais acerca da polêmica que envolve os "permissivos legais" referentes ao abortamento por anencefalia, todos os entrevistados afirmam ter acompanhado a liminar autorizada pelo ministro Marco Aurélio de Mello, e são contrários à sua cassação. Criticam a burocracia jurídica e consideram que, neste caso, a interrupção da gravidez deveria ser efetuada sem passar por esses trâmites. Embora encarem a questão como retrocesso no direito brasileiro, alguns médicos declaram seguir as normas, enquanto outros decidiram arriscar-se um pouco mais, ao não aguardar as autorizações judiciais, em casos de anencefalia. Eles realizam a interrupção, se este for o desejo da mulher:

> *Estamos fazendo direto, sem laudo judicial. Assumindo o risco quando o caso é de anencefalia, porque, se não assumirmos o risco, as coisas não andam. Para outros tipos de malformação, pedimos ainda a autorização judicial* (dr. Xavier).

Esta não é a regra do hospital, e a maioria dos profissionais alega seguir à risca os procedimentos normativos e jurídicos. Temem que qualquer procedimento evasivo à lei ou complicação na saúde da gestante possa se refletir negativamente em suas vidas ou carreiras. A partir das autorizações judiciais, eles se asseguram da possibilidade de se eximirem dessa responsabilidade, ao mesmo tempo que afirmam respeitar os preceitos éticos da profissão.

Ressalta-se que, no hospital, as autorizações judiciais para interrupção de gravidez de casos de malformação fetal grave raramente são negadas. Os médicos referem que, após a decisão da gestante (ou do casal), as solicitações são encaminhadas ao setor jurídico, geralmente com resposta favorável. Como mencionado, os pedidos são conduzidos à assistente social, que conhece os trâmites jurídicos mais viáveis. Contudo, por vezes, há respostas negativas. Um médico argumenta que certas posições pessoais e religiosas constituem empecilhos nesse cenário:

> Em algumas situações é mais demorado, e já aconteceu de ser negada. É pouco comum, mas já aconteceu. Provavelmente os profissionais juristas envolvidos estavam atentos mais às suas questões pessoais religiosas do que legais. Para você ter uma ideia, o promotor público orientou a paciente para ela ir para casa rezar para o filho dela, e não ir atrás dos médicos, porque os médicos só querem resolver as coisas do lado deles. E este era um caso de anencefalia. Mas foi uma exceção. Na grande maioria das vezes, é dada a autorização (dr. Tales).

Acrescente-se que, ainda que a maior parte dos encaminhamentos tenha sido autorizada, alguns médicos argumentam que as respostas chegam tardiamente, em um momento em que a mulher não mais possui condições de levar adiante sua decisão: "solicitam com 20 semanas de gravidez e vão conseguir a autorização judicial com 40, quase entrando em trabalho de parto". Nesse aspecto, Diniz e Ribeiro (2003:59) afirmam que alguns promotores e juízes brasileiros acabam por indeferir as autorizações, por considerarem os compromissos éticos da nova genética uma atualização dos ideais eugênicos do início do século XX e haver equívocos neste contexto. Ao contrário do passado, quando muitas mulheres foram forçadas a abortar, por motivos religiosos, étnicos e raciais – característica inconfundível da eugenia nazista –, o aborto por anomalia fetal se baseia no pressuposto ético da autonomia reprodutiva, que postula ser a decisão de abortar da mulher e/ou do casal, exclusivamente. Os profissionais também salientam que a escolha é estritamente individual, sem qualquer constrangimento. Por essa razão, a equipe assume uma postura imparcial.

Para os entrevistados, posicionamentos jurídicos contrários a pareceres médicos – como impedimento, demora ou mal-entendido sobre eugenia – evidenciam a necessidade de urgente reformulação, que acompanhe as mudanças sociais. Ainda segundo os interlocutores, o Estado é laico, de modo que não deve estar subordinado a quaisquer preceitos morais ou religiosos. Ressaltam também ser preciso modificar o CPB, de forma a incluir um permissivo legal sobre a interrupção da gravidez por anomalia fetal grave incompatível com a vida.[15] Argumentam que

---

[15] A exemplo da síndrome de Edward e da agenesia renal bilateral.

as gestantes que, porventura, desenvolvam alguma patologia deveriam ser orientadas a refletir sobre prosseguir ou não com a gravidez, uma vez que a gestação de feto anencefálico acarreta riscos à saúde, tanto no período gestacional quanto no parto.[16] Cabe mencionar que tais riscos podem prejudicar a mulher não apenas física como psicologicamente, segundo declaração dos entrevistados.

Nessa tensa relação entre as esferas médica e jurídica no debate sobre o aborto, distintas concepções se apresentam acerca dos direitos das mulheres e do feto (Novaes e Salem, 1995). A concepção de "vida" e o estatuto moral do feto (Diniz e Ribeiro, 2003) estão em jogo, seja nas posições religiosas, seja nas da sociedade mais ampla As respostas dos diversos segmentos sociais sobre esses temas constituem objeto de grande controvérsia (Salem, 1997). Diniz e Ribeiro (2004:75) afirmam a impossibilidade de se transporem os argumentos da imoralidade e da ilegalidade do aborto voluntário para interrupção da gravidez por anomalias incuráveis, pois os fundamentos das duas situações são essencialmente diferentes.

> *Para a grande parte das pessoas que consideram o aborto uma prática imoral, o argumento central é o de que o feto já é pessoa, sendo o fundamento do status moral de pessoa a capacidade ou a potencialidade de viver a vida, não importa de que forma essa vida será vivida. Esse é um fundamento, infelizmente, inexistente para os casos semelhantes ao da anencefalia* (Diniz e Ribeiro, 2004:75).

Ainda para estas autoras, um feto portador de anencefalia, por mais que tenha todos os recursos biomédicos disponíveis a seu alcance, não irá sobreviver. Em suas palavras: "o feto inviável não é pessoa", pois "não tem potencialidade de viver". Dessa forma, instala-se uma polêmica entre as posições jurídicas contra os pareceres médicos.

---

[16] Nesse sentido, Gollop, Horovitz e Andalaft (2004) alertam que o parto pode ser muito complicado, devido à deformidade do feto, que não possui uma caixa craniana fechada. Há também o risco de ocorrer o polidrâmnio, uma maior distensão do útero, pelo excesso de líquido amniótico, além de hemorragias, deslocamento prematuro da placenta e hipertensão materna.

Doação de órgãos de anencéfalos

Nas entrevistas com os profissionais de saúde, chama a atenção o tema da doação de órgãos de anencéfalos. O Conselho Federal de Medicina aprovou recentemente uma resolução que autoriza a retirada de órgãos de fetos com anencefalia imediatamente após o parto, para doação e transplante. Essa resolução foi objeto de polêmica, e há quem considere que ela é capaz de estimular as mulheres a preservar a gestação. Para Diniz e Ribeiro (2004:2), a possibilidade de doação de órgãos representa uma determinação mais "ética do que técnica", no que concerne à prática da medicina. Segundo as autoras, a aprovação pelo Conselho Federal de Medicina "não busca promover uma solidariedade compulsória nas grávidas de fetos anencefálicos, mas, ao contrário, apenas regulamentar os critérios que permitirão o exercício pleno da autonomia reprodutiva das mulheres, ao estabelecer critérios de morte aplicáveis à anencefalia" (Diniz e Ribeiro, 2004:2).

Os entrevistados se posicionam a favor da doação, desde que a mulher não seja forçada a levar a gestação a termo. Um dos médicos participou de um grupo de pesquisa sobre uso de órgãos para transplante, em um hospital no Rio de Janeiro. É interessante destacar, na íntegra, a fala desse profissional:

> *Esses transplantes sempre foram feitos. Eu já participei de um grupo no Rio de Janeiro em que eu fazia o pré-natal dessas mulheres, com a intenção explícita de doação de órgãos, em particular dos rins. Tínhamos um grupo de pesquisa que pegava os dois rins do bebê, junto com a aorta do bebê e implantava em adulto, na renal do adulto. Só dois grupos faziam isso no mundo. No Brasil foi proibido por questões absolutamente ideológicas. E assim, o grupo foi desfeito, mais ou menos na época do governo Collor. Eram anencéfalos, em que o diagnóstico fora realizado no início da gravidez e se propunha a essas mulheres no final, quando o bebê nascesse, a doação do rim. Isso era feito imediatamente após o nascimento. O bebê era levado para a sala de cirurgia, retirava-se o rim, que era colocado no adulto. Funcionava perfeitamente bem. Foram feitos sete transplantes – seis com sucesso absoluto, com uma taxa*

> *de rejeição mínima, porque o rim ainda não tem o antígeno que desencadearia o processo de rejeição* (dr. Xavier).

Sem dúvida, o sucesso desses transplantes representa uma possibilidade de avanço na assistência em saúde, embora, como destacam alguns profissionais, ainda não haja uma estrutura adequada para essas intervenções. Tanto esse médico como outros esclareceram que a posição favorável à doação não está relacionada ao estímulo à mulher para manter a gravidez até o final, pois ela ou o feto não devem funcionar como banco de órgãos. Ainda de acordo com as entrevistas, por mais altruístas que sejam essas mulheres, a doação seria efetivada somente no caso de desejo da gestante de conduzir até o final a gravidez. Cabe destacar que alguns profissionais defendem a tese de que o feto anencefálico é um feto morto, de acordo com o conceito de morte neurológica (morte da pessoa, impossibilidade de consciência). Segundo Penna (2005:101),

> *Esse feto, mesmo levado a termo, não terá um segundo de consciência, não poderá sentir dor, ver, ouvir – em resumo, não poderá experimentar sensações. É, portanto, um feto morto porque não há potencialidade de se tornar uma pessoa, não há possibilidade de consciência devido à ausência de córtex cerebral.*

Essa autora afirma que, em 1988, vários recém-nascidos com anencefalia foram doadores para transplantes, o que corresponde a considerá-los mortos. Na mesma perspectiva, Busato (2004:4) observa que a morte do anencéfalo decorre precisamente da ausência de atividade cerebral, em analogia com o doador de órgãos com morte encefálica constatada. Em suas palavras:

> *Logo, se morte – para efeito de lei e doação de órgãos – é a cessação completa da atividade cerebral, vida é a existência, por tênue que seja, de atividade cerebral. O diagnóstico de anencefalia é, portanto, um diagnóstico a respeito da certeza da morte imediata ou, na melhor das hipóteses, a morte diagnosticada pelo protocolo superado com vistas ao transplante. Tanto é assim que a anencefalia é considerada, nos tratados médicos, como "uma deformação incompatível com a vida"* (Busato, 2004:22).

Para Penna (2005) e Busato (2004), nesses casos, a oposição ao abortamento se fundamenta em crenças religiosas. Embora a Igreja se posicione contra a aplicação do conceito de morte cerebral, ao afirmar que o anencéfalo possui vida, ao mesmo tempo ela é favorável à doação de órgãos. Penna (2005:101) destaca o paradoxo presente nessa posição, pois considerar o feto um doador necessariamente significa que ele está morto.

Para diversos entrevistados, teoricamente a doação e o transplante são possíveis, mas eles referem não haver uma estrutura adequada para realizá-los. Segundo a experiência de alguns médicos, há mulheres que gostariam de doar os órgãos do anencéfalo, mas não há uma organização institucional para tal, além da dificuldade de compatibilidade entre doador e receptor. De qualquer modo, é sabido que essa opção existe e é legal. De acordo com os profissionais, o que importa é que essa alternativa não seja evasiva, mas de livre escolha da gestante – independentemente de o feto ser considerado, pela medicina ou pela Justiça, vivo ou morto.

Sofrimento da gestante e "dor" do médico

Os depoimentos evidenciaram ainda outras questões, como a existência ou não de uma faixa etária na qual há maior risco de gravidez de feto anencefálico. Os profissionais foram unânimes em declarar que a anencefalia não está associada à idade reprodutiva da mulher. Para eles, a carência de ácido fólico é uma das possíveis causas do desenvolvimento dessa patologia. Malformações fetais como as trissomias 18 (Edwards) e 21 (Down) podem estar relacionadas à idade reprodutiva da mulher que engravida com mais de 35 anos. As malformações fetais são passíveis de causar traumas, tanto para a mulher quanto para sua família. Nesse sentido, afirmam que esse tipo de gravidez não deve ser compreendido e acompanhado apenas do ponto de vista biológico, mas também da perspectiva psicológica. Os traumas podem acarretar depressão, inclusive com risco de suicídio. Conforme destaca uma das enfermeiras entrevistadas, "um risco de vida psicológico deve ser avaliado". Mulheres com traumas psicológicos decorrentes de gestação de fetos malformados integram a experiência profissional dos entrevistados. Em um caso, o médico relatou que a mãe ignorou o diagnóstico de anencefalia, apesar de diversas conversas.

> *Tenho um exemplo recente de anencefalia. Era uma paciente com nível intelectual muito baixo. Em duas, não, três conversas, de quase uma hora, achei que, de certa forma, havia conseguido convencê-la da gravidade da situação, e que ela poderia procurar amparo judicial para interromper a gravidez. Ela conseguiu a autorização em 10 dias e simplesmente desistiu. Fiz todo o pré-natal, ela negou completamente o fato. Dali por diante, me perguntava como era o rostinho do bebê, chegava à consulta dizendo que ele mexia bastante. Então houve um quadro de total negação da doença. O resultado é aquilo que a gente sempre sabe: nasceu, faleceu algumas horas depois. Enfim, tudo isso para nós é bastante complicado* (dr. Guilherme).

Outro caso descrito se refere à não compreensão de uma mulher sobre sua gestação de feto anencefálico. O médico explicou a ela que o bebê não iria sobreviver, com palavras delicadas para não assustá-la, informando a gravidade da situação. A mulher parecia não entender o que se passava e, a partir de uma "ajuda" de uma médica residente, houve um esclarecimento:

> *Tinha uma paciente para quem eu dizia: "olha, a situação do bebê é grave, ele não vai conseguir sobreviver". Falei, fiz uns três exames nela e não disse a palavra morte. Até que uma residente a estava examinando e disse: "você sabe que, quando o bebê nascer, ele vai morrer". Quando a mulher ouviu isso, entrou em desespero, começou a chorar e chorava, chorava. Eu disse: "Falei desde o início!" Mas não falei a palavra "morte". Disse que ele não iria conseguir sobreviver. A gente fala assim às vezes: "olha, não estou conseguindo ver o coração do bebê bater". É uma maneira mais suave, do que dizer "o bebê está morto". Mas são situações em que às vezes elas não entendem o que você está dizendo. E daí, quando você fala a palavra morte, é que o drama acontece e desaba tudo. Coitada da residente nesse dia. Ficou apavorada. É muito difícil* (dr. Nilton).

Os relatos demonstram que a linguagem utilizada pelos profissionais muitas vezes não é apreendida pelas gestantes. Por um lado, pode-se pensar na diferença de inserção social presente nessa relação. Por outro, é possível uma negação – consciente ou inconsciente – da realidade. De qualquer modo, a situação contém um drama, associado à morte.

Em outra pesquisa (Porto, 2002), constatei que grande parte das mulheres de camadas populares geralmente deseja e planeja o primeiro filho. Talvez esse dado não se aplique a todas as mulheres, mas, de qualquer forma, sabe-se que a maternidade – assim como o casamento – é compreendida por elas como destino natural, que demarca uma identidade social. Segundo Funck (1999), a incapacidade em construir uma identidade social "normal" pode transformar-se em loucura, quando não em morte. Nesse sentido, ignorar a malformação fetal e levar a gestação a termo não implica um posicionamento em torno desse fato. Talvez seja mais fácil, a partir dessa "loucura", contar que o bebê morreu no parto, em vez de explicar a existência de uma patologia e a interrupção antecipada da gravidez. Acrescente-se que muitas mulheres não desejam publicizar sua condição. Segundo informam os profissionais, por vezes elas acreditam que o feto malformado é "castigo de Deus", por terem pecado – em especial no que concerne à sexualidade – ou pela ingestão de medicamentos e/ou bebida alcoólica na gravidez, o que, para Giami e Veil (1997:73), seriam "metáforas de punição".

A palavra "morte" repercute com expressiva carga emocional na gestante, que passa a viver o drama de uma morte anunciada. Na comunicação, os profissionais buscam ser tanto objetivos quanto amenos, para não chocar ou traumatizar as gestantes. A "não escuta" – em sua terminologia – pelas mulheres talvez decorra da recusa em aceitar a situação. Nas relações de gênero entre médicos(as) e mulheres atendidas, o poder está nas mãos dos médicos, apesar de haver uma possibilidade de decisão das gestantes acerca da interrupção (ou não) da gravidez. Esse tipo de situação marca intensamente os médicos, que afirmam ser muito difícil não se comover com o drama dessas mulheres. Todavia, referem nas entrevistas que não podem entregar-se a essas dificuldades, e que também há muitos casos de sucesso. Para eles, o mais importante é se fazer entender, para que o choque não seja tão intenso como nos casos relatados. Gostariam de ajudar, mas por vezes são mal compreendidos, pois o diagnóstico é ruim. São conversas difíceis, que provocam intensa angústia. Este relato, de uma gravidez de gêmeos com generalidade imperfeita, é ilustrativo de uma tomada de decisão paterna:

> *Outro caso também ficou muito marcado, a gente tinha um bebê que era como dois juntos, gêmeos com generalidade imperfeita. A mãe queria interromper de qualquer jeito. A gente disse para ela que era complicado; uma gestação dessas, não é em qualquer lugar que faz. Porque eles estão juntos, vai ter que abrir muito o útero, você pode perder o útero se não for bem realizado, ou perder a vida. Ela acabou ficando com a gente até o final da gestação, e o bebê nasceu. O marido dizia: "eu não vou levar essa aberração de circo para minha casa". A gente já sabia que o bebê ia morrer, porque não tinha como separar. O coração era junto, não tinha como separar. Mas ficou muito marcado: "essa aberração de circo eu não vou levar para casa". Aí, tudo bem, vamos ficar com o bebê aqui até que as coisas se resolvam. A criança sobreviveu cerca de um mês. Foi um caso muito difícil* (dr. Nilton).

Esses casos contêm uma carga emocional pesada para os profissionais. Todas as narrativas expressam a dor e o sofrimento, associados a essas situações, passíveis de ocorrer com qualquer pessoa. Muitas vezes os profissionais se identificam com essas famílias, indagando-se o que fariam diante de tais circunstâncias. Além de não possuírem um preparo psicológico/emocional, esses profissionais não foram preparados para enfrentar esse tipo de ocorrência. A maioria só ouviu falar em aborto tecnicamente, não recebeu um treinamento adequado na formação profissional. Não se trata somente de aprendizado técnico, mas de saber como atuar quando um pai não quer "levar essa aberração de circo para casa". Ou, ainda, quando o feto não possui os hemisférios cerebrais.

Dessa perspectiva, Frigério e outros (2002) discorrem a respeito do quanto é penoso para o médico diagnosticar uma malformação incompatível com a vida e, ao mesmo tempo, não possuir opções a oferecer à gestante. Essa dificuldade não se limita à incapacidade referente às questões práticas, mas se deve à restrita percepção dos aspectos sociais e culturais imbricados nessa problemática, além da inabilidade para lidar com aspectos emocionais – da gestante, de sua família e com os próprios sentimentos. Uma tensão está presente, principalmente pelo significado atribuído ao aborto, pela e na cultura ocidental contemporânea. Constata-se a incapacidade dos profissionais em lidar com essas situações, quando são forçados a administrar suas próprias emoções (Giami e Veil, 1997)

Considerações finais

Neste texto, destaquei as representações dos profissionais de saúde acerca do aborto seletivo, mais especificamente sobre a anencefalia, a partir de uma pesquisa realizada em um hospital-maternidade referência da rede pública de saúde, em Santa Catarina. Conforme observado, alguns interlocutores se referem ao tema tanto a partir de suas vivências na instituição selecionada quanto por seu conhecimento e experiências adquiridos em outros hospitais. Eles buscam atualização acerca dos acontecimentos relativos ao aborto. A legislação específica sobre o abortamento, que segue as normas do Código de Ética Médica, é acompanhada e obedecida por eles.

Os entrevistados, com raras exceções, consideram não terem sido devidamente preparados para enfrentar esse tipo de situação, pois em sua formação não foi transmitido treinamento adequado. Seu despreparo foi ressaltado nas entrevistas, assim como a presença de preconceito dos médicos contrários ao abortamento, que estimulam as mulheres a prosseguirem com a gravidez até o final.

Malformações fetais graves foram efetivamente diagnosticadas em 2005, embora a maioria observe que não houve casos de interrupções de gestação no hospital-maternidade, nem tomou conhecimento desses diagnósticos. É possível aferir que, se esses abortamentos foram realizados, percorreram outro tipo de itinerário terapêutico (Langdon, s.d.) ou foram registrados como curetagens de abortamentos espontâneos. Nessa perspectiva, percebe-se não haver uma unidade de posicionamento da equipe ou um diálogo entre os médicos. As representações desses profissionais em torno da anencefalia apresentam alguns aspectos homogêneos: todos concordam com a interrupção dessa gravidez ou daquelas com outras malformações incompatíveis com a vida. Todos são favoráveis à doação de órgãos desse feto, desde que a mulher não seja forçada a levar a gestação a termo. São unânimes em afirmar que a anencefalia não está vinculada à idade reprodutiva da mulher. Chamam a atenção para o fato de que essa forma de gravidez deva ser acompanhada e assistida, tanto do ponto de vista biológico quanto psicológico, e destacam os traumas dessas gestantes. Todos referem dificuldades em lidar com esse tipo de problema. Raras são as divergências sobre o abortamento relativo à anencefalia e outras malformações graves.

Um dos principais pontos de desacordo no debate sobre o abortamento do feto anencefálico diz respeito às autorizações judiciais. Instalam-se ordens jurídicas contrárias aos pareceres médicos. Os médicos criticam o fato de que a decisão dependa da Justiça, uma vez que o avanço tecnológico da medicina fetal e genética possibilita diagnósticos de patologia fetal com grande margem de segurança, no que tange à inviabilidade de sobrevivência do feto. Eles censuram a necessidade de autorização judicial, tanto nos casos de anencefalia como nos de outras alterações graves, e consideram que a decisão deva ser da gestante ou do casal. A narrativa dos interlocutores expressa certa ambiguidade em torno das relações de gênero e poder, que perpassam instituições médicas e jurídicas (Scott, 1990). A maioria dos profissionais, ao se posicionar contra a necessidade de autorizações judiciais, indica o intuito de beneficiar as mulheres, seja para que elas não passem por um processo de vitimização institucional, seja para que não sofram com uma gravidez que não terá condições de produzir uma vida saudável. Por outro lado, explícita ou implicitamente, há uma disputa de saberes e de poderes (Foucault, 1988:183), pois uma autorização judicial deixa na mão dos juízes a decisão sobre abortar ou não, e retira esse poder dos médicos, que, por sua vez, possuem um saber sobre o diagnóstico.

A partir da descrição e da análise dos dados empíricos, postulo que as representações dos entrevistados não podem ser generalizadas, pois elas se limitam a profissionais pertencentes a uma única instituição. O objetivo foi apreender a lógica comum às narrativas dos interlocutores, que se caracterizaram por seus dramas (Turner, 1974) e por suas representações sociais (Herzlich, 1991).

Referências bibliográficas

ANDALAFT, Jorge. O fim da peregrinação. *Informativo Anis*, Brasília, Instituto de Bioética, Direitos Humanos e Gênero, out. 2004. *Anencefalia: o pensamento brasileiro e sua pluralidade*.

BRASIL. Ministério da Saúde. *Norma técnica "Prevenção e tratamento dos agravos resultantes da violência sexual contra mulheres e adolescentes"*. Brasília, 2005a.

_____. Ministério da Saúde. *Norma técnica "Atenção humanizada ao abortamento"*. Brasília, 2005b.

BUSATO, César. Tipicidade material, aborto e anencefalia. *Revista Eletrônica de Ciências*, 2004. Disponível em: <www.pgj.ma.gov.br/ampem/ampem1.asp>.

CAMARGO, Aspásia et al. *O drama da sucessão e a crise do regime*. Rio de Janeiro: Nova Fronteira, 1984.

CARDOSO DE OLIVEIRA, Roberto. *O trabalho do antropólogo*. Brasília: Paralelo Quinze; São Paulo: Unesp, 2000.

DELMANTO, C. (Org.). *Código Penal comentado*. 2. ed. Rio de Janeiro: Renovar, 1988.

DINIZ, Débora; RIBEIRO, Diaulas. *Aborto por anomalia fetal*. Brasília: Letras Livres, 2003.

_____; _____. Anencefalia: ciência e Estado laico. *Boletim Eletrônico do Ipas*, 2004. Disponível em: <www.ipas.org.br>.

FAÚNDES, Aníbal. Prefácio. In: DINIZ, Débora; RIBEIRO, Diaulas Costa. *Aborto por anomalia fetal*. Brasília: Letras Livres, 2003.

_____; ANDALAFT NETO, Jorge; DUARTE, Graciana. *Aborto induzido*: conhecimento, atitude e prática de ginecologistas e obstetras no Brasil. Cemicamp, 2003. Relatório preliminar.

FOUCAULT, Michel. *A história da sexualidade*. São Paulo: Graal, 1988. (v. 1, A vontade de saber).

FRIGÉRIO, Valentin; SALZO, Ivan; PIMENTEL, Silvia; GOLLOP, Thomaz (Orgs.). *Aspectos bioéticos e jurídicos do abortamento seletivo no Brasil*. Trabalho apresentado ao Seminário Nacional de Intercâmbio e Formação sobre Questões Ético-Religiosas para Técnicos/as dos Programas de Aborto Legal. Católicas pelo Direito de Decidir, 2002.

FUNCK, Susana. Representações da maternidade e da paternidade na literatura feminista contemporânea. In: SILVA, Alcione Leite da; LAGO, Mara

Coelho de Souza; RAMOS, Tânia Regina Oliveira (Org.). *Falas de gênero*: teorias, análises, leituras. Florianópolis: Mulheres, 1999.

GIAMI, Alain; VEIL, C. *Enfermeiras frente à aids*: representações e condutas, permanência e mudanças. Canoas: Ulbra/Institut National de la Santé et de la Recherche Médicale, 1997.

GOLLOP, Thomaz. Riscos graves à saúde da mulher. *Informativo Anis*, "Anencefalia: o pensamento brasileiro e sua pluralidade". Brasília, Instituto de Bioética, Direitos Humanos e Gênero, out. 2004.

HERZLICH, Claudine. A problemática da representação social e sua utilidade no campo da doença. *Physis*, v. 2, p. 23-36, 1991.

HOROVITZ, Dafne. Um caixão ambulante. *Informativo Anis*, "Anencefalia: o pensamento brasileiro e sua pluralidade". Brasília, Instituto de Bioética, Direitos Humanos e Gênero, out. 2004.

LANGDON, Esther Jean. Representações de doenças e itinerário terapêutico dos Siona da Amazônia colombiana. In: SANTOS, Ricardo; COIMBRA, Carlos (Org.). *Saúde e povos indígenas*. Rio de Janeiro: Fiocruz, [s.d.], p. 115-142.

LEITE, Leonardo. *Aborto*. Disponível em: <www.ghente.org/questoes_polemicas/aborto_textoleo.htm>. Acesso em: 9 ago. 2007.

LUZ, Mônica. Mídia e movimento feminista – legalização do aborto: a fronteira final. *Observatório de Imprensa*, 16 ago. 2005. Disponível em: <http://observatorio.ultimosegundo.ig.com.br/artigos>.

MAGNANI, José Guilherme. Quando o campo é a cidade: fazendo antropologia na metrópole. In: TORRES, Lílian de Luca (Org.). *Na metrópole*: textos de antropologia urbana. São Paulo: Edusp, 1996.

NOVAES, Sandra; SALEM, Tania. Recontextualizando o embrião. *Estudos Feministas*, IFCS/Uerj, v. 3, n. 1, 1995.

PENNA, Maria Lucia. Anencefalia e morte cerebral (neurológica). *Physis*: Revista de Saúde Coletiva, Rio de Janeiro, v. 15, n. 1, jan./jun. 2005.

PORTO, Rozeli. *Gravidez e relações violentas*: representações da violência doméstica no município de Lages. 2002. Dissertação (Mestrado em Antropologia Social) – PPGAS, Universidade Federal de Santa Catarina, Florianópolis, 2002.

PREFEITURA DO MUNICÍPIO DE SÃO PAULO. Secretaria Municipal da Saúde. Coordenação de Desenvolvimento de Programas e Políticas de Saúde (Codepps). Área Técnica de Saúde da Mulher. *Protocolo sugerido para utilização de misoprostol em obstetrícia*. 2005. Disponível em: <ww2.prefeitura.sp.gov.br//arquivos/secretarias/saude/mulher/0013/Prot_misoprostol_2005.pdf>.

REDE FEMINISTA DE SAÚDE. *Dossiê aborto*: mortes preveníveis e evitáveis. Belo Horizonte: Rede Feminista de Saúde, 2005.

ROHDEN, Fabíola. *A arte de enganar a natureza*: contracepção, aborto e infanticídio no século XX. Rio de Janeiro: Fiocruz, 2003.

SALEM, Tania. As novas tecnologias reprodutivas: o estatuto do embrião e a noção de pessoa. *Mana*, Rio de Janeiro, v. 3, n. 1, 1997.

SANTIN, Myriam. *Sexualidade e reprodução*: da natureza aos direitos: a incidência da Igreja Católica na tramitação do PL 20/91 – aborto legal – e PL 1151/95 – união civil entre pessoas do mesmo sexo. 2005. Tese (Doutorado) – Programa de Pós-Graduação Interdisciplinar em Ciências Humanas, Universidade Federal de Santa Catarina, Florianópolis, 2005.

SCOTT, Joan. Gênero: uma categoria útil de análise histórica. *Educação & Realidade*, v. 15, n. 2, jul./dez. 1990.

SOARES, Gilberta. Profissionais da saúde frente ao aborto legal no Brasil: desafios, conflitos e significados. *Cadernos de Saúde Pública*, Rio de Janeiro, v. 19, p. 399-406, 2003. Suplemento 2.

TESSARO, Anelise. *Aborto seletivo*: descriminalização e avanços tecnológicos da medicina contemporânea. Curitiba: Juruá, 2002.

TURNER, Victor. *Dramas, Fields and Metaphors*. Simbolic Action in Human Society. Ithaca, London: Cornell University Pres, 1974.

13. O cuidado infantil em um bairro popular de Salvador: perspectivas de profissionais[*]

Vânia Bustamante[**]

Como professores, profissionais do Programa Saúde da Família, coordenadores pedagógicos, cuidadores de creche, entre outros profissionais que trabalham em um bairro popular de Salvador, pensam suas práticas com crianças pequenas? Esta indagação orienta as reflexões deste texto.[1]

O conceito de cuidado é a principal referência para a análise das representações dos atores sociais. Por cuidado infantil entende-se um processo de construção de projetos relacionados à pessoa, em um marco de relações hierárquicas entre o adulto e a criança e entre adultos ocupantes de diferentes posições sociais. Esta forma de pensar o cuidado infantil permite integrar práticas de diversos agentes, oriundos de distintas áreas, nas quais a noção do referido processo varia em função do que significa ser pessoa e configurar projetos. O projeto pode ser ou não consciente, ser expresso em palavras ou no corpo, além da possibilidade de que uma mesma pessoa possa estruturá-lo de modo contraditório e concorrente (Rabello, 1999).[2]

---

[*] Agradeço às professoras Estela Aquino, Regina Barbosa e Fabíola Rodhen pela importante orientação durante o Programa Interinstitucional de Metodologia de Pesquisa em Gênero, Sexualidade e Saúde Reprodutiva; a Cecília McCallum, minha orientadora no doutorado, por me ajudar a pensar nos argumentos deste trabalho; ao avaliador da primeira versão deste texto pelos comentários e sugestões essenciais; e a Rachel Aisengart Menezes pelo grande auxílio em sua escrita.

[**] Mestre e doutoranda em saúde coletiva pelo Instituto de Saúde Coletiva (ISC) da Universidade Federal da Bahia (UFBA).

[1] Pesquisa desenvolvida no âmbito do Programa Interinstitucional de Metodologia de Pesquisa em Gênero, Sexualidade e Saúde Reprodutiva, com apoio da Fundação Ford.

[2] Fundamento minha argumentação em torno do debate teórico sobre abordagens centradas na metáfora do texto e na preocupação com a materialidade que configura os fenômenos sociais. Em minha tese de doutorado (atualmente em elaboração), postulo, que, para as famílias, o cuidado se constrói como materialidade e a pessoa se forma a partir de uma dada realidade material (Pina-Cabral, 2005) que "aparece", antes de ser pensada. Este tema articula-se ao conceito de projeto que pode se apresentar no corpo, sem elaboração mental prévia (Rabello, 1999).

O argumento central baseia-se em dois pontos: as condições estruturais e relacionais. Estas últimas englobam as famílias, os profissionais de fora do bairro e os cuidadores residentes na região e se referem a um conceito de cuidado centrado no êxito técnico, onde o projeto está preestabelecido e cabe à pessoa "seguir as orientações". O contexto estrutural diz respeito a desigualdades de renda, gênero e raça, às demandas por políticas e programas de saúde e aos valores da sociedade. Cuidar de crianças em um bairro popular de Salvador é uma atividade desvalorizada, inclusive entre profissionais de "nível superior" do Programa Saúde da Família, que recebem um salário "diferenciado". Trabalhar em uma "comunidade carente" – onde há escassez de material, o emprego é instável e as famílias "não seguem as orientações" – traz pouco prestígio e pequeno capital simbólico, comparativamente a outros contextos de atuação. Distintas categorias tendem a desqualificar as crianças e seus familiares, referindo-se a elas frequentemente como "carentes", portadoras de "distúrbios" e estigmatizando-as, pelo fato de considerarem que são oriundas de ambientes domésticos "desestruturados". Assim, produz-se uma desvalorização relacional: usualmente as crianças não atingem os padrões esperados, segundo os valores sociais dominantes, elas não se apresentam limpas e arrumadas, não têm "educação em casa", não conseguem se alfabetizar, entre outros aspectos. Portanto, este quadro gera um sentimento de fracasso relativo ao exercício da profissão. Há questionamento acerca do papel dos adultos e, como consequência, uma responsabilização mútua ocorre, por parte das famílias e das equipes de saúde.

Alguns profissionais discutem a centralidade do êxito técnico, o que facilita práticas de cuidado construídas a partir da interação com as crianças e suas famílias. Um melhor nível de escolaridade dos envolvidos nesse ofício pode facilitar um olhar sobre o cuidado que privilegia a interação, mas não garante a existência dessa percepção. Nesse sentido, este estudo objetiva identificar as distintas perspectivas sobre o cuidado infantil. Trata-se aqui de estabelecer os nexos entre os diferentes contextos e a explicitação das características de gênero, renda, formação e trajetória dos profissionais investigados.

A seguir, apresento uma discussão sobre cuidado,[3] a partir de bibliografia sobre o tema. Em concordância com Carvalho (1999:51), considero que essa noção "transita entre as esferas da vida pública e privada, da família ao mercado de trabalho e às políticas públicas", posição que agrega complexidade e relevância ao debate. A análise centra-se nas áreas da saúde e educação, espaços marcantes na vida infantil e de suas famílias no bairro pesquisado.

É conveniente lembrar que os cuidados com o corpo estão inseridos em um processo histórico de medicalização iniciado na França, no século XVIII. Foucault (1979), em sua análise sobre a microfísica do poder, destaca que ter um corpo saudável passou então a ser visto como direito e obrigação dos sujeitos. Para tal, era preciso contar com a figura do médico, profissional que passou a exercer forte controle sobre a vida das pessoas. Esse processo se deu paralelamente à construção do ideal de família baseado no amor romântico, em que a criação dos filhos é central. Assim, a criança passou a ser objeto das intervenções médicas e pedagógicas. No Brasil, a medicalização se intensificou no século XX (Dalsgaard, 2006), expressando-se também sobre as políticas sociais, quando houve um aumento progressivo da preocupação com as crianças (Zioni e Adorno, 1990).

Na formulação das políticas de saúde brasileiras, apresenta-se uma forte associação entre crianças pequenas e suas mães, de forma a afirmar o grupo materno-infantil como um dos alvos prioritários das ações em saúde. Atualmente, a discussão na esfera da saúde sobre o cuidado infantil é perpassada pela crescente implantação do Programa Saúde da Família e pela Política Nacional de Humanização. Vale ressaltar que, no discurso das políticas de saúde, o cuidado aparece como substantivo em relação à política de humanização: "humanizar o cuidado em saúde" (Benevides e Passos, 2005; Deslandes, 2005) – o que indica a incipiência da discussão conceitual.

---

[3] Na psicologia do desenvolvimento, há uma área de pesquisa childcare – ou cuidado infantil – que se refere especificamente aos efeitos do cuidado de crianças pequenas fora do ambiente familiar, em determinados espaços, como creches. As vantagens e desvantagens de deixar a criança pequena nessa instituição, comparativamente ao ambiente familiar, são debatidas em investigações quantitativas (Langlois e Liben, 2003). Essa linha de pesquisa não será discutida aqui, pois seu objetivo principal consiste em saber o que seria melhor para o desenvolvimento da criança que se distancia da reflexão aqui empreendida, que busca compreender a perspectiva dos profissionais, sem pretender avaliar os efeitos nas crianças.

A educação e a saúde são direitos das crianças, garantidos pela Constituição e pelo Estatuto da Criança e do Adolescente (ECA). Apesar deste dado, a inclusão da educação infantil na rede pública de ensino é recente. A lei de 1996 estabeleceu que o ensino infantil – de três a cinco anos – é também direito da criança e deve ser garantido através de vagas na rede pública. A implementação tem sido incipiente e o tema envolve a préescola e a creche. O estudo de Rosemberg (2002) demonstra que, apesar das tentativas de aumentar o acesso à educação infantil, sua qualidade permanece baixa, o que reforça processos de exclusão escolar. O Estado e as organizações multilaterais, como Unesco, Unicef e Banco Mundial, ao disponibilizarem esse setor educacional a baixo custo – uma vez que não se abre mão de priorizar o ensino fundamental –, passam a estimular que mulheres com pouca ou nenhuma escolaridade cuidem de crianças pequenas. Essa tarefa é realizada em condições precárias, em ambientes inadequados e com escassos recursos pedagógicos. Esses processos evidenciam o valor atribuído à educação infantil e ao cuidado, como ressaltam Veríssimo e Fonseca (2003), em pesquisa com profissionais de uma creche universitária, em São Paulo. Para as entrevistadas por esses autores, cuidar pode significar ocupar-se do corpo, preservar o corpo (dar comida, limpar, evitar que a criança se machuque etc.).

As reflexões de Ayres (2001, 2004a, 2004b) acerca do cuidado – embora pensadas em conexão com as práticas de saúde – são extremamente pertinentes no que concerne à área da educação. Esse autor considera haver uma crise de legitimidade nas práticas de saúde, dada a prioridade concedida às tecnociências. Esse aspecto vincula-se a uma noção inadequada de sujeito, que envolve tanto a ideia de que as pessoas são sempre as mesmas quanto o pressuposto de que elas são as únicas responsáveis pelo cuidado da própria saúde. Diante desse quadro, diversas alternativas operacionalizadas em técnicas específicas são propostas, como: humanização, acolhimento, vigilância da saúde, entre outras. Ayres (2004b) considera que as tecnociências podem complementar a atitude cuidadora e, trazendo a afirmação heideggeriana, lembra que o cuidado é constitutivo do humano. Esclarece que, nessa vertente filosófica, essa categoria não diz respeito ao cuidar ou descuidar, no sentido médico ou do senso comum, mas ao fato de que o "humano é o 'ser que concebe o ser'" (Ayres, 2004b:21). Nesse sentido, trata-se de um ser que está sempre em presença do outro, exercendo uma "curadoria" sobre si e sobre seu mundo – nem sempre de forma intencional, consciente ou controlada –, o que envolve uma contínua concepção e realização de um projeto.

No marco das práticas de saúde, Ayres (2004a:22) considera que o cuidado pode ser definido como "designação de uma atenção à saúde imediatamente interessada no sentido existencial[4] da experiência do adoecimento, físico ou mental, e, por conseguinte, também das práticas de promoção ou recuperação da saúde". Destaca que o saber dirigido ao êxito técnico constrói objetos, enquanto o conhecimento voltado ao sucesso existencial é aquele que constitui sujeitos. Nesse sentido, subsumir a ideia de êxito técnico ou de "produção de artefatos" pela de "sucesso existencial" integra a proposta do autor (Ayres, 2001). O "sucesso existencial" pode se conectar ao conceito de "projeto de felicidade", em que esta é considerada uma experiência de caráter singular e pessoal e, ao mesmo tempo, está associada a valores publicamente aceitos como propiciadores deste objetivo (Ayres, 2004b).

Ainda de acordo com Ayres (2001), se o horizonte normativo que norteia o discurso dos profissionais de saúde está fundamentalmente relacionado à utopia do conhecimento/controle das doenças, há que se indagar se é possível imaginar o compartilhamento entre os profissionais e as populações-alvo. O autor destaca que não se deve desconsiderar a importância do controle da enfermidade, mas é preciso rever sua exclusividade, como critério normativo do sucesso das práticas de saúde. Ele chama a atenção sobre a tendência de os profissionais de saúde se aterem à negatividade da doença, relegando a segundo plano a dimensão existencial: "nós, efetivamente, não temos nos perguntado, quando dialogamos sobre saúde, sobre o que sonham as pessoas (nós mesmos) para a vida, para o bem viver, para a saúde" (Ayres, 2001:71). O autor postula ser fundamental para cuidar da saúde a criação de metas, com base no conhecimento sobre o projeto de felicidade, formulado no ato assistencial. Para ele, é extremamente relevante o papel desempenhado pelos cuidadores, para configuração dessa felicidade, em termos de saúde.

A diferença entre êxito técnico e sucesso existencial permite refletir sobre diversas práticas. O conceito de "projeto de felicidade" é interessan-

---

[4] O sentido existencial é configurado como um encontro desejante com a circunstância – o ato de se colocar diante do Outro e engendrar as copossibilidades de ambos e de seu mundo compartilhado.

te, mas insuficiente, por carrear, implicitamente, uma visão linear de projeto. O estudo de Rabello (1999) contém uma boa reflexão, a partir da ideia de projeto, desenvolvida por Schutz, e de corpo vivido de Merleau-Ponty. Segundo Rabello (1999:211), para Merleau-Ponty:

> Da mesma forma que a palavra não traduz um pensamento acabado, tampouco o corpo é instrumento de um projeto já concluído. Na verdade, a fala mesma já remete ao domínio do corpo; é atualização das suas capacidades. Projeto e significado realizam-se na sua expressão corporal, dependem intimamente dela. Parafraseando Berger e Luckmann (1985), pode-se dizer que o corpo torna mais real o projeto, não só para os outros como para o próprio indivíduo que o formula.

A partir de uma investigação com portadores de doença mental em um bairro popular de Salvador, Rabello (1999:224) destaca que:

> projetos não consistem simplesmente em elaborações abstratas de um sujeito desprendido e momentaneamente independente do seu meio; mas, antes, em práticas situadas, forjados em contextos de ação/atenção perante as coisas. Para entendê-los, argumentou-se, é preciso recuperar a dimensão corporal que perpassa toda a experiência de ser-no-mundo.

A experiência encarnada de aflição constitui o ponto de partida para a elaboração de projetos de normalidade, nos indivíduos pesquisados por Rabello (1999). Em nenhum caso houve uma sequência linear, iniciada na formulação mental do projeto e concluída em sua execução corporal. Pelo contrário, o corpo se antecipa a essa atividade reflexiva: "no curso de sua realização no corpo, o projeto adquire precisão, assume contornos antes não vislumbrados e abre novos caminhos para uma exploração ativa da situação" (Rabello, 1999:224).

Cabe refletir sobre o conceito de cuidado com base em entrevista e observação, uma vez que as pesquisas sobre o tema geralmente apresentam o referencial teórico sem articulação imediata com o contexto da investigação. Neste texto, pretendo contribuir à reflexão conceitual, de modo a possibilitar um entendimento das práticas de atendimento à criança pequena.

Metodologia

Os dados que integram este estudo proveem de visitas em quatro instituições que oferecem atendimento a crianças, no bairro da Prainha, subúrbio de Salvador, além de 26 entrevistas gravadas com profissionais desses estabelecimentos. Esse material constitui um recorte de uma pesquisa mais ampla, que inclui acompanhamento das crianças e familiares. A observação também se dirigiu a uma Unidade de Saúde da Família, uma escola particular, uma escola municipal e uma creche comunitária, pela relevância desses espaços no cotidiano de sete famílias acompanhadas, durante três anos de trabalho de campo. Localizados em áreas próximas, certamente não são os únicos serviços do referido bairro, mas são os mais presentes, no que diz respeito a crianças pequenas, com menos de seis anos. O contato com as instituições se deu por meio de integrantes das famílias acompanhadas.

A coleta de dados foi realizada ao longo de 2006. O projeto de doutorado foi aprovado pelo Comitê de Ética em Pesquisa do Instituto de Saúde Coletiva da UFBA. Os cuidados éticos incluíram o uso de nomes fictícios na divulgação dos dados, a plena liberdade dos informantes para decidir sua participação, com base nas informações sobre a pesquisa, e a utilização do termo de consentimento livre e esclarecido.

Prainha possui características comuns a outros bairros populares: serviços insuficientes, infraestrutura urbana precária, algumas ruas sem asfalto, carência de espaços verdes e de lazer, presença de casas "em construção", entre outras. Os moradores têm baixo nível de escolaridade e de renda. Alternam períodos de emprego e desemprego. Entre os homens, as ocupações mais comuns são segurança e serviços gerais; entre as mulheres, vendas e serviço doméstico.

Os relatos sobre episódios de violência são frequentes, ocorrendo diversificação entre a doméstica, as brigas entre vizinhos e a perpetrada pela polícia, que possui ali um posto. Foi selecionada uma área do bairro – aqui denominada "Leste" – a partir dos seguintes critérios: que fosse bastante transitada e de fácil acesso. Essa região foi apresentada pelos moradores como menos violenta que outras, como "o fundão", "o morro do galo" ou "a boca". Por mais de três anos[5] de trabalho de campo, foram identificados alguns espaços do "Leste", frequentados por crianças pequenas e seus familiares, inclusive os membros das sete famílias acompanhadas na observação participante, todas com filhos pequenos, de até seis anos de idade. Dessa forma, o critério de escolha dos espaços institucionais consistiu na presença destes no cotidiano das famílias.

A Unidade de Saúde da Família assiste as famílias observadas desde março de 2002. Está localizada no andar térreo do mesmo prédio da associação de moradores, dirigida há muitos anos por seu Clóvis. Na planta alta, funciona a creche comunitária, conhecida como "Creche de seu Clóvis", que atende cerca de 200 crianças entre um e seis anos.

No "Leste" há diversas escolas públicas e privadas; entre as últimas, a maioria é de "escolinhas", havendo outras até a quarta série. Várias das crianças acompanhadas que "têm condição" estudam na Escola Oliveira, um colégio particular, com três filiais, considerado o melhor do bairro. Outras crianças frequentam a São Lucas, uma "escola do governo", com educação infantil até a quarta série. A identificação dessas instituições e sua importância para os sujeitos acompanhados foi paulatina. Certamente há outros estabelecimentos educacionais importantes, mas estes foram os mais citados.

A seleção dos entrevistados foi efetuada a partir de sua representatividade, no que tange ao contato com crianças pequenas em cada instituição pesquisada. O quadro os caracteriza, identificando-os de acordo com o centro de trabalho, gênero, profissão e cargo.

A análise contou com repetidas leituras do material oriundo da transcrição de entrevistas, das notas da observação, a partir do que foi possível identificar os temas relevantes. A seguir, foram elaboradas reflexões, de modo a possibilitar não apenas uma classificação, mas tendo em vista a identificação de diferentes planos do discurso, para estabelecer um diálogo com o referencial teórico. Os dados estão organizados em três grandes temas.

---

[5] O contato com a comunidade foi iniciado em agosto de 2003, na pesquisa desenvolvida no mestrado em saúde coletiva. Fui apresentada por profissionais da Unidade de Saúde da Família, contatados com ajuda da Secretaria Municipal de Saúde. Após um mês de visitas em companhia dos profissionais, passei a frequentar sozinha as casas de várias famílias, até definir as seis que integraram meu estudo, dirigido a aprender a participação paterna no cuidado da saúde de crianças pequenas.

Caracterização dos entrevistados

Centro de trabalho	Nome	Profissão/ nível de instrução	Cargo
Unidade de Saúde da Família	Rosa	Enfermeira	Enfermeira do PSF
Unidade de Saúde da Família	Olga	Médica	Médica do PSF
Unidade de Saúde da Família	Liliane	Dentista	Dentista do PSF
Unidade de Saúde da Família	Márcia	Assistente social	Gerente da USF
Escola São Lucas	Mônica	Pedagoga	Diretora
Escola São Lucas	Beatriz	Bibliotecária	Bibliotecária
Escola São Lucas	Janice	Pedagoga	Professora do CEB 1
Escola São Lucas	Josie	Pedagoga	Professora do Pré 2
Escola São Lucas	Laura	Pedagoga	Professora do Pré 1
Escola São Lucas	William	Pedagogo	Professor do CEB 4
Escola São Lucas	Lívia	Estudante de pedagogia	Estagiária do Pré 2
Escola São Lucas	Vera	Não informado	Merendeira
Escola Oliveira	Helena	Magistério	Diretora
Escola Oliveira	Elza	Segundo grau	Filha da diretora
Escola Oliveira	Maria	Pedagoga	Coordenadora pedagógica
Escola Oliveira	Lizete	Segundo grau	Professora do maternal
Escola Oliveira	Bete	Segundo grau	Professora do jardim 2
Escola Oliveira	Carla	Segundo grau	Professora da primeira série
Escola Oliveira	Roberto	Segundo grau	Auxiliar administrativo e professor de informática
Creche comunitária	Clóvis	Não informado	Presidente da associação de moradores
Creche comunitária	Cristina	Magistério	Professor de crianças com cinco ou seis anos
Creche comunitária	Luciene	Ensino fundamental	Professor de crianças com dois ou três anos
Creche comunitária	Alice	Ensino fundamental	Professor de crianças com três ou quatro anos
Creche comunitária	Mel	Ensino fundamental	Auxiliar de crianças com um ou dois anos
Creche comunitária	Gina	Pedagoga	Coordenadora pedagógica
Creche comunitária	Salete	Ensino fundamental	Auxiliar administrativa

Inicialmente, são descritas as rotinas institucionais, o processo de trabalho dos profissionais e sua relação com o que considero desvalorização estrutural. Em um segundo momento, é analisado o modo como os profissionais percebem as crianças e suas famílias, e são sinalizados os aspectos que favorecem os processos relacionais de desvalorização. No terceiro momento, entram em pauta as situações cotidianas do exercício profissional, enfocadas da perspectiva do cuidado, para sobressair o estudo sobre as diferenças entre os profissionais.

Resultados e discussão

Desvalorização estrutural: profissionais e suas rotinas

A desvalorização inclui todos os profissionais, por trabalharem em bairro pobre, com crianças "carentes". Ela se apresenta sob distintas formas, pela diversidade de níveis de renda e escolaridade – capital econômico e cultural – existente entre eles, nos termos de Bourdieu (1996).

A equipe de Saúde da Família[6] atende os moradores da área de abrangência, conforme apontado. As crianças são priorizadas em ações específicas, tais como mensuração de peso e altura e vacinação, realizadas por agentes comunitários de saúde, em visitas domiciliares. As mães são atendidas no pré-natal e há incentivo ao aleitamento materno. Há acompanhamento por enfermeiras na puericultura até os dois anos de idade e esta faixa etária tem prioridade no atendimento médico. A dentista presta assistência pediátrica em consultório e efetua aplicação de flúor nas escolas, além de proferir palestras.

No Programa Saúde da Família foram identificadas, predominantemente, ações programadas.[7] Há pouco espaço para demandas dos usuá-

---

[6] Atendendo disposições do Ministério da Saúde, as equipes de saúde da família de Prainha são compostas por profissionais de nível superior – médico, enfermeiro e dentista – e de nível médio – auxiliar de enfermagem e de dentista. Há também agentes de saúde que completaram o segundo grau (Brasil, 1997). As remunerações acompanham as diferenças na escolaridade. No entanto, todos os profissionais têm uma situação de emprego precária, pois não são funcionários da prefeitura. Eles foram contratados por uma ONG e são terceirizados, o que significa a possibilidade permanente de perda do emprego.
[7] Na observação participante, constatou-se que as rotinas no trabalho da equipe de saúde da família são determinadas pela Secretaria Municipal de Saúde (SMS), que postula o atendimento de alguns grupos em especial, como os hipertensos, diabéticos e gestantes, além do "planejamento familiar" e "puericultura". Cada equipe deve enviar dados mensais à SMS sobre esses atendimentos.

rios, especialmente quando se trata de "emergências".[8] O acompanhamento infantil não é contínuo e, segundo Olga, médica da equipe, a assistência é mais frequente nos primeiros anos e depois há redução do contato.

Na creche, a maioria das crianças permanece em período integral e recebe quatro refeições, enquanto outras ficam só pela manhã. Trata-se de uma creche-escola, em que as crianças são distribuídas por salas a partir de classificação etária, de um a seis anos. Em todas as classes há uma professora e uma auxiliar. Frequentemente nenhuma delas possui preparo formal para esse trabalho. A rotina enfatiza os cuidados corporais, em detrimento das atividades pedagógicas. Ao meio-dia as crianças almoçam, dormem e depois se preparam para esperar "os responsáveis", o que envolve tomar banho e, eventualmente, troca de roupa. Assistir televisão integra as atividades cotidianas, especialmente o programa da animadora Xuxa.

A Escola Oliveira é considerada a melhor instituição particular do bairro e conta com "matriz" e duas filiais. D. Helena, a proprietária, cursou magistério. Na prática, a escola é administrada por sua filha Elza, que concluiu o segundo grau. Algumas das professoras cursaram magistério, outras se tornaram mestras, ensinando. A única com nível superior é Maria,[9] a coordenadora pedagógica. O colégio funciona em dois turnos: pela manhã, as crianças mais velhas; à tarde, as mais novas (do maternal até a primeira série). Os aspectos pedagógicos são mais contemplados na escola do que na creche, inclusive entre as crianças mais novas.

A Escola São Lucas integra a rede municipal e oferece educação infantil e ensino até a quarta série. A educação infantil, para crianças a partir de

---

[8] Há discordâncias sobre o que é uma emergência. As famílias acompanhadas se queixavam de que nenhuma demanda fora da consulta com hora marcada era atendida. Casos como febre em crianças eram encaminhados para a emergência, sem qualquer atendimento que confirmasse esta necessidade.

[9] A trajetória de Maria chamou minha atenção. Ela começou dando reforço escolar em casa, a seguir foi para uma escola do bairro, depois fez magistério. Em seguida, ingressou em curso superior, quando foi chamada para substituir uma professora, em uma "escola da cidade, uma escola boa, escola de freiras", e foi contratada. Assim, após ter se formado em pedagogia, Maria começou a trabalhar durante um turno na escola "da cidade" e em outro na Escola Oliveira, como coordenadora pedagógica. Pelo fato de ser considerada uma excelente profissional, e por trabalhar na escola do centro, d. Helena aceita que Maria altere seu turno de trabalho, em função das demandas da escola "da cidade".

seis anos, foi implantada em 2005 e possui dois níveis, denominados "Pré 1" e "Pré 2", nos turnos matutino e vespertino.

A extrema precariedade de condições de trabalho consiste em aspecto comum às trabalhadoras da creche e da Escola Oliveira: a remuneração é menor do que o valor do salário mínimo, a carteira de trabalho não é assinada e os direitos trabalhistas não são concedidos. Na creche são denominadas "voluntárias" e na escola não recebem este nome, e o tema econômico não é abordado abertamente. Frequentemente, as professoras ou auxiliares são também mães de alunos, convidadas a trabalhar, seja por uma relação de amizade, seja porque "estavam precisando",[10] o que também ocorre na creche. Talvez por este motivo, em nenhum dos dois espaços ouvi queixas explícitas sobre as condições empregatícias, distintamente do que ocorre na Unidade de Saúde da Família e na Escola São Lucas. Nesta última, os educadores prestaram concurso público, sendo que a maioria concluiu curso superior, e alguns o magistério.

A Unidade de Saúde da Família e a Escola São Lucas são instituições vinculadas à prefeitura, que atravessava uma crise em 2006, o que acarretou atraso nos salários e falta de material. No Programa Saúde da Família havia carência de medicamentos, material para curativos, além de vários equipamentos se encontrarem danificados, portanto, sem condição de uso. Na escola pública, usualmente não havia insumos básicos, como merenda e material de limpeza. A grande incidência de faltas de alunos e docentes era cotidiana. Por paralisação de professores e funcionários, reivindicando melhorias nas condições de trabalho e pagamento em dia, era comum não haver aula.

A insuficiência de material e as condições operacionais inadequadas foram constantemente verbalizadas por educadores, o que se agudizava ao se tratar da educação infantil, que passou a ser oferecida em 2005, em resposta à Lei de Diretrizes e Bases da Educação Nacional de 1996, que a afirma como direito da criança. No entanto, a prefeitura não fornece recur-

---

[10] Acompanhei uma situação típica, quando Paula – membro de uma das famílias pesquisadas – foi chamada a trabalhar na Escola Oliveira, onde seus filhos estudam. Paula tinha feito amizade com d. Helena e sua filha, a ponto de ela abrir as portas para empreender ali a pesquisa. Paula começou a trabalhar como auxiliar na sala de alfabetização, de segunda a sexta, à tarde. No final do mês recebeu R$ 150, o que considerou justo, tendo em vista que a professora da turma recebia R$ 300, sem carteira assinada.

sos específicos para esse fim. Em diversas oportunidades, observei professoras trocando materiais, como DVDs e discos – inclusive elas os adquirem e ofertam brinquedos dos próprios filhos para uso didático. Cabe registrar que cada turma do infantil possui um total de 25 crianças e não conta com auxiliar de classe. As duas mestras desse setor da Escola São Lucas chamaram a atenção sobre a inadequação das condições de trabalho. A fala da professora Laura é ilustrativa:

> *Antes tinha a educação infantil como depósito. Tem toda aquela discussão do assistencialismo. Era uma creche que ofereciam. Só que aí, o menino que não frequentava esses lugares era obrigado, entrava com sete anos. O professor começou a ter dificuldade de, em dois anos, alfabetizar essa criança. Foi daí que começou a discussão da necessidade deles de terem educação infantil. E hoje a gente luta, tentando. Agora, já tem educação infantil, a gente tá lutando agora, questionando a qualidade dessa educação infantil. É uma outra discussão, que não adianta só oferecer e não ter condições. Isso vai dar em nada.*

A grande maioria dos entrevistados é mulher. Os dois homens, que trabalham como professores nas escolas pública e particular, eram os únicos, em suas respectivas instituições. Por outro lado, seu Clóvis ocupa um cargo masculino na creche, por ser o presidente da associação de moradores, e é quem toma as decisões importantes. Ele não mantém contato direto com os alunos. Esse quadro possibilita aventar a hipótese de que a desvalorização do trabalho dos profissionais/cuidadores está associada à tendência a naturalizar o cuidado infantil como atividade feminina, para a qual não seria preciso um preparo formal. Acrescente-se o dado da baixa escolaridade dessas mulheres, o que acarreta sua baixa remuneração.[11] É importante destacar que se trata de menos-valia externa, não necessariamente sentida pelas mulheres, pois as trabalhadoras da creche e da Escola Oliveira consideram que seu saber, proveniente da experiência de serem

---

[11] A pesquisa de Carvalho (1999) evidencia que, nas primeiras séries, a grande maioria dos professores é constituída por mulheres. A autora se refere a pesquisas realizadas em décadas anteriores, que apontam uma presença feminina semelhante, com a diferença de que as professoras de períodos anteriores "confundiam" os papéis de mãe e professora, em comparação com as pesquisadas por ela.

mães – ou como cuidadoras de crianças em outros contextos –, é fundamental para a realização do mesmo ofício. Para elas, é uma oportunidade de remuneração.[12] A centralidade da maternidade é frequentemente referida pelas entrevistadas:

> Eu acho que pra um professor tomar conta de criança deveria ser mãe. Mãe. Eu acho que existe também professor que não é mãe e que trata uma criança como se fosse filho. Mas, veja você mesma, a diferença de um que é mãe aqui pra outro que não é. Por exemplo, Luciene, ela não é mãe. Ela é apegadíssima demais aos alunos. Mas ela já tem aquele... Ela não é aquela mãe assim... Não é aquela professora assim... Pra fazer aquele carinho, bem com a criança. Se a criança cai: – Levante! Não chore não. Já a mãe é diferente: – Venha, meu amor! Venha pra aqui, venha! Não chore não! O tratar, o carinho é diferente, é diferente (Cristina, professora da creche).

A referência à maternidade como experiência propiciadora do cuidado infantil pode ser problematizada, pois reforça o que denominamos desvalorização estrutural – baixa remuneração e precárias condições de trabalho. Por sua vez, essa condição é passível de acarretar um desempenho precário, associado à culpabilização mútua de pais e cuidadores. Por outro lado, segundo a perspectiva de Carvalho (1999), trata-se de um saber que deve ser singularizado, por integrar a história de vida das mulheres, que foi construído a partir da vivência. A autora destaca que as mestras das séries iniciais constroem suas práticas de cuidado a partir de uma relação dialética entre as experiências de mãe e professora: aprendem a ser mães com seus alunos e a ser professoras com seus filhos.

A partir das contribuições de Carvalho (1999), pode-se considerar que a desvalorização do cuidado infantil é reforçada pelo não reconhecimento de um aprendizado adquirido na maternidade. Em concordância com esta autora, postulo que a reflexão sobre cuidado – incluindo a dialé-

---

[12] As professoras da escola particular e da creche têm uma história de contato com crianças: como mães, tias, cuidando de crianças em casa, dando reforço escolar etc.

tica entre maternidade e profissão – deve estar presente no aparato educacional, dirigido aos educadores, sendo acrescida à formação dos pedagogos, conforme o que já ocorre em cursos como os de enfermagem ou psicologia.

Desvalorização das crianças e de suas famílias

Diversos entrevistados se referem ao "mau comportamento" dos alunos na escola – o que significa bater nos colegas e, ao se tratar de crianças mais velhas, não obedecer à professora. Tais condutas frequentemente são associadas a baixo rendimento escolar. Janice, professora da escola pública, declarou:

> *Nesta escola há um índice muito grande de crianças com distúrbios os mais diversos. Eu acho que o abandono aqui é uma das características marcantes.*

Os "distúrbios" das crianças tendem a ser vinculados a problemas na família. Os profissionais afirmam, com frequência, que esta se mostra "desestruturada", em oposição a um modelo de família estruturada ou "família de base". A desestruturação é atribuída a uniões instáveis – e, em consequência, a mulheres com filhos de pais diferentes. A falta de emprego e outros fatores são conectados à violência contra mulheres e crianças. Família estruturada ou de base foi vinculada pelos entrevistados à estabilidade do casal, formado pelo pai dos filhos da mulher e, em menor medida, a mulheres chefes de família, que lidam bem com esta situação. Trata-se de núcleos familiares com uma condição mínima de renda. Essa estrutura se traduz na preocupação dos pais em acompanhar o desenvolvimento dos filhos. Contudo, as famílias estruturadas são tidas como exceção, pois predominam as desestruturadas, dado associado implicitamente às características do bairro:

> *São famílias carentes. Complicado, a cultura do bairro, que tá muito violento. São famílias que não são muito bem estruturadas psicologicamente, em nada. Tem outras que não, que são famílias que, apesar de morarem no bairro de Prainha, têm até outra estrutura. Em algumas, os pais conseguiram pelo menos*

> ter o segundo grau, o que ajuda muito o mundo da criança (Rosa, enfermeira do Programa de Saúde da Família).

Embora nas entrevistas as famílias sejam muito citadas, na prática as mulheres constituem a grande maioria entre os frequentadores dos serviços:

> Mas a presença mais frequente é das mães ou das avós, ou das tias. Os pais não aparecem muito na escola. A presença paterna, masculina, é muito rara. Raríssima (Josie, professora, escola pública).

Em todos os espaços pesquisados, os profissionais declararam que a maioria das famílias não é parceira no cuidado ou educação das crianças, seja porque estão ausentes do dia-a-dia dos filhos ou porque ensinam valores opostos aos transmitidos pelos profissionais. Entre os principais temas de conflito, destacam-se: o destrato dos pais às professoras e as queixas diante de eventuais agressões – físicas ou morais – sofridas pela criança na escola. Houve, no entanto, diferenças na forma de explicação e no lidar com essa situação. A professora Laura declarou que, após um tempo de trabalho na escola, compreendeu que as dificuldades das crianças estão ligadas à extrema precariedade de condições de vida. As famílias não podem ser culpabilizadas por sua ausência e pelos problemas da criança: "não aceito, mas entendo muita coisa", disse Laura.

O predomínio de características negativas coexiste com uma visão idealizada das crianças. Ao ser indagada como sentia seu trabalho, Cristina, professora da creche, destacou aspectos positivos:

> Pra mim tá sendo uma maravilha trabalhar com elas aqui, porque elas mesmo representam alguma coisa pra gente. Tem aquelas que é mais quieta, tem aquelas que é mais ativa. E aí a gente vai levando. Como você mesmo viu na minha sala. Ser criança é aquilo ali que você viu, umas pimenta, uns mais quietinhos, outros mais agitados, outros mais abençoadas.

Cristina destaca a singularidade de cada aluno. As crianças são importantes e "representam alguma coisa para mim". Ela caracteriza as residentes do bairro por seus aspectos negativos:

> Entrevistadora: *O que é que você acha dessas crianças daqui de Prainha? Como é que são elas?*
> Cristina: *Rapaz, elas são meio violentas. Crianças... é... com pouco desenvolvimento... intelectual deles, fala muita gíria, é... brigam muito, você vê que eles têm um nível bem inferior.*

Neste relato a informante se refere a dois tipos de criança: a idealizada e a denegrida. A depreciação decorre da expectativa relativa ao desempenho e pode ser relacionada à perspectiva do êxito técnico: uma criança que aceita as intervenções da professora, bem-comportada, que aprende etc. Apresenta-se aqui uma divisão entre um olhar maternal e outro desqualificante.

A fala de Cristina não deve ser entendida como demonstração de um fazer intencional, mas como expressão de processos mais amplos. Fonseca (2002) identifica uma tendência a considerar as populações de baixa renda como carentes e problemáticas, ótica presente inclusive entre pesquisadores voltados para essas populações.

Cuidado no cotidiano: (des)valorização na relação

A seguir, analiso o conceito de cuidado, presente em distintas situações. Diferentes vinhetas podem ser consideradas na perspectiva do referido conceito – certamente há outros pontos de vista possíveis – pelo fato de conterem noções implícitas de pessoa e de projeto. Defendo que, quando predomina a valorização do êxito técnico – em detrimento do sucesso existencial –, ocorrem desencontros que estimulam a mútua desvalorização de profissionais e usuários. No entanto, há situações nas quais o êxito técnico é produzido com base no uso do saber dos primeiros e na adesão dos últimos. Uma situação observada no posto de saúde é ilustrativa:

> *Fiquei na sala de espera, conversando com uma senhora que estava com uma bebê, chamada Sumaia. Ela falou que iria conversar com a médica, pois a mãe da criança – a filha dela, uma jovem de 18 anos – não está tendo leite suficiente para amamentar. Depois foi chamada por dra. Olga. Foi atendida em pé e com a porta aberta, um atendimento de menos de três minutos.*

> *Quando ela saiu, falou que a médica tinha dito para não fazer nenhum tipo de complementação na alimentação do bebê, que a mãe tem leite sim, que "o problema está na cabeça da mãe". Ela não me pareceu convencida pela explicação da médica e disse que estava indo pra casa* (Diário de campo, Lorena).[13]

Poucos dias depois, Lorena reencontrou essa senhora, dessa vez com a filha e a neta. As três aguardavam o atendimento com a enfermeira Rosa:

> *Perguntei como elas estavam, e ela disse que o leite da filha voltou, e que Sumaia não está mais chorando de fome. Perguntei se ela havia complementado a alimentação da criança, e ela falou que não, que só deu chá, como a médica havia orientado.*

Situações semelhantes se repetiram nas observações no posto de saúde. A médica atendeu a avó e orientou-a adequadamente. Seguiu-se o êxito técnico: a bebê continuou sendo amamentada no seio materno. Neste relato, predomina um conceito de cuidado centrado no êxito técnico, no qual cabe ao profissional dar as orientações e cabe ao usuário segui-las. Não ocorreu um encontro para esclarecer, por exemplo, como foram as primeiras semanas de Sumaia ou para entender por que a mãe tinha menos leite. Entretanto, o fracasso é mais frequente do que o êxito técnico, o que pode ser ilustrado pelo seguinte relato:

> *Um dia, começando a aula no CEB-1,[14] a professora Janice passou lista. Ao identificar Mariana, comentou algo assim: "Mariana, quanto tempo que você não vem aqui, olha quantas faltas você tem – mostrou para ela o registro de presença em branco – neste ano você faltou bem mais do que você veio, assim você não vai aprender nada". Eu fiquei pensando no constrangimento de Mariana ao ser repreendida na frente de seus colegas, fiquei pensando também que talvez minha presença,*

---

[13] A maior parte da coleta de dados foi realizada por mim. Contei também com a assistente de pesquisa Lorena Almeida, para realizar parte da observação participante no posto de saúde e na creche.
[14] A expectativa é de frequência de crianças de seis anos, equivalente à alfabetização.

> *como observadora na sala, estaria influenciando o comportamento de Janice. Será que ela queria se mostrar para mim, que se preocupa com os alunos?* (Diário de campo)

Neste episódio, Janice[15] expressa preocupação e talvez incômodo pelas faltas excessivas da aluna. Essas ausências são associadas ao fracasso, por comprometerem o aprendizado. Diante do fracasso – entendido como inexistência de êxito técnico, que seria conseguir a assiduidade da aluna e boa aprendizagem –, a professora responsabiliza a menina, sem questionar a razão do não comparecimento e sem valorizar sua presença no dia.

Evidenciaram-se diferenças entre os profissionais de nível superior, que residem, em sua maioria, em bairros de classe média de Salvador, e aqueles moradores do bairro, que não completaram os estudos formais do ofício com crianças, tendo alguns sequer concluído o segundo grau. Esses cuidadores ocupam uma posição intermediária: em parte, se identificam com a perspectiva das famílias e, em parte, assumem uma posição de autoridade, para demarcar seu lugar.

Cristina é professora da creche de "seu Clóvis", de uma turma de crianças de cinco a seis anos. É a única que concluiu o magistério. Certa ocasião, acompanhei sua turma no refeitório:

> *Era hora da merenda da tarde. Cristina ficou monitorando as crianças com Júlia, sua auxiliar. Depois deu comida na boca de um menino. "Já viu passarinho comendo? Este menino é assim, a mãe dá tudo amassado e aqui ele quer assim também, tem que dar tudo na boca dele." Cristina continuou dando comida na boca após a turma sair do refeitório. Disse ao menino "a gente vai ficar até você terminar", o menino não falava, mas parecia não querer comer, ficava com a comida na boca, sem engolir. Enquanto tentava fazer o menino comer, Cristina falou da filha de dois anos: "ela come tudo sozinha".*

---

[15] Janice estudou pedagogia e prestou concurso na prefeitura. Trabalhava nos dois turnos na Escola São Lucas e residia em uma área central do bairro. Certa vez disse que, apesar de ter morado a vida toda em Prainha, só ficou sabendo da extrema pobreza de muitas pessoas do bairro quando começou a trabalhar na escola e passou a ouvir relatos das crianças sobre a vida no fundão. Em sua opinião, a maioria das crianças da escola reside no fundão. A Escola São Lucas recebe as crianças mais pobres, que não conseguem vagas em escolas públicas melhores.

Cristina se preocupa, a princípio, cuidando da alimentação da criança. No entanto, parece mais envolvida com seu sucesso como professora. A cena dava a impressão de uma disputa entre professora e aluno. Não havia um questionamento acerca da razão de ele não querer comer ou sobre o que ocorreria, caso ela não o obrigasse a comer. O modelo de boa educadora está conjugado ao de boa mãe: ela conseguiu ensinar a filha a comer sozinha, então quer obter o mesmo com o aluno. Aqui também predomina o ideal do êxito técnico que, curiosamente, é definido não apenas pelas rotinas da creche, como pela experiência materna. O relato de uma professora da Escola Oliveira também ilustra a importância da maternidade:

> *Durante minhas observações na Escola Oliveira, fiquei na sala de Bete, professora do Jardim 2. Quase no final da aula, Bete colocou uma mensagem no quadro e pediu às crianças que copiassem. Percebi que a mensagem estava dirigida a mim, para mostrar como era bom trabalhar na escola. Falava coisas como: a escola é um lugar muito bom, um lugar para cantar, escrever, aprender, aprender a ser um bom cidadão. A ideia era que as crianças tinham que copiar isso, apesar de elas não entenderem o que significava. Depois Bete mostrou o que uma das crianças tinha escrito: não tinha nada a ver com as letras do quadro. Ela disse que o aluno sempre copiava assim e ela não sabia como lidar com isso.*

Nesse episódio, percebi a apreensão de Bete com o aluno. Ela expressa implicitamente um sentimento de fracasso, pelo fato de que ele não acompanha a sua solicitação. Ao introduzir tarefas ligadas à alfabetização, busca demonstrar ser boa profissional. Como leiga, considerei ser excessiva a demanda, a crianças de cinco anos. No entanto, a expectativa de Bete para com os alunos está em sintonia com o anseio das famílias: que a criança saiba escrever seu nome o mais rápido possível.[16] Assim, ao pedir que seus alunos escrevam, Bete está construindo seu trabalho como professora, com base na perspectiva das famílias e, também, provavelmente a partir de sua experiência como mãe.

---

[16] Por motivos de espaço, não é possível aprofundar este aspecto, que integra a pesquisa mais ampla sobre o cuidado infantil.

Bete e Cristina não completaram os estudos, talvez elas possuam maior experiência na maternidade.[17] De certo modo, é enquanto mães que elas constroem o projeto para as crianças. Trata-se de um plano a partir de suas experiências, no qual há pouco espaço para a demanda infantil. Esta é uma relevante diferença entre profissionais do bairro e os de nível superior, que não residem ali, e possuem melhores condições de trabalho: a maternidade é mais valorizada no primeiro grupo, como experiência a partir da qual constroem suas práticas e projetos para operacionalizar o cuidado infantil.

Alguns profissionais questionam a centralidade do êxito técnico e a padronização do trabalho, que integram as demandas de órgãos superiores, como as secretarias de Saúde e Educação. A dentista Liliane considera necessário um primeiro encontro, para depois realizar o procedimento clínico, capaz de permitir o êxito técnico:

> *Nas primeiras consultas, a gente não consegue fazer muita coisa, em termos clínicos, atendimento clínico, porque ela tem que conhecer o ambiente do consultório. Na primeira consulta, a gente fica mostrando, bota ela pra sentar na cadeira, fica falando que a tia vai ver dentinho pra ver se não tá com bichinho, se tem cárie, se tá com o dentinho estragado, mas, assim, normalmente, a maioria das crianças não deixa. Aí gente vai mostrar os instrumentais, deixa elas pegarem.*

Liliane ainda refere a importância de estabelecer uma relação na qual a criança respeite sua autoridade e aceite realizar procedimentos mais complexos:

> *A gente tem que explicar e a criança, ela também aceita bem a autoridade. A gente tem que saber até onde a gente pode ir com o consentimento dela, mas tem horas que a gente tem que ir mais longe: a gente vai fazer isso, vai doer um pouquinho, mas passa. Eu não trabalho com a técnica de contenção, detesto ter que segurar perna, segurar. Não faço porque acho que você consegue fazer aquele procedimento naquele momento,*

---

[17] Ambas têm filhos.

> *mas a criança vai levar um trauma pro resto da vida, você vai fazer ela ter pavor de dentista.*

Este relato evidencia que Liliane leva em conta, em sua intervenção, o marco na vida da criança. Importa mais o projeto futuro e posicionamento da saúde bucal inserida nesse projeto, do que o êxito técnico imediato. Esta é uma forma de pensar as práticas, condizente com o conceito de cuidado proposto por Ayres (2001): não se trata de desistir de buscar o êxito técnico, mas de integrá-lo à perspectiva de sucesso existencial.

A experiência de Laura, professora da Escola São Lucas, ilustra a relação entre olhar para si e para o outro como ponto de partida para a construção conjunta de projetos. Laura problematiza os resultados de seu trabalho, questiona indicadores objetivos e propõe outras maneiras de avaliar:

> *O diário é assim, não sei se você já viu o diário da educação infantil. Tem várias habilidades que a gente tem, durante o ano, que fazer com que se desenvolva. Mas, no diário, não tem que minha aluna viu o pai e a mãe, o pai espancando a mãe. E, no outro dia, chegou, só querendo que você ali, chorando. Ninguém entendia porque ela estava chorando. Chorando, chorando, chorando, se joga pelo chão. No diário não tem que aconteçam essas coisas. Aí, eu pego, o que é que eu vou fazer, fico ali com aquela menina. Tentar entender.*

No discurso de Laura, predomina uma perspectiva reflexiva sobre as condições de trabalho e o que é possível fazer, incluindo uma preocupação com a própria subjetividade:

> *Hoje, sendo professora, eu busco ser eu, fazendo o melhor possível. Mas sabendo que sou limitada em muita coisa. Tem habilidades do professor de educação infantil que é mais dinâmica, de correr, pular. Eu não tenho essa habilidade desenvolvida. Mas, por outro lado, questiono: os nossos meninos, eles correm, pulam, eles têm uma habilidade, uma coordenação maravilhosa. Então, eu tento buscar coisas que, neles, não foi desenvolvido, como ouvir. A gente faz dinâmicas de ouvir o coração. Eles não sabem ouvir.*

Este é um exemplo de cuidado que privilegia o sucesso existencial e, para tal, se aproxima e permite a relação com as crianças, percebe o que é importante para elas e o que um educador pode oferecer. O projeto é construído de forma espontânea, sem planejamento, com base no encontro com as crianças, com atenção à experiência corporal, tal como sugere o conceito de Rabello (1999).

Considerações finais

Este texto se insere na discussão sobre a necessidade de construir um conceito de cuidado infantil que permita compreender a realidade e elaborar práticas afins às necessidades de crianças pequenas e suas famílias. Concordo com Freitas e Shelton (2005) e Veríssimo e Fonseca (2003), quando apontam a urgência de atenção a um conceito

> *que não reduza o cuidar ao atendimento de necessidades básicas (alimentação, higiene, segurança etc.) nem seja ideológico (o cuidado é apenas para os pobres; como se a necessidade de cuidado não fosse inerente à condição humana, mas somente os pobres precisassem ser cuidados) (Freitas e Shelton, 2005:202).*

Reitero sua afirmação de que a falta de coordenação entre as políticas de saúde e educação constitui uma limitação a ser superada.

Um conceito amplo de cuidado, como o defendido neste texto, pode contribuir ao aprofundamento da reflexão sobre o atendimento a crianças pequenas, de modo a integrar as duas áreas de intervenção. As reflexões apresentadas buscam não responsabilizar os profissionais, mas entender como diferentes situações são capazes de produzir um olhar desvalorizante do referido trabalho com crianças pequenas. Portanto, há que se incluir as considerações de Benevides e Passos (2005) acerca da relevância da implantação da Política Nacional de Humanização. Para esses autores, para humanizar o cuidado, é necessário valorizar o processo de trabalho dos profissionais de saúde. Só é possível que eles integrem o sucesso existencial e o êxito técnico em suas práticas se lhes forem concedidas condições de trabalho das quais possam ser os sujeitos.

Este texto, a partir dos aspectos apontados, elucida o desenvolvimento de estudos futuros. Como propor um conceito existencial de cuidado – construir pessoas mediante a produção de projetos conjuntos – sem lembrar que o trabalho integra da mesma forma um projeto de vida para os profissionais? É também a partir deste posicionamento que eles vão se relacionar com as crianças. Assim, há uma aproximação estreita entre o cuidar do outro e o cuidar de si.

O complexo lugar da maternidade – como evento que marca o trabalho com crianças, ao indicar expectativas prévias e produzir conhecimento – merece ser mais estudado, na ótica do cuidado. De que maneira será possível incluir a experiência das mulheres enquanto mães, sem deixar de chamar a atenção sobre a necessidade de qualificar o cuidado infantil – passando-se a ter profissionais com boa formação curricular, bons salários, em espaços adequados e dotados de material didático apropriado, tal como defende Rosemberg (2002).

Finalmente, cabe destacar a importância do cuidado segundo um conceito que permita pensar a integralidade como um dos princípios do SUS (Pinheiro e Mattos, 2005) e a intersetorialidade – pois, para cuidar de crianças, não é suficiente a atenção da saúde. É preciso que vários setores atuem conjuntamente para alcançar a integralidade. O conceito de cuidado defendido neste texto se afina mais com o paradigma da promoção da saúde do que com a noção de prevenção de doenças, diferença que determina posições distintas em face da saúde. Promovê-la envolve necessariamente agir sobre os determinantes da saúde, melhorando as condições de vida da população. Desta forma, afirma-se a construção de um cuidado comprometido com o sucesso existencial, estreitamente relacionado ao compromisso social.

Referências bibliográficas

AYRES, J. R. C. M. Sujeito, intersubjetividade e práticas de saúde. *Ciência e Saúde Coletiva*, v. 6, n. 1, p. 63-72, 2001.

_____. Cuidado e reconstrução das práticas de saúde. *Interface, Comunicação, Saúde, Educação*, v. 8, n. 14, p. 73-92, 2004a.

_____. O cuidado, os modos de ser (do) humano e as práticas de saúde.

Saúde e Sociedade, v. 13, n. 13, p. 16-29, 2004b.

BRASIL. Ministério da Saúde. *Saúde da família*: uma estratégia para a reorganização do modelo assistencial. Brasília: Ministério da Saúde, 1997.

BENEVIDES, R.; PASSOS, E. Humanização na saúde: um novo modismo? *Interface (Botucatu)*, v. 9, n. 17, p. 389-394, 2005.

BOURDIEU, P. *Razões práticas*: sobre a teoria da ação. Campinas: Papirus, 1996.

CARVALHO, M. P de. *No coração da sala de aula*: gênero e trabalho nas séries iniciais. São Paulo: Xamã, 1999.

DALSGAARD, A. L. *Vida e esperanças*: esterilização feminina no Nordeste. São Paulo: Unesp, 2006.

DESLANDES, S. O projeto ético-político da humanização: conceitos, métodos e identidade. *Interface (Botucatu)*, v. 9, n. 17, p. 401-403, 2005.

FONSECA, C. "Mãe é uma só?" Reflexões em torno de alguns casos brasileiros. *Psicologia USP*, v. 1, n. 13, p. 49-68, 2002.

FOUCAULT, M. *A microfísica do poder*. Rio de Janeiro: Graal, 1979.

FREITAS, L. B. L de; SHELTON, T. E. Atenção à primeira infância nos EUA e no Brasil. *Psicologia: Teoria e Pesquisa*, v. 21, n. 2, p. 197-205, 2005.

LANGLOIS, J.; LIBEN, L. S. Child care research: an editorial perspective. *Child Development*, v. 74, n. 4, p. 969-975, 2003.

PINA-CABRAL, J. de. *O limiar dos afetos*: algumas considerações sobre nomeação e a constituição social de pessoas. 2005. Inédito.

PINHEIRO, R.; MATTOS, R. A. *Cuidado e integralidade*: vida, conhecimento, saúde e educação. 2005. Disponível em: <www.lapis.org.br>.

RABELLO, M. C. A experiência de indivíduos com problema mental: entendendo projetos e sua realização. In: _____; ALVES, P. C.; SOUZA, I. A. (Orgs.). *Experiência de doença e narrativa*. Rio de Janeiro: Fiocruz, 1999, p. 205-227.

ROSEMBERG, F. Organizações multilaterais, Estado e políticas de educação infantil. *Cadernos de Pesquisa*, n. 115, p. 25-63, 2002.

VERÍSSIMO, M. R.; FONSECA, R. M. G. S. O cuidado da criança segundo trabalhadoras de creches. *Revista Latino-Americana de Enfermagem*, v. 11, n, 1, p. 28-35, 2003.

ZIONI, F. G.; ADORNO, R. de C. F. Crescimento e desenvolvimento na prática dos serviços de saúde: revisão histórica do conceito de criança. *Revista Saúde Pública*, v. 24, n. 3, p. 204-211, 1990.

14. Corpo e gênero na educação sexual: análise de uma escola carioca

Helena Altmann[*]

Em uma escola pública do Rio de Janeiro, uma aula de ciências sobre reprodução humana teve início com a seguinte fala docente: "Quando se trabalha reprodução, uma das coisas mais importantes é conhecer o corpo do homem e da mulher, seus órgãos, suas finalidades". Que corpo é este que os jovens devem conhecer? Que conhecimentos sobre o corpo a escola ensina, ao abordar a reprodução humana? Estas são algumas questões que este texto busca responder, a partir de uma pesquisa etnográfica. As concepções de corpo e gênero transmitidas em aulas de educação sexual são aqui discutidas.[1]

A pesquisa etnográfica foi realizada em uma escola municipal de ensino fundamental da Zona Sul da cidade do Rio de Janeiro, entre agosto de 2002 e julho de 2003. Teve por objetivo investigar a construção social da educação sexual na referida escola,[2] com cerca de 360 alunos matriculados, divididos nos turnos da manhã e da tarde. Os jovens eram predominantemente moradores das favelas Rocinha, Vidigal, Dona Marta e do bairro Horto.

Durante um ano, foram efetuadas observações de aulas em turmas de sétima série[3] do ensino fundamental, em reuniões do Núcleo de Adolescentes Multiplicadores (NAM),[4] em reuniões de professores e em eventos

---

[*] Mestre em educação pela Universidade Federal de Minas Gerais (UFMG), doutora em educação pela Pontifícia Universidade Católica do Rio de Janeiro (PUC-Rio) e professora da Universidade Estadual de Campinas.

[1] Investigação realizada no âmbito do Programa Interinstitucional de Metodologia de Pesquisa em Gênero, Sexualidade e Saúde Reprodutiva, com apoio da Fundação Ford. Outras pesquisas abordam o mesmo tema, como, por exemplo, Oliveira (1998) e Furlani (2003).

[2] Tal investigação teve como resultado a minha tese de doutorado (Altmann, 2005).

[3] A sétima série equivale atualmente ao oitavo ano do ensino fundamental. No entanto, essa expressão não era utilizada à época em que a pesquisa foi realizada.

[4] NAM é um projeto ligado ao Núcleo de Educação Ambiental e Saúde da Secretaria Municipal de Educação.

promovidos pela escola. A observação incluía aulas de todas as disciplinas, quais sejam, português, matemática, geografia, história, educação física, artes plásticas, inglês e ciências – sendo esta última o principal espaço em que a sexualidade constituía tema de aula, seja como conteúdo curricular, seja a partir de perguntas de alunos à professora responsável.

À época, o NAM era o principal projeto de educação sexual da rede municipal de ensino do Rio de Janeiro. Fora do horário das aulas, os jovens reuniam-se, sob coordenação de um(a) professor(a), para tratar de assuntos ligados à adolescência, sexualidade, drogas, entre outros. A proposta era que esses jovens multiplicassem as informações recebidas em suas escolas, famílias e nas respectivas comunidades. Cabe pontuar que o NAM atingia um número restrito de estudantes, pois, em 2002, das 1.036 escolas municipais do Rio de Janeiro, das quais 371 de ensino fundamental, apenas 63 contavam com um NAM. Além disso, nem todos os jovens dessas escolas participavam das atividades desenvolvidas. Na instituição pesquisada, o NAM era coordenado por uma professora de ciências e seu grupo chegou a contar com o número máximo de 15 participantes.

Além das observações, foram entrevistados alunos, professores de diferentes disciplinas, membros da direção e professoras de ciências de outras quatro escolas municipais, localizadas nos bairros Leblon, Gávea, Copacabana e Grajaú, perfazendo um total de 23 entrevistas, das quais 13 com 30 jovens, divididos em pequenos grupos. Os entrevistados tinham entre 12 e 15 anos, sendo a idade mediana de 14 anos, com 20 do sexo feminino e 10 do sexo masculino.[5] As entrevistas com os professores foram feitas individualmente. Os nomes citados são fictícios e foram escolhidos pelos sujeitos.

Organismos fragmentados e biologicamente distintos

Uma concepção orgânica e funcional de corpo estava expressa no livro didático, principal material de apoio seguido nas aulas. Conforme afirmam seus autores: "para compreender bem o funcionamento do nosso organismo, é preciso estudar seus componentes" (Cesar et al., 1997:16). O último sistema presente no livro é o reprodutor, inserido em uma unidade denominada

---

[5] Para uma reflexão sobre a diferença entre o número de moças e rapazes entrevistados, ver Altmann, 2003b.

"A transmissão da vida", dividida em dois capítulos: "A reprodução humana" e "A hereditariedade". Ali é explicado o funcionamento de cada uma das partes dos aparelhos reprodutores. Por exemplo, "a função do pênis é lançar espermatozoides e urinar". A vagina "é um canal que liga o útero com o meio externo. Durante a relação sexual, a vagina acomoda o pênis, sendo nela depositado o esperma. É também através da vagina que a criança será conduzida ao meio externo, durante o parto" (Cesar et al., 1997:191).

A educação sexual na escola é, antes de tudo, uma educação sobre reprodução, e o corpo que fundamenta esse ensino é um organismo conhecido primordialmente a partir de seu interior. Como comentou Juliana (13 anos) durante a entrevista: "[A professora] falou mais sobre órgãos". Esse ensino tem como perspectiva a reprodução, em outras palavras, os órgãos são estudados a partir de sua relação com esta função, o que parece explicar a omissão da vulva e do clitóris, no livro. Por não desempenharem uma função diretamente associada à reprodução, não há menção no livro[6] e, em aula, foram rápida e objetivamente lembrados. A professora explicou que a genitália é a parte externa, visível, do aparelho reprodutor, sendo a vulva o componente que protege a entrada da vagina. O clitóris foi definido como o órgão de prazer da mulher. Destacou que "não só a genitália dá prazer" e, por fim, definiu a vagina como o canal que liga o útero ao meio externo.

Há maior ênfase às partes internas do corpo feminino, em comparação ao masculino. O corpo era estudado principalmente a partir de seus órgãos internos: útero, ovários e vagina. Com isso, o corpo da mulher era recortado e focado de modo a dar um destaque às suas funções reprodutoras: menstruação, ovulação, período fértil, fecundação e gestação eram abordados e, em contrapartida, os métodos anticoncepcionais. Em relação ao corpo do homem, apesar de serem mostradas figuras com recortes internos de seu aparelho reprodutor, apresentando testículos, canal deferente, vesícula seminal, próstata, glândula de Cowper e uretra, essas imagens eram exploradas com menor intensidade.

Assim, o destaque dado ao corpo do homem nessas aulas se distinguia do relativo ao da mulher. A genitália masculina aparecia na perspecti-

---
[6] Não é possível, porém, generalizar essa afirmação, pois em outros livros de ciências essas partes são nomeadas, como em Cruz (1998) e em Barros e Paulino (2001).

va de sua externalidade, quando era ensinado o uso da camisinha. Para tal, era utilizado um fragmento de corpo: uma prótese peniana. Não havia ferramenta pedagógica semelhante, na escola, em relação ao corpo feminino.

Não há simetria no modo de apresentar corpos de homens e mulheres. Não havia, na escola, um álbum de imagens dos órgãos reprodutores masculinos, como também não existia qualquer tipo de prótese que representasse a genitália feminina. A representação do corpo da mulher estava mais ligada ao aparelho reprodutor, e a do homem à funcionalidade de seu órgão sexual. Essas diferenças estão ligadas aos distintos modos de participação do homem e da mulher no ciclo reprodutivo e, principalmente, na adoção de práticas preventivas. Se, por um lado, é preciso conhecer o corpo feminino na perspectiva de seu funcionamento interno, de seus ciclos e de sua capacidade de reprodução, para gerenciá-la, por outro, no corpo masculino ganha destaque o órgão sexual, numa ótica externa, quando a importância da camisinha é enfatizada e se busca a prevenção de doenças e da gravidez. De que outras maneiras as diferenças entre mulheres e homens são demarcadas?

Corpo da mulher e do homem: construção das diferenças

Manfred (14 anos) comentou que suas dúvidas sobre doenças sexualmente transmissíveis e meios de prevenção haviam sido esclarecidas pela professora. Apesar disso, completou, afirmando que "principalmente ela deu aula para as meninas". Quando questionado sobre essa fala, explicou:

> *Não sei, o corpo da mulher parece que é mais estudado do que o do homem. Mais isso, mais aquilo para estudar. Muito risco que tem. Quem faltou às aulas perdeu muita informação. Se, algum dia por aí, tiver alguma doença, tiver filho sem esperar, é porque não prestou atenção na aula.*

De acordo com o informante, as aulas sobre sexualidade foram mais direcionadas às meninas. Sua explicação é que o corpo da mulher, por apresentar mais riscos, teria sido mais estudado do que o do homem. Sua constatação é condizente com o livro didático citado. Nele, no capítulo referente à reprodução humana, o corpo da mulher é representado e explicado mais pormenorizadamente. Esse dado aparece somente na unidade relativa ao assunto, pois, no restante do livro, contornos de corpos masculinos são utilizados para apresentar outros órgãos e sistemas. A única exceção se refere ao sistema reprodutor. Ainda que haja algumas fotos ilustrativas de mulheres, enquanto objeto de estudo, o corpo da mulher é apresentado nesse livro didático somente quando se aborda a reprodução.[7] O mesmo não pode ser dito em relação a dois outros livros que, apesar de não adotados regularmente em sala de aula, estavam disponíveis no laboratório, tendo sido algumas vezes consultados para pesquisa. Nesses livros (Barros e Paulino, 2001; Cruz, 1998), os sistemas (digestivo, respiratório etc.) são representados ora em organismos de homens, ora em mulheres.

Faço aqui um desvio para problematizar a questão levantada por Manfred para demonstrar como, historicamente, o corpo da mulher foi alvo prioritário de dispositivos de saber e poder, referentes ao sexo. De acordo com Foucault (1997:99), quatro grandes conjuntos estratégicos desenvolvem dispositivos de saber e poder a respeito do sexo, a partir do século XVIII. O primeiro, a "histerização do corpo da mulher", um tríplice processo pelo qual o corpo da mulher foi analisado como integralmente saturado de sexualidade. Ele foi integrado ao campo das práticas médicas e foi posicionado em comunicação orgânica com o corpo social, com o espaço familiar e com a vida das crianças. O segundo, a "pedagogização do sexo da criança", refere-se ao processo desempenhado por pais, famílias, educadores, médicos e, mais tarde, psicólogos. Eles devem se encarregar continuamente deste germe sexual precioso e arriscado, perigoso e em perigo. A "socialização das condutas de procriação" constitui o terceiro dispositivo, com as socializações econômica, política e médica, que visam incitar ou frear a fecundidade dos casais. Por fim, o quarto consiste na "psiquiatrização do prazer perverso".

A nova tecnologia do sexo, que escapa à instituição eclesiástica, desenvolve-se, segundo este autor, em três eixos: o da pedagogia, direcionado à sexualidade específica da criança; o da medicina, com a fisiologia sexual própria das mulheres; e o da demografia, com o objetivo da regulação espontânea ou planejada dos nascimentos. Basicamente, ela vai se ordenar em torno da instituição médica, da exigência da normalidade e do problema

---

[7] Não é possível, porém, generalizar essa afirmação, pois em outros livros de ciências, estas partes são nomeadas, como Cruz, 1998 e Barros e Paulinio, 2001.

da vida e da doença. Uma das transformações daí derivadas é a separação, efetuada pela medicina, entre o corpo e o sexo.

A medicina do sexo dirá respeito principalmente à mulher, dando origem a uma nova especialidade no século XIX: a ginecologia. No Brasil, a preocupação com a diferença entre os sexos é uma marca característica da medicina da época, conforme demonstra a pesquisa de Rohden (2001). A medicina da sexualidade e da reprodução era a medicina da mulher, expressa na criação da ginecologia que, além de tratar dos fenômenos relativos aos órgãos reprodutores femininos, também se constituía como uma verdadeira ciência da feminilidade e da diferenciação entre homens e mulheres.

A autora destaca que não há nada semelhante no caso masculino, pois a andrologia está mais ligada às perturbações, que não são inerentes ao homem, mas decorrentes de fatores que o retiram da ordem normal – como foi em relação à sífilis. "A questão em jogo, portanto, é uma assimetria que se coloca na prática, que aponta para uma relação particular entre a medicina e a mulher, para uma maior medicalização do corpo feminino em contraste com o masculino" (Rohden, 2001:38).

A medicalização do corpo feminino, processo que o transforma em objeto de saber e de intervenção médica, foi também estudada por Vieira (2002). Tal processo permitiu uma concentração na mulher no que concerne ao controle da população e à regulação da sexualidade – exercidos, à época, prioritariamente por médicos, novos agentes do saber e do julgamento moral.

Uma das formas de penetração da medicina na sociedade ocorreu através da escola. No século XIX se forjou um projeto no Brasil para a escola, enunciado em nome da ciência, que não mais poderia permanecer vinculada à esfera privada, fosse ela religiosa ou familiar. A medicina higiênica forneceu um modelo de organização escolar, calcado na razão médica, que tinha como utopia produzir uma sociedade higienizada e, para tal, escolarizada, regenerada e homogênea (Gondra, 2000).[8]

Em nome da saúde pública, os médicos entraram na escola com o objetivo de educar crianças e suas famílias. As concepções médico-higienistas, que influenciaram profundamente a política educacional oficial no

---

[8] Outras pesquisas também apontam as relações entre medicina, higiene e educação. Sobre o tema, ver Carvalho (1998) e Stephanou (1999).

Brasil no século XIX, também exerceram influência em trabalhos de educação sexual no século seguinte, com o objetivo de combater a masturbação, as doenças venéreas e preparar a mulher para o papel de esposa e mãe, para assegurar a reprodução saudável da espécie (Bonato, 1996). Apesar de a força das concepções médico-higienistas não ser mais a mesma que a dos séculos XIX e XX, para Bonato, até os dias atuais, de uma forma ou de outra, está presente na escola.

A educação de hoje certamente não é idêntica à do século XIX, mas, como há rupturas e mudanças, há também realocação de problemas. Conforme demonstrado, encontramos nesta pesquisa fortes influências do discurso médico, no modo de a escola desenvolver trabalhos de educação sexual. Destacado como um espaço de exercício de tecnologias de governo, o sistema educacional é chamado a intervir no comportamento sexual dos jovens, sendo dois os temas mobilizadores desta intervenção: aids – e outras DSTs – e gravidez.[9]

Na escola pesquisada e nas escolas de outras quatro professoras entrevistadas, a educação sexual vem sendo desenvolvida na disciplina mais próxima do discurso médico, qual seja, a de ciências, que na sétima série, tem como tema o corpo humano. Essa constatação também é referida por outras pesquisas, como Castro e colaboradores (2004), Rosistolato (2003) e Meyer (1998). Além da escola investigada, esse era o caso de diversas escolas do município do Rio de Janeiro, conforme constatado em entrevistas com docentes de outras instituições. Se, historicamente, a medicina voltada para a sexualidade e a reprodução priorizou o corpo da mulher, também na escola este vem sendo objeto de maior atenção, a ponto de um jovem concluir que, por sua fragilidade, o corpo feminino foi mais estudado que o masculino.

Do mesmo modo, a prevenção da gravidez acabava sendo considerada uma questão feminina. Vale notar que historicamente não se produziram, ou ao menos não se disponibilizaram, métodos anticoncepcionais masculinos da mesmo maneira que se fez em relação à mulher: para elas, pílula, DIU, diafragma, camisinha feminina, hormônios injetáveis, laqueadura, entre outros; para eles, vasectomia e camisinha. Como demonstra Martin (1996), há um maior número de investigações sobre reprodução feminina do que sobre

---

[9] Essa perspectiva é adotada nos Parâmetros Curriculares Nacionais (Brasil, 1998).

reprodução masculina, fazendo com que a responsabilidade do controle da natalidade ficasse a cargo das mulheres.

Órgãos sexuais como fundamento de gênero

Conforme citado, de acordo com a lógica do livro didático, o homem aparece como o padrão, a norma, a partir da qual a mulher seria uma variante, sendo necessário mostrá-la apenas no que se diferencia do homem: seus órgãos sexuais. É nesse momento, ao se falar sobre reprodução, que é efetuada uma distinção entre homens e mulheres, cujas origens estariam localizadas nos órgãos sexuais, que demarcariam uma diferença anatômica fundante. Nessa perspectiva, as características masculinas e femininas são vistas como decorrentes dos hormônios que, ao entrarem em ação na puberdade, modificam os corpos, imprimindo-lhes as chamadas "características sexuais secundárias".

Na primeira aula sobre reprodução, a professora perguntou à turma o que diferencia um bebê menino de um bebê menina. Alguém respondeu que seriam os órgãos de reprodução, e ela corrigiu: são "os órgãos genitais, a genitália externa". A conversa prosseguiu com a solicitação de que imaginassem um menino e uma menina de cinco anos, de "costas, pelados", de "cabelo curto". A professora perguntou se era possível distinguir o sexo. Um aluno respondeu que "o bumbum da menina é maior", outro disse que "menina tem peitinho", outro, "pela cintura". A professora discordou das respostas e comentou que, em crianças pequenas, é difícil observar diferenças. Só na puberdade estas se tornam acentuadas. Concluiu, afirmando que a diferença entre meninos e meninas, que percebemos no nascimento, é o sexo biológico, genital.

Esse episódio possibilita problematizar algumas questões. Em primeiro lugar, as distinções entre homens e mulheres, ou entre meninos e meninas, que a professora abordou na conversa, constituem diferenças biológicas, tidas como inatas ao ser humano. É nesse sentido que a educadora conduz o raciocínio dos alunos ao nascimento e, depois, à infância, momentos em que as alterações provenientes da puberdade ainda não ocorreram. Quando ela afirma que a criança de cinco anos estaria nua e de cabelo curto, busca extinguir da análise qualquer elemento cultural ou social, pois as roupas e o comprimento do cabelo poderiam imprimir marcas distintivas de gênero. Ela cria, assim, uma situação supostamente isenta de cultura, natural, em que o único contraste poderia ser visto pela frente, no chamado sexo biológico ou genital. Outras formas de diferenciação inscritas no corpo, como as citadas por alguns estudantes, somente apareceriam com a puberdade, graças à atuação de hormônios. A puberdade, portanto, é considerada um momento de passagem, da infância à adolescência, de definição sexual, inscrita apenas no sexo genital, para uma determinação inscrita no corpo de modo mais amplo.

Essas outras diferenças, não genitais, são denominadas "características sexuais secundárias", definidas no livro didático como "características que não estão diretamente ligadas aos órgãos da reprodução, mas que colaboram para diferenciar os sexos" (Cesar et al., 1997:190). A publicação didática referida cita ainda exemplos: nos rapazes, aparecimento de pelos na região dos órgãos sexuais, axilas e rosto, mudança de voz; nas moças, surgimento de pelos na região dos órgãos sexuais e axilas, e desenvolvimento de glândulas mamárias. Essas mudanças, somadas às mudanças comportamentais, são, segundo este livro, "comandadas principalmente pelos hormônios sexuais, fabricados por testículos e ovários" (Cesar et al., 1997:90).

Em diversas provas, elaboradas pela professora, era solicitado que os alunos citassem características sexuais secundárias masculinas e femininas. Em uma delas, foi pedido que fossem correlacionadas duas colunas, de modo a classificar algumas características como femininas ou masculinas. As femininas elencadas foram: quadril largo, ombros estreitos, pele lisa e fina. Já as masculinas, quadril estreito, ombros largos, musculatura desenvolvida.

Nota-se, a partir desses relatos, que as diferenças entre homens e mulheres tendem a ser percebidas como anatômicas, e interpretadas como decorrentes de uma estrutura biológica inata. A maneira de abordar a questão produz uma naturalização e reificação das distinções entre homens e mulheres. Os órgãos reprodutores constam como o elemento primeiro e fundante de outras diferenças, que irão aparecer na puberdade, a partir da atuação de hormônios, produzidos nesses órgãos. Aqui, em nenhum momento, são considerados elementos sociais e culturais na construção dos contrastes entre homens e mulheres, presentes desde a infância, por exemplo, na escolha de roupas e brinquedos.

No entanto, historicamente, nem sempre os órgãos sexuais foram tidos como fundamentos do gênero. Laqueur (2001) demonstra que a noção de diferença sexual, ou a própria ideia de dois sexos distintos, é uma concepção que pode ser historicamente contextualizada, em torno dos séculos XVIII e XIX. Os significados da diferença sexual mudaram de um modelo de sexo único, em que a mulher era uma versão menos perfeita do homem, para, a partir do final do século XVIII, um modelo de dois sexos, em que a mulher é o oposto incomensurável do homem. Homens e mulheres passam, então, a ser comparados pelo padrão de descontinuidade/oposição, e não mais de continuidade/hierarquia.

No modelo do sexo único, homens e mulheres possuíam o mesmo sexo. Em vez de serem divididos por suas anatomias reprodutivas, eram ligados por um sexo comum. O homem era mais desenvolvido, o modelo da perfeição. Nesse mundo, as fronteiras entre masculino e feminino eram de grau e não de espécie, e os órgãos reprodutores apenas um sinal, entre muitos, do lugar do corpo em uma ordem cósmica e cultural maior. Não havia necessidade de desenvolver um vocabulário preciso da anatomia genital, pois os marcos orgânicos distintos importavam muito menos que as hierarquias metafísicas que eles ilustravam. As mulheres tinham os mesmos órgãos que os homens, porém projetados para dentro. Elas eram homens invertidos e, consequentemente, menos perfeitas, pois sua quantidade de calor era menor.

Assim, de acordo com Laqueur (2001), o sexo que nós conhecemos, ou seja, os dois sexos como novo fundamento de gênero, surge no século XVIII. Só então, o corpo tornou-se o ponto decisivo. Em outras palavras:

> Na medida em que o corpo passou a ser percebido como representante da natureza, ele assumiu o papel de "voz" da natureza, ou seja, na medida em que havia uma necessidade percebida de que a distinção masculino/feminino fosse constituída em termos altamente binários, o corpo tinha que "falar" essa distinção de forma binária. A conseqüência disso foi uma noção "bissexuada" de corpo (Nicholson, 2000:21).

Um exemplo dessa mudança quanto à forma de conceber o sexo é a história do estatuto concedido pela medicina e pela justiça aos hermafroditas. Como explicita Foucault (1982), muitos séculos se passaram até que se postulasse que um hermafrodita deveria ter um único e verdadeiro sexo.

> *As teorias biológicas da sexualidade, as concepções jurídicas do indivíduo, as formas de controle administrativo nos Estados Modernos, acarretaram pouco a pouco a recusa da ideia de mistura dos dois sexos em um só corpo e conseqüentemente a restrição da livre escolha dos indivíduos incertos. A partir de então, um só sexo para cada um. A cada um sua identidade sexual primeira, profunda, determinada e determinante; quanto aos elementos do outro sexo que possam eventualmente aparecer, eles são apenas acidentais, superficiais, ou mesmo simplesmente ilusórios* (Foucault, 1982:2).

Voltando à escola, essa concepção de que a origem das diferenças entre homens e mulheres está no corpo pode ser claramente percebida na fala de uma professora de ciências, ao explicar que tipo de relacionamento uma menina almeja ter com um garoto:

> *A menina, "ah, é cultural". Eu acho que não é só cultural, não. Eu acho que é mesmo biológico. Porque a mulher, os sexos diferentes têm organismos diferentes. A mulher engravida, a mulher menstrua. Todo mês tem aquele sangramento. A mulher tem troca de hormônios, a mulher ovula, a mulher tem um bebê dentro dela, a mulher recebe o pênis dentro dela. A psique da mulher é diferente. O homem coloca em alguém. O orgasmo dele é para fora. O orgasmo da mulher na psique é receber alguém. Então é totalmente diferente. Então, porque são totalmente diferentes, tudo muda. Mas acho que a mulher, desde a tenra idade, "ah, porque aprende a brincar de boneca". Tudo bem. Isso aumenta, porque vê o conto da carochinha, de fada, aumenta. Porque tem a cultura machista, aumenta. Mas a mulher, enquanto ser feminino, ela por isso tudo, de ter o pênis dentro, o bebê dentro, sangrar, ela já tem uma coisa esse lado mãe, biológico, ela já tem uma coisa de sólido. Casamento, relação forte, afetiva. Ela consegue se engajar numa relação para valer* (professora de ciências Taís).

E, em outro momento da entrevista, ela afirma:

> [A menina] *tem o pé no chão. Eu acho que já é da própria biologia. Ela é mais equilibrada. O menino nessa idade é muito, muita volúpia, ele faz muita besteira. (...) Eles são muito, parece que o pênis está na cabeça do menino, e a menina já consegue raciocinar melhor* (professora de ciências Taís).

Segundo essa professora, é a biologia que explica as diferenças de comportamento entre moças e rapazes, assim como o fato de elas buscarem relações afetivas fortes e estáveis. Outros elementos culturais apenas reforçariam algo biologicamente determinado, tanto para eles quanto para elas. Elas seriam determinadas por seus órgãos reprodutores, por reproduzirem e serem mães, enquanto eles estariam impedidos de raciocinar, por serem comandados por seu órgão reprodutor.

Essa professora adota o que Geertz (1989) nomeia de concepção "estratigráfica" das relações entre fatores biológicos, psicológicos, sociais e culturais na vida humana. De acordo com esta noção, o ser humano seria um composto de níveis, cada um superposto aos inferiores e reforçando-os. Por outro lado, Geertz afirma que a imagem de uma natureza humana constante pode ser ilusão, pois não existem, de fato, seres humanos não modificados pelos costumes e lugares particulares. Traçar uma linha divisória entre o que é natural, universal e constante no homem, e o que é convencional, local e variável, é falsificar a situação humana. Segundo esse autor, não existe natureza humana independente da cultura, pois a cultura não foi acrescentada a um animal acabado, mas consistiu em um ingrediente essencial para sua produção. Os seres humanos são animais incompletos e inacabados, que se completam e desenvolvem através da – e na – cultura. Tornar-se humano é tornar-se individual, o que ocorre sob a direção dos padrões culturais, sistemas de significados criados historicamente, a partir dos quais se dá forma, ordem, objetivo e direção à vida.

Diferenças de gênero inscritas no óvulo e no espermatozoide

Durante uma aula sobre células, quando o tema reprodução humana ainda não fora estudado, Antônio (15 anos) interrompeu e perguntou: "Professora, espermatozoide é uma célula?" "Sim", respondeu ela. Uma série de perguntas se seguiu e, a julgar pela empolgação geral da turma, o interesse pela aula pareceu ter crescido. A professora confirmou a ideia do aluno de que "vários espermatozoides tinham saído correndo para chegar ao óvulo e somente um tinha ganho a corrida". "Então eu ganhei? Eu fui o número um?", exclamou Antônio enquanto levantava os braços, comemorando sua vitória. As perguntas foram aproveitadas para explicação do processo de fecundação, o qual foi comparado a uma competição, e o relato de que, quando há uma relação sexual e ejaculação, milhões de espermatozoides saem, em direção ao óvulo. Milhares ficam em volta do óvulo, e apenas um consegue penetrá-lo. O esperma tem milhões de espermatozoides, enquanto a mulher geralmente libera apenas um óvulo por vez. Por fim, a professora explicou que, após penetrar no óvulo, o "rabo" ou flagelo do espermatozóide é solto.

Alguns rapazes indagaram: "O espermatozoide inimigo puxa o outro pelo rabo?" "Se não soltasse o rabo, a pessoa ia nascer com rabo?" "Mais de um espermatozoide pode entrar?" "Quando nascem gêmeos, entram dois espermatozoides?" "Quando são trigêmeos, o bebê é menor porque divide mais?" As perguntas foram respondidas e Antônio ainda insistiu na possibilidade de dois espermatozoides entrarem simultaneamente no óvulo. Foi convencido quando a professora comparou o processo a uma corrida de Fórmula 1: sempre há apenas um vencedor. Aparentemente, não há nada de excepcional nessa conversa. Esse modo de explicar o processo de fecundação é muito comum, difundido através de livros não só escolares. No livro didático de ciências da referida escola, a explicação era bastante semelhante. Ao lado de duas fotos, constam as seguintes explicações:

> *Na foto ao lado, os espermatozoides se aproximam de um óvulo nos momentos que antecedem a fecundação. Sabe-se que cada espermatozóide produz uma pequena quantidade de uma enzima digestiva que tem o papel de perfurar o revestimento externo do óvulo. São necessários vários espermatozoides, todos colaborando com suas enzimas, para que apenas um deles consiga penetrar no óvulo, fecundando-o.*
>
> *Nesta etapa, um dos espermatozoides já conseguiu penetrar no óvulo* (Cesar et al., 1997:188).

É interessante observar como, nesse modo de explicar a fecundação, são reproduzidos certos estereótipos masculino e feminino em torno do espermatozoide e do óvulo, bem como um determinado padrão de relação homem-mulher. O óvulo aparece como elemento passivo, imóvel, que simplesmente aguarda a chegada do espermatozoide para ser penetrado. Ele não teria nenhuma intervenção ativa em sua união com o espermatozoide. Já o espermatozoide aparece como uma célula ágil, competitiva e vitoriosa.

Essa perspectiva não é exclusividade desse livro ou de outros livros didáticos brasileiros, tendo sido observada e analisada por Martin (1996). Intrigada com a possibilidade de a cultura configurar o modo como os biólogos descrevem suas descobertas sobre o mundo natural, ela demonstra que as representações populares do óvulo e do espermatozoide, assim como relatos científicos sobre biologia reprodutiva, apoiam-se em estereótipos centrais às nossas definições culturais de masculino e feminino. Ao analisar textos ingleses utilizados por estudantes de medicina, mostra como construções de gênero são transferidas para células. O fato de estarem inscritas em pequenas estruturas do corpo faz com que pareçam naturais, a ponto de estarem além de qualquer possibilidade de transformação.

"É extraordinário como o óvulo se comporta de modo 'feminino' e o espermatozóide tão 'masculinizante'", afirma Martin (1996:4). O óvulo é percebido como passivo, enquanto o espermatozóide é forte, ágil, competitivo, companheiro. O espermatozoide, diferentemente do óvulo, é considerado independente. No entanto, assim como o óvulo, ele depende de uma série de processos interrelacionados para chegar até o óvulo, de modo que ele não é mais independente de seu meio do que o óvulo.

A autora evidencia que novas pesquisas apontam para outras compreensões do óvulo e do espermatozoide; no entanto, a escolha dos vocabulários permanece inclinada assimetricamente em favor da atividade do espermatozóide. Segundo ela, é necessário uma visão mais interativa entre óvulo e espermatozoide, uma vez que ambos contribuem simultaneamente para sua união. Cita, ainda, pesquisas que demonstram haver moléculas adesivas presentes nas superfícies do óvulo e do espermatozoide que fazem com que eles se unam. O primeiro captura o segundo e a ele se adere tão fortemente, que a cabeça do espermatozoide é forçada a penetrar na superfície da chamada zona *pellucida*. A camada que reveste o óvulo seleciona somente os elementos compatíveis com a fertilização e seu desenvolvimento, prepara o espermatozoide para a fusão com o óvulo e, adiante, protege o futuro embrião contra a poliespermia (condição letal gerada pela fusão de mais de um espermatozoide com um único óvulo).

Outra investigação citada pela autora explica, de outra maneira, a união do espermatozoide com o óvulo. A superfície deste é coberta por milhares de projeções de membrana plasmática, denominadas *microvilli*. Após a fusão do espermatozoide com esta membrana, um grupo de *microvillis* alongadas se agrupa em volta, recobrindo a cabeça do espermatozoide e, com a reabsorção destas *microvillis*, o espermatozóide é sugado para dentro do óvulo. Segundo essa explicação, a mobilidade do espermatozoide não seria requisito para sua entrada no óvulo (Wassarman, citado por Martin, 1996).

"Coisas de homem e coisas de mulher"

Até aqui, foi demonstrado o quanto a educação sexual exercida na escola pesquisada se fundamentava em um corpo biologicamente concebido. Enquanto nas aulas de ciências um corpo biológico aparecia como fundamento de distinção entre homens e mulheres, num espaço educacional não curricular, como o Núcleo de Adolescentes Multiplicadores (NAM),[10] o enfoque era outro. Sob o tema "questões de gênero", a mulher, o homem e suas relações (heterossexuais) eram pensados numa perspectiva social. Exemplo disso é uma atividade em que foram distribuídas folhas de papel para pequenos grupos, com descrição de três situações que deveriam ser debatidas e encenadas:

> Paulo quer comprar uma boneca de presente para o irmão. Comenta com um amigo, que discorda da sua ideia, dizendo que boneca é brinquedo de menina.
>
> Margarida e Carlos são casados e ela está doente. Como eles não têm dinheiro para pagar uma empregada doméstica, ele assume as atividades da casa, como limpeza, cozinha etc. Os amigos o ridicularizam por estar realizando atividades femininas.

---

[10] Conforme explicitado na introdução, o NAM era composto por um grupo de jovens, orientados por uma professora de ciências que trabalhava com questões ligadas à sexualidade, ao gênero, à juventude, às drogas, entre outros. A formação recebida nesse espaço deveria ser multiplicada dentro e fora da escola pelos integrantes do grupo.

Um casal sai para jantar e, na hora de pagar a conta, ele quer dividir a conta com ela.

Todas as situações produziram desconforto nos jovens, que, de modo geral, resistiram a aceitá-las. Nem sempre, porém, havia unanimidade de opiniões. Após algumas controvérsias, a situação do marido, ao assumir as tarefas domésticas, foi acatada, em face do estado de saúde da esposa. Cabe notar que o caso aparecia como uma exceção à regra de que atividades domésticas são responsabilidade feminina. Foi a doença da esposa que legitimou a atuação do marido.

Se à mulher permanece a principal e primeira responsável pelas atividades domésticas, ao homem cabe arcar com as despesas. Ele deveria pagar a conta do jantar e não dividi-la. A professora polemizou essa opinião e os alunos se investiram da necessidade de encontrar um argumento que sustentasse suas posições, pois mudar de opinião nunca entrou em questão. A explicação elaborada para a situação do casal que sai para jantar foi que, como ele a convidou, deveria pagar a conta, ao menos na primeira vez em que saíam. Nos próximos encontros, a conta poderia "até" ser dividida. Outra opção apontada foi decidir sobre esse aspecto antes de sair. A explicação fornecida é, no mínimo, curiosa. Por que pressupuseram indubitavelmente que o convite partira do homem quando, em nenhum momento, isso fora explicitado no exemplo criado pela professora? Seria o convite um atributo masculino?

Por fim, a situação de um menino brincar com boneca. Com exceção de Joana (14 anos), todos foram veementes em dizer que "brincar de boneca é uma atividade muito feminina". Única no grupo a aceitar, Joana demonstrava também gostar de romper outras fronteiras de gênero. Nesse mesmo dia, alguém bateu à porta da sala solicitando o empréstimo de suas bolinhas de gude. Imediatamente um jovem, colega de sturma, exclamou: "Não acredito que você *também* joga à vera!"[11] A professora trouxe seu comentário para discussão, tentando mostrar que não há problema nessa prática. Ele encerrou a conversa, afirmando não haver problema, mas "não era comum ver meninas fazendo isso". Note-se que o uso da expressão "também" na exclamação indica que havia outras atividades que Joana fazia que ele considerava incomuns.

---

[11] "Jogar à vera" quer dizer jogar valendo, o que significa que quem ganha fica com as bolinhas do outro.

A descrição de outra atividade suscita novas reflexões sobre o tema. A dinâmica proposta foi a seguinte: divididos em grupos, os alunos deveriam criar cartazes sobre "questões de gênero". O primeiro passo consistia em recortar imagens de revistas para serem depois coladas no cartaz: de um lado, o que consideravam ser de mulher e, do outro, o que seria de homem.

Um grupo encontrou dificuldades em definir algumas imagens como masculinas ou femininas, pois os alunos diziam que eram dos dois. Decidiram, então, criar uma terceira opção, no centro do cartaz, onde escreveram "para os dois". Do lado feminino, colaram uma ampla e bela cozinha, uma boneca, perfumes, uma mulher segurando um bebê e uma foto de bebê. Quando foram resolver o que fazer com esse segundo bebê, perguntei se não poderiam colocar do lado masculino. Marcelo foi contra: "bebê é coisa de mulher", disse. Do lado masculino, colaram uma motocicleta, um carro de Fórmula 1, uma caixa de ferramentas, um robô, uma foto da seleção brasileira jogando futebol, um homem fazendo ginástica, um padre. Na coluna "para os dois", um carro, um casal, um jogo de basquete, um *skate*, dois meninos jogando futebol e uma foto com dois homens e duas mulheres de frente para a câmara, com os punhos fechados, em posição de luta.

O cartaz produzido por outro grupo é bastante curioso. Encontraram fotos nas revistas que pareciam contradizer alguns critérios de classificação. Por exemplo, uma foto de uma mulher militar, combatendo numa floresta, uma de duas meninas lutando boxe e outra de crianças – meninas e meninos – jogando futebol. Acima de todas, foi escrito "menino". Sobre uma foto de um casal se beijando e outra de uma mulher com suas compras (roupas, bolsas, xampu etc.), escreveram "menino/menina". Sob o rótulo "menina", uma foto do ator Brad Pitt, outra do rosto de um belo homem maquiado e uma terceira de um homem vestido de mulher, desfilando numa passarela.

Nesse cartaz em particular, diferentemente da perspectiva adotada nas aulas de ciências, não é o sexo biológico que define o gênero. O critério utilizado não foi a pessoa na imagem ser do sexo masculino, para ser classificada como pertencente ao gênero masculino, bem como o sexo feminino não garantiu o pertencimento ao gênero feminino. O grupo utilizou várias imagens em que a mulher recebia rótulo de menino e vice-versa. O que imprimia a distinção de gênero era o modo de vestir, a atividade desenvolvida, o comportamento adotado, ou seja, elementos sociais e culturais: uma mulher vestida e atuando como militar foi relacionada ao masculino, enquanto um homem desfilando, ao feminino.

O quadro foi construído a partir da proposta da professora, a fim de facilitar a visualização e análise dos dados. A primeira parte do quadro mostra classificações estabelecidas nas reuniões, a partir de dinâmicas propostas pela professora para trabalhar "questões de gênero". As outras três partes são transcrições dos cartazes preparados pelos três grupos de estudantes, dos quais os dois primeiros trabalharam com imagens, de modo que o quadro apresenta breves descrições das imagens selecionadas. O terceiro grupo trabalhou apenas com palavras, estando transcrito exatamente o que os alunos escreveram no seu cartaz.

Sistemas classificatórios de gênero

	Feminino	**"Dos dois"**	**Masculino**
Questões debatidas no grande grupo	Brincar de boneca Ser convidada para jantar Receber flores Limpar e arrumar a casa Enrolar a toalha no peito		Pagar a conta Convidar para jantar Jogar à vera Enrolar a toalha na cintura
Grupo 1	Boneca Cozinha Bebê Perfumes	*Skate* Homens e mulheres lutando Carro Jogo de basquete Casal Meninos jogando futebol	Mulher de biquíni numa moto Carro de Fórmula 1 Caixa de ferramentas Robô Seleção brasileira de futebol Homem fazendo ginástica Padre
Grupo 2	Brad Pitt (ator) Belo homem maquiado Homem vestido de mulher desfilando numa passarela	Casal se beijando Mulher com compras	Mulher militar Meninas lutando boxe Menino e menina jogando futebol
Grupo 3	Arrumar a casa Brincar de boneca Fazer esportes Fazer compras Dançar balé Usar calcinhas		Soltar pipa Jogar bolinha de gude Jogar futebol Usar cuecas Ter jeito de homem

Observando-se o quadro, percebe-se que há atividades ou objetos que aparecem em mais de uma coluna, variando não apenas de um grupo a outro, mas a depender de como o objeto ou atividade se apresenta na imagem. Por um lado, é evidente que não há unanimidade absoluta entre os jovens quanto ao modo de classificar, pois não são categorizados da mesma maneira por todos. Por outro, dependendo da apresentação na imagem, uma mesma atividade pode ser classificada de modos distintos.

Um mesmo grupo classificou duas imagens de carro de maneiras diferentes: um carro de Fórmula 1 foi visto como masculino, enquanto um convencional, "para os dois", pelo grupo 1. Enquanto um automóvel é utilizado diariamente por homens e mulheres, a Fórmula 1 refere-se apenas a homens. Além disso, é atividade muito competitiva, que exige alta velocidade, o que é associado ao universo masculino. Impossível não lembrar aqui a comparação elaborada pela professora, dos espermatozoides com os carros de Fórmula 1: assim como nessas corridas há somente um vencedor, também na corrida dos espermatozoides, em direção ao óvulo, apenas um vence, ao conseguir penetrá-lo. O modo de descrever o espermatozóide e a comparação com a disputa de Fórmula 1 masculinizam essa célula, imprimindo-lhe elementos culturais. Isso demonstra como, por meio de processos culturais, definimos o que consideramos natural, produzimos e transformamos a própria natureza e a biologia.

Outros esportes constam nos cartazes. Basquete e *skate* são tidos como possíveis de serem praticados por homens e mulheres. Já em relação às lutas, mais particularmente o boxe, as opiniões divergem: é visto como masculino pelo grupo 2, mas na avaliação do grupo 1 pode ser praticado por homens e mulheres. Sobre uma foto de meninas lutando, o grupo 2 escreveu "menino". Em ambas as fotos selecionadas, há mulheres lutando, de modo que não foi o sexo das lutadoras que ocasionou essa diferença de classificações entre dois grupos.

O futebol para dois grupos (2 e 3) está como masculino, e para o grupo 1 está como atividade "dos dois". O grupo 1, ainda que a imagem fosse de dois meninos jogando, avaliou que ambos os sexos podem praticá-lo. Apesar de o futebol ser um esporte com uma maioria de adeptos homens, no Brasil vem sendo praticado, cada vez mais, por mulheres. Na instituição investigada, havia uma forte tradição de equipes femininas. No ano anterior à realização desta pesquisa, a equipe feminina de futebol fora vice-campeã, no torneio entre escolas municipais. O professor de educação física treinava-as com a mesma – ou maior – dedicação que a equipe masculina.

Esta parece ser uma mudança recente nas práticas esportivas. Em

1997, uma pesquisa desenvolvida em uma escola municipal de ensino fundamental de Belo Horizonte indicou uma situação distinta sobre a prática do futebol feminino escolar (Altmann, 1998). Em que pesa diferenças regionais de um estado a outro, algumas comparações podem ser feitas.[12] À época, nessa escola mineira ainda eram poucas as jovens que praticavam futebol. O professor de educação física treinava apenas a equipe masculina, após o horário de aula. Durante o recreio, na maioria dos dias, eram os alunos que jogavam futebol nas duas quadras da escola. Apenas uma vez observei moças jogando futebol no recreio, motivo pelo qual foram chamadas por alguns rapazes de "marias-homem". Mesmo assim, elas continuaram jogando. No entanto, chamá-las de "marias-homem" demonstra clara associação entre futebol e mundo masculino, a ponto de moças que o praticam serem consideradas masculinas (Altmann, 1998, 1999).

Voltando à escola carioca investigada, o que causaria estranheza seria um rapaz não querer jogar futebol, e não uma moça praticá-lo. Por outro lado, cabe observar que o grupo 1, que posicionou o futebol entre dois meninos na coluna "dos dois", classificou a foto de um jogo de uma equipe de futebol como masculina. Não por acaso tratava-se da seleção brasileira masculina de futebol. Enquanto uma prática informal do esporte era tida como podendo ser realizada por homens e mulheres, a prática organizada, dentro de equipes, como, no caso, a seleção brasileira, era masculina. Apesar de a mulher cada vez mais ocupar espaço nesse esporte, ela ainda encontra grandes dificuldades de inserção em posições hierárquicas superiores, em equipes profissionais, como técnica ou na arbitragem. O vice-campeonato do Brasil no futebol feminino, nas Olimpíadas de Atenas em 2004, trouxe à tona o desprestígio do futebol feminino neste chamado "país do futebol". Não há, por exemplo, um campeonato nacional de futebol feminino, são poucas as equipes, nunca profissionais, e muitas atletas se veem obrigadas a jogar no exterior, não para ganhar altos salários, mas por total falta de opção em seu próprio país. Três anos depois, a despeito das promessas, após as Olimpíadas

---

[12] Um ponto a considerar, cujo aprofundamento exigiria o desenvolvimento de outras pesquisas, é que talvez no Rio de Janeiro, devido à praia e à prática do futebol de areia, o futebol seja mais difundido entre meninas. Na praia do Leblon, por exemplo, relativamente próxima à escola pesquisada, treinavam equipes de futebol feminino – integradas por algumas alunas dessa escola. Sobre a prática feminina do futebol, ver também as pesquisas de Goellner (2005) e de Mourão e Morel (2005).

de Atenas, a medalha de ouro no futebol feminino nos Jogos Pan-Americanos no Rio de Janeiro, em 2007, volta a revelar que persiste a falta de estrutura esportiva para a prática feminina no país.

Enfim, ao propor a atividade, a professora citada parecia querer problematizar os critérios de classificação feminino e masculino, o que evidenciou a diversidade e as contradições nas produções dos jovens. No entanto, o modo como a atividade foi proposta criava uma dicotomia, na qual o feminino e o masculino eram posicionados em lados opostos, como se pertencessem a "universos paralelos". De modo distinto, os jovens buscaram romper com essa divisão, ao demonstrar que, em alguns casos, esses limites não são claros, e o feminino e o masculino partilham dos mesmos universos. Assim, eles relativizaram, e até descontruíram, algumas fronteiras de gênero.

Considerações finais

Na escola pesquisada, além do NAM, que atendia um número restrito de jovens, as aulas de ciências eram o principal espaço de educação sexual. Conforme analisado neste texto, essa inserção disciplinar da educação sexual na escola observada confere um enfoque biológico a esse trabalho. Diversos livros didáticos, destinados à sétima série do ensino fundamental, têm como tema o corpo humano, sendo uma unidade referente à reprodução. O ensino dessa unidade era o principal momento em que a educação sexual se inseria concretamente na escola investigada. Ali, o corpo humano era concebido como um organismo, vale dizer, era descrito em sua hierarquia funcional, em que cada um dos órgãos era estudado, tendo como foco principal a função reprodutora.

Nas aulas expositivas sobre reprodução, o corpo da mulher era priorizado em relação ao do homem, a ponto de um aluno concluir que essas aulas teriam sido mais direcionadas às moças. Essa prioridade também estava inscrita no livro didático, que somente no capítulo acerca de reprodução abordava o corpo da mulher com mais detalhes do que o do homem, em outros trechos apresentado como padrão de referência. Conforme demonstrado, essa padronização está vinculada à concepção atribuída ao corpo da mulher, historicamente alvo prioritário de dispositivos de saber e poder, referentes ao sexo.

Devido às diferenças dos ciclos reprodutivos de homens e mulheres, e na adoção de práticas preventivas, seus corpos eram focados de modos distintos: enquanto no corpo dela ganhava destaque seu aparelho reprodutor, no dele, seu órgão sexual. A fim de gerenciar sua capacidade reprodutora, ao conhecimento interno do corpo da mulher era dada preeminência, no que se refere aos ciclos e à reprodução. Por outro lado, o corpo do homem era enfatizado de uma perspectiva externa, com especial destaque à importância e à técnica de utilização da camisinha.

Parece, no entanto, haver uma contradição no trabalho desenvolvido pela escola estudada. Na medida em que a educação sexual era desenvolvida predominantemente a partir do tema reprodução, esta era enfatizada, quando é justamente a sua ocorrência, entre jovens, que diversas políticas educacionais querem evitar. A relação sexual constantemente era associada à reprodução – nem que fosse para evitá-la – e não ao prazer, às relações interpessoais, independentemente de orientação sexual.

Uma perspectiva social e cultural de pensar o corpo e as relações sexuais foi adotada somente no NAM, quando essas questões foram discutidas com alguns jovens, a partir de dinâmicas. Ao lidar com um grupo mais reduzido de participantes voluntários, numa conduta livre das exigências típicas de uma disciplina curricular, que inclui passagem de conteúdos e avaliação, o NAM não se restringia a um viés biológico, em seu trabalho de educação sexual. O gênero e a sexualidade eram também transmitidos como construções sociais, como citado. Nesses espaços, os jovens tinham a oportunidade de debater situações concretas, confrontar pontos de vista, expressar dúvidas e inquietações, trocar experiências etc. O caráter social e cultural do gênero e da sexualidade foi evidenciado.

Ainda que o NAM e as aulas de ciências fossem conduzidos pela mesma professora, possuíam enfoques distintos. As diferenças entre homem e mulher eram constantemente naturalizadas e remetidas à origem biológica: órgãos sexuais, hormônios, células, entre outros. A discussão em aula, sobre as distinções entre uma criança do sexo feminino e outra do masculino, é ilustrativa desse ponto de vista. O que estava em questão eram as diferenças orgânicas, que, a partir da puberdade, pela ação dos hormônios, deixariam de se restringir apenas aos órgãos sexuais, para atingir outras partes do corpo. As provas de verificação de conteúdo exigiam o domínio desse conhecimento. De modo semelhante, outra professora de ciências explicou, pela biologia, as diferenças de personalidade e comportamento entre homens e mulheres. Mostrou que a cultura, por exemplo, só reforçaria uma predisposição natural da mulher para ser mãe e para buscar relações afetivas estáveis.

No NAM, corpo e gênero eram pensados de modo distinto. A organização dos encontros e os recursos utilizados eram outros: em vez de provas, debates e vivências; no lugar de livros didáticos, revistas, filmes, músicas, desenhos etc. O homem e a mulher não eram mais pensados a partir de sua matriz biológica, mas como pessoas inseridas em uma cultura. A diversidade social das construções de gênero e do corpo tornava-se evidente.

Referências bibliográficas

ALTMANN, Helena. *Rompendo fronteiras de gênero*: Marias (e) homens na educação física. 1998. Dissertação (Mestrado em Educação) – Faculdade de Educação, Universidade Federal de Minas Gerais, Belo Horizonte, 1998.

_____. Marias (e) homens nas quadras: sobre a ocupação do espaço físico escolar. *Educação e Realidade*, Porto Alegre: Universidade Federal do Rio Grande do Sul, v. 24, n. 2, p. 157-174, 1999.

_____. Orientação sexual nos parâmetros curriculares nacionais. *Revista de Estudos Feministas*, Florianópolis: UFSC, v. 9, n. 2, p. 575-585, 2001. Disponível em: <www.scielo.br/pdf/ref/v9n2/8641.pdf>. Acesso em: 15 ago. 2007.

_____. Exclusão nos esportes sob um enfoque de gênero. *Motus Corporis*, Rio de Janeiro: Universidade Gama Filho, v. 9, n. 1, p. 9-20, 2002.

_____. Debate sobre o artigo de Maria Andréa Loyola: Sexualidade e reprodução, novas configurações biopolíticas. *Cadernos de Saúde Pública*, Rio de Janeiro, Fiocruz, v. 19, p. 889-890, 2003a. Disponível em: <www.scielo.br/pdf/csp/v19n4/16839e.pdf>. Acesso em: 15 ago. 2007.

_____. Orientação sexual em uma escola: recortes de corpo e de gênero. *Cadernos Pagu*, Campinas, v. 21, p. 281-315, 2003b. Disponível em: <www.scielo.br/pdf/cpa/n21/n21a12.pdf>. Acesso em: 15 ago. 2007.

_____. *Pedagogias da sexualidade e do gênero*: educação sexual em uma escola. 2005. Tese (Doutorado em Educação) – Programa de Pós-Graduação em Educação, Pontifícia Universidade Católica do Rio de Janeiro, Rio de Janeiro, 2005. Disponível em: <www2.dbd.puc-rio.br/pergamum/biblioteca/php/mostrateses.php?open=1&arqtese=0114341_05_Indice.html>. Acesso em: 11 dez. 2007.

BARROS, Carlos; PAULINO, Wilson R. *O corpo humano*: sétima série. São Paulo: Ática, 2001.

BONATO, Nailda. M. da C. *Educação [sexual] e sexualidade*: o velado e o aparente. 1996. Dissertação (Mestrado em Educação) – Faculdade de Educação, Universidade Estadual do Rio de Janeiro, Rio de Janeiro, 1996. Disponível em: <www.geocities.com/Athens/Ithaca/9565/tese/indicee.html>. Acesso em: 15 mar. 2002.

BRASIL. Secretaria de Educação Fundamental. *Parâmetros Curriculares Nacionais*: terceiro e quarto ciclos: apresentação dos temas transversais. Brasília: MECSEF, 1998.

CARVALHO, Marta. *Molde nacional e forma física*: higiene, moral e trabalho no projeto da Associação Brasileira de Educação (1924-1931). Bragança Paulista, SP: Edusf, 1998.

CASTRO, M. G.; ABRAMOVAY, M.; SILVA, L. B. da. *Juventude e sexualidade*. Brasília: Unesco/MEC/Coordenação Nacional de SDT/Aids/Secretaria Especial de Políticas para as Mulheres/Instituto Airton Senna, 2004.

SILVA JÚNIOR, César; SASSON, Sezar; BEDAQUE, Paulo Sérgio. *Ciências*: entendendo a natureza: o homem no ambiente. São Paulo: Saraiva, 1997. Livro do professor.

CRUZ, Daniel. *Ciências & educação ambiental*: o corpo humano. São Paulo: Ática, 1998.

FOUCAULT, Michel. *Herculine Barbine*: o diário de um hermafrodita. Rio de Janeiro: Francisco Alves, 1982.

_____. *A história da sexualidade*. 12. ed. Rio de Janeiro: Graal, 1997. (v. 1, A vontade de saber).

FURLANI, Jimena. Educação sexual: possibilidades didáticas. In: LOURO, G. L.; NECKEL, J. F.; GOELLNER, S. V. (Orgs.). *Corpo, gênero e sexualidade*: um debate contemporâneo na educação. Petrópolis: Vozes, 2003, p. 66-81.

GEERTZ, Clifford. *A interpretação das culturas*. Rio de Janeiro: LTC, 1989.

GOELLNER, Silvana V. Mulheres e futebol no Brasil: entre sombras e visibilidades. *Revista Brasileira de Educação Física e Esporte*, São Paulo: USP, v. 19, n. 2, p. 143-151, 2005.

GONDRA, José G. *Artes de civilizar*: medicina, higiene e educação escolar na Corte Imperial. 2000. 2 v. 475 f. Tese (Doutorado em Educação) – Faculdade de Educação, Universidade de São Paulo, São Paulo, 2000.

LAQUEUR, Thomas. *Inventando o sexo*: corpo e gênero dos gregos a Freud. Rio de Janeiro: Relume-Dumará, 2001.

MARTIN, Emily. Science and the construction of gender bodies. In: LASLETT, Barbara. *Gender and scientific authority*. Chicago: University of Chicago, 1996.

MEYER, Dagmar (Org.). *Saúde e sexualidade na escola*. Porto Alegre: Mediação, 1998.

MOURÃO, Ludimila; MOREL, Márcia. As narrativas sobre o futebol feminino: o discurso da mídia impressa em campo. *Revista Brasileira de Ciências do Esporte*, Campinas: Autores Associados, v. 26, n. 2, p. 73-86, 2005.

NICHOLSON, Linda. Interpretando o gênero. *Revista de Estudos Feministas*, Florianópolis: UFSC, ano 8, n. 2, p. 9-41, 2. sem. 2000.

OLIVEIRA, Dora L. de. Sexo e saúde na escola: isto não é coisa de médico? In: MEYER, Dagmar (Org.). *Saúde e sexualidade na escola*. Porto Alegre: Mediação, 1998, p. 97-110.

ROHDEN, Fabíola. *Uma ciência da diferença*: sexo e gênero na medicina da mulher. Rio de Janeiro: Fiocruz, 2001.

ROSISTOLATO, Rodrigo P. da R. Sexualidade e escola: uma análise de implantação de políticas públicas de orientação sexual. 2003. 193 f. Dissertação (Mestrado em Sociologia e Antropologia) – Instituto de Filosofia e Ciências Sociais, Universidade Federal do Rio de Janeiro, Rio de Janeiro, 2003.

STEPHANOU, Maria. Governar ensinando a governar-se: discurso médico e educação. In: FARIA FILHO, Luciano (Org.). *Pesquisas em história da educação*: perspectivas de análise, objetos e fontes. Belo Horizonte: HG Edições, 1999.

VIEIRA, Elisabeth M. A medicalização do corpo feminino. Rio de Janeiro: Fiocruz, 2002.

15. "Mandar a coisa ruim embora": gênero e saúde em uma epidemia de diarreia infantil na etnia Maxakali

Rachel de Las Casas[*]

Este texto efetua uma "análise de situação social" (Gluckman, 1987), ao enfocar a epidemia de diarreia infantil que acometeu grupos da população indígena maxakali em 2004. São exploradas algumas relações internas nesses grupos – em especial as relativas às diferentes responsabilidades de pais e mães nos cuidados com seus filhos – e entre estes e prestadores de serviço de atenção à saúde indígena, da Fundação Nacional de Saúde (Funasa).[1]

A assistência à saúde das populações indígenas tem passado por grandes transformações nos últimos tempos. Coimbra Jr. (2000) ressalta a carência de estudos sobre o tema, em especial no que concerne ao contexto de interação dessas coletividades com a sociedade nacional, e os impactos desse contato sobre o perfil de saúde e doença, em situações particulares. Neste texto, apresento um estudo que enfoca e ressalta a "interdependência" (Gluckman, 1987) entre os gêneros, as pessoas e os grupos sociais. Abordagens antropológicas das relações entre sociedades indígenas e não indígenas costumam tratar do conflito e fissão entre os grupos, e não dos esforços para conciliação de suas diferenças. A partir de uma descrição da articulação entre práticas biomédicas e medicinas tradicionais, valorizo a "intermedicalidade" (Langdon, 2004:45), a apropriação e re-interpretação indígena do sistema biomédico, entre outras práticas de cura, e a multipli-

---
[*] Mestre em saúde coletiva pelo Instituto de Medicina Social da Universidade do Estado do Rio de Janeiro (IMS/Uerj).
[1] Pesquisa realizada no âmbito do Programa Interinstitucional de Treinamento em Metodologia de Pesquisa em Gênero, Sexualidade e Saúde Reprodutiva, com apoio da Fundação Ford (Las Casas, 2005a, 2005b), que serviu de base para o mestrado em saúde coletiva (Las Casas, 2007). Este texto deriva de incursões em campo, realizadas de forma intermitente durante os últimos oito anos.

cidade de fatores que compõem os "itinerários terapêuticos" no enfrentamento de eventos que desestabilizam a saúde/vida.

Metodologia

Estive na terra indígena maxakali em fevereiro de 2004, quando tive acesso às equipes de saúde da Funasa e às redes de sociabilidade entre pessoas e grupos maxakali, por ocasião da epidemia de diarreia. Retornei à região, em janeiro de 2005, para efetuar os procedimentos éticos necessários à pesquisa[2] e, em outubro de 2006, para empreender o trabalho de campo etnográfico.

Na etnografia, realizada em 2005 e 2006, foram enfocados grupos da localidade Água Boa, com os quais já havia estabelecido contato. A receptividade à investigação foi bastante favorável. Nessa etapa, realizei observação participante e entrevistas semiestruturadas individuais com membros das aldeias de Água Boa e da equipe do Pólo-Base da Funasa. São utilizados nomes fictícios na citação de depoimentos nativos, para "assegurar a confidencialidade e a privacidade" dos sujeitos pesquisados (CNS, 1996:3, III.3).

Etnia maxakali – algumas considerações

A terra indígena (TI) Maxakali – demarcada e homologada pela Presidência da República em 1999 (Brasil, 1999), com uma área de 5.293,63ha – está localizada no nordeste de Minas Gerais. O território tradicional compreendia os vales do Mucuri e do Jequitinhonha, em Minas Gerais, o norte do Espírito Santo e o sul da Bahia. Grupos falantes da língua maxakali[3] transitavam entre os afluentes dos rios Mucuri, Jequitinhonha, São Mateus, Prado, Itanhém, Umburanas e Alcobaça (Missagia de Mattos, 2002).

Os primeiros contatos com os falantes do maxakali ocorreram por volta de 1730 (Rubinger, 1963; Nimuendajú, 1958, 1963). Desde então, diversos tipos de relação foram estabelecidos entre esses grupos e os diferentes agen-

---
[2] CNS, 1996; Funai, Instrução Normativa n° 1/95 Presi.
[3] Antes da colonização da região, havia coexistência de numerosas populações falantes da língua maxakali, entre as quais Malali, Makoni, Maxakali, Capoxó, Paniame, Pojixá, Pataxó, Monoxó, Kumanaxó (Nimuendajú, 1958; Missagia de Mattos, 2002).

tes históricos que chegaram à região: bandeirantes, missionários católicos, viajantes, caçadores, fazendeiros, funcionários de instituições governamentais e, mais recentemente, entidades não-governamentais (Rubinger, 1963; Nimuendajú, 1958; Ribeiro, 1979; Missagia de Mattos, 2002; Corrêa, 2003).

Missagia de Mattos (2002) e Corrêa (2003) indicam que as relações intersocietárias de grupos maxakali e com os diversos atores sociais, que deles se aproximaram, foram marcadas por situações de tensão e conflito, aguçadas pela atuação de certas instituições – como o Serviço de Proteção ao Índio (SPI) e a Fundação Nacional do Índio (Funai). O confinamento desses grupos falantes da língua maxakali por diferentes agentes históricos em missões religiosas, quartéis e postos indígenas fez com que remanescentes dos grupamentos originais se aglutinassem em uma única coletividade, dando origem ao grupo atualmente conhecido como maxakali. Esse processo decorre de negociações internas e, também, das formas de atuação dos órgãos tutelares, que muitas vezes respondem a interesses "distantes do que se poderia considerar a *proteção* e *assistência* aos índios" (Corrêa, 2003:104, grifo do autor). Embora na maior parte do tempo os grupos falantes de maxakali tenham sido alvo de perseguição e extermínio, alguns acordos de cooperação foram eventualmente estabelecidos. A habilidade na negociação com os invasores não indígenas foi apontada como uma "forma de resistência" dos grupos que deram origem aos atuais maxakali (Rubinger, 1963), de modo a garantir sua sobrevivência física e possibilitar a manutenção de suas formas tradicionais de sociabilidade (Missagia de Mattos, 2002).

A região envolvente à terra indígena era composta por vasta mata atlântica há cerca de 200 anos. Com a rápida modificação do ambiente, impôs-se uma sedentarização forçada e desenvolvimento de novas estratégias de sobrevivência. Devido à ocupação, principalmente por fazendeiros que praticam a bovinocultura de corte, e aos sucessivos incêndios, atualmente o meio ambiente é constituído por grandes extensões de plantação de capim colonião e pastos.

Grande parte da subsistência atual desses grupos baseia-se na aquisição de benefícios e salários distribuídos por entidades governamentais, como cesta básica, aposentadoria, auxílio-maternidade, cartão cidadão, bolsa-escola, cartão fome-zero, salários dos professores e merendeiras das escolas (Secretaria Estadual da Educação/MG), dos agentes indígenas de saúde e saneamento (AIS e Aisan) e demais funcionários da Funasa.

A língua maxakali – tronco linguístico macro-jê (Rodrigues, 1986; Bicalho, 2007) – é falada pelos integrantes dessa sociedade entre si. Como existem pequenas cidades próximas à TI, há um trânsito intersocietário diário, de modo que lideranças também falam o português, no contato e diálogo com pessoas de diferentes culturas. Em geral, as mulheres não dominam o português. Além disso, os maxakali afirmam que elas devem utilizar somente a língua nativa, por serem as responsáveis pela educação das crianças. Entretanto, como algumas mulheres tornaram-se influentes líderes, elas passaram a usar o português em situações de contato.

Além da língua nativa, as narrativas míticas, o xamanismo e a cosmologia maxakali fundamentam, ainda hoje, suas maneiras de pensar e agir no mundo. Isso justifica o argumento, proposto por diversos autores, de que eles conservam o uso cotidiano de suas tradicionais categorias organizadoras da realidade (Álvares, 1992; Nescon, 1992; Pena, 2000, 2005; Missagia de Mattos, 2002; Las Casas, 2003, 2004).

Em fevereiro de 2004, a equipe da Funasa contabilizou 1.166 pessoas maxakali – 592 no Pradinho e 574 em Água Boa (Funasa, 2004b:8).[4] De acordo com uma técnica da Funasa, em outubro de 2006, essa etnia contava com 1.356 pessoas (somando todos os grupos, inclusive os que formaram novas localidades). Esses grupos unem-se e separam-se dinamicamente, orientados por laços sociopolíticos e cosmológicos que se alteram com frequência, o que provoca um fenômeno de alta mobilidade (física e social) das aldeias, de sua composição e localização no espaço terrestre. Tugny (2007a, 2007b), Ribeiro (2007) e Las Casas (2007) não os entendem como uma sociedade homogênea, mas como um conglomerado de grupos falantes da língua maxakali, reunidos em uma mesma terra, por processos históricos de colonização e demarcação fundiária. Esse tipo de abordagem distingue-se da análise como grupo único e oposto à sociedade nacional.

Alguns estudos sugerem haver ausência de consciência da amplitude das articulações políticas dos grupos maxakali, relativamente aos não in-

---

[4] Água Boa está localizada no município de Santa Helena de Minas (MG) e Pradinho, em Bertópolis (MG).

dígenas. Álvares (1992, 1998) e Vieira (2006), por exemplo, opõem a ideia de pilhagem (de forma pejorativa) à de reciprocidade, em suas tentativas equivocadas de utilização da noção de predação ontológica, o que parece indicar que os Maxakali se apropriam subrepticiamente do que é do outro, no processo relacional. Tais pontos de vista parecem desconsiderar a reciprocidade (Mauss, 2003) e interdependência (Gluckman, 1987) no contato entre os distintos grupos. Em concordância com Tugny (2007a:10, 2007b), postulo que essa abordagem proporciona uma compreensão dos maxakali como grupo conflituoso e de difícil negociação, o que não corresponde ao observado. Ao priorizar o conflito e o dualismo entre "eles e nós", são obscurecidas as situações de interdependência (Gluckman, 1987) entre as pessoas e os grupos em relação. Como consequência dessa abordagem, há repercussão negativa nas relações institucionais e no planejamento e implementação de políticas públicas dirigidas a essa etnia. De forma geral, os maxakali são considerados "etnia problema". Nos distintos âmbitos da Funasa, por exemplo, os funcionários costumam descrevê-los como desorganizados, violentos e alcoolistas. Contudo, esses grupos são extremamente hábeis em suas negociações, conforme Tugny (2007a:11):

> *Embora se ressalte para a sociedade nacional o ethos conflitante da etnia, foi possível observar em muitas ocasiões, nesta e em outras viagens, o quanto lhes interessa negociar, o quanto valorizam a "boa fala" e a capacidade de conversar. Suas negociações políticas dependem de um controle do tempo, de um fluxo de emoções e uma série de artes oratórias por eles desenvolvidas. Muitas vezes, os observadores apressados que por lá passam presenciam* performances *que se realizam diante dos representantes dos órgãos governamentais, que apontam certamente seus conflitos internos, mas não permanecem nas aldeias o tempo necessário para acompanhar a resolução dos mesmos. É possível dizer que a maioria dos conflitos que surgem – principalmente devido à necessidade de dividir aquilo que os brancos lhes oferecem como uno – são resolvidos com elegância e habilidade.*

Ao priorizar a capacidade de negociação e a interdependência, ao invés do conflito, na caracterização dos maxakali, é possível compreender seus movimentos internos de associação e separação, em grupos de aliança e rivais. Segue uma descrição sintética deste trânsito entre os Maxakali, de 2004 a 2007. No início de 2004, havia 18 aldeias, compostas por grupos extensos de parentesco e aliança, em Água Boa, e 17 no Pradinho. Até novembro de 2005, os maxakali organizavam-se nessas duas localidades, situadas na TI Maxakali. No início de 2007, havia 10 grupos em Água Boa e dois no Pradinho, além de dois que formaram novas localidades, fora da TI.

No início de 2004, por ocasião do surto de diarreia infantil, alguns movimentos guerreiros internos aos grupamentos maxakali, relativos aos arranjos político-xamânicos e aos ciclos de vendetas, foram reacendidos e alimentados pelas disputas decorrentes do processo de eleição municipal em Santa Helena de Minas. Duas pessoas de grupos rivais da localidade Água Boa pretendiam se candidatar à vaga para vereador. Segundo relatos de integrantes dos grupos rivais, essa disputa "dividiu a Água Boa". Nesse ano ocorreram assassinatos internos e movimentações grupais pelo território, além da epidemia de diarreia infantil, configurando novos arranjos e alianças políticas. Entretanto, devido à restrita extensão de sua terra, o afastamento territorial entre grupos inimigos – estratégia tradicional para evitar a guerra – não foi possível.

Os conflitos internos agravaram-se em julho de 2005, quando um grupo de Água Boa invadiu uma fazenda vizinha, com apoio de outros grupamentos dissidentes do Pradinho, reivindicando ampliação territorial. Em novembro desse mesmo ano, após agressões interpessoais e entre grupos rivais, e diante da possibilidade de guerra, a Funai e a Polícia Federal promoveram a retirada dos grupos inimigos da TI. Assim, além daqueles que permaneceram em Água Boa e Pradinho, outras duas localidades foram formadas, com grupos que haviam sido afastados: Aldeia Verde, no início de 2007, com cerca de 230 pessoas, em uma terra comprada pela Funai, no município de Ladainha (MG); e em uma fazenda alugada pela Funai em Campanário (MG), assentamento temporário, com cerca de 60 pessoas.

Xamanismo e práticas de cura

Os ciclos xamânicos, chamados *Yãmîyxop*, estruturam toda a vida maxakali e condicionam os movimentos de dispersão e aglutinação de grupos de afins e consanguíneos, além do movimento entre pessoas vivas, antepassados e espíritos do universo da natureza – também nomeados *Yãmîyxop*. Nesse sentido, *Yãmîyxop* são entidades espirituais, seres do mundo da natureza (animais como macacos, gaviões, morcegos e outros) e espíritos dos maxakali que moram no *Hãmnõy* (outro plano cosmológico do universo maxakali).

As aldeias são compostas por casas, construídas ao redor (em semicírculo) do pátio central da aldeia, onde está o *kuxex* ("casa de religião") – casa com estrutura semelhante à residencial, mas sagrada, onde apenas os homens podem entrar, para estabelecer relações diretas com os *Yãmîyxop* (seres espirituais). Em geral, cada casa doméstica é habitada por um casal e seus filhos.

Os *Yãmîyxop* são centrais no processo de construção da pessoa (Seeger, DaMatta e Viveiros de Castro, 1987:15) e ordenação do mundo para os maxakali. Para eles, a relação com os *Yãmîyxop* (músicas/seres sobrenaturais) perpassa a construção social da pessoa. Cada conjunto de espíritos agraciados nos ciclos rituais possui um ou mais canto(s) de invocação. Assim, músicas e "corporalidades" (Seeger, DaMatta e Viveiros de Castro, 1987:20) constituem locus de aprendizagem e de execução privilegiados do conhecimento cosmológico e intermediam as formas de comunicação entre os membros indígenas e os seres espirituais.

As práticas musicais xamânicas dos grupos maxakali são caracterizadas pelo uso na comunicação e construção de relações com os seres sobrenaturais; pela performance corporal e musical aprendida desde a infância, necessária à inserção nas redes de sociabilidade e xamânicas; pela participação ativa das crianças em formação ritual (Las Casas, 2003); pelas relações entre homens e mulheres, e laços de aliança explicitados nas músicas e performances corporais (Las Casas, 2006, 2007).

De acordo com depoimentos de entrevistados em outubro de 2006, os *yãmîyxop* são realizados pelos seguintes motivos: fomentar alegria na aldeia (com partilha de produtos coletados na roça,[5] por exemplo); marcar

---

[5] "Tem religião que nós fazemos para alegria da aldeia. Criança fica tudo alegre. Quando na época de fazer religião você tem um batatal, mas é muita batata, vai estragar, porque tem a época que ela estraga, aí a gente sempre vai na casa de religião e fica todo mundo reunido. Aí eu falo que vou chamar religião de *yãmîyxop* da batata. Então é muita coisa e, para não perder tudo, a gente faz religião. Que eu tenho, mas tem outro ali que não tem, então a gente faz religião para aldeia comer tudo. Tanto que as aldeias vai aproveitar aquelas coisas e também *yãmîyxop* vai comer. Porque se eu arranco, a mulher arranca, cozinha e eu levo, mas aí eu levo só para o meu *yãmîy*. E se eu fizer *yãmîyxop*, aí os *yãmîyxop* todos vai comer" (Roberto Maxakali, professor indígena, 49 anos).

a passagem para a vida adulta, no caso dos homens (ritual denominado, em português, "batizado"); recuperação do equilíbrio da vida, quando a perturbação é considerada fruto de sonho da pessoa adoecida; contrafeitiçaria, em situações de enfrentamento de problemas interpretados pela chave da feitiçaria. As duas últimas motivações envolvem práticas xamânicas diferenciadas, tanto na forma quanto no lugar. Todo homem é um potencial xamã e pode atuar diretamente no diálogo com os seres sobrenaturais. Alguns se especializam na arte da comunicação com estes seres, e são mais solicitados em circunstâncias xamânicas (Las Casas, 2007).

São criados músicas e rituais para marcar todas as experiências de vida, sejam as xamânicas ou as ordinárias. Há dois usos de expressões musicais maxakali: músicas que compõem ciclos rituais xamânicos, nomeadas "músicas de religião"; e músicas compostas para marcar quaisquer fatos considerados relevantes em suas histórias de vida.

Há uma clara divisão sexual do trabalho entre os membros dos grupos maxakali: as mulheres se envolvem principalmente em atividades domésticas, cuidados cotidianos com filhos e maridos, e produção de artesanato: manufatura do *tuhut* (rede confeccionada com fibra do tronco da imbaúba, usada em redes de pesca e bolsas femininas), colares e outros adereços, panelas de barro. Já os homens são responsáveis pela caça, proteção da família, construção das casas, atividades políticas e xamânicas, contato com os *ãyuhuk* ("estrangeiros", não indígenas), confecção de lanças, arcos e flechas (artesanato masculino). O trabalho na roça familiar e a pescaria são divididos entre marido e mulher (Las Casas, 2006, 2007).

De modo geral, as mulheres são portadoras do conhecimento acerca do uso de plantas medicinais. Parece ser para elas que os homens e os *Yãmîyxop* cantam e efetuam as performances e são elas que, reciprocamente, oferecem o alimento ritual, cantos e danças xamânicas no momento ritual, além de serem as responsáveis pelo bem-estar e alimentação cotidiana dos filhos e maridos.

As pessoas do grupo investigado orientam suas considerações sobre a boa saúde a partir dos seguintes referenciais: sentimentos, fome e qualidade do sangue. Segundo depoimentos,

> *uma pessoa com boa saúde é alegre, sorridente, falante e tem fome: muitos índios ficam alegres, se ficam tristes, não riem, não falam nada, aí você conhece que ele está doente. Quando tá max [bom], fica com fome* (Daniela Maxakali, esposa de um Aisan, filha de uma importante líder, 33 anos).

Na concepção de saúde maxakali, a "qualidade do sangue" é um fator relevante, além da alegria e da fome. O sangue é classificado como "limpo" ou "sujo", e esta última condição é produtora de perturbações. Como afirma Douglas (1976:50),

> *onde há sujeira há sistema. Sujeira é o subproduto de uma ordenação e classificação sistemática das coisas, na medida em que a nossa ordem implique rejeitar elementos inapropriados. É uma ideia relativa.*

Em face da poluição, reage-se condenando qualquer objeto ou ideia que possa confundir ou contradizer as classificações ideais. Márcia Maxakali (AIS, 43 anos) interpreta que, quando "o sangue está limpo, o coração fica limpo e, assim, alegre". Todas as atividades cotidianas são realizadas com facilidade quando o sangue e o coração estão limpos. Nesse caso, o ideal de limpeza está vinculado ao sentimento de alegria, que move as relações entre os *yãmiy* (seres espirituais) e os *tikmã'ãn* (seres humanos maxakali). Reuniões entre eles, em geral, objetivam instaurar a alegria nas aldeias.

De acordo com as "correntes de tradições culturais" (Barth, 2000) maxakali, quando todos estão alegres e praticando normalmente suas atividades rotineiras, a vida está em equilíbrio. Tristeza e estagnação são indícios de perturbação: quando a pessoa está triste e/ou seu sangue sujo, todo o corpo pode padecer. A vida perde seu ritmo habitual. Nessa situação, é preciso retirar o sangue ruim do corpo, por meio de certas técnicas, e reinstaurar a alegria habitual do viver. A ausência de "boa saúde", portanto, é percebida quando a pessoa fica triste, parada, sem andar, sem conversar, sem sorrir e sentir fome. Quando alguém apresenta esses sinais, busca-se interpretar as causas da perturbação. São muitas as possibilidades de compreensão da ausência da saúde, tanto místicas quanto naturais (Evans-Pritchard, 2005:55), como o sol quente, mencionado por um entrevistado.

No processo de busca de causalidades, uma das primeiras perguntas a ser respondida pelos familiares refere-se ao sonho com um parente já falecido ou com algum *Yãmiy*. Se isso tiver ocorrido, serão realizados *yãmîyxop* e outras práticas místicas de cura. Os maxakali convivem há muito tempo com o aparato técnico e os profissionais da medicina ocidental contemporânea – desde a década de 1940, época da primeira demarcação de um trecho de terra pelo extinto SPI – e, a partir desse contato, articulam e manipulam seus próprios conceitos de medicina tradicional com os provenientes de outras concepções. Eles possuem conhecimento acerca das causas e efeitos das perturbações que enfrentam cotidianamente e dialogam sobre esses eventos. Entretanto, da mesma forma como ocorre entre os Azande (Evans-Pritchard, 2005), circunstâncias peculiares exigem explicações específicas. Quando a causalidade socialmente relevante é mística, há um interesse a respeito das condições nas quais o indivíduo sofreu danos. De acordo com o esquema de pensamento maxakali, situações que envolvem relações políticas e xamânicas inadequadas demandam cuidados especiais para o restabelecimento da ordem ideal da vida.

Caso se trate de outro tipo de evento, outras práticas de cura serão necessárias, segundo a interpretação do dano. Portanto, no processo de investigação sobre as causas do problema, as pessoas maxakali classificam os elementos inadequados a partir dos nexos entre suas tradições e os conhecimentos adquiridos no contato, distinguindo e reconhecendo a pluralidade de razões passíveis de afetar o equilíbrio de seus corpos. Uma dor de cabeça, de barriga ou qualquer outro incômodo poderá receber cuidados distintos, conforme a interpretação elaborada.

Os cuidados com as crianças envolvem diferentes atribuições dos pais e mães. A divisão sexual das tarefas estende-se desde atividades, como a citada por Márcia, quando o pai busca a planta no mato e a mãe a administra no universo doméstico, até trocas intersocietárias[6] e suas formas de relações político-xamânicas. Roberto (professor indígena, líder de grupo, 49 anos) afirmou que "criança pode ver *Topá* [Deus] e eles seguram a gente". O status diferenciado das crianças é decorrente do vínculo com *Topá* e seres espirituais, e requer maior atenção dos familiares quanto à sua integridade física e espiritual.

---

[6] Por exemplo, são os pais que cobram dos funcionários da Funasa os cuidados médicos que consideram necessários a seus familiares.

Daniela Maxakali ressaltou a prevalência feminina nos cuidados domésticos com as crianças. Os conhecimentos sobre plantas medicinais e alimentação tradicional são compartilhados por homens e mulheres. No entanto, geralmente sua administração cabe às mulheres. Já as práticas de cura xamânica pertencem ao domínio masculino, não são realizadas "na vista dos médicos", são executadas nas aldeias – casas domésticas e/ou "casa de religião". Desse modo, em geral, a equipe sanitária da Funasa não tem acesso a essas práticas, a não ser em situações específicas, como por ocasião da epidemia de diarreia infantil, em 2004.

Equipes da Funasa

A partir de 1999, a Funasa passou a assumir a responsabilidade de gerir o Subsistema de Atenção à Saúde Indígena, articulado ao Sistema Único de Saúde (SUS) e subsidiado pelo projeto Vigisus (Vigilância Epidemiológica do Sistema Único de Saúde), por um acordo entre o Banco Mundial e o governo brasileiro. Seus serviços foram ordenados em distintos âmbitos, segundo a seguinte estrutura: o Departamento de Saúde Indígena (Desai), em Brasília, está posicionado no topo da hierarquia. As Coordenações Regionais (Core), instâncias que respondem não apenas pela atenção à saúde das populações indígenas, mas também pela assistência à população geral, atendida no estado, estão posicionadas abaixo do Desai. Os Distritos Sanitários Especiais Indígenas (DSEI) relacionam-se diretamente com o Desai e com a Core de seu estado. Por sua vez, gerenciam e administram os serviços de outra rede de instituições, também presentes nessa estrutura administrativa: os Pólos-Base, que gerenciam os serviços prestados nos postos de saúde localizados em terras indígenas; as Casas de Saúde do Índio (Casai), para internação e acompanhamento dos pacientes transferidos para hospitais da região; as organizações não governamentais, prestadoras de serviços à Funasa; as prefeituras municipais conveniadas ao SUS, entre outras instituições.

A organização dos serviços prestados pela Funasa à coletividade maxakali envolve diversas instituições, em diferentes municípios mineiros. O atendimento direto da Funasa é prestado pelo Distrito Sanitário Especial Indígena de Minas Gerais e Espírito Santo (DSEI-MG/ES), em Governador Valadares; pelo Pólo-Base, na cidade de Machacalis; pelos postos de saúde, nas localidades Água Boa e Pradinho na TI Maxakali e Aldeia Verde em Ladainha; pela Casa de Saúde do Índio (Casai), em Governador Valadares; e pela Coordenação Regional de Minas Gerais (Core-MG), em Belo Horizonte. Os exames e internações são realizados na rede de referência do SUS, em municípios da região entre a TI Maxakali e Belo Horizonte.

O DSEI-MG/ES é a instância que gerencia todos os serviços e administra o orçamento para o atendimento sanitário às etnias indígenas em Minas Gerais e no Espírito Santo. As demandas das equipes administradas pelos Pólos-Base dessas etnias são repassadas a este DSEI, que, caso não possa atendê-las, aciona a Core-BH e/ou o de Desai-Brasília. O chefe do DSEI tem o poder de decisão sobre todos os trâmites na vasta rede de serviços e de instituições envolvidas nesse subsistema de saúde, conforme afirmou Garnelo (Abrasco, 2006). Além disso, os DSEIs também administram os recursos financeiros dos Pólos-Base. Em alguns casos, a burocracia necessária à viabilização do atendimento acarreta atraso na assistência aos indígenas.

O Pólo-Base coordena o atendimento direto aos maxakali de Água Boa e Pradinho. É também uma instância de mediação entre as equipes dos postos de saúde da TI e cidades da região envolvente, rede de referência do SUS e DSEI-MG/ES. É entendido pelos funcionários dessa equipe como a "referência das aldeias": "é para lá que vão todas as informações recolhidas nas aldeias". Todos os funcionários da equipe de base estão vinculados ao Pólo, independentemente da forma de contratação: prefeituras municipais, ONG Missão Evangélica Caiowá ou Funasa. Lá também há uma farmácia, na qual é iniciada a triagem e distribuição dos medicamentos, segundo as demandas. Atualmente o Pólo-Base está localizado no município de Machacalis, cerca de 42 km da TI. À época do surto de diarreia (2004), o Pólo ficava em Santa Helena de Minas (22 km da TI). Além dos coordenadores executivos, a equipe do Pólo-Base responsável pelo atendimento em Água Boa[7] contava, em outubro de 2006, de acordo com dr. Sérgio (médico, 30 anos), com 12 técnicos de enfermagem, um médico, uma dentista, uma auxiliar de dentista, duas nutricionistas e oito motoristas (que se revezam na direção de um único carro). O médico ressaltou que o trabalho ficava muito prejudicado, pois essa equipe não possuía a logística necessária.

---

[7] Descrevo apenas os serviços prestados à localidade Água Boa. Pradinho conta com uma equipe semelhante e com o mesmo tipo de serviços descritos.

A escassez de carros é a maior reclamação, tanto da equipe quanto dos maxakali. O carro sai do Pólo de segunda a sexta, com a equipe que prestará o atendimento no posto de saúde de Água Boa, com dois tipos de procedimentos: *busca ativa* e *demanda espontânea*. A primeira é realizada por meio de roteiros: equipes formadas por um motorista, uma técnica em enfermagem e o médico (caso esteja em campo no dia) passam de aldeia em aldeia, atendendo famílias com casos de patologias, que são encaminhados ao posto de atendimento local ou a hospitais da rede de referência do SUS (dependendo do grau de gravidade). A demanda espontânea é constituída por pessoas maxakali que, por iniciativa própria, buscam atendimento médico da Funasa para perturbações que considerem requerer essa forma de tratamento.

Desde fins de 2003, essa equipe iniciou o Programa de Combate à Desnutrição Infantil, quando foi elaborada listagem das crianças mais desnutridas, selecionadas a partir dos indicadores de morbidade e mortalidade, coletados pela equipe de base. Nos dias da semana, após deixar a equipe médica no posto de saúde, o carro percorre as aldeias em busca das crianças selecionadas e de suas acompanhantes, para conduzi-las ao posto de saúde. Uma nutricionista elaborou um cardápio semanal, atualmente preparado por uma mulher não indígena (contratada pela Funasa através da Missão Evangélica Caiowá) e sua assistente, uma mulher maxakali, que corta os alimentos previamente selecionados. As concepções maxakali sobre saúde e alimentação não são consideradas nesse programa. Após o almoço, as crianças retornam de carro às suas aldeias. Em outubro de 2006, cerca de 180 crianças eram alimentadas nesse programa, de segunda a sexta-feira, em Água Boa.

O Pólo-Base conta também com 12 funcionários indígenas, contratados pela Funasa, para apoio ao atendimento sanitário em Água Boa. Eles pertencem a diferentes grupos de aliança e trabalham em distintas funções: agentes indígenas de saúde (AIS), agentes indígenas de saneamento (Aisan), agente bucal, serviços gerais no posto de saúde, auxiliar de cozinha do programa, manutenção da horta do programa (que não existia em outubro de 2006). A maior reclamação dos funcionários do Pólo-Base em relação ao trabalho dos funcionários indígenas concerne ao uso constante de bebidas com alto teor alcoólico e consequente não comparecimento ao trabalho. Duas funcionárias do Pólo-Base apontaram Paula (serviços gerais) e Márcia (AIS) como as maxakali com o melhor trabalho. Ambas falam bem o português e transitam com desenvoltura entre os diferentes universos de sentido (maxakali e não indígena).

Na dinâmica da vida social, as fronteiras entre masculino e feminino são frequentemente lembradas por comentários e advertências, quando um homem ou uma mulher realiza atividades associadas ao gênero oposto, respectivamente. No entanto, há mais de uma década, certas mulheres de Água Boa passaram a desenvolver atividades antes atribuídas apenas ao domínio masculino – por exemplo, mediar reuniões entre seus grupos e instituições indigenistas, viajar com movimentos indígenas organizados, entre outras. Duas grandes líderes de grupos familiares de Água Boa (e suas filhas e irmãs) são mulheres que, em certas situações sociais, alcançam igual ou maior prestígio que os homens.

Essa questão remete à inversão da relação assimétrica entre os gêneros, considerada por Heilborn (2004:40) como um jogo relacional das categorias de gênero. A ascensão do prestígio feminino provoca situações marcadas pela interdependência (Gluckman, 1987), e não pela oposição de gênero, tanto em relação à atuação de liderança das mulheres, como de funcionários contratados pela Funasa. Seus papéis sociais como mães e genitoras articulam-se ao papel de mediadoras (próprio do universo masculino), que esses novos cargos e atividades implicam. Ao mesmo tempo, por pertencerem ao universo feminino, possuem acesso a algumas redes de sociabilidade e conhecimentos sobre o corpo, usualmente não partilhados pelos homens. O depoimento de uma AIS de Água Boa expressa essa questão:

> *Meu trabalho é assim: tem o caso que eles não sabem explicar aquela doença que eles tá sentindo. O médico pergunta: "o que que ela tem?" e ela não responde. Daí eu vou perguntar a ela, ela me conta e eu passo pro médico. E ajudo as mulher que tiver grávida, ajudo a levar e converso com elas. Assim, se vai ter um exame, eu converso com elas assim, assim, assim. Eu fico mais aqui, mas tem umas horas que eu vou pro hospital, se tem que ter uma pessoa que tá conversando com elas. Eu tomo conta de tudo. Tem agente de saúde homem, mas tem umas mulheres que não conversa com eles. Sou eu de mulher*

> *sozinha e tenho que atender todo mundo. Se tem um parto, eu tenho que ir lá dar notícia pro médico. Se falar que aquela pessoa tá doente e eu não sei de nada, aí fico sabendo* (Márcia Maxakali, AIS, 43 anos).

O cargo de AIS é marcado pela função de mediação e tradução, papéis masculinos. Entretanto, também está relacionado aos cuidados ordinários às pessoas dos grupos de família, pois implica acompanhá-las no cotidiano, atividade feminina. Segundo a coordenadora da equipe de base da Funasa, a distribuição de cargos para os funcionários indígenas, em sua maioria homens, obedeceu às reivindicações dos próprios líderes nativos, e conduziu a uma redistribuição interna de recursos e de prestígio pelos grupos de alianças. Convém ressaltar que o funcionário indígena, apontado por membros da Funasa como o melhor no desempenho da função, era mulher, o que revela uma articulação entre papéis masculinos e femininos nesse cargo. Mulheres conhecem e cuidam do corpo de formas distintas. Em concordância com McCallum (1998:219), o conhecimento sobre o corpo é acessível somente a partir da observação de uma "série de processos inter-relacionados", constitutivos. Assim, a mulher possui conhecimentos, inerentes à sua formação de gênero, que a habilitam a empreender os cuidados com o corpo, tarefa atribuída a um agente indígena de saúde, no apoio ao atendimento sanitário prestado pela Funasa.

Tanto os grupos maxakali quanto a equipe de atendimento sanitário da Funasa conferem preeminência às crianças, em suas práticas de cuidado com a saúde. Para as pessoas maxakali, as crianças possuem grande relevância nas redes de relações com os distintos seres que habitam seu cosmos e em suas configurações sociopolíticas, o que acarreta diferentes e diversificados cuidados por elas recebidos da parte de seus pais, mães e familiares. A equipe de saúde da Funasa, cujas maiores metas consistem na redução das taxas de morbidade e mortalidade infantil, centra grande parte de seus esforços na saúde infantil, haja vista a elaboração de programas de atenção especiais para crianças, no atendimento hospitalar e local. Um deles é o Programa de Combate à Desnutrição Infantil.

Apesar de contar com muitos funcionários não indígenas e indígenas, a equipe enfrenta dificuldade de organização e planejamento das atividades dos prestadores de serviço. Problemas interpessoais e políticos, conflitos de interesses e a inexistência de um processo de capacitação continuada da equipe integram essa questão. A escassez de automóveis costuma ser apontada como o motivo de emperramento e não funcionamento dos serviços. No entanto, além da ausência de infraestrutura básica, os conflitos internos na equipe constituem obstáculo à implementação das atividades.

A epidemia

Entre janeiro e fevereiro de 2004, os grupos maxakali enfrentaram uma epidemia de diarreia infantil, que afligiu cerca de 18% de sua população (Funasa, 2004c). Cerca de 80% das crianças atingidas tinham até cinco anos de idade, e três faleceram. Além dos óbitos ocasionados pela diarreia, no mesmo período morreram outras quatro crianças, por outros motivos. Essas sete mortes infantis repercutiram de formas variadas para pessoas maxakali e técnicos da Funasa.

As diferenças nas concepções de saúde e doença, próprias desse contexto intersocietário, orientaram as distintas hipóteses sobre as origens dessa perturbação, formuladas por indígenas e não indígenas.

Ponto de vista não indígena

A epidemia mobilizou diversos profissionais da Funasa e o uso de diferentes técnicas e infraestruturas. A equipe emergencial mapeou os casos de diarreia por aldeia e por "tipo de notificação" (demanda espontânea e busca ativa), a partir dos dados do Siasi, e organizou intervenções médicas apropriadas para cada grupo familiar, de acordo com o número de casos e o tipo de diarreia. Os diagnósticos elaborados pelos representantes dos órgãos de saúde foram baseados na análise de amostras de água e de fezes, coletadas nas aldeias e hospitais e enviadas para laboratórios especializados. Em 2004, foram diagnosticadas diarreia virótica em Água Boa (rotavírus), e bacteriana no Pradinho. O quadro epidemiológico na primeira localidade foi mais grave, atingindo mais crianças e culminando em três óbitos. Pelo fato de a diarreia ter atingido preponderantemente crianças, a possibilidade de infecção pela ingestão de água contaminada nas aldeias e no posto de saúde foi colocada em segundo plano.

Entretanto, em outubro de 2006, os técnicos da Funasa entrevistados afirmaram não saber ao certo o que havia provocado o surto. Como a suspeita de rotavírus não foi confirmada pelos laboratórios, a "ausência de saneamento" e "a falta de higiene" no manuseio da água pelos indígenas passaram a ser consideradas possíveis causas. Essa epidemia foi de difícil interpretação, de acordo com os modelos explicativos da medicina ocidental, uma vez que os laboratórios não indicaram presença do vírus. As suspeitas se dirigiram para a poluição e as formas de uso nativo da água, ainda que a epidemia tenha atingido prioritariamente crianças, e não adultos, que consomem a mesma água (fato contra-argumentado pela maior vulnerabilidade das crianças, em decorrência dos altos índices de desnutrição infantil). Apesar de não haver dados laboratoriais, a crença na contaminação por vírus não deixou de ser levada em conta por alguns técnicos do Pólo-Base.

Essa epidemia foi solucionada, segundo depoimentos de membros da Funasa, com práticas terapêuticas para reidratação das crianças, com medicamentos alopáticos específicos para problemas associados à diarreia e desnutrição infantil. Além das práticas médicas, ações de saneamento (adução de água subterrânea) implementadas na terra indígena, a partir desse episódio, integraram as medidas de controle da epidemia por parte dessa instituição. Cabe mencionar o respeito e apoio às práticas tradicionais de cura maxakali pela Funasa verificados por ocasião dessa epidemia.

Ponto de vista indígena

Os seis últimos meses de 2003 foram de seca nas terras maxakali. No início de 2004, uma sequência de fortes chuvas assolou a região. As enxurradas foram intensas a ponto de derrubar uma grande ponte no Pradinho. O período foi nomeado de "grande água" (mesmo nome de um mito que relata a "punição dos deuses" à atitude de um ancestral que desobedeceu a orientação de um ser espiritual, relativa à divisão dos peixes) e recebeu uma conotação cosmológica por muitos maxakali.

A partir dessa ocasião, diversos processos de vingança foram desencadeados entre grupos maxakali. A epidemia de diarreia infantil e os sete óbitos infantis ocorreram após a tormenta ambiental, em um momento de acirramento de conflito entre grupos, especialmente em Água Boa. Assim, o clima de hostilidade contribuiu para a interpretação da perturbação pela lógica da feitiçaria. Nos diálogos sobre o processo de divisão política em 2004, várias pessoas se referiram à relação entre as mortes das crianças e atos de feitiçaria.

Diversas relações – que envolvem questões de gênero, políticas, xamânicas, técnicas, ambientais, territoriais, intersocietárias – interferiram na forma como esses grupos lidaram com a perturbação. Os "itinerários terapêuticos" (Langdon, 1994, 1995, 1999, 2004) observados em campo seguiram o seguinte percurso: antes de haver certeza acerca da causa da perturbação (fruto da feitiçaria), pais e mães buscaram atendimento médico oferecido pela Funasa e outras práticas de cura tradicionais, como plantas medicinais: "nós tentou cuidar aqui também, nós fez remédio do mato, mas mesmo assim, não curou não" (Márcia Maxakali, AIS, 43 anos).

Assim como Langdon (1994:138) observou em relação aos Siona, a pesquisa com os maxakali, à ocasião da epidemia, evidenciou que as causas atribuídas àquela perturbação e os critérios de opção de alternativas de cura operaram "no registro" da contrafeitiçaria, a partir do momento em que fatores político-xamânicos passaram a ser determinantes para o entendimento daquela situação. Até então, os recursos da medicina ocidental e outras práticas de cura foram as alternativas mais acionadas.

Os benzedores[8] desempenharam importante papel na constituição das especulações acerca das origens da perturbação. Como assinalado em alguns depoimentos, os benzedores afirmaram tratar-se de "olho ruim" de outros índios. Em 2004, durante o surto, Paula Maxakali (liderança e funcionária dos serviços gerais, 45 anos) declarou: "dou todo o dinheiro que tenho na carteira para o benzedor me dizer quem está fazendo isso pras crianças". Ela e outras pessoas de sua comunidade buscaram então os benzedores. No entanto, de acordo com seus depoimentos em 2006, eles

---

[8] São pessoas não indígenas, que praticam rituais semelhantes aos afro-brasileiros, moradores de cidades da região envolvente. Em geral, eles consideram como causas de perturbação as forças sobrenaturais: feitiçaria, "possessões" e "maus-olhados". Suas técnicas de cura comportam manipulações mágicas, objetivando o contra-ataque das forças sobrenaturais. São receitadas "garrafadas", banhos e rezas, entre outras prescrições, que inclusive podem ser medicamentos disponíveis em farmácias.

foram procurados, em especial, no início da epidemia, com a finalidade de descobrir o que ou quem estava causando a perturbação. Assim que a causa do problema passou a ser atribuída à feitiçaria inimiga (interna aos grupos maxakali), a contrafeitiçaria consistiu na prática adotada.

Diante da gravidade do estado de muitas crianças, houve consenso entre homens e mulheres dos grupos de Água Boa: julgaram tratar-se de "coisa ruim para maltratar as crianças". Naquele momento, muitas crianças estavam em observação no posto de saúde da terra indígena e nos hospitais da rede credenciada do SUS. As mulheres solicitaram que seus filhos fossem trazidos de volta, para receber seus cuidados e serem protegidos pelas práticas xamânicas. Os homens se uniram e decidiram efetuar uma vigília para executar o *yãmîyxop*, extraordinariamente, no posto de saúde dessa localidade. A partir de então, as negociações voltaram-se para as tramas políticas internas dos grupos de Água Boa. Tarcísio Maxakali (professor indígena, líder em seu grupo, 45 anos) comentou sua suspeita de feitiçaria em 2004:

> *Nós tamo acreditando que é feitiço. Porque doença a gente dá remédio e sara. Essa, não. Remédio da farmácia não funcionou. Benzedor de Santa Helena disse que é mau-olhado de índio. Doutor falou assim: será que é leite e água que fez diarreia? Nós tamo falando que não. Diarreia é que tem pessoas aqui dentro que faz feitiço pra matar o outro.*

Tarcísio mencionou os fatores que orientaram seu raciocínio: primeiro, outras práticas de cura, que geralmente resolvem perturbações semelhantes, foram experimentadas, sem sucesso; segundo, o benzedor acusou – "é mau-olhado de índio". O fato de três crianças terem morrido em um mesmo período (início da epidemia), associado ao surgimento e término súbitos do surto, também reforçou a suspeita de feitiçaria. Márcia (AIS, 43 anos), avó de uma criança que faleceu em consequência da diarreia, relatou – em 2004 – sua experiência e afirmou não acreditar na relação entre o surto e a contaminação da água, suspeita etiológica dos técnicos da Funasa:

> *A menina tava com diarreia e internou em Machacalis, com três dias ela veio embora, aí arruinou de vez e faleceu às cinco ho-*

> ras da manhã. *Aconteceu isso de uma vez, começou sexta-feira, todo mundo aí, foi saindo de um a um. É assim: a criança obra só aquela água e depois dá febre. Os mais velhos estão pensando que é coisa que os outros fizeram. Porque tá morrendo só criança e, depois que faz religião, elas saram de uma vez. Foi de repente, começaram a pegar as crianças, uma aqui, outra ali. A gente sempre bebeu essa água e os ãyuhuk [homens brancos, não-índios] do Posto também bebem essa mesma água. Mas só pegou as crianças de dois a três anos. Ficou foi cheio de crianças com diarreia. E não era só com febre não, a maioria não tinha febre, só diarreia. E morria de repente. Estão achando que foi religião ruim que fizeram. Não sabem quem.*

Nesse episódio, o fato de as crianças pequenas serem acometidas foi o principal fundamento da suspeita maxakali de feitiçaria. Além disso, também foi levado em consideração o modo súbito do evento e da morte de três crianças: "foi de repente, começaram a pegar as crianças, uma aqui, outra ali". Márcia ressaltou que, após realização de rituais xamânicos específicos, as crianças se recuperaram. Na pesquisa de campo realizada em 2006, Márcia reafirmou a diferença entre "aquela diarreia" e as corriqueiras:

> *Agora tá tendo, mas não como naquele tempo, que foi de uma vez. Morre três crianças de uma vez com aquela diarreia. O médico falou que foi estranho, que tem diarreia que dá febre, e aquela já não dava. Tava misturado, umas que dava e outras que não davam febre (...) e pegou só criança só. Diz eles que tava falando que era a água, mas pra nós é assim: foi que outro índio mesmo fez pra acabar com as crianças. Os mais velhos tavam falando que era uma coisa que fez pra crianças, pras crianças acabar. Mas que Deus pôs a mão no meio, então pegou só umas duas ou três. Foi só com as crianças direto. Só as crianças. Não adoeceu nenhum adulto com disenteria, ninguém. É assim: eles contaram que era uma pessoa que tava com raiva de toda criança, queria acabar com as crianças. Depois daquela diarreia, não morreu mais daquele jeito. Adoecia de outro jeito. Acabou ali mesmo.*

Em seu estudo sobre a bruxaria azande, Evans-Pritchard (2005:55) enfatizou a natureza moral atribuída às acusações de feitiçaria: "a única que permite intervenção, determinando o comportamento social". No enfrentamento da epidemia de diarreia, apesar das distintas especulações articuladas pelos maxakali, a feitiçaria foi a causa mais aventada. Aparentemente, o que determinou que a "causa socialmente relevante" (Evans-Pritchard, 2005) fosse atribuída ao feitiço pelos integrantes dos grupos de Água Boa – além da perturbação ter atingido as crianças, alvo tradicional das disputas entre seus pais – foi o fracasso de outras práticas de cura, diante do enfraquecimento e morte das pessoas atingidas e a possibilidade de intervenção sobre a enfermidade.

Logo que surgiu a perturbação, a medicina ocidental e os remédios (naturais e alopáticos) constituíram as primeiras alternativas de tratamento. Diante do fracasso desses recursos, a forma de interpretar as causas transformou-se, e a diarreia infantil passou a ser vista como sinal de desordem (Montero, 1985:124). Novos procedimentos tornaram-se necessários: "é preciso" fazer "religião". Os líderes maxakali então solicitaram à equipe da Funasa que seus parentes adoentados, internados em hospitais, retornassem à aldeia para iniciar o *yãmîyxop*. O ciclo ritual também fracassou no intento de recuperar a saúde das crianças. Como afirmou Tarcísio: "se for doente de feitiço, faz religião, mas religião também não guenta". Além do ciclo ritual, era preciso que o feiticeiro desfizesse seu feitiço.

Tratava-se de uma situação que exigia o envolvimento de todos os grupos – aliados e inimigos, homens e mulheres – pois a "desordem" teria sido provocada por um membro desses grupos, e era preciso convencê-lo a desfazer o feitiço. Assim, os líderes, que possuíam crianças adoentadas, convidaram pessoas de todos os grupos para uma reunião, na qual pediram auxílio nos cuidados com a vida das crianças. Nesse momento, provavelmente já sabiam quem teria executado o feitiço, mas a demanda de ajuda foi destinada a todos, inclusive ao próprio feiticeiro, sem qualquer acusação.

Muitas vidas estão em risco em situações como essa. Assim como afirmado por Evans-Pritchard (2005:71) acerca das negociações em torno da feitiçaria azande, entre os maxakali o objetivo de ambas as partes não é criar animosidade recíproca: é necessário "colocar o bruxo em boa disposição de ânimo por meio de um tratamento cortês".

Os filhos são os principais atingidos pelos processos de feitiçaria inimiga. Assim, é preciso redobrar os cuidados nas relações com todos os envolvidos, visando, especialmente, o bem-estar das crianças. Nessas situações, objetiva-se atingir os "sentimentos" da pessoa que "fez coisa ruim" para que ela desfaça o feitiço, após a reunião convocada pela família atingida. Todos são convidados a participar de um *yãmîyxop*, mas será o feiticeiro – ao "destruir e jogar fora a coisa ruim" – que devolverá a vida à normalidade. Após a conclusão das negociações entre os homens e a destruição do feitiço pelo feiticeiro, os seres espirituais ajudam a "mandar a coisa ruim embora", garantindo o reequilíbrio da vida. Entretanto, isso só será possível se o responsável pelo feitiço o desfizer, uma vez que, nesses casos, trata-se de relações inapropriadas entre os homens, e não entre homens e seres espirituais.

Roberto Maxakali afirmou que a religião "pra tirar coisa ruim" é realizada pelo "pajé e os outros companheiros", e os outros ciclos rituais são efetuados pelos *yãmîyxop* (seres espirituais). Isso significa que são os homens que lidam com as negociações em torno do feitiço, quando a perturbação é atribuída a essa causa. Os demais ciclos rituais são efetuados pelos próprios seres espirituais. Em suas palavras:

> *É a religião mesmo que faz, é* yãmîyxop *mesmo que faz.* Yãmîyxop *mesmo que dança e canta. É de* yãmîyxop. *Pra cuidar de doença é o pajé e os outros homens e as mulheres ajudam pra fazer a comida. Agora pros* yãmîyxop *pro doente [de feitiço] é só os homens.*

Segundo Evans-Pritchard (2005), a bruxaria azande sempre estará relacionada a infortúnio, inimizades e questões morais. Quando um Azande é atingido pela bruxaria, a primeira coisa que se pergunta é: "quem é meu inimigo neste momento?" Nesse contexto, a bruxaria está associada aos sentimentos de raiva, inveja, ódio, ciúme. Geralmente, quem nutre tais sentimentos por ele é aquele que coabita no mesmo espaço. Portanto, a bruxaria ocorre entre pares. Quando é detectada por algum oráculo, como origem do infortúnio, inicia-se um procedimento de cortesias entre as partes. Ambas correm riscos: a pessoa que foi "embruxada", pois caso não trate o bruxo com gentileza, convencendo-o a desfazer o feitiço, vai morrer; e o próprio bruxo, pois se não o desfizer, diante da cortesia da outra parte, vai morrer pelo processo de vingança. Evans-Pritchard (2005:226) situa a bruxaria no centro da socialidade azande, como o fator de reequilíbrio de suas relações políticas.

É possível estender essa perspectiva de análise aos grupos maxakali. Nesse contexto, a feitiçaria também se relaciona às questões morais, infortúnios e inimizades. A vontade dos feiticeiros, de causar prejuízo a seus inimigos, incita um processo de relações políticas, para desfazer a "desordem" enfrentada. Ambas as partes correm risco de vida, seja pela feitiçaria geradora de infortúnio (que pode conduzir à morte), seja pelos processos de vingança, desencadeados pelas mortes dos inimigos: morte se paga com morte. Entre os grupos maxakali, também é a morte – advinda da bruxaria ou das relações inadequadas entre humanos e seres espirituais – que confere significação e consistência à rede de relações necessárias ao restabelecimento do bem-estar corporal e dos modos de socialidade, apropriados às suas normas de vida.

A marcada diferenciação entre os gêneros nas práticas de cura observadas por ocasião da epidemia de diarreia infantil refere-se não apenas ao fato de essa coletividade indígena ser fortemente caracterizada pelas distinções entre domínios masculinos e femininos, como também pela perturbação ter atingido exclusivamente crianças – centrais nas tramas sociais e xamânicas maxakali –, cujos cuidados ordinários são responsabilidade das mulheres. Roberto Maxakali (professor indígena, 49 anos) explicitou algumas especificidades de gênero nas práticas xamânicas de seu grupo. Apenas os meninos recebem o acervo de conhecimentos que os habilita ao relacionamento direto com os *yãmiy* (seres sobrenaturais). Às mulheres, é proibida a entrada no *kuxey* (casa de religião) e aos saberes oficialmente repassados aos meninos, a partir desse ritual de passagem e no decorrer de sua vida. Desde a gestação até o batizado, as crianças possuem um status diferenciado de pessoa. De acordo com o depoimento de Roberto, quando a mulher está grávida e diz algo, é preciso acreditar no que foi expresso, pois

> não é ela que está falando, é o *yãmiy* que tá fazendo ela falar. Talvez hex [mulher] tá grávida e vai pescar. Não tem peixe, mas ela pesca, porque ela não está indo sozinha não.

Assim, por fatores dessa ordem, as crianças recebem cuidado muito especial de todos os membros de seu grupo de família. Além da capacidade de se comunicar com os seres espirituais, elas também são centrais nas redes de relações entre os grupos maxakali, referentes às alianças entre famílias, que se estabelecem a partir dos casamentos de seus filhos e filhas com membros de grupos aliados, à época da união. Na maior parte das vezes, quando há desavença entre famílias, os casamentos entre membros dos distintos grupos são cancelados e os casais separam-se, junto com suas famílias. Além disso, geralmente, são as crianças que levam e trazem informações dos adultos entre as aldeias, intermediando a comunicação entre os aliados.

Este tipo de status diferenciado de pessoa das crianças confere preeminência às relações entre os gêneros, travadas em torno dos cuidados com elas. Segundo relatos nativos, elas se distinguem dos adultos pela capacidade de retorno à terra após a morte, e por sua capacidade de comunicação com seres sobrenaturais. Tal especificidade torna o trabalho de mães e pais nos cuidados com suas vidas fundamentais em suas redes de relações sociais. As mães, responsáveis pelos cuidados domésticos com as crianças, são as primeiras a atuar diretamente na manutenção do equilíbrio das vidas infantis; os pais, portadores de conhecimentos xamânicos específicos, são responsáveis pela segurança da família, e atuam (xamânica e politicamente) estabelecendo relações de cordialidade e reciprocidade com seus pares humanos e espirituais (aliados e inimigos).

Durante a epidemia, as atribuições de mães e pais explicitaram distinções de gênero nos cuidados domésticos com os filhos, nos rituais xamânicos e nos contatos com pessoas e grupos não indígenas. As mães foram responsáveis por práticas de cura restritas ao espaço doméstico, como uso de plantas medicinais e preparo de alimentos para o combate de diarreias consideradas corriqueiras. Posteriormente, ao interpretarem a singularidade daquele episódio, passaram a tratá-las com recursos de contrafeitiçaria, o que implica preparação de alimentos para os seres espirituais, entre outros. Os pais negociaram com membros da Funasa (por exemplo, reivindicaram acompanhar os filhos nas internações hospitalares, para protegê-los de novos feitiços), supervisionaram os tratamentos médicos e executaram rituais mágicos. As negociações políticas internas entre os grupos de Água Boa foram efetuadas prioritariamente pelos homens, por ocasião do ritual de contrafeitiçaria.

Os grupos maxakali passaram por processos de fissão e fusão – interesses distintos entre seus grupamentos foram balanceados pelo processo de reconciliação das divergências. Para controlar as consequências do conflito, todos de Água Boa uniram-se, com vistas à reconciliação de seus interesses e para desfazer a perturbação que afetava a vida das crianças. Os interesses divergentes entre pessoas e grupos maxakali constituem conflitos flagrantes, que passam por ajustamentos, mas tendem a persistir e emergir em novas formas de fissão interna.

Assim, a contrafeitiçaria, em um grande esforço de união entre os grupos internos e a negociação de seus interesses, teria resolvido a situação:

> *Tinha médicos aqui, tratando os menininhos, dando soro e remédios. Daí fez religião. Quando fez religião, passou três dias e cada um recebeu alta e foi embora. Aí esvaziou.*

Desse modo, segundo depoimentos das pessoas maxakali, a perturbação foi controlada com a contrafeitiçaria.

Nessa grande reunião para convencer o feiticeiro a destruir seu feitiço, integrantes de todas as aldeias de Água Boa, homens e mulheres, foram convidados à sensibilização relativa ao bem-estar das crianças. Cada chefe de família teve seu espaço de oratória. Apesar do clima de hostilidade entre os líderes presentes, ninguém foi acusado. Após a negociação entre os líderes, foi realizado um ritual, com oferta de comidas e bebidas subsidiadas pelo Pólo-Base, para o qual foram invocados os seres espirituais (*yãmîyxop*). De acordo com Roberto Maxakali, esse cerimonial foi efetuado na sede (posto de saúde de Água Boa)

> *porque o problema foi lá, tinha que fazer lá, porque a coisa ruim estava lá no Programa, não era na aldeia. Quando é na aldeia, a gente faz na aldeia.*

Todos, homens, mulheres, crianças, *Yãmîyxop* e *Topá*, uniram-se para acabar com o feitiço:

> *Aí Topá ajudou, Yãmîyxop ajudou, todo mundo foi. Nós fizemos religião pra tirar, a religião ali foi pra tirar coisa ruim. Aí nós fizemos religião à noite, lá no programa e, quando foi no outro dia, a criançada tava tudo bom, acabou e não teve mais nada. No outro dia, a criançada já tava*

toda feliz e não teve mais. Os que foi pro hospital no outro dia já voltou também.

As práticas de cura xamânicas utilizadas por grupos maxakali foram acolhidas pelos membros entrevistados da equipe da Funasa, e entendidas como auxiliares ao tratamento médico. Segundo seus depoimentos, uma prática de cura complementa a outra. Os cuidados mágicos executados nos ciclos xamânicos (*yãmîyxop*) ou práticas de contrafeitiçaria, as consultas aos benzedores e o recurso à medicina ocidental abrangem aspectos distintos nos itinerários terapêuticos percorridos pelos sujeitos maxakali.

Considerações finais

A dinâmica entre as diversas relações sociais, incluindo as de gênero, e o controle da epidemia foram alcançados mediante a articulação dos esforços, conhecimentos, cooperação e diligência de todos os sujeitos e grupos envolvidos, pautados pelo interesse comum de evitar mortes infantis. No início da epidemia, distintas práticas de cura foram experimentadas, incluindo as oferecidas pela equipe da Funasa. Cada grupo social em questão elaborou suas especulações sobre as origens do problema e se empenhou para seu controle. O processo de entendimento dos distúrbios considerados "normais", caso das diarreias, se transformou e, de acordo com o ponto de vista maxakali, passou a ser interpretado como efeito de relações político-xamânicas inapropriadas.

Evans-Pritchard (2005:53) afirmou que, na filosofia azande, "a bruxaria explica a coincidência", acrescentando o elo explicativo que liga os acontecimentos às vidas subjetivas, em situações específicas de infortúnio. No caso da filosofia maxakali, em situações que envolvam questões xamânicas ou feitiçaria, esse "elo explicativo", que relaciona a perturbação à vida de uma pessoa, é atribuído aos relacionamentos incorretos entre diferentes seres espirituais e os vivos, assim como à feitiçaria inimiga. O processo de atribuição da causa da perturbação à feitiçaria também implica o estabelecimento de relações entre os vivos e os *yãmîyxop* (seres espirituais), em um segundo momento, pois as relações prioritárias a serem corrigidas são as estabelecidas entre eles, homens e mulheres. Durante os itinerários terapêuticos trilhados em busca do reequilíbrio da vida das crianças, homens e mulheres desempenharam seus papéis e relacionaram-se interna e externamente, negociando conflitos. Até em situações nas quais algumas mulheres adquiriram maior prestígio entre seus pares e inimigos, o que, inclusive, aciona outras redes de relações internas a seus grupos, as distinções entre os domínios femininos e masculinos, relativas aos cuidados com as crianças e às práticas político-xamânicas, explicitaram-se no percurso de enfrentamento da perturbação. Quando pais e mães concluíram tratar-se de feitiço para prejudicar as crianças, houve consenso entre os grupos sobre a necessidade de superar diplomaticamente os conflitos internos.

A partir da interdependência entre gêneros, entre grupos de família de Água Boa e entre estes e membros da equipe de saúde da Funasa, a situação social de desestabilização na ordem política, social e na saúde das crianças foi controlada. Apesar de haver compreensão do evento a partir de lógicas completamente diversas, as diferenças e os conflitos internos aos grupos maxakali e intersocietárias foram equilibradas, por meio de relações de diplomacia, negociação e cooperação. A morte ou sua iminência provocou comportamentos e crenças diferentes nos distintos sujeitos sociais, que cooperaram, resolvendo, em parte, suas clivagens.

Os esforços para conciliação de seus interesses e as negociações necessárias à cooperação entre as partes foram realizados com grande habilidade nos grupos observados, apesar das distinções entre homens e mulheres, entre grupos internos às localidades maxakali e intersocietárias com conflitos intermitentes. Portanto, muito mais que confrontos e oposições, esta análise explicitou a interdependência que marca esse sistema social e as inúmeras negociações necessárias ao reequilíbrio das relações entre pessoas, gêneros e grupos sociais, assim como da própria vida.

Referências bibliográficas

ABRASCO (Associação Brasileira de Pós-Graduação em Saúde Coletiva). [*Comunicações pessoais*]. Apresentadas ao 8º Congresso Brasileiro de Saúde Coletiva e 11º Congresso Mundial de Saúde Pública, Rio de Janeiro, 2006. Oficina de trabalho Política e Práticas de Saúde Indígena, 1999-2006.

ÁLVARES, Myriam Martins. *Yãmiy, os espíritos do canto*: a construção da pessoa na sociedade maxakali. 1992. Dissertação (Mestrado em Antropologia) – Departamento de Antropologia, Universidade Estadual de Campinas, Campinas, 1992.

_____. A educação indígena na escola e a domesticação indígena da escola. In: REUNIÃO BRASILEIRA DE ANTROPOLOGIA, 21., abr. 1998. Anais, Vitória, ES., p. 223-249.

BARTH, Frederik. A análise da cultura nas sociedades complexas. In: _____; LASK, Tomke (Org.). *O guru, o iniciador e outras variações antropológicas*. [1. ed. 1928]. Tradução de John Cunha Comerford. Rio de Janeiro: ContraCapa, 2000.

BICALHO, Charles Antônio de Paula. *Maxakali*. Disponível em: <http://maxakali.blogspot.com/>. Acesso em: 7 fev. 2007.

_____. *Minidicionário maxakali-português*. [s.d.] ms.

BRASIL. Presidência da República Federativa do Brasil. Decreto de homologação da demarcação administrativa da Terra Indígena Maxacali. *Diário Oficial da União*, Brasília, 2 out. 1999.

COIMBRA JR., Carlos E. A. (Org.). *Epidemiologia e saúde dos povos indígenas no Brasil*. Rio de Janeiro: Fiocruz/Abrasco, 2000.

CNS (Conselho Nacional de Saúde). Resolução n° 196/96: normas de pesquisa envolvendo seres humanos. *Conselho Nacional de Saúde*, Brasília, v. 4, n. 2, 1996.

CORRÊA, José Gabriel Silveira. Política indigenista, tutela e deslocamento de populações: a trajetória histórica dos Krenak sob a gestão do Serviço de Proteção aos Índios. *Arquivos do Museu Nacional*, Rio de Janeiro, v. 61, n. 2, p. 89-106, abr./jun. 2003.

DOUGLAS, Mary. *Pureza e perigo*. [1. ed. 1966]. São Paulo: Perspectiva, 1976.

EVANS-PRITCHARD, Edward Evan. *Bruxaria, oráculos e magia entre os Azande*. [1. ed. 1976]. Tradução de Eduardo Viveiros de Castro. Rio de Janeiro: Jorge Zahar, 2005.

FUNASA (Fundação Nacional de Saúde). Sistema de Informação da Atenção à Saúde Indígena (Siasi). *Perfil demográfico e perfil morbi-mortalidade*: etnia Maxakali. Governador Valadares: Funasa-MS/DSEI-MG-ES, 2004a. Relatório. ms.

_____. Banco de Dados do Sistema de Informação da Atenção à Saúde Indígena (Siasi). *Atenção básica à saúde indígena*: etnia Maxakali. Governador Valadares: Funasa-MS/DSEI-MG-ES, 2004b. Relatório. ms.

_____. *Monitoramento das doenças diarreicas agudas*: município Santa Helena de Minas e Bertópolis, Minas Gerais, povo indígena maxakali. Governador Valadares: Funasa-MS/DSEI-MG-ES/Missão Evangélica Caiuá, 2004c. Relatório de Jorge Sérgio Tavares Lima e Roberto Carlos de Oliveira. ms.

GLUCKMAN, Max. Análise de uma situação social na Zululândia moderna. In: FELDMAN-BIANCO, Bela (Org.). *Antropologia das sociedades contemporâneas*: métodos. [1. ed. 1958]. São Paulo: Global, 1987, p. 227-374.

HEILBORN, Maria Luiza. *Dois é par*: gênero e identidade sexual em contexto igualitário. Rio de Janeiro: Garamond Universitária, 2004.

LANGDON, Esther Jean. Representações da doença e itinerário terapêutico dos Siona da Amazônia colombiana. In: SANTOS, R.; COIMBRA JR., C. E. A. (Orgs.). *Saúde e povos indígenas*. Rio de Janeiro: Fiocruz, 1994, p. 115-141.

_____. A doença como experiência: a construção da doença, seu desafio para a prática médica. *Antropologia em Primeira Mão*. Florianópolis, UFSC/PPGAS, v. 12, 1995.

_____. Saúde, saberes e ética: três conferências sobre antropologia da saúde. *Antropologia em Primeira Mão*, Florianópolis, UFSC/PPGAS, v. 37, 1999.

_____. Uma avaliação crítica da atenção diferenciada e a colaboração entre antropologia e profissionais de saúde. In: _____; GARNELO, L. (Orgs.). *Saúde dos povos indígenas*: reflexões sobre antropologia participativa. Rio de Janeiro: Contracapa/Associação Brasileira de Antropologia, 2004.

LAS CASAS, Rachel de. *Um olhar sobre a educação escolar indígena maxakali*. Belo Horizonte: FAE/UFMG/Fapemig/UFJR, 2003. Relatório de bolsa de aperfeiçoamento na pesquisa "Sujeitos socioculturais na educação indígena – uma investigação interdisciplinar". ms.

_____. Algumas considerações sobre o surto de diarreia infantil e o sistema de atendimento à saúde maxakali. Belo Horizonte, 2004. Relatório produzido voluntariamente para subsidiar as ações da Core-MG e DSEI-MG/ES, Funasa. ms.

_____. *Os itinerários terapêuticos maxakali e a influência das relações de gênero na manutenção da saúde*: Relatório I. Rio de Janeiro: IMS-Uerj/ Fundação Ford, maio 2005a. 47 p. Relatório produzido para o primeiro *workshop* de acompanhamento do Programa Interinstitucional de Treinamento em Metodologia de Pesquisa em Gênero, Sexualidade e Saúde Reprodutiva. ms.

_____. *Os itinerários terapêuticos maxakali e a influência das relações de gênero na manutenção da saúde*: Relatório II. Rio de Janeiro: IMS-Uerj/ Fundação Ford, out. 2005b. 21 p. Relatório produzido para o segundo *workshop* de acompanhamento do Programa Interinstitucional de Treinamento em Metodologia de Pesquisa em Gênero, Sexualidade e Saúde Reprodutiva. ms.

_____. Um olhar sobre o sistema local de saúde maxakali e seus múltiplos itinerários terapêuticos. In: REUNIÃO BRASILEIRA DE ANTROPOLOGIA, 25. Anais, 2006, Goiânia. *Saberes e práticas antropológicas*: desafios para o século XXI. Goiânia: ABA, 2006. CD-ROM.

_____. *Saúde maxakali, recursos de cura e gênero*: análise de uma situação social. 2007. Dissertação (Mestrado em Saúde Coletiva) – Instituto de Medicina Social, Universidade do Estado do Rio de Janeiro, Rio de Janeiro, 2007.

MAUSS, Marcel. Ensaio sobre a dádiva: forma e razão da troca nas sociedades arcaicas. In: *Sociologia e antropologia*. [1. ed. 1934]. Tradução de Paulo Neves. São Paulo: Cosac & Naify, 2003, p. 185-318.

McCALLUM, Cecília. O corpo que sabe: da epistemologia kaxinawá para uma antropologia médica das terras baixas sul-americanas. In: ALVES, Paulo Cesar; RABELO, Miriam C. (Orgs.). *Antropologia da saúde*: traçando identidades e explorando fronteiras. Rio de Janeiro: Relume-Dumará, 1998, p. 215-245.

MISSAGIA DE MATTOS, Izabel. *"Civilização" e "revolta"*: povos botocudo e indigenismo missionário na província de Minas. 2002. Tese (Doutorado em Ciências Sociais) – Instituto de Filosofia e Ciências Humanas, Universidade Estadual de Campinas, Campinas, 2002.

MONTERO, Paula. *Da doença à desordem*: a magia na umbanda. Rio de Janeiro: Graal, 1985.

NESCON. *Estudo das práticas terapêuticas tradicionais indígenas*: grupos indígenas krenak, maxakali, pataxó e xakriabá. Belo Horizonte: Núcleo de Estudos em Saúde Coletiva/UFMG, 1992. Relatório elaborado por Izabel Missagia de Mattos e Myriam M. Álvares.

NIMUENDAJÚ, Curt. Índios maxakali. *Revista de Antropologia*, v. 6, n. 1, p. 209-218, jun. 1958.

_____. *Textos indigenistas*: relatórios, monografias, cartas. São Paulo: Loyola, 1963.

PENA, João Luiz. *Os Maxakali e a domesticação do Kaxmuk*: a propósito do consumo de bebidas de alto teor alcoólico. 2000. 53 p. Monografia (Graduação em Ciências Sociais) – Faculdade de Filosofia e Ciências Sociais, Universidade Federal de Minas Gerais, Belo Horizonte, 2000.

_____. Os índios maxakali: a propósito de consumo de bebidas de alto teor alcoólico. *Revista de Estudos e Pesquisas*, Brasília: Funai/CGEP/CGDTI, v. 2, n. 2, 2005.

RIBEIRO, Darcy. *Os índios e a civilização*. São Paulo: Círculo do Livro, 1979.

RIBEIRO, Rodrigo Barbosa. [*Comunicação pessoal*]. Apresentada à segunda reunião de equipe do Plano de Ação em Saúde para o Povo Maxakali/Funasa, Belo Horizonte, 28-30 maio 2007.

RODRIGUES, Aryon Dall'igna. *Línguas brasileiras*: para o conhecimento das línguas indígenas. São Paulo: Loyola, 1986.

RUBINGER, Marcos Magalhães. *Projeto de Pesquisa Maxakali do Nordeste de Minas Gerais*. Belo Horizonte: UFMG, 1963. ms.

_____. *Índios maxakali*: resistência ou morte. Belo Horizonte: Interlivros, 1980.

SEEGER, Anthony; DAMATTA, Roberto; VIVEIROS DE CASTRO, Eduardo Batalha. A construção da pessoa nas sociedades indígenas brasileiras. In: OLIVEIRA FILHO, João Pacheco (Org.). *Sociedades indígenas e indigenismo no Brasil*. [1. ed. 1979]. Rio de Janeiro: Marco Zero, 1987, p. 11-30.

TUGNY, Rosângela Pereira. *Relatório parcial do plano de ação em saúde para o povo maxakali produzido para Funasa*. 2007a. ms.

_____. [*Comunicação pessoal*]. Apresentada à segunda reunião de equipe do Plano de Ação em Saúde para o Povo Maxakali/Funasa, Belo Horizonte, 28-30 maio 2007b.

VIEIRA, Marina Guimarães. *Guerra, ritual e parentesco entre os Maxakali*: um esboço etnográfico. 2006. Dissertação (Mestrado em Antropologia) – Museu Nacional, Universidade Federal do Rio de Janeiro, Rio de Janeiro, 2006.

16. O agente comunitário de saúde e as relações de gênero nos seringais do município de Xapuri, Acre[*]

Mauro César Rocha da Silva[**]
Valéria Rodrigues da Silva[***]

Este texto enfoca a implantação do Programa de Agentes Comunitários de Saúde (Pacs) no município de Xapuri, Acre, na perspectiva das abordagens de gênero, da saúde da mulher e do meio ambiente. O processo de profissionalização/institucionalização dos agentes (ACS) é objeto de análise, uma vez que interessa compreender como os ACS de ambos os sexos atuam junto às mulheres que trabalham em seringais, por se tratar de local onde predominam trabalhadores homens. Ressalte-se que a região investigada – em especial, a área rural – é marcada por um contexto de desigualdade entre os gêneros, no qual diversos assuntos referentes ao corpo e à saúde são tratados como tabu.

Buscamos compreender as relações de gênero, a fim de delinear o modo como as trabalhadoras rurais se inserem no contexto da assistência em saúde. Nesse sentido, focalizamos o papel dessas mulheres, tendo em vista seu vínculo tradicional com o cuidado em saúde, nos seringais de

---

[*] Esta pesquisa teve apoio do Programa Interinstitucional de Treinamento em Metodologia de Pesquisa em Gênero, Sexualidade e Saúde Reprodutiva do Instituto de Saúde Coletiva da Universidade Federal da Bahia, com apoio financeiro da Fapesp e da Fundação Ford. A investigação contou com duas auxiliares de campo, Marineide da Silva Maia e Daniela Rodrigues da Silva, às quais agradecemos a presteza nas tarefas realizadas. Agradecimentos ao professor Elder Andrade de Paula pelas sugestões, correções e críticas a este estudo, e ao professor Isac de Souza Guimarães Jr. pela revisão do texto. Em particular, dedicamos inestimável apreço à orientação de Anne Cecilia McCallum, que nos auxiliou em momentos difíceis.

[**] Professor assistente do Departamento de Filosofia e Ciências Sociais da Universidade Federal do Acre (Ufac) e doutorando do Programa de Ciências Sociais em Desenvolvimento, Agricultura e Sociedade (CPDA/UFRRJ).

[***] Professora assistente do Departamento de Ciências da Saúde (DCS) da Universidade Federal do Acre (Ufac) e doutoranda na ENSP/Fiocruz.

Xapuri. Observamos como elas se movem no tecido social, em que medida seus corpos são acometidos de enfermidades e, ainda, se o atendimento a elas prestado é influenciado por relações de gênero. Em concordância com Messing e outros (1997), indagamos a pertinência de uma perspectiva diferenciada, relativa à saúde da mulher trabalhadora rural, em comparação à do homem. Esses autores apontam a ausência de estudos específicos sobre o tema, principalmente quando se leva em conta o fato de a trabalhadora rural exercer duas ou três jornadas diárias, o que certamente implicaria padrões diferenciados de risco de adoecimento, relativamente ao trabalhador do sexo masculino. Heredia e colaboradores (1978) e Pacheco (1996) também constatam a existência de jornadas duplas ou triplas atribuídas à mulher que trabalha em seringais, destacando o tratamento distinto de gênero. Trata-se aqui de lançar luz sobre essas questões, na ótica da teoria de gênero.

No contexto dos seringais de Xapuri, a preocupação com a saúde da mulher é de extrema relevância, sobretudo diante da constatação, até o ano de 2002, de maior número de ACS homens. Este dado torna-se particularmente interessante ao considerarmos que, nesse contexto, os assuntos ligados à saúde historicamente integram o universo feminino. Importa saber se certas questões de saúde não estariam sendo tratadas pelos ACS homens como tabu, dadas as condições de invisibilidade social das mulheres trabalhadoras rurais, e em que medida isso não poderia acarretar questões específicas, referentes à saúde desse grupo.

Entre os significados de tabu, elegemos dois. O primeiro representa a ideia de "interdição cultural e/ou religiosa quanto a determinado uso, comportamento ou gesto" (Houaiss, 2001:2654). O segundo remete à "instituição religiosa que, atribuindo caráter sagrado a determinados seres, objetos ou lugares, proíbe qualquer contato com eles (...) por temor de punição de uma força sobrenatural" (Houaiss, 2001:2654). Isto é, tabu possui sentido de crença, de proteção por respeito ou pudor, com o objetivo de resguardar uma natureza tida como inviolável e sagrada.

Assim, o predomínio de ACS homens conduz ao questionamento da associação entre as tarefas vinculadas à natureza feminina e as atividades da saúde e da educação, conforme assinala Gómez (1997), referindo-se ao contexto latino-americano. De certo modo, esssa observação também vai ao encontro do fato de as mulheres, nos projetos de assentamento e reservas extrativistas, serem mais alfabetizadas do que os homens.

Neste texto, consideramos o trabalho com o cuidado em saúde como situação que permite apreender o modo de atuação das mulheres e como elas dimensionam seus espaços sociais nos seringais, nos limites entre as esferas pública e privada (DaMatta, 1997). A escolha do município de Xapuri obedeceu a alguns critérios: viabilidade da pesquisa; importância simbólica desse município, tanto do ponto de vista socioeconômico quanto político-histórico, pois foi berço dos levantes que resultaram na criação do estado do Acre; experiências comunitárias desenvolvidas como referência nacional e internacional, como alternativa de "desenvolvimento sustentável"; conhecimento prévio da região; diversidade de modelos de unidades rurais (reservas extrativistas, projetos de assentamento extrativistas, áreas de seringais, assentamentos rurais, terras de posseiros, e outros). A seleção dos ACS atendeu aos quesitos: tempo de trabalho dos agentes ou experiência na assistência em saúde; zonas mais distantes e áreas de atuação próximas ao centro urbano do município de Xapuri; abrangência da diversidade de modelos de assentamentos e dos distintos sujeitos sociais envolvidos.

No trabalho de campo, foram efetuados levantamentos de fontes secundárias e primárias. As entrevistas com os agentes e profissionais de saúde seguiram roteiro semiestruturado, e totalizaram 20: seis com ACS mulheres e sete com homens. As outras sete entrevistas foram realizadas com profissionais da Secretaria Municipal de Saúde: dois supervisores; duas enfermeiras do Pacs; uma ex-secretária de Saúde, que atuou na fase de implantação e estruturação do programa no município; a presidente da Secretaria da Mulher do Sindicato de Trabalhadores Rurais de Xapuri, que acompanha o programa de ACS; e o secretário municipal de Saúde de Xapuri. A pesquisa de campo se deu entre 28 de junho de 2004 e 30 de julho de 2004, a partir de contato inicial com interlocutores-chave no município, como os profissionais de saúde que já atuavam no programa, o secretário municipal de Saúde e lideranças do Sindicato de Trabalhadores Rurais de Xapuri. À ocasião, empreendemos uma programação preliminar da coleta de dados. Os encontros foram marcados pela disponibilidade dos informantes, após esclarecimento sobre os objetivos da investigação e as instituições envolvidas. Não houve resistência em assinar o termo de consentimento informado. Poucos entrevistados demonstraram, inicialmente, certa inibição na presença do gravador, o que se diluiu no decorrer da conversa.

Foi empreendida análise qualitativa, a partir dos questionários, entrevistas, conversas informais, coleta de documentos e relatórios. Os dados apontaram o papel fundamental do trabalho dos ACS na prevenção de doenças e na promoção do cuidado. Constatamos que as distintas formas de abordar a questão da saúde expressam diferenças de gênero: relativamente aos homens, as mulheres se posicionavam de modo mais reservado e refletiam as ambiguidades do sistema social nos seringais.

Este texto está organizado em três seções, além desta introdução e das conclusões. A primeira é dedicada ao exame da relação das mulheres com o cuidado em saúde. A segunda evidencia o processo de profissionalização dos ACS e problematiza as desigualdades de gênero, analisando os mecanismos de contratação e capacitação, em uma região em que, tradicionalmente, as mulheres monopolizavam a prevenção em saúde. A seguir, apresentamos as tensões e os paradoxos entre os distintos atores sociais envolvidos na atenção à saúde, em especial abordando o papel atribuído às mulheres nesse contexto. Na última seção, tratamos das formas de abordagem dos ACS de ambos os sexos aos trabalhadores rurais. Em particular, procuramos caracterizar as implicações dessa atuação, em virtude das representações de gênero associadas à idade, ao sexo, ao nível de escolaridade e à saúde, doença e cura.

Assistência em saúde nos seringais do Acre: a experiência de Xapuri

A abordagem de gênero possibilita refletir acerca das diferenças nas relações sociais entre homens e mulheres, na sociedade ocidental contemporânea. A partir desse pressuposto, determinadas categorias, como classe social e família, entre outras, podem ser objeto de análise, em perspectivas diversas. O sexo, a idade, a escolaridade, o status, a cultura e o meio ambiente são analisados a partir do referencial de gênero. A partir do princípio de que tal distinção integra a realidade, é possível reconhecer que as "práticas, a consciência, as representações, as condições de trabalho de trabalhadores e das trabalhadoras eram quase sempre assimétricas" (Brito, 1999:18). Offe (1989:179) indica a existência de situações heterogêneas, marcadas pela variação de renda, de qualificação para a tarefa, de estabilidade do emprego, de visibilidade e reconhecimento social.

O panorama se apresenta da mesma forma, ao se tratar do tema da saúde. Brito (1999) chama a atenção para o fato de que ela também foi e é partilhada indistintamente por todos, como dimensão humana e existencial, na medida em que as condições concretas de organização social da produção determinam situações desiguais de vida e de trabalho, implicando formas diferentes de pensar, sentir e agir a respeito da saúde. A saúde/doença passa a ser reflexo de diversas possibilidades, determinadas pelas relações de gênero, pois "mulheres e homens, em função da organização social das relações de gênero, estão expostos a padrões distintos de sofrimento, adoecimento e morte" (Meyer, 2004:13). Rua e Abramovay (2000:98) consideram que essas desigualdades "interferem nos comportamentos individuais e sociais, porque se relacionam com papéis produtivos e reprodutivos, atribuídos a homens e mulheres", de modo a possibilitar acesso diferenciado à informação, educação e saúde. A respeito dos seringais do Acre, Wolff (1999:81) relatou que

> *As relações entre homens e mulheres, que se estabeleciam nessa sociedade movediça e cambiante dos seringais, eram perpassadas por atribuições de gênero que se relacionavam com as condições dessa sociedade. Assim, ser homem era ser "seringueiro", produzir muita borracha, ser forte, violento até quando fosse tocada sua "honra". Ser mulher era "'pertencer a um homem', pai, marido ou companheiro". Esse pertencimento podia ser mediado por alguma troca, doação ou mesmo por um roubo.*

As condições de invisibilidade política e de dependência das mulheres aos homens, nos seringais da região, eram também expressas por sua inferioridade quantitativa,[1] o que desencadeou, e de certa maneira explicava, a

---

[1] No Acre, em 1920, habitavam 92.379 pessoas, sendo 58.330 homens e 34.049 mulheres. No período, em Xapuri, havia 15.397 pessoas, das quais 9.259 eram homens e 6.138, mulheres. Em 1940, com o declínio da economia da borracha, a população estadual passou para 79.768 habitantes, sendo 44.079 homens e 35.689 mulheres. Em Xapuri, à época, também ocorreu redução populacional (Acre, 2000).

prática de roubos de mulheres e a dança de homem com homem nas festas (Wolff, 1999). Contudo, a centralidade da figura masculina não se restringe ao Acre, mas, como destaca Wolff (1999), nesse estado o sistema de produção encontrou na figura do seringueiro a base de seu funcionamento. O espaço atribuído à mulher seringueira correspondia e/ou ainda corresponde aos afazeres domiciliares, de modo que ela permanecia restrita ao âmbito do privado, nos limites do quintal. A responsabilidade doméstica abrangia o conjunto de tarefas atinentes à reprodução, sem exercício de trabalho remunerado. Os cuidados com a saúde da família e da casa são atribuições femininas no contexto dos seringais, e tais atividades não são remuneradas. Para a autora, os encargos femininos ganham sentido de produção laboral, por sua conexão com a sobrevivência do núcleo e da relação familiar. No caso do seringal, as mulheres foram utilizadas como instrumento político para a fixação do trabalhador na terra. A mulher se apresentava e/ou era tratada como mercadoria ou objeto de troca (Wolff, 1999). A partir do segundo *boom* da borracha (1942-45), ela veio a ocupar um novo lugar social no seringal.

Na literatura sobre essa região, há poucos estudos centrados nas relações de gênero, referentes à assistência em saúde. As pesquisas, ainda que escassas, evidenciam uma associação direta entre a atuação das mulheres e os cuidados em saúde,[2] caracterizando-os como ocupação de natureza cada vez mais feminilizada (Gómez, 1997; Messing et al., 1997; Klein, 1996)

Profissionalização da assistência em saúde nos seringais e inserção dos ACS

Na área rural do Acre, tradicionalmente, o cuidado em saúde foi associado ao universo feminino, o que implicou diferenciação de gênero: o cuidado com a família, casa e arredores era atribuído à mulher, reprodutora, provedora e responsável pela criação da prole. Constatou-se que diversos atores sociais exercem atividade concernente à saúde: ACS de ambos os sexos, os(as) rezadores(as), curadores(as), benzedores(as) e as parteiras. À exceção destas, sempre mulheres, não havia distinção de gênero entre os outros sujeitos.

---

[2] Conforme Wolff (1999), Klein (1996), Rodrigues (2002), entre outros. Interpretações controversas sobre esse tema podem ser observadas em Wolff, 1999.

Nos seringais, antes de 1940, não existia qualquer instância pública de atendimento em saúde. O estado relegou a Zona Rural aos desígnios do patrão e do marreteiro, que passaram a encontrar no comércio de remédios industrializados uma fonte de exploração e domínio. Diversos agentes sociais atuavam na assistência em saúde: freiras e padres católicos, além do patrão e do marreteiro – vendedor ambulante que trafegava pelos rios e igarapés, negociando mantimentos e víveres com seringueiros e populações ribeirinhas. Com o processo de estatização da assistência em saúde, a partir da década de 1940, surgiu um movimento dirigido à estruturação de serviços.

Nas décadas de 1970 e 1980 ocorreram mudanças, a partir de pressão dos sindicatos rurais e urbanos, de movimentos de bases (CEBs, CPT) e feministas. No plano nacional, estava em curso o processo de democratização do país. Muitos programas foram criados para responder às demandas das mulheres do campo e da cidade, principalmente nas áreas da educação, saúde, renda e trabalho. Naquele momento, as políticas públicas de saúde estavam sendo modificadas, tendo em vista as críticas ao paradigma da medicina "curativa", centrado no atendimento da doença.

No início da década de 1990, foi implantado o Programa Nacional de Agentes Comunitários de Saúde (Pacs). Em 1994, foram estabelecidos o Pacs e o Programa Saúde da Família (PSF) no Acre. Com a normatização do Pacs, foi empreendido um processo de profissionalização do ACS, com o objetivo de "melhorar a capacidade da população de cuidar de sua saúde, transmitindo-lhe informações e conhecimentos, além de proporcionar a ligação entre a comunidade e os serviços de saúde locais" (Brasil, 1992). Em seguida, o Pacs foi articulado ao Programa Saúde da Família, para consolidar a estratégia de saúde orientada pelo princípio de prevenção. Em 2004, o referido município contava com 19 ACS para atuar nos assentamentos e unidades extrativistas, sendo 11 mulheres e oito homens. No Acre havia 959 agentes, mas não há dados acerca da quantidade numérica por gênero.

Em 1998, em Xapuri, sob coordenação da Secretaria Municipal de Saúde, foi implantado o Pacs, em áreas rurais. Naquele momento inicial, com a profissionalização do trabalho em saúde, houve predomínio de agentes homens, embora tradicionalmente essa atividade fosse associada à figura feminina. Pode-se indagar então: como a profissionalização da atividade dos ACS contou e ainda conta com mais homens, quando eram as mulheres que, aparentemente, detinham o conhecimento popular sobre as práticas de cura nas áreas rurais?

O histórico da implantação de programas dessa natureza, envolvendo os ACS no país, lança luz sobre a presença hegemônica das mulheres, o que, de certa forma, reforça a especificidade da referida região. No final da década de 1980, por exemplo, no Ceará, houve uma redução importante dos índices de mortalidade em crianças, a partir da contratação de 6 mil mulheres, que cobriram toda a faixa territorial cearense (Nogueira et al., 2000). No Programa de Interiorização de Ações de Saúde e Saneamento (Piass), no vale do Ribeira, houve maioria de mulheres agentes. Nesse caso, dos 19 selecionados, 15 eram mulheres e quatro homens (Devale, 1981, citado por Silva, 2001).

Quando o Pacs começou a ser implantado no país, ainda não se havia consolidado uma normatização específica que regulamentasse a contratação dos ACS. Com isso, inicialmente a seleção obedecia a critérios estabelecidos localmente, por cada administração. O fato de o Pacs alcançar de forma desigual as diversas regiões do país acarretou que esse processo ficasse a cargo de cada estado e/ou município. Na Portaria nº 1.886/GM, de 18 de dezembro de 1997, o Ministério da Saúde discutia as primeiras normas operacionais do Pacs. Fixaram-se os critérios, entre os quais se destacam:

- o ACS deve trabalhar com a descrição de famílias em base geográfica definida;
- ele é responsável pelo acompanhamento de, no máximo, 150 famílias ou 750 pessoas;
- o recrutamento dos ACS deve ser por processo seletivo no próprio município, com assessoria da Secretaria Estadual de Saúde;
- são considerados requisitos ser morador da área onde exercerá suas atividades há pelo menos dois anos, saber ler e escrever, ser maior de 18 anos e ter disponibilidade de tempo integral para exercer suas atividades;
- desenvolver atividades de prevenção das doenças e promoção da saúde, mediante visitas domiciliares e ações educativas individuais e coletivas

na comunidade, sob supervisão e acompanhamento do enfermeiro instrutor/supervisor lotado na unidade básica de saúde de sua referência (Brasil, 1997).

A partir desses dados, foram selecionados os ACS do município de Xapuri, admitidos legalmente por concurso público, com diferentes procedimentos: inscrição do candidato no concurso; realização de prova escrita; indicação da comunidade; convite ou escolha da prefeitura local. Todos de Xapuri mencionaram o concurso público como forma de seleção, inclusive com divulgação do edital pela rádio local, Seis de Agosto. No entanto, o concurso figurava apenas como formalidade, sendo a legitimidade do candidato confirmada mediante indicação tácita da municipalidade ou aprovação da comunidade.

Nesse cenário vigorou a presença masculina entre os ACS. Sob distintas maneiras de contratação e escolha, os homens tiveram a preferência nos seringais. A partir de 2002, com a hegemonia dos concursos públicos sobre os mecanismos de indicação individual, essa situação se alterou, na medida em que as indicações ou as referências da comunidade, aos poucos, perdiam peso.

Em 2004, momento de realização da pesquisa, já se vislumbrava, de forma bastante visível, a mudança do perfil dos ACS: havia então maior inserção de pessoas da cidade, devido à abertura do concurso público, incluindo os sujeitos oriundos da Zona Urbana. Configuram-se assim dois momentos relativos ao mecanismo de contratação dos ACS: o legitimado pela base comunitária ou municipalidade, e a contratação mediante concurso público.

Esses dados corroboram o observado por Klein (1996) no seringal São Pedro, em Xapuri. Esse autor considera que os ACS se confundiam muitas vezes com a liderança comunitária, sindical ou, até religiosa, da Igreja Católica. Distintas influências atuavam na seleção dos agentes: de parentesco, do aparelho sindical, da direção da associação. Muitos ACS foram aceitos inicialmente a partir de indicação do meio local. Sua força e importância, assim como das lideranças locais, atinham-se ao critério de pertencimento à própria comunidade. Essa exigência era traduzida pelos objetivos de resgate de laços tradicionais de amizade e parentesco, valorização do conhecimento prévio da área e pela busca de manutenção do envolvimento antigo com as famílias, o que era tido como capaz de possibilitar a compreensão das condições gerais de vida e ofício dos moradores atendidos. Essa lógica de contratação dos ACS obedecia a dois argumentos mais gerais, que justificavam o predomínio dos papéis masculinos, na cultura dos seringais. Toma-se aqui a noção de cultura como um espaço que

> *abrange uma objetividade com a espessura que tem a vida, por onde passa o econômico, o político, o religioso, o simbólico e o imaginário. Ela é o lócus onde se articulam os conflitos e as concessões, as tradições e as mudanças e onde tudo ganha sentido, ou sentidos, uma vez que nunca há apenas um significado* (Minayo, 1999).

O primeiro argumento concebe a ideia de que as mulheres não disporiam de tempo para exercer a atividade de ACS, pois deviam cuidar dos filhos e dos afazeres domésticos. O segundo se refere ao despreparo para enfrentar longas distâncias ou os perigos dos inóspitos caminhos dos seringais. Acrescente-se o ciúme, ligado à autoridade do pai nos seringais, que também reforçou a centralidade dos papéis masculinos no exercício dos ACS. Rua e Abramovay (2000) ressaltam que a sexualidade e o relacionamento com o sexo oposto constituem aspectos relevantes, referentes às relações de gênero e às diferentes interdições impostas a homens e mulheres. Essas autoras consideram o receio e a vergonha diante dos médicos como obstáculos ao exame preventivo de câncer de colo do útero e de mama.

Com a remuneração da assistência em saúde, houve um deslocamento da posição das mulheres: do âmbito do espaço privado para o público. Com a atuação profissional, passaram a ser reconhecidas. Apesar de terem alcançado várias conquistas políticas, a partir das reivindicações das organizações de trabalhadores rurais (Silva, 2001), elas seguem inseridas de forma desigual no espaço de sociabilidade de vida e trabalho, sendo tal situação mais aguda na Zona Rural.

No município de Sobral (CE), Coelho e Coelho (2004) aferiram que a remuneração do ACS foi um dos principais atrativos para os homens. Nos seringais, os esposos referiram ciúme e colocavam obstáculos ao exame físico, quando a nudez ou toque nas regiões genitais das esposas fossem necessários. Assim, observa-se que as concepções tradicionais, relativas aos papéis masculinos e femininos, exigiram que as mulheres redefinissem seu universo social. Nota-se que as relações de gênero envolvem o corpo, aqui compreendido com construção histórica, social e cultural. Lopes e outros (1996:10) asseguram que o "ideal é evitar a polarização natural/social, possivelmente compreendendo que gênero tem uma dimensão e uma expressão biológica".

Em 2002, o Ministério do Trabalho determinou a obrigatoriedade de admissão por concurso público de qualquer cidadão brasileiro. Com a promulgação do Decreto-Lei n.º 10.507, de 10 de julho de 2002 – em substituição à Portaria n.º 1.886/GM, de 18 de dezembro de 1997, que disciplinava o programa de ACS da família, e ao Decreto Federal n.º 3.189, de 4 de outubro de 1999, que fixava diretrizes para o exercício da atividade de ACS –, foi anulada a exigência de moradia mínima de dois anos para os candidatos à função e exigido o atual ensino fundamental (de quinta à oitava série), em vez do de primeira à quarta série. Desse modo, tornou-se elegível a inscrição incondicional de candidatos a ACS das Zonas Rural e Urbana do município, colocando em vantagem os moradores da cidade. Essa medida promoveu mudança significativa no número de ACS mulheres, em relação ao de homens. Em 2002, com o concurso, o número de agentes se inverteu: as mulheres, de oito para 11, enquanto os homens, de 11 para oito. Com o dispositivo de desobrigação de moradia no local, elevou-se o número de residentes na cidade inscritos.

Com esse tipo de concorrência, em Xapuri a situação dos ACS se alterou. Como na cidade a posição da mulher é diferenciada da do universo rural, há mais presença política e social, maior inserção econômica no mercado de trabalho remunerado, é provável que isso tenha contribuído para o incremento da visibilidade social da mulher. A partir de então, a assistência em saúde passou a ser efetuada por mulheres residentes na cidade. À época desta pesquisa, das seis ACS entrevistadas, quatro moram em Zona Urbana, enquanto entre os homens, apenas um reside na cidade.

A admissão de ACS da cidade gerou conflitos, além de ter deslocado a concepção fundamental e constitutiva do programa, de que ele deveria ser membro da comunidade. Nas regiões em que esses agentes da cidade passaram a atuar, o descontentamento local foi recorrente, o que refletiu, por um lado, a diversidade entre cidade e Zona Rural. Por outro lado, expressou as contradições desse ator social, que deveria integrar-se no seio da comunidade, mas, ao mesmo tempo, é elemento estranho. O conhecimento prévio da realidade da região possivelmente ampliaria os resultados efetivos da assistência em saúde, assim como facilitaria a abordagem das famílias.

Nesse contexto, o fato de o cuidado da saúde nos seringais ser, tradicionalmente, associado à mulher não constituiu motivo suficiente para garantir a profissionalização de ACS mulheres da Zona Rural de Xapuri antes de 2002, uma vez que não havia exigência de um mínimo de conhecimento do candidato sobre essa área. Cabe sublinhar que a profissionalização dessa atividade não resultou em inserção da mulher na vida pública. Ao contrário, reforçou a diferença entre os gêneros. A alegação de perigos da natureza e de despreparo físico foi utilizada como obstáculo ao exercício laboral feminino. Contudo, a norma de desobrigação de o agente ser residente na comunidade revelou mais do que a mutilação do cerne da concepção do Pacs, e mostrou que as condições de gênero também são distintas, entre o campo e a cidade. Se, por um lado, as relações de gênero tornaram-se mais igualitárias, com a ampliação das inscrições aos moradores da área urbana, por outro, a seleção de agentes da cidade contradisse a concepção inicial do Pacs.

Certamente a persistência dessa tendência de vigência do código normativo exigirá repensar o papel do ACS, concebido inicialmente como integrante da comunidade (Brasil, 200b), para posicionar "o serviço de saúde mais próximo do contexto domiciliar e fortalecer a capacidade da população de enfrentamento dos problemas de saúde, através da transmissão de informações e conhecimentos", promovendo articulação entre equipe de saúde e comunidade (Nunes et al., 2002:1641).

Assistência à saúde das mulheres nos seringais: abordagem e impactos do trabalho dos(as) ACS

O conhecimento dos agentes acerca das práticas em saúde era fundamentado nos saberes populares previamente adquiridos. Até a época desta investigação, eles não haviam realizado qualquer atividade vinculada diretamente à área da saúde, exceto pequenos curativos. Apenas um ACS era professor e se distinguia dos demais, por possuir certas noções sobre assistência em saúde, aprendidas em sua prática pedagógica, em uma escola primária. Os outros agentes contratados haviam exercido atividades de seringueiro, açougueiro e líder de associação de moradores. Foram registrados somente dois casos em que os ACS haviam exercido cuidados em saúde, inclusive tendo cursado aulas para essa habilitação.

Cabe ponderar que ter contato com cuidados em saúde não significa possuir experiência em pesar crianças ou diagnosticar doenças. Nunes e colaboradores (2002) afirmam ser a conexão entre esses dois saberes o que fundamenta a proposta dos ACS. Trata-se de considerar o conhecimento prático, o fazer cotidiano, a utilização de plantas medicinais pelos seringueiros, e de interagir com os saberes técnicos, especializados, racionais, referentes à medida, peso e dosagem medicamentosa. Segundo os autores, o caráter híbrido e polifônico da intervenção desse agente acarretou a possibilidade de diálogo mais profundo entre os dois tipos de saberes e práticas.

Nesse sentido, na contratação do ACS, o requisito de possuir experiência em saúde não constituiu questão importante, uma vez que esse critério não se apresentava. O material de capacitação do Pacs advertia que, para ser ACS, não era preciso possuir conhecimento prévio sobre saúde, pois após a seleção seria oferecido treinamento acerca das ações a serem desenvolvidas, além de constante supervisão do enfermeiro instrutor/supervisor no processo de formação dos ACS (Brasil, 2002b). Nesse caso específico, a experiência da mulher, relativa aos cuidados, não foi levada em conta. A princípio, ela não teria qualquer vantagem, comparativamente ao homem. A universalização do direito de candidatura de sujeitos da área urbana ou rural resultou na mudança de um componente essencial do Pacs, como citado. Além disso, expressou a existência de uma dialética entre a cidade e o campo, que engendra papéis sociais distintos, organizados hierarquicamente e de forma desigual.

Os cursos de capacitação dos ACS abordavam e/ou ainda abrangem várias questões acerca da saúde, como o cadastramento das famílias e visitas às casas, o diagnóstico socioeconômico e cultural da comunidade, o tratamento das doenças mais comuns, especialmente aquelas que exigem acompanhamento constante, como diabetes e hipertensão. Os agentes recebiam orientação a respeito de questões epidemiológicas, aspectos socioculturais e econômicos da comunidade, com os procedimentos para preenchimento de formulários, ferramentas para realizar diagnósticos com enfoque na saúde preventiva das doenças locais das crianças e recém-nascidos. Além disso, foram transmitidas informações sobre gripe, verminose, enriquecimento de alimentos, saúde da mulher e dos idosos, tuberculose, pressão arterial, hanseníase, amamentação, pré-natal, gravidez, câncer de colo do útero e de mama, vacinação, diabetes, saneamento básico, tratamento da água, do lixo e higiene pessoal. Esses temas eram tratados sem referência às diferenças de gênero, como, por exemplo, a prevenção do câncer de colo de útero e de mama, que foi abordada sem levar em consideração a resistência das mulheres em falar sobre essas partes do corpo, com agentes homens.

Nos cursos, era veiculada a importância em destacar os papéis sociais, como, por exemplo, entre o tratamento de meninas mais jovens e das moças já casadas, entre os modos de cuidar do corpo masculino e feminino, e uma estratégia diversificada de abordagem para crianças, gestantes, diabéticos, idosos. Essa postura não significava o reconhecimento de uma percepção das diferenças de gênero.

O ACS iniciava seu trabalho quando concluía o processo básico de capacitação. A incumbência referia-se ao acompanhamento de crianças (de zero a seis anos), gestantes, idosos e portadores de doenças crônicas, como hipertensão e diabetes. Os casos mais graves eram encaminhados para postos de saúde na cidade, com instrução acerca dos procedimentos a serem realizados no hospital ou no centro de saúde do município. Ademais, proferiam palestras sobre práticas educativas de prevenção, cuidados com alimentação, higiene ambiental e corporal.

Inicialmente, os ACS homens declararam não possuir dificuldades no contato com mulheres e homens, jovens ou crianças. Os casos citados de resistência foram poucos. Por um lado, o fato de o agente pertencer à comunidade e possuir conhecimento da realidade local facilitava o contato com as famílias. Por outro, no entanto, despertava desconfiança quanto à eficácia, uma vez que o ACS, homem ou mulher, deixava de ser considerado um membro da comunidade como os outros, passando a ser identificado como profissional de saúde. Muitos moradores não confiavam em seu trabalho, uma vez que ele havia crescido no mesmo ambiente que os demais. Isso não é contraditório, visto que o fato de assumir função social que o distingue dos outros membros faz com que esse agente se torne diferente de seus pares e, ao mesmo tempo, ele não era tido como agente biomédico profissional. É nesse sentido que o agente de saúde agrega um saber especializado e estabelece uma ponte entre a comunidade e os profissionais da cidade – tornando-se um personagem polimorfo.

Não houve menção de agentes homens e mulheres a quaisquer formas de resistência mais extrema, como não serem recebidos por alguma família, por exemplo. Os conflitos que surgiram concerniam à oposição entre saber popular/conhecimento médico, ou entre fitoterapia e alopatia. Foram revelados aspectos relativos às diferenças de gênero. A ACS da colocação Pimenteira, na Reserva Chico Mendes em Xapuri, mencionou não ter problema com a intervenção entre homens, mulheres e crianças, com quem costuma conversar sobre quaisquer assuntos. Segundo ela, a exceção se dá com mulheres de faixa etária mais elevada, resistentes a aceitar o exame de prevenção de câncer de colo do útero e de mama. No caso dos homens, os mais idosos evitam certos temas, como uso de preservativo e exame de câncer de próstata, o que pode ser ilustrado pelo seguinte relato:

> *Os homens, também não, inclusive, quando não levo camisinha, eles já ficam me cobrando, porque nem sempre têm, os idosos têm resistência para tratar de certos assuntos, acho que devido à falta de estudo, esclarecimentos, não é no primeiro momento que se consegue. Eles dizem: não vou fazer porque, se eu tiver que morrer, vou morrer do mesmo jeito. Então, a conversa é sempre essa, que o meu pai nunca fez isso, por que eu vou fazer? Aí a gente insiste, finda conseguindo com jeitinho* (Dercy Teles, Pimenteira, Ser. Boa Vista, segundo grau completo).

Desse modo, constataram-se dificuldades no diálogo com homens e mulheres idosos, além da abordagem, por agentes mulheres, de temas como câncer de próstata, uso de camisinha e DST/aids, com homens. O mesmo ocorreu com agentes homens, no que tange a questões relativas à saúde da mulher, como pré-natal, câncer de mama e colo do útero, uso de anticoncepcional:

> *Homem maduro com problema de próstata, eu converso, eu pergunto para o homem, mas ele não fala. Muitos têm vergonha de falar com a gente, ficam envergonhados quando se*

pergunta quem usa preservativo, não acontece de procurar [o atendimento] depois. A diferença com as mulheres é que há mais liberdade de falar os problemas com a gente. E os homens respondem de forma seca, não dando abertura para mais pergunta (Dercy Teles, ACS da Pimenteira, Ser. Boa Vista, segundo grau completo).

Rua e Abramovay (2000) indicam a importância da prevenção do câncer de colo do útero e de mama. As autoras registraram amplo desconhecimento sobre a questão, entre homens e mulheres de assentamentos rurais. Muitas mulheres não realizam regularmente o exame preventivo e não têm por hábito o autoexame das mamas. O principal obstáculo identificado se refere ao receio e à vergonha das mulheres, diante de agentes homens. No estudo de Rua e Abramovay (2000:102), esses sentimentos eram mais referidos pelas mais jovens e pelas mais idosas: "durante as visitas dos agentes de saúde, as mulheres nunca falam sobre sua sexualidade, nunca perguntam e demonstram timidez para discutir esse tipo de tema".

O ideal, para alguns entrevistados, seria o atendimento por pessoas do mesmo sexo. No parecer da ACS do Seringal Cachoeira, colocação São Luis, há grande dificuldade em dialogar com homens sobre questões de saúde. Ela observou que eles são mais fechados do que as mulheres: "é preciso puxar muito assunto com eles, ao contrário do que se passa com as mulheres, com as quais se sente muito mais à vontade, o que torna mais fácil a conversa com elas" (ACS do Seringal Cachoeira, colocação São Luis).

A agente de saúde Dercy Teles, da Pimenteira, afirmou que o machismo afeta o trabalho dos ACS homens ou mulheres, sobretudo quando se refere à prevenção do câncer de colo do útero e de mama, da próstata e das DST/aids. A sra. Maria de Nazaré, ACS do Ser. Albrácia, informa que

> *É orientar as pessoas a fazerem os exames de câncer, de mama. Nas reuniões estou orientando as mulheres, colo de útero, eu oriento marido, as mulheres pra cá pra elas trazerem os homens também, porque sofrem também do câncer de próstata. Eu oriento pra eles virem fazer, mas eles não querem de jeito nenhum, porque eles dizem "homem tem que ter respeito". Aí falo pra ele, a mulher não fica só (...). As mulheres vêm, é mais*

fácil hoje em dia, tudo tranquilo, não tem problema nenhum. Orientamos as mulheres a fazer o pré-natal, sendo que muitas vezes tem homens que não querem deixar a mulher vir. A resistência na maior parte das vezes é pelos homens. Até que no começo pra convencer os homens a deixar as mulheres fazer o exame do colo de útero, eles falavam "que isso era sem-vergonhice". Agora não, as coisas estão mais tranquilo. Tudo no começo é difícil. Eu trabalhava no posto da zona rural, não mudou muita coisa do meu trabalho (Maria de Nazaré Cordeiro, Ser. Albrácia, 50 anos, primário incompleto).

Constataram-se diferenças nas condições de saúde de homens e mulheres, apesar de haver semelhanças, no que concerne às enfermidades mais comuns. Segundo Rua e Abramovay (2000), os padrões de saúde exibem variação nas áreas de assentamento, sendo mais frequentes, principalmente em crianças, a diarreia, disenteria decorrente da contaminação da água, verminose, doenças da garganta, subnutrição, gripe, coceira. O câncer de colo de útero foi citado como problema comum entre mulheres nos seringais. Nos homens, são referidos, com frequência, dores na coluna e acidentes de trabalho. A hanseníase acometia ambos os sexos e a incidência de leishmaniose aumentou significativamente no Pólo Agroflorestal Sibéria (região de assentamento extrativista no Acre). Notou-se, no conjunto das áreas acompanhadas, redução no número de casos de doenças sexualmente transmissíveis. O alcoolismo e o tabagismo foram citados como presentes em grande parte da população rural, atingindo principalmente a masculina. Para muitos ACS, o período de gestação constitui uma fase a ser acompanhada, e houve relatos de queixas de cólicas. O planejamento familiar consta entre as atividades educativas e preventivas exercidas pelos ACS, para conscientização dos moradores.

As dificuldades de deslocamento e transporte até a cidade mais próxima, associadas ao alto custo para aquisição de medicamentos alopáticos, além da precária infraestrutura disponível de assistência em saúde, tendem a favorecer o uso maciço das plantas medicinais nos seringais. Os recursos utilizados consistem na combinação de medicamentos fitoterápicos com alopáticos, em forma de chás e pomadas. Na área do Seringal São Pedro, há preferência pelo emprego fitoterápico para gripes, bronquites, febres, diarreias e ferimentos leves. Nos casos mais graves, prevaleceu a utilização de medicamentos industrializados e o encaminhamento para hospitais da cidade.

Uma ameaça para manutenção das práticas tradicionais com plantas medicinais tem sido o aumento drástico do desmatamento nas áreas de florestas na Amazônia e no Acre, em particular. O número de curadores, rezadores e de parteiras vem se reduzindo, em função da perda das tradições de cura nos seringais, e da morte dos curandeiros mais idosos. A rapidez na eficácia e a instantaneidade de resolução dos medicamentos alopáticos têm propiciado aumento da confiabilidade, por parte das famílias. Muitas acreditam apenas no remédio do posto de saúde, conforme declarou a ACS que atende 102 famílias no Pólo Agroflorestal Sibéria e Petrópolis. Há resistência ao uso de homeopatia na região. As mulheres geralmente preferiam plantas medicinais e medicamentos caseiros. Os homens valorizavam os remédios prescritos pelo médico. Nunes e colaboradores (2002:1.646) constataram que as intervenções dos ACS

> *inscrevem-se em um verdadeiro "fogo cruzado", onde demandas às vezes paradoxais se interpõem (...), os ACS somam a expectativa de uma competência técnica a valores e conhecimento que estão arraigados à sua cultura, e que entram em choque com aquela primeira, os quais algumas vezes nem eles próprios se sentem capazes de modificar em si mesmos.*

Considerações finais

Neste texto, abordamos os agentes sociais envolvidos no processo assistencial em saúde nos seringais de Xapuri. A pesquisa objetivou apreender a maneira como mulheres atuaram/atuam e passaram/passam a ocupar novas dimensões para alcançar o posicionamento social entre as esferas pública e privada. Investigamos as razões que conduziram ao predomínio de homens entre os agentes de saúde. Da perspectiva de gênero, foram analisadas as formas de abordagem realizadas pelos ACS homens e mulheres. Observamos como se diferenciavam e em que sentido agiam no atendimento à saúde das habitantes das áreas rurais de Xapuri.

Nos seringais da região, constatamos que os moldes de organização econômica e social engendraram relações assimétricas de gênero, relegando o trabalho das mulheres – tarefas produtivas e reprodutivas – à condição de invisibilidade: suas atividades não eram remuneradas. Desse quadro decorrem desigualdades que repercutem na esfera da saúde. As distinções entre os papéis sociais de ambos os sexos são indicativas do posicionamento no espaço social público e privado.

O fato de o cuidado da saúde nos seringais estar tradicionalmente associado ao feminino não constituiu motivo suficiente para garantir a profissionalização de ACS mulheres da Zona Rural de Xapuri, antes de 2002. Cabe sublinhar que a capacitação deslocou do espaço doméstico para o público a tradicional incumbência feminina relativa à saúde.

O papel do ACS foi fundamental para atender as demandas do cuidado em saúde, principalmente pelo fato de ele desenvolver prevenção e educação acerca de doença/saúde, nos seringais. Com a implantação do Pacs e PSF, o drástico quadro assistencial anterior foi alterado. Constatamos que o trabalho dos agentes logrou ultrapassar tabus culturais, econômicos e políticos, e houve significativa melhora das condições de saúde, principalmente da mulher.

Infelizmente, nosso estudo não utilizou metodologia quantitativa suficiente para comprovar tais mudanças. Todavia, possibilitou a identificação de características concernentes à esfera sociocultural, capazes de propiciar agravamento da condição de saúde das mulheres e/ou homens, associadas às restrições impostas por relações de gênero. Pesquisas específicas, direcionadas às transformações operadas nesse contexto, fazem-se necessárias e urgentes, tendo em vista o aprofundamento desta investigação, que se limitou a identificar problemas acerca das formas de abordagem dos ACS, em populações assistidas nos seringais.

Referências bibliográficas

ACRE. Programa Estadual de Zoneamento Ecológico Econômico do Estado do Acre. *Aspectos socioeconômicos e ocupação territorial*. Rio Branco: Sectma, 2000. Documento final, v. 2.

BRASIL. Ministério da Saúde. Secretaria Geral de Recursos Humanos. *Sistematização de experiências pedagógicas para formação de pessoal auxiliar de saúde e saneamento para atenção primária*. Brasília: Ministério da Saúde, 1985. Relatório da Pesquisa, Acre.

_____. Ministério da Saúde. Portaria n° 1.886/GM, de 18 de dezembro de 1997. Aprova as normas e diretrizes do Programa de Agentes Comunitários de Saúde e do Programa Saúde da Família. Brasília, 1997.

_____. Ministério da Saúde. Secretaria. 1992. In: SILVA, Aluisio Gomes da. *Modelos tecnoassistenciais em saúde*: o debate no campo da saúde coletiva. São Paulo: Hucitec, 1998.

_____. Congresso. Decreto-Lei n° 10.507, de 10 de julho de 2002. Cria a profissão de agente comunitário de saúde. Brasília, 2002a.

_____. Ministério da Saúde. Secretaria de Políticas de Saúde. Departamento de Atenção Básica. Modalidade de contratação de agentes comunitários de saúde – um pacto tripartite. Brasília, 2002b.

BRITO, J. *Saúde, trabalho e modos sexuados de viver*. Rio de Janeiro: Fiocruz, 1999.

COELHO, Christianne Marie Aguiar; COELHO, Luis Fernando Viana. Impacto provocado pela implantação do Programa Saúde da Família sobre as ações dos agentes comunitários de saúde – o caso de Sobral (CE). *Sanare*: Revista de Políticas Públicas, ano 5, n. 1, jan./mar. 2004.

DaMATTA, Roberto. *A casa e a rua*. 5. ed. Rio de Janeiro: Rocco, 1997.

FREYRE, Gilberto. *Ordem e progresso*. 6. ed. rev. São Paulo: Global, 2004.

GÓMEZ, Adriana. Todas las mujeres son trabajadoras. *Cuadernos Mujer Salud*, Red de Salud de las Mujeres Latinoamericanas y del Caribe, v. 2, p. 2-8, 1997. "Trabajo y salud: mujeres en riesgo: develando lo oculto sobre salud de las trabajadoras".

GRAHAM, Richard. *Clientelismo e política no Brasil do século XIX*. Rio de Janeiro: UFRJ, 1997.

HEREDIA, Beatriz M. A.; GARCIA, M. F.; GARCIA Jr. El lugar de la mujer en unidades domésticas campesinas. In: SEMINÁRIO MULHER NA FORÇA DE TRABALHO NA AMÉRICA LATINA. Anales. Rio de Janeiro: Iuperj, 1978.

HOUAISS, Antônio; VILLAR, Mauro de Salles; MELLO FRANCO, Francisco Manoel de. *Dicionário Houaiss da língua portuguesa*. Rio de Janeiro: Objetiva, 2001.

KLEIN, Estanislau Paulo. *Práticas sociais de saúde entre seringueiros e agricultores do estado do Acre*. 1996. Dissertação (Mestrado em Antropologia) – CH/DCS, Universidade Federal de Pernambuco, Recife, 1996.

_____. *História da saúde pública do Acre*. Rio Branco: Fundação Elias Mansour, 2002.

LOPES, Júlia Marques; MEYER, Dagmar Estermann; WALDOW, Vera Regina; KERGOAT, Daniele (Orgs.). *Gênero e saúde*. Porto Alegre: Artes Médicas, 1996.

LOURO, Guacira Lopes. Nas redes do conceito de gênero. In: MARTINELLO, Pedro. *A "batalha da borracha" na Segunda Guerra Mundial e suas consequências para o Vale Amazônico*. São Paulo: Ufac, 1988. (Cadernos da Ufac, Série C).

MESSING, K; SEIFERT, A. M.; GONZÁLES, R. Haciendo visible lo invisible: indicadores científicos de procesos nocivos que afectan la salud de las mujeres em el trabajo. *Cuadernos Mujer Salud*, n. 2, p. 15-27, 1997.

MEYER, Dagmar Estermann. Teorias e políticas de gêneros: fragmentos históricos e desafios atuais. *Reben: Revista Brasileira de Enfermagem*, Rio de Janeiro: Associação Brasileira de Enfermagem, v. 57, n. 1, p. 13-18, jan./fev. 2004.

MINAYO, Maria Cecília de Souza. *O desafio do conhecimento*: pesquisa qualitativa em saúde. 6. ed. São Paulo: Hucitec; Rio de Janeiro: Abrasco, 1999.

NEVES, Magna de Almeida. Reestruturação produtiva, qualificação e relações de gênero. In: NOGUEIRA, Roberto Passos; SILVA, Frederico B.; RAMOS, Zuleide do Vale O. *A vinculação institucional de um trabalhador sui generis*: o agente comunitário de saúde. Rio de Janeiro: Ipea, jun. 2000. (Texto para Discussão, 735).

NUNES, Mônica de Oliveira; ALMEIDA, Bethânia de Araújo; HOMEM, Carolina Ramos; MELO, Marise Cláudia I. de C. O agente comunitário de saúde: construção de identidade desse personagem híbrido e polifônico. *Cadernos de Saúde Pública*, Rio de Janeiro, v. 18, n. 6, p. 1639-1646, nov./dez. 2002.

OFFE, Claus. *Capitalismo desorganizado*. Rio de Janeiro: Brasiliense, 1989.

PACHECO, Maria Emília Lisboa. Sistemas de produção: uma perspectiva de gênero. In: WORKSHOP GÊNERO, DEMOCRACIA E POLÍTICAS PÚBLICAS. Anais São Paulo, SOS CORPO/GTZ, set. 1996.

PAULA, Elder Andrade de; SILVA, Francisco Bento; SILVA, Mauro César Rocha da; MAIA, Marineide da Silva. *Impactos dos assentamentos rurais no estado do Acre*. Relatório Finep/CPDA/UFRRJ/Ufac, 2000.

_____. A conquista da terra nas florestas do Acre. In: MEDEIROS, Leonilde S. de LEITE; Sérgio P. (Orgs.). *A formação dos assentamentos rurais no Brasil*. Porto Alegre: UFRGS, 1999.

RODRIGUES, Valéria. *Curadores e rezadores*: a exclusão social do sistema oficial de saúde nos seringais de Xapuri/Acre. 2002. Dissertação (Mestrado em Ciências Sociais) – DFCS/Pontifícia Universidade Católica de São Paulo, Universidade Federal do Acre, São Paulo, 2002.

ROSEN, George. *Da polícia médica à medicina social*: ensaios sobre a história da assistência médica. Rio de Janeiro: Graal, 1979.

RUA, Maria das Graças; ABRAMOVAY, Miriam. *Companheiras de lutas ou "coordenadoras de panelas"*: as relações de gênero nos assentamentos rurais. Brasília: Unesco, 2000.

SILVA, Mauro César Rocha. *Sindicato em movimento*: representação política e os interesses no Sindicato de Trabalhadores Rurais de Xapuri. 2001. Dissertação (Mestrado em Desenvolvimento, Agricultura e Sociedade) – CPDA, Universidade Federal do Rio de Janeiro, Rio de Janeiro, 2001.

WOLFF, Cristina Scheibe. *Mulheres da floresta*: uma história: alto Juruá, Acre (1890-1945). São Paulo: Hucitec, 1999.

Parte IV
Gênero, ciclo de vida e sexualidade

17. Aproximando ou separando a cor: a combinação racial da união determina a prevenção?

Júnia Quiroga Cunha[*]

Este texto enfoca a negociação em torno do exercício da sexualidade e o comportamento preventivo por parte de mulheres e homens heterossexuais que mantêm uniões maritais estáveis, civis ou consensuais. Trata-se de apreender se, e como, gênero e composição racial permeiam esse processo.

Os indicativos da pauperização da AIDS[1] lançam o desafio de entendimento das vulnerabilidades específicas ao HIV, que atingem as camadas mais pobres da população, e justificam a decisão de investigar indivíduos residentes em uma comunidade favelada. A tendência à heterossexualização da epidemia impõe a necessidade de se compreender como se estabelecem as relações de gênero entre parceiros sexuais. Portanto, foram pesquisados indivíduos de ambos os sexos que mantinham, quando da entrevista, relacionamento estável com coabitação, situação na qual a negociação de prevenção apresenta maiores dificuldades.

Conforme criticado por Heise e Elias (1995) e Barbosa (1999), as principais frentes de combate à AIDS – redução do número de parceiros, promoção do uso de preservativo e tratamento de outras infecções sexualmente transmissíveis (ISTs) em populações em risco de contrair o HIV –

---

[*] Doutora em demografia pelo Centro de Desenvolvimento e Planejamento Regional (Cedeplar) da Universidade Federal de Minas Gerais (UFMG). Meus agradecimentos a Frederico Melo, pela realização das entrevistas com os homens e pelo suporte à análise deste material; às professoras Elza Berquó e Regina Barbosa, pela orientação no IX Programa Interinstitucional de Metodologia em Pesquisa em Gênero, Sexualidade e Saúde Reprodutiva; à Fundação Ford e à Capes, pelo auxílio financeiro. Os resultados ora apresentados constituem dados de minha tese de doutorado (Cunha, 2006).

[1] Conforme orientação do Programa Nacional de DST e Aids (PN-DST/AIDS), neste texto o agravo em saúde "aids" é referido em minúsculas; quando em maiúsculas, "AIDS" diz respeito à epidemia.

não são adequadas à realidade de um grande número de mulheres, em função de seu restrito poder de negociação da prática sexual. As alternativas concentram-se na busca de equilíbrio das relações de gênero, de modo a promover o empoderamento feminino e a habilidade em negociar práticas sexuais, além do desenvolvimento de um método de prevenção controlado pela mulher, como os microbicidas.

Barbosa (1999) aborda essa temática e destaca que ela não se restringe à comunicação verbal e à discussão relativa às práticas sexuais mais seguras. A autora defende que, na perspectiva construcionista de estudo sobre a sexualidade, a negociação sexual ganha contornos mais fluidos e amplos, por incluir quaisquer instâncias da realidade dos indivíduos que influenciem a dimensão de poder nos jogos afetivo-sexuais. As relações de gênero e raciais estão inseridas nesse horizonte.

Análises da intervenção da dimensão racial no processo de negociação em torno da prevenção ainda são raras na literatura produzida no Brasil.[2] Chamar a atenção para esse fato é uma das contribuições deste texto. Para Goldstein (1999), a escassez de estudos contribui para que se ignore o quão erotizado é o cotidiano brasileiro e o quanto essa erotização, marcada pelas dimensões de gênero, raça e classe, comodifica os corpos de mulheres negras e homens brancos. O silêncio a respeito também reforça a noção de que o Brasil é uma "democracia erótico-racial", expressão cunhada pela autora, tendo em vista que a justificativa fundamental da pretensa democracia racial brasileira se dá em termos da existência e prevalência do sexo inter-racial no país.

A quantidade de estudos concernentes ao possível nexo entre AIDS e raça vem aumentando, à medida que o PN-DST/AIDS ressalta, em seus boletins epidemiológicos, uma tendência ao aumento do número de casos entre pretos e pardos, o que seria consistente com a tendência à concentração da epidemia entre grupos mais excluídos socialmente.

Recentemente, alguns autores passaram a criticar a forma como tem sido conduzida a argumentação dos responsáveis pelas políticas nacionais de combate à AIDS, quando se trata de analisar a influência da raça na vul-

---

[2] Embora autores clássicos, como Gilberto Freyre, tenham discutido amplamente a importância do sexo inter-racial para a formação da nação brasileira, estudos contemporâneos que vinculem sexualidade e raça são escassos.

nerabilidade à infecção (Fry et al., 2007). O questionamento se desenvolve em torno de se não estaria, de fato, ocorrendo uma tentativa de racializar a epidemia, uma vez que as conclusões sobre a composição racial dos casos notificados ultrapassam o potencial explicativo dos dados disponíveis e da metodologia de análise empregada. Não é possível concluir sobre a relação AIDS e raça apenas com base em dados sobre casos notificados, pois a inclusão desse último quesito na ficha de agravos do Ministério da Saúde se deu apenas em 2000, o que indica que não se conta com uma trajetória suficientemente longa de preenchimento consistente de dados.

Outras alternativas de bases de dados têm sido utilizadas em estudos que lidam com a conexão AIDS e raça. Nestes, surgem algumas hipóteses sobre possíveis diferenças na habilidade de negociação de relações sexuais mais seguras, marcadas por características raciais e de gênero. Batista (2002) investigou o perfil de mortalidade de indivíduos pretos, no estado de São Paulo, nessa dupla perspectiva e, entre os resultados, consta que homens e mulheres negros morrem mais de aids do que brancos. Possíveis explicações são: primeiro, baixa percepção de risco da população negra, que pouco se identificou com as primeiras campanhas de prevenção (não dirigidas especificamente para esse grupo e com foco quase exclusivo em profissionais do sexo e homossexuais masculinos, representados na mídia como brancos e de classe média), o que dificulta a busca por diagnóstico e tratamento; e, segundo, maior dificuldade das mulheres negras em negociar relações sexuais mais seguras, fator vinculado a seu baixo status social.

Lopes (2003) buscou compreender a vulnerabilidade à reinfecção e ao adoecimento de mulheres que vivem com HIV/aids, no estado de São Paulo. Seu estudo indica um conjunto de aspectos sociais e cognitivos que tornam as mulheres negras mais expostas, em comparação com as não negras, ao adoecimento e à reinfecção pelo HIV. Tais aspectos incluem piores condições socioeconômicas, restrita possibilidade de acesso à sorotestagem e tratamento antirretroviral, além de maior dificuldade em encontrar estratégias de comunicação e decisão sobre autocuidado e prevenção. Suas conclusões corroboram a hipótese de Batista (2002), de que a negociação de relações sexuais seguras é mais difícil para mulheres negras, o que aumenta sua vulnerabilidade à infecção.

Este texto aprofunda as considerações desses autores, para compreender a interação entre a raça/cor dos parceiros e a negociação da prática sexual. Estudos sobre essa conexão são raros ou inexistentes no Brasil, e escassos no cenário internacional. Talvez a única exceção nesse plano seja a investigação quantitativa de Ford, Sohn e Lepkowski (2001), que busca estabelecer a importância da similitude – social, educacional e demográfica – entre parceiros no uso do preservativo e de outros métodos contraceptivos entre adolescentes americanos. Sua hipótese é de que a maior similaridade entre eles facilita o diálogo e conduz à maior utilização de métodos; contudo, isso não se verificou com respeito à raça, visto que uniões inter-raciais apresentaram maior uso de recursos contraceptivos.

Embora tais autores não ofereçam uma explanação da causa do achado inesperado acerca da adoção de preservativo em uniões inter-raciais, avento a possibilidade de que elas exijam maior grau de comunicação entre parceiros, desde o estabelecimento do relacionamento, inclusive na esfera sexual. Minha hipótese se alinha à reflexão proposta por Moutinho (2004), quanto aos motivos de estabelecimento e continuidade de parcerias inter-raciais, para além de uma visão utilitarista. De modo geral, a combinação inter-racial mais frequente no Brasil – homem negro unido a mulher branca – é entendida como estratégia de ascensão social. A análise de Moutinho evidencia limitações da representação social acerca dessas uniões. Sua pesquisa revela como outros eixos motivam essas relações, notadamente o desejo inter-racial. Cabe discutir a validade das afirmativas citadas, de que esses casais estariam marcados, entre outras características, por maior desequilíbrio de poder entre os pares, o que dificultaria a negociação sexual.

Nesse contexto, este trabalho visa contribuir para ampliar o conhecimento sobre a negociação da prevenção entre parcerias inter-raciais e de mesma raça, no âmbito de relações estáveis, em uma comunidade favelada do município de Belo Horizonte. Chama-se a atenção para a relevância de se abordar o tema a partir de pesquisa de campo.

Métodos

Trata-se de uma investigação qualitativa, com mulheres e homens residentes na Vila Barreirinhas, comunidade favelada da cidade de Belo Horizonte, que viviam em união marital heterossexual, consensual ou formal, à ocasião da entrevista. O trabalho de campo foi realizado entre janeiro e julho de 2004.

Aproximadamente 2.500 pessoas residem na Vila Barreirinhas, que está localizada a 15 minutos do centro de Belo Horizonte. A comunidade conta com abastecimento de água, energia elétrica e, no entorno imediato, duas linhas de ônibus, escolas e centro de saúde. Apesar da relativa segurança, os moradores referem problemas de violência na região. Os aspectos mais insuficientes são a oferta de lazer – limitada a um campo de futebol e vários bares – e as condições das residências, caracterizadas pela precariedade da construção e pequeno número de cômodos. O compartilhamento de dormitório único entre casal e filhos é frequente, e a inexistência de banheiro no domicílio foi reportada por dois entrevistados.

A entrada na Vila Barreirinhas se deu mediante contato com o presidente da associação comunitária, que se mostrou bastante acessível quando, cerca de um ano antes desta pesquisa, uma colega empreendeu mapeamento de vilas e comunidades de Belo Horizonte.

Os dados ora analisados se referem à transcrição de 40 entrevistas em profundidade, semiestruturadas, conduzidas a partir de um roteiro que abordou os seguintes tópicos: informações sociodemográficas, vida a dois, cuidados com a saúde, sexualidade e percepção sobre sexualidade e raça. Um pesquisador homem entrevistou os homens e eu entrevistei as mulheres. Ambos somos brancos, temos o mesmo nível educacional e experiência em pesquisa.

Buscou-se que o grupo entrevistado incluísse tanto indivíduos que se percebiam unidos inter-racialmente como os que consideravam ter parceiro de mesma raça. Não foram pesquisados membros da mesma parceria, pela possibilidade de que isso os inibisse a compartilhar informações. Portanto, os dados coletados permitem a comparação dos pontos de vista de homens e mulheres, mas não o contraste entre depoimentos de cônjuges.

Os entrevistados foram recrutados na vizinhança, pelo presidente da associação comunitária; no posto de saúde, por mim; ou, ainda, foram indicados por outros participantes. Aproximadamente o mesmo número de entrevistas derivou de cada forma de seleção e esse aspecto não pareceu implicar diversidade no tipo de informação prestada.

Quando realizado pelo presidente da associação comunitária, o recrutamento consistia em oferecer aos informantes, da faixa etária de interesse e que vivessem em união, uma explicação sintética sobre a pesquisa e averiguar sobre o interesse/disponibilidade em contribuir à investigação. Caso concordassem, o contato era anotado e eram procurados posteriormente para combinar o encontro, realizar registro de idade, status marital e classificação racial própria e do parceiro. Para categorização racial, indagava-se a cor/raça da pessoa e do(a) parceiro(a). Se as respostas escapassem às classificações constantes no critério do IBGE,[3] as perguntas eram refeitas, com oferta dessas categorias.

Em geral, as entrevistas eram agendadas para poucos dias após o encontro inicial. Os depoimentos eram gravados, tiveram duração média de 90 minutos e, na maioria, ocorreram na residência dos informantes. Uma vez transcritas, foram sistematizadas em amplas categorias de interesse e codificadas com o programa de análise de dados qualitativos QSR-N6. Neste texto, é utilizada parte do extenso material produzido, focalizando a comunicação marital e a negociação da prevenção de ISTs e AIDS. As entrevistas foram agrupadas por sexo e por composição racial da união, buscando-se perceber como as dimensões selecionadas variam segundo as categorias.

O ordenamento dos documentos segundo a composição racial da união foi efetuado com base na classificação racial dos entrevistados e na maneira como eles categorizam seus parceiros. Em algumas ocasiões, não houve coerência entre os dados referidos quando foi indagada a própria cor/raça e a identidade racial evidenciada em seu discurso. Nesses casos, as entrevistas foram agrupadas segundo a identidade manifestada. Um exemplo dessa reclassificação é de uma mulher que se considerou parda e referiu a mesma cor ao marido, mas cujo discurso evidenciou que, de fato, ela os percebe como brancos. A seguinte fala é ilustrativa: "já fui casada

---

[3] O IBGE coleta a classificação racial do indivíduo com base nas seguintes categorias: branco, preto, pardo, amarelo e indígena.

com três homens brancos, nunca tive um negro. Não tenho nenhum preconceito, mas prefiro da minha cor mesmo".

O projeto desta pesquisa foi avaliado e aprovado pelo Comitê de Ética em Pesquisa da UFMG (Coep/UFMG). O termo de consentimento livre e esclarecido, elaborado à luz da Resolução n.º 196/1996, foi lido e assinado previamente às entrevistas. Buscando resguardar a confidencialidade das informações compartilhadas, neste texto a comunidade e os entrevistados são referidos por nomes fictícios.[4]

Resultados

Caracterização dos entrevistados

Os entrevistados, 20 mulheres e 20 homens, tinham, à época da pesquisa, entre 25 e 38 anos (mulheres) e 25 e 48 anos (homens). Na maioria dos casos, o homem é até quatro anos mais velho que a parceira, padrão que não ocorre em seis casos. A maior parte dos pesquisados está unida há mais de sete anos, tem pelo menos um filho com o companheiro atual e faz uso de algum método contraceptivo, sendo mais frequentes a laqueadura (13), a pílula (12) e o preservativo masculino (sete). A religião predominante é a católica.

A maioria completou de cinco a oito anos de educação formal. No que diz respeito à inserção no mercado de trabalho, predominam ocupações de baixa especialização, com alto nível de informalidade legal. Os homens entrevistados, bem como os parceiros das mulheres investigadas, atuavam, em geral, no setor de construção civil ou como vigilantes. Embora muitas mulheres exercessem atividades remuneradas, como serviço doméstico ou confecção e venda de artesanato, grande parte declarou a ocupação principal de dona de casa, o que sugere baixa valorização de sua colaboração financeira nas despesas domiciliares.

No que tange à composição racial das uniões, predominaram aquelas com ambos os parceiros negros. Entre os informantes que consideraram viver em união inter-racial, era mais frequente que fosse a mulher parda ou preta (ver quadro).

---

[4] Alguns nomes que identificam os entrevistados foram por eles escolhidos, quando lhes foi explicado que, na apresentação dos dados, seriam referidos por nomes fictícios.

Perfil dos entrevistados segundo sexo, raça e classificação racial da união

	Parceiros de mesma raça		União inter-racial		Total	
	Mulher	Homem	Mulher	Homem	Mulher	Homem
Negro(a)*	7	10	8	4	15	14
Branco(a)	2	2	3	4	5	6
Total	9	12	11	8	20	20

* Inclui os autodeclarados pretos(as) e pardos(as).

A maioria negra entre os entrevistados, ainda que não intencionalmente buscada, condiz com a sabida sobre representação negra nas populações mais pobres (IBGE, 2002). No entanto, cabe ressaltar a possibilidade, comum às pesquisas que coletam informação racial, de as características raciais e sociais do entrevistador influenciarem a classificação do informante. Afinal, conforme sugere Schwartz (1999:229):

> a identificação racial é quase uma questão relacional no Brasil: varia de indivíduo para indivíduo, depende do lugar, do tempo e do próprio observador. Quanto mais claro aquele que pergunta, mais "escura" pode ser a resposta, e vice-versa. O mesmo entrevistado alterará sua formulação tendo em mente a pessoa – a cor e a posição social e cultural – que faz a questão.

No caso desta pesquisa, o fato de ambos os entrevistadores sermos brancos pode ter influenciado as declarações de alguns informantes quanto a serem mais escuros do que se consideravam, a partir da comparação com a cor de pele dos investigadores.

Embora se tenha optado pelo não pareamento de casais, as parceiras dos homens entrevistados apresentaram perfil sociodemográfico semelhante ao das mulheres do grupo pesquisado. A mesma analogia é válida para os homens participantes e os parceiros das entrevistadas. Uniões inter-raciais e de mesma raça apresentaram perfil sociodemográfico homogêneo, sem contrastes marcantes nas características selecionadas (ver quadro).

Comunicação sobre desejo e prática sexual

A verbalização sobre sexo e sexualidade é pouco frequente nas uniões estabelecidas pelos entrevistados. Na maioria dos casos, as características físicas determinaram o interesse no início do relacionamento. A raça eventualmente é citada como o aspecto mais determinante na atração:

> *O que mais me chamou a atenção foi a cor dela. Foi o que despertou meu interesse e me levou a conversar com ela* (Alberto, 38 anos, branco em união inter-racial).

A comunicação verbal tampouco figura como instrumento primordial ou usual para iniciar o ato sexual. Homens e mulheres, de qualquer raça e composição racial da união, descreveram que o envolvimento sexual começa com algum tipo de instrumentalização corporal, tanto toques e carícias íntimas como práticas de higiene corporal (tomar banho e perfumar-se, por exemplo) que revelam ao parceiro a intenção de ter uma relação sexual.

A extroversão corporal, oposta a certa atrofia verbal, no caso do universo carioca investigado, foi identificada por Bozon e Heilborn (2001) como um elemento cultural que diferencia o início da vida sexual no Rio de Janeiro e em Paris. O fato de a maioria dos entrevistados desta pesquisa estar unida há mais de sete anos sugere que essa marca cultural não diz respeito apenas ao início da trajetória afetivo-sexual, e reforça a ideia de Barbosa (1999) de que a negociação em torno do sexo pode ser bastante ativa, e em geral o é, mesmo sem comunicação verbal.

Lear (1995) aponta que a ausência de conversas sobre sexo, observada em seu estudo sobre comunicação sexual entre universitários americanos, dificulta a construção da percepção de risco no relacionamento, pois geralmente o entendimento sobre o tema é feito de maneira indireta, provavelmente em discussões sobre o relacionamento e não acerca do risco. Heise e Elias (1995) apontam o fato de muitos casais não conversarem sobre sexo como evidência de uma limitação para o sucesso de estratégias de combate à AIDS, que dependam da promoção do diálogo conjugal, como o uso do preservativo.

Nesta pesquisa, entre os entrevistados de qualquer raça, a comunicação sobre sexo foi mais frequente no que concerne ao tipo de prática que se adota ou à contracepção.

Vocês já fizeram sexo anal?

Não. Nós dois não. Até mesmo porque ela não gosta. Ela não gosta (Alberto, 38 anos, branco em união inter-racial).

Ah, sexo oral, assim: antes dele ser evangélico tinha muito, era maravilhoso! [Risos.] Tanto da minha parte como da parte dele. Mas depois que ele foi pra religião, ele leu na Bíblia que isso, pra religião de evangélico, não é uma coisa do agrado de Deus. Então ele parou e eu sinto falta [Risos.] Mas se ele pensa dessa maneira, eu tenho que respeitar porque, se fosse eu, ele tinha que me respeitar (Érica, 34 anos, negra unida a negro).

E quem decidiu que ela ligasse as trompas?

A gente conversou, eu mais ela, aí a gente conversou e ela viu que tava na hora dela ligar, que com três crianças, que ela não queria trazer mais.

E foi ela que começou a conversar sobre isso ou foi você?

Nós dois, eu e ela (Lobão, 35 anos, negro unido a negra).

Comunicação sobre prevenção

Relatos de conversas sobre prevenção de ISTs foram incomuns, independentemente do gênero, raça e composição racial da parceria. Em geral, a proposta de uso de preservativo parecia colocar em xeque a confiança entre os membros do casal. Houve casos, entretanto, em que a utilização do preservativo era negociada, sem que isso fosse entendido como prova de infidelidade. Nesses casos, uma preocupação concreta era sempre explicitada e, via de regra, dizia respeito à anticoncepção:

Tem quanto tempo que vocês usam camisinha?

Tem uns três meses, porque a neném tem quatro, e é um mês de resguardo. Aí, por enquanto, tem esse tempo.

E quem que teve a ideia da camisinha? Como é que foi?

> *Fui eu. Porque eu tô morrendo de medo de arrumar mais menino. Ele não gosta, mas tem que fazer assim, porque, nossa, tá muito difícil* (Márcia, 33 anos, negra em união inter-racial).
>
> *Quem que decidiu usar a camisinha: você ou ela?*
>
> *Os dois. Agora eu vou te falar: não é por causa de prevenção, medo, não foi por causa de medo não. É porque ela usava medicamento e tava fazendo mal pra saúde dela. E ela opinou que eu fizesse cirurgia. Eu falei que não, em vez da gente, eu fazer a cirurgia, que é uma coisa irreversível, então opinei pela camisinha. E aconteceu dela aceitar também, entramos em acordo* (Miguel, 35 anos, branco unido a branca).

Nos casos apresentados, havia uma negociação do uso do preservativo, e a iniciativa podia partir de um ou de ambos os parceiros. Entretanto, era evidente também a preocupação em esclarecer que a utilização não era motivada pelo temor à infidelidade do parceiro.

Como observado por outros estudos (Barbosa, 1999; Guerrieiro, Ayres e Hearst, 2002), nas entrevistas em Vila Barreirinhas o uso do preservativo era legitimado ao se tratar de contracepção. Assim, a necessidade de anticoncepção podia ser um subterfúgio para utilizar a camisinha.

> *Eu quero usar em todas as relações, sinceramente. Assim, às vezes até escondo que estou tomando o remédio, para poder usar a camisinha. Prefiro o uso da camisinha do que sem a camisinha, porque sou fácil de pegar infecção. Mas nem sempre dá certo, né?*
>
> *E quando não dá certo, por que que não dá certo?*
>
> *Quando não dá certo o uso da camisinha? Porque ele fica sabendo, ele descobre que estou tomando remédio, então [risos] ele descobre que tomo remédio, então acha que isso aí não engravida. Só pensa em gravidez, só isso, mais nada. Então não dá certo quando ele descobre, mas, se depender de mim, ele não descobre nunca. Mas só que acaba descobrindo de uma forma ou de outra* (Melissa, 26 anos, negra unida a negro).

O desejo de Melissa de se prevenir contra infecções não legitimava sua demanda pelo preservativo, e o subterfúgio utilizado nem sempre era exitoso, já que podia ser descoberto pelo parceiro. A despeito disso, em outro momento da entrevista, Melissa enfatizou que a mulher tem a decisão final sobre a adoção da camisinha.

Ele usaria camisinha sempre se você quisesse?

Ah, com certeza ele ia, também depende muito de mim, né? Com certeza ele usaria. Se eu falar que não vou tomar remédio, não tomo remédio. Faz de camisinha. Se ele quiser, faz de camisinha; se não quiser, o azar é dele. Eles não mandam na gente não, pedem favor. [Risos.] Aí, às vezes a gente deixa passar, deixa, às vezes a gente deixa eles acharem que estão podendo. Mas a gente deixa se a gente quiser, se a gente não quiser, a gente usa só camisinha. Tenho uma amiga que é casada, ela tem três filhos, o marido dela só usa camisinha. O marido dela aceita normalmente. Estou tentando que ele aceite só camisinha. Depende muito da gente também, né?

Três aspectos chamam particular atenção nesse fragmento. O primeiro, já mencionado, diz respeito à legitimação do uso da camisinha quando o objetivo é contraceptivo. Em segundo lugar, a explicitação da estratégia de se abster do sexo, caso a condição não seja respeitada – "azar o dele", diz ela, como se fosse indiferente à abstinência. Finalmente, Melissa afirmou a que a mulher pode usar a camisinha desde que realmente queira, como sua amiga fazia e como ela tentava fazer. Nesse terceiro ponto, Melissa coloca em xeque a noção de poder como estrutura hierárquica, ressaltando que a simulação ("a gente deixa eles acharem que estão podendo") integra o leque de opções possíveis no processo de negociação.

Melissa foi uma das poucas entrevistadas que afirmou desejar usar o preservativo consistentemente. Em geral, mulheres e homens avaliaram negativamente esse recurso e consideraram seu uso desnecessário, quando há confiança no(a) parceiro(a). Contudo, sua fala expressou algumas estratégias de negociação que ultrapassam a comunicação verbal.

Uso de preservativo

Nenhum informante reportou uso atual ou passado do preservativo feminino, e a maioria apenas ouviu falar dele. Por outro lado, o preservativo masculino é o terceiro método contraceptivo mais adotado, em geral com a justificativa da insatisfação com o mal-estar provocado pela pílula, ou do tempo de espera para esterilização cirúrgica. Houve menções ao uso esporádico da camisinha, mas nunca relacionado ao desejo ou à necessidade de prevenção de ISTs.

Não houve nuances nos depoimentos sobre uso de preservativo segundo raça ou composição racial. Contudo, Sílvia (35 anos, negra unida a negro) comentou sobre uma amiga negra casada, cujo marido, branco, somente mantinha relações com camisinha, "porque não queria que o filho nascesse de cor negra". Nesse caso, o nexo entre raça e negociação é explícito: visa impedir o nascimento de uma criança mestiça, como se um filho significasse a concretização do vínculo inter-racial, tornando-o evidente para a sociedade.

Cabe acrescentar, como observado por Sheriff (2001) e Goldstein (1999), que os depoimentos de informantes unidos inter-racialmente mencionaram comentários de terceiros, principalmente parentes e amigos próximos, sobre as características miscigenadas de seus filhos. As observações sugerem que a aparência física das crianças torna mais evidente a inter-racialidade.

O pessoal faz brincadeira mesmo, só familiar. Eles criticam, falam assim: igual, essa filha minha, ela tem o cabelo bom. Eles falam que não é filha minha não, então criticam. Mas não levo a sério não, porque sei que é brincadeira (Inês, 27 anos, negra em união inter-racial).

Então, quando eu tô com meu marido e meus meninos, no metrô, no ônibus ou passeando, o pessoal olha, e vê que meu marido é claro. Agora, quando tá só eu e meus meninos, o pessoal fica olhando, assim, como quem diz: "essa aí sequestrou esses meninos" (Cátia, 35 anos, negra em união inter-racial).

Sensações físicas associadas ao uso do preservativo

A prática de sexo com preservativo não agrada à maioria dos entrevistados. Mulheres e homens, negros ou brancos, segundo qualquer composição de união, apontaram insatisfações semelhantes: necessidade de interromper o ato sexual para colocá-lo, redução do prazer e perda de contato entre os parceiros.

> [o marido, em relação ao uso da camisinha] *só falava que não gostava.*
>
> *Nunca falou por quê?*
>
> *Não.*
>
> *E você, gostava?*
>
> *Também não.*
>
> *Por quê?*
>
> *Ah, sei lá. Acho assim: a gente não sentia prazer, era ruim. Não quero nem explicar, mas era horrível, não gosto de usar* (Carla, 28 anos, negra em união inter-racial).

> *Ah, cara, eu não, não gostei não, não foi legal, foi diferente, achei meio estranho. É eu, particularmente, que não gostei não. Por exemplo, para, coloca, aí, na hora que vai fazer, a camisinha fica saindo fora, você fica inseguro, parece que vai sair. Não achei legal não* (Zé Arigó, 34 anos, negro em união inter-racial).

> *Eu, na minha opinião, eu, particularmente, não gosto de camisinha. Sei que ela é uma coisa boa, mas pela confiança que tenho na minha parceira, aí já me deixa mais tranquilo. A camisinha.*
>
> *O que que você não gosta na camisinha?*
>
> *Ah, não sei te explicar.* [Risos entrevistador.] *Acho esquisito,*

> *acho muito esquisito. Não me sinto bem com ela* (Chico, 26 anos, negro unido a negra).

Embora não se tenham apresentado diferenças marcantes nas percepções de mulheres e homens quanto à associação entre o uso da camisinha e a perda de prazer ou de contato com o parceiro na relação, os homens explicitaram os inconvenientes com maior riqueza. De modo geral, as mulheres demonstraram não gostar do preservativo, mas não se aprofundaram, preferindo, como Carla, nem explicar o fato. Entre os homens, foram recorrentes as menções ao desconforto, à insegurança, à necessidade de interromper o ato sexual e à sensação de que a camisinha podia sair. A diferença nas declarações de mulheres e homens pode estar associada ao fato de que, efetivamente, são os homens que usam o preservativo.[5]

Chico relatou uma sensação esquisita provocada pelo uso da camisinha. Ademais, ele introduziu o argumento que permeou a maioria das percepções dos entrevistados, no que se refere ao risco de contrair alguma IST e à sua prevenção: a confiança entre parceiros.

Preservativo e confiança entre casados

Quando indagados sobre o uso de preservativo entre pessoas casadas, as respostas revelaram que é considerado pertinente em duas situações: quando a camisinha é o método contraceptivo escolhido ou quando não há confiança entre os cônjuges.

> *Tem muitas pessoas que têm, além de ter o marido, têm outra pessoa, então acho que ali têm que usar. Se ela vai com outra pessoa e ele tem aquela doença e passa pra ela e passa para o marido e aí vai. Aí tem que se conscientizar. Porque tem gente que não tá nem aí, "ah se eu pegar eu passo pra ele, porque é bom". Tem gente que é sujo. Aí eu acho que tem que pensar muito: ou não vai ou então usa* (Márcia, 33 anos, negra em união inter-racial).

---

[5] Como já observado neste texto, alguns entrevistados já tinham visto a camisinha feminina, mas nenhum afirmou tê-la utilizado. Portanto, suas percepções sobre o uso se referem, exclusivamente, ao preservativo masculino.

> *São as opções: se a menina não confiar no cara, ela tem que forçar ele e pedir pra usar e não falar que não confia nele. Às vezes o cara sai, ela não sabe o que que ele tá fazendo. Mas acho que, no caso, se for de confiança, se não for caso de ter menino, se ela prefere tomar remédio, ou ela ligar as trompas, acho que não precisa usar isso não. Se ela tiver confiança, se você tiver confiança nela, acho que não precisa não* (Tony, 27 anos, branco em união inter-racial).

Observa-se que, em suas reflexões sobre (des)confiança, os entrevistados não mais se referiram ao desconforto causado pelo preservativo. Nesse contexto, a ideia que emerge com mais intensidade é o risco de se expor, ou ao companheiro, a alguma IST e, assim, o uso da camisinha foi considerado essencial entre parceiros estáveis ou, como mencionou Márcia, com o eventual. Muitos se apressaram em esclarecer que a desconfiança não fazia parte de suas parcerias e, portanto, que suas considerações acerca da possibilidade de infidelidade não diziam respeito a si próprios. A preocupação em elucidar esse aspecto foi particularmente intensa entre os sete entrevistados que usavam a camisinha como método anticoncepcional.

> *E quando as pessoas são casadas, você acha que tem alguma situação em que elas têm que usar?*
>
> *Acho que no caso de prevenir uma gravidez indesejada, porque o casal, hoje tem muita gente que, tem muito casal que não é honesto, o homem ou a mulher, tem um que trai, sempre tem um que trai. Às vezes tem relacionamento em que isso acontece. Acho que o preservativo devia ser usado só mesmo para prevenir a gravidez, mas como tem pessoas que não são honestas com o casal. Se o casal não tem aquela honestidade, então tem que se usar.*
>
> *Eles teriam que usar camisinha?*
>
> *Acho que sim. No meu caso, assim, se ela estivesse tomando comprimido anticoncepcional, eu não usaria preservativo* (Júlio, 38 anos, negro unido a negra).

ISTs e AIDS

É grande a desinformação sobre sintomas e formas de tratamento de outras ISTs que não a aids, particularmente entre mulheres, sem distinção por raça ou composição racial da união. A falta de conhecimento sobre essas infecções é uma preocupação *per se*, dada a gravidade de muitas, e também à luz da prevenção da AIDS, posto que a transmissão do HIV é facilitada pela presença de outras ISTs (Vieira et al., 2000; Heise e Elias, 1995).

As informações sobre as ISTs, em geral, se limitam à menção de alguns nomes, principalmente gonorreia e "cavalo-de-crista"/"crista-de-galo" (condiloma). Cabe mencionar que os entrevistados, inclusive os que já tiveram alguma infecção (seis homens e 11 mulheres), demonstraram grande desconhecimento sobre elas. Entre os homens alguma vez infectados, dois tiveram crista-de-galo, três tiveram gonorreia e um teve, simultaneamente, cancro duro, cancro mole e sífilis. Os depoentes afirmaram ter sofrido essas infecções antes do casamento, e terem se tratado segundo instruções de conhecidos ou farmacêuticos. Uma informante afirmou que, no passado, foi infestada por "chato" (pediculose pubiana) na poltrona de um ônibus. Seis mulheres tiveram candidíase que, em três casos, foi associada à gravidez. Corrimentos qualificados como "normais" ou "que toda mulher pega" foram relatados por três depoentes, uma das quais recebia tratamento à época. Uma delas não se lembrou o nome da infecção que contraiu do marido quando, recém-casados, ele mantinha relações extraconjugais. À época, isso provocou uma separação de duas semanas, concluída após pacto de fidelidade do casal, que ainda se sustenta, 17 anos após o ocorrido.

Embora as infecções referidas – pediculose pubiana e candidíase – não sejam, de fato, exclusivamente transmitidas pela via sexual, chamam a atenção as crenças equivocadas de diversas mulheres acerca da transmissão de ISTs, como, por exemplo, considerar que corrimentos vaginais são necessariamente normais e a possibilidade de ocorrer infecção em assentos públicos, particularmente se estiverem quentes. Nas palavras de Adélia:

> *Tenho o maior cuidado porque a gente não pega aids só em contato com homem. Tem outro tipo de contato também: ao sentar no ônibus, ao sentar perto de uma pessoa ferida. Se*

> *o ônibus estiver cheio e tiver um lugar, eu espero o lugar esfriar bastante pra poder sentar. Porque não sei o que aconteceu, quem tava sentado ali. Isso não é orgulho, é cuidado!* (37 anos, branca em união inter-racial).

A informação acerca da aids é mais consistente do que sobre as outras ISTs: a maioria sabe que o HIV transmite a infecção, que a via sexual e o compartilhamento de seringas constituem formas de transmissão e que o preservativo é um método eficaz de prevenção. Contudo, o trecho citado é um, entre diversos exemplos, de que o conhecimento da população sobre a AIDS ainda é insuficiente, o que compromete a capacidade de avaliação do risco pessoal de infecção e das possibilidades de prevenção. Três entrevistados relataram dúvidas quanto à possibilidade de infecção por troca de saliva, e um demonstrou desconfiança quanto à informação oficial divulgada sobre o tema:

> *Li num cartaz que através do beijo não pega, mas, que nem te falei: eu fico nessa dúvida. O beijo é uma coisa mais complicada, na minha opinião, eles falam que não pega, mas tenho uma cisma que a saliva, quando você está beijando a pessoa, a saliva é constante ali, um com o outro. Sei lá, é meio complicado, né?* (Chico, 26 anos, negro unido a negra).

Os casos mais extremos de desinformação sobre AIDS se referem a duas mulheres que apenas ouviram falar da epidemia, mas não tinham qualquer informação a respeito, e de um homem, que alegou compreender a epidemia segundo sua doutrina religiosa. Para ele, a doença pré-existe no corpo feminino, teria sido ali colocada por um demônio. A partir dessa crença, infecção e cura seriam determinadas pela fé.

Construção da percepção de risco

Mulheres e homens entrevistados enfatizaram distintas categorias na construção da autopercepção do risco de infecção pelo HIV. Raça e composição racial da união não se apresentaram como aspectos determinantes. A maioria dos homens considerou não estar vulnerável ao risco de infecção pelo HIV em função da confiança depositada nas parceiras. André resumiu, de maneira enfática, a percepção da maioria dos homens entrevistados sobre as companheiras:

> *Eu boto minha mão no fogo por ela, boto minhas duas mãos no fogo* (André, 25 anos, branco unido a branca).

Algumas mulheres também ressaltaram a confiança no parceiro como estratégia de avaliação do risco e prevenção. Entretanto, para a maioria, a autopercepção de risco está pautada em duas dimensões: uma que é individual e outra que depende do companheiro. No primeiro nível, elas estão seguras de que seu comportamento sexual não as coloca em risco. Por outro lado, a incerteza em torno da fidelidade do parceiro confere um caráter imponderável ao risco. Essa dupla construção da avaliação do risco pessoal é expressiva em suas falas:

> *Não tenho* [risco de infecção]. *Quer dizer, a gente não sabe o que pode acontecer com a gente, que a gente não sabe o dia de amanhã, né? Mas, no momento, no momento não. Não da minha parte. Falo por mim, agora, dele é que não sei. Dele, assim, 90 por cento eu sei, mas tem 10 por cento que pode acontecer* (Melissa, 26 anos, negra unida a negro).

O que Melissa referiu como 10 por cento de possibilidade foi relatado por outras informantes, com distintas percentagens ou expressões como "a natureza do homem" ou "homem não é muito confiável". A busca de mensuração da confiança depositada no marido chama particular atenção, já que não foi sugerida no roteiro ou induzida na entrevista. Compreende-se que a infidelidade masculina é naturalizada a ponto de a confiança se configurar como recurso fracionável.

De acordo com Houaiss (2002), o termo "confiança" refere-se à "crença na sinceridade afetiva de outrem, que torna incompatível imaginar um deslize, uma traição, uma demonstração de incompetência de sua parte". Confiança significa, também, "sentimento de respeito, concórdia, segurança mútua". A fala de Melissa revela uma ressignificação do conceito, e introduz um matiz que permite relativizar a crença na sinceridade afetiva do parceiro e na segurança mútua oferecida pela união. O redimensionamento dessa categoria pode estar relacionado, também, ao aumento da variedade de elementos que os entrevistados referem na construção das noções de risco e prevenção. Na análise dessa proposição, foram resgatados os relatos de mulheres e homens, para precisar as diferenças. A comparação permitiu observar que, em relação aos homens, as mulheres entrevistadas apontam maior variedade de categorias quando indagadas sobre a autopercepção de risco e adoção de prevenção. Para eles, a referência central, e muitas vezes única, é a confiança. Entre as mulheres, além dessa dimensão, praticamente todas mencionam o cuidado com objetos perfurocortantes, seja em manicuras ou em consultas médico-odontológicas.

Teste anti-HIV

Doze entrevistadas fizeram o teste anti-HIV em algum momento da vida e, em nove casos, a motivação foi o fato de o exame ser incluído no pré-natal oferecido pelo SUS. Entre as mulheres que foram testadas durante o pré-natal, duas ressaltaram a sua opção pelo exame. Conforme enfatizaram, nesse período, a sorotestagem é oferecida, mas não é obrigatória, e depende, portanto, de uma decisão individual. Entre os homens, a doação de sangue foi a situação mais comum de testagem, mencionada por quatro dos oito informantes que já haviam sido testados. Os relatos sobre a sorotestagem sugerem a necessidade de um motivo "legítimo" para se fazer o exame, como se o desejo de conhecer o status sorológico não fosse suficiente. Assim, se para as mulheres o pré-natal constitui a razão para o teste, no caso dos homens a doação de sangue o justifica. Essa percepção se assemelha à de Guerriero, Ayres e Hearst (2002), que identificaram, entre seus pesquisados, a doação de sangue como estratégia para se realizar o teste, sem colocar em xeque os pressupostos individuais e sociais da identidade masculina.

Houve casos em que o fato de as esposas terem sido testadas no pré-natal orientou a decisão do marido de não fazer o teste. Mais uma vez, a confiança depositada nas parceiras surge como medida preventiva que, nesse caso, justifica a escolha por não conhecer sua condição sorológica. Para André (25 anos, branco unido a branca), a opção foi corroborada pela opinião de um médico:

> *Acabou que eu fiz* [o teste anti-HIV] *quando ela ficou grávida. Ela fez, aí só do dela não ter dado nada, já fiquei aliviado.*

Depois ela fez mais dois. Se tivesse que dar alguma coisa, já tinha dado há muito tempo.

Mas você mesmo não fez não?

Não, não fiz. Mas o próprio ginecologista dela me elogiou esses dias prá trás. Aí até comentei com ele que eu queria fazer. Ele disse: "Fazer pra quê? Sua esposa já fez três HIV, se esses três HIV dela não deram nada, então você pode ficar tranquilo que você não tem nada". Ele falou assim com ela: "O seu marido tá comportando direitinho, né?"

Evidentemente, se o desejo de conhecer a própria condição sorológica pode colocar em questionamento a fidelidade do indivíduo, há uma barreira social explícita à iniciativa da sorotestagem.

Considerações finais

A combinação racial da união determina a prevenção? Tendo em vista a análise realizada, a resposta para a indagação no subtítulo deste texto parece ser não. Conforme descrito, para a quase totalidade das dimensões analisadas, não houve evidências de contraste nos relatos dos entrevistados segundo a composição racial da parceria.

Embora os resultados sugiram que a composição racial da união não interfere *per se* nas decisões preventivas, há alguns elementos importantes que devem ser considerados. O primeiro concerne ao fato de terem sido entrevistados apenas indivíduos que coabitam o que, *grosso modo*, indica o sucesso da união. Considerando que questões advindas da diferença racial entre os parceiros frequentemente conduzem à dissolução das uniões (Moutinho, 2004), é possível que indivíduos que tiveram uniões inter-raciais malsucedidas percebam nuances na negociação da prática sexual. Em segundo lugar, lembro que a pesquisa foi empreendida apenas com indivíduos de camadas populares. No entanto, a maior prevalência de uniões inter-raciais nesse estrato pode lhes conferir caráter distinto ante aquelas estabelecidas em ambientes menos tolerantes, como as camadas médias e altas.

Ressaltadas essas limitações, é plausível relativizar a constatação de que a combinação racial de uma união não determina o comportamento preventivo da parceria. A relativização ora proposta se sustenta, principalmente, na perspectiva de que estar envolvido em uniões inter-raciais pode, potencialmente, aumentar o grau de vulnerabilidade do indivíduo, uma vez que tais relações são particularmente visíveis aos olhares do racismo e da discriminação. Essa visibilidade é evidenciada nas falas que descrevem experiências de "olhares" e "brincadeiras" que interrogam a aparência física das crianças mestiças, por exemplo.

De qualquer maneira, para testar essa proposição alternativa parece mais adequado, como referido, ampliar o foco da investigação de modo a captar a experiência das parcerias inter-raciais em camadas médias e altas, além daquelas que não tiveram êxito. Claro está que, ainda que a pesquisa fosse ampliada da forma sugerida, é possível que, de fato, a resposta à indagação permaneça indicando que a composição racial da união não se constitui como componente essencial para compreensão do processo decisório em torno da prevenção.

O outro eixo sobre o qual se debruçou a análise dos resultados – gênero – revelou ser mais promissor do que a composição racial, no que tange ao entendimento das nuances da tomada de decisão acerca da prevenção. Embora amplamente divulgado pela literatura sobre o tema, chama especial atenção a forma como a negociação por relações sexuais mais seguras pode ser interpretada como ameaça ao companheirismo construído pelo par, tanto na ótica das mulheres quanto na dos homens. Por outro lado, os relatos indicam que a negociação sexual não se limita à díade camisinha/confiança, estendendo-se a outras dimensões, passíveis de interpretações distintas, capazes de ferir os valores sobre os quais está pautada a parceria.

Certos contrastes pontuais segundo o gênero se destacam: a percepção sobre a possibilidade de infidelidade, a construção da percepção de risco e o teste anti-HIV. Os relatos dos homens sobre esses três temas sugerem que eles transferem para as parceiras a responsabilidade de sua própria prevenção. O exemplo mais emblemático é a visão diferenciada de mulheres e homens a respeito da confiança no parceiro, sendo que as mulheres revelaram que a confiança é entendida como fracionável.

A oferta do teste anti-HIV, entre os exames gratuitos do pré-natal, possibilitou um acesso "legítimo" da mulher ao exame, de modo a não ser vítima de estigmatização social ou de desqualificação como mulher, mãe ou companheira. Contudo, é preciso estimular a testagem de mulheres desvinculada do pré-natal, visando a saúde da mulher, e não necessariamente da mãe. É também necessário promover a sorotestagem entre os homens, destacando que conhecer a condição sorológica é uma decisão autojustificada e positiva.

Finalmente, cabe ressaltar que, embora a maioria dos entrevistados esteja razoavelmente informado sobre transmissão e prevenção do HIV, a coexistência de informações certas e erradas indica a necessidade de investimento em divulgação de informações sobre HIV/AIDS. Contudo, tendo em vista o precário conhecimento sobre outras ISTs que não a aids, é preciso promover campanhas que ressaltem não apenas a gravidade dessas infecções e o fato de elas potencializarem o risco de infecção pelo HIV, como, também, a importância e possibilidade de tratamento. As falas das mulheres acerca dessas infecções sugerem que, entre elas, a insuficiência e má qualidade da informação são maiores.

Referências bibliográficas

BARBOSA, R. M. Negociação sexual ou sexo negociado? Poder, gênero e sexualidade em tempos de aids. In: BARBOSA, R. M.; PARKER, R. (Orgs.). *Sexualidades pelo avesso*: direitos, identidade e poder. Rio de Janeiro: IMS/Uerj; São Paulo: Ed. 34, 1999, p. 73-88.

BATISTA, L. E. *Mulheres e homens negros*: saúde, doença e morte. 2002. 246 p. Tese (Doutorado em Sociologia) – Faculdade de Ciências e Letras, Universidade Estadual Paulista, Araraquara, 2002.

BOZON, M.; HEILBORN, M. L. As carícias e as palavras: iniciação sexual no Rio de Janeiro e em Paris. *Novos Estudos*, n. 59, p. 111-135, 2001.

CUNHA, J. V. Q. *Vulnerabilidade, gênero e HIV*: um estudo sobre mulheres e homens heterossexuais. Brasil – 1998. 157 p. Tese (Doutorado em Demografia) – Faculdade de Ciências Econômicas, Centro de Desenvolvimento e Planejamento Regional, Universidade Federal de Minas Gerais, Belo Horizonte, 2006.

FORD, K.; SOHN, W.; LEPKOWSKI, J. Characteristics of adolescents' sexual partners and their association with use of condoms and other contraceptive methods. *Family Planning Perspectives*, v. 33, n. 3, p. 100-132, 2001.

FRY, P. H. et al. Aids tem cor ou raça? Interpretação de dados e formulação de políticas de saúde no Brasil. *Cadernos de Saúde Pública*, Rio de Janeiro, v. 23, n. 3, p. 497-543, 2007.

GOLDSTEIN, D. Interracial sex and racial democracy in Brazil: twin concepts? *American Anthropologist*, v. 101, n. 3, p. 563-578, 1999.

GUERRIEIRO, I.; AYRES, J. C. M.; HEARST, N. Masculinidade e vulnerabilidade ao HIV de homens heterossexuais. *Rev. Saúde Pública*, São Paulo, n. 36, p. 50-60, 2000.

HEISE, L. L.; ELIAS, C. Transforming AIDS prevention to meet women's needs: a focus on developing countries. *Social Science and Medicine*, n. 40, p. 931-943, 1995.

HOUAISS, A. *Dicionário eletrônico da língua portuguesa*. Rio de Janeiro: Objetiva, 2002.

IBGE – Instituto Brasileiro de Geografia e Estatística. *Síntese dos indicadores sociais 2002*. Rio de Janeiro, 2002. Disponível em: <www.ibge.gov.br> Acesso em: 9 set. 2003.

LEAR, D. Sexual communication in the age of Aids: the construction of risk and trust among young adults. *Social Science and Medicine*, v. 41, p. 1311-1323, 1995.

LOPES, F. *Mulheres negras e não-negras com aids no estado de São Paulo*: vivendo com HIV: um estudo sobre suas vulnerabilidades. 2003. 203 p. Tese (Doutorado em Saúde Pública) Faculdade de Saúde Pública, Universidade de São Paulo, São Paulo, 2003.

MOUTINHO, L. *Razão, cor e desejo*: uma análise comparativa sobre relacionamentos afetivo-sexuais inter-raciais no Brasil e na América do Sul. São Paulo: Unesp, 2004.

SCHWARCZ, L. M. Nem preto, nem branco, muito pelo contrário: cor e raça na intimidade. In: NOVAIS, F. (Org.). *História da vida privada no Brasil*. São Paulo: Cia. de Letras, 1998, p. 177-184.

SHERIFF, R. E. *Dreaming equality*: color, race, and racism in urban Brazil. New Jersey: Rutgers University Press, 2001.

VIEIRA, E. M. et al. Alguns aspectos do comportamento sexual e prática de sexo seguro em homens do município de São Paulo. *Cadernos de Saúde Pública*, Rio de Janeiro, v. 16, n. 4, p. 997-1009, 2000.

18. "Homem não paga": diversidade sexual, interação erótica e proteção entre frequentadores de uma boate no Rio de Janeiro

Leandro de Oliveira[*]

Este texto[1] se baseia em pesquisa de campo conduzida entre 2004 e 2005, tomando como objeto as interações eróticas em uma boate frequentada por travestis, *gays* praticantes do *cross-dressing*[2] e seus parceiros sexuais (Oliveira, 2006). O estabelecimento, situado na periferia da cidade do Rio de Janeiro, possui perfil que se distingue de outros do circuito GLS carioca. A diferença se traduz no discurso dos frequentadores, em torno da representação de que "homem não paga" para entrar: o ingresso é cobrado somente daqueles cuja performance é avaliada como feminina. A principal motivação dos clientes pagantes para frequentar a casa noturna consiste na possibilidade de vivenciar experiências eróticas com *homens de verdade*. A partir de observação etnográfica, descrevo e analiso as performances de gênero nesse espaço de sociabilidade, assim como as normas mais ou menos sedimentadas que incidem sobre as condutas sexuais. O objetivo é explicitar os nexos entre performance de gênero e responsabilidade pelo uso do preservativo nos contatos eróticos.

---

[*] Mestre em saúde coletiva pelo Instituto de Medicina Social (IMS) da Universidade do Estado do Rio de Janeiro (Uerj) e doutorando em antropologia social pelo PPGAS/UFRJ.

[1] Agradecimentos ao Programa Regionalizado em Metodologia de Pesquisa em Gênero, Sexualidade e Saúde Reprodutiva do Instituto de Medicina Social da Uerj, pelo apoio para realizar esta pesquisa. Agradeço a Maria Luiza Heilborn, Sérgio Carrara, Michel Bozon e Peter Fry pelas preciosas sugestões e comentários teórico-metodológicos. Gostaria ainda de externar meu agradecimento a Marcelo Tavares Natividade, pela interlocução e amizade.

[2] A categoria *cross-dressing* não emerge do discurso dos frequentadores, mas consiste em ferramenta analítica que busca circunscrever o uso de vestimentas femininas por homens que aparentemente não utilizam hormônios e próteses de silicone para modelação de seus corpos, como as travestis. Os *cross-dressers* com que conversei no decorrer da pesquisa tendem a se identificar como *gays* ou *bichas-boy*, de acordo com o contexto. Nessas redes sociais, o *cross-dressing* está diretamente associado a uma determinada forma de exercício da homossexualidade e a certas estratégias de obtenção de parceiros sexuais.

A problemática das práticas homossexuais entre homens, no contexto brasileiro, já foi abordada por grande número de estudos, indicativos da existência de um modelo de produção de identidades sociossexuais, que estigmatizaria somente aquele que exerce o papel passivo no intercurso sexual, conotando uma associação entre este posicionamento e a feminilidade (Fry, 1982; Guimarães, 2004; Misse, 1979; Parker, 1991; Daniel, 1983). Este *modelo hierárquico* de interpretação das identidades sociossexuais não seria particular ao Brasil, sendo evidenciado mais nitidamente em países de influência mediterrânea (Prieur, 1998; Cáceres, 1999; Fuller, 1997). Esta produção delineia uma determinada configuração cultural, na qual as práticas sexuais constituem peças em um jogo de forças, que engendra assimetrias e subjetividades marcadas pelo gênero.

A perspectiva aqui adotada, no entanto, não focaliza *identidades* sociossexuais, mas *redes* e *práticas*. Trata-se de uma estratégia analítica capaz de contribuir ao debate crítico acerca do primeiro tema, ao evidenciar o modo como certos processos de identificação expressam efeitos mais ou menos persistentes de atos performáticos que têm curso no interior de certas *networks*. O olhar teórico que orienta esta análise se inspira, particularmente, na tese de Butler (1993), de que o sujeito, na materialidade investida em seu corpo, é efeito sedimentado de performances reiteradas em um fluxo de *citações* continuamente recontextualizadas. Nesta ótica, a troca erótica é também uma performance, que impacta a constituição do corpo e da subjetividade. Desse modo, o sujeito da troca não antecede o intercâmbio, mas se configura continuamente no fluxo das inter-relações estabelecidas.

A opção por trabalhar com a noção de performance se deve à potencial rentabilidade analítica, no exame dos significados que a corporalidade pode assumir em contextos de interação social. Fala, roupa e gestos veiculam sentidos acerca da masculinidade e da feminilidade, negociados contextualmente, mas também podem expressar normas sedimentadas na experiência social. Investigar como operam as articulações entre gênero e sexualidade na prática dos sujeitos possibilita fornecer subsídios para a caracterização da vulnerabilidade ao HIV, em redes sociais específicas.

Nas décadas de 1970 e 1980, uma produção precursora no campo das ciências humanas apontou certos aspectos das sexualidades masculinas "nãoheterossexuais" no Brasil,[3] em parte motivada pelos processos de transformação em curso na sociedade brasileira, que ensejavam mudanças na moral sexual hegemônica. O impacto da epidemia de HIV/aids conferiu forte impulso às investigações a respeito do comportamento sexual no campo biomédico, que, muitas vezes, privilegiavam o registro de atos e práticas, sem adequada contextualização (Vance, 1995; Heilborn e Brandão, 1999). A pesquisa socioantropológica acerca das condutas sexuais de homossexuais e bissexuais masculinos ofereceu um aporte alternativo, de forma a contribuir significativamente no debate em torno da prevenção ao vírus. Embora, a princípio, no campo da saúde pública, práticas de risco fossem consideradas fruto de desinformação ou responsabilidade individual, em pouco tempo houve o reconhecimento da necessidade de estudos direcionados a compreender as lógicas culturais subjacentes às práticas, de modo a propiciar a elaboração de estratégias mais eficazes de intervenção (Parker, 1994; Parker e Terto Jr., 1998).

A progressiva feminização da epidemia, na década de 1990, indicou novos aspectos e introduziu o gênero como tema central no debate, abrindo espaço para pesquisas que abordaram as relações de força e assimetrias envolvidas nas negociações sexuais e suas implicações para a prevenção às DSTs/aids (Villela, 1996; Barbosa, 1999). Assim, ao longo da última década, a inclusão dos parceiros sexuais de mulheres vem sendo gradativamente considerada tema relevante para a agenda de investigações em saúde sexual e reprodutiva (Schraiber, Gomes e Couto, 2005). Contudo, persiste uma lacuna na pauta de estudos acerca da negociação do uso de preservativo nos intercâmbios eróticos entre transgêneros e seus parceiros, assim como sobre as dinâmicas de poder implicadas nessas interações.

Reconhece-se atualmente a importância de evidenciar a sinergia entre diferentes processos de estigmatização, que estabelecem formas particulares de vulnerabilidade entre segmentos populacionais distintos (Parker e Aggleton, 2001). Frequentemente as travestis estão sujeitas à combinação de múltiplos estigmas: por exercerem comportamento sexual e de gênero desqualificados pela moral hegemônica, por serem provenientes de setores econômicos desprivilegiados da sociedade, por sua eventual inserção na prostituição, uma das poucas alternativas profissionais viáveis para muitas (Silva, 1993; Kulick, 1998; Benedetti, 2000). Apesar de

---

[3] Sobre o tema, ver Guimarães, Terto Jr. e Parker (1992) e Citeli (2005).

um número significativo de travestis e transgêneros declarar o uso sistemático de preservativos (Carrara e Ramos, 2005), é lícito supor que nem sempre o discurso corresponde à prática. Alguns estudos sinalizam que a convergência e potencialização recíproca de estigmas, que incidem sobre esses sujeitos, conduzem a uma posição particularmente desfavorável na negociação de práticas sexuais mais seguras (Peres, 2004). As relações que estabelecem com seus parceiros, por sua vez, permanecem em relativa penumbra, contempladas em poucas investigações pioneiras (Kulick, 1998; Benedetti, 2000; Pelúcio, 2006).

Este texto, explorando certos aspectos do exercício da sexualidade nesse segmento populacional, busca oferecer uma contribuição ao campo de interlocução em torno do tema. O material etnográfico, produzido a partir de observação participante, contempla relações de sociabilidade entre frequentadores da referida boate, certas formas de apresentação, certas estratégias de paquera e de rejeição de parceiros, além do tema da circulação de preservativos.[4] A metodologia adotada consistiu na descrição e análise do repertório gestual e das interações observadas, acrescidas de informações transmitidas pelos sujeitos, sobre gênero e corpo. Procurei ressaltar a distinção entre discursos nativos sobre o gênero, dotados de eficácia e vividos como realidade, e a projeção do olhar do antropólogo, que constrói relações entre fatos que não são visíveis na perspectiva dos próprios frequentadores.

A boate está situada na Zona Oeste do Rio de Janeiro, entre o centro do bairro Bangu e a comunidade Nova Aliança, área de atuação da facção do narcotráfico carioca Terceiro Comando Puro, e palco regular de conflitos armados entre a polícia e os traficantes. O exercício da prostituição feminina heterossexual é a principal atividade desse estabelecimento. Ocorre em todos os dias da semana, à exceção dos sábados, quando a frequência se modifica: das 22h às 6h, o local é ocupado por travestis, *cross-dressers* e seus parceiros sexuais. É frequentada por indivíduos do sexo masculino de diferentes

---

[4] A observação foi complementada por entrevistas informais com duração média de 30 a 45 minutos, realizadas na boate, sem a presença de terceiros e sem gravador. Nas conversas, foram abordadas as experiências dos frequentadores naquele espaço de interação. Procurou-se reconstituir, da maneira mais fiel possível, os pontos relevantes dos depoimentos, com o registro das categorias e expressões empregadas pelos informantes, assim como de outros dados pertinentes.

faixas etárias, pertencentes a camadas populares ou a segmentos inferiores de camadas médias. Alguns ambientes, relativamente iluminados, servem de espaço para o exercício de práticas sexuais entre dois ou mais parceiros: uma das escadas que conecta o piso térreo ao superior, a galeria imediatamente abaixo desta, e dois anexos, com pequenos quartos, que podem ser utilizados mediante pagamento de uma taxa extra. O preço do ingresso correspondia a R$ 6 até a meia-noite e R$ 8 após esse horário. Para acesso aos quartos, era preciso pagar um adicional de R$ 5, com direito a uma lata de cerveja. Essa bebida era vendida a R$ 2 e os preservativos comercializados no bar do primeiro piso, a R$ 1 a unidade (valores em novembro de 2005). A estratégia de permitir acesso gratuito a *homens*, a cobrança de entrada de *bichas* e *travestis*, fato que, segundo os informantes, remonta às origens da boate, parece ser um fator que orienta o perfil da clientela.[5]

Situada em rua de passagem de veículos, a entrada está próxima da esquina. Na rua transversal há uma igreja pentecostal, duas escolas públicas e uma particular. Em frente à igreja, há um pequeno bar, que aos sábados se torna território de travestis e *cross-dressers*. Após a entrada da boate, há uma pista de dança e, à direita, duas escadas, que conduzem ao segundo piso. Esse espaço é referido por alguns frequentadores como "o beco" ou "a escada", sendo utilizado para práticas sexuais. Seguindo-se pelo corredor de entrada, chega-se à pista de dança, em torno da qual há um bar, bancos de madeira ou cimento, além de dois banheiros desprovidos de porta. O mais amplo é empregado como camarim pelas travestis. Um acesso situado à direita da pista de dança conduz a um recinto pouco iluminado, abaixo da escada, referido também como "beco" ou "beco menor". Em ambos os "becos" – principalmente na "escada", que é uma área de passagem – é recorrente a presença de *homens* desacompanhados, encostados nas paredes. Eles abordam ou são abordados por travestis e *cross-dressers*, que ali transitam. O segundo piso, com bancos de cimento e madeira, é o ambiente preferencial para conversas, pois não há música.

Os bancos geralmente são ocupados por jovens de performance masculina. Raramente eles se sentam em grupos: ficam isolados, afastados dos

---

[5] Essa prática poderia ser comparada àquela que Trindade (2004:179) registrou nas saunas gays paulistanas, onde *boys* que fazem programa possuem livre acesso ou pagam um valor inferior para ingresso no estabelecimento.

outros. Ao conversar, costumam postar-se de pé – por vezes se movimentando entre os diferentes ambientes da boate. Em certas ocasiões, outros frequentadores – travestis e *cross-dressers* – ocupavam os bancos do piso inferior, em conversas estabelecidas entre duas ou três pessoas. No piso superior havia grupos maiores, de até cinco pessoas, que se formavam e se dissolviam rapidamente.

A escolaridade declarada pelas pessoas com que conversei, em geral, era baixa, primeiro grau, tendendo a ser inferior entre os homens de performance masculina. As idades variavam entre 18 e 45 anos. Uma boa parte dos sujeitos sobre os quais incide o rótulo *homem de verdade* possui de 18 a 25 anos, sendo que alguns, formando pequenos grupos, comparecem à boate no fim da noite. Supostamente são moradores das redondezas, que retornam de bailes *funk* e são atraídos pela possibilidade de entretenimento gratuito, o que não se restringiria necessariamente a *sexo*, mas também assistir aos filmes pornográficos heterossexuais, exibidos na boate, e ter as despesas com bebida custeadas por outros frequentadores. Esses rapazes se inserem no mercado informal de trabalho, e circulam rumores de que receberiam pagamento por serviços prestados às redes do narcotráfico.

As idades de *cross-dressers* e travestis variavam entre 20 e 40 anos. Os primeiros declararam escolaridade de nível médio incompleto. As travestis usualmente sobrevivem da prostituição, embora algumas rejeitem a identificação como profissionais do sexo. Ao contrário de seus parceiros sexuais, travestis e *cross-dressers* provêm de todas as regiões da cidade, inclusive de municípios adjacentes, como Itaguaí e Angra dos Reis. Há também uma população flutuante de *gays* não praticantes do *cross-dressing*, moradores do subúrbio, com nível mais alto de escolaridade, atingindo o médio ou o superior. O discurso sobre corpo e gênero, que ali circulava, é extremamente relevante para a compreensão da dinâmica das trocas no mercado erótico. Primeiramente, *em certo nível*, todos os frequentadores percebem-se como "homens" – uma semelhança socialmente atribuída, cujo lastro simbólico seria a posse do pênis. A similaridade corporal, no entanto, é continuamente apagada nas falas dos frequentadores, destituída de relevância, em prol de uma distinção que segmentaria essa população masculina em dois tipos: *bichas* e *homens*. Essa classificação emerge em falas e situações de interação que assinalam como *homens de verdade* somente um segmento dos sujeitos portadores de pênis. O *homem* é um personagem caracterizado por um apetite sexual específico – atração ou tesão, preferencialmente por figuras femininas – e uma performance sexual restrita, em que seria interdito o desempenho do papel receptivo. Esse tipo se opõe ao domínio de sujeitos polimorfos, classificados como *bichas*.

A comparação etnográfica possibilita um entendimento em perspectiva da especificidade desse mercado erótico. Braz (2007) investigou circuitos de sexo entre homens em São Paulo, nos quais vigora como norma um exercício simétrico da masculinidade por ambos os parceiros, independente de seus papéis sexuais. O autor sugere que os atos corporais desempenhados, afirmativos de masculinidade e de desejo por corpos masculinos, poderiam ser interpretados como um deslocamento das normas de gênero, o que evidencia o caráter da masculinidade enquanto *pastiche*. De um ponto de vista analítico, o mesmo poderia ser sugerido em relação a parceiros de travestis, cujo estilo de performance imita, exagera e desloca gestos e atitudes considerados masculinos, em um dado contexto. Contudo, na boate investigada, a masculinidade do *homem de verdade* não é *percebida* enquanto imitação ou bricolagem. Ao contrário, trata-se da afirmação de uma natureza virtualmente monolítica, expressa no "jeito" da pessoa. Embora sejam reconhecidas múltiplas formas de materialização da figura da *bicha* – algumas, inclusive, paradoxalmente masculinas –, as nuances no desempenho do gênero pelos *homens de verdade* ou são destituídas de relevância ou ameaçam deteriorar a masculinidade, expelindo para o domínio polimorfo das *bichas*, os agentes que expressam sinais discrepantes.

No discurso dos frequentadores, emergiam reiteradamente referências ao "jeito" das pessoas – particularmente à oposição entre "jeito de bicha" e "jeito de homem", traduzindo a percepção da performance como mais feminina ou masculina. "Jeito" é um "conceito de experiência próxima", vivido como realidade para aqueles que o enunciam e uma noção relativamente refratária à análise (Geertz, 1997; Coelho, 2006). Interpelar um frequentador da boate quanto aos sentidos do termo gera reações de perplexidade, uma vez que nesse contexto o "jeito" não *significa*, ele *existe*: "Jeito, ué, jeito todo mundo sabe, é assim como a pessoa *é*: porque se ela for *meio veado*, você logo vê, a pessoa fala mole, tem uma coisa assim mais delicada" (Daiane, *gay* praticante do *cross-dressing*, 26 anos). Conforme expresso neste relato, "jeito" indica um domínio de realidade compartilhada – ou melhor, uma convenção que engendra efeitos produtivos, articulando percepções, sensações, disposições e motivações para a ação. Saber que uma pessoa *tem* jeito – de *homem* ou *bicha* – mobiliza afetos e julgamentos sobre os possíveis parceiros sexuais, em um dado contexto de sociabilidade.

No discurso dos frequentadores, apresenta-se uma diferença quanto ao potencial materializador explicitamente conferido a performances avaliadas como "masculinas" ou "femininas". O desempenho de masculinidade é continuamente posto sob suspeita: supõe-se que, sob o menor traço discrepante, possa se ocultar uma variante da figura da *bicha*. Gestos mínimos – maneiras de andar, falar ou até o modo de segurar uma lata de cerveja – podem ser investidos de sentido e relevância nesse jogo de julgamentos em torno da atuação dos *homens*. Já a performance feminina parece ser dotada de eficácia mais intensa. Em tese, é preciso muito pouco para um *homem* virar *veado* – um deslize em público, a aceitação de uma acusação –, situação que poderia ser interpretada, retrospectivamente, pelo argumento de que ele "sempre" fora "veado", mas até então não "aceitara", "aflorara" ou "assumira". Apesar de ser possível reconhecer a existência de *bichas* com jeito de *homem*, *homens* com jeito de *bicha* constituem uma impossibilidade lógica, exorcizada pela certeza de que, por baixo de todo "falso" *homem*, encontra-se corporificada uma variante da figura da *bicha*. A interação erótica simetricamente marcada por gênero, entre dois sujeitos cuja performance seja tida como *aparentemente* masculina, tenderá a ser qualificada de duas maneiras: poderia tratar-se de um encontro entre *bichas* com jeito de *homem* – dois homens *gays* – ou de uma relação de sexo pago, em que um sujeito percebido como *homem de verdade* praticaria sexo, exercendo sempre o papel ativo, com um parceiro de aparência indesejavelmente masculina, obtendo dinheiro ou bens materiais nessa troca, e não prazer.

Esse discurso sobre o corpo e acerca da pessoa é expresso em enunciados sobre o outro e sobre si mesmo, assinalando a delimitação no mercado erótico de um leque de possibilidades de troca consideradas legítimas. A ocorrência de reestruturações do "eu", que caminham no sentido da sedimentação de alguma feminilidade, pode ser inferida a partir de algumas formas de uso da categoria *boy*, por parte de travestis e *gays* praticantes do *cross-dressing*. Entre esses frequentadores, expressões como "no tempo em que eu era *boy*", "conheço essa aí desde que ela era *boy*" assinalam um período anterior à adesão a uma identidade "não-heterossexual", uma fase incipiente ou precedente à *carreira moral* de *bicha*.[6]

Nesse mercado erótico em que "homens não pagam", as travestis não praticam a prostituição – troca de sexo por dinheiro –, mas mantêm interações eróticas com sujeitos classificados como *homens de verdade*, a partir dessa leitura do "jeito", sem exigir retribuição financeira. *Gays* praticantes do *cross-dressing* parecem ser ligeiramente desqualificados pelos critérios de percepção estética dos parceiros sexuais de travestis, mas representam alternativas possíveis para interação sexual. A posição dos *gays* não praticantes do *cross-dressing* no mercado erótico tende a ser bastante diversa. O trabalho sexual dos *homens de verdade*, tido como de maior valor, faz com que eles esperem uma retribuição material no intercâmbio erótico com *gays* – particularmente *gays* não praticantes do *cross-dressing*, que seriam menos valorizados eroticamente.

Tais assimetrias também se apresentam na circulação de preservativos na boate. Ali a responsabilidade sobre o uso do preservativo tende a incidir sobre o parceiro de performance feminina. Esse dado é corroborado pela observação e pelo discurso dos frequentadores: não se espera que *homens de verdade* portem camisinhas. Comentários de algumas travestis ressaltam que a posse de camisinha, por alguns *boys*, é sinal de que praticam sexo regularmente com homens, o que levantaria suspeita de que eles eventualmente exerceriam o papel receptivo, por dinheiro ou até por prazer.[7]

Na perspectiva analítica, é possível questionar se o discurso acerca da conduta sexual dos parceiros sexuais de travestis e *cross-dressers* corresponde efetivamente aos comportamentos dos sujeitos. Nas incursões etnográficas aos *becos*, não observei qualquer situação em que parceiros masculinos de travestis e *cross-dressers* desempenhassem papel receptivo no sexo anal ou oral.

---

[6] A noção de *carreira moral* possui uma longa trajetória nas ciências sociais, e é uma ferramenta proveitosa para investigar processos de construção do corpo e da subjetividade. A expressão circunscreve transformações na trajetória biográfica e no processo de construção de si, "a sequência regular de mudanças que a carreira provoca no eu da pessoa e em seu esquema de imagens para julgar a si mesma e aos outros" (Goffman, 2001:112).

[7] Um dos usos possíveis da categoria *boy* se refere a sujeitos entre os 18 e 25 anos, que ostentam performance mais masculina, frequentemente referidos como *homens*, mas que podem, em contextos situacionais específicos, ser rotulados como "bichas".

Algumas falas sugerem que, em espaços privados, poderiam ocorrer casos em que sujeitos de performance masculina teriam praticado sexo receptivo, oral ou anal, com um parceiro de desempenho feminino. Relatos de *cross-dressers* frisavam o caráter eventual desse tipo de acontecimento, observando que tais sujeitos não seriam *homens de verdade*, mas *bichas-boy* ou *gays enrustidos*. O relato de um informante *gay* não praticante do *cross-dressing*, por sua vez, assinalava que muitos dos jovens *boys* praticavam sexo receptivo em espaços privados, particularmente sexo oral, mediante o pagamento de quantia em dinheiro considerada significativa (igual ou superior a R$ 10).

Um parceiro de travestis observou que, embora não sinta atração por *gays*, poderia fazer sexo se recebesse "algo em troca", exercendo exclusivamente o papel "ativo" (Jonas, 20 anos). Ao ser indagado acerca da natureza da retribuição, ele respondeu, com expressão de dúvida, que poderia ser "qualquer coisa": dinheiro, cerveja ou um "presente". Afirmou que se as "meninas" (as travestis) soubessem desses episódios, pensariam que ele estava "virando veado": na reiteração da performance masculina é necessário segredo sobre práticas sexuais com sujeitos cujo desempenho não é avaliado como feminino. Essas experiências eróticas parecem não abalar sua autopercepção, mas o informante teme que poderiam desacreditá-lo junto às travestis, que não mais o considerariam um *homem* e, em consequência, perderiam o interesse erótico por ele.

Deve-se ter em conta que diferentes rótulos marcados pelo gênero – como *homem*, *boy* e *veado*, entre outros – podem incidir sobre os parceiros de travestis, em determinados contextos. Numa perspectiva estritamente analítica, um sujeito nunca "é" *homem*, mas é assim referido pelos demais frequentadores, a partir do reconhecimento de uma masculinidade nele sedimentada. Uma questão que poderia ser formulada concerne aos sujeitos cuja performance em público não se enquadre nas prescrições normativas para o gênero masculino: se eles permaneceriam dignos de receber e ostentar tal classificação naquele espaço de interações, a seus próprios olhos e aos dos demais frequentadores.

As aparentes divergências entre os relatos sobre a conduta sexual dos parceiros sexuais de travestis e *cross-dressers* evidenciam formas distintas de percepção do gênero masculino. O depoimento de Jonas sinaliza a possibilidade de interações eróticas com um companheiro de aparência e gestual masculinos, sob uma modalidade de atividade sexual que não é identificada como "trabalho" pelos demais frequentadores. Contudo, ele não abria mão do exercício do papel ativo nesses encontros, reafirmando assim sua posição de *homem* e a do parceiro passivo como *veado*. Embora ciente da existência, para as travestis, de critérios classificatórios mais relevantes, Jonas aciona o interdito ao sexo receptivo como elemento diacrítico da masculinidade.

Os enunciados que emergem com maior peso na esfera pública, principalmente na fala de travestis, reiteram a ideia de que *homens de verdade* se sentem atraídos pela performance de feminilidade, expressa na modelação corporal, gestual, roupas e papéis sexuais. Entre *cross-dressers*, circula a representação de que os *homens* possuiriam desejo sexual indiscriminado por parceiros sexualmente *passivos*, mas não aceitariam contato público com um sujeito vestido como *homem*, temendo acusações de feminização. A partir dessa ótica, a roupa feminina seria menos um catalisador do desejo do que um elemento capaz de legitimar as relações sexuais com *bichas*, sem perda do prestígio no mercado erótico. O sentido do *cross-dressing* na boate aparece aqui menos como simulação esmerada de feminilidade e mais enquanto indicação da preferência pela interação erótica com homens de performance masculina:

> *A primeira vez que eu vim foi vestida de* boy, *e não fiquei com ninguém. Da segunda vez, eu só botei uma peruquinha, tava de jeans e camiseta, e tinha* homem *me chamando de princesa, de rainha, de minha deusa... Não precisa nem se produzir muito pra conseguir* homem *aqui, é só você dar o sinal que é* bicha, *botar o cabelo um pouco mais comprido, que já arruma todos. Porque se você estiver vestida igual* boy, *ele pensa que você é homem que nem ele, e não vai querer nada com você* (Sandra, *cross-dresser*, 32 anos).

Nas palavras da *cross-dresser* Desireé, 30 anos, "a roupa é a *senha*: os *homens* aqui são *burros*, você tem que estar vestida de mulher pra ele entender que tu é passiva e que não vai querer comer ele".[8] A masculinidade de um sujeito classificado como *homem de verdade* pode ser colocada em risco, caso este exiba atração erótica em público por pessoas que não sejam claramente percebidas como femininas. Inversamente, desenvolver

---

[8] O verbo *comer*, no Brasil, é empregado para designar a atividade penetrativa no intercurso sexual, independentemente do sexo do parceiro (Fry, 1982).

interações eróticas com *personas* femininas parece ser uma prática que agrega prestígio e valor erótico a esses atores. Essa norma implícita, vigente nos espaços públicos no interior da boate, talvez ajude a compreender a recorrência da prática de sexo grupal em público, entre uma travesti (ou um *cross-dresser*) e múltiplos parceiros de performance masculina.[9]

Não foi possível observar o interior dos quartos anexos à boate, posto que são ocupados somente por casais ou grupos interessados em se proteger dos olhares coletivos. As interações eróticas nesses ambientes, inacessíveis ao olhar do pesquisador, somente são resgatáveis por intermédio de relatos de seus frequentadores. A escada que conecta o primeiro ao segundo piso e a galeria abaixo desta, por outro lado, representam espaços públicos, cuja observação proporcionou grande parte dos dados aqui confrontados com os discursos nativos.

As primeiras semanas de pesquisa concentraram-se nos ambientes da boate nos quais não ocorriam interações sexuais – por exemplo, a pista de dança, no primeiro piso. Nesse período, fui alvo de provocações insistentes de travestis, sugerindo que, se eu queria conhecer a vida dos frequentadores, deveria "entrevistar no *beco*". Efetuei algumas incursões, inicialmente muito breves, a esse território. A presença de um sujeito de aparência masculina, observando, não contrariava diretamente a etiqueta local: significava uma performance que podia ser lida como análoga à dos parceiros sexuais de travestis e *cross-dressers*.

Os relatos de frequentadores acerca das interações eróticas apresentavam recorrentemente contradições e certo descompasso com a observação. Vários informantes, quando indagados a respeito do uso do preservativo,

---

[9] Como exemplo desse modo de interação, cito um episódio de sexo grupal, entre uma travesti e quatro parceiros. Cerca de 4h30 min da madrugada, a travesti, caminhando pelo *beco*, passa ao lado de um homem encostado em uma parede, que segura sua mão e a coloca sobre seu pênis. Ela inicia sexo oral receptivo em seguida. Após alguns minutos, retira do bolso uma camisinha, coloca-a no parceiro, e passam a estabelecer intercurso anal. Dois rapazes, aparentando 20 anos, aproximam-se e começam a se masturbar. Logo em seguida, a travesti praticou felação com cada um, enquanto o primeiro a penetrava. A cena se completa com a chegada de um quarto rapaz, com quem a travesti também faz sexo oral. Nesse momento, o primeiro homem, que teria ejaculado, retira-se. A travesti solicita então a cada um dos remanescentes que a penetre, no que é atendida imediatamente. Aparentemente eles não usam preservativo. Enquanto é penetrada por um dos jovens, ela pratica sexo oral com os outros dois. O desfecho se dá com a ejaculação de cada parceiro na boca da travesti, que cuspia o esperma no chão.

afirmavam utilizá-lo *sempre*, embora alguns tenham reconhecido posteriormente o exercício eventual de sexo oral desprotegido, com ou sem ejaculação, e anal receptivo sem ejaculação. A prática sexual mais frequente nos espaços públicos parece ser a felação, quando um *cross-dresser* ou uma travesti exerce o papel receptivo, e um *homem* é o "ativo". Esse dado é confirmado tanto pela observação quanto pelos relatos. O material etnográfico sugere ainda a incidência eventual de intercurso anal desprotegido, entre *homens* e seus parceiros com performance feminina, na boate.[10] O sexo oral receptivo com múltiplos parceiros, sem preservativo e com ejaculação parece ser prática constante entre travestis e *cross-dressers*. Os episódios de intercurso oral e anal no *beco* intensificam-se por volta das 3h30 min da madrugada, após a conclusão de um *show* de transformismo, em palco montado junto à pista de dança. Em certas ocasiões, a escada fica totalmente intransitável, com a passagem bloqueada pelo grande número de pessoas engajadas na prática de sexo oral. Conforme relatos de *cross-dressers*, travestis e seus parceiros, esse é o horário em que os *homens* buscam atingir o orgasmo, por meio de sexo oral ou anal. As expressões *gozar fora* e *dentro* são citadas usualmente, em alusão a essa dinâmica de interação:

> *Quando é mais pro fim da noite, eu procuro uma travesti ou uma bicha pra gozar, porque eu não curto gozar fora. Pra bater punheta,[11] eu bato em casa, não precisava vir aqui, quero pelo menos gozar na boca da bicha* (Jonas, 20 anos).

Jonas reconhece o intercurso anal desprotegido como prática arriscada.[12] Afirma preferir receber a felação, por tratar-se de experiência passível

---

[10] Em um episódio representativo, uma travesti aborda no beco um homem musculoso, aparentando 30 anos, abre sua calça e começa a estimular seu pênis. Pouco depois se abaixa para praticar felação. Após introduzir a genitália em sua boca, interrompe bruscamente a ação, levanta-se, gesticulando furiosamente e esbraveja, dizendo que o pênis estava sujo de fezes. Alguns esboçam um riso contido. A travesti e o parceiro afastam-se. Em conversas com alguns sujeitos que presenciaram a cena, os comentários foram análogos, e sugeriram que o homem teria estabelecido intercurso anal com outra travesti, sem alcançar o orgasmo, e "não tivera tempo" ou "não se lembrara de se lavar".

[11] Expressão que designa a masturbação.

[12] A existência de riscos na relação anal desprotegida parece ser amplamente reconhecida nesse contexto. Vale assinalar que uma das músicas mais executadas na sequência *funk*, conduzida por uma voz feminina, apresenta como refrão a frase "Se não usar a camisinha, teu caralho vai cair". A referência a essa música foi por mim utilizada como meio de introduzir o tema do uso do preservativo na conversa.

de ser feita sem camisinha, o que faria com que a interação erótica fosse mais prazerosa:

> A gente tem que usar camisinha, pra comer, pra não pegar doença, mas é meio sem graça. Então às vezes eu prefiro até que me chupem apenas, porque não precisa camisinha. Só me animo de meter [praticar sexo anal insertivo] se a travesti for muito boa (Jonas, 20 anos).

A categoria *boa* assinala um tipo de compleição corporal desejável – que significa juventude, seios firmes e, principalmente, nádegas amplas. Jonas referiu que algumas travestis tinham os *peitos moles, caídos*, aparência de velhice, que lhe inspirava aversão; sentia-se mais atraído pelas que possuíam *peitinho durinho* e *bunda grande*. Conforme citado, demonstrar na boate interesse por formas femininas consiste em afirmação da própria masculinidade. Entretanto, embora externe preferência por aqueles com as referidas características corporais para sexo anal, Jonas aceita receber a felação de parceiros que escapam a esse modelo. As falas de travestis e *cross-dressers* tomam a predisposição para o sexo oral como justificativa ou explicação para o suposto fato de que os *homens* nunca portam camisinhas:

> A maioria desses homens que vêm aqui não traz camisinha, não vêm pensando em comer, não vêm já com isso na cabeça. Eles querem ser chupados, gozar e ir embora. Mas na hora do tesão às vezes eles também comem, mesmo sabendo que é perigoso (Fernanda, travesti, 30 anos).

Fernanda acrescenta outro argumento para corroborar essa afirmação: "Eles todos gostam de mulher, às vezes vêm até de aliança no dedo. Se o *homem* é casado, não pode andar com camisinha, arrisca da mulher dele pegar. Então eu sempre tenho as minhas". Um *cross-dresser* formula interpretação análoga, embora considere que talvez os parceiros reservem preservativos para relações sexuais com mulheres:

> Homem, levando camisinha? Só se for pra comer boceta, fora daqui. Aqui, nunca vi. Eu nem pergunto se eles têm camisinha, eles nunca têm, eu uso as minhas (Daiane, *cross-dresser*, 26 anos).

Os *cross-dressers* que entrevistei, ainda que declarem o uso sistemático do preservativo, admitiram já terem se envolvido em práticas sexuais que, de acordo com o discurso médico de prevenção ao HIV, conteriam certo risco – o que nem sempre é percebido dessa maneira. Alguns *cross-dressers* externaram receio de receber o esperma em sua boca e referiram escolher cuidadosamente as pessoas com que praticavam sexo oral com ejaculação. Um informante afirmou ter *nojo* dessa modalidade de sexo com sujeitos que não sejam exclusivamente *ativos*. Ele acredita que o contato com o esperma é arriscado, em caso de feridas na boca, mas toma a estratégia de seleção de parceiros como uma forma de proteção, uma vez que o *homem*, supostamente, seria menos exposto ao contágio:

> *Eu deixo* homem *gozar na minha boca às vezes, dizem que é perigoso se você tiver uma ferida na boca, na garganta, mas eu às vezes deixo, porque eu acho que não tem problema. A bicha, o gay, ela corre risco de pegar uma aids porque ela chupa, ela dá, se ele der sem camisinha. Porque nós, os gays, a gente transa com muitos homens. O homem não, ele transa mais com mulher, que é menos perigoso. Daí eu acho que é menos perigoso pro gay transar com o* homem *que o gay transar com o gay* (Cristine, *cross-dresser*, 19 anos).

Cross-dressers mencionaram também a ocorrência de sexo anal receptivo sem camisinha. Essas experiências, sem ejaculação, são tidas como inócuas ou menos perigosas, comparativamente às com ejaculação. Eles utilizam expressões como "colocou na portinha", "pôs só a cabecinha", "não pôs muito fundo". Nos casos em que o preservativo é usado, geralmente a iniciativa cabe à *bicha*. Em diversas ocasiões observei travestis e *cross-dressers* retirarem do bolso a camisinha, colocarem-na nos parceiros imóveis, sem trocar qualquer palavra, em um silêncio de mútuo consentimento, antes do início da relação sexual com penetração.

A participação do *homem* na negociação, quando ocorre, se dá por meio de demanda do preservativo à parceira – por exemplo, quando uma travesti ou *cross-dresser* interrompe o sexo oral para roçar suas nádegas no pênis do parceiro. Um episódio ocorreu entre um jovem aparentando 20 anos, que abraçava uma travesti por trás, após receber felação, acariciando seus seios e mordendo suas costas. A travesti pediu ao rapaz que a penetrasse, quando ele indagou: "você tem camisinha?" Diante da resposta positiva, a travesti colocou o preservativo no parceiro antes de iniciar o coito. Cena semelhante se passou entre uma travesti e um sujeito de cerca de 30 anos, compleição franzina e estatura significativamente inferior à dela. A reação da travesti à solicitação de um preservativo foi encarar o parceiro de alto a baixo e afastar-se, dizendo: "você tem a *neca* muito pequena, vai arrumar uma *bicha-boy* pra te chupar".[13] Essas situações não significam que os *homens* sejam totalmente desprovidos de poder nas negociações. Na ausência de camisinha, por vezes eles ameaçam interromper a interação erótica, exercendo certa coerção, de forma que o parceiro execute o sexo oral desprotegido com ejaculação.[14]

Para muitos frequentadores, se um *homem de verdade* não consegue estabelecer interação erótica com uma travesti, poderia ser dominado pelo *tesão*, e ceder a investidas de qualquer sujeito sexualmente passivo disponível, praticante ou não do *cross-dressing*. Assim, na ausência de seus parceiros preferenciais, o *homem* optaria pelo sexo oral com outros menos valorizados, motivado pelo que é referido como "gostar de *gozar* dentro", ou "não gostar de *gozar* fora":

> *Tem* homem *que, quando quer gozar, não quer saber se* [um potencial parceiro] *é homem, se é bicha, se é travesti: eles querem um buraco pra meter. Às vezes chega 4h, 5h da manhã, ele não arrumou uma boneca, ele deixa gay, bicha-boy, nova, velha, qualquer uma, chupar. Pra não esporrar*[15] *no chão. Mas eu não gosto desses não* (Fernanda, travesti, 30 anos).

O depoimento de um homem *gay*, não praticante do *cross-dressing*, frequentador ocasional da boate, é ilustrativo: "Aqui os *homens* gostam de travesti, o *gay* nunca vai ser o prato principal. Mas quando chega a hora da

---

[13] Nas redes sociais das travestis, "neca" é o termo para designar o pênis.
[14] Um exemplo desse tipo de situação ocorreu no beco, quando um homem que recebia a felação de um *gay* praticante do *cross-dressing* pediu a camisinha, manifestando a intenção de intercurso anal. O *cross-dresser* afirmou não possuí-la. O parceiro masculino ameaçou interromper a interação erótica, de modo que o *cross-dresser* retomou o sexo oral, até que o sujeito ejaculasse.
[15] Sinônimo para "ejacular".

xepa,[16] eles *comem* quem estiver à mão. É a seleção natural." As metáforas citadas evidenciam a dinâmica das interações – o fluxo de *homens* jovens na boate se intensificava significativamente por volta das 3h da manhã, horário em que *cross-dressers* e travestis começam a ir embora. É possível que essa mudança na oferta de parceiros para os *homens* impacte a dinâmica das escolhas: uma vez que as travestis gradualmente se retiram da cena, os *gays* passam a ser objetos de interesse e podem concorrer no mercado erótico das *trans*.

Travestis e *cross-dressers* comentaram que os sujeitos que carregam camisinhas seriam garotos de programa e/ou que, eventualmente, estariam dispostos ao sexo anal receptivo: "Muito raro *homem* levar camisinha. Talvez se ele for *michê*, porque eles transam muito e têm que se cuidar. Ou se for *enrustido*, que parece *homem*, mas é *veado* também, é mão-dupla, dá e come" (Desireé, *cross-dresser*, 30 anos). Indaguei a Desireé se ela já tinha encontrado algum "enrustido" na boate, ao que ela respondeu que se relacionava apenas com *homens mesmo*, observando que "*homem* não se cuida, não leva camisinha, nem pensa nisso".

Os depoimentos indicam que a responsabilidade pelo preservativo tende a ser atribuída ao sujeito com performance feminina. Esse discurso converge com os dados da observação: via de regra, são atribuições dos parceiros femininos a posse e a iniciativa de uso da camisinha, o que pode ser ilustrado pela fala de um parceiro de travestis e *cross-dressers*: "Camisinha? Eu não trago não. Pra quê? As bichas arrumam. Elas ganham, ou elas compram" (Jorge, 18 anos). Os sujeitos de performance feminina concordam com a assertiva de Jorge: *homens de verdade* não carregariam preservativos na boate, o que é justificado de distintas formas. A dinâmica da negociação de preservativos pode ser conectada aos discursos e práticas que emergem em torno dos intercâmbios sexuais. Os sujeitos classificados como *homens* supostamente detêm a possibilidade de participar em interações eróticas com um mínimo de dispêndio: acesso franqueado ao estabelecimento, despesas com bebidas custeadas, recebimento eventual de retribuição financeira. Supostamente participariam dessas trocas com

---

[16] O termo "xepa" designa, no Rio de Janeiro, horário perto do término do expediente das feiras livres, em que produtos perecíveis são oferecidos pelos comerciantes a preços significativamente inferiores aos usuais.

poucas despesas, reiterando sua masculinidade no desenrolar de contatos bem-sucedidos. Conforme a percepção dos frequentadores, *homens de verdade* são sujeitos que desempenham determinados comportamentos, em função de sua natureza masculina. O sucesso alcançado com certas performances – entre as quais o exercício do papel sexual ativo e a externalização de atração por pessoas de performance feminina em público – constitui, de maneira provisória e contingente, a masculinidade neles sedimentada. Nesse contexto, a posição de masculinidade exercida por parceiros sexuais de travestis se revelaria: um lugar ambíguo e de extrema fragilidade. É possível que a intensa preocupação dos *homens* relativamente ao risco de feminização também se articule a táticas de preservação do volátil capital erótico, ali associado à masculinidade.

Os dados sugerem que, na boate, a posse do preservativo é alocada ao repertório de performances femininas. Dois fatores parecem estar em jogo nessa associação. Por um lado, a posse da camisinha parece estar simbolicamente atrelada ao sexo anal receptivo, podendo inclusive feminizar potencialmente o sujeito de performance masculina, aos olhos de seus parceiros sexuais. Assim, embora seja considerado natural uma *bicha* ter camisinhas, não é esperado que *homens* as possuam. Para alguns sujeitos, essa representação parece estar associada à percepção de que o sexo com *homens de verdade* conteria menor risco de contágio, em função das práticas que estes últimos desempenham preferencialmente. Como os *homens* recebem a felação, concebida como prática isenta de risco, o uso do preservativo seria do interesse das *bichas*. Nessa perspectiva, seria desnecessário, para os homens, portar camisinhas. Assim, a responsabilidade tende a se concentrar nas mãos dos parceiros de performance feminina. Por outro lado, a camisinha pode ser vista também como um bem material cuja circulação é regida pela norma que regula os intercâmbios nesse mercado erótico, onde *homens não pagam*: ela passa dos parceiros de performance feminina para os de desempenho masculino, e não no sentido inverso

O material etnográfico apresentado assinala conexões possíveis entre gênero e contatos eróticos, que impactam a negociação em torno da posse e uso de preservativos. As expressões *jeito de homem* e *jeito de bicha* são locuções que circunscrevem um modo de percepção da masculinidade e feminilidade nesse contexto, de modo a oferecer pistas para as maneiras como o gênero determina e se faz presente nas interações eróticas. Diversos exemplos etnográficos evidenciam o peso de uma norma em torno das condutas sexuais, expressa na dramatização e demarcação de fronteiras entre *bichas* e *homens*. Essa distinção impacta os intercâmbios – não apenas, orientando os critérios de percepção e as estratégias de seleção de parceiros sexuais, como também configurando uma relação assimétrica entre os sujeitos.

O gênero reverbera sobre os modos pelos quais o preservativo é empregado entre os frequentadores, de maneira que a participação dos parceiros de travestis e *cross-dressers* na negociação se dá mediante demanda à parceira ou pela virtual interrupção do contato erótico. Esta análise conduz a uma indagação, em torno dos nexos entre a posição dos *homens de verdade* nesse mercado erótico e a negociação de preservativos. Para finalizar, questiono se as normas que incidem sobre as condutas sexuais, nesse contexto, não seriam um fator que coloca os parceiros de travestis e *cross-dressers* em uma posição paradoxal de vulnerabilidade. É possível que esses *homens*, na preservação e reiteração de seu status masculino, ao desempenharem papel ativo com sujeitos avaliados como femininos, se vejam implicados em práticas sexuais de risco. Esse tema de investigação é relevante, na medida em que inclui os parceiros de travestis e transgêneros no debate em torno da prevenção ao HIV.

Referências bibliográficas

BARBOSA, Regina Maria. Negociação sexual ou sexo negociado? Poder, gênero e sexualidade em tempos de Aids. In: _____; PARKER, Richard (Orgs.). *Sexualidades pelo avesso*: direitos, identidades e poder. Rio de Janeiro: IMS/Uerj: São Paulo: Ed. 34, 1999.

BENEDETTI, Marcos Renato. *Toda feita*: o corpo e o gênero das travestis. 2000. Dissertação (Mestrado em Antropologia Social) – Programa de Pós-Graduação em Antropologia Social/PPGAS, Universidade Federal do Rio Grande do Sul, Porto Alegre, 2000.

BRAZ, Camilo Albuquerque de. Macho *versus* macho: um olhar antropológico sobre práticas homoeróticas entre homens em São Paulo. *Cadernos Pagu*, v. 28, p. 175-206, 2007.

BULLOUGH, Vern L.; BULLOUGH, Bonnie. *Cross-dressing, sex and gender*. Philadelphia: University of Pensylvania, 1993.

BUTLER, Judith. *Bodies that matter*: on the discursive limits of "sex". London, New York: Routledge, 1993.

CÁCERES, Carlos. Masculinidades negociadas: identidades e espaços de possibilidade sexual em um grupo de michês em Lima. In: BARBOSA, R. M.; PARKER, R. *Sexualidades pelo avesso*: direitos, identidades e poder. Rio de Janeiro: IMS/Uerj; São Paulo: Ed. 34, 1999.

CARRARA, Sérgio; RAMOS, Sílvia. *Política, direitos, violência e homossexualidade*: pesquisa 9ª Parada do Orgulho GLBT – Rio 2004. Rio de Janeiro: Cepesc, 2005.

CITELI, Maria Teresa. *A pesquisa sobre sexualidade e direitos sexuais no Brasil (1990-2002)*: revisão crítica. Rio de Janeiro: Cepesc, 2005.

COELHO, Maria Cláudia. *A compreensão do outro*: ética, o lugar do "nativo" e a desnaturalização da experiência. Trabalho apresentado à 25ª Reunião Brasileira de Antropologia, Goiânia, 2006.

DANIEL, Herbert. Os anjos do sexo. In: MÍCCOLIS, Leila; DANIEL, H. *Jacarés e lobisomens*: dois ensaios sobre a homossexualidade. Rio de Janeiro: Achiamé, 1983.

FRY, Peter. *Para inglês ver*. Rio de Janeiro: Zahar, 1982.

FULLER, Norma J. *Identidades masculinas*: varones de clase media en el Perú. Lima: Pontificia Universidad Catolica del Perú, 1997.

GEERTZ, Clifford. *O saber local*: novos ensaios em antropologia interpretativa. Petrópolis: Vozes, 1997.

GOFFMAN, Erving. *Manicômios, prisões e conventos*. São Paulo: Perspectiva, 2001.

GUIMARÃES, Carmen Dora. *O homossexual visto por entendidos*. Rio de Janeiro: Garamond, 2004.

_____; TERTO JR., V.; PARKER, R. Homossexualidade, bissexualidade e HIV/aids no Brasil: uma bibliografia anotada nas ciências sociais e afins. *Physis: Revista de Saúde Coletiva*, Rio de Janeiro, IMS-Uerj/Cepesc/Eduerj, v. 2, n. 1, 1992.

HEILBORN, Maria Luiza; BRANDÃO, Elaine. Introdução: Ciências sexuais e sexualidade. In: _____ (Org.). *Sexualidade*: o olhar das ciências sociais. Rio de Janeiro: Jorge Zahar, 1999.

KULICK, Don. *Travesti*: sex, gender and culture among Brazilian transgendered prostitutes. Chicago: University of Chicago Press, 1998.

MISSE, Michel. *O estigma do passivo sexual*. Rio de Janeiro: Achiamé, 1979.

OLIVEIRA, Leandro. Gestos que pesam: performance de gênero e práticas sexuais em contexto de camadas populares. 2006. Dissertação (Mestrado em Saúde Coletiva) – Instituto de Medicina Social, Universidade Estadual do Rio de Janeiro, Rio de Janeiro, 2006.

PARKER, Richard. *Corpos, prazeres e paixões*: a cultura sexual no Brasil contemporâneo. São Paulo: Nova Cultural, 1991.

_____. *A construção da solidariedade*: aids, sexualidade e política no Brasil. Rio de Janeiro: Relume-Dumará/ Abia/IMS-Uerj, 1994.

_____; AGGLETON, Peter. *Estigma, discriminação e aids*. Rio de Janeiro: Abia, 2001.

_____; TERTO JR., Veriano (Orgs.). *Entre homens*: homossexualidade e aids no Brasil. Rio de Janeiro: Abia, 1998.

PELUCIO, Larissa. Três casamentos e algumas reflexões: nota sobre conjugalidade envolvendo travestis que se prostituem. *Revista Estudos Feministas*, v. 14, p. 522-534, 2006.

PERES, Wiliam Siqueira. Travestis: subjetividades em construção permanente. In: UZIEL, Anna Paula; RIOS, Luís Felipe; PARKER, R. (Orgs.). *Construções da sexualidade*: gênero, identidade e comportamento em tempos de aids. Rio de Janeiro: Pallas – Programa em Gênero e Sexualidade/IMS-Uerj/ Abia, 2004.

PRIEUR, Annick. *Mema's House, México City*: on transvestites, queens and machos. Chicago: University of Chicago Press, 1998.

SCHRAIBER, Lília Blima; GOMES, Romeu; COUTO, Márcia Thereza. Homens e saúde na pauta da saúde coletiva. *Ciência e Saúde Coletiva*, Rio de Janeiro, Abrasco, v. 10, n. 1, 2005.

SILVA, Hélio. *Travesti*: a invenção do feminino. Rio de Janeiro: Relume-Dumará, 1993.

TRINDADE, Ronaldo. Construção de identidades homossexuais na era da aids. In: UZIEL, A. P.; RIOS, L. F.; PARKER, R. (Orgs.). *Construções da sexualidade*: gênero, identidade e comportamento em tempos de aids. Rio de Janeiro: Pallas – Programa em Gênero e Sexualidade/IMS-Uerj/Abia, 2004.

VANCE, Carol S. A antropologia redescobre a sexualidade: um comentário teórico. *Physis*: Revista de Saúde Coletiva, Rio de Janeiro, IMS-Uerj/Cepesc/Eduerj, v. 5, n. 1, 1995.

VILLELA, Wilza Vieira. Refletindo sobre a negociação sexual como estratégia de prevenção da aids entre as mulheres. In: PARKER, R.; GALVÃO, Jane. *Quebrando o silêncio*: mulheres e aids no Brasil. Rio de Janeiro: Relume-Dumará/Abia/IMS-Uerj, 1996.

19. "Cidade pequena, inferno grande": fofoca e controle social da sexualidade entre adolescentes da cidade de Trelew (Argentina)[*]

Daniel Jones[**]

Trelew é uma cidade com 90 mil habitantes, a 1.500 km de Buenos Aires, na província patagônica de Chubut, Argentina. Neste texto, investigo as percepções de adolescentes de ambos os sexos, de 15 a 19 anos, acerca do controle social de sua sexualidade, a partir de 46 entrevistas semiestruturadas.[1] Esses rapazes e moças pertencem a camadas médias e frequentam o ensino médio de escolas públicas, na referida cidade.

Quais os mecanismos acionados nesse controle? Como influem sobre seus comportamentos sexuais? Como os jovens enfrentam esse controle? Para responder a essas indagações, exploro os padrões significativos que surgiram a partir da perspectiva dos atores sociais envolvidos e adoto um enfoque microssociológico e de gênero.[2]

---

[*] Agradeço os comentários de Ana Lia Kornblit, Mónica Gogna, Germán Pérez e de uma parecerista anônima a versões prévias deste texto. Também agradeço ao Centro Latino-Americano em Sexualidade e Direitos Humanos, que permitiu que eu participasse do Programa Regionalizado em Metodologia de Pesquisa em Gênero, Sexualidade e Saúde Reprodutiva, no Instituto de Medicina Social da Universidade Estadual de Rio do Janeiro, e tivesse condições de completar meu trabalho de campo em Trelew.

[**] Licenciado em ciência política e doutor em ciências sociais pela Faculdade de Ciências Sociais de Buenos Aires (FCB - UBA).

[1] O ponto de partida é o corpus de entrevistas que sustenta minha tese de doutorado em ciências sociais na Universidade de Buenos Aires, com financiamento do Conselho Nacional de Investigações Científicas e Técnicas. Intitulada "Sexualidade e adolescentes: práticas e significados relativos à sexualidade de adolescentes residentes em Trelew (Chubut)", a tese se encontra atualmente em fase de finalização.

[2] As citações e os relatos são utilizados para ilustrar o tema, e se apoiam em uma investigação desenvolvida durante quatro anos, que incluiu entrevistas e observação participante em espaços de sociabilidade adolescente. As palavras entre aspas são termos nativos e o tempo presente, aqui empregado, corresponde às datas das entrevistas. Os nomes são fictícios, a fim de preservar o anonimato.

Controle social da sexualidade e fofoca

Considero controle social da sexualidade o conjunto de estratégias de monitoramento, regulação, sanção e incitação de comportamentos sexuais dos adolescentes, por parte de pessoas, grupos e/ou instituições.[3] Concentro-me no controle entre pares etários (quando aqueles que são monitorados e os que exercem a regulação são adolescentes) e, especificamente, na produção e circulação de fofocas, como principal mecanismo de controle social de sua sexualidade. Defino fofoca como o relato de fatos reais ou imaginários sobre o comportamento alheio, percebido a partir do senso comum como informações depreciativas sobre terceiros e/ou prejudiciais a estes, transmitidas entre duas ou mais pessoas, de uma a outra.[4] Ela pode ter diversas funções, como entretenimento (Elias e Scotson, 2000) nas horas compartilhadas, quando os adolescentes ainda não ingressaram no mundo do trabalho e passam a maior parte do tempo juntos.[5] A fofoca também pode fortalecer laços de amizade e confiança, ou reforçar o sentimento de identidade comunitária, ao criar uma história social do grupo. Ela ainda pode ser instrumento de definição de

---

[3] Baseio-me na concepção de Foucault (1989:175) acerca de vigilância e sanção normalizadora, e em Amuchástegui (2001:207), que utilizou a primeira concepção em sua pesquisa sobre jovens no México. Neste texto, não pretendo opor "controle" à "sexualidade", como se tratasse de um fenômeno primordialmente natural, capaz de ser reduzido pelo poder (Foucault, 2000:129). Segundo o enfoque construcionista aqui adotado, os controles sociais não apenas influem, mas sobretudo estão situados no cerne da produção de práticas sexuais e de seus significados. Assim, entendo a sexualidade como uma unidade fictícia historicamente construída, "que reúne uma multidão de distintas possibilidades biológicas e mentais – identidade genérica, diferenças corporais, capacidades reprodutivas, necessidades, desejos e fantasias – que não devem necessariamente estar vinculadas, e que em outras culturas não o estiveram" (Weeks, 1998:20).

[4] Para essa definição, retomo elementos das noções de *fofoca* de Fonseca (2000:41) e de *gossip*, de Elias e Scotson (2000:121).

[5] O termo "adolescentes" é aqui utilizado em referência aos entrevistados não somente em função de sua faixa etária (15 a 19 anos), mas também por um conjunto de traços vinculados a essa etapa da vida em que se encontram, que diferencia sua experiência cotidiana das de outros grupos etários de um setor social semelhante, e dos mesmos grupos etários de outros setores sociais. Primeiro, sua localização familiar: coabitam com seus pais e ocupam a posição de filhos. Segundo, sua principal atividade consiste em frequentar a escola, já que não trabalham nem procuram emprego, e são mantidos economicamente por seus pais. Terceiro, sobre sua experiência de vida, embora muitas e muitos já tenham tido relações sexuais e/ou vínculos afetivos como namoro, cabe destacar que não tiveram filhos nem conviveram com um(a) parceiro(a). Por último, em relação ao tipo de sociabilidade, passam a maior parte do tempo com os pares etários, tanto na escola como em âmbitos juvenis de lazer.

limites: "não se faz fofoca sobre estranhos, pois a eles não são impostas as mesmas normas; ser objeto, sujeito do mexerico representa a integração no grupo" (Fonseca, 2000:42).

Analiso aqui outra função da fofoca: como mecanismo de controle social dos comportamentos, ao informar sobre a reputação de terceiros, prejudicando sua imagem pública e indicando, simultaneamente, critérios de respeitabilidade. Entre as fofocas que se produzem e circulam entre adolescentes, enfoco apenas aquelas que dizem respeito a questões sexuais. Sua força reside, sobretudo, no que concerne à elaboração de normas sexuais, uma vez que os grupos de pares constituem espaços centrais de socialização e pertencimento. Trata-se de uma centralidade concomitante ao enfraquecimento da autoridade moral e da legitimidade de âmbitos adultos tradicionais, como a família, as igrejas, a escola (Bozon, 2004:136). Minha hipótese é de que a circulação de fofocas entre adolescentes atua como um mecanismo privilegiado de controle de sua sexualidade, revestida de certas particularidades no contexto de uma cidade média como Trelew.

O circuito da fofoca

Para reconstruir o circuito da fofoca, analiso seus principais traços e as temáticas mais frequentes. A seguir, apresento seu modo de circulação, os atores implicados nesse processo, seja como sujeitos ou como objetos das fofocas (rapazes e moças adolescentes heterossexuais, de classes médias),[6] e segundo quais critérios é possível acreditar ou não na informação.

Características e temáticas mais frequentes

As fofocas entre adolescentes compartilham quatro propriedades semióticas com outro tipo: as *bembas*.[7] Em primeiro lugar, em ambos os

---

[6] Em outro texto (Jones, 2004), analisei os mecanismos específicos de controle social direcionados a adolescentes *gays* de Trelew.
[7] O termo *bembas* provém da fala cubana e designa popularmente lábios grossos e proeminentes; por extensão, significa "rumor" (fofoca). De Ípola (1987) analisa as *bembas* nos cárceres de detentos políticos durante a última ditadura militar na Argentina (1976-83). Minha intenção não é traçar uma analogia com o tipo de fofoca que apresento, dadas as abismais diferenças entre os contextos de circulação e os conteúdos, mas retomar as ferramentas analíticas deste autor, por sua utilidade.

casos, a produção e a circulação das informações seguem juntas, já que no perambular "de boca em boca" elas se transformam e recebem novos matizes, são simplificadas ou aumentadas, ou, ainda, se combinam com outras fofocas em circulação. Trata-se de fenômenos de "nomadismo discursivo", cujo tempo de vida é equivalente ao tempo de circulação (De Ípola, 1987:189).

Em segundo lugar, no enunciado da fofoca, não devem constar rastros que possibilitem levantar suspeitas acerca de o transmissor ocasional ser a fonte originária da informação. Por essa razão, quem escuta o relato imediatamente indaga sobre sua origem ("quem te contou?" é a primeira pergunta). A exceção se dá diante daquele que foi testemunha direta do fato, o que garantiria a confiabilidade da informação.

Em terceiro lugar, as fofocas, para serem aceitas como tais, acima de tudo, devem ser verossímeis, isto é, passíveis de crédito. O fato em torno do qual elas versam (o que ocorreu e quais os protagonistas) deve ser considerado possível ou provável por quem o escuta, para que a fofoca "faça carreira" (siga circulando). O delicado equilíbrio entre verossimilhança, incerteza e novidade determina, em parte, o grau de interesse que possa despertar. Assim, uma informação totalmente confirmada e outra desmentida não serão mais fofocas: a primeira por se converter em certeza; a segunda por ser desprezada, como mentira.

Por fim, o último traço em comum entre esse tipo de fofoca e a *bemba* é que em ambos os casos há temas recorrentes e privilegiados. Indagar sobre o assunto da primeira é relevante, pois "o que é digno dele depende das normas e das crenças coletivas e das relações comunitárias" (Elias e Scotson, 2000:121). Quais as temáticas das fofocas entre adolescentes? As "trampas" (infidelidades), a "primeira vez" (iniciação sexual com coito), as relações sexuais ocasionais, o "'ficar' com muitos" ("transar" ou "coger"[8] com mais de uma pessoa, em um curto período de tempo), a gravidez e o aborto, quando os protagonistas são adolescentes conhecidos pelos interlocutores, nesses eventos ou situações. A produção e transmissão de boatos sobre infidelidade de namorados parecem ser as mais valorizadas,

---

[8] "Transar" implica beijar e fazer carícias com maior ou menor intensidade, mas sem qualquer tipo de penetração; "coger" significa ter relações sexuais com penetração.

precisamente porque os partícipes procuram se esforçar para que não circulem para além dos pares mais próximos. Uma infidelidade não deve ser veiculada publicamente, sobretudo pelos problemas que essa atitude possa acarretar aos protagonistas. Como exemplo, quando um rapaz beija ou tem relações sexuais com uma moça comprometida com outro, ele pode ser objeto de ameaça e/ou agressões físicas por parte do namorado enganado; a mulher implicada recebe, em geral, uma reputação negativa, de "puta", que engana o parceiro. Para ambos, surge a possibilidade de ruptura dos namoros, por decisão do(a) traído(a). Embora a infidelidade não tenha ocorrido, tais consequências são possíveis, como a possibilidade de uma separação, em virtude de uma mera fofoca.

A "primeira vez" é outro tema sobre o qual as mulheres preferem ser discretas, diante do possível mal-estar gerado pela circulação da informação para além das amigas mais próximas, uma vez que se trata de algo considerado muito íntimo. As relações sexuais também são objeto de fofoca quando alguma adolescente tem "vários" parceiros (mais de um) em um curto período de tempo, ou quando suas relações são tidas como ocasionais (por exemplo, fora de namoro). Por último, circulam boatos sobre gravidez e aborto de adolescentes, o que será abordado adiante.

Todos os temas mencionados favorecem a censura ou repúdio por parte de terceiros e apelam a um sentimento de retidão daquele que os transmite. Além disso, provocam o prazer de falar sobre algo que o próprio indivíduo não deveria fazer (Elias e Scotson, 2000:124). Embora haja fofocas sobre outras temáticas, as mencionadas são as mais valorizadas por versarem sobre situações que ao menos um dos protagonistas prefere manter em segredo ou tratar de forma discreta. Esses adolescentes preferirão falar em voz baixa (de modo seletivo, com algum amigo) ou se manter calados sobre acontecimentos capazes de provocar separações, mal-estar, vergonha e/ou reputação negativa. A máxima reza que, quanto mais se deseje manter uma informação em segredo, mais valorizada será a fofoca que a difunde.

Modo de circulação, atores e credibilidade da fofoca

Como surge e se expande uma fofoca? Ela pode começar porque um(a) adolescente é visto(a) fazendo algo que seja considerado interessante de ser relatado, ou por uma "seleção" da informação, a partir de um comentário dirigido a um companheiro. Em qualquer caso:

> *Em um círculo reduzido, de relações estreitas, a formação e a manutenção de segredos ficará dificultada pela razão técnica de que os membros estão demasiadamente próximos uns de outros, e porque a frequência e a intimidade dos contatos provocam em demasia as tentações de revelação* (Simmel, 1939:382).

O modo mais habitual de circulação de fofocas entre adolescentes é o "boca-a-boca". Essa transmissão oral interpessoal é tão frequente e extensa que os jovens a consideram praticamente inevitável, pelas dificuldades em manter um evento em segredo, em um ambiente pequeno (tanto em número de pessoas quanto em espaços comuns de sociabilidade), no qual grande parte das pessoas é conhecida. Nas palavras de vários jovens: "em Trelew se conhece todo mundo", "todos nos conhecemos no ambiente em que circulo" e "as coisas acabam sendo conhecidas". Pelas características do grupo investigado, "todo mundo" refere-se a adolescentes de classes médias, que frequentam determinadas discotecas e certos bares da cidade. Como esses jovens se reconhecem através de distintos grupos de pertencimento, pode-se falar de alguém que não se conheça pessoalmente, situando-o em determinado grupo, pois, em geral, ao menos é possível localizá-lo "de vista". A circulação das fofocas ocorre em redes relacionais desses grupos:

> *Há grupos marcados. Vocês podem dizer: "Pablo X, vocês o conhecem?" "Não, não o conheço." "Mas conhecem tal grupo?" "Ah, sim." "Bem, ele está metido nesse grupo." "Ah, sim, então é possível que o conheça." Acho que não há contato direto com cada um, ou um reconhecimento muito individual, mas pelos grupos* (Matías, 17 anos).

> *Todo mundo tem seu grupo e se forma uma rede, uma grande rede de minigrupos entrelaçados; então, sempre existem conexões com distintos grupos e, assim, a gente conhece a grande maioria das pessoas* (Joaquín, 16 anos).

Para esses adolescentes, a intensidade da produção de fofocas e sua velocidade rápida de circulação estão estreitamente vinculadas ao tamanho de Trelew. A pequena quantidade de jovens que participa do "ambiente" (de camadas médias) e seus restritos espaços de disseminação e sociabilidade incrementam a frequência dos contatos entre pares, impedem o anonimato e dificultam a confidencialidade no âmbito local, nesse caso, em relação a seus comportamentos sexuais:

> Informante: *Trelew é tão pequeno que, quando conheço uma pessoa, eu vejo essa pessoa... vou vê-la uma, duas, três, quatro vezes por semana, ou por mês. Se fosse uma pessoa de Buenos Aires (...) talvez eu não visse tão frequentemente. De fato, em Buenos Aires, você conhece uma pessoa num sábado e não a vê mais em sua vida. É uma cidade tão grande que talvez você não volte a vê-la mais em sua vida.*
>
> Entrevistador: *E aqui em Trelew?*
>
> Informante: *Aqui em Trelew a gente se inteira muito rápido das coisas. Imagine que eu conte algo para você, você diz para outra pessoa. E aí, depois de uma semana, todo mundo já sabe. (...) Aconteceu comigo: Ítalo tomou conhecimento, e toda a escola ficou sabendo que eu tinha namorada* (Nono, 17 anos).

Outro traço intrínseco à circulação de uma fofoca é a distorção ou o fato de tangenciar seu conteúdo. Os adolescentes apontam que ela sempre implica um certo grau de distorção e algumas informações são totalmente inventadas. Quando essa modificação é proposital, os motivos podem ser inveja e rivalidade entre mulheres, com a intenção de separar um casal (por exemplo, fofocas de infidelidade). Entretanto, essa alteração não é necessariamente intencional ou premeditada, mas pode ser considerada parte das transformações da fofoca em seu percurso, ao ser inevitavelmente interpretada e matizada a cada novo interlocutor:

> Entrevistador: *Qual o tema da fofoca? Sobre quais outras coisas se fofoca?*
>
> Informante: *Por exemplo, você conta algo para alguém e o outro vai e conta também, e vão mudando. Vão mudando as*

> *palavras, até que sai que você... não sei. O que você havia contado para um eles vão mudando. O outro vai e conta para outro, mas de maneira diferente. Como o telefone sem-fio. E depois, quando vem e chega mais um, já virou qualquer coisa, tudo distorcido* (Johnny, 17 anos).

> *Geralmente corre bastante como fofoca, e também é assim que se tergiversa muito a informação. Quando chega um comentário até você, já sabe que há grande probabilidade de que ele esteja muito exagerado ou de que seja mentira* (Luzia, 17 anos).

Embora se trate de fofocas entre adolescentes e sobre eles, nem todos participam da mesma forma de produção e circulação. Para identificar os protagonistas desse circuito, vale responder a algumas perguntas. Primeiro: sobre quem versam as fofocas? O nível de popularidade de cada pessoa determina, em grande medida, suas possibilidades de ser tema de fofocas. "Ser conhecido" por outros adolescentes surge da combinação entre o nível de exposição pública de cada um e, sobretudo, do interesse que desperta nos pares. Os atributos que o(a) tornam popular variam segundo o gênero e a idade, mas há dois traços valorizados positiva e constantemente: o pertencimento a determinados grupos, muito visíveis – equipes de rúgbi ou hóquei, divisões de certas escolas – e o fato de ser considerado(a) "lindo(a)". Por sua vez, quanto mais populares os que participam de um acontecimento, mais valiosa se torna a circulação de boatos sobre eles, já que a popularidade condiciona a medida em que interessa aos demais. Nesse processo também entra em jogo o fato de haver alguma circunstância que torne determinada informação particularmente atraente para o público:

> Entrevistadora: *Por que você acha que há fofoca sobre alguns, e não sobre outros?*
>
> Informante: *Não sei se é porque alguns se expõem ou se é porque gostam disso, de estar nisso. Ou porque interessa às outras pessoas. (...) Geralmente, quando eu era mais novinha e ficava com alguém, você sabia que eu era bem popular e bem conhecida de todo mundo. Aí sim, todo mundo ficava sabendo e todo mundo te dizia alguma coisa* (Anita, 17 anos).

Entrevistadora: *E do que depende o interesse fora do seu grupo?*

Informante: *Geralmente há alguma circunstância particular, ou algum protagonista do fato que torna isso atraente, ou faça com que uma informação seja valiosa para o resto dos colegas* (Luzia, 17 anos).

Segundo: quem participa mais ativamente da produção e circulação de fofocas? Embora não haja diferenças marcantes entre homens e mulheres, os mais ativos na produção, transmissão e recepção das fofocas seriam os(as) que cursam o ensino médio (sobretudo os mais jovens).[9] Para alguns, concluir a escola (em média, aos 18 anos) representaria um corte quanto ao grau de intervenção no circuito da fofoca, uma vez que seus interesses e prioridades se modificam então.

Terceiro: qual a relação entre o valor da fofoca e seu portador? Aquele que difunde as informações se torna importante, já que essa é uma das principais dimensões que estabelece a medida de sua credibilidade pelo grupo. Nos testemunhos, apresentam-se duas questões sobre a relação entre uma fofoca e seu portador. Por um lado, há quem considere o transmissor exagerado, acreditando parcialmente no relato, enquanto, em geral, não se dá crédito aos boatos divulgados por mentirosos. Pelo contrário, quem possui um suposto acesso direto a certas fontes de informação goza de grande credibilidade, ao relatar acontecimentos daí advindos. Além de sintetizar ambas as questões, Juana exemplifica a segunda com casos de filhos de médicos, que contam aos colegas quais jovens realizaram um aborto:

Informante: *Na realidade, também se sabe de quem vem. Se algumas pessoas chegam para mim e contam algo, sei que é assim. No caso de outras, acredito só pela metade. Já se sabe em quem acreditar, e em quem não, quem exagera ou não. Eu sei de gente que abortou e tenho certeza de que fizeram isso. É capaz de eu ver a "mina" agora caminhando pela rua.*

Entrevistador: *E por que está certa de que fizeram isso?*

---

[9] As respostas relativas aos sujeitos mais ativos no circuito da fofoca e sobre quem ela versa indicam que, apesar de seu conteúdo difamatório, ser seu objeto ou sujeito representa uma forma de integração em um grupo.

Informante: *Por causa das pessoas que contam isso, são filhos de médico* (Juana, 19 anos).

O fato de filhos de médicos informarem aos amigos que certas pessoas de Trelew abortaram e que podem ser identificadas ("pelo nome" e na rua) parece ser um fenômeno possível, em função do restrito grau de anonimato ali presente, em comparação com uma grande cidade, tanto por sua população, quanto pela interação social. Para os objetivos deste texto, não é relevante que, efetivamente, esses médicos comentem ou não com seus filhos sobre as moças que realizaram um aborto.[10] O que está em jogo aqui é o fato de que tais relatos sejam considerados verdadeiros pelos pares, e que isso permita identificar publicamente (e fofocar sobre) quem abortou.

Neste texto, mencionei distintas questões que proliferariam entre os adolescentes no momento de acreditarem ou não em uma fofoca. À guisa de recapitulação, proponho distinguir analiticamente três critérios: a confiabilidade, a sinceridade e a verossimilhança. De acordo com o primeiro, o ouvinte avalia se pode dar crédito ao conteúdo, considerando o acesso privilegiado de uma determinada pessoa a certa fonte de informação. No segundo, há um julgamento: se quem relata está sendo franco ou não, levando-se em conta sua reputação anterior, em relação às fofocas que transmite (por exemplo, se é considerado exagerado ou mentiroso) e, portanto, o modo de receber o que é relatado. No terceiro critério, o ouvinte avalia a credibilidade da fofoca, em função da possibilidade ou probabilidade dos eventos aos quais se refere; a inclusão de certos detalhes aumentaria a verossimilhança da narrativa (nomes e características dos protagonistas, lugares e outras circunstâncias específicas dos fatos). Em resumo, para estabelecer em que medida acreditar em uma fofoca em particular, esses adolescentes avaliariam os diferentes graus de verossimilhança de seu conteúdo, e de confiabilidade e sinceridade do transmissor.

Construção de reputações e comportamentos sexuais

Nos relatos, as fofocas se apresentam como as principais ferramentas na construção de reputações pessoais oriundas dos comportamentos sexu-

---

[10] Além do fato de ser difícil comprovar a existência desses supostos relatos de médicos, tanto para os pares que atuam como público das fofocas, quanto para mim, enquanto investigador.

ais desses jovens e, simultaneamente, incidem sobre eles. Para compreender esse mecanismo de controle social, retomo as figuras da "puta" e da "garota tranquila",[11] para as moças, e do "boludo" e do "ganhador", para os rapazes.

A puta e a garota tranquila

A figura feminina da "puta" é mencionada por quase todos os entrevistados, ao se referirem às fofocas.[12] Essas referências podem ser explicadas por duas razões: por um lado, porque as fofocas mais frequentes e valorizadas entre adolescentes são aquelas sobre comportamentos sexuais (e suas consequências) considerados transgressões. Por outro, porque, mediante as fofocas a respeito do que se faz ou não, as reputações são construídas. O estereótipo da "puta" é produzido e reforçado por meio de comentários agressivos entre pares, quando surge uma crítica a certos comportamentos que se afastam da moral sexual feminina hegemônica. Assim, possuir vários parceiros em um curto período de tempo, ter relações sexuais ocasionais, as infidelidades, a gravidez de adolescentes e o aborto são considerados socialmente transgressões e, dessa forma, temas apropriados a boatos:

> *Geralmente são fofocas agressivas ou que são verdadeiras, mas não deixa de ser terrível que todos saibam e fofoquem. Por exemplo, a garota que estava grávida, eles "davam com um cano" [criticavam] todo o tempo. Eles sempre "pegam" [criticam] as garotas porque são "atorrantas", ou porque "ficaram" [tiveram relações sexuais] com fulano de tal, ou porque são feias, ou porque são gordas, ou porque são... Tudo tem mais a ver com o sexo. Digamos, geralmente não criticam as gordas. Criticam as que "ficam" com muitos* (Anita, 17 anos).

Anita sintetiza três traços dessas fofocas, fundamentais para se compreender a categorização de uma garota como "puta": a centralidade das temáticas sexuais; de modo geral, expressam uma crítica agressiva à pes-

---

[11] Embora vários estudos tenham analisado em profundidade essas figuras, pela restrição do tamanho deste texto apresento somente essas imagens em relação ao papel que desempenham nesse dispositivo de controle social pelas fofocas.
[12] "Trola" e "atorranta" são termos utilizados, com menor frequência, como sinônimos. "Trola" se refere à mulher sexualmente fácil, seja prostituta ou não. "Atorranta" é uma gíria acerca da mulher que se entrega sexualmente com facilidade, mas não é prostituta profissional.

soa que é o objeto em questão; e quando uma adolescente é classificada de "atorranta" em função de uma fofoca, seu próprio conteúdo explicaria o motivo. Aquelas que mantêm determinadas práticas podem ser qualificadas de "putas" por seus pares, pois

> *a imagem pública de um indivíduo pareceria constituída de uma reduzida seleção de acontecimentos verdadeiros que se inflam até adquirirem uma aparência dramática e chamativa, e que são utilizados, então, como descrição completa de sua pessoa. Pode surgir, por conseguinte, um tipo especial de estigma* (Goffman, 2001:89).

Jimena e Popy, duas entrevistadas, qualificadas como "putas" por seus pares, oferecem uma explicação alternativa sobre as razões de sua reputação:

> Popy: *Um dos fatores que influi neste tema de que estamos falando é a inveja, o ressentimento. O fato de, por exemplo, uma garota ser muito linda e poder usar uma calça linda, justa, essa já é uma "puta". Ou se todos os meninos andam atrás dela, ou é bonita de rosto, ou é simpática, pronto, ela já é uma "puta".*
> Entrevistadora: *E com você já aconteceu de dizerem: "Ah, Popy é bem 'puta'?"*
> Popy: *Todo o tempo, todo o tempo.*
> Jimena: *Popy é a "trola" e Jimena é a "puta".*
> Entrevistadora: *Essa diferença entre "trola" e "puta" eu não entendo.*
> Jimena: *Não, é o mesmo.*
> Popy: *Mas para mim, não me importa, ao contrário, porque sei que as pessoas que, de verdade, gostam de mim, sabem que não sou nem "trola" nem "puta" nem nada, e isso basta. Que uma garota diga que eu sou "trola" porque ponho uma minissaia e fico bem, vou usá-la. Se eu sei que fica bem em mim, e adoro usá-la, vou usá-la. Não me importa, porque sei que essa garota certamente é uma gorda de merda, para quem ninguém olha.*

Jimena: *No outro dia, eu e Popy íamos vestidas divinamente e passou pela rua uma garota gorda que disse: "Componha-se." (...) Nós nos viramos: "Componha-se você, que te faz falta". Viu? São essas coisas. Isso é inveja* (Popy e Jimena, ambas 17 anos).[13]

Popy alega que o desejo masculino e a inveja feminina são os motores das fofocas, que atribuem uma reputação negativa a ambas as jovens, ao explicitar que seus traços físicos e de personalidade atraem os homens ("todos os meninos andam atrás") e geram ressentimento nas mulheres, principalmente nas que não são atraentes ("uma gorda de merda para quem ninguém olha"). Essa explicação atua como estratégia de resistência à desvalorização acarretada pela classificação como "puta", já que permite a Popy reorganizar as hierarquias em relação às mulheres. Assim, ela e Jimena passariam da situação de criticadas pelos pares para a posição de mais valorizadas pelos homens – ambos os casos, em função dos mesmos atributos. Desse modo, Popy questiona a reputação negativa a elas atribuída, invertendo o tom dos motivos: no caso de serem qualificadas de "putas", seria somente por serem simpáticas, com rostos bonitos e bons corpos, o que lhes permite usar minissaias ou calças justas.[14]

Essa forma de resistência é compreendida apenas porque a atribuição da categoria de "puta" atua como uma estratégia relativamente efetiva, no momento de desvalorizar uma mulher: se não tivesse capacidade de danificar a imagem pública, ninguém se defenderia com tais justificativas. A construção de reputações parece um mecanismo de controle social com certo impacto entre essas adolescentes, e se reflete em outras entrevistadas, que mencionam se abster de prosseguir com determinados comportamentos sexuais para não serem qualificadas de "putas". Nesse contexto, geralmente se castiga com tal estereótipo aquela que transgride normas morais e, por isso, algumas evitam certas condutas (como ser infiel a um parceiro). A má reputação a partir de um círculo de pessoas que efetua um

---

[13] Apesar de as entrevistas terem sido realizadas individualmente, essa passagem transcreve o único momento em que duas pessoas foram entrevistadas juntas. Ambas eram amigas e, ao final do encontro com Popy, chegou Jimena, sentou-se e ficou escutando, e deu sua opinião quando Popy a pediu. Depois Jimena foi entrevistada individualmente.
[14] Esses traços colaboram para a popularidade de quem os possui e, assim, tornam mais atraentes as fofocas sobre o tema, como indicado anteriormente.

mau conceito do indivíduo, sem conhecimento pessoal, tem por função o controle social (Goffman, 2001:87).

Anita acredita que esse controle pelas fofocas é inseparável das particularidades referentes à circulação de informações em um ambiente pequeno. Ela imagina que, se tiver relações sexuais ocasionais em Trelew, "todo mundo" saberá mais cedo ou tarde, e seu temor de ser considerada uma "puta" faz com que desista de efetuar tais relações. Anita afirma que, em uma cidade maior, como Buenos Aires (para onde irá, ao concluir o ensino médio), atuaria sexualmente de forma mais "liberal" – um termo também utilizado por Popy e Jimena, para se definirem. Cáceres (1998:79), em sua investigação sobre jovens peruanas, indica essa mesma tensão vivenciada pelas moças: entre o desejo por parceiros ocasionais e a desistência, por considerarem que serão malvistas e rotuladas como "garotas fáceis".

A figura oposta à "puta" é a "garota tranquila", referida nos relatos somente quando se indaga se as adolescentes deixam de fazer algo para evitar uma reputação negativa. Por essa razão, antes de apresentar características bem delimitadas, a "garota tranquila" é definida por oposição: não comete as transgressões que conduziriam a uma classificação de "puta", nesse contexto. Nessa perspectiva, Amuchástegui (2001:290) aponta uma estratégia fundamental para o controle da sexualidade: a construção cultural de significados do corpo feminino e seu acesso à atividade sexual, como as imagens da mulher assexuada (nossa "garota tranquila") e daquela excessivamente sexuada (nossa "puta").

Além das moças que reconhecem ser categorizadas de "putas" e daquelas que se abstêm de certos comportamentos sexuais para não sê-lo, há ainda uma terceira situação, intermediária: as que têm relações sexuais ocasionais, mas se esforçam por mantê-las em segredo e, assim, buscam escapar da estigmatização. A figura da "puta" atua também nesse caso, para essas adolescentes, como um horizonte possível, mas não desejado. Evitar determinadas condutas ou mantê-las sob um manto de discrição impediria tanto ser considerada uma "puta" como a possibilidade de ser vetada como namorada potencial de um homem, por seu grupo de amigos. Como assinala Fuller (1995:258), acerca do lugar do sexo nos complexos simbólicos de gênero, no Peru, a honra feminina atua como um dispositivo de controle da conduta erótica das jovens, o que enfatiza o desprestígio daquelas que levam uma vida sexual "promíscua" e, como consequência, perdem a chance de conseguir algum parceiro estável, por serem consideradas inapropriadas.

O "ganhador" e o "boludo"

As adolescentes indicam que, em função do mesmo comportamento que desvaloriza as mulheres ("transar" ou "ficar" com mais de uma pessoa em um período curto de tempo), os homens se atribuem o rótulo de "ganhadores".[15] A distância entre o caráter elogioso da figura do "ganhador" e o tom condenatório da "puta" é explicada a partir de um contexto machista, considerado injusto e amplamente presente:

> Entrevistador: *Influi no que você faz aquilo que as pessoas falam sobre você?*
>
> Informante: *Não sei se naquilo que eu faço, mas em geral influi nas pessoas, influi sim. Porque alguém às vezes se sente mal: você sai com um garoto numa sexta-feira, no outro dia transa com outro garoto, e depois: "É uma 'puta' de merda." Por exemplo, um homem que "fica" com 10 mulheres é um "ganhador". Uma "mina" que "fica" com 10 "caras" é uma "puta", uma prostituta. Porque é assim, aqui e na China.*
>
> Entrevistador: *E por que pensam que é assim?*
>
> Informante: *Pelo machismo que há, e porque todos têm esse ponto de vista estúpido. Por exemplo, as diferenças entre as mulheres que cuidam da casa e fazem faxina, e os homens que coçam o saco. Todas essas diferenças são absurdas* (Popy, 17 anos).

Um adolescente "ganhador" é aquele que busca "transar" ou "ficar" com a maior quantidade de mulheres e/ou com as mais bonitas, como se fossem "troféus". São aqueles rapazes que passam grande parte de seu tempo livre conversando com mulheres, que "transam" frequentemente com algumas e já tiveram relações sexuais. Os "ganhadores" buscam grande visibilidade, demonstram elevada autoestima e segurança pessoal, por

---

[15] "Mestre" e "ídolo" são termos utilizados, com menor frequência, como sinônimos.

se considerarem paradigmas de "êxito", segundo os critérios do ambiente em que estão inseridos ("acham que sabem de tudo e que têm a vida resolvida", diz Matías). Já os "boludos" são aqueles radicalmente diferentes deles, zombam pelas costas ou fazem fofocas.

Matías é um entrevistado que relata como foi qualificado de "boludo", a figura oposta ao "ganhador". Sua história é interessante por indicar que a origem dessa reputação negativa se deve, sobretudo, à inexperiência sexual e ao escasso vínculo social com moças de sua idade. Apesar de Matías ter um corpo atlético e ser um jogador de rúgbi reconhecido publicamente (duas características valorizadas nesse contexto), o fato de não "transar", nem falar habitualmente com garotas, ou, ainda, não ter tido relações sexuais aos 17 anos, convertem-no em um "boludo", para seus pares. As brincadeiras e os comentários que supõe circular pelas suas costas, como boatos, entre colegas da escola, constroem uma imagem negativa, de um homem incompleto.[16] Embora considere essa avaliação injusta, Matías afirma que, em face dos "ganhadores", sua autoestima é baixa, tem constantemente um sentimento de inferioridade, e um acúmulo constante de rancor.

Considerações finais

Ao analisar a fofoca, refleti acerca de quem estaria no controle, quais as pessoas e como atuam, além das dinâmicas de poder que operam, nesse processo. Esses adolescentes controlam e, simultaneamente, são controlados por meio das fofocas que circulam entre os pares e que acabam por difundir o que consideram ser apropriado e inadequado, e sancionar as transgressões às normas grupais. Embora os modos de vigilância mútua sejam os mesmos, nesse dispositivo, a regulação e a sanção da sexualidade produzem um impacto distinto, no que concerne aos homens e às mulheres.

Na análise destaquei a interdependência entre a "puta" e a "garota tranquila", para as moças, e o "ganhador" e o "boludo", para os rapazes. Essas figuras de gênero, reconstruídas na interação cotidiana, atu-

---

[16] Alguns estudos registram uma tensão entre a continuidade do fenômeno da pressão do grupo de pares sobre a iniciação sexual masculina, como questão concernente à autoafirmação identitária, e um certo afrouxamento desse instrumento de controle social de sua sexualidade (Cáceres, 2000:79).

am como horizontes que regulam a atividade sexual. O "ganhador" e o "boludo" constituem uma oposição complementar, na qual cada figura tem existência mediante a outra: só há "ganhadores" por haver "boludos", com os quais seja possível efetuar um contraste com sua atuação. Inversamente, o "boludo" é definido por não fazer exatamente o que o "ganhador" faz, em termos sexuais e de relações sociais com mulheres. Embora de maneira mais tácita, as adolescentes que evitam ser classificadas como "putas" deixam entrever que a "garota tranquila" atua como modelo oposto e complementar.

Uma oposição entre o "ganhador" e a "puta" também é evidenciada, baseada no fato de que ambos apresentam um comportamento sexual similar. No entanto, são atribuídos sentidos muito distintos a ambos. As conotações diferenciadas entre essas imagens refletem uma assimetria de gênero, que opera na construção de condutas, com uma valoração moral desigual dos comportamentos sexuais (dupla moral). Como aponta Cáceres (2000:38), em seu estudo sobre jovens de Lima, há uma demanda dirigida às moças, mais tácita que explicitamente, de se fazerem respeitar pelo homem, impondo-lhe limites, não o provocando, nem se expondo a situações capazes de arriscar sua boa reputação. Já para os rapazes, a pressão ocorreria no sentido inverso, sobretudo no que se refere à iniciação sexual, e ela teria origem no grupo de pares, composto por outros jovens.

O elemento central das oposições consiste em assimetrias de poder: um grupo pode estigmatizar o outro com eficácia quando está posicionado hierarquicamente em relação ao outro, que é excluído (Elias e Scotson, 2000:23). Os eixos sobre os quais são construídas as relações de poder constituem, para os homens, os vínculos sociais com mulheres e a experiência sexual (desde as conversas cotidianas, nos âmbitos da sociabilidade, até a iniciação sexual com penetração) e, para as mulheres, a adequação a certas normas de moral sexual. "Boludo" e "puta" atuam como rótulos pejorativos, usados por alguns grupos, como meio de manter a superioridade social e/ou moral, como demarcação de disputas de poder (Elias e Scotson, 2000:24). Como ilustra o "boludo" Matías, o estigma imposto pelo grupo mais poderoso sobre os menos influentes (nesse caso, os "ganhadores" em relação aos "boludos") penetra na autoimagem destes últimos e, assim, consegue debilitá-los e desarmá-los. Por esta razão, como consequência das reputações atribuídas, se apresentam o mal-estar individual, a deterioração da autoestima e a autorrestrição diante de certas opções.

A análise dessas imagens, quanto ao controle social pela fofoca, evidencia outra diferença substancial entre o "boludo" e a "puta", por um lado, e o "ganhador", por outro. As reputações de "boludo" e "puta" são construídas principalmente pela produção e circulação de fofocas sobre terceiros. As situações nas quais alguém é interpelado diretamente, a partir dessas categorias, são excepcionais ou, ao menos, parecem ocorrer com menor frequência e intensidade que as fofocas: as perseguições grupais a algum rapaz (tratando-o como "boludo") e as brigas abertas entre moças (que podem se qualificar mutuamente como "putas"). No caso do "ganhador", não circulam fofocas sobre o que ele faz, para classificá-lo como tal, ao menos como definida aqui, a fofoca.[17] Mas, em caso de circular alguma informação sobre ele, isso não implicaria controle restritivo de seus comportamentos sexuais,[18] já que a figura do "ganhador", para muitos homens, é um horizonte desejado, o que, evidentemente, não ocorre com o "boludo" ou com a "puta", para as moças.

A fofoca constrói e reproduz essas figuras, que põem em jogo normas sexuais de gênero, que regulam e atribuem sentido às práticas desses adolescentes. Como aponta Bozon (2004:120), trata-se de uma normatividade das condutas sexuais, sustentada por um processo através do qual os próprios indivíduos interiorizam princípios sociais e, paralelamente, continuam submetidos a julgamentos sociais, que se distinguem, de acordo com o gênero. A efetividade desse mecanismo de controle se reflete em diversos fenômenos. Por um lado, na pressão sobre Matías, para que se inicie sexualmente, exercida por um monitoramento constante de seus colegas, o que inclui reiteradas perguntas sobre o tema e comentários depreciativos por

---

[17] Embora Elias e Scotson (2000:121) destaquem que, estruturalmente, a intriga depreciativa (*blame gossip*) seja inseparável do elogio (*pride gossip*), que geralmente se restringe ao próprio indivíduo e aos grupos com os quais ele se identifica, nos relatos desses adolescentes só se apresentam fofocas com conteúdo crítico de terceiros.

[18] Cabe pensar que, nesse caso, esse dispositivo de controle incitaria certas práticas de voracidade sexual nos "ganhadores" (como buscar a maior quantidade possível de parceiras e encontros sexuais), de acordo com a ideia foucaultiana de uma dimensão produtiva do poder.

ele supostos, a seu respeito, divulgados sob a forma de fofocas. Por outro lado, observa-se um certo impacto desse controle nos esforços argumentativos de Jimena e Popy, visando oferecer uma versão alternativa sobre os motivos de serem categorizadas como "putas", por seus pares. Por último, sua efetividade também se reflete nos comportamentos sexuais evitados por algumas adolescentes, e na ocultação de sua atividade sexual, para não serem rotuladas de "putas".

Entretanto, esse mecanismo de controle social não é monolítico. Os relatos de alguns oscilam, por um lado, entre os preconceitos sedimentados de gênero, que reproduzem as imagens mencionadas e, por outro, em um incipiente discurso igualitário, e mais liberal, sobre as relações de gênero e acerca da atividade sexual.[19] As discussões mais intensas surgem em torno da figura da "puta" (que questiona o modelo de "boa mulher", mãe e esposa), e que começa a ser observada com desconfiança por se tratar de um estigma particularmente "machista". Precisamente as garotas consideradas "putas" por seus pares são aquelas que apresentam formas originais de resistência.

Embora Popy e Jimena se saibam estigmatizadas, e isso não lhes agrade, continuam "cuidando de sua vida", o que diante do olhar alheio as converte em "putas". Para sustentar tal decisão, essas adolescentes elaboram interpretações alternativas sobre os motivos pelos quais são assim etiquetadas (realçando suas virtudes em detrimento de suas supostas transgressões morais), desautorizam aqueles que as criticam (contrastando com as opiniões favoráveis de seu entorno) e atribuem sua situação particular a um contexto social machista tão estendido como injusto. Embora essas estratégias possam não atingir a reversão da etiqueta de "puta", as garotas decidem manter aquelas práticas sociais e sexuais que desejam levar adiante: vestir-se de um modo "provocador", conversar com muitos rapazes no boliche e "transar" ou "ficar" com aqueles que as atraem. Esses são atos de rebeldia em face da situação de controle social que elas mesmas percebem.

---

[19] Outras investigações assinalam que, nos últimos anos, nos setores urbanos e de classe média tem havido um crescente respeito pelas opções alternativas dos homens quanto à sensibilidade e a afetos, e pela busca por parte das mulheres jovens de viverem mais livremente sua própria sexualidade (Cáceres, 2000:40; Fuller, 1995:261).

Referências bibliográficas

AMUCHÁSTEGUI, A. *Virginidad e iniciación sexual en México*: experiencias y significados. México, DF: Edamex/Population Council, 2001.

BOZON, M. L. A nova normatividade das condutas sexuais ou a dificuldade de dar coerência às experiências íntimas. In: HEILBORN, M. L. (Org.). *Família e sexualidade*. Rio de Janeiro: FGV, 2004, p. 119-153.

CÁCERES, C. *Sida en Perú*: imágenes de diversidad: situación y perspectivas de la epidemia en Chiclayo, Cusco e Iquitos. Lima: UPCH/Redes Jóvenes, 1998.

_____. *La (re)configuración del universo sexual*: cultura(s) sexual(es) y salud sexual entre los jóvenes de Lima a vuelta del milenio. Lima: UPCH/Redes Jóvenes, 2000.

DE ÍPOLA, E. *Ideología y discurso populista*. México, DF: Plaza y Janés, 1987.

ELIAS, N.; SCOTSON, J. *Os estabelecidos e os outsiders*: sociologia das relações de poder a partir de uma pequena comunidade. Rio de Janeiro: Jorge Zahar Editor, 2000.

FONSECA, C. *Família, fofoca e honra*: etnografia de relações de gênero e violência em grupos populares. Porto Alegre: Ed. Universidade/UFRGS, 2000.

FOUCAULT, M. *Vigilar y castigar*. Buenos Aires: Siglo XXI, 1989.

_____. *La historia de la sexualidad*. México, DF: Siglo XXI, 2000. (v. 1, La voluntad de saber).

FULLER, N. En torno a la polaridad marianismo-machismo. In: ARANGO, L.; LEÓN, M.; VIVEROS, M. (Orgs.). *Género e identidad*: ensayos sobre lo masculino y lo femenino. Bogotá: Ediciones Uniandes, 1995, p. 241-264.

GOFFMAN, E. *Estigma*: la identidad deteriorada. Buenos Aires: Amorrortu, 2001.

JONES, D. *Youths and sexual minorities*: a model of stigmatization and discrimination. Trabajo final del seminario "Sociología de las drogas y antropología de los territorios". Centro Franco-Argentino de Altos Estudios, Universidad de Buenos Aires, 2004. ms.

SIMMEL, G. *Sociología*: estudios sobre las formas de socialización. Buenos Aires: Espasa-Calpe Argentina, 1939.

WEEKS, J. *Sexualidad*. México: Paidós/Pueg-Unam, 1998.

20. "Casar e dar-se ao respeito": conjugalidade entre homossexuais masculinos em Cuiabá[*]

Moisés Lopes[**]

O que torna um par gay, casal? Fidelidade? Respeito? Projeto de vida em comum? Este texto enfoca como a conjugalidade homossexual masculina é vivida por casais gays da cidade de Cuiabá,[1] em especial no que concerne à construção de uma imagem de respeitabilidade pública.

Essas questões foram abordadas em entrevistas realizadas com 10 homens, entre 20 e 44 anos, de camadas médias de Cuiabá, envolvidos em relacionamentos homossexuais. Quanto às características dos entrevistados, sua escolaridade apresentou ampla variação: desde o ensino médio completo até a pós-graduação, o que indica níveis elevados, se comparados a dados do estado do Mato Grosso e/ou da região Centro-Oeste. A grande maioria é branca, à exceção de Paulo que é negro.[2] Três possuem filhos biológicos, que foram criados pelas mães e com elas vivem.

Amigos indicaram alguns entrevistados que, por sua vez, nomearam outros. O primeiro contato foi sempre por telefone e, a seguir, era agendado um encontro pessoal para elucidar os objetivos da pesquisa. Nessa ocasião, apresentava-me como antropólogo e explicava ao casal que conversaria apenas com um dos parceiros. Era decidido qual deles seria o entrevistado e nos dirigíamos ao local escolhido. O termo de consentimento

---

[*] Os dados utilizados neste texto foram coletados no ano de 2005, no projeto "Conjugalidade na Grande Cuiabá: significados e práticas da parceria entre homossexuais que vivem uma união", realizado no âmbito do Programa Interinstitucional de Treinamento em Metodologia de Pesquisa em Gênero, Sexualidade e Saúde Reprodutiva do Instituto de Medicina Social da Uerj, com apoio da Fundação Ford. Agradeço o suporte financeiro e institucional para o desenvolvimento dessa pesquisa.
[**] Mestre em ciências sociais pela Universidade de Londrina (UEL-PR), doutorando em antropologia social pela Universidade de Brasília (UnB).
[1] Cuiabá tem uma população de 526.830 habitantes. Informação disponível na página do IBGE: <www.ibge.gov.br>, acesso entre janeiro e julho de 2007.
[2] Todos os nomes são fictícios.

livre e informado – obrigatoriedade[3] prevista pelo Comitê de Ética em Pesquisa do Instituto de Medicina Social da Uerj, que financiou esta pesquisa – era oferecido para leitura e assinado. Por vezes, as respostas proferidas diante do gravador ligado se distinguiram do que era dito posteriormente, com o aparelho desligado. A partir desse dado, neste texto abordo também a questão relativa à forma (Simmel, 1983) de interação entre antropólogo e nativo. Constatou-se um processo de elaboração do entrevistado, acerca da categoria "respeito".

Considerando tal cenário, Marcelo, Marcos, Daniel, André e os outros entrevistados posicionavam-se como indivíduos dignos de respeito por não frequentarem o "meio *gay*" e por evitarem demonstrações públicas de afeto. Desse modo, a pesquisa evidenciou a construção de estratégias em torno do segredo (Simmel, 1999) da homossexualidade e da relação conjugal no processo de conquista de uma imagem pública de respeitabilidade.

O quadro resume o perfil dos entrevistados

Perfil dos entrevistados

	Entrevistado			Companheiro			
Nome	Idade	Escolaridade	Profissão	Idade	Escolaridade	Profissão	Tempo de relação (anos)
Murilo	20	Superior (cursando)	Bancário	28	Pós-graduação	Professor	2,5
Daniel	24	Sup.completo	Professor	23	Sup. completo	Professor	1
Paulo	29	Sup. incomp.	Prof. e guia turístico	23	Médio incomp.	Vendedor	2
Rodrigo	31	Pós-graduação	Professor	37	Superior (cursando)	Téc. em enfermagem	4
André	33	Superior (cursando)	Téc. de enfermagem	29	Médio comp.	Func. administrativo	1,5
Marcelo	35	Sup. incomp.	Promotor de eventos	30	Pós-graduação	Administrador	10,5
João	38	Médio comp.	Cabeleireiro	37	Médio comp.	Cabeleireiro	15
Marcos	42	Sup. completo	Professor	28	Sup. completo	Bioquímico	6
Rafael	42	Sup.completo	Professor	37	Sup.completo	Comerciante (dono de bar)	10
Tiago	44	Médio comp.	Balconista	41	Médio comp.	Gráfico	16

---

[3] Rodrigo foi um dos poucos que assinou o documento sem maiores questionamentos, pois ele já desenvolvera pesquisas e conhecia a necessidade do termo de consentimento. Outros entrevistados expressaram dúvidas em relação ao sigilo, já que deveriam constar seus nomes completos. Na pesquisa, houve um caso de recusa absoluta em assinar o documento, apesar da autorização verbal para uso das informações declaradas na entrevista. As questões que envolvem o uso do termo de consentimento livre e informado mereceriam discussão mais aprofundada, o que não é possível neste texto.

Elaborando a face, construindo o respeito

Ao iniciar a entrevista, com o gravador ligado, as primeiras questões se referiam a dados pessoais, como idade, religião, grau de escolaridade, profissão, emprego, cidade de origem – tanto do entrevistado quanto do companheiro –, além do tempo de duração do relacionamento. As questões eram respondidas com tranquilidade e marcavam um processo de construção da face do sujeito diante do entrevistador.[4] Esse processo é necessário para contrabalançar certos incidentes, cujas implicações simbólicas possam ameaçar a própria face. Goffman (1970:13) a define como:

> *o valor social positivo que uma pessoa atribui a si, por meio da imagem que os outros supõem que ela teria construído em determinado contato. A face é a imagem da pessoa, delineada em termos de atributos sociais aprovados, ainda que se trate de uma imagem compartilhada no ambiente social.*

Desse modo, face não constitui algo que se aloja no interior ou na superfície do corpo, mas está localizada difusamente no encontro (no caso, na entrevista). Ela se manifesta apenas quando os eventos no intercâmbio são lidos e interpretados, em função das avaliações formuladas. Nesse sentido, todos os entrevistados manipulam a face de maneira distinta, no desenrolar da entrevista, e diferenças surgem nas declarações feitas com e sem o uso do gravador. O papel do pesquisador é, simultaneamente, aceitar, questionar e respeitar a face construída pelo outro, uma vez que busca apreender esse processo de configuração. A partir dos dados iniciais, foram abordados os significados da sexualidade e a maneira como se refletiam na constituição de suas vidas. O roteiro continha um terceiro grupo de questões, referentes às representações e aos sentidos da conjugalidade.[5] Trata-se de um conjunto

---

[4] Ressalte-se que Goffman (1970) afirma que, em todo encontro social, seja face a face ou mediado por outros participantes, há um trabalho de elaboração da face, o que não se restringe à situação da entrevista.

[5] Cabe destacar que os conteúdos das entrevistas não serão problematizados aqui, a não ser que eles impliquem modificação na forma da interação entre entrevistado e pesquisador. Esse conjunto de questões não provocou grande reação, o que indica ausência de risco relativo à face. Como mostra Goffman, é frequente que, no início da interação, seja apresentada uma certa inibição, até a descoberta das ideias do investigador. No caso em tela, ocorreu um questionamento das posições do entrevistador e uma constante reafirmação de suas ideias.

de perguntas sobre temas mais íntimos, como infidelidade, atividade sexual e uso de preservativo (com o companheiro e outros parceiros). As reações variaram entre embaraço, silêncio e/ou dúvidas acerca da pertinência dessas questões. Entre os entrevistados, Rodrigo se destacou por sua habilidade em lidar com as indagações, uma vez que já possuía experiência como investigador. Marcelo respondeu com desenvoltura e afirmou conhecer o processo, por já tê-lo vivenciado em outras ocasiões. Paulo revelou a estratégia de elaboração de sua face, ao demonstrar falta de seriedade, com sorrisos e certo embaraço, como garantia de assegurar a autoimagem, em caso de contradição. Já Daniel, após pausas, silêncios e uma recusa evidente diante de determinadas questões, indagou acerca dos "reais motivos" da pesquisa, como se aspectos "desse tipo" não pudessem ser levantados, por serem "íntimos demais" e constituíssem ameaça à sua face e de seu companheiro. No entanto, posteriormente respondeu a todas as indagações realizadas.

Como Goffman (1970) indica, no momento da interação, o entrevistado possui dois pontos de vista: uma orientação defensiva, com o sentido de salvar sua face, e uma, protetora, para preservar a de outros. No caso de Daniel, trata-se dos dois sentidos. Somando-se a esses dados, ficou evidente que eles assumiram postura diferenciada, diante do gravador: conforme citado, Rodrigo e Marcelo demonstraram grande habilidade social; Paulo, Rafael, Murilo e Daniel utilizaram uma gramática normativa. Ambas atitudes foram interpretadas como meio de preservação da própria face diante de um terceiro elemento (o gravador), que representaria o olhar/ouvido da sociedade.[6]

Além disso, pelo fato de os entrevistados terem sido contatados por redes de sociabilidades específicas, ou *social networks* (Guimarães, 2004), que envolviam indivíduos vivendo em situações de conjugalidade ou aqueles que buscavam essa modalidade de relacionamento, foi possível acessar boatos[7] sobre relações extraconjugais. Após ser desligado o gravador,

---

[6] Apesar da afirmação do pesquisador acerca do sigilo da identidade, muitos entrevistados assumiam uma postura reticente diante do gravador. Nas falas de alguns entrevistados, ocorreram diferenças antes, durante e após a entrevista. Poucos – apenas três dos 10 entrevistados – citaram, no momento da entrevista, a existência de relacionamentos extraconjugais. Entretanto, a partir do desligamento do gravador, ao final da entrevista, a maioria afirmou ter mantido "um ou outro" relacionamento extraconjugal.

[7] Segundo Trajano Filho (2000), boatos, mexericos, fofocas ou rumores são fenômenos fugidios,

muitas vezes eram comentadas fofocas em torno de casos de infidelidade. Para além da discussão sobre sua veracidade, vale apontar a influência do referido aparelho sobre a inibição ou o silêncio, pois este, agindo como um terceiro elemento, tem a dupla função de aliar/separar, de reforçar/ fragilizar a interação entre entrevistado e pesquisador (Simmel, 1977, 1983). Destaca-se a apresentação de determinada imagem entre o grupo investigado, sempre em referência a categorias como respeito e respeitabilidade pública, de modo que temas como infidelidade são considerados tabus. Essas categorias assumem importância, visto que o gravador pode ser tomado como signo da sociedade, podendo, ao registrar informações, fornecer dados para reforçar (ou comprovar) fofocas e boatos que circulam nas redes de sociabilidade, com poder de fragilizar a imagem pública do casal homossexual.

Nós e eles: como se constrói o respeito

A análise da categoria "respeito" é fundamental para compreender o modo de construção da ideia de conjugalidade a partir dos entrevistados. O conjunto de questões referentes à relação entre eles e seu círculo social aborda os locais de lazer frequentados – tanto noturnos quanto diurnos –, os ambientes pertencentes ao circuito *gay*, a vivência de situações de preconceito e discriminação, além do conhecimento (ou não) da homossexualidade e do relacionamento por familiares, amigos, vizinhos ou colegas de trabalho.

Muitos afirmaram acreditar que praticamente todos de seu convívio e do companheiro sabem de seu relacionamento e da condição homossexual, mas isso não é uma regra. Esse conhecimento se dá pelo fato de nunca terem tido namoradas e por frequentarem locais de trabalho, de convívio familiar e de lazer sempre com os parceiros. A manipulação do segredo (Simmel, 1999) foi muito discutida pelos sujeitos da pesquisa. Marcelo afirmou não ter problemas com a revelação de sua homossexualidade e da parceria. Parado-

---

que resistem ao olhar analítico do pesquisador. O importante não se refere ao fato de serem verdadeiros ou falsos, mas serem transmitidos por interações face a face, o que os distingue de outros meios de comunicação, nos quais a mensagem é transmitida a partir de uma fonte única e conhecida, atingindo simultaneamente todos aqueles que a acessam. O rumor ganha energia por uma série de diálogos, nos quais os atores sociais criam e recriam o sentido das mensagens veiculadas.

xalmente, em seguida, declarou que não gostaria que seus sobrinhos mais novos soubessem disso. De acordo com Simmel (1999:2), o segredo

> contém uma tensão que se dissolve no momento da revelação. Este momento constitui o apogeu no desenvolvimento do segredo. Também o segredo contém a consciência de que pode ser rompido: de que alguém detém o poder das surpresas, das mudanças de destino, da alegria, da destruição – e até da autodestruição. Por tal razão, o segredo está sempre envolvido na possibilidade e na tentação da traição; e o perigo externo de ser descoberto se entretece com o perigo interno, que é como o fascínio de um abismo, a vertigem de a ele nos entregarmos. O segredo cria barreiras entre os homens, mas ao mesmo tempo traz à baila o desafio tentador de rompê-lo por **boataria** ou *por confissão* – e esse desafio o acompanha todo o tempo [grifo nosso].

A seleção dos possíveis portadores do segredo revela a existência, no imaginário social, de uma infinidade de representações de caráter negativo, bem como do preconceito e da discriminação sobre as homossexualidades. Esses elementos muitas vezes provocam o silenciamento em torno da união homossexual, pois assumir-se homossexual consiste no primeiro passo do processo de desconstrução das imagens depreciativas associadas a essa condição. Já a revelação do segredo de uma união homossexual necessariamente seria perpassada por um(a) diálogo/negociação de visibilidade e de aceitação das respectivas homossexualidades, o que torna mais complexa a possibilidade de visibilização.

À exceção de Murilo, todos os entrevistados declararam que nunca sofreram preconceito/discriminação – seja como integrante do casal, seja individualmente. Paulo afirmou que, muitas vezes, quando faz compras no supermercado com seu companheiro, sente pesar sobre ambos certos olhares de reprovação, principalmente quando usam apelidos carinhosos. Entretanto, tais situações não foram por ele consideradas preconceituosas. Marcelo apontou que nunca sofreu preconceito, pois, como respeita as pessoas, recebe o mesmo tratamento. Indo além, declarou apresentar uma imagem de respeito para as pessoas. Ao lhe ser perguntado sobre o que seria esta imagem, ele referiu ser, principalmente, a não frequência ao que definiu como meio *gay*, "um meio onde as pessoas fazem, falam e, de alguma forma, todo mundo fica sabendo".

Mas o que seria feito nesse ambiente, que implicaria a perda de respeito? Do que falariam? O que ficariam sabendo? De acordo com Trevisan (2000), um grande número de homossexuais recusa ser confundido com a comunidade *gay*, de modo que escolhe não frequentá-la, sob qualquer hipótese. Tal como resume Costa (1992:164), "dando um enorme peso à sexualidade na definição da identidade do sujeito (...) a subcultura *gay* não atende, como seria previsível, a pluralidade de aspirações dos sujeitos homoeroticamente inclinados".

Na pesquisa, a maioria dos entrevistados negou frequentar o meio *gay*. Aqueles que o fazem, evidenciaram a preferência por bares, em detrimento da boate, tida como local de pegação. A partir do compromisso conjugal, não consideravam valer a pena a ida a esse tipo de estabelecimento, evitando serem identificados com a imagem negativa e estereotipada do homossexual promíscuo, o que pode ser ilustrado pela fala de Marcelo:

> *A infidelidade é muito constante e presente num relacionamento, principalmente pra gente que vive em um meio onde tem pessoas que não têm princípios. Os princípios delas muitas vezes não são os seus. Um ambiente que não é adequado para um casal, então existem algumas coisas que acabam atrapalhando, que não trariam nada de positivo pra relação.*

De modo análogo, Murilo declara que os locais de baladas GLS – boates *gays* – não são ideais para o casal, uma vez que a grande maioria dos frequentadores vai apenas em busca de sexo. Já os bares foram caracterizados pelos entrevistados como dotados de uma imagem de respeitabilidade pública – independentemente da presença de homossexuais e/ou heterossexuais. Esses estabelecimentos contam com um público de idades e classes sociais variadas e oferecem maior segurança para aqueles que não desejam ser identificados publicamente como *gays*. Ou, ainda, os que preferem se encontrar em espaços reconhecidamente mistos.

As entrevistas evidenciaram grande preocupação em manter discrição, em todas as interações entre pessoas do mesmo sexo, a ponto de muitos não irem a locais declaradamente *gays*, pela busca de controle do segredo acerca da homossexualidade. Esses lugares não são os únicos em que é possível a interação homossexual, mas há uma diferença: nesses ambientes, o contato é absolutamente silencioso e discreto, sem exposição pública da identidade. A categoria imagem de respeito, para os entrevistados, está diretamente associada às ideias de fidelidade, não promiscuidade e controle do segredo da homossexualidade no espaço público. Trata-se de uma imagem a ser construída e mantida, sob pena de perda da respeitabilidade, ameaçada inclusive por boatos.

Cabe lembrar que Cuiabá é uma cidade média em termos populacionais, onde a possibilidade de estabelecimento de "anonimato relativo" (Velho, 1999) seria dificultada pela existência de vida *gay*[8] mais circunscrita e restrita, se comparada a metrópoles, como São Paulo e Rio de Janeiro. De acordo com Simmel (1987), na grande metrópole da modernidade há aceleração do tempo e multiplicação de contatos superficiais entre estranhos. Para se adaptar ao constante excesso de estímulos visuais e auditivos e acomodar-se à intensificação da vida, o homem da cidade grande não age de maneira emocional e direta, do mesmo modo como atua o residente da cidade pequena, mas de maneira impessoal, intelectual e indireta. Cuiabá estaria posicionada entre a impessoalidade da metrópole e a pessoalidade da cidade pequena. Os boatos ali assumiriam importância como fenômenos ordenadores de práticas desrespeitosas e, consequentemente, seriam elementos de transmissão de valores acerca de conjugalidade e respeito. Tais boatos[9] estariam sempre centrados – como já apontado – na circulação de informações sobre relacionamentos extraconjugais e infidelidades. O meio *gay* faria comentários sobre esses fatos, e os divulgaria a todos.

---

[8] Vida *gay* se refere ao conjunto de lugares (públicos ou particulares) que se destinam e/ou se tornaram locais consagrados de encontro e interação – sexual ou não – entre pessoas do mesmo sexo.

[9] Simmel (1999:3) aponta que, "num círculo pequeno e estreito, a formação e a preservação dos segredos se mostra difícil inclusive em bases técnicas: todos estão muito próximos de todos e suas circunstâncias, de modo que a frequência e a proximidade dos contatos implicam maiores tentações e possibilidades de revelação. Além disso, o segredo nem é tão necessário, pois esse tipo de formação social costuma nivelar seus membros e as peculiaridades da existência, das atividades e das coisas que se possui, e cuja conservação tornaria necessária a forma do segredo, militam contra essa mesma forma social. Este é o caso desses *social networks*, local propício para o surgimento e circulação de boatos e rumores sobre o segredo de seus integrantes".

Assim, para obter respeito na – e da – sociedade, é necessário abster-se de frequentar o circuito *gay*, criando um ambiente fora do âmbito domiciliar que permita troca de informações e estabelecimento de relações sociais, para vivência da conjugalidade. Dois tipos de homossexuais são construídos pelos entrevistados: os que vivem no meio *gay*, vistos com desconfiança e preconceito, por colocarem em risco aqueles que se distinguem deles. Estes outros estariam integrados em redes de sociabilidades específicas, em busca de respeito e reconhecimento social. Nesse quadro está inserida a construção de um projeto de conjugalidade, como meta para se alcançar a referida respeitabilidade.

Costa (1992) aponta três respostas do homoerotismo ao social, sendo a primeira a criação da subcultura *camp*, marcada pela fechação, que procura romper com as regras do bom-tom e escandalizar o preconceito, ao incorporar maneiras malvistas ou discriminadas. A segunda é a criação da subcultura clandestina do gueto,[10] formada por

> *circuitos de locais de encontro exclusivos de homossexuais (...) [neles] é voz unânime, vai-se em busca de uma "transa". (...) participando do gueto, sobretudo nas idas a saunas, boates e locais de prostituição, todos se sentem promíscuos e convivendo com a promiscuidade, realizando assim, a imagem do "homossexual" criada pelo estereótipo do preconceito* (Costa, 1992:96).

A terceira e última resposta, aponta o autor, é assumir o

> *estilo de vida da ansiedade, da depressão crônica e dos* acting-out *sexuais (...) Em geral, são sujeitos que repelem a "cultura camp" e a "cultura do gueto" e que, salvo no que concerne à aspiração homoerótica, sentem-se perfeitamente à vontade no papel de homem, ditado pelo modelo ideal da masculinidade sociossexual* (Costa, 1992:97).

---

[10] Pollak afirma que o gueto está ligado diretamente à afirmação pública da identidade homossexual. Em suas palavras (1987:70): "A afirmação pública da identidade homossexual e da existência de uma comunidade homossexual que mal saiu da sombra vai até a organização econômica, política e espacial. Isso levou, nos grandes centros urbanos americanos, à formação de guetos, o que significa, segundo a definição clássica desse termo, bairros urbanos habitados por grupos segregados do restante da sociedade, levando uma vida econômica relativamente autônoma e desenvolvendo uma cultura própria".

Os entrevistados não se enquadram totalmente em qualquer das três respostas apontadas por Costa (1992), mas articulam, de maneira criativa, determinados elementos, na construção da categoria respeito. Assim, rejeitam de maneira flagrante, tanto a subcultura *camp* quanto a do gueto, mas constroem uma ambiência marcada pela presença quase exclusiva de homossexuais, para viver sua sexualidade e conjugalidade, fora do âmbito doméstico. Tal como aponta Córdova (2004), em sua análise da vida conjugal de *gays* e lésbicas da comunidade de Ratones, em Santa Catarina, de forma ambivalente, os entrevistados rejeitam o gueto, mas o criam, ao se fecharem em grupos e espaços que implicam certo modo de vida, linguagem, sinais, símbolos e categorias próprias, apesar de recusarem os circuitos de encontros e trocas, frequentados em busca de uma transa.

Imagem de respeito e performance de gênero

Até aqui foi abordado o processo de construção da imagem de respeito, pelos entrevistados, por meio de duas estratégias: a produção da ideia de homens de respeito, para o pesquisador; e a configuração da imagem de um grupo de *gays* respeitáveis, em contraste aos homossexuais promíscuos. Todavia, essa elaboração conta também com uma performance de gênero.

Essa categoria é aqui abordada em referência direta ao estudo de Butler (2003), que formula uma crítica profunda a toda forma de binarismo. Esta pesquisadora argumenta que o gênero consiste na inscrição, em um corpo sexuado, de significados culturais. Esse corpo admite diversas interpretações, em distintas lógicas culturais. Portanto, para ela, não deve haver uma relação necessária e unívoca, entre um gênero e um tipo de corpo sexuado. Assim, o gênero torna-se o resultado, o efeito de performances cotidianas, que se repetem em períodos históricos determinados. De acordo com essa perspectiva, qualquer construção dessa categoria deve obedecer aos modelos de masculinidade e de feminilidade sancionados culturalmente.

Desse modo, as imagens de masculinidade e feminilidade de referência para os entrevistados concernem à reprodução de atitudes, ações e comportamentos condizentes com o modelo de performance de gênero socialmente hegemônico no período histórico. A fala dos entrevistados ilustra esse dado. Quando perguntados sobre o conhecimento de terceiros acerca de suas homossexualidades, responderam que as pessoas só sabem disso quando eles dizem, já que eles não demonstram, em suas atitudes e comportamentos, a condição homossexual.

Assim, Paulo afirma que vários conhecidos não acreditam em sua homossexualidade, inclusive após terem indagado e recebido resposta positiva. Em suas palavras,

> *Porém, por aí tem uma ou outra que, às vezes, não acredita, acha que não. Não sei se é pela minha posição e pela maneira de ser, mas acha que não, que não sou. Mas me imponho perante a sociedade, se me perguntarem, sim eu sou, e também não me exponho. Essa é a realidade: eu não me exponho para a sociedade.*

As expressões "não me exponho" e "não demonstro", comuns nos discursos de muitos depoentes, remetem diretamente a uma imagem preconceituosa de homossexualidade, embora muitos afirmem não assumir tal postura, pois se identificam como *gays* ou homossexuais. Entretanto, discriminam e hostilizam os *gays* "bandeirosos"[11]. De acordo com Welzer-Lang (2001), a imagem do *gay* tem sido predominantemente atrelada à feminilidade. Portanto, se no processo de construção de respeitabilidade, os entrevistados se contrapõem aos *gays* promíscuos e afeminados, eles parecem se apoiar em um modelo de masculinidade hegemônica, para se resguardar de qualquer possibilidade de identificação com o *gay* "pintoso". Como argumenta Marcelo:

> *Acho que a mídia sempre mostra a homossexualidade de uma forma mais pejorativa, tanto é que nas paradas gay, nos encontros ou alguma coisa, foca sempre no travesti, no transexual, na* drag queen, *mais nas pessoas que está na cara. É como se fosse a caricatura da homossexualidade. Acho que isso precisaria mudar, porque o homossexual não é isso. Apenas, existem famílias, lares, existem pessoas que moram juntas, que são empresários, são executivos, que tanto homem*

---

[11] Bandeiroso ou pintoso é o *gay* que tem comportamentos e atitudes afeminados. Bandeiroso é aquele que simultaneamente "dá bandeira" e "carrega a bandeira" – em outras palavras, assume em seus comportamentos um estereótipo de homossexualidade.

> *quanto mulher, que têm uma vida que para os héteros seria normal, que muitos não achariam que são, mas são* gays.

Além disso, apoiados nesse modelo hegemônico de masculinidade (Machado, 2000), os entrevistados veiculam a ideia de que o "verdadeiro homem" não tem controle sobre sua sexualidade, pois, afinal, os homens têm "necessidades" biológicas. Em conversas informais, alguns os compararam a animais cujo apetite sexual, regulado por mecanismos orgânicos, os impele para a cópula. Ainda segundo as entrevistas, os homens estão ligados, de maneira imediata e incontrolável, a um estado anterior à cultura, que "os obriga e os condiciona" à promiscuidade sexual. De acordo com essa representação, eles não conseguiriam frear seu desejo sexual, que precisaria ser concretizado de algum modo, seja com seu companheiro ou com outros homens, o que implicaria infidelidade na parceria. Salém (2004) aponta que, entre casais heterossexuais, o descontrole masculino do desejo sexual se contrapõe ao controle feminino. Premido por esse ímpeto incontrolável, sem a presença da mulher, que teria a possibilidade de conter esse impulso, o homem pode tanto submeter-se a ele e, assim, justificar a infidelidade quanto internalizar o autocontrole (Elias, 1994).

As parcerias analisadas revelam um universo de traição e infidelidade, no qual há uma divisão entre parceiros fixos e eventuais (companheiros e amantes/ocasionais). É possível identificar, em seu discurso, dois momentos na parceria. Inicialmente, um dos parceiros busca reproduzir essa figura feminina contida, em contraste com a imagem masculina, com um desejo desenfreado. Nessa etapa do relacionamento, predomina o controle sobre o corpo do outro, associado ao feminino. Essa tentativa inicial de submissão de um dos membros do casal à posição feminina conduz muitas vezes a um jogo de infidelidades veladas. Em um segundo momento, como muitos afirmaram, "marcados por essa fraqueza da carne", além da recusa do outro em assumir o papel da mulher contida, ambos passam a se relacionar com homens, fora do âmbito conjugal, com mútuo consentimento. Para os entrevistados, haveria uma diferença entre trair e ser infiel: no caso da primeira referência, o tema envolve a afetividade; a segunda concerne à carne fraca do homem. Desse modo, a infidelidade é permitida e negociada entre os parceiros, embora vista como fraqueza da carne. Já a traição envolve negar o amor entre o casal, em prol de um terceiro. De acordo com tal lógica, a traição é imperdoável e a infidelidade é passível de aceitação.

O gênero marcaria o corpo dos homossexuais, da mesma forma como delimita o dos heterossexuais. No entanto, os homens homossexuais não contariam com a figura da mulher para controlar sua sexualidade, o que acarretaria a criação de um mundo *gay* marcado pela promiscuidade e pela liberdade sexual. Desse modo, a formação de uma união conjugal pautada na fidelidade seria um meio de propiciar um espaço de respeitabilidade e de aceitação social, à semelhança do universo heterossexual.

No que tange à performance de gênero, todos os entrevistados se referem a um modelo ideal de masculinidade (virilizada, ativa, com iniciativa e que se apodera do outro) presente nas interações, principalmente na vida cotidiana, no mundo público. Essa performance do homem ideal adquire certa maleabilidade quando as interações se dão em determinadas redes de sociabilidade. Nesse tipo de situação, pode haver um tom jocoso e de crítica social, característico da subcultura *camp*, com a incorporação simultânea de elementos femininos e masculinos nas ações dos depoentes. Como Sullivan (1996) aponta, há uma especial capacidade dos homossexuais em utilizar a subversão, para se contrapor à hierarquia de poder, com elementos da subcultura citada, tais como "o deboche, a desmunhecação, a ironia e o riso, florescendo num descaso pelas normas de gênero sexual (como o cultivo do travestismo) e no uso distorcido da linguagem" (Trevisan, 2000:35). No entanto, contrariamente ao que afirma Costa (1992), referindo-se à terceira resposta do homoerotismo à sociedade, membros de grupos estigmatizados são capazes de romper com estereótipos negativos e desenvolver uma consciência positiva, não se enquadrando em um estilo de vida baseado na ansiedade e depressão crônicas.

Por fim, cabe ressaltar que a discrição e o controle do segredo são associados à hierarquia e ao valor simbólico incorporado ao prestígio. Assim, ter postura e comportamento considerados normais – não afeminados ou se fazer passar por heterossexual – é interpretado como vantagem social, indicadora de status elevado no momento de estabelecer alianças amistosas, sejam eróticas ou afetivas. Essa característica se torna relevante, especialmente no reforço de uma figuração pública, pautada na imagem dominante de masculinidade como ideal moral. Desse modo, os homossexuais estariam se protegendo do escárnio. No entanto, como apontam as narrativas, essas identidades não são estáveis. Elas são delineadas em resposta a determinados contextos e situações, quando os indivíduos decidem se identificar de certa maneira. Suas identidades são, portanto, sujeitas a variações, descontinuidades e contradições no cotidiano. Tal instabilidade é demarcada por diversos fatores, entre os quais se destaca a dicotomia privado/público.

Tentativas e erros: a conjugalidade como projeto

Marcos foi indicado por Rafael, outro participante desta pesquisa. Ambos eram vizinhos e integravam a mesma rede de sociabilidade. O contato foi estabelecido pessoalmente, após telefonema prévio de Rafael. Quando informado de que a entrevista seria realizada apenas com um dos membros do casal, Marcos se dispôs a ser o contatado. Declarou que, após 10 anos de casamento, no qual teve duas filhas, conheceu seu companheiro atual. Iniciaram então um envolvimento e, depois de certo tempo de encontros às escondidas, ele decidiu separar-se da esposa, para viver com o parceiro. Ao descobrir o motivo da separação, a ex-esposa enviou uma carta à família de Marcos, revelando a homossexualidade dele. Não houve reação dos familiares, porém eles não comentam o assunto. Marcos já havia estabelecido anteriormente relacionamentos afetivo-sexuais, tanto com homens quanto com mulheres, mas nenhum resultou em união estável.

A partir de sua narrativa, é possível analisar como Marcos – e outros entrevistados – constroem a ideia de união conjugal. Trata-se de discutir se o anseio por firmar a relação poderia ser traduzido no estabelecimento concreto de um projeto de constituição da conjugalidade. De acordo com Schutz (1979:138), projeto pode ser definido como:

> *A possibilidade prática de desenvolver a ação projetada, dentro do quadro imposto da realidade do Lebenswelt, é uma característica essencial do projeto. No entanto, ela depende de nosso estoque de conhecimento à mão na ocasião do projeto. A possibilidade de praticar a ação projetada significa que, de acordo com o meu conhecimento atual, a ação projetada, pelo menos com relação ao seu tipo, teria sido viável se tivesse ocorrido no passado.*

Desse modo, para compreender o projeto de conjugalidade entre homossexuais masculinos, deve-se levar em consideração a ação deliberada que resulta em um planejamento para o estabelecimento desse objeto e/ou a intenção de realizá-lo, independentemente da possibilidade de existência de um plano detalhado. Na pesquisa, somente foram entrevistados sujeitos que já viviam, na prática, esse projeto de vida a dois. Nesse sentido, foram inseridas algumas perguntas relativas à possibilidade de existência de um desejo que culminou na formulação de um projeto de vida em comum e, sobretudo, se esse ideal foi concretizado nos relacionamentos pesquisados.

A entrevista com Marcos revelou haver a meta prévia de estabelecer uma relação conjugal. Mais especificamente, ele se referiu à adolescência como a etapa da vida na qual surgiu essa ideia. É interessante constatar que a emergência e/ou formulação desse ideal de conjugalidade não estava diretamente vinculada ao reconhecimento e aceitação de sua sexualidade como homossexual. Muitos entrevistados afirmaram que o desejo pela conjugalidade se apresentou antes da aceitação ou descoberta (como afirmam alguns) da homossexualidade.

No que tange à busca pela constituição de projetos de vida em comum, a maioria dos depoentes situou relações anteriores com o fim de conjugalidade. Marcos foi o único a declarar que, antes de conhecer seu parceiro, somente manteve relações heterossexuais, em busca de uma união. As outras narrativas evidenciaram um direcionamento para relação conjugal homossexual, expressa em diversas tentativas mais duradouras. A despeito de não alcançarem as metas, estas foram vistas retrospectivamente como de extrema relevância, como fases de um processo de amadurecimento que os preparou para a relação atual.

De acordo com Schutz (1979), por ser produto de uma interação entre indivíduos e/ou grupos, o projeto possui um caráter marcadamente dinâmico, de constante reelaboração e releitura do passado. A partir de então, o ator acrescenta novos sentidos e significados à sua biografia. Cabe mencionar que o plano individual de conjugalidade é resultado de uma interação entre este e outros projetos pessoais. Chama a atenção o fato de que, quando perguntados se o relacionamento atual é resultado de um projeto ou do acaso, todos afirmam não ser consequência de um planejamento consciente, refletido e calculado, uma vez que sequer conheciam os companheiros. Marcelo e Paulo declararam que o parceiro não se enquadrava no ideal buscado, pois ambos sempre haviam se relacionado com homens mais velhos do que eles. Os parceiros atuais fugiam a esse padrão. Todos os entrevistados referiram-se a uma busca por estabelecer um projeto de vida em comum com outros homens, à exceção de Rafael, que se considera bissexual e afirma que não procurava realizar esse projeto com um homem, mas que isso ocorreu naturalmente.

As narrativas revelam que a busca por uma relação conjugal estaria calcada em processos de tentativas e erros, já que todos já mantiveram mais de um relacionamento. Velho (1999:101) destaca que as "circunstâncias de um presente do indivíduo envolvem, necessariamente, valores, preconceitos, emoções". Nesse sentido, o projeto não seria exclusivamente racional, mas resultado de uma deliberação consciente, diante do campo de possibilidades e das circunstâncias que envolvem o indivíduo. Cabe ainda destacar que foram formuladas, nas entrevistas, questões acerca do tempo de relacionamento e da coabitação. As respostas evidenciaram uma variação da permanência das relações, desde o período de um ano até 16. Bozon (2004) aborda o tema, comparando a conjugalidade homossexual masculina com a heterossexual, e aponta um menor tempo de duração do par homossexual, em relação ao heterossexual. Segundo o autor, tais características seriam decorrentes da possibilidade de o par homossexual "se apoiar muito menos do que os outros em compromissos sociais e materiais capazes de torná-los mais estáveis: compra de uma moradia, bens comuns, filhos, compromissos de fidelidade" (Bozon, 2004:79).

Já Heilborn (2004), ao comparar a conjugalidade heterossexual, de *gays* e de lésbicas, também aponta uma menor média na duração do relacionamento entre pares homossexuais masculinos, relativamente à conjugalidade homossexual feminina e à heterossexual. Para a autora, isso decorre da lógica da subcultura *gay*, fundada em múltiplas e anônimas relações. Heilborn estabelece um diálogo com as ideias de Pollak (1987), que afirma que a instabilidade do par homossexual masculino é consequência de duas características: separação entre sexualidade e afetividade e a existência de um modelo de mercado, que influi nas interações entre homossexuais masculinos, no qual a maximização do resultado (o encontro sexual) consiste no principal objetivo. No entanto, tais aspectos não seriam os únicos responsáveis pela relativa instabilidade do par homossexual masculino. Heilborn indica também a simbólica de gênero presente neste meio, pautada no enaltecimento da conquista e da sedução e na desvalorização da relação estável.

Se, como afirma Bozon (2004), não é possível desconsiderar a dificuldade de estabelecimento de compromissos e laços sociais entre casais homossexuais, cada vez menos esse dado é determinante, uma vez que estão ocorrendo mudanças jurídicas acerca da questão. Além disso, apesar da existência de uma subcultura *gay* com uma lógica pautada em múltiplas e anônimas relações, não é possível generalizar sua abrangência para todo o universo de homens que se relacionam com homens, pois há uma parcela que se une com base no que Bozon (2004) denomina "casal por amor".

No caso dos sujeitos aqui entrevistados, constata-se que, apesar desses fatores, há uma forte aspiração pela estabilidade das uniões. A fala de Murilo é ilustrativa: "não consigo olhar o futuro sem vê-la [a relação]", assim como o desejo de João em registrar um contrato com o companheiro. Rodrigo expressa indignação ao se recordar de que seu parceiro não pode ser dependente de seu plano de saúde, nem figurar no seguro de vida, como cônjuge:

> *Eu me sinto muito triste da gente não poder ter ele como dependente de meu plano de saúde. Odeio essa situação de não poder ir nós dois. Acho isso muito, muito ruim, eu vou botar ele, por exemplo, em meu plano de seguro de vida, tem que colocar ele como meu primo, odeio isso. Por que não posso colocar ele como cônjuge sem causar escândalo?*

"Casar e dar-se ao respeito": considerações finais

Neste texto, foi abordada a construção das categorias respeito e respeitabilidade pública e sua importância para os homens entrevistados. Eles buscam, mediante o trabalho de elaboração da face, uma orientação defensiva com o sentido de salvar a própria face, e a de outros, especialmente seus companheiros. O processo de construção do respeito se constitui a partir das ideias de fidelidade, não promiscuidade e controle do segredo da homossexualidade no espaço público. Esse recurso também é evidenciado quando os depoentes se declaram diferentes de outros homossexuais, aqueles que vivem no meio *gay*, associados ao estereótipo do homossexual promíscuo e sem princípios; distinguem-se pois não frequentam esses locais. Assim, configuram uma imagem de respeito, centrada na díade conjugal. No entanto, tal oposição não é uniforme, visto que alguns casais se dirigem, ainda que em menor intensidade, a boates, cinemas e parques caracterizados como pertencentes ao meio *gay*. Essa estratégia também é articulada a uma performance de gênero, condizente com o sexo biológico.

Para finalizar, cabe retomar algumas questões levantadas no início do texto: o que faz de um par *gay*, um casal? Fidelidade? Respeito? Projeto de vida em comum? As narrativas enfatizam a ideia de respeito mútuo. Para os entrevistados, conjugalidade seria a construção de uma união, a partir de um projeto de vida em comum, fundamentado na fuga da solidão, na busca pelo apoio e companhia na velhice, além da referência constante à realização do sentimento amoroso e sexual. Outros elementos – fidelidade, coabitação e tempo de relacionamento – integrariam o processo de construção do projeto de vida a dois, na medida em que seriam negociados cotidianamente no/pelo casal, desde que não colocassem em xeque a respeitabilidade pública e o respeito, categorias tão almejadas e acionadas cotidianamente pelos entrevistados.

Referências bibliográficas

BOZON, Michel. *Sociologia da sexualidade*. Rio de Janeiro: FGV, 2004.

BUTLER, Judith. *Problemas de gênero*. Rio de Janeiro: Civilização Brasileira, 2003.

CÓRDOVA, L. F. N. Amor sem vergonha: a vida conjugal de *gays* e lésbicas na comunidade do Ratones – ilha de Santa Catarina. In: LISBOA, M. R. A.; MALUF, S. W. (Orgs.). *Gênero, cultura e poder*. Florianópolis: Mulheres, 2004, p. 61-72.

COSTA, J. F. *A inocência e o vício*: estudos sobre o homoerotismo. Rio de Janeiro: Relume-Dumará, 1992.

ELIAS, N. *O processo civilizador*: uma história dos costumes. Rio de Janeiro: Jorge Zahar, 1994.

FRY, P.; MACRAE, E. *O que é homossexualidade*. São Paulo: Brasiliense, 1983.

GOFFMAN, E. *Ritual de la interacción*. Buenos Aires: Editorial Tiempo Contemporâneo, 1970.

GROSSI, M. P. Gênero e parentesco: famílias *gays* e lésbicas no Brasil. *Cadernos Pagu*, Campinas, n. 21, p. 261-280, 2003.

GUIMARÃES, C. D. *O homossexual visto por entendidos*. Rio de Janeiro: Garamond, 2004.

HEILBORN, Maria Luiza. O que faz um casal, casal? Conjugalidade, igualitarismo e identidade sexual em camadas médias urbanas. In: RIBEIRO, I.; RIBEIRO, A. C. T. *Família em processos contemporâneos*: inovações culturais na sociedade brasileira. São Paulo: Loyola, 1995, p. 91-106.

_____. *Dois é par*: gênero e identidade sexual em contexto igualitário. Rio de Janeiro: Garamond, 2004.

MACHADO, L. Z. *Sexo, estupro e purificação*. Brasília, UnB, 2000. (Série Antropologia, n. 286).

POLLAK, M. A homossexualidade masculina, ou: a felicidade do gueto? In: ARIÈS, P.; BEJIN, A. (Orgs.). *Sexualidades ocidentais*. São Paulo: Brasiliense, 1987, p. 54-76.

SALEM, T. "Homem... já viu, né?" Representações sobre sexualidade e gênero entre homens de classe popular. In: HEILBORN, M. L. (Org.). *Família e sexualidade*. Rio de Janeiro: FGV, 2004, p. 15-61.

SCHUTZ, A. *Fenomenologia e relações sociais*. Rio de Janeiro: Zahar, 1979.

SIMMEL, G. O indivíduo e a díade. In: CARDOSO, F. H.; IANNI, O. (Orgs.). *Homem e sociedade*: leituras básicas de sociologia geral. São Paulo: Nacional, 1977, p. 128-135.

_____. *Georg Simmel*: sociologia. Organização de E. Moraes Filho. São Paulo: Ática, 1983.

_____. A metrópole e a vida mental. In: VELHO, O. G. (Org.). *O fenômeno urbano*. Rio de Janeiro: Guanabara, 1987, p. 11-25.

_____. O segredo. *Política e Trabalho*, João Pessoa, n. 15, set. 1999. Disponível em: <www.cchla.ufpb.br/politicaetrabalho/arquivos/artigo_ed_15/15-simmel.html>.

SULLIVAN, A. *Praticamente normal*: uma discussão política sobre homossexualidade. São Paulo: Companhia das Letras, 1996.

TRAJANO FILHO, W. *Outros rumores de identidade na Guiné-Bissau*. Brasília, UnB, 2000. (Série Antropologia, n. 279).

TREVISAN, J. S. *Devassos no paraíso*: a homossexualidade no Brasil, da Colônia à atualidade. Rio de Janeiro: Record, 2000.

VELHO, G. *Projeto e metamorfose*: antropologia das sociedades complexas. Rio de Janeiro: Jorge Zahar, 1999.

WELZER-LANG, D. A construção do masculino: dominação das mulheres e homofobia. *Estudos Feministas*, Florianópolis, ano 9, n. 2, p. 460-481, jul./dez. 2001.

21. A SINA DE SER FORTE: CORPO, SEXUALIDADE E SAÚDE ENTRE LUTADORES DE JIU-JÍTSU[*] NO RIO DE JANEIRO

Fatima Cecchetto[**]

No Rio de Janeiro, quando se fala sobre lutadores de jiu-jítsu, o tema desperta polêmica, sobretudo se os protagonistas forem jovens de camadas médias, praticantes desta arte marcial. Na década de 1990, os lutadores se destacaram em episódios violentos — brigas e até homicídios nas ruas, praias e boates da Zona Sul carioca.[1] A relativa novidade que os envolve é constatada, em parte, pelas agressões a mulheres, homens e pela homofobia, o que não consiste na única faceta da questão, mas contribui para a associação entre o jiu-jítsu e a violência.

A exibição de corpos hipertrofiados fez, por exemplo, surgirem classificações quanto à aparência dos lutadores, articuladas ao uso abusivo de hormônios esteroides anabolizantes.[2] O consumo dessas substâncias, como estratégia para apressar a "explosão" da musculatura, corresponde a uma transformação radical dos corpos dos homens que buscam poten-

---

[*] O jiu-jítsu é definido como "a mais antiga, perfeita e completa técnica de defesa pessoal" (Brandão, 2000). Foi introduzido no Brasil no começo do século XX, e a família Gracie marca a difusão e aprimoramento deste esporte no país.

[**] Mestre em ciências sociais pela Universidade do Estado do Rio de Janeiro (Uerj) e doutora em saúde coletiva pelo Instituto de Medicina Social (IMS) da Uerj. Agradecimentos ao Programa Interinstitucional de Metodologia em Pesquisa em Gênero, Sexualidade e Saúde Reprodutiva, com apoio da Fundação Ford. A investigação que deu origem a este texto foi realizada no âmbito desse curso.

[1] Pelo menos desde 1992 constam, nos registros policiais, acusações sobre lutadores de jiu-jítsu e suas ações truculentas na "noite" carioca (Cecchetto, 2004).

[2] Na literatura biomédica, hormônios esteroides (por exemplo, testosterona) são importantes estimulantes do comportamento agressivo para a maioria dos vertebrados. Em humanos, especialmente em crianças e adolescentes, essa associação é menos consistente, porque outros fatores atuam como moderadores (Summers et al., 2005; Popma et al., 2007). De modo geral, cientistas postulam a interferência mútua entre os hormônios sexuais, o comportamento e o contexto social. Diversos trabalhos consideram que a testosterona, por si, não poderia induzir um ser humano a um ato de violência. Ela apenas poderia aumentar a probabilidade de a pessoa agir violentamente, diante de estímulos internos e externos (Bandeira, 2007).

cializar a força a ser empregada para eliminar seus oponentes, no contexto esportivo. Se, por um lado, um laço se estabeleceu entre hormônios e subjetividade, os anabolizantes aparecem muitas vezes como a chave principal para explicar os comportamentos dos lutadores, dentro ou fora das academias. Entretanto, isso não equivale a um questionamento sobre o papel das configurações simbólicas da masculinidade nesse grupo.[3]

Investigar as configurações da masculinidade entre lutadores e os usos do corpo nas relações afetivo-sexuais é o principal objetivo deste texto. Para tanto, o foco dirigiu-se a uma etnografia em academias de jiu-jítsu da cidade, e consistiu na observação das interações sociais e práticas esportivas. A partir de conversas informais com dezenas de adeptos do esporte, foram selecionados 19 informantes do sexo masculino para entrevistas. A entrada no circuito dos lutadores ocorreu a partir de um ex-integrante de galeras que se confrontavam em bailes.[4] Sua conversão ao ethos esportivo, a adesão à cultura de treinos e aos rigores disciplinares suscitou um leque de questões sobre as possíveis estratégias empregadas na construção da identidade masculina.

Inicialmente discuto as principais questões teórico-metodológicas que orientaram a pesquisa e, a seguir, apresento um breve perfil dos entrevistados, com suas principais motivações e usos dessa prática esportiva. Analiso as práticas e as percepções dos lutadores acerca do corpo nas interações afetivo-sexuais e suas estratégias preventivas. Por fim, retomo alguns pontos sobre a construção social da masculinidade nesse universo.

Articulando gênero, masculinidade e sexualidade

As categorias aqui utilizadas basearam-se na literatura que compreende a identidade de gênero como resultado de uma construção progressiva, desde os primeiros anos de vida do/a menino/a, associada às interações cotidianas com os adultos que desempenham um papel central nesse desenvolvimento identitário, inclusive sobre o corpo (Olavarria,

---
[3] Ver Sabino (2002) sobre o consumo de anabolizantes entre praticantes de musculação em academias do Rio de Janeiro.
[4] Durante os anos de 1994 e 1996, realizei uma etnografia sobre as galeras *funk* cariocas. O trabalho de campo integrou a minha dissertação de mestrado (Cecchetto, 1997).

1999:159). O ponto de partida é o entendimento da masculinidade como categoria relacional, inscrita tanto em um processo coletivo quanto individual, que apresenta significados maleáveis e mutantes, dependendo do contexto sociocultural no qual os indivíduos estão inseridos (Connel, 1995; Kimmel, 1995).[5] Esse aspecto marca a diversidade de constituição do gênero masculino, o que torna possível afirmar a existência de estilos de masculinidade. Lançar mão desse pressuposto é fundamental para atestar a importância do estilo como um conceito fértil para se pensarem as incorporações rápidas e efêmeras da moda, do consumo, das drogas e de outros comportamentos, inclusive sexuais, que não podem ser interpretados somente na perspectiva da cultura de classe (Featherstone, 1995; Zaluar, 1999). Os estilos, por sua natureza fragmentada, permitem apreender novas configurações, não apenas orientadas por um projeto único, mas como um feixe simbólico de relações que estabelecem uma complementaridade entre determinadas práticas.

Algumas investigações enfatizam o caráter situacional das masculinidades, deslocando seus significados práticos para focalizar as relações simbólicas entre elas (Cornwall e Lindisfarne, 1994). O eixo principal dessa discussão seria a concepção de gênero, esquema explicativo sobre o social que funciona como um idioma de subordinação/dominação, refletindo determinadas estruturas de privilégio e prestígio, enraizadas em um contexto mais amplo (Ortner e Whitehead, 1981). Essa concepção representou um avanço em relação à essencialização que acompanhava a definição tradicional dos papéis sociais, baseada no dimorfismo sexual da espécie (Heilborn, 1993).

Não se trata aqui de discutir a construção social dessa elaboração de papéis. Ela se dá em sintonia com injunções do campo biológico, ancoradas na diferenciação entre homens e mulheres no que diz respeito à sua natureza sexual e no que concerne à procriação (Leopoldi, 2006:13). O importante é considerar tanto a dualidade homem/mulher, evidente em toda cultura, quanto o fato de o masculino e o feminino não apresentarem sempre o mesmo conteúdo. Portanto, não reduzindo o sexo ao gênero; fe-

---

[5] Na década de 1980 surge, principalmente nos países anglo-saxões, um conjunto de estudos sobre a construção social da masculinidade – de autoria de pesquisadores homens, que se definem como "aliados" do movimento feminista (Kimmel, 1995; Viveros, 2002).

nômenos que se entrelaçam no contexto das interações sociais, mas são distintos analiticamente (Vance, 1995).[6]

Boa parte das investigações antropológicas sobre a experiência sexual passou a tomar a referência construcionista como premissa. Portanto, se a sexualidade não é um dado biologicamente determinado nem tampouco fruto de uma pulsão universal generalizável, cabe a cada grupo elaborar os significados acerca das práticas sexuais. A referência construcionista enfatiza que se reconheça o corpo como uma dimensão privilegiada, no qual a cultura interage com a biologia, modelando e codificando posturas e gestos que identificam os indivíduos como seres dotados de gênero.

Vale acrescentar, entretanto, que, de uma perspectiva abrangente, isto é, considerada a sociedade como um todo e o conjunto de papéis masculinos e femininos, o homem desfruta inequivocamente de status mais elevado do que a mulher. Desigualdade e dominação são simbolicamente criadas e mantidas mediante a articulação entre os valores culturais relacionados à ação do homem, e a permanência da montagem assimétrica no relacionamento entre os gêneros, na qual as mulheres permanecem em estado de desigualdade, reivindicando ou não suas singularidades (Touraine, 2004). Cabe, pois, refletir sobre o alcance da "revolução" que o estilo de relações entre os sexos teria sofrido nas últimas décadas em determinados países (Bozon, 2003; Leopoldi, 2006).

Trata-se, então, de discutir como a sociedade percebe a contribuição dos dois sexos para a vida social e em que medida lhes confere maior ou menor valor simbólico. Tal aspecto deve orientar a atenção para as várias instituições e práticas sociais que desempenham esse papel da organização, regulação e categorização simbólica das condutas sexuais e de gênero na vida cotidiana. Muitos autores mostraram precisamente como a masculinidade e a feminilidade são modeladas pela educação e pelo conjunto de meios de formação de opinião e comportamentos (Badinter, 1993; Connel, 1995; DaMatta, 1997; Gutman, 1998). Nesse sentido, torna-se possível analisar a fabricação do masculino em diversos espaços, momentos históricos

---

[6] Essa premissa está inscrita num campo de investigação que emerge no contexto da sociedade ocidental do final do século XIX, no qual questões pertinentes à intimidade, à vida privada e à sexualidade constituem o centro da reflexão sobre a pessoa moderna (Giddens, 1992).

e culturas, o que atenta para a importância e os significados subjetivos e variáveis, dependendo dos modos como os homens são definidos e compreendidos.

Corpo, esporte e identidade masculina

Falar sobre o lutador é falar de seu corpo – um território de força, técnica e musculosidade, além de ser também o lócus da construção de uma identidade de gênero, de um estilo de masculinidade. Uma noção que permite maior apreensão dos mecanismos de produção de determinadas disposições psicossomáticas é a *hexis* corporal, que fundamenta o funcionamento diferenciado em função do sexo – nos termos de Bourdieu (1999), o *habitus* sexuado. Este autor, ao lançar mão das considerações seminais de Mauss (1974) sobre as maneiras como o corpo internaliza e instrumentaliza padrões socioculturais, evidencia como as formas de socialização são consolidadas pela memória e mimetizadas no corpo, o que conduz à naturalização de certos gestos, posturas e movimentos.

A formação desportiva circunscreve determinadas visões de mundo, por meio de um trabalho incessante sobre o volume, a forma e a aparência física, o que promove tanto uma acentuação da assimetria corporal entre os sexos quanto uma incorporação de disposições morais. Na ordenação social dos gêneros, reproduzida na esfera esportiva, cultivam-se aspectos simbólicos da chamada masculinidade tradicional, que envolve situações de vitória ou de derrota, compreendidas como vias da autopercepção enquanto ser masculino, a partir de valores como força física, coragem e destemor.

Nesse sentido, afirma-se uma associação entre alguns esportes competitivos e um comportamento agressivo ou *ethos* guerreiro (Elias, 1996), em que princípios ideológicos e psicológicos, vistos como masculinos, operam articulados a um determinado código, que equipara violência física à coragem. O prazer de atacar e aniquilar o inimigo, por exemplo, se exprime no contexto das academias como uma inclinação ou disposição "natural" para o confronto. Além disso, essa disposição é representada como atividade de gênero, com referência implícita à positivação da força nos conflitos com grupos rivais. Não é outra a configuração que transparece nas forças armadas, polícia, máfias ou quadrilhas, e quaisquer grupos que se orgulhem de sua brutalidade em "matar na guerra". Maior valor e prestígio são conferidos aos homens que provam que são hipermachos bons em matar. Os que sabem que não são agressivos e se recusam a participar de toda a macheza serão embrutecidos ou forçados a deixar o grupo. Um dos efeitos do mito da masculinidade (Almeida, 1995) é promover ansiedade nos homens que a ele não correspondem e se veem no drama de adquirir ou perder prestígio. A marca principal das academias de luta é que são os espaços reservados para que homens lutem com homens, a fim de determinar seu valor perante outros homens, em uma competição pelo poder e liderança no grupo.[7]

Universo dos entrevistados[8]

Ao iniciar a pesquisa, havia uma perspectiva de explorar ao máximo o universo dos jovens de camadas médias da Zona Sul do Rio de Janeiro, em função de, até pouco tempo, os praticantes de jiu-jítsu residirem em bairros de classe média e alta. Eles contavam com apoio econômico dos pais para pagar os treinos nas academias, no mínimo três vezes por semana. Tal perspectiva, porém, foi afastada rapidamente, com a revelação de outra dinâmica. A localização geográfica *stricto sensu* perdeu sua importância, já que, cada vez mais, o ensino do jiu-jítsu vem se difundindo entre jovens de camadas populares, sobretudo moradores de favelas, que recebem bolsas para treinar.

Entre outubro de 2003 e maio de 2004, foram entrevistados 19 homens entre 20 e 40 anos, assim distribuídos: 11 oriundos de academias da Zona Sul e da Zona Oeste (Barra da Tijuca) e oito da Zona Norte. Foram considerados praticantes aqueles que frequentavam regularmente a academia há cerca de um ano. Entre os entrevistados, havia 11 alunos, quatro professores, dois instrutores e dois mestres da referida arte marcial.[9]

Nesse universo, mestre é o título conferido pela Federação de Jiu-Jítsu aos indivíduos que atingiram um elevado grau na hierarquia esportiva,

---

[7] Vale assinalar que, embora não haja barreira formal para participação feminina, alguns treinadores alegam "tendência" à fraqueza e pouca resistência da mulher para esportes e lutas. A esfera das competições e o "coração" do esporte ainda são pouco representados por elas (Wacquant, 2002).
[8] Os nomes e apelidos aqui utilizados são fictícios.
[9] O perfil educacional dos lutadores entrevistados confirmou que a maioria possuía escolaridade superior ou frequentava curso universitário, majoritariamente nas áreas biomédica e humana.

por meio de processo lento e progressivo, denominado "troca de faixas"[10]. Além disso, mestres são também os lutadores considerados mais experientes, em razão de sua trajetória biográfica e profissional no mundo da luta. Eles contam, em suas aulas, com a ajuda de alunos que se destacam pelo potencial esportivo, geralmente posicionados em faixas mais baixas na hierarquia. O professor é também um lutador graduado, frequentemente faixa preta, com autonomia para "puxar" treinos sem a presença do mestre. O instrutor representa um investimento e aposta antecipada do mestre, em relação ao provável sucesso do iniciante.

As motivações dos alunos variaram: os que treinavam para uma competição, frequentavam a academia diariamente e buscavam patrocínio. O aperfeiçoamento técnico era mencionado pelos que já haviam praticado anteriormente alguma arte marcial, mas estavam fora do circuito competitivo. Outros, tanto jovens como veteranos, desejavam manter a forma físico-estética. Verificou-se também que a maioria ingressou na academia por influência do grupo de pares. Os percursos da investigação da masculinidade serão comentados ao final do texto.

Corpo e alma no jiu-jítsu

No contexto das artes marciais, o jiu-jítsu é definido como uma luta de contra-ataques, e não como combate agressivo ou violento.[11] Sua particularidade é a ação sobre o corpo, que pode ser potencializada por uma variedade de técnicas qualificadas.[12] A modelação corporal é efetuada pelo cultivo da força, conjugada aos saberes estratégicos de autodefesa. A técnica e o uso controlado da força são categorias descritivas que sustentam as

---

[10] Um traço de união entre o jiu-jítsu e o judô, por exemplo, é a hierarquização dos praticantes por faixas, tiras de pano colorido atadas aos quimonos dos lutadores. As faixas, em ordem crescente segundo graduação específica são: branca, azul, amarela, roxa, marrom e preta. A troca de faixas é efetuada em campeonatos, geralmente sob chancela da federação. Para obter a faixa preta, o candidato deve competir com adversários em relativa igualdade de condições, segundo critérios de idade, peso e habilidade.

[11] A relevância do jiu-jítsu como alternativa de ação não destrutiva é enfatizada por Hélio Gracie, figura máxima desse esporte, cuja reputação é difundida a ponto de seu sobrenome ser sinônimo do jiu-jítsu no Brasil. No Rio de Janeiro, o clã dos Gracies totaliza mais de 150 pessoas (Cecchetto, 2004:136).

[12] O jiu-jítsu, como arte marcial milenar ou esporte de combate, não é mais que um conjunto de técnicas corporais no sentido atribuído por Mauss (1974:401): atos tradicionalmente praticados pela sua eficácia, um saber estruturado em torno da reprodução desses valores.

marcas de lutador experiente. Além disso, muitos praticantes gostam de se referir ao jiu-jítsu metaforicamente, como um "jogo de xadrez".[13]

O corpo vestido de músculos é uma distinção tão buscada, a ponto de converter-se em símbolo de superioridade técnica: o "casca-grossa" é o atleta graduado que galgou os degraus hierárquicos do esporte – que também é luta –, moldando seu corpo para alcançar a performance adequada à posição almejada. Ele estaria em oposição aos chamados *pitboys*,[14] que não ultrapassam as primeiras faixas, pois, em tese, não submeteram seus corpos (e almas) irrestritamente aos ritos requeridos pelos cânones da luta. Os candidatos que não se revelam capazes de inscrever o "conhecimento no corpo", os que não se dobram aos sacrifícios do mundo da luta, em geral compensam a falta de técnica com o "uso de drogas" e "agressividade", como frisaram os mestres, descontentes com o estigma associado aos lutadores.

Um aspecto central no que concerne à subjetividade desses homens é uma relação férrea de trabalho com o corpo, visando à incorporação direta dos mecanismos e esquemas axiais da luta. Isso ocorre por meio de imobilizações e torções: técnicas tradicionais e eficazes do jiu-jítsu, que convergem para acostumar a "carcaça" às competições. Assim, a *hexis* de lutador se torna, de imediato, o capital simbólico, advindo do disciplinamento árduo e repetitivo dos que seguem as exigências à risca.

Resta enfatizar que uma das percepções correntes sobre o êxito do lutador recai na acentuada afirmação da "força interior", uma concepção inseparavelmente física e moral do desempenho pessoal. Predomina um discurso sobre o jiu-jítsu como um território da igualdade: todos os candidatos são tratados do mesmo modo, sejam quais forem suas condições socioeconômicas, ambições e, até, orientações sexuais. Todos devem se submeter aos mesmos deveres, a começar pela demonstração de um mínimo de "garra", de obstinação para adquirir a competência esportiva (Gastaldo, 1995).

---

[13] Trata-se aqui da menção a uma tática que evita o gasto de energia intensa, ataca moderadamente, aproveitando as fraquezas do oponente.

[14] O termo *pitboy* é provavelmente uma fusão entre as imagens do temido cão *pit bull* – produto do cruzamento de raças – e o epíteto *playboy*. Muitas vezes rapazes de camadas médias cariocas são assim designados, jocosamente.

Competências corporais e disposições morais

Quando indagados sobre os usos do jiu-jítsu, a maior parte dos entrevistados mencionou um conjunto de transformações, desde corporal-exteriores, até as denominadas subjetivo-internas. As percepções aí implicadas recaíram basicamente sobre três aspectos interligados: controle das emoções, aquisição de resistência física e possibilidade de prestígio nas interações sociais e afetivo-sexuais.

As noções citadas acerca do controle das emoções foram: calma, paciência, tolerância, confiança. Os depoimentos indicam que o jiu-jítsu "melhora a ansiedade", "me amadureceu", "ajuda a tolerar mais as pessoas", o que foi evidenciado pela ênfase concedida por alguns em torno da calma adquirida com a luta. Magrão, professor de uma academia da Zona Sul, evoca essa mudança:

> *Eu mudei radicalmente, trabalho melhor, trato a minha família com mais carinho. Antes* [era surfista] *era muito nervoso. Aquele negócio de bairrismo: o cara entrava na sua onda, toda hora, você não consegue pegar onda direito. Eu dava esporro* [agredia verbalmente], *era maluco. Enfim, sou outra pessoa, estou calmo, relaxado. Me passa muita confiança o jiu-jítsu* (Magrão, 30 anos, branco,[15] professor).

Como outros depoentes, este referiu a experiência da luta como permeada por princípios filosóficos pacíficos, passíveis de conduzir a um padrão análogo de conduta nas interações sociais. Um professor, diante do meu pedido de indicação de outros adeptos, declarou: "Vou te apresentar um cara muito sério, que não é de confusão; diferente da garotada nova, 'playboizada',[16] que só pensa em briga". Nessa ótica, o mesmo rapaz apresentou uma combinação peculiar entre força e calma:

> *Eu fiquei mais forte e, por incrível que pareça, fiquei mais calmo. Tem muita gente que usa este artifício para agredir os*

---

[15] A classificação de "cor" foi realizada, em sua maior parte, com base na autopercepção do entrevistado.

[16] Termo empregado para identificar um determinado estilo de masculinidade, no qual classe e "cor" constituem marcadores associados.

outros. Já usei sim, mas para me defender (Francis, 25 anos, branco, professor).

Inegavelmente, o esporte moderno é tido como atividade que propicia maior contenção das emoções, uma espécie de aprendizagem civilizatória, com uma domesticação das pulsões e equilíbrio das tensões (Elias e Dunning, 1992). Contudo, a positivação do uso da força física perpassou as conversas, principalmente enquanto ação legitimadora da autodefesa, o que indica uma tensão, relacionada ao controle da violência pelos lutadores.

Explosão das emoções

No universo pesquisado, há uma afirmação generalizada de que violentos são os "outros", os "iniciantes". Para a maioria dos entrevistados, isso decorre do encantamento proporcionado pelo aprendizado de técnicas eficazes de pugilato, e pela transformação corporal rápida com a musculosidade. No entanto, como constatei, mesmo entre lutadores mais experientes, em caso de uma "boa causa" ou um "bom motivo", há uma fragilização dos mecanismos de controle, sobretudo quando se trata de se impor entre outros homens. Chico, 31 anos, negro, nutricionista, praticante de jiu-jítsu há 10 anos, adepto do budismo, declarou:

> *Essa imagem de lutador pescoçudo, com a musculatura das costas desenvolvida, funciona como uma agressão, mas o "corpo forte" possibilita algumas coisas que, talvez, se eu fosse magrinho, não acontecessem. Se mexerem com minha namorada, vou ser obrigado a usar o que sei. Em boate acontece muito isso, se a mulher estiver sozinha, mexem mesmo, se estiver com um cara mais forte já não fazem nada. Não sei se tem relação com o fato de eu ser negro, mas sinto isso, esse impacto muito grande. "É um respeito implícito." A minha relação com a religião é muito importante, sou budista, então isso ajuda a ser mais controlado, mas já explodi.*

Romper as barreiras da disciplina e do controle, quando se tem "um bom motivo", é um comportamento expressivo e esperado dos mais graduados, para garantir uma margem de autonomia e de poder no circuito. Desse modo, as competências adquiridas no treinamento esportivo podem ser utilizadas para validar a masculinidade agressiva, na qual o confronto violento é uma ação socialmente legitimada. Essa concepção reforça uma ideia da superioridade, na qual o uso da força física se converte em um valor.[17]

Resta enfatizar, no tema da violência, um aspecto reiterado por todos depoentes, acerca do uso descontrolado da violência fora das academias. Há um processo de conversão ao autocontrole, que depende fundamentalmente do mestre, do carisma do treinador, que exerce um papel central no adestramento e formação do caráter dos alunos. Uma expressão corrente no circuito é que o professor "faz" o aluno, o que indica que o perfil do lutador seria debitado à orientação do treinador.

A figura do treinador é relevante na construção do "estilo" de um lutador, de acordo com os relatos. Ele pode concorrer, *grosso modo*, para o controle das paixões, ou estimular um comportamento deliberadamente agressivo. A preocupação com a violência é expressa em diversas declarações. Cabe assinalar que, talvez por esssa razão, a amizade na academia tenha sido enfatizada pelos entrevistados, e referida como a experiência concreta mais importante no ambiente de luta.

Magrão, professor citado, revelou que sua conversão ao jiu-jítsu ocorreu após ter presenciado homens se beijando e se abraçando na academia, sem "maldade". Para ele, o que contava era compartilhar o ambiente "fraterno" da academia. Dinho, dessa mesma academia, 26 anos, branco, relatou sua perplexidade diante da reversão de preconceitos, quando começou a treinar jiu-jítsu:

> *A primeira lição que você aprende é conhecer seus limites. Você chega ali faixa branca e aprende primeiro a apanhar. Quando [alguém] te machucar, bate três vezes com a mão no chão [um código entre praticantes que significa parar os golpes]. Então, é até "humildade" que te dá. Quando entrei, até de mulher, de menina, eu apanhava. Era uma vergonha. Mas aqui é normal. Eu tenho por isso até uma boa desenvoltura profissional.*

---

[17] Messner (1997) refere o crescimento dos esportes organizados como uma resposta ao que tem sido percebido como ameaça da feminização social.

Aceitar com humildade as derrotas e fracassos é percebido, nesse contexto, como prova de "força interior", um indício de virilidade. Em conexão, a aquisição de confiança, categoria recorrentemente evocada pelos entrevistados, que traduz uma percepção acerca das gratificações provenientes das mudanças positivas no corpo e na subjetividade. A "resistência física" e a "disposição" são associadas às mudanças, tanto na saúde/vitalidade quanto na sexualidade. Bob, 27 anos, branco, afastado dos treinos por questões médicas, ressaltou esses benefícios:

> *Agora, voltei a treinar e já estou sentindo os benefícios de novo. Estou recuperando minha massa muscular, já estou ficando forte de novo. Até em relação à autoestima, porque você se sente melhor, se sente mais bonito, se sente mais forte, com mais saúde.*

A resistência psicológica à dor ainda se inclui nesse eixo, pois, como disse um entrevistado: "Treinando você aprende a perder o medo de sentir dor; ignora que está apanhando, pensa em outra coisa, e, às vezes, até fica fazendo cara de felicidade" (Leônidas, 29 anos, negro). O suposto desprezo à dor e ao cansaço integram o discurso sobre a aquisição de um *ethos* controlado.

Corpo, sexo e luta

Vários depoentes revelaram a interdependência entre segurança, força e virilidade: "lutando, me sinto mais seguro, mais calmo, mais ágil, mais forte, mais viril, até em função do psicológico" (Kiko, 35 anos, branco). Para ele, os ensinamentos marciais concorrem para a superação de limites, o que se reflete em suas práticas sexuais:

> *[com a luta] você transcende seus limites, acumulando pontos. Aprende a explorar partes do corpo, se não lutasse não saberia usar. Por exemplo, a cabeça é o quinto apoio. Isso você leva para cama. Utiliza automaticamente, passa a ser instintivo.*

Não foram poucos os depoimentos sobre o aumento da libido, a partir do início dos treinos. Quase todas as falas convergiram no que diz respeito ao aumento do apetite sexual, do "gás" e de mudanças – qualitativas, quantitativas e duração – na performance sexual, inclusive após um treino puxado. Apenas em circunstâncias excepcionais, como proximidade de campeonato, principalmente na véspera, as atividades sexuais são suspensas, assim como outras práticas que perturbem ou desconcentrem o lutador, promovendo desperdício de energia. Como observou Abud, 22 anos, moreno, competidor:

> *Eu estou sempre treinando e estou sempre com vontade [de sexo], não sei se tem relação uma coisa com a outra. Na semana da competição, eu evito, até porque não tenho nem vontade. Depois, volto ao normal, volto a ter uma vida sexual ativa. Não é uma coisa comum, eu não saio todo dia; saio duas, três vezes por semana, saio com uma mulher. Transo com uma diferente e com outra que eu já conhecia. Muita gente pensa que sexo gasta energia e que parado, estático, não gasta. É uma questão hormonal, sexo libera uma série de hormônios, inclusive a endorfina, a testosterona, coisas que eu vou precisar no treino e na luta, que são hormônios da agressividade, do anabolismo. Não posso desperdiçar esses hormônios transando, eles são mais úteis na luta, na competição.*

Nem todos consideram que devem renunciar aos contatos sexuais e atestam que uma "boa transa" pode concorrer para melhor desempenho. Não há consenso sobre esse aspecto, mas quem se abstém de sexo antes das competições compensa essa carência após uma "semana das trevas", e festeja a liberdade com muita comida, sexo e *night* (ir a boates e bares da moda), como afirmou Manu (23 anos, branco).

As percepções dos entrevistados convergem no sentido positivo do corpo viril nas interações sociais, pois é tido como um corpo sedutor. "Antes de eu chegar, meu corpo já chegava", revelou Leônidas, 29 anos, ex-competidor, negro, vangloriando-se das vantagens de seu corpo nas conquistas sexuais. Para ele, sua identificação como lutador não apenas favoreceu o êxito com mulheres de cor e camadas sociais diversificadas, como também o fez "invadir um mundo em que, antes de praticar a luta, jamais pisaria". Em suas palavras: "Não se trata de ser bonito de rosto, mas o corpo é o cartão de visita. Se eu fosse fraquinho, jamais ia pegar [manter relações sexuais sem o compromisso de rever a parceira] tanta mulher como pego". Todavia, alguns expressam outra opinião. A percepção das potencialidades desse corpo nas interações sexuais, principalmente quanto à capacidade de sedução, é vista com reserva. Kiko comentou, em tom de crítica, o uso do corpo voltado para o sexo:

> *Para os verdadeiros lutadores, o corpo não é uma busca e sim uma consequência. A galera mais nova luta e vai para a noite. Na noite, a mulherada cobra: barriga tanque, peitoral, isso é porta aberta para o sexo. Se você tem um corpo legal, um cabelo bonito, abdome rasgadão, suas chances de conseguir sexo são maiores. Na noite, isso é comum. Eu sou feliz com a cara e o corpo que tenho [bem malhado], mas não acho que seja um egocentrismo. Outro dia recebi uma cantada de uma mulher no trabalho e não saí com ela. Ela achou que eu era gay.*

Para ele, algumas mulheres que se aproximam dos lutadores estariam apenas interessadas nas vantagens proporcionadas por seus corpos fortes. Há uma suposição de que a interação é calculada para o encontro sexual, por haver um discurso ambíguo sobre mulheres que frequentam academias. Algumas treinam por gostar de jiu-jítsu, enquanto outras o fazem "só para aparecer" ou para namorar lutador. Elas são denominadas "marias-tatames". A declaração de Tatá (35 anos, negro) corrobora uma visão masculina da mulher como estopim de conflitos:

> *A gente chama de "maria-tatame" aquela menina que gosta do cara que luta. São meninas que gostam de falar de luta, elas entendem um pouco. Por causa delas, alguns acabam brigando para poder sobressair. É uma forma de poder se destacar dos outros, em relação ao grupo de homens.*

Dough, 40 anos, mestre, referiu que as mulheres são muito "complicadas". Para ele, controlar as inimizades entre elas na academia é uma tarefa complexa. Não se pode impedir sua presença, ainda de acordo com seu relato, na medida em elas dinamizam o mercado sexual, "atraindo" alunos. É possível afirmar que esse grupo classifica e hierarquiza as mulheres, a partir do padrão de "dupla moralidade", aspecto comum em amplos setores da sociedade, que infere uma razão prática nas relações entre os sexos: barreiras à autonomia sexual da mulher, onde operam noções de respeito, honra e vergonha, articuladas de modo inverso e complementar aos padrões de conduta que regem a moral masculina. Há, entretanto, um discurso relativamente "moderno", que valoriza a conquista feminina desse espaço, sobretudo quando dirigida à aquisição de conhecimentos de defesa pessoal, desde que as mulheres não "embruteçam" (se masculinizem) ou adquiram a aparência de "casca-grossa".

Curiosamente, apesar das aparências estereotipadas, os praticantes dessa arte marcial "condenam" a visibilidade e acentuação das características viris. Atividades como quebrar deliberadamente a orelha com faixas, alicate, toalha não são incomuns para quem deseja alcançar rapidamente a aparência física ideal. A atração e repulsa são evidentes nas falas, que indicam a centralidade do corpo forte como critério de escolha erótica ou afetiva e, ao mesmo tempo, condenam essa postura. Lênin (25 anos, iniciante, moreno, recém-casado), apesar de reconhecer a importância da aparência na prática, fez questão de apresentar sua versão relativista sobre as gratificações reais e simbólicas desse uso do corpo. Referindo-se às mulheres, afirmou:

> *Não sei, vai que a mulher gosta de andar com guarda-costas do lado, "a cabeça dos outros é terreno que não se pisa", de repente ela gosta de ver o cara brigando na rua. Eu não posso dizer se ela gosta realmente de lutador ou alguma coisa dos lutadores atrai. É difícil. Não sei se ela é ligada em esporte, se gosta da fama dos lutadores que têm a parte superior mais desenvolvida, o tronco mais forte. Não sei dizer se é o esporte que atrai ou se é uma questão biológica, que ela se sinta atraída pela virilidade do esporte.*

Esta fala frisa as representações sobre as relações entre os sexos, como a de Magrão, acerca do processo de valorização das características viris, por meio do uso de anabolizantes, conhecidos na gíria dos lutadores como *bombas*:

> *Hoje em dia, você olha para um lutador e logo vê: orelha estourada, bombadão [com músculos hipertrofiados]. O cara não vai em cima de alguém bombado. Pode ser um faixa azul que estourou a orelha – é bombado, ninguém se mete.*

> *Eu não tenho aparência nenhuma de lutador, sou magrinho [alto e forte]. Já aconteceu várias vezes comigo em boate, o cara esbarrar no meu copo, aí eu perguntei: "Não está me vendo?" O cara já começa a gritar: "Qual é, meu irmão?" Aí eu paro e digo: "Pô, está tranquilo, estou na boate". Não preciso mostrar nada para ninguém, se sou lutador ou não. Mas intimida muito o cara olhar para você e te ver todo bombadão, todo estourado, anda com os braços abertos. O pessoal não procura a saúde, pode ver na academia, o cara demora a crescer, quer logo fazer um ciclo de 20 winstroll [esteroide anabolizante].*

Tatá (35 anos, professor, negro) condenou o comportamento dos lutadores que buscam acentuar a musculatura mediante consumo de anabolizantes, para exibirem um corpo sarado, associando esse procedimento aos sujeitos que são "impotentes ou cabeças fracas". Sua maior indignação, entretanto, recaiu sobre as mulheres denominadas "marias-tatames", pelo fato de elas prestarem mais atenção em seu corpo que nele. Assinalou sua distinção nesse circuito, ao responder sobre as vantagens do corpo viril nas interações afetivo-sexuais:

> *Ah, não! Eu sou diferente para caramba, se eu tiver que estar com uma pessoa é porque ela gosta de mim e não por causa do meu corpo. A relação tem que ser gostosa. Não dá para ir levando a pessoa para cama porque ela achou seu corpo lindo e maravilhoso.*

Tal recusa enfática das vantagens do corpo forte indica uma tentativa de lidar com estereótipos relacionados aos mitos de superioridade do homem negro (Moutinho, 2004) e de afirmar-se como professor responsável, em um circuito prestigioso. Outro depoimento aborda o acirramento dos estereótipos, racializados na percepção da sexualidade dos homens negros, que praticam lutas:

> *Eu já tive cobranças com relação a isso, por ser negro. As pessoas vislumbram o negro como* superman, *acham que o negro tem que ser máquina, é um homem que não para, é o "poderoso". Muitas mulheres que conhecem o jiu-jítsu, as pessoas*

> *como as marias-tatames utilizam muito o termo "poderoso", eu falava: "Meu brinquedinho é de armar e o seu é de encaixar, então vai devagar". Na luta, você faz muito movimento de perna; senta, deita, fica de joelho, vai para cima, volta, e, às vezes, posição de queda e trabalha abdominal. E a gente diz: no sexo não é muito diferente, que depois que você chega um ponto, "está levando na barriga" é mais uma atividade física, desde que não utilize o sexo como competição* (Leônidas).

Este depoimento demonstra um reconhecimento da prevalência de estereótipos sexuais nas escolhas afetivas, mas a reação não é condenatória. Os mestres tendem a minimizar as imagens idealizadas acerca dos lutadores, como homens cujo erotismo os aproxima da predação sexual. Os depoimentos a seguir expressam esse tipo de percepção:

> *A luta em si estimula o cara a transar; é uma forma de condicionamento físico, quer dizer, ajuda na hora do sexo. Eu sempre falo para meus alunos, a garotada aí que vai disputar no sábado, falo para, sexta-feira, dar uma segurada porque acredito que realmente atrapalhe. O cara sai com a namorada para transar, é uma forma de gasto. O cara pode ser agressivo, pode ter uma forma agressiva de lutar, mas na hora da prática do sexo é totalmente diferente. Tem cara que, às vezes, é um animal lutando, mas é totalmente diferente com a mulher* (Zaca, 36 anos, branco).

Dough, veterano de competições, para quem o jiu-jítsu é a própria vida, não esconde sua convicção acerca da instrumentalidade dessa arte marcial para o sexo:

> *Melhora na questão da disposição. Não é que você fique com mais tesão. Eu acho que tesão independe do cara ter um condicionamento físico bom ou não. Porque o tesão para mim está na cabeça. Mas eu quero dizer é, vamos supor assim, falando grosseiramente – manter uma atitude de combate, entendeu? [tocando no meu braço e me rodando]. Existem determinadas posições que vão te dar fadiga nos seus membros superiores e inferiores; fazendo uma arte marcial ou malhando,*

vai ganhar mais resistência, então você pode manter aquela posição por muito mais tempo do que uma pessoa sedentária.

Uma fala que expressa essas ambivalências em relação à aparência viril, acusando as mulheres e ridicularizando os homossexuais, é a de Pepê (22 anos), que se referiu a si mesmo através de dois personagens:

> *O Pepê grandalhão sobressai em cima do romântico. Tento me esconder o máximo, mas não dá. As mulheres olham para o cara muito grande e dizem: "Meu Deus, o que é isso? Será que também [apontando para o pênis] é grande?" Rola aquela curiosidade e, muitas vezes, quando ela chega perto, vê que o cara, a sandália é lady* [o entrevistado usou o termo para indicar um homem afeminado!], *entendeu? Hoje em dia, está um vício muito grande dos homossexuais serem todos eles grandalhão, forte para caramba.*

O desconforto provocado por um estilo masculino que concorre com o "casca-grossa", em termos de imagem corporal, é geral entre os homens lutadores. Como hipótese, a centralidade do corpo viril como indicador da masculinidade talvez se desestabilize em face de uma outra ordenação simbólica do gênero masculino.

Vale destacar um discurso anti-homofóbico: não foram poucos os entrevistados que asseguraram não haver qualquer barreira formal aos homens *gays* na academia para a prática de jiu-jítsu; alguns chegam a afirmar que conhecem lutadores aqui, e fora do Brasil, que são homossexuais. Os entrevistados, incluindo Pepê, fizeram questão de esclarecer que o tatame é um espaço tolerante com a identidade sexual *gay*. No entanto, quando surgia o tema da homossexualidade, ocorria um deslizamento para o assédio sexual, assunto capaz de provocar repulsa, usualmente no caso de *gays* considerados efeminados. Foram diversos os relatos dramatizados de perseguição e paquera agressiva de *gays* a lutadores, mais propriamente fora do ambiente da academia, em ruas e praias.

Assim, a censura à presença dos homossexuais nas academias não se efetivaria pela impossibilidade de participação nos treinos, mas nas conversas masculinas, preferencialmente sobre conquistas sexuais, quando, de acordo com a suposição dos entrevistados, os *gays* se sentiriam "deslocados". Esse seria, talvez, um dos mecanismos que sustentam a rede da homossocialidade – espaços de amizades e união entre iguais, no caso, entre homens – e asseguram o espaço reservado da masculinidade heterossexual na academia.

Práticas sexuais e estratégias de proteção

No que concerne à "primeira transa", há, marcadamente, um maior número de relatos acerca de iniciação sexual entre 14 e 16 anos, e com "mulheres mais velhas", principalmente da rede de sociabilidade próxima. A primeira transa com garotas de programa/prostitutas ocorreu por estímulo do pai ou de seus congêneres. Falas como "doideira", "quase fui estuprado", "eu era precoce no sentimento" pontuam alguns relatos. A maioria dos rapazes destacou a sensação de constrangimento no primeiro intercurso sexual.[18]

No caso de iniciação com namoradas ou garotas com que estavam "ficando", os depoimentos atestaram a presença de um sentimento e de consolidação da relação. Segundo alguns homens, sobretudo aqueles com mais de 30 anos, a questão da aids não se colocava na iniciação sexual. As preocupações eram dirigidas às doenças sexuais ou "venéreas". A percepção do grau de vulnerabilidade à contaminação foi mais referida em relação a uma pessoa distante, destacando as incertezas quanto ao uso incondicional de preservativo, o que pode ser ilustrado pela fala de um professor entrevistado, mencionando sua opinião do que deve fazer o "outro":

> *A verdade é essa: pode fazer a campanha que eu duvido que o pessoal esteja se cuidando do jeito que falam. Se você pensar na sua saúde, tem que usar. Vários amigos meus falam: "ah, estava doidão", mas isso não é desculpa: muita gente acha promiscuidade, mas eu não acho – mulher tem que andar com camisinha na bolsa, "sim, senhora". Na maioria das vezes, é o homem quem não quer. Por que a mulher não fala para botar? Vergonha? Acha que o cara não vai mais querer?*

---

[18] Ver também Heilborn e Gouveia, 1999.

O discurso da prevenção expressa que todos estão vulneráveis e expostos aos riscos de infecção do HIV e, portanto, devem usar camisinha em todas as relações. Trata-se de um discurso generalizado, ainda que muitos deixem entrever um recurso à autoexclusão do contexto de risco (Parker, 2000; Knauth, 1999). Assim, o quadro é paradoxal. Os que preconizam a camisinha responsabilizam a mulher por seu uso. Aqueles mais coerentes, ao relativizar o risco para pessoas conhecidas, "sabem que fazem o errado" porque "estudaram o tema da aids na universidade", ou "veem na televisão". Alguns, contudo, depositam confiança na crença de que "homem se contamina menos" e que sexo com "gente normal" não dá aids. Essa afirmativa foi reforçada em um encontro, sem gravador, com um entrevistado. Na entrevista gravada, ele havia assegurado utilizar o preservativo em todas as ocasiões em que se relacionou fora do casamento. Contudo, atualmente tem preferido, "a duras penas", abdicar dessas aventuras, porque "depois de um tempo, a 'camisinha cai', não é mesmo?"

Um relato com menos ênfase na autoexclusão foi de Dinho, que, apesar do visível constrangimento, revelou preferência pelo sexo anal com as namoradas e em encontros eventuais. Nessas ocasiões, informou realizar algum tipo de "seleção", mas na maioria das vezes suprime o uso da camisinha. Sua justificativa, inicialmente, centrou-se na afirmação de que "homem pega menos aids que mulher". No entanto, segundo este mesmo depoente, quando faz isso, ele tem a "sensação de carregar um piano nas costas", o que o levou a fazer o teste de HIV algumas vezes. Hoje tem procurado ser o mais cuidadoso possível com as "meninas que fica". Para Dinho, faz parte aceitar os riscos caracterizados como azares próprios do exercício sexual, assim como não considerar a vulnerabilidade do homem. É possível supor que os sentidos vinculados às ideias de "masculino" e "masculinidade" – força, coragem, autonomia, invulnerabilidade – se contraponham às imagens vulgarmente associadas às doenças: fraqueza, fragilidade e subordinação, como indicam os estudos de Parker (2000), Villela (1998) e Barbosa (1999).

Percursos na investigação da masculinidade

Embora seja possível descrever as percepções subjetivas dos lutadores, o mesmo não ocorre quando se trata de dialogar sobre o tema com eles. Uma das primeiras regras desse circuito é se deixar tocar. Ela preside a maior parte dos ritos de interação. Como disse um professor, ao me aplicar um golpe: "só fazendo [jiu-jítsu] você vai me entender". Em determinado momento, parecia impossível prosseguir nas observações, sem que eu expusesse meu corpo a golpes e torções, pelo menos num grau mínimo, para estabelecer um modo de comunicação que ali predomina, que concerne ao corpo e a seu uso. Assim, a permissão para observar os treinos era acompanhada de um convite dos professores para participar. A necessidade, se quisesse adentrar no circuito do jiu-jítsu e ser aceita, de considerar a possibilidade de que meu corpo fosse tocado e manipulado era enfatizada. Como não praticante de luta, sequer havia aventado a hipótese de que há um julgamento, nesse mundo, de ser necessário adquirir algum conhecimento sobre essa prática. Para eles, o usual é evocar a linguagem corporal, ao invés da verbal, por entrevista.

A dificuldade em abordar temas considerados íntimos com homens, como relacionamento afetivo, sexualidade, relação com o corpo, consistiu em desafio e estímulo para investigação. Solicitar uma descrição das preferências sexuais denotava, para os entrevistados, que, ao discorrerem sobre temas pessoais e sexuais, estariam se expondo ao juízo de valor da pesquisadora. Em muitas ocasiões, o diálogo com os informantes foi marcado por seu esforço de se apresentarem segundo padrões estereotipados. Poucos falaram com espontaneidade de suas experiências sexuais e muitos diziam não se recordar do uso da camisinha na primeira transa.

Inicialmente, a timidez foi contundente. Eu não me sentia à vontade para abordar mais detidamente o tema e tinha a impressão de que os entrevistados também estavam constrangidos. Com o tempo de observação, as conversas sobre esses assuntos adquiriram um tom mais relaxado, ainda que muitos se espantassem com as perguntas sobre práticas sexuais. O modo de abordar a sexualidade foi solicitar que os informantes comentassem suas primeiras relações afetivo-sexuais, relacionamentos posteriores, paqueras feminino-masculinas e *estilos de ser*. Como pressuposto, assumi que esse grupo seria pensado a partir da norma heterossexual e que experimentavam desejo sexual por pessoas do sexo oposto.

Considerações finais

Neste texto, apresentei alguns significados atribuídos pelos praticantes de jiu-jítsu a seu corpo, às suas práticas sexuais e às estratégias preventivas. Tinha por objetivo compreender como esses significados se articulavam, a partir de uma perspectiva de gênero. Desse modo, pretendi responder à pergunta sobre a especificidade desse grupo em torno das visões de corpo, sexualidade, práticas sexuais e prevenção.

Nas academias de luta, a construção da masculinidade se dá mediante um trabalho corporal intenso, a partir de uma instrumentalização por meio de um conjunto de saberes estratégicos, tidos como significativos de um estilo de vida, inspirado na filosofia de uma arte marcial, orientada para o controle da violência. Entretanto, fora da academia, percebe-se um tenso exercício do autocontrole da violência física, o que requer um autodomínio das emoções desses homens. Para ultrapassar o limite, é preciso haver um "bom motivo", que isente o agente das sanções. Geralmente, isso ocorre quando está em jogo algum aspecto da honra masculina, que não pode deixar de responder às provocações. Alguns autores (Bourdieu, 1999; Wacquant, 2002) mencionam uma "virilização" dos corpos, pela atividade esportiva, de modo a promover a diferença entre os gêneros, mediante a acentuação da assimetria corporal. Nesse "território do masculino", a função primeira seria o ensino e a manutenção da masculinidade heterossexual.

Nesse contexto, foi possível registrar o quanto o discurso anti-homofóbico, de tolerância à homossexualidade, deixou transparecer o papel privilegiado que as masculinidades periféricas exercem no reforço dos protótipos normativos da masculinidade nas academias. De modo complementar, a repulsão ao homoerotismo também responde a um ideal frequentemente buscado, mas nem sempre alcançado, de demarcar uma posição no ranking das masculinidades. Este, no entanto, seria um empreendimento inacabado, permanentemente fabricado, e por meio do qual é possível uma eclosão de comportamentos dominadores e violentos. A "*illusio* viril" de Bourdieu (1999:63), base da dominação masculina que afirma o esforço dos homens para assegurar sua participação constante no jogo viril, é corroborada pelas entrevistas.

Os usos e as percepções corporais dos praticantes de jiu-jítsu revelam o aprendizado individual e coletivo de um *habitus* de gênero: a incorporação da força e da técnica marca a distinção entre homens de um mesmo círculo social. Os valores associados à figura do *pitboy* permanecem em uma relação dialética com os valores associados ao lutador experiente. Ser *pitboy* significa correr o risco de nunca ser percebido como lutador graduado, permanecendo nos patamares inferiores da hierarquia esportiva. Já a condição para seguir como um "casca-grossa" está parcialmente ligada à capacidade de autocontrole das emoções, dentro e fora das academias. Esses homens realizam uma constante negociação entre determinados valores. Nesse sentido, os princípios reguladores dos comportamentos masculinos no contexto da academia, mais que contraditórios, são interdependentes. O que os une é o acréscimo de prestígio, por participarem de uma atividade formalmente organizada – o esporte – e pertencerem a uma rede social que domina uma técnica qualificada, o jiu-jítsu.

Referências bibliográficas

ALMEIDA, Miguel Vale de. *Senhores de si*: uma interpretação antropológica da masculinidade. Lisboa: Fim de Século, 1995.

BADINTER, Elisabeth. *XY*: sobre a identidade masculina. Rio de Janeiro: Nova Fronteira, 1993.

BANDEIRA, Fabiana. *Violência e sexualidade:* um coquetel cultural, hormonal e cerebral. Disponível em: <www.cienciaviva.org.br/arquivo/cdebate/013hormonios/violenciasexualidade.html>. Acesso em: 10 nov. 2007.

BARBOSA, Regina. Negociação sexual ou sexo negociado? Poder, gênero e sexualidade em tempos de aids. In: PARKER, Richard; BARBOSA, Regina (Org.). *Sexualidades pelo avesso*: direitos, identidades e poder. Rio de Janeiro: IMS/Uerj; São Paulo: Ed. 34, 1999.

BOURDIEU, Pierre. Conferência do prêmio Goffman: A dominação masculina revisitada. In: LINS, Daniel (Org.). *A dominação masculina revisitada*. Campinas: Papirus, 1998.

_____. *A dominação masculina*. Rio de Janeiro: Bertrand Brasil, 1999.

BOZON, Michel. Sexualidade e conjugalidade: a redefinição das relações de gênero na França contemporânea. *Cadernos Pagu*, v. 20, p. 131-156, 2003.

BRANDÃO, André, F.; JUÇÁ, Ricardo. *Brazilian jiu-jitsu & defesa pessoal*. Rio de Janeiro: Freitas Bastos, 2000.

CECCHETTO, Fátima. *Galeras funk*: o baile e a rixa. 1997. Dissertação (Mestrado em Ciências Sociais) – Programa de Pós-Graduação em Ciências Sociais, Universidade Estadual do Rio de Janeiro, Rio de Janeiro, 1997.

———. *Violência e estilos de masculinidade*. Rio de Janeiro: FGV, 2004.

CONNEL, Robert. *Masculinities*. Berkeley: University of California Press, 1995.

CORNWALL, Andrea; LINDISFARNE, Nancy. Dislocating masculinity: gender, power and anthropology. In: ———; ——— (Eds.). *Dislocating masculinity*: comparative ethnografies. London and New York: Routledge, 1994.

COURTINE, J. J. Os stakhanovistas do narcisismo: *body building* e puritanismo ostentatório na cultura americana do corpo. In: SANT'ANNA, D. (Org.). *Políticas do corpo*. São Paulo: Estação Liberdade, 1995.

DaMATTA, Roberto. Tem pente aí? Reflexões sobre a identidade masculina. In: CALDAS, D. (Org.). *Homens*. São Paulo: Senac, 1997.

ELIAS, Norbert. *Os alemães, a luta pelo poder e a evolução do habitus nos séculos XIX e XX*. Rio de Janeiro: Zahar, 1996.

———; DUNNING, Eric. *A busca da excitação*. Lisboa: Difel, 1992.

FEATHERSTONE, Mike. *O desmanche da cultura*: globalização, pós-modernismo e identidade. São Paulo: Sesc/Studio Nobel, 1995.

GASTALDO, Édson Luis. *Kickboxers*: esportes de combate e identidade masculina. 1995. Dissertação (Mestrado em Antropologia Social) – Instituto de Filosofia e Ciências Humanas, Universidade Federal do Rio Grande do Sul, Porto Alegre, 1995.

GIDDENS, Anthony. *A transformação da intimidade*: sexualidade, amor e erotismo nas sociedades modernas. São Paulo: Unesp, 1992

GUTMAN, Matthew. *El machismo*. Trabalho apresentado à Conferência Regional La Equidad de Gênero en América Latina y Caribe: desafios desde las identidades masculinas. Santiago, jun. 1998. ms.

HEILBORN, Maria Luisa. Gênero e hierarquia: a costela de Adão revisitada. *Estudos Feministas*, v. 1, n. 1, p. 50-82, 1993

———; GOUVEIA. Patrícia. "Marido é tudo igual": mulheres populares e sexualidade no contexto da aids. In: PARKER, Richard; BARBOSA, Regina

(Org.). *Sexualidades pelo avesso*: direitos, identidade e poder. Rio de Janeiro: IMS-Uerj; São Paulo: Ed. 34, 1999, p. 75-198.

KIMMEL, Michael. A produção simultânea de masculinidades hegemônicas e subalternas. *Horizontes Antropológicos:* Corpo, Saúde e Doença, Porto Alegre, ano 4, n. 9, p. 103-117, out. 1998.

KNAUTH, Daniela. Subjetividade feminina e soropositividade. In: PARKER, Richard; BARBOSA, Regina (Orgs.). *Sexualidades pelo avesso*: direitos, identidade e poder. Rio de Janeiro: IMS-Uerj; São Paulo: Ed. 34, 1999.

LEOPOLDI, José Sávio. *Antropologia do desejo masculino*: sexualidade, feminilidade e modernidade. 2006. Pós-Doutoramento (Antropologia) – Universidade de São Paulo, São Paulo, 2006.

MAUSS, Marcel. Técnicas corporais. In: _____. *Sociologia e antropologia*. São Paulo: Edusp, 1974.

MESSNER, Michael. Masculinities in athletic careers. In: ANDERSEN, M. L.; COLLINS, P. H. *Race, class and gender*: an anthology. Wadsworth, 1997, p. 165-179.

MOUTINHO, Laura. *Razão, "cor" e desejo*: uma análise comparativa sobre relacionamentos afetivo-sexuais "inter-raciais" no Brasil e na África do Sul. São Paulo: Unesp, 2004.

OLAVARRIA, José. Desejo, prazer e poder: questões em torno da masculinidade heterossexual. In: PARKER, Richard; BARBOSA, Regina (Orgs.). *Sexualidades pelo avesso*: direitos, identidade e poder. Rio de Janeiro: IMS-Uerj; São Paulo: Ed. 34, 1999.

ORTNER, Sherry B.; WHITEHEAD, Harriet (Orgs.). *Sexual meanings*: the cultural construction of gender and sexuality. Cambridge: Cambridge University Press, 1981.

PARKER, Richard. *Na contramão da aids*: sexualidade, intervenção, política. Rio de Janeiro: Abia; São Paulo: Ed. 34, 2000.

POPMA, A.; VERMEIREN, R.; GELUK, C. A.; RINNE, T.; VAN DEN BRINK, W.; KNOL, D. L.; JANSEN, L. M.; VAN ENGELAND, H.; DORELEIJERS, T. A. Cortisol moderates the relationship between testosterone and aggression in delinquent male adolescents. *Biol. Psychiatry*, v. 61, n. 3, p. 405-411, 2007.

SABINO, Cesar. Anabolizantes: drogas de Apolo. In: GOLDENBERG, M. et al. *Nu & vestido*: 10 antropólogos revelam a cultura do corpo carioca. Rio de Janeiro: Record, 2002.

SUMMERS, C. H.; WATT, M. J.; LING, T. L.; FORSTER, G. L.; CARPENTER, R. E.; KORZAN, W. J.; LUKKES, J. L.; OVERLI, O. Glucocorticoid interaction with aggression in non-mammalian vertebrates: reciprocal action. *Eur. J. Pharmacol*, v. 526, n. 1/3, p. 21-35, 2005.

TOURAINE, Alain. *A busca de si*: diálogos sobre o sujeito. Rio de Janeiro: Bertrand Brasil, 2004.

VANCE, Carole. A antropologia redescobre a sexualidade: um comentário teórico. *Sexualidade e Saúde Coletiva*, Rio de Janeiro: Instituto de Medicina Social da Uerj, v. 5, n. 1, p. 7, 1995.

VILLELLA, Wilza. Homem que é homem também pega aids?. In: ARILHA, M.; RIDENTI, S.; MEDRADO, B. (Orgs.). *Homens e masculinidades*: outras palavras.. São Paulo: Ecos/Ed. 34, 1998, p. 129-142.

VIVEROS, Mara. *De quebradores y cumplidores*: sobre hombres, masculinidades y relações de género en Colombia. Universidad Nacional/Fundação Ford/Profamilia Colombia, 2002.

WACQUANT, Loïc. *Corpo e alma*: notas etnográficas de um aprendiz de boxe. Rio de Janeiro, Relume-Dumará, 2002.

ZALUAR, Alba. Violência, dinheiro fácil e justiça no Brasil: 1980-1995. *Estudos Afro-Asiáticos*, n. 34, p. 7-32, maio 1999.

Este livro foi impresso nas oficinas gráficas da Editora Vozes Ltda.,
Rua Frei Luís, 100 – Petrópolis, RJ.